Kapstadt
& Garden Route

Rund um Kapstadt
S. 201

Garden Route
S. 247

Kapstadt
S. 49

Simon Richmond, James Bainbridge,
Jean-Bernard Carillet, Lucy Corne

REISE-PLANUNG

REISEZIELE IN DER REGION

KIRSTENBOSCH NATIONAL
BOTANICAL GARDEN S. 96

KUNSTHANDWERK AUF DEM
GREENMARKET SQUARE S. 72

Inhalt

HERMANUS S. 233

Willkommen in Kapstadt & auf der Garden Route

Nirgendwo ist es wie in Kapstadt oder an der Garden Route – dieses unvergleichliche Zusammentreffen der verschiedenen Kulturen, Küchen und Landschaften Südafrikas.

Naturwunder

Der weitläufige Table Mountain National Park, der die Stadt im Süden begrenzt, umschließt den Tafelberg und wartet mit vielen tollen Landschaften auf. Grünflächen wie der historische Company's Garden, der Kirstenbosch National Botanical Garden und der Green Point Urban Park setzen weitere natürliche Akzente. Am besten ist es, dem Vorbild der Einheimischen zu folgen: die Natur voll auskosten, surfen lernen, wandern, Mountainbike fahren, Tandem-Gleitschirmflüge vom Lion's Head unternehmen oder sich vom Gipfel des Tafelbergs abseilen – um nur einige der unzähligen Möglichkeiten zu nennen.

Kunst & Design

Die Kreativität der Einheimischen ist nicht zu übersehen. Mit den in leuchtenden Farben gestrichenen Fassaden in Bo-Kaap, den Restaurants und Bars im Afro-Schick sowie der auffallenden Street-Art und den Design-Boutiquen von East City und Woodstock ist Kapstadt eine ziemlich gut aussehende Metropole. Die Hüttendörfer der Cape Flats sind zwar ernüchternd, aber selbst in diesen armen Vororten werden im Rahmen von Projekten z. B. Biolebensmittel erzeugt oder schöne Souvenirs hergestellt.

Menschen & Kulturen

In dieser multikulturellen Stadt leben Menschen christlichen, islamischen, jüdischen, hinduistischen und traditionellen afrikanischen Glaubens friedlich zusammen. Angesichts der schwierigen Geschichte des Landes ist die Harmonie hart erkämpft und bleibt anfällig; fast jeder hat eine fesselnde, mitunter erschütternde Geschichte zu erzählen. Es ist eine Stadt beherzter Pioniere – von den holländischen Kolonisten und der farbigen Bevölkerungsmehrheit bis zu den jüdischen Einwanderern aus Europa und den Xhosa-Zuwanderern vom Ostkap in jüngerer Zeit. Sie alle liefern einzigartige Zutaten für den bunten Kapstädter Schmelztiegel.

Außerhalb der Stadt

Wer sich von Stadt, Tafelberg und Kaphalbinsel losreißen kann, erreicht innerhalb von nur einer Autostunde die reizenden Städte, Dörfer und Güter des Weinlands, wie beispielsweise Stellenbosch und Franschhoek. Hermanus ist besonders für die Möglichkeit zur Walbeobachtung bekannt. Auch Haitauchen kann man hier. Noch etwas weiter entfernt entfaltet sich die Schönheit der Garden Route auf spannenden Autofahrten entlang der Küste und über Bergpässe.

Warum ich Kapstadt & die Garden Route so liebe

Von Simon Richmond, Autor

Als sie die „Mother City" schuf, übertraf Mutter Natur sich selbst. Wenn ich die Promenade am Sea Point entlangjogge, im Morgenlicht den Lion's Head erklimme, an der Sandy Bay über riesige Felsbrocken klettere oder auf den tollen Küstenstraßen zum Cape Point fahre und dabei die grandiosen Ausblicke genieße, spüre ich in mir immer eine tiefe Freude aufsteigen. Aber man muss sich gar nicht groß anstrengen: Bei einem Glas Wein auf einem alten Gut in Constantia oder einem Picknick auf einem Freiluftkonzert in den Kirstenbosch National Botanical Garden kann man genauso gut mit Mutter Natur in Kontakt kommen.

Mehr über unsere Autoren siehe S. 339.

Oben: Camps Bay Beach (S. 94)

Kapstadt & die Garden Route

HÖHENMETER

- 2000 m
- 1500 m
- 1000 m
- 750 m
- 500 m
- 200 m
- 100 m
- 0

Bitterfontein

Sout River

Vanrhyns Pass

Calvinia

Lutzville

Vanrhynsdorp

Vredendal

Olifants River

Strandfontein

Rooiduine Point

32° S

Lamberts Bay

Clanwilliam

Pakhuis Pass

Cederberg WA

Tankwa Karoo NP

Elands Bay

Redelinghuys

Citrusdal

Piekenierskloof Pass

Middelberg Pass

St Helena Bay

Groot-berg River

St Helena Bay

Paternoster

Vredenburg

Piketberg

Beaverlac NR

Saldanha

Swartland

Moorreesburg

Groot Winterhoek (2078m)

33° S

Langebaan

West Coast NP

Yzerfonteyn

Tulbagh

Ceres

Touwsrivie

Darling

Malmesbury

Bainskloof Pass

Mitchell's Pass

De Doorns

Hex River

Bok Point

Wellington

Worcester

Robben Island

Paarl

The Overberg

Breede River

Robertson

Montagu

Ashton

CAPE TOWN

Stellenbosch

Franschhoek

McGregor

Vrolijkheid NR

Bonnieval

Hout Bay

Greyton

Kommetjie

Gordon's Bay

Grabouw

Caledon

Sout River

Simon's Town

False Bay

Sir Lowry's Pass

Table Mountain NP

Kogelberg NR

Kleinmond

Cape Point

Cape Hangklip

Fernkloof NR

Hermanus

Bredasdorp

Elim

Arniston (Waenhuiskran

Walker Bay

Stanford

Agulhas NP

ATLANTIK

19° O

Danger Point

Gansbaai

Struis Bay

Cape Agulhas

Quoin Point

Die Dam

20° O

V&A Waterfront
Historische Hafenbecken in Betrieb (S. 83)

Kalk Bay
Pittoreskes Kap-Fischerdorf (S. 109)

West Coast National Park
Wildblumenpracht und Vogelbeobachtung an der Küste (S. 245)

Stellenbosch
Elegante Stadt, umgeben von Weinbergen (S. 208)

Franschhoek
Gourmetschmankerl und wundervolle Weingüter (S. 217)

Robben Island
Nelson Mandelas Gefängniszelle kann heute besichtigt werden (S. 64)

Bo-Kaap
Kunterbunte kapmalaiische Enklave (S. 65)

District Six Museum
Geschichte eines Viertels, das durch die Apartheid zerstört wurde (S. 62)

Kirstenbosch National Botanical Garden
Das Weltnaturerbe Cape Floral Kingdom in voller Pracht (S. 96)

Tafelberg
Ein Wunder der Natur (S. 54)

Kap der Guten Hoffnung
Die spektakuläre Spitze der Halbinsel (S. 110)

Hermanus
Hotspot für Whale-Watching (S. 233)

N 0 100 km

LEGENDE
NP Nationalpark
NR Naturreservat
MR Meeresschutzgebiet
WA Wildschutzgebiet

NORTHERN CAPE

Williston

Victoria West

Fraserburg

Three Sisters

Nelspoort

Sutherland

Karoo NP

Beaufort West

Merweville

Kruidfontein

EASTERN CAPE

Prince Albert Road

Prince Albert

Willowmore

Laingsburg

Great Karoo

Swartberg Pass

Klaarstroom

Matjiesfontein

Swartberg NR

Klein Swartberg

Groot Swartberg

Meiringspoort Pass

Olifants River

Seweweekspoort Pass

De Rust

Anysberg NR

Ladismith

Calitzdorp

Oudtshoorn

Uniondale

Prince Alfred's Pass

Garden Route NP (Tsitsikamma Section)

Barrydale

Garcia's Pass

Little Karoo

Outeniqua Mountains

Montagu Pass

Garden Route NP (Knysna Lakes Section)

Swellendam

Riversdale

Blanco

George

Wilderness

Sedgefield

Plettenberg Bay

Bontebok NP

Heidelberg

Herbertsdale

Garden Route NP (Wilderness Section)

Knysna

Malgas

Albertinia

Mossel Bay

The Heads

Robberg NR & MR

Ouplaas

De Hoop NR

Witsand

Cape Infanta

Stillbaai

Mossel Bay

Vis Bay

Gouritsmond

INDISCHER OZEAN

Surfen an der Garden Route
Die perfekte Welle
erwischen (S. 250)

Wilderness
Alte Wälder an der
Küste erkunden (S. 257)

Knysna
Garden-Route-Perle
an der Lagune (S. 260)

21° O   22° O   23° O

Kapstadt & Garden Route –

Top 15

1

Tafelberg

1 Ob gemütlich mit der Tafelberg-Seilbahn oder schweißtreibend zu Fuß – der Gipfel des Tafelbergs (S. 54) ist ein Muss für Kapstadtbesucher. Bei gutem Wetter ist der Panoramablick über die Halbinsel schlicht großartig und ermöglicht einen ersten Eindruck von der unglaublichen Biodiversität im Nationalpark; unbedingt Zeit für eine Exkursion einplanen. Das umfangreiche Wegenetz in dem 245 km² großen Park erlaubt kurze Spaziergänge zu den wichtigsten Pflanzen des *fynbos* (Proteazeen und Heidegewächse) bis hin zum 33,8 km langen Cape of Good Hope Trail, für den man zwei Tage benötigt.

V&A Waterfront

2 An der Zahl der Besucher gemessen, ist die V&A Waterfront (S. 83) eindeutig die größte Attraktion Kapstadts. Sie ist groß, lebhaft und der Tafelberg im Hintergrund sehr spektakulär. Das Shopping-Paradies mit einem Angebot von schicken Boutiquen bis zu großen Kaufhäusern bietet aber auch viele kulturelle und informative Veranstaltungen an, darunter Spaziergänge zu den gut erhaltenen historischen Gebäuden und öffentlichen Skulpturen. Dazu kommen das ausgezeichnete Two Oceans Aquarium und das faszinierende neue Zeitz MOCAA Museum für zeitgenössische Kunst. Auf keinen Fall auf die Hafenrundfahrt verzichten, vorzugsweise bei Sonnenuntergang.

BENJAMIN B/GETTY IMAGES ©

BRIAN EDEN/GETTY IMAGES ©

Robben Island

3 Das ehemalige Gefängnis auf Robben Island (S. 64), heute ein Unesco-Weltkulturerbe, ist ein Meilenstein auf dem langen Weg Südafrikas zur Freiheit. Hier waren nicht nur Nelson Mandela und andere Helden des Freiheitskampfs inhaftiert, sondern auch die tragischen Helden früherer Versuche, sich von den wechselnden Kolonialregierungen Südafrikas zu befreien. Der Besuch des Gefängnisses unter der Führung ehemaliger Häftlinge vermittelt einen Einblick in die unruhige Geschichte des Landes und lässt erahnen, wie schwierig der Weg zur Versöhnung gewesen ist.

Bo-Kaap

4 Die grellbunten historischen Häuser – verfallen oder restauriert – und die Moscheen an den mit Kopfsteinen gepflasterten Straßen von Bo-Kaap (S. 65) sind Hingucker und ein regelrechtes Lehrbuch der innerstädtischen Gentrifizierung. Das Bo-Kaap-Museum erzählt die Geschichte des ehemaligen Sklavenviertels bis zur heutigen Zeit. Jeder Besucher sollte die Gerichte in einem der vielen malaiischen Restaurants versuchen oder in einem der umgebauten Wohnhäuser übernachten, die in Pensionen oder Hotels umgewandelt wurden.

Kap der Guten Hoffnung

5 Die spektakuläre Fahrt zur Landzunge (S. 110) und weiter zum Cape Point, der beeindruckenden Spitze der Halbinsel, im geschützten Table Mountain National Park ist ein Muss: Die Klippen fallen steil in den Atlantischen Ozean ab, wo riesige Brecher gegen die enormen Felsbrocken an Südafrikas südwestlichstem Punkt klatschen. Der Flying Dutchman Funicular fährt zum alten Leuchtturm hinauf, wo sich ein fantastischer Blick bietet. Danach wird es Zeit zum Relaxen an Stränden, z. B. in der Buffels Bay, die durch wärmere Wasserströmungen aus der False Bay begünstigt sind.

District Six Museum

6 Inzwischen ist es über 40 Jahre her, dass die Häuser in dem innerstädtischen Viertel District Six (S. 62) abgerissen wurden. Die multiethnischen Besitzer und Mieter mussten in die heruntergekommenen Cape Flats umziehen, während ihr altes Viertel weitgehend Ödland blieb. Wer dieses aufschlussreiche, bewegende Museum besucht, bekommt einen Einblick in die tragische Geschichte des District Six und dessen Bedeutung für das Leben der Kapstädter. Wer mag, schließt sich einer Führung unter Leitung eines der ehemaligen Bewohner an.

Franschhoek

7 Franschhoek (S. 217) ist die kleinste – und vielleicht schönste – Stadt im Weinbaugebiet des Kaps. Sie liegt in einem Tal und ist zweifellos die gastronomische Hauptstadt des Landes. Schon die Wahl des richtigen Lokals ist eine Herausforderung, denn die Hauptstraße wird von Restaurants gesäumt, die zu den besten des Landes gehören. Auch auf den Weingütern der Umgebung werden exzellentes Essen und Weine angeboten.Mehrere Kunstgalerien und stylishe Pensionen machen Franschenhoek zu einem der schönsten Orte am Kap. Oben: Weingut Boschendal (S. 217).

Kalk Bay

8 Das reizvolle Fischerdorf an der False Bay (S. 107) trägt seinen Namen nach den historischen Kalkbrennereien. Mit der aus Muschelschalen gebrannten Kalkfarbe wurden im 17. Jh. die Häuser angestrichen. Es gibt zahlreiche Antiquitäten-, Kunst- und Kunsthandwerkläden, dazu großartige Cafés und Restaurants. Am Hafen findet täglich ein Fischmarkt statt. In Institutionen wie dem Brass Bell Pub oder dem Live Bait Restaurant kann man wunderbar die Zeit verstreichen lassen – und das so nahe am Wasser der False Bay, wie das ohne Badezeug möglich ist. Unten: Harbour House (S. 156).

SUBMAN/GETTY IMAGES ©

LENISECALLEJA PHOTOGRAPHY/SHUTTERSTOCK ©

Kirstenbosch National Botanical Garden

9 Auf den pittoresken Osthängen des Tafelbergs wird seit Jan van Riebeeck im 17. Jh. europäischer Gartenbau betrieben. Allerdings machte erst der britische Imperialist Cecil Rhodes, dem die Kirstenbosch Farm und das Umland gehörten, daraus einen Garten (S. 96) für alle Kapstädter. Seine Gärten, die er der Stadt vermachte, sind heute ein prachtvoller Showroom für die Pflanzen der Kapregion und wurden wegen ihrer unglaublichen Biodiversität von der Unesco zum Weltnaturerbe ernannt. Vom Baumwipfelpfad aus bietet sich der beste Blick.

Surfen an der Garden Route

10 Die Garden Route ist berühmt für ihre Outdooraktivitäten an Land und auf dem Meer. Die Wellen machen die Küste zwischen der Mossel und Plettenberg Bay zu einem der besten Surfreviere an der Westküste des Kaps (S. 250) – gleichermaßen großartig für Profis wie für blutige Anfänger. Die Herold's Bay und die Victoria Bay bei George bieten mit exzellenten Stränden auch Travellern etwas, die lieber an Land bleiben. In der Victoria Bay kann man einen Anfängerkurs buchen oder sich ein Board leihen und die Experten auf einer anspruchsvolleren Tagestour begleiten.

Knysna

11 Die wichtigste Touristenstadt an der Garden Route hat sich nach der Brandkatastrophe von 2017, die den Wald um Knysna (S. 260) verwüstete und viele Häuser beschädigte, rasch wieder erholt. Der ruhigen Lage der Stadt an der herrlichen Lagune konnte das Großfeuer ohnehin nichts anhaben. Die Stadt mit dem Flair einer Künstlerkolonie – Lesben, Schwule, Bi- und Transsexuelle sind willkommen – hat zahlreiche Aktivitäten zu bieten, wie geführte Spaziergänge durch die Townships und die Rastafari-Gemeinde; und es gibt die Möglichkeit, Elefanten aufzuspüren. Unten rechts: Knysna Lagoon (S. 260)

Stellenbosch

12 Das elegante Stellenbosch (S. 208) inmitten von Hunderten von Weingütern zeichnet sich durch Häuser im Cape-Dutch-, im georgianischen und viktorianischen Stil sowie mehrere Museen aus. Das Village Museum ist in einer Gruppe von Häusern aus verschiedenen architektonischen Stilen untergebracht, die drei Jahrhunderte Stadtgeschichte repräsentieren. Wer den Stadtbesuch mit einem guten Essen krönen möchte, hat die Qual der Wahl in der Stadt und den umgebenden Weingütern (viele müssen im Voraus gebucht werden).

Wilderness

13 Wilderness (S. 257) ist die ruhigere Alternative zu Knysna und Plettenberg und pure Natur. Auf den steilen Hängen, die zu den kilometerlangen weißen Sandstränden und zu Lagunen abfallen, wachsen dichte, alte Wälder. Das Dorf ist das Tor zu einem hübschen Abschnitt des Garden Route National Park mit Seen, Feuchtgebieten und Flussmündungen. Der 5 km lange Kingfisher Trail führt teilweise als Bohlenweg über die Gezeitenzone des Touws-Flusses. Hier gibt's Gelegenheit zur Vogelbeobachtung, für Kajaktouren und *kloofting* (Canyoning).

12

DARCY BROWN/500PX ©

PETER CHADWICK/GETTY IMAGES ©

Hermanus

14 Hermanus (S. 233) auf einer Felskuppe zeichnet sich durch hübsche Strände und Hänge mit *fynbos*-Vegetation aus. Außerdem zählt es weltweit zu den besten Orten, um Wale von Land aus zu beobachten. Wenn zwischen Juni und November zahlreiche Wale in der Walker Bay kalben, kommen sie nah an die Küste. Von den Aussichtspunkten auf dem Klippenweg lassen sie sich bestens beobachten. In der Saison geht ein Walausschreier durch die Stadt: Er bläst ein Kelp-Horn und trägt eine Tafel, auf der die letzten Walsichtungen stehen. Oben rechts: Südlicher Glattwal (S. 233).

West Coast National Park

15 Dieser Park (S. 245), der von Kapstadt aus leicht erreichbar ist, umfasst die Langebaan Lagoon mit ihrem klaren, blauen Wasser. In dem 310 km² großen Feuchtgebiet von internationaler Bedeutung lebt eine enorme Zahl von Vögeln – der Schutz gilt auch der bedeutenden Brutkolonie von Seevögeln. Im Sommer suchen hier Tausende von Watvögeln nach Futter. Auf den Inseln vor der Küste brüten Kolonien von Brillenpinguinen. Annähernd voll wird es dort nur zwischen August und September, zur Blütezeit der Wildblumen. Unten rechts: Kaptölpel.

Gut zu wissen

Für weitere Informationen siehe Praktische Informationen (S. 307)

Währung
Südafrikanischer Rand (R)

Sprachen
Englisch, Afrikaans, Xhosa

Einreise
Deutsche, Österreicher und Schweizer erhalten bei der Ankunft eine 90 Tage gültige Aufenthaltserlaubnis.

Geld
Geldautomaten sind weit verbreitet. Die meisten Geschäfte akzeptieren Kreditkarten, nur einige kleinere Lokale sowie die Stände auf den Wochenmärkten verlangen Bargeld.

Handys
Der südafrikanische Mobilfunk basiert auf dem digitalen GSM-Standard. Ob die eigene SIM-Karte damit kompatibel ist, klärt man am besten mit seinem Telefonanbieter. Südafrikanische SIM-Karten sind überall erhältlich.

Zeit
South Africa Standard Time (MEZ plus eine Stunde)

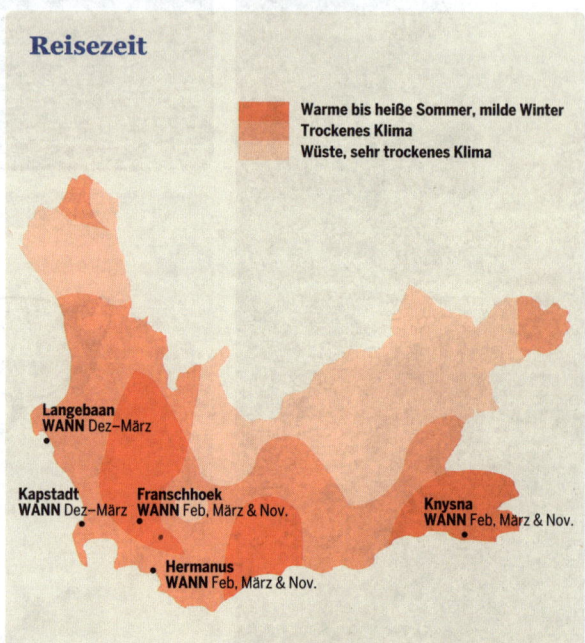

Reisezeit

Warme bis heiße Sommer, milde Winter
Trockenes Klima

Wüste, sehr trockenes Klima

Langebaan
WANN Dez–März

Kapstadt
WANN Dez–März

Franschhoek
WANN Feb, März & Nov.

Knysna
WANN Feb, März & Nov.

Hermanus
WANN Feb, März & Nov.

Sommer
(Dez.–Feb.)

➡ Warmes, trockenes Wetter und lebhafte Festivals.

➡ Anfang Dezember bis Mitte Januar und Ostern sind die Hauptreisezeiten.

➡ Die Unterkünfte an der Küste und in Nationalparks sind Monate im Voraus ausgebucht; die Preise steigen um 50 % oder mehr an.

Frühling & Herbst
(Apr.–Mai & Sep.–Nov.)

➡ Häufig sonniges Wetter.

➡ Ab dem Herbst herrschen optimale Bedingungen für die Beobachtung von Wildtieren.

➡ Ende August bis Anfang September ist die beste Zeit, Wildblumen und Wale zu sehen.

Winter
(Juni–Aug.)

➡ Regenzeit in Kapstadt und am westlichen Kap.

➡ Die Preise für die Unterkunft sind in der Regel niedrig; die beste Zeit, um trockene Regionen wie die Karoo zu besuchen.

Nützliche Websites

Das **Cape Town Magazine** (www.capetownmagazine.com) ist ein Online-Magazin mit dem Finger am Puls von Kapstadt.

Cape Town Tourism (www.capetown.travel) Die offizielle Tourismus-Site der Stadt ist prallvoll mit Infos.

Lonely Planet (lonelyplanet.com/cape-town) Information über Reiseziele, Hotelbuchungen, Traveller-Forum und mehr.

Wichtige Rufnummern

Ländercode	☏27
Internationale Vorwahl	☏00
Notfälle (Fest-netz/Mobil)	☏107/112
Table Mountain National Park	☏086 110 6417
Seenotrettung	☏021-449 3500

Wechselkurse

Europa	1 €	14,74 R
Japan	100 ¥	10,93 R
Lesotho	1 M	1 R
Schweiz	1 CHF	15,49 R
Swasiland	1 E	1 R
GB	1 £	16,78 R
USA	1 US$	11,86 R

Aktuelle Wechselkurse unter www.xe.com.

Tagesbudget

Günstig: Weniger als 1000 R

➡ Bett im Schlafsaal: 250 R

➡ Gourmetburger: 70 R

➡ Einheimisches Bier: 30 R

➡ Wandern im Table Mountain National Park: gratis

➡ MyCiTi-Bus von der City Bowl zur Camps Bay: 11,70 R

Mittel: 1000–5000 R

➡ Hotel: 1000–3000 R

➡ Township-/Kulturführung: 600 R

➡ Ticket für ein Kirstenbosch-Summer-Sunset-Konzert: 180 R

➡ Essen inkl. Wein in einem Restaurant in der Waterfront: 500 R

Teuer: Mehr als 5000 R

➡ Hotel: 3000–6000 R

➡ Essen in einem Spitzenrestaurant: 800–1200 R

➡ Ganztägige Gourmet-Weintour: 2000 R

➡ Halbstündiger Hubschrauberrundflug: 1650 R

➡ Dreistündiger Törn auf einer Luxusjacht: 6800 R

Öffnungszeiten

Im Folgenden die allgemeinen Öffnungszeiten, genauere Zeiten in den jeweiligen Kapiteln.

Banken Montag bis Freitag 9–15.30, Samstag 9–11 Uhr.

Post Montag bis Freitag 8.30–16.30, Samstag 8–12 Uhr.

Geschäfte Montag bis Freitag 8.30–17, Samstag 8.30–13 Uhr. Die großen Einkaufszentren haben täglich von 9 bis 21 Uhr geöffnet. **Cafés** Montag bis Samstag 7.30–17 Uhr. Die Cafés in der City Bowl sind samstags von 8 bis 15 Uhr geöffnet; Sonntag geschlossen.

Restaurants Montag bis Samstag 12–15 und 18–22 Uhr.

Ankunft in Kapstadt

Cape Town International Airport Der MyCiTi-Bus zum Bahnhof kostet 100 R; der Backpacker-Bus (Minibus-Sammeltaxi) zu den Hotels und Hostels im Stadtzentrum 220 R; ein Taxi verlangt etwa 250 R.

Cape Town Train Station Zentral gelegener Bahnhof für Fernzüge und Busse; eine Taxifahrt zu den meisten Zielen im Zentrum kostet unter 50 R.

V&A Waterfront Jetty 2 oder Duncan Dock Hier legen die internationalen Kreuzfahrtschiffe an.

Die richtige Kleidung

Die Kapstädter kleiden sich betont lässig – selbst bei formellen Anlässen kommen viele Gäste in Jeans und T-Shirt. Man sollte aber im Auge behalten, dass viele Einwohner der Stadt nur ein bis zwei Ausstattungen zum Wechseln haben. Wer sich mit zu viel Bling-Bling auftakelt, fällt definitiv aus dem Rahmen. In den schickeren Locations, wie Camps Bay oder Constantia, ist Strandkleidung im Miami-meets-Monaco-Stil angesagt. In den nobleren Restaurants fällt man am wenigsten mit lässig-schickem Outfit auf.

Informationen zu **Unterwegs vor Ort** siehe S. 30

Was gibt's Neues?

Silo District
Das vom Heatherwick Studio gestaltete Zeitz MOCAA Museum ist die Hauptattraktion in diesem aufpolierten Teil der Waterfront. Auch das Restaurant The Yard (S. 156) und die Design-Galerie Guild (S. 192) lohnen den Besuch.

Mojo-Markt
Auf dem täglichen Markt in Sea Point kann man wunderbar Modisches und Souvenirs shoppen oder sich ein preiswertes Essen oder einen Drink zur Livemusik gönnen (S. 194).

Cape Town Fynbos Experience
Das Informationszentrum des Company's Garden veranstaltet Kurse, in denen die Aromen und medizinische Wirkung der *fynbos*-Pflanzen (lokale Flora) hautnah vermittelt werden (S. 61).

A4 Arts Foundation
Das Kunstzentrum stellt neue und etablierte Künstler in Ausstellungen, Filmausschnitten, Live-Vorstellungen und Diskussionen vor – gratis (S. 76).

Arch for Arch
Der verflochtene hölzerne Bogen an der St.-George's-Kathedrale ist dem Erzbischof und Nobelpreisträger Desmond Tutu gewidmet (S. 69).

Essen & Ausgehen in den Townships
In den Townships Khayelitsha und Langa bieten das Gourmetrestaurant 4Roomed, der *braii* (Grill) Mzansi (S. 165) und die Cafés Siki's Kofee Kafe (S. 179) und Kaffa Hoist (S. 179) Erfrischungen vom Feinsten.

18 Gangster Museum
Das winzige, fantasievoll gestaltete Museum in einem Schiffscontainer zeigt das gefährliche Leben in den Gangs der Townships; es veranstaltet auch geführte Spaziergänge (S. 128).

Neue Parks
Neben dem Two Rivers Urban Park (S. 77) in der Nähe von Observatory ist auch die Entwicklung von Maiden's Cove (S. 91) in einen neuen öffentlichen Park geplant, der Clifton und Camps Bay verbinden soll.

Obs Revival
In Observatory gibt es mehrere neue und renovierte Restaurants, Kneipen und Läden, darunter das AHEM! Art Collective (S. 78), das die monatlich stattfindenden Art Thursday Events (S. 184) organisiert.

Church Square
Im Umfeld des attraktiven historischen Platzes in der City Bowl haben neue Restaurants und Kneipen eröffnet; hier sollen auch kostenlose Licht-und-Sound-Shows stattfinden (S. 68).

Brauereien & Destillen
Überall im Kap nimmt das Brauen von Craft-Bier Fahrt auf, und Mikrobrauereien schießen wie Pilze aus dem Boden. Inzwischen folgen auch Schnapsbrennereien wie die Woodstock Gin Company (S. 171) und New Harbour Distillery (S. 35) dem Trend.

Café Roux
Das Café ist stolz darauf, die Musikszene der Stadt zu fördern. In den Filialen in Noordhoek (S. 184) und der City Bowl (S. 180) treten in dichter Folge zahlreiche lokale Talente auf.

Weitere Empfehlungen und Kritiken unter lonelyplanet.com/ south-africa/cape-town

Wie wär's mit ...

Strände

Muizenberg Bunte viktorianische Badehäuschen, ziemlich warmes Wasser und gute Brandung zum Surfen (S. 109).

Clifton 3. Strand Erst kamen die Schwulen, dann folgten die anderen Kapstädter (S. 93).

Buffels Bay Ruhig gelegene Bucht mit Aussicht auf die False Bay und einem Meerwasserpool für sicheres Baden (S. 113).

Sandy Bay Ein FKK-Strand mit beeindruckenden Felsformationen (S. 95).

Noordhoek Der prachtvoll breite Strand unterhalb des Chapman's Peak kann mit einem Schiffwrack im Sand aufwarten (S. 113).

Aussichtspunkte

Tafelberg Weite Blicke über Stadt und Halbinsel (S. 54).

Bloubergstrand Nördlich der Stadt mit Postkartenblick auf den Tafelberg (S. 115).

Kap der Guten Hoffnung Spaziergang bis etwas oberhalb des alten Kapstädter Leuchtturms (S. 110).

Chapman's Peak Drive Mit Aussicht auf den eleganten Hufeisenbogen der Hout Bay (S. 122).

Signal Hill Kanonendonner und Blick auf die Waterfront (S. 81).

Kostenlose Attraktionen

V&A Waterfront Straßenkünstler, Outdoor-Events, Robben, historische Gebäude, Kunst und buntes Treiben am Hafen (S. 83).

Table Mountain National Park Wandern auf den unzähligen Wegen am Hauptberg, am Lion's Head oder dem Signal Hill (S. 55).

St.-George's-Kathedrale Einer der wenigen Orte, an dem auch während der Apartheid alle Gläubigen gemeinsam Gottesdienst feiern konnten (S. 69).

A4 Arts Foundation Die Galerie zeigt Werke von zeitgenössischen südafrikanischen Künstlern (S. 77).

Long Street Bummeln ab der Kreuzung mit der Buitensingel St. bis zur Strand St. (S. 69).

Street Art Überall im District Six und in Woodstock gibt's eindrucksvolle, großformatige Kunstwerke zu sehen (S. 77).

Nelson Mandela Gateway Vor der Überfahrt nach Robben Island erfährt man hier etwas über den Freiheitskampf und das Leben im Gefängnis (S. 64).

Parks & Gärten

Company's Garden Zwischen alten Bäumen und Blumenbeeten spazieren gehen oder die Seele baumeln lassen (S. 60).

Green Point Urban Park In diesem Öko-Vermächtnis der Fußballweltmeisterschaft 2010 geht's um Artenvielfalt (S. 85).

Oranjezicht City Farm Eine schön angelegte Farm im Stadtgebiet an den Hängen des Tafelbergs (S. 83).

Two Rivers Urban Park Neuer Park am Zusammenfluss von Liesbeek und Black River (S. 77).

Arderne Gardens Die älteste Baumsammlung der südlichen Hemisphäre ist ein angenehmer und ruhiger Ort (S. 104).

Babylonstoren Den entzückenden Garten mit essbaren und Heilpflanzen in diesem elegant angelegten Weingut mit Obstanbau erkunden (S. 226).

Kunstsammlungen

Zeitz Museum MOCAA In ehemaligen Getreidesilos wird zeitgenössische Kunst aus Afrika und darüber hinaus präsentiert (S. 66).

South African National Gallery In dem eleganten Gebäude werden Beispiele der Landeskunst ausgestellt (S. 81).

Stevenson Bedeutende Verkaufsgalerie für moderne Kunst mit interessanten Themenausstellungen (S. 78).

Irma Stern Museum Früheres Zuhause der wegweisenden expressionistischen Künstlerin mit hübschem Garten (S. 98).

Casa Labia Cultural Centre Ein Kunst- und Kulturzentrum in einer schön restaurierten Villa in Muizenberg (S. 109).

Geschichte

District Six Museum Beleuchtet die Geschichte des zerstörten multikulturellen Viertels (S. 62).

Robben Island Gefängnis von Mandela und anderen Freiheitskämpfern. Die Besichtigung im Voraus buchen (S. 64).

Bo-Kaap Museum Erzählt vom Leben der Kapmalaien im gleichnamigen bunten Viertel (S. 65).

Iziko Slave Lodge Ausstellungen zur Geschichte der Sklaven und ihrer Nachkommen (S. 68).

South African Museum Jede Menge Naturkunde und ausgesuchte Beispiele der Felskunst der San (S. 82).

South African Jewish Museum Spürt der Geschichte der jüdischen Einwanderer und ihrer Ansiedlung im Land nach; mit einer Abteilung zum Holocaust (S. 79).

Versteckte Schätze

Rust en Vreugd Elegantes Herrenhaus aus dem 18. Jh. mit Garten mitten in der Stadt (S. 82).

Tintswalo Atlantic Wohnen in dieser Luxuslodge ist nicht drin? Wie wär's ersatzweise mit einem Essen? (S. 140)

Enmasse Thai-Massage auf moderne Art in einem versteckten historischen Gebäude in Gardens (S. 119).

Wynberg Village In den zahlreichen kap-georgianischen Gebäuden haben sich Studios und Läden von Künstlern, Designern und Innenarchitekten niedergelassen – Stöbern lohnt sich (S. 95).

Oben: Neighbourgoods Market (S. 189) in Kapstadt

Unten: Babylonstoren (S. 226)

Intaka Island In dem 1600 m² großen, geschützten Feuchtgebiet im Entwicklungsgebiet von Century City kann man 120 Vogel- und über 200 Pflanzenarten bestimmen (S. 117).

Luxus pur

Status Luxury Vehicles Kapstadt-Touren im Luxus-Cabrio mit Chauffeur (S. 200).

Prins & Prins Diamanten und andere Edelsteine in diesem Emporium in einem historischen Haus in der City Bowl kaufen (S. 188).

Klûk & CGDT Haute Couture von einem ehemaligen Lehrling von John Galliano (S. 187).

Belmond Mount Nelson Hotel Kein Hausgast? Traveller sind auch zum Tee am Nachmittag oder in der Planet-Bar mit Restaurant willkommen (S. 137).

Sports Helicopters Einen Heli mieten und Fotos von der Halbinsel machen – die Freunde daheim werden staunen (S. 122).

Aktivitäten & Sport

Wandern im Table Mountain National Park Mit einem Führer geht man nicht verloren und lernt etwas über die Pflanzenwelt der Kapprovinz (S. 54).

Abseil Africa Wer an einem Seil an der Kante des Tafelbergs hängt, hat eine einmalige Aussicht (S. 119).

Downhill Adventures Sie bieten eine Reihe von Aktivitäten an, die den Adrenalinspiegel steigen lassen, von Mountainbiketouren bis zu Surfsafaris (S. 199).

Animal Ocean Schnorcheln oder Tauchen vor Duiker Island (auch Seal Island) – Auge in Auge mit südafrikanischen Seebären (S. 122).

Kaskazi Kayaks Beim Paddeln im Atlantik Delfinen, Robben und Pinguinen ganz nahe kommen (S. 119).

Newlands Cricket Ground Ob das wirklich das attraktivste Kricketfeld der Welt ist, muss jeder selbst entscheiden (S. 181).

Newlands Rugby Stadium In diesem Mekka des südafrikanischen Rugby spielen die Stormers (S. 181).

Cape Town Stadium Ein Fußballspiel der nationalen Premier Soccer League ist ein Erlebnis (S. 87).

Unterhaltung

Baxter Theatre Centre In einem großartigen Gebäude der 1970er-Jahre residieren ein Premierentheater und ein Zentrum darstellender Künste (S. 183).

Fugard Theatre Eine strahlende Bereicherung der städtischen Theater- und Kinoszene in einer umgewandelten Kirche (S. 181).

Alexander Bar & Café In dem Studio im Obergeschoss residiert eines der innovativsten Theater und Kabaretts der Stadt (S. 186).

Evita se Perron Heimstatt der Theaterlegende Pieter-Dirk Uys für seine Satireshow (S. 242).

Cape Town Comedy Club Im Club in der Waterfront über die Gags der führenden Comedians von Südafrika lachen (S. 183).

Labia Cooles Kino im Retrostil in Gardens, das sich auf Arthouse-Filme spezialisiert hat (S. 182).

Livemusik

Studio 7 Sessions Tolle handgemachte Musik in einer Lounge in Sea Point, nah am Publikum und persönlich (S. 183).

Café Roux In den Lokalen in der City Bowl und Noordhoek treten gute Nachwuchs- und trendige Bands/Solo-Künstler auf (S. 184).

Cape Town City Hall Hier spielt das Cape Philharmonic Orchestra (S. 73).

Kirstenbosch Summer Sunset Concerts Während südafrikanische Spitzenmusiker spielen, sitzt das Publikum beim Picknick (S. 97).

Crypt Jazz Restaurant Die Plätze für Gigs in der steinernen Krypta der St.-George's-Kathedrale müssen im Voraus gebucht werden (S. 180).

Shoppen & Märkte

Watershed Herausragende Auswahl an lokalem Kunsthandwerk, Design und Mode in der Waterfront (S. 193).

Old Biscuit Mill Fabelhafte Geschäfte und der Saturday's Neighbourgoods Markt (S. 188).

Kalk Bay Modern Kunst, Schmuck und Stoffe am Meer (S. 195).

Guild Von Postkarten bis zum Statement-Piece stammt alles von südafrikanischen Spitzendesignern (S. 192).

OZCF Market Day Frische Produkte aus lokalem Anbau und Kunsthandwerk (S. 190).

Blue Bird Garage Food & Goods Market Freitagnacht ist Fete in Muizenberg, mit Unmengen von Essen, dazu etwas Mode und Kunsthandwerk (S. 190).

Bay Harbour Market Am Wochenende auf dem Markt am Meer nach Souvenirs stöbern, essen und relaxen (S. 190).

Montebello Design Centre Um einen Kunsthandwerksladen verteilen sich mehrere Künstlerstudios – eine großartige Fundgrube für Geschenke (S. 194).

Monat für Monat

Januar

Die Hotels, Restaurants und Strände sind gut gefüllt, und auf den Küstenstraßen herrscht viel Verkehr. Einige Restaurants, Cafés und Geschäfte schließen in der ersten Januarwoche.

⚜ Cape Town Minstrel Carnival

Am Tweede Nuwe Jaar (2. Januar) marschieren beim Cape Town Minstrel Carnival bunt gekleidete Spielmannszüge durch die Stadt, außerdem gibt's kleinere Märsche an Heiligabend und Silvester. Bis Anfang Februar finden im Athlone Stadium Wettbewerbe zwischen den Gruppen statt (S. 301).

☆ Sun Met

Lust auf eine Wette beim höchstdotierten Pferderennen Südafrikas – im Jackpot sind 2,5 Mio. R – auf dem Kenilworth Race Course? Findet gewöhnlich am letzten Samstag im Januar statt (S. 129).

Februar

Das Cape Town International Summer Music Festival bietet klassische Musik. Zur Eröffnung der Sitzungsperiode des Parlaments in der ersten Februarwoche kommt die Stadt zum Stillstand – an diesem Tag sollten unnötige Fahrten vermieden werden!

⚜ Cape Town Pride

Das Festival dauert von der letzten Februarwoche bis Anfang März; die meisten Veranstaltungen finden in De Waterkant statt (S. 167).

⚜ Design Indaba

Von Ende Februar bis Anfang März treffen sich kreative Köpfe aus den Bereichen Mode, Architektur, bildende Kunst, Kunsthandwerk und Medien, meist im Cape Town International Convention Centre (S. 129).

März

Der Kulturkalender füllt sich mit einer Reihe von Kunst- und Musikfestivals. Am Tag der Cape Town Cycle Tour übernehmen Radler die Straßen (und viele Hotels) der Stadt; an diesem Tag sind Autofahrer abgemeldet.

⚜ Cape Town Carnival

Diese von der Stadt getragene Parade mit Straßenfesten feiert die vielen Facetten der südafrikanischen Identität. Das Fest findet zur Monatsmitte auf dem Walk of Remembrance in Green Point statt (S. 130).

🏃 Cape Town Cycle Tour

Dieser an einem Samstag Mitte März ausgetragene Wettbewerb zieht alljährlich über 30 000 Teilnehmer an und ist damit das größte Radrennen der Welt. Die Strecke führt um den Tafelberg, die Atlantikküste runter und den Chapman's Peak Drive entlang (S. 130).

⚜ Cape Town International Jazz Festival

Das größte Jazzfest der Stadt, zu dem sich große Namen aus Südafrika und aller Welt einfinden, wird meist Ende März im Cape Town International Convention Centre veranstaltet. Es gibt ein Gratiskonzert auf dem Greenmarket Square (S. 130).

✨ Infecting the City

Die Plätze, Museen und Theater bieten Bühnen für dieses innovative, alle zwei Jahre stattfindende Festival, zu dem sich darstellende Künstler des ganzen Kontinents einfinden (S. 130).

☆ Mercedes-Benz Fashion Week

Die Fashionistas können es kaum erwarten, dass die lokalen Designer ihre Models mit den neuesten Trends auf den Catwalk schicken (S. 130).

🏃 Old Mutual Two Oceans Marathon

Rund 9000 Teilnehmer machen sich Mitte März auf die Strecke des 56 km langen Marathons. Start ist in Newlands, die Strecke ähnelt der Cape Town Cycle Tour (S. 130).

April

Von jetzt bis Anfang Oktober herrscht kühleres Wetter, also wärmere Kleidung und Regensachen mitbringen.

🏃 Freedom Swim

Dieses Einzel- und Staffelwettschwimmen ist nur für leistungsstarke Schwimmer. Die Strecke ist von Murray's Bay auf Robben Island bis zum Bloubergstrand. Die Veranstaltung findet am Tag der Freiheit (27. April) statt (www.freedomswimseries.co.za).

✨ Pink Loerie Festival

Knysna feiert Ende April bis Anfang Mai mit einem farbenprächtigen Mardi Gras seine Offenheit gegenüber Schwulen (S. 264).

Mai

Die bunte Pracht des Herbstlaubs lässt sich wunderbar in Kirstenbosch, Constantia und natürlich auch in den Weinregionen genießen.

✨ Franschhoek Literary Festival

Das renommierte Literaturfest ist nur einer von vielen guten Gründen, das wunderbare Städtchen im Weinland aufzusuchen. Hier treffen sich einheimische und im Ausland lebende südafrikanische Schriftsteller (www.flf.co.za).

✨ Good Food & Wine Show

Bei dieser viertägigen Veranstaltung im Cape Town International Convention Centre präsentiert sich Kapstadt als ein Zentrum für Gourmets (S. 130).

Juli

Im Winter kann es in Kapstadt sehr windig und nass sein. Andererseits ist jetzt die beste Zeit, um Wale vor der Küste der Halbinsel zu entdecken.

✨ Cape Town Nu World Festival

Das Fest der internationalen Beats und Rhythmen

findet am Wochenende um den Mandela Day (um den 18. Juli) statt. Dann gehören City Hall und Teile der Grand Parade der Weltmusik (S. 130).

September

Offiziell der erste Frühlingsmonat, doch die Wale lassen sich um die Halbinsel und bis nach Hermanus noch gut beobachten. In der Stadt finden mehrere hochklassige Kunstveranstaltungen statt.

✨ Cape Town Fringe

Ein Füllhorn an darstellender Kunst beschert der Stadt Ende September und Anfang Oktober elf Tage lang interessante Happenings, die in Zusammenarbeit mit dem renommierten Grahamstown Festival organisiert werden (S. 130).

✨ Open Book Festival

Das wichtigste Literaturfestival Kapstadts ist dicht gepackt voller Talkrunden, Lesungen und Diskussionen mit lokalen und internationalen Schriftstellern. Es wird vom Fugard Theatre – hier finden die Events statt – dem District Six Homecoming Centre und der Book Lounge organisiert (S. 130).

Oktober

Der Frühling hat sich durchgesetzt, das Wetter wird wärmer, und in Kirstenbosch, den Parks und draußen auf dem Land blühen die Blumen.

⭐ Cape Town International Kite Festival

Als Sponsoring-Event für die Cape Mental Health Society lassen die Teilnehmer alljährlich Ende Oktober in Zandvlei, nahe Muizenberg, ihre farbenfrohen Drachen steigen (S. 131).

⭐ Mama City Improv Festival

In Observatory sorgen lokale und internationale Künstler in Stand-up-Comedys und Improvisationstheater fünf Tage für lang lachende Gesichter in Shows und bei Workshops (S. 130).

🏃 OUTsurance Kfm 94.5 Gun Run

Dieser beliebte Halbmarathon (21 km) ist der einzige Termin, bei dem die 12-Uhr-Kanone auf dem Signal Hill sonntags abgefeuert wird. Die Teilnehmer versuchen, ins Ziel zu kommen, bevor der Schuss donnert. Daneben finden Rennen über 10 und 5 km statt (S. 130).

⭐ Season of Sauvignon

Bei diesem Festival Ende Oktober steht der Sauvignon Blanc, der Charakterwein von Durbanville, im Mittelpunkt. Dann veranstalten die meisten Weingüter der Region Weinproben, Livemusik und andere Events (S. 130).

November

Kapstadt im Frühjahr ist wunderbar, auch wenn der Wind etwas anstrengend sein kann. Viele Outdoor-Veranstaltungen starten in diesem Monat in die Sommersaison.

☆ Galileo Outdoor Cinema

Das Kino im Freien (http://thegalileo.co.za) beginnt mit Vorstellungen in Kirstenbosch, der Waterfront und im Weinland.

☆ Kirstenbosch Summer Sunset Concerts

Jetzt beginnen die Sonntagnachmittagskonzerte, die bis in den April hinein andauern. Auf der Bühne wird etwas für jeden Geschmack geboten, von Arien singenden einheimischen Diven bis hin zu funkigen Jazzcombos. Zudem findet jedes Jahr ein Silvesterkonzert statt (S. 97).

☆ Miss Gay Western Cape

Bei dieser Schönheitskonkurrenz – sie findet gewöhnlich Anfang November statt – versuchen sich die Transgender-Kandidaten gegenseitig mit Bling-Bling und Glamour auszustechen (S. 131).

⭐ Streetopia

Das fröhliche Straßenfest findet meist am letzten Samstag im November an verschiedenen Locations im Zentrum von Observatory um die Trill Road, Station Road und Lower Main Road statt (S. 131).

⭐ Wavescape Surf & Ocean Festival

Auf diesem Festival dreht sich alles ums Surfen, Kunstausstellungen, Filmvorführungen, Meisterklassen und mehr. Es wird an verschiedenen Orten rund ums Kap gefeiert, wie in Muizenburg und der Waterfront (S. 131).

Dezember

Jetzt ist die Hauptreisezeit, daher sind die Karten für beliebte Attraktionen und auch Tische in Spitzenrestaurants schon weit im Voraus ausgebucht. Besonders viel los ist zu Silvester. Dann gibt's an der Waterfront ein großes Feuerwerk – nur eine der zahlreichen Veranstaltungen, die in der ganzen Stadt stattfinden.

☆ Adderley St. Christmas Lights

Das Konzert vor der Cape Town Railway Station am ersten Sonntag im Dezember vor Tausenden von Zuhörern läutet die Weihnachtszeit ein. Danach findet in der festlich beleuchteten Adderley Street ein Umzug statt. Ab Mitte Dezember wird abends außerdem in The Company's Gardens ein sehenswerter Markt veranstaltet (S. 131).

⭐ Cape Town Festival of Beer

Das größte Bierfestival des Kontinents startet Anfang Dezember. Es dauert drei Tage und bietet mehr als 200 Biere zur Verkostung an (S. 131).

⭐ MCQP

Beim Mother City Queer Project, das jedes Jahr an einem anderen Ort in Kapstadt stattfindet, feiern Schwule – jedes Jahr verkleidet nach einem anderen Motto – eine riesige Tanzparty. Teilnehmen an dem Spaß darf natürlich jeder, unabhängig von Geschlecht und sexueller Orientierung (S. 167).

Reiserouten

 **Die Garden Route**

Die grüne Garden Route ist und bleibt die Top-Destination für Südafrikabesucher. Eine ganze Woche hier ist super, aber schon in fünf Tagen bekommt man einen guten Eindruck von den Highlights. Ein paar Tage in Kapstadt runden den Besuch ab.

Von Kapstadt aus geht's auf der N2 in östliche Richtung – den kleinen Hunger stillen die *padkos* (Snacks) an einem der Bauernstände bei **Elgin**. Nach einer Nacht in **Mossel Bay** kann man surfen, skydiven, mit Haien tauchen oder das Museum besuchen. Verlockend ist ein allerdings zeitaufwendiger Abstecher nach **Wilderness** – die Unterkünfte hier sind exzellent. Für den Nationalpark geht aber mindestens ein Nachmittag drauf.

In **Knysna** geht's zum Wandern in die Wälder, man kann eine Bootsfahrt auf der Lagune unternehmen und eine Tour zur Township auf dem Hügel machen. Wer ohne Strand nicht relaxen kann, fährt weiter zur hübschen **Plettenberg Bay** mit Unterkünften am Meer und einer Handvoll Kellereien, die vor allem Sekt herstellen.

Eine Alternative für die Rückfahrt nach Kapstadt statt der N2 ist die **Route 62**. Man fährt man durch **Oudtshoorn** und folgt der gewundenen Straße.

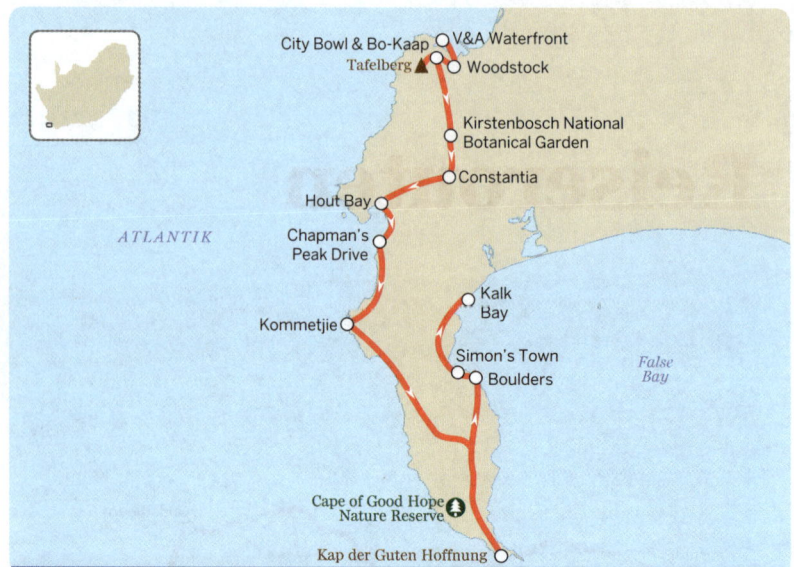

4 TAGE Kapstadt: Von oben nach unten

Gibt es einen besseren Start für den Besuch von Kapstadt als ein Frühstück auf dem **Tafelberg**? Wer keine Lust auf den steilen Anstieg hat, nimmt die Cableway. Sollte das Wetter nicht mitspielen, auf den Signal Hill ausweichen – der Blick auf die Stadt ist großartig. Der Rest des Tages gehört der **City Bowl** mit dem üppig grünen Company's Garden und dem **Bo-Kaap-Viertel** mit seinen farbenfrohen Häusern. Der Cocktail zum Sonnenuntergang auf einer Dachterrassenbar, wie The Vue, wird gefolgt von einem Gourmetmahl im Shortmarket Club oder dem Chef's Warehouse & Canteen.

Tag zwei gehört dem District Six Museum, das die bewegte Geschichte der Vergangenheit erzählt. Sehenswert ist die mittägliche Schlüsselzeremonie im 350 Jahre alten Castle of Good Hope. Das Mittagessen nimmt man in Woodstock im Kitchen ein, dann stöbert man nach zeitgenössischer Kunst in den Galerien Stevenson, Goodman Gallery Cape und anderen. Rund um **Woodstock Exchange** ist ein Zentrum der Straßenkunst, und wer noch mehr Lust auf Kunst hat, für den steht das neue Zeitz MOCAA Museum in **V&A Waterfront** ganz oben auf der Liste. Es lohnt sich, bis zum Sonnenuntergang durch das Viertel zu streifen und den Besuch mit einem Abendessen im Harbour House zu krönen.

Der dritte Tag beginnt im wunderschönen **Kirstenbosch National Botanical Garden**. Das Mittagessen im Foxcroft oder La Colombe muss vorbestellt werden; es legt die Grundlage für eine herrliche Tour durch die Weingüter von **Constantia** – mit Weinproben. Über den Constantia Nek geht's zur **Hout Bay**. Den Blick auf das Meer genießt man am besten mit einem Bier im Dunes, einem Pub am Strand.

Der vierte Tag gehört dem tiefen Süden der Halbinsel. Die Fahrt über den **Chapman's Peak Drive** ist einfach spektakulär. Nach Kommetjie, einem Hotspot für Surfer, erreicht man die Südwestspitze von Afrika. Das **Cape of Good Hope Nature Reserve** gehört zum Table Mountain National Park. Nach einem Picknick geht's weiter nach **Boulders** zu den Brillenpinguinen. Ein Stück die Straße hoch liegt der historische Marinestützpunkt **Simon's Town,** dann an der False Bay das reizende Fischerdorf **Kalk Bay.** Das Olympia Café und andere ausgezeichnete Restaurants servieren frische Meeresfrüchte.

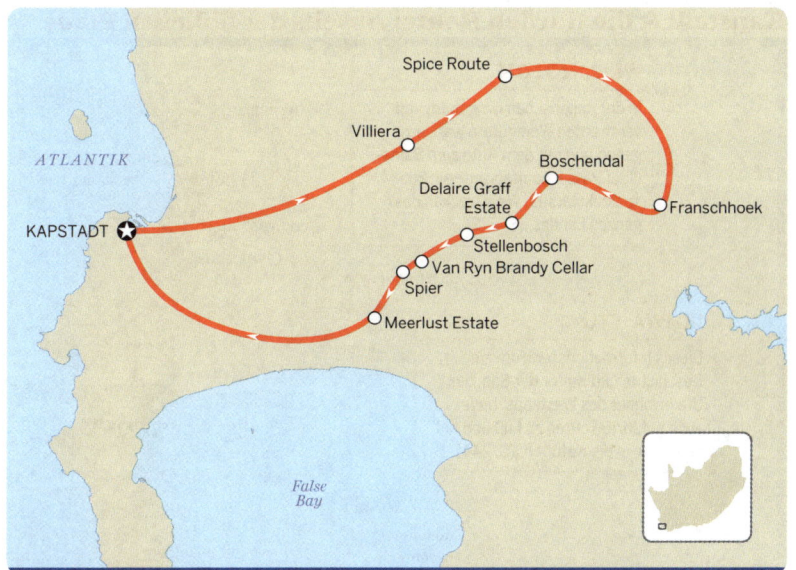

3 TAGE

Durch die Winelands

Die Winelands stehen bei fast allen Besuchern Südafrikas auf der Wunschliste. Selbst Abstinenzler können sich den eleganten Herrenhäusern im kapholländischen Stil, dem guten Essen und den blaugrauen Bergen im Hintergrund nicht entziehen. Die Route lässt sich leicht in Tagesetappen aufgliedern, doch mehr als vier Weingüter pro Tag wäre zu viel.

Über die N1 von **Kapstadt** bis Villiera fahren und bei einer etwa zweistündigen Safari Giraffen, Zebras und andere Wildtiere bestaunen. Nach 20 Minuten Fahrt folgt **Spice Route**, wo die zahlreichen kulinarischen Verlockungen für einen halben Tag ausreichen. Nach dem Mittagessen geht's über die Route 45 nach **Franschhoek**, wo in Solms-Delta Museen und Verkostungsraum warten. Übernachtet wird in einer Pension in Franschhoek – das Abendessen in einem der angesehenen Restaurants der Stadt vorbestellen.

Nach dem Aufwachen bieten sich bei einem Stadtbummel die Cafés und Patisserien für eine Stärkung an. Nach einem Mittagessen in einer der lokalen Brauereien aufbrechen zu einem der beliebtesten Weingüter: **Boschendal** präsentiert sich mit stattlichen Gebäuden, riesigen Bäumen, Weintouren und Trails für Mountainbiker. Die Route 310 nach Stellenbosch ist eine gewundene Panoramastraße – den besten Ausblick hat man vom **Delaire Graff Estate**. Für die Übernachtung stehen die historischen Hotels oder traditionsreichen Hostels von **Stellenbosch** zur Verfügung.

Der Morgen des dritten Tages ist für das Stadtzentrum reserviert. Besonders sehenswert sind das ausgezeichnete Village Museum und der hübsche Botanische Garten. Auf der Route 310 geht's zur einer Brandy-Probe im **Van Ryn Brandy Cellar**. Dessen Brandys wurden in der ganzen Welt ausgezeichnet. Es dauert nicht lange, dann folgt **Spier**. Die Stadt ist schamlos kommerziell, aber die Restaurants, Weinproben, familienfreundliche Aktivitäten und viel Platz kriegen schließlich fast jeden Besucher rum.

Weiter in Richtung Süden, doch bevor es auf der N2 endgültig zurück nach Kapstadt geht, empfiehlt es sich, im **Meerlust Estate** haltzumachen. Hier steht einzig und allein der Wein im Mittelpunkt, es gibt weder ein Restaurant noch Kinderspielplätze noch Extras zum Wein oder einen Käsehersteller vor Ort.

Kapstadt & die Garden Route: Abseits der üblichen Pfade

WELLINGTON

In der malerischen Umgebung mit verstreuten Weingütern wandern gehen und mit dem Auto zum Bainskloof Pass hinauffahren – eine des spektakulärsten Wegstrecken des ganzen Landes. (S. 229)

!KHWA TTU

Dieses Informationszentrum zur Geschichte und Kultur der San, der Ureinwohner des Westkaps, bietet auch geführte Touren zu Fuß und mit dem Auto in die Natur an. (S. 244)

INTAKA ISLAND

Inmitten das Stadtentwicklungszone Century City befindet sich ein 16 Hektar großes Feuchtgebiet. Es ist ein Schutzgebiet für 200 endemische Pflanzen- und 120 Vogelarten. (S. 117)

OUDEKRAAL

Die Postkartenansicht vom Lion's Head und von der Felsformation Twelve Apostles wird perfekt durch diesen Strand, der von riesigen Felsblöcken einrahmt ist. Zu erreichen abseits der Straße zwischen Camps Bay und Hout Bay. (S. 140)

SILVERMINE NATURE RESERVE

Der südliche Teil des Table Mountain National Park ist durchzogen von Rad- und Wanderwegen. Sein Highlight ist ein Stausee mit tanninhaltigem Wasser. Der Rundweg ist rollstuhlgeeignet. (S. 105)

ÖKODORF LYNEDOCH

Bei einem Zwischenstopp in diesem kleinen Ort bei Stellenbosch kann man sich davon überzeugen, dass nachhaltige Entwicklung und ökologisches Bauen nicht unbedingt sehr teuer sein müssen. Es gibt hier ein Café und eine einfache Unterkunft. (S. 208)

Bitterfontein

Vanrhyns Pass · Nieuwoudtville

Vanrhynsdorp R27

Vredendal

Strandfontein
Rooiduine Point

Lamberts Bay

Pakhuis Pass

Clanwilliam

Elands Bay

Cederberg WA

Piekenierskloof Pass · Citrusdal

St Helena Bay

Cape Columbine
Vredenburg

Piketberg
Beaverlac NR

West Coast NP R45 Moorreesburg

Groot Winterhoek

Gydo Pass

Yzerfontein

Darling

Tulbagh

Ceres R46

!KHWA TTU

Malmesbury

Bok Point R27

Bok Bay

Bainskloof Pass

Worcester

WELLINGTON R60

INTAKA ISLAND

CAPE TOWN

Stellenbosch

Franschhoek
The Overberg

OUDEKRAAL

Jonkershoek NR

SILVERMINE

LYNEDOCH

Greyton

ATLANTIK

NATURE RESERVE

ECO VILLAGE

Cape Point

Kogelberg NR
Fernkloof NR

Table Mountain NP

Kleinmond

Walker Bay · Stanford

Danger Point

Quoin Point

N 0 ———————— 100 km

LEGENDE
NP Nationalpark
NR Naturreservat
MR Meeresschutzgebiet
WA Wildschutzgebiet

MCGREGOR

Die friedliche Stadt ist der Ausgangspunkt für den 14 km langen
Boesmanskloof Trail. Endpunkt ist
das am Twee gelegene Greyton.
(S. 233)

KNYSNAS RASTAFARI-GEMEINDE

Judah Square ist eine Community der
Rastafari in einem kleinen Tal in
Khayalethu South, einer Vorstadt von
Knysna. Wer sich für die Rastafari-
Kultur interessiert, dem sei ein
Ausflug hierher mit Bruder Zebulon
empfohlen. (S. 261)

DE HOOP NATURE RESERVE

Das Naturreservat hat einen Land-
und einen Meeresanteil. Während sich
im Wasser der Südliche Glattwal
tummelt, bevölkern die bedrohten
Bergzebras und Buntböcke die Landschaft mit ihrer *fynbos*-Vegetation.
(S. 243)

ROBBERG NATURE & MARINE RESERVE

Die zerklüftete Halbinsel ragt 4 km ins
Meer hinaus. Sie zu Fuß zu erkunden
ist eine körperliche Herausforderung.
Eine Umrundung mit dem Boot ermöglicht, die Kolonie der Südlichen Seebären von der Meeresseite her zu
bewundern. (S. 270)

Unterwegs vor Ort

Für weitere Informationen siehe Verkehrsmittel & -wege (S. 314)

Auto

Südafrika ist ein großartiges Land für Autotouren. Mit Ausnahme der wichtigen Bus- und Bahnrouten ist der eigene Wagen das beste Mittel, um von Ort zu Ort zu kommen. In der Gruppe kann ein Mietwagen sogar die billigste Option sein.

Die Investition in Straßenkarten lohnt sich; sie sind überall im Land erhältlich.

➡ Im Vergleich zu Europa und Nordamerika sind Mietwagen preiswert. Bei längerer Mietdauer bekommt man schon einen Wagen ab 200 R pro Tag. Allerdings sollte man für möglichst billige Angebote schon Monate im Voraus online buchen. Die meisten Firmen verlangen für Fahrer unter 21 Jahren eine Extragebühr.

➡ Bei der Buchung des Wagens wird meist eine Kreditkarte verlangt; Bankkarten werden nicht akzeptiert. Da viele Mietwagengesellschaften Chipkartenleser mit PIN-Eingabe benutzen, sollte man seine PIN-Nummer kennen.

➡ Viele Verträge sehen eine Begrenzung der Kilometerzahl vor. Wer sie überschreitet, zahlt extra. Bei längeren Touren kann das ein Nachteil sein, doch in der Regel reicht ein Limit von 400 km pro Tag aus. Mit Zwischenstopps von einem oder zwei Tagen wird aber ein Tageslimit von 200 km selten überschritten.

➡ Einige lokale Anbieter gewähren eine unbegrenzte Kilometerzahl. Auch internationale Mietwagenfirmen mit Buchung über eine Auslandsvertretung gewähren Fahrkilometer manchmal unbegrenzt. Ausnahmen sind Buchungen in der Hauptsaison (z. B. Dezember bis Januar).

➡ Bei der Buchung darauf achten, ob die 14%ige Mehrwertsteuer im Preisangebot inbegriffen ist.

INFOS IM INTERNET

Automobile Association of South Africa (AASA; ☎ 011-799 1000, 086 100 0234; www.aa.co.za) bietet Pannenhilfe an.

Transport Information Centre (☎ 080 065 6463) für die Fahrpläne in Kapstadt.

Gometro App (https://app.gometro.co.za) Fahrpläne für die Metrorail und für die Golden-Arrow- und MyCiTi-Buslinien.

➡ Bei Mietwagen, die nur für eine einfache Strecke gebucht werden (one way rental), wird eine Gebühr fällig, die sich nach der Länge der Strecke richtet.

Kein Auto?

Bus

Greyhound, Intercape und Translux decken mit bequemen Bussen zu vernünftigen Preisen die gesamte Region ab. Für Backpacker sind die Shuttlebusse von Baz Bus und Mzansi Experience praktisch; sie befahren zu sozialen Preisen die Garden Route zwischen Kapstadt und dem östlichen Kap.

Fahrrad

Wer fit genug für die Hügel ist, findet im Western Cape einige lohnende Strecken. Die Landschaft ist schön und abwechslungsreich, es gibt viele Zeltplätze und ruhige Nebenstraßen. Der größte Nachteil sind aggressive Autofahrer.

Flugzeug

Die einzige inländische Flugstrecke, die infrage käme, geht von Kapstadt nach George; drei Flüge täglich (50 Minuten).

Private Taxis

In Kapstadt und Umgebung gibt es viele private Taxifirmen und an beliebten Stellen auch Taxistände. Häufig ist es sicherer, das Taxi telefonisch zu bestellen: Es dauert etwas länger, aber die Autos sind besser. In Kapstadt kosten Taxis durchschnittlich 10 R pro Kilometer; oft mit Mindestgebühr von 30 R oder mehr. Uber ist hier beliebt.

Sammeltaxi

Für kurze Strecken sind Sammeltaxis okay, für lange eher nicht – da tun sich so einige Sicherheitsrisiken auf. Wo allerdings weder Busse noch Bahnen verkehren, sind Sammeltaxis die einzige Möglichkeit, wenn man auf öffentlichen Transport angewiesen ist.

➡ Es gibt viele Unfälle. Gelegentlich kommt es zu Auseinandersetzungen zwischen Konkurrenzunternehmen. Häufig sind die Haltestellen der Sammeltaxis und ihre nähere Umgebung nicht sicher. Straßenraub, Taschendiebe, sexuelle Belästigung und andere Vorfälle sind alltäglich. Wer unbedingt ein Sammeltaxi benutzen möchte, sollte zumindest nicht nachts fahren; für sichere Linien und No-Go-Areas die Zeitungen lesen und Einheimische fragen.

➡ In ein paar Regionen sind Sammeltaxis tagsüber relativ sicher. Das gilt für die Stadtmitte von Kapstadt. Möglichst ohne Gepäck reisen, denn die meisten Sammeltaxis transportieren nichts auf dem Dach und das Verstauen von Rucksäcken kann ein Problem sein.

Zug

Die Metro-Züge verbinden Kapstadt mit Stellenbosch und Paarl in den Winelands. Aus Sicherheitsgründen empfiehlt es sich, nur während der Geschäftszeiten mit dem Zug zu fahren.

KURZINFO AUTOFAHREN

➡ Gefahren wird auf der linken Seite der Fahrbahn.

➡ Sicherheitsgurte sind Pflicht.

➡ In bebauten Orten beträgt die Höchstgeschwindigkeit 60 km/h, auf der Landstraße 100 km/h und auf den meisten Highways 120 km/h.

➡ Die Fahrerlaubnis des Heimatlandes wird nur anerkannt, sofern sie in Englisch ausgestellt ist; besser ist ein internationaler Führerschein.

ENTFERNUNGEN (KM)

	Langebaan	Kapstadt	George	Hermanus
Kapstadt	125			
George	550	435		
Hermanus	240	120	380	
Knysna	600	490	60	440

Reiseplanung

Essen wie die Einheimischen

Man nehme etwas schwarze Magie, einen Schuss holländischer Herzlichkeit, eine Prise indischer Gewürze, die Geheimnisse der Malaien, und heraus kommt eine aufregende Mischung der Kulturen. Zusammen mit weiteren Einflüssen, die im selben Kessel brodeln, ergibt dies die südafrikanische Küche. Die kulturelle Vielfalt spiegelt sich in der Küche des Landes wider, die von afrikanischen Grundnahrungsmitteln in den Townships bis zu den Meeresfrüchten und Steaks in den weltweit geschätzten Restaurants reichen. Das Essen führt auf direktem Weg ins Herz der Regenbogennation.

Öffnungszeiten

Viele Restaurants und Cafés sind sonntags geschlossen.

Cafés Mo–Fr 7.30–17, Sa 8–15 Uhr.

Restaurants Mo–Sa 11.30–15 und 18–22 Uhr.

Reservierungen

Für beliebte und trendige Lokale wird eine Reservierung empfohlen. Eine Handvoll Lokale ist schon Monate im Voraus ausgebucht; einige verlangen außerdem Vorkasse.

Guides & Blogs

Rossouw's Restaurants (www.rossouwsrestau rants.com) Spritzige Online-Kritiken der Kapstädter Restaurants; einmal pro Jahr erscheinen die Kritiken in gedruckter Form.

Eat Out (www.eatout.co.za) Online-Kritiken und ein jährliches Magazin mit Berichten über Restaurants in Kapstadt und dem West Cape.

Once Bitten (http://oncebitten.co.za) Kritiken und Features von dem Restaurantkritiker Brent Meersman (früher bei *Mail & Guardian*).

Wohin zum Essen?

Wer Wert auf gutes Essen in traumhafter Umgebung legt, kommt nicht um die Winelands herum. Die Lokale entlang der Küste des Westkaps servieren unter freiem Himmel am Strand mehrgängige gegrillte Fischmenus *(braais)*, die vor den Augen der Gäste zubereitet werden. Das Highlight eines Townshipbesuches ist Hausmannskost in einem B&B oder bei einer Familie. Zusätzlich zu Spezialitätenrestaurants findet man in jeder größeren Stadt westliches Essen zu zivilen Preisen (ab etwa 75 R). Viele Restaurants haben eine Schanklizenz, aber man darf fast überall seinen eigenen Wein mitbringen (BYO) – dabei wird ein Korkgeld fällig.

In allen Städten bieten Cafés Cappuccino, Sandwiches und andere leichte Gerichte an. In ländlichen Regionen sind „Cafés" *(kaffie)* gewöhnlich kleine Tante-Emma-Läden, die Softdrinks, Pommes frites, Grundnahrungsmittel und Holzkohle verkaufen. Die meisten Cafés sind von 7.30 bis 17 Uhr geöffnet.

In den größeren Städten findet man eine gute Auswahl Pubs und gehobener Cocktailbars. In den Städten breiten sich konzessionierte Bars aus, und in den meisten kleineren Städten gibt es mindestens ein Hotel mit Bar. In den Townships dreht sich die Kneipenszene um die *shebeens* (ehemals illegale Lokale, die jetzt „nur noch"

Alkohol ohne Lizenz ausschenken). In ganz Südafrika kann man alkoholische Getränke in Getränke- und Wein in Supermärkten kaufen. Sonntags kommt man allerdings kaum an Alkohol zum Mitnehmen.

Kulinarische Trends

Das Sammeln und Verwerten von heimischen Pflanzen hat sich in Kapstadt zum Trend entwickelt. Vorreiter waren Restaurants wie Foliage (S. 222) und Fyndraai (S. 221) in Franschhoek und die Schlemmereien von Veld and Sea (S. 125) in der Good Hope Gardens Nursery.

Viele Lokale bieten inzwischen gesunde und köstliche vegetarische Gerichte an. Passend zum mediterranen Klima stellen immer mehr Restaurants auf kleine, leichte Tellergerichte, Tapas oder Gerichte zum Selbstzusammenstellen um. Auch die kohlenhydratarme (low carb), fettreiche „Banting"-Küche ist weiterhin beliebt. Mehrere Lokale servieren Banting-Menüs wie Pizza mit Blumenkohlboden.

Ein weiterer wichtiger Trend ist der Aufstieg der Supper Clubs, wie der Reverie Social Table (S. 151) und **Secret Eats** (www.secreteats.co.za). Informationen zu den Veranstaltungen bekommt, wer sich für die Newsletter anmeldet. Wer in einem kapstädtischen Privathaus essen möchte, kann das über **Pozay** (www.pozay.com) organisieren.

Aus dem Meer

Auf den Tisch kommen heimische Fischarten wie Kingklip oder sogar Snoek, ein sehr fleischiger Fisch – wie eine Makrele auf Steroiden. Gegrillt, oder „braaied", wie man hier sagt, schmeckt sie köstlich. Vorsicht jedoch vor den zahlreichen kleinen Gräten.

Bei „line fish" handelt es sich um tagesfrischen Fang. Für einen entsprechenden Preis gibt's auch köstlich frische Flusskrebse. Vor dem Bestellen besser noch checken, ob das Hauptgericht nicht auf der Liste gefährdeter Tierarten steht; Details liefert die **Southern African Sustainable Seafood Initiative** (SASSI; http://wwfsassi.co.za).

Die Küche der Kapmalaien

Die spannende Mischung aus malaiischer und holländischer Kochtradition entstand in der Frühzeit der europäischen Besiedlung und zeichnet sich durch die Verbindung von aromatischen Gewürzen mit lokalen Produkten aus. Manchen ist die Küche zu schwer und zu süß, aber Probieren lohnt sich auf jeden Fall.

Das am weitesten verbreitete kapmalaiische Gericht ist *bobotie*, meist zubereitet aus Rinder- oder Lammhack mit herzhafter Kruste aus geschlagenem Ei, leicht mit Curry gewürzt und serviert auf Kurkumareis mit Chutney. Es gibt auch raffinierte Varianten mit anderen Fleischsorten oder auch mit Fisch.

Bredies sind Eintöpfe in vielen Variationen mit Fleisch oder Fisch und Gemüse. Dhaltjies oder Chili Bites sind frittierte Kichererbsenbällchen mit Kartoffeln, Koriander und Spinat, die aus der maurischen Küche stammen. Beliebt sind auch milde Currys, oft serviert mit *rootis*, etwas teigiger als das gleichnamige indische Brot. Vom indischen Einfluss zeugen auch *samosas*, dreieckige, knusprige Teigtaschen mit scharfer Gemüsefüllung. Fleischfreunde dürften eher *sosaties* mögen, kapmalaiische Grillspieße.

Köstliche traditionelle Desserts sind *malva*-Pudding mit Aprikosenmarmelade und Essig sowie Brandy-Pudding (die echte kapmalaiische Küche ist stark muslimisch beeinflusst und verzichtet auf Alkohol). Sehr empfehlenswert sind auch *koeksusters*, mit Sirup überzogene, frittierte Teigzöpfe.

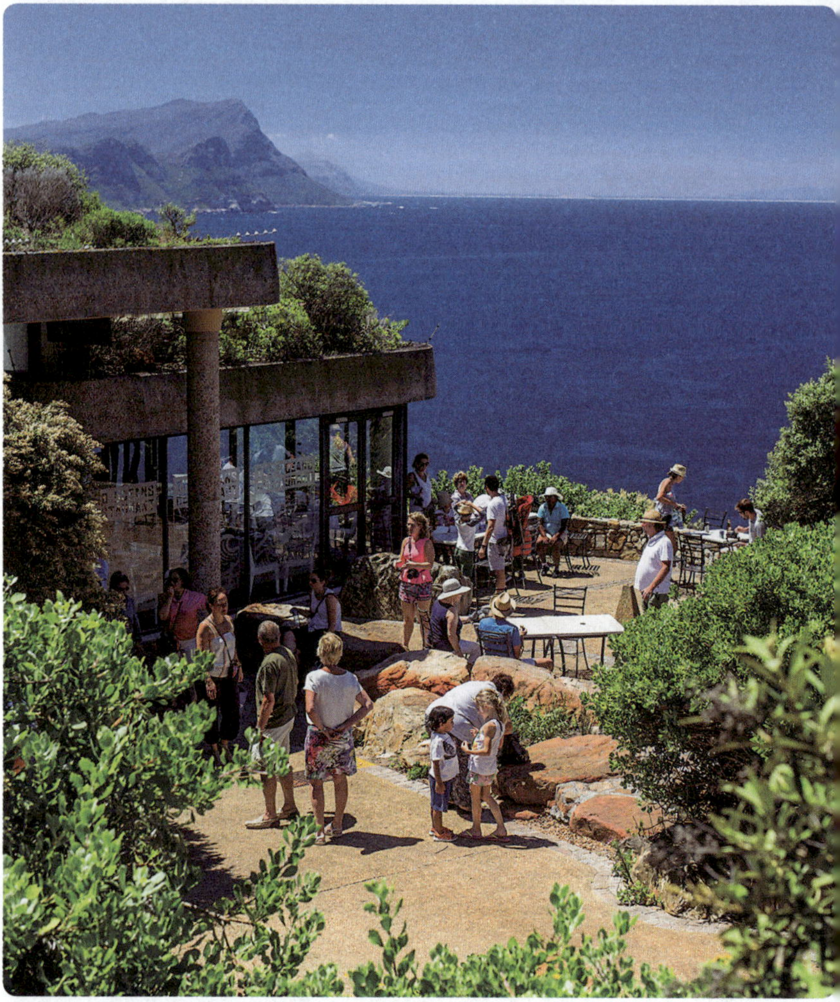

RODGER BOSCH/AFP/GETTY IMAGES ©

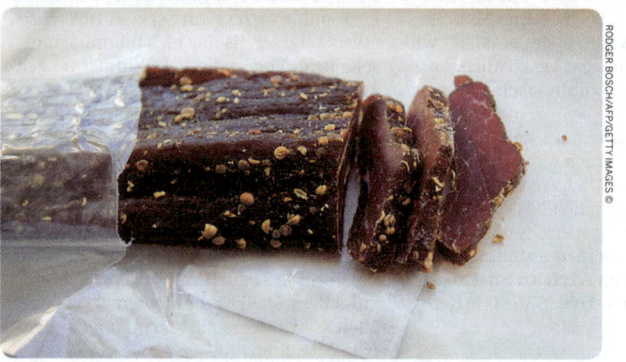

Oben: Two Oceans Restaurant (S. 163), Kapstadt

Unten: Biltong

SPEISEN UND GETRÄNKE KENNENLERNEN

Die kulinarische Szene Kapstadts ist faszinierend, und einheimische Experten bieten für fast alles Kurse an. Kochkurse in der kapmalaiischen Küche veranstalten Gamidah Jacobs von der **Lekka Kombuis** (☑079 957 0226; www.lekkakombuis.co.za; 81 Wale Street, Bo-Kaap; Kochkurs & Tour 650 R; 🚌Dorp, Leeuwen) und Zainie Misbach von der **Bo-Kaap Cooking Tour** (☑074 130 8124; www.bokaapcookingtour.co.za; 46 Rose Street; pro Person 825 R; 🚌Church|Longmarket).

Leckermäuler werden von den Schokoladen- und Backkursen des **Lindt Chocolate Studio** (Karte p86; ☑021-831 0360; www.chocolatestudio.co.za; Shop 2, Silo 2, V&A Waterfront; Proben & Kurse ab 245 R; ⊘9–18 Uhr) begeistert sein; einer richtet sich an Kinder. Bei Honest Chocolate (S. 168) können Verkostungen und Kurse zur Bonbonherstellung mit lokalen Konditoren gebucht werden.

Veld and Sea (S. 125) veranstalteten Kurse, in denen Nutzpflanzen im *fynbos* und an der Küste gesammelt werden. Die Führer sind Experten, die genau wissen, wie man die Schätze der Natur nachhaltig nutzen kann, auch Algen und Muscheln (die Erlaubnis zum Muschelnsammeln gibt's bei der Post) in den Gezeitentümpeln von Scarborough und dem Cape of Good Hope Nature Reserve. Aus den gesammelten Pflanzen und Tieren wird ein Essen gekocht.

Beerguevara (☑021-447 0646; www.beerguevara.com; 20 Brickfield Road, Salt River; ⊘Mo–Fr 9.30–17, Sa 9.30–112 Uhr; 🚌Upper Salt River) bietet Kurse zum Bierbrauen an, und in der **New Harbour Distillery** (☑021-447 3396; http://newharbourdistillery.co.za; Ecke Victoria & Woodlands Roads, Woodstock; Kurse/Verkostung pro Person 850/75 P; ⊘auf Anfrage; 🚌District Six) wird gezeigt, wie Gin gebrannt wird. Im **Origin** (S. 170) werden Kurse für Hobby-Baristas abgehalten.

Afrikanische & Afrikaander-Küche

Grundnahrungsmittel der meisten Township-Bewohner ist Reis oder *mealie pap* (Maisbrei), zu dem oft ein fettiger Eintopf gereicht wird – nicht sehr appetitlich, aber preiswert. Das Gleiche gilt für die *smilies* (Schafsköpfe), die auf der Straße zubereitet und gleich gegessen werden. Weitere typische Gerichte sind *samp* (eine Mischung aus Mais und Bohnen), *imifino* (Maismehl und Gemüse) und *chakalaka* (eine leckere Würzsauce aus Tomaten, Zwiebeln, Pfeffer, Knoblauch, Ingwer, süßer Chilisauce und Currypulver).

Gewürztes Fleisch mit Sauce vom *braai* (Grill), das Standardgericht der traditionellen Burenküche, ist überall beliebt. Das Erbe der Voortrekker zeigt sich in alten Spezialitäten wie *biltong* (luftgetrocknetes Rind- oder Wildfleisch) und *rusks*, die sich perfekt für die langen Trecks der Pioniere durchs Hinterland eigneten. Boerewors (würzige Bauernwurst) ist die traditionelle Wurst, und viele Rezepte werden mit Wild zubereitet (meist Antilopenfleisch).

Vegetarier & Veganer

Das kulinarische Südafrika isst sehr fleischlastig, aber die meisten Restaurants haben mindestens ein vegetarisches Gericht auf der Karte. In größeren Städten findet man auch vegetarische Restaurants. Eine gute Alternative sind die Cafés, die oft auf Wunsch vegetarisches Essen zubereiten. Auch in indischen und italienischen Restaurants werden Vegetarier fündig, allerdings werden viele Pastasaucen mit tierischem Fett zubereitet. Die Bioläden in größeren Städten haben Tofu, Sojamilch und andere Grundnahrungsmittel im Angebot – sie kennen auch die vegetarischen Lokale vor Ort.

Für Veganer ist es sehr viel schwieriger, denn die meisten fleischlosen Gerichte enthalten Käse, auch Eier und Milch sind übliche Zutaten. Am besten fährt man mit Bioläden, die allerdings abends und an Sonntagen geschlossen sind. Größere Supermärkte führen Sojaprodukte, und Nüsse und Obst sind überall erhältlich. Straßenstände überall auf dem Land verkaufen Gemüse und Obst der Jahreszeit.

Reiseplanung
Wein & Weingüter

Kapstadt ist die natürliche Basis für den Besuch der Weinregion am Westkap – im Umkreis einer Tagesfahrt liegen über 200 Weingüter. Wo die südafrikanische Weinindustrie im 17. Jh. begann, werden heute jährlich fast 1,5 Mio. t Trauben geerntet und zu Wein und anderen alkoholischen Getränken verarbeitet.

Zum Einstimmen

Platter's South African Wine Guide (www.wineonaplatter.com) ist die ultimative Einführung; die Geschmacksbewertung wird jedes Jahr neu aktualisiert und Tausende von Produkten mit Sternen benotet.

South Africa's Winelands of the Cape (Gerald & Marc Hoberman; 2014) Dieser großformatige Prachtband stellt über 50 Weingüter vor.

Love Your Wine (Cathy Marston; 2015) Hilft dabei, die Weinproben auf solide Basis zu stellen.

Wine of the New South Africa (Tim James; 2013) Profile von 150 führenden Weingütern Südafrikas. Weitere Infos im Blog Grape (http://grape.co.za) von James.

Kurse

Cape Wine Academy (☏021-889 8844; www.capewineacademy.co.za; Kurse 1395 R) Die Weinseminare werden in Stellenbosch, Kapstadt und anderen Orten am Westkap angeboten.

Fynbos Estate (☏022-487 1153; www.fynbosestate.co.za; eintägiger Kurs/mit Übernachtung pro Person 750/1500 R) Praxisnahe Kurse zur Weinherstellung in den Paardebergen, 15 km von Malmesbury entfernt (von Kapstadt aus eine halbe Autostunde).

Eine Wachstumsbranche

Jedes Jahr kommen unzählige neue Erzeuger hinzu. Während viele Winzer den Ehrgeiz haben, herausragende Weine in kleinen Mengen auszubauen, versuchen andere, sich den Boom der Branche zunutze zu machen, und erweitern ihre Betriebe um Museen, Restaurants, Unterkünfte, Wanderwege und andere Attraktionen. Ein paar dieser Unternehmen werden hier ebenso vorgestellt wie Weingüter, die sich mit ihren besonders edlen Tropfen einen Namen gemacht haben.

Allround-Weingüter

Babylonstoren (S. 226) Neue Weine und traditionell produzierte Lebensmittel in einem großartig geführten Weingut mit prachtvollem Küchengarten.

Solms-Delta (S. 219) Ausgezeichnetes Museum, edle Weine, Musik, Garten mit heimischen Pflanzen und schöner Picknickbereich am Fluss.

Groot Constantia (S. 97) Museum, Restaurants und ein schönes historisches Anwesen; hier begann der Weinbau in Südafrika.

Vergelegen (S. 209) Hübsches historisches Gebäude, Rosengärten und ein Restaurant der Spitzenklasse.

Fairview (S. 225) Günstige Wein- und Käseverkostung, dazu Yoga und Ziegen, die auf einen Turm hinaufklettern!

Spice Route (S. 224) Eine Melange aus komplexen Rotweinen, Schokolade, Craftbier und Glasbläsern.

Schaumweine

Graham Beck (S. 230) Verkostung von preis-gekröntem Sekt in einem Weingut in Robertson.

Villiera (S. 211) Produziert mehrere exzellente Schaumweine nach der „Méthode Cap Classique".

Haute Cabrière (S. 219) Hier werden Sektflaschen mit der faszinierenden sabrage-Methode geköpft – mit einem Schwerthieb.

Essen

Waterkloof (S. 209) Der französische Chefkoch Gregory Czarnecki wurde für seine kreative Küche mehrfach ausgezeichnet.

Buitenverwachting (S. 98) Picknick bei einem alten Weingute in Constantia; dazu gibt's eine Kaffeerösterei, ein Café und ein Gourmetrestaurant.

La Motte (S. 217) Im Restaurant Pierneef à la Motte werden zum Mittags- und Abendmenü die passenden Weine serviert.

Für Familien

Blaauwklippen (S. 213) Am Wochenende fahren Pferdekutschen durch das Weingut.

Spier (S. 211) Kinder freuen sich über die Greifvögel und Fahrten mit Segways durch die Weinberge; bei Hunger helfen zwei Restaurants oder ein Picknick.

Villiera (S. 211) Auf einer Fahrt durch die Farm sieht man Antilopen, Zebras und auch verschiedene Vogelarten.

Gut schlafen

Grande Provence (S. 218) Die Gäste schlafen in großartig eingerichteten Hütten und dürfen moderne afrikanische Kunst bewundern.

Delaire Graff Estate (S. 211) Das ultramoderne „Weingut im Himmel" bietet puren Luxus.

Babylonstoren (S. 226) Alte Arbeiter-Cottages wurden in superschicke Gästezimmer umgebaut.

Kunst genießen

Glen Carlou (S. 225) Die Kunstsammlung enthält Werke von 65 internationalen Künstlern, wie Gilbert and George, Frank Stella und James Turrell.

La Motte (S. 217) Heimat einer erstklassigen Sammlung mit Werken des südafrikanischen Künstlers Jacob Hendrik Pierneef.

Tokara (S. 211) Bietet eine sehenswerte Kunstsammlung sowie einen fantastischen Delikatessen-Shop und eine Skulpturgalerie.

Eine Weintour planen

Noch unsicher? Mit den folgenden Ratschlägen dürfte jeder in der Lage sein, mit Kennerblick das Glas zu heben.

Bevor's losgeht

Vor dem Besuch sollte man sich vergewissern, dass die Weingüter auch geöffnet haben. Von Dezember bis Februar kann es besonders voll sein. Pro Weingut ca. eine Stunde für die Weinprobe einplanen. Eine Weinkellerbesichtigung sollte Teil des Ausflugs sein. Unbedingt für einen nüchternen Fahrer sorgen – wer kein eigenes Fahrzeug hat, schließt sich einer der vielen Touren (S. 38) durch die Winelands an.

Weinprobe

Viele Kellereien verlangen Geld für die Weinproben, in der Regel wenig, manchmal aber auch viel, und oft wird der Betrag mit einem Mindesteinkaufswert verrechnet. Die Weinproben beginnen mit Weißweinen, gehen dann zu den Rotweinen über und schließen mit Likörweinen ab. Zunächst schnuppert man den Duft des Weins, nimmt einem Schluck und rollt ihn ein wenig im Mund herum. Anschließend wird er in das bereitstehende Gefäß gespuckt (wer nicht gleich nach den ersten Geschmacksproben aus der Reihe tanzen will, sollte sich das Herunterschlucken für die richtig guten Weine aufsparen).

Lagerung

Die Hersteller verkaufen ihre Weine normalerweise direkt nach der Abfüllung, und die meisten sind dann auch bereits trinkbar, doch eine kurze Lagerung ist empfehlenswert. Selbst edlere Rotweine werden heutzutage vorwiegend jung genossen. In guten Restaurants werden einige Rot- und Weißweine serviert, die eine Weile in der Flasche gereift sind.

Wein kaufen

Lieferungen ins Ausland sind kostspielig – wer sich vor dem Kauf informiert, erspart sich teure Überraschungen. Die Preise pro Flasche schwanken enorm: Für gute Rot- und Weißweine muss man zwischen 50 R und 150 R bezahlen und für absolute Spitzenweine ist der Preis noch deutlich höher.

Weintouren

African Story (☏073 755 0444; www.african storytours.com; 850 R) Ganztagestouren mit Wein-, Käse- und Schokoladenverkostung auf vier Gütern bei Stellenbosch, Franschhoek und Paarl.

Bikes 'n Wines (S. 213) Sehr empfehlenswerte Touren mit dem Rad (9 bis 21 km) zu drei oder vier Weingütern in Stellenbosch. Im Angebot sind auch Stadttouren durch Kapstadt und Trips zu den seltener besuchten Weinregionen wie Elgin, Wellington und Hermanus.

Easy Rider Wine Tours (S. 214) Zuverlässiger Anbieter in Stellenbosch. Die Tour beginnt mit einer Kellerführung, dann geht's zu den Gütern Boschendal, Fairview und einigen anderen Kelle-reien. Die Tagestour inkl. Mittagessen und allen Weinproben kostet 650 R und ist ihren Preis wert.

Gourmet Wine Tours (☏021-705 4317, 083 229 3581; www.gourmetwinetours.co.za; halb-/ ganztägige Touren ab 1800/2650 R) Stephen Flesch, ehemaliger Vorsitzender der Winetasters Guild of South Africa, hat 35 Jahre Erfahrung als Weinprüfer und bietet Touren zu den vom Kunden ausgewählten Weingütern an.

Vine Hopper (S. 213) Der Hopper ist ein Hop-on-hop-off-Bus mit drei Routen, an denen sechs Wein-güter liegen. Er fährt stündlich bei Stellenbosch Tourism ab, wo man auch Fahrkarten kaufen kann. Außerdem gibt's eine Ganztagestour, die zusätz-lich Brandy- und Sekt-Kellereien umfasst.

Wine Flies (☏021-462 8011; www.wineflies. co.za; pro Person 820 R) Vergnügliche Touren zu vier oder auch fünf Weingütern mit Keller- und Weinbergführungen sowie Käse-, Oliven- und Schokoladenverkostung.

Weingeschichte

Schon Jan van Riebeeck, der Gründer der Kapkolonie, baute Wein an, doch erst un-ter Gouverneur Simon van der Stel (1679) kam der Weinbau in Südafrika richtig in Schwung. Van der Stel gründete das Constantia-Anwesen (später wurde es in die heutigen Weingüter aufgeteilt) und gab sein Wissen an die Siedler weiter.

Zwischen 1688 und 1690 trafen etwa 200 Hugenotten am Kap ein, denen vor allem in der Gegend von Franschhoek ("Franzosenwinkel") Land zur Verfügung gestellt wurde. Obwohl nur ein paar von ihnen Erfahrung im Weinbau hatten, ga-ben sie der jungen Industrie neue Impulse.

Lange Zeit waren die Kapweine, mit Ausnahme der auf Constantia erzeugten, nicht sehr gefragt, und die meisten Trau-ben endeten als Brandy. Erst Anfang des 19. Jhs. erhielt die Branche einen Auftrieb, als die Briten, wegen des Kriegs gegen Frankreich auf der einen und günstiger Handelszölle zwischen Großbritannien und Südafrika auf der anderen Seite, verstärkt südafrikanischen Wein importierten.

DER MENSCHLICHE FAKTOR

Zurzeit beschäftigt die südafrikanische Weinindustrie 160 000 schwarze und farbi-ge Feldarbeiter und Helfer bzw. meist Helferinnen, die in den von etwa 4500 Weißen betriebenen Weingütern schuften. Die Arbeiter verdienen bei zwölf Stunden Arbeit täglich einen Tageslohn von 150 R; Wanderarbeiter aus Simbabwe und anderen Ländern erhalten oft noch weniger.

Die Menschenrechtsorganisation Human Rights Watch (HRW; www.hrw.org) veröffentlichte 2011 einen Bericht mit dem Titel *Ripe with Abuse* (dt. etwa „Wir haben den Missbrauch satt!"), in dem die südafrikanische Weinindustrie scharf verurteilt wurde: Es geht um niedrige Löhne, schockierende Unterkünfte, während der Arbeit kein Zugang zu Sanitäranlagen oder Trinkwasser, keine Schutzkleidung gegen Pestizide und der Versuch, Gewerkschaftsvertretungen zu verhindern. Es gibt zwar arbeitsrechtliche Regelungen, doch werden sie nicht immer eingehalten, und viele Arbeiter wissen nicht über ihre Rechte Bescheid. Der südafrikanische Exportver-band Wines of South Africa (www.wosa.co.za) hat verschiedene Programme auf-gelegt, um den Schutz der Menschenrechte in der Weinbranche zu verbessern und die Leistungsbilanz durch nachhaltiges Wirtschaften zu sichern. Die Weinindustrie arbeitet nun verstärkt mit dem Industrie- und Fair-Trade-Verband WIETA (Wine In-dustry and Ethical Trade Association, www.wieta.org.za) zusammen.

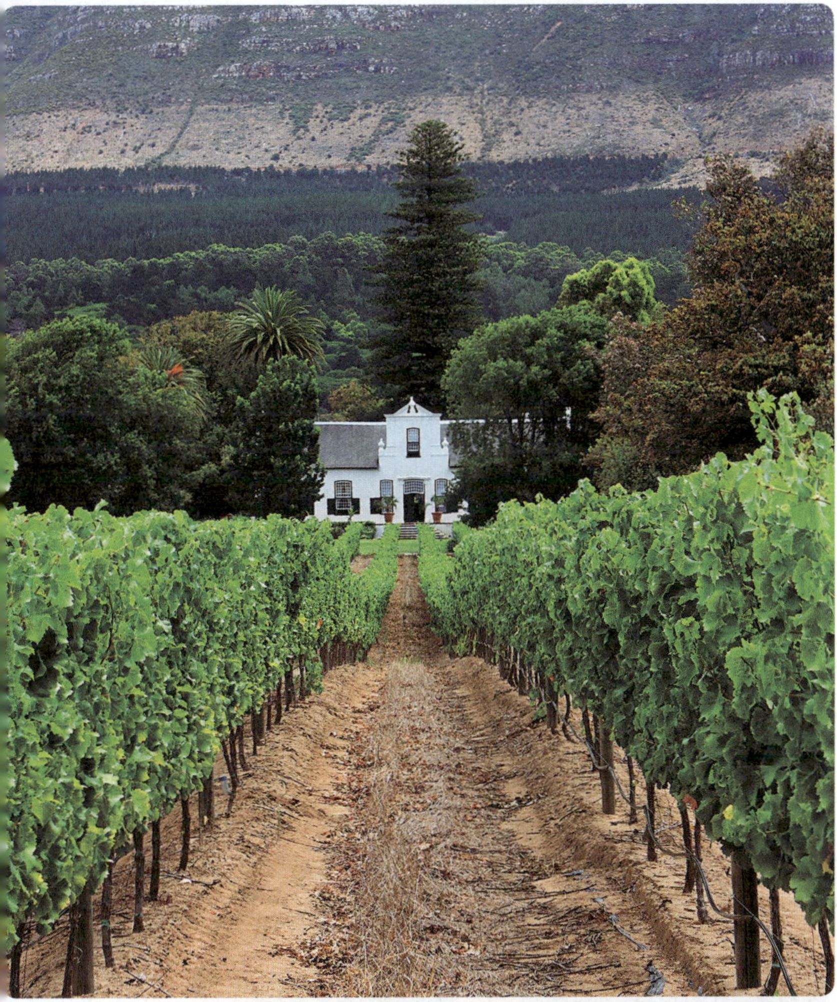

Oben: Weingut Buitenverwachting (S. 98)

Unten: Weingut Vergelegen (S. 209)

WOLFGANG KAEHLER/CONTRIBUTOR/GETTY IMAGES ©

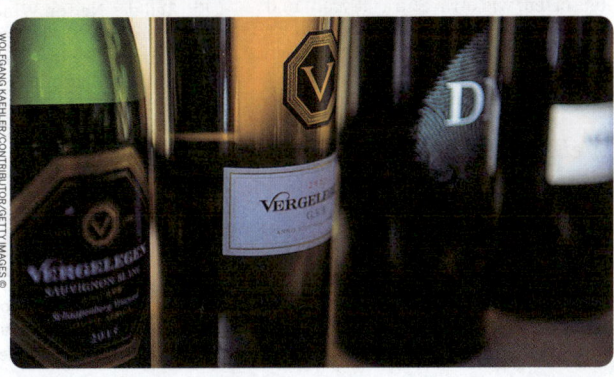

BRANDY

Die Western Cape Brandy Route verbindet die Brennereien von 13 Weingütern; weitere Informationen unter **South African Brandy Foundation** (☎021-882 8954; www.sabrandy. co.za). Der Van Ryn Brandy Cellar (S. 213) in Stellenbosch stellt nicht nur Brandys von Weltklasse her, sondern veranstaltet auch großartige Touren.

Die Sanktionen während der Apartheid und die Macht der Kooperatieve Wijnbouwers Vereeniging (KWV; die Kooperative gründete sich 1918, um Mindestpreise sowie Produktionsstätten und -quoten zu kontrollieren) trugen nicht gerade zu einem innovationsfreudigen Klima bei. Seit 1992 hat die nun privatisierte KWV viel von ihrem früheren Einfluss eingebüßt.

Viele neue und progressive Erzeuger tragen heute zum Ansehen Südafrikas auf dem Weltmarkt bei. In den Küstenregionen entstehen östlich von Kapstadt neue Anbaugebiete um Mossel Bay, Walker Bay und Elgin und im Norden um Durbanville und Darling. Auch die alten Rebstöcke des Swartlands nordwestlich von Paarl bringen teilweise hochwertige Weine hervor.

Weinsortenvielfalt

Rotweine

Der echte Pinotage ist eine Kreuzung der Rebsorten Pinot Noir und Cinsaut. Dieser kräftige Wein gilt als Charakterwein der Kapregion. Neben anderen robusten roten Rebsorten, wie etwa Shiraz (Syrah) und Cabernet Sauvignon, machen ihm auch die leichteren Cuvées aus Cabernet Sauvignon, Merlot, Shiraz und Cabernet Franc Konkurrenz, die an Bordeaux-Weine erinnern.

Weißweine

Die gängigste weiße Rebsorte Südafrikas ist Chenin Blanc. Seit etwa zehn Jahren werden verstärkt Chardonnay und Sauvignon Blanc angebaut, außerdem Colombard, Sémillon und süßerer Muscat-Reben. Während früher weiße Tafelweine, insbesondere Chardonnays, mit intensivem Eichenduft und höherem Alkoholgehalt bevorzugt

wurden, sind es heute eher leichtere, fruchtbetontere Weine. Gute Sauvignon Blancs findet man in den kühleren Weinregionen Constantia, Elgin und Hermanus.

Roséweine

Roséwein – leicht fruchtig, frisch und trocken – erfreut sich großer Beliebtheit. Die lokale rote Sorte „Pinotage" (auf dem Etikett überprüfen) ist zwar nicht jedermanns Geschmack, aber selbst Kritiker halten sie hervorragend für Rosé geeignet.

Schaumweine

Mit dem Begriff Méthode Cap Classique (MCC) bezeichnet die südafrikanische Weinindustrie Schaumweine, die nach der Champagnermethode hergestellt werden. Viele sind genauso gut oder sogar besser als die französische Konkurrenz.

Südweine

Worcester, Calitzdorp und Karoo gehören zu den landesweit führenden Herstellerregionen für Portwein, Brandy und Südafrikas **hanepoot**. Dieser Dessertwein wird aus der mediterranen Rebsorte Muscat d'Alexandrie gewonnen, die einen süßen, hochprozentigen Südwein liefert, der hauptsächlich für den heimischen Markt bestimmt ist.

Wein der Arbeiter

Es ist erwähnenswert, dass Südafrika mehr Fair-Trade-Weine produziert als jedes andere Land. Solms-Delta (www. solms-delta.co.za) und Van Loveren (www. vanloveren.co.za) in Robertson haben ihre Angestellten zu Anteilseignern gemacht. Ein Teil des Nelson Wine Estate (www. nelsonscreek.co.za) wurde den Arbeitern überlassen, die eigene Weine unter der Marke „New Beginnings" vermarkten. La Motte ist dafür bekannt, seine Arbeiter anständig zu behandeln; das Weingut hat das Modelldorf Dennegeur gegründet, in dem die Arbeiter Häuser besitzen und Zugang zu Sozialleistungen haben, wie Gesundheitsvorsorge, Schulen und Kinderbetreuung.

Weitere Handelsmarken im Besitz von Arbeitern oder Schwarzen:

Thandi (www.thandiwines.com) Das Weingut im ElginGebiet, dessen Name in der Sprache der Xhosa (isixhosa) „Liebe" oder „Wertschätzung" bedeutet, war das erste der Welt mit dem Güte-siegel „Fair Trade Certified". Es gehört zur Hälfte den 250 Gutsarbeiterfamilien und produziert gute reinsortige Weine und Cuvées.

M'hudi (https://mhudiwineboutique.com) Das Weinsortiment der Familie Rangaka umfasst Cabernet Sauvignon, Pinotage und Shiraz.

Lathithá Der Wein wird von Kellereien in Blaauw-klippen im Auftrag von Sheile Hlanjwa aus Langa hergestellt. Das Unternehmen gehört zu einem Projekt, das die Weinkultur in den Townships bekannt machen soll.

Fairvalley Wines (www.fairvalley.co.za) Die Fair-Trade-zertifizierten Weine aus diesem Weingut neben Fairview gehören 42 Familien.

Weintrends

Das Verschneiden verschiedener Rebsorten zu Spitzenweinen ist unter südafrikanischen Winzern weit verbreitet. Rote, meist auf Cabernet Sauvignon basierende Cuvées sind seit Jahrzehnten üblich, aber in den letzten Jahren gab es eine Art Explosion auch bei den weißen Verschnitten, wobei sich zwei verschiedene, aber gleichermaßen spannende Varianten herausgebildet haben. Eine davon sind die am weißen Bordeaux orientierten Cuvées aus Sauvignon Blanc und Semillon. Vorreiter war Vergelegen mit seinen in Eichenfässern gereiften und ziemlich noblen Semillon-Verschnitten. Heute jedoch gibt es viele gute Angebote, wie die Oak Valley Blends von Oak Valley, den Tokara White und den Magna Carta von Steenberg.

Die zweite Variante ist etwas bodenständiger. Die Weine stammen vorwiegend aus den wärmeren Inlandsregionen, wie z. B. Swartland. Die meisten Erzeuger lehnen sich an den Palladius-Wein an, den Eben Sadie „erfunden" hat. Sie verwenden für ihre Verschnitte reichlich Chenin Blanc, Chardonnay, Roussanne und Viognier.

Viele Erzeuger bauen inzwischen außerdem in küstennahen oder höher gelegenen Regionen an und nutzen die kühleren klimatischen Bedingungen, um Weine herzustellen, die weniger Alkohol enthalten und leichter und spritziger sind. Die auf der Hochebene von Egin erzeugten Chardonnays, Sauvignon Blancs und insbesondere Pinot Noirs genießen inzwischen einen zunehmend besseren Ruf.

Pinotage-Weine sind in der Kategorie Rotweine mit Schoko-Kaffee-Bouquet ebenfalls auf dem Vormarsch. Obwohl die Kritiker bei diesen Weinen (im wahrsten Sinne des Wortes) die Nase rümpfen, sind sie echte Verkaufsschlager.

Kleines Weinglossar

Abgang Der Nachgeschmack eines Weins im Mund; je länger der Geschmack nachklingt (und je angenehmer er ist), desto besser.

Balance Die Ausgewogenheit der einzelnen Komponenten eines Weines: Alkohol, Frucht, Säure und Tannin (und ggf. Eiche).

Biowein Das Etikett bezieht sich weniger auf die Weinherstellung, sondern auf den ökologischen Anbau und die Pflege der Rebstöcke (ohne Pestizide oder chemische Düngemittel usw.).

Bouquet Der Duft eines Weins.

Cuvée Verschnitt aus verschiedenen Rebsorten, z. B. Colombard-Chardonnay; manche Rotweine tragen den Vermerk „Cape Blend"; solche Weine bestehen zu mindestens 20 % aus Pinotage.

Eichen- oder Holzgeschmack Die meisten guten Rotweine und viele elegante Weißweine reifen ein oder zwei Jahre in teuren Holzfässern, wodurch sich Textur und Aroma der Weine verändern; eine billigere Methode ist die Verwendung von Holzstücken in einem Metallbehälter.

Erzeugerabfüllung *(Estate Wine)* Dieser Begriff darf nur verwendet werden, wenn der Wein vom selben Betrieb angebaut, gekeltert und abgefüllt ist.

Garagenwein Wein, der von Kleinstunternehmen oder passionierten Amateuren in sehr kleinen Mengen und bisweilen buchstäblich in einer Garage hergestellt wird.

Jahrgang *(Vintage)* Das Jahr der Traubenernte; als Jahrgangswein bezeichnet man außerdem einen in einem besonders guten Jahr hergestellten Südwein (die besten heißen *„Vintage Reserve"*)

Kork(geschmack) Damit sind nicht etwa Korkenfragmente im Wein gemeint, sondern der im Extremfall schimmlige und flache Geschmack, wenn der Korken den Wein verdorben hat.

Tannin Bezeichnet die Gerbstoffe hauptsächlich im Rotwein, die in Schale und Kernen der Trauben sowie in Eichenfässern enthalten sind. Sie äußern sich durch eine trockene Empfindung am Gaumen und werden weicher, je reifer der Wein ist.

Reiseplanung
Aktivitäten

Surfen, Wandern und Felsklettern sind enorm beliebt – kein Wunder bei der stetigen Brandung und den zerklüfteten Bergen vor der Haustür – und gut zu organisieren. Für Aktivitäten mit mehr Adrenalin, wie Käfigtauchen zu den Haien oder Paragliden, heißt es, Kapstadt verlassen und auf ideales Wetter warten. Das Angebot richtet sich aber keineswegs nur an Adrenalinjunkies: Die Stadt und das Westkap sind auch ein Paradies für Golfer, Radfahrer oder Reiter am Strand.

Kontakte & Informationen

Bass Fishing South Africa (www.bassfishing.co.za) Forum und Hinweise auf gute Angelgründe.

Bike Hub (www.bikehub.co.za) Eine allgemeine Website für Radfahrer mit Artikeln, Wertungen und beliebten Foren.

Cape Piscatorial Society (www.piscator.co.za) Angelscheine für Kapstadt und die Winelands.

Climb ZA (www.climbing.co.za) News, Artikel, Adressbuch und Forum.

Mountain Club of South Africa (www.mcsa.org.za) Informationen und Links zu regionalen Clubs.

MTB Routes (www.mtbroutes.co.za) Karten zu über 400 Radwegen landesweit.

Pedal Power Association (www.pedalpower.org.za)

Table Mountain Bikers (www.tablemountainbikers.co.za)

TASKS: The African Sea Kayak Society (www.seakayak.co.za/tasks)

Wavescape Surfing South Africa (www.wavescape.co.za)

Zig Zag (www.zigzag.co.za) Das wichtigste Surfmagazin von Südafrika.

Angeln

Hochseeangeln ist sehr beliebt; in den warmen und kalten Strömungen vor der Westküste gehen ganz unterschiedliche Fischarten an den Haken. Das Angeln in Flüssen, vor allem auf eingeführte Forellen, ist in den Nationalparks und Schutzgebieten beliebt.

Die Angelscheine bekommt man in den Parkbüros; sie kosten nur ein paar Rand. Ein paar Geschäfte und Unterkünfte verleihen Angelausrüstungen.

Kanufahren, Kajakfahren & Rafting

Mehrere Anbieter veranstalten Kajaktouren im Meer vor Kapstadt, wie Kaskazi Kayaks (www.kayak.co.za). Die Flüsse des westlichen Kaps führen ganzjährig Wasser und eignen sich bestens für Rafting und Kanufahren.

Die Möglichkeiten zum Rafting sind allerdings stark von den Niederschlägen abhängig, daher sind Dezember/Januar bis April in den meisten Regionen die besten Monate.

Brillenpinguin-Kolonie bei Boulders (S. 111)

Mountainbike Fahren

Mountainbikestrecken gibt's fast überall; Kapstadt gilt sogar landesweit als inoffizielles Zentrum dieses Sports.

Paragliden & Microlight-Flüge

Das ganzjährig gute Wetter und viele hohe Absprungstellen machen Südafrika zu einer Top-Location für luftige Aktivitäten. Das Abheben ist in Südafrika vergleichsweise billig; der **Aero Club of South Africa** (☏011-082 1100; www.aero club.org.za) ist ein nützlicher Kontakt für Einsteiger.

Für Paraglider ist Südafrika eines der führenden Ziele: Beliebt ist der Lion's Head in Kapstadt, doch gute Startmöglichkeiten bietet auch das Westkap. Die **South African Hang Gliding & Paragliding Association** (SAHPA; ☏074 152 2505; www.sahpa.co.za) informiert über die passenden Locations, Schulen und Clubs.

Die Website http://microlighters.co.za ist eine nützliche Quelle mit Foren und einer Liste von Startplätzen für Ultraleichtflieger.

Surfen

Die besten Zeiten, um mit dem Board loszuziehen, sind der Herbst und der frühe Winter (ab etwa April bis Juli). Boards und Ausrüstung kann man in Kapstadt und den größeren Küstenstädten am Westkap kaufen. Ein neues Board kostet ab 4500 R aufwärts – Infos bei www.gumtree.co.za.

Ideal für Anfänger – mit jeder Menge Surfschulen und Board/Ausrüstung zum Leihen – ist Muizenberg in Kapstadt.

Tauchen

Am Südende von Afrika kann man in den Indischen oder den Atlantischen Ozean abtauchen. Die an der ganzen Küste starken Strömungen und häufig starke Winde stellen auch für fortgeschrittene Taucher eine Herausforderung dar.

CAIAIMAGE/TREVOR ADELINE/GETTY IMAGES ©

Felsklettern in Kapstadt (S. 119)

Das Wasser des Atlantiks ist ganzjährig kalt, das Tauchen aber dank vieler Tage mit guter Sicht (November und Januar/Februar) sehr lohnend. Ein viertägiger Open-Water-PADI-Kurs kostet 5000 R und mehr, ein Tauchgang ab 350 R.

Vögel beobachten

Es gibt im ganzen Land Ornithologen-Clubs, und die meisten Nationalparks und Schutzgebiete stellen Listen der dort vorkommenden Vogelarten zur Verfügung; Informationen bekommt man bei SANParks (S. 267). Viele Parks, Schutzgebiete und Unterkünfte haben Vogelbestimmungsbücher, doch mit dem eigenen Exemplar ist man auf der sicheren Seite.

Birding Africa (www.birdingafrica.com) Tagestouren und längere Ausflüge ab Kapstadt, um Vögel und Wildblumen zu sehen.

BirdLife South Africa (www.birdlife.org.za) Nützliche Informationen und Links; die Organisation macht sich stark für den Avitourismus (Ökourlaub zur Vogelbeobachtung).

Bird-Watch Cape (www.birdwatch.co.za) Eine kleine Einrichtung in Kapstadt für passionierte Vogelbeobachter; unter ihren Angeboten ist auch eine 17-tägige Tour durchs Land.

Cape Birding Route (www.capebirdingroute.org) Informationen über das westliche Südafrika vom Cape Point bis zur Kalahari.

Wandern, Kloofing & Felsklettern

Das Westkap ist eine hervorragende Wanderregion mit einem ausgezeichnet ausgebauten Netz von Wanderwegen in allen Schwierigkeitsgraden.

Obwohl man im ganzen Jahr wandern kann, muss man im Sommer mit extremer Hitze und Regen rechnen. Die besten Wanderzeiten in Kapstadt und am Westkap sind der Frühling (September bis November) und Herbst (März bis Mai).

Kloofing (das südafrikanische Wort für Canyoning) ist eine Mischung aus Klettern, Wandern, Schwimmen und riskanten Sprüngen. Touren sind an mehreren Orten im Westkap möglich. Da dieser Sport ein gewisses Risiko beinhaltet, sollte man die Bewertungen von Veranstaltern genau prüfen, bevor man für eine Tour unterschreibt.

Zu den besten Kletterrouten gehören der Tafelberg (S. 54) und Montagu.

Regionen auf einen Blick

Kapstadt und das Westkap sind kultivierte, gut entwickelte Orte, wo man am Weinglas nippt und am Strand oder in den Bergen aktiv wird. Die Region ist so prall voll mit Sehenswertem und bietet so viele Möglichkeiten für Aktivitäten, dass sich eine gute Planung auszahlt, um das Maximum in die begrenzte Urlaubszeit zu packen. Auf den guten Straßen – einige davon gehören zu den landschaftlich schönsten der Welt – machen Touren mit dem Mietwagen echt Spaß. Andererseits sind die wichtigsten Orte mit öffentlichen Verkehrsmitteln gut erreichbar.

Kapstadt

Outdooraktivitäten
Essen
Shoppen

Große Erlebnisse, kleiner Aufwand

Mit seinen gebirgigen Nationalparks und dem Meer ist Kapstadt ideal für Wanderer und Surfer. Schon ein Bummel auf der Sea Point Promenade ist ein reines Vergnügen, von Kitesurfen, Felsklettern and Paragliden gar nicht zu reden.

Abwechslungsreich essen

Kapstadt ist multikulti, und jede Ethnie hat ihre eigene Küche. Die Fleisch- und Fischgerichte vom *braai* (Grill), kapmalaiischen Currys im Bo-Kaap-Viertel, die Xhosa-Gerichte in den Townships und die Weltklasserestaurants machen jedem Appetit.

Zeitgenössisches Kunsthandwerk

Die Welt-Designhauptstadt von 2014 platzt beinahe vor Kreativität: üppig mit Perlen bestickte Puppen, moderne Leuchten aus recyceltem Plastik, stylishe Kissen aus Wild- und Glattleder – in den Läden und auf Kunsthandwerksmärkten ist alles zu finden.

S. 49

Rund um Kapstadt

Essen & Trinken
Landschaft
Natur

Weinproben

Das Wineland um Stellenbosch, Franschhoek und Paarl ist zu Recht berühmt für seine herrlichen Weingüter. Wissbegierige Weinkenner sollten aber auch Regionen wie Wellington, Stanford, Tulbagh und Robertson nicht links liegen lassen. Die passenden Beilagen, wie Schokolade oder Käse, heben die Weinproben auf eine neue Dimension.

Spektakuläre Autofahrten

Die Landschaft ist einfach großartig. Highlights sind die Bergstraßen über den Bainskloof Pass und den Sir Lowry's Pass sowie die Küstenstraße (Route 44), die nach Hermanus führt.

Wildtierbeobachtung

Das beliebte Käfigtauchen zu den Haien ist beliebt, aber umstritten. Von Hermanus aus bietet sich der beste Blick auf die Wale vor der Küste, während der West Coast National Park für seine Vogelwelt berühmt ist. Sogar in einigen Weingütern ist es möglich, Wildtiere zu sehen.

S. 201

Garden Route

Wassersport
Wandern
Essen & Trinken

Die perfekte Welle

An den Stränden und Lagunen der Garden Route sind neben Surfen, Kanufahren und Tauchen alle möglichen Wassersportarten und Aktivitäten möglich. Auch in Mossel Bay, Victoria Bay und Plettenberg Bay lohnt es sich, mit dem Board auf die perfekte Welle zu warten.

Mehrtägige Wanderungen

Der Garden Route National Park und die Küste der Umgebung werden von einem spektakulären Wegenetz durchzogen: Der Otter Trail dauert fünf Tage und vier Nächte, und auf dem Outeniqua Trail ist man eine Woche unterwegs. Natürlich gibt es auch jede Menge kürzere, einfachere Routen.

Gourmet-Paradies

Die Garden Route ist bekannt für die kurzen Wege von den Märkten, auf denen Biobauern ihre Produkte verkaufen, bis zu Spitzenrestaurants und erstklassigen Resorts; unbedingt die frischen Austern in Mossel Bay und das Wildfleisch in Plettenberg Bay probieren.

S. 247

Reiseziele in Kapstadt & an der Garden Route

Rund um Kapstadt
S. 201

Garden Route
S. 247

★
Kapstadt
S. 49

Tafelberg-Seilbahn (S. 119)

Kapstadt

Auf nach Kapstadt!

Kapstadt wird wegen seiner historischen Rolle im modernen Südafrika auch als „Mutterstadt" bezeichnet, ihr Wahrzeichen ist der Tafelberg. Oben ist der Felsen häufig wolkenverhangen, während an seinem Fuß sonnige Strände liegen. Nur wenige Städte bieten im Zentrum eine so herrliche Naturattraktion und erlauben es, diese obendrein durch eine so breite Palette an Abenteueraktivitäten voll ausnutzen.

Manche Stadtgebiete sind bitterarm, doch für den Großteil der Besucher offenbart sich der Reichtum der Stadt in der gebauten Infrastruktur und der Fülle an Übernachtungsmöglichkeiten, Restaurants, Clubs und Geschäften. 2014 wurde Kapstadt World Design Capital; die Lehren daraus wurden genutzt, um die Lebensbedingungen der Einwohner flächendeckend zu verbessern. Kapstadt ist eine multikulturelle Metropole, in der jeder eine faszinierende, zum Teil herzzerreißende Geschichte zu erzählen hat. Der Abschied von Kapstadt kann auch herzzerreißend sein.

Gut essen

➜ Chef's Warehouse & Canteen (S.146)

➜ Reverie Social Table (S.152)

➜ Foxcroft (S.162)

➜ La Mouette (S.159)

Schön übernachten

➜ Tintswalo Atlantic (S.140)

➜ Mannabay (S.163)

➜ Backpack (S.135)

➜ La Grenadine (S.136)

Reisezeit
Kapstadt

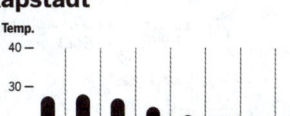

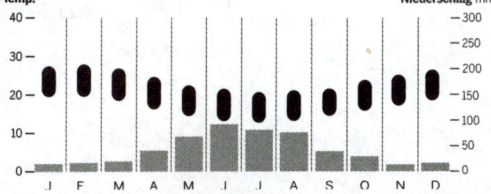

Jan. Hochsaison, aber einzige Chance, den Minstrel Carnival zu erleben.

März Kunst-Events wie der Cape Town Carnival und das Internationale Jazz-Festival.

Nov. Mit dem Frühling kommen auch die Blütenpracht und Sonnenuntergangskonzerte nach Kirstenbosch.

Stadtviertel im Überblick

❶ City Bowl, Foreshore, Bo-Kaap & De Waterkant (S. 68)

Die City Bowl (hier ließen sich die Holländer bei ihrer Ankunft nieder) bietet historische Sehenswürdigkeiten und Geschäfte. Der Bezirk Foreshore entstand in den 1940ern und 1950ern durch Landaufschüttung und wird heute vom Duncan Dock und dem Convention Centre dominiert. Über die Hänge des Signal Hill verstreut liegen die bunten Behausungen des Bo-Kaap und nach Nordosten

hin Kapstadts rosarote Fußgängerzone De Waterkant, eine Einkaufs- und Partymeile.

❷ East City, District Six, Woodstock & Observatory (S. 77)

Östlich der City Bowl liegt das einst gemischte Wohnviertel District Six – lange lagen Grundstücke brach, in den letzten Jahren sind aber immer mehr Kreative und Nachtclubbetreiber hierhergezogen. Woodstock und Salt River ziehen nach wie vor Immobilienhaie wie auch Künstler an, sind aber noch nicht komplett gentrifiziert. Im unweit der Cape Town University gelegenen Observatory herrscht der Bohemien-Lebensstil.

❸ Gardens & Umgebung (S. 78)

Gardens heißt die Gegend, die von den Museen am Südende der Company's Gardens bis zu den Ausläufern des Tafelbergs reicht. Die Siedlungen, z. B. Tamboerskloof, Oranjezicht, Higgovale und Vredehoek, sind begehrte Wohngegenden im Vorstadtbereich mit Blick auf die Table Bay und Zugang zum Tafelberg. Die Hauptgeschäftsstraßen sind die Kloof Street und die Kloof Nek Road.

❹ Green Point & Waterfront (S. 83)

Zum Bezirk Green Point gehören ein hübscher Park und das zur FIFA-Fußballweltmeisterschaft 2010 erbaute Cape Town Stadium. Hier gibt es angenehme Pensionen und Lodges für Rucksacktouristen, wer mehr Luxus steht, ist an der V&A Waterfront, kurz Waterfront, besser aufgehoben. Die pulsierende Zone mit ihren Einkaufs-, Freizeit- und Wohnmöglichkeiten ist eines der beliebtesten Touristenziele und birgt Topattraktionen wie die Schiffe nach Robben Island und das 2017 eröffnete Zeitz MOCAA Museum.

❺ Von Sea Point bis Hout Bay (S. 91)

Sea Point geht in die nobleren Viertel Bantry Bay und Fresnay über und findet in der hochwertigen Wohngegend Camps Bay ihren krönenden Abschluss. Dort sind modernistisch anmutende weiße Villen an die Bergflanken gebaut und thronen über goldenen Stränden. In den Cafés trinken Models ihre Bio-Smoothies. Südlich von hier führt die imposante Küstenstraße unterhalb der Bergkette der Twelve Apostles entlang. Ab hier verhindert der Nationalpark größtenteils eine Bebauung bis an den Rand des süßen Hafenorts Hout Bay mit guter Anbindung in die City wie auch zu den Weingütern von Constantia (via Constantia Nek Pass).

❻ Southern Suburbs (S. 95)

Das Gebiet am vegetationsreichen Osthang des Tafelbergs läuft unter dem Sammelbegriff Southern Suburbs. Hier liegen die Kirstenbosch Botanical Gardens, die Rugby- und Kricketplätze von Newlands, die jahrhundertealten Weingärten von Constantia und der schattige Tokai Forest. Über allem thront die afrikanische Spitzenuniversität von Kapstadt (UCT). Einst Tummelplatz des Imperialisten Cecil Rhodes, hat die Gegend ihr stark englisches Flair beibehalten.

❼ Simon's Town & Southern Peninsula (S. 105)

Die zur False Bay gelegene Seite der Halbinsel beherbergt die hübschen Gemeinden Muizenberg, Kalk Bay und Simon's Town sowie Boulders, wo die Pinguine leben. Mehr Wildtiere und tolle Landschaften gibt's im Naturschutzgebiet am Cape Point. Kommetjie an der Atlantikküste ist bei Surfern beliebt, der breite Strand in Noordhoek für Ausritte.

❽ Cape Flats & Northern Suburbs (S. 115)

Die riesigen Townships und die Vororte entlang der N2 östlich des Zentrums werden als die Cape Flats bezeichnet. Es lohnt sich wirklich, ein Township auf eigene Faust oder bei einer geführten Tour zu erkunden, auch mit Übernachtung, um mitzubekommen, wie die Mehrheit der Kapstädter lebt. Als Kontrastprogramm locken die nördlichen Vororte mit ihren Stränden und Weingütern. An der Table Bay nach Norden hin liegen Milnerton und Bloubergstrand, weiter landeinwärts der Weinbaubezirk Durbanville.

Highlights

1 Tafelberg (S. 119) Mit der Seilbahn auf den markanten Felsen hinauffahren und von dort die Aussicht auf die Stadt genießen.

2 Robben Island (S. 64) Mit dem Schiff zu dem berühmt-berüchtigten Gefängnis hinausfahren und über Vergangenheit und Gegenwart Südafrikas sinnieren.

3 Company's Garden (S. 60) Durch die historische Grünanlage im Stadtzentrum schlendern und die umgebende Architektur bewundern.

4 Kap der Guten Hoffnung (S. 110) An der zerklüfteten Spitze der Halbinsel Weite, Tierwelt, einsame Strände und dramatische Landschaften erleben.

Map labels

Siehe Karte Green Point & Waterfront (S. 86)

Siehe Karte Sea Point (S. 92)

Siehe Karte Foreshore & De Waterkant (S. 74)

Siehe Karte East City, District Six, Woodstock & Salt River (S. 80)

Siehe Karte City Bowl & Bo-Kaap (S. 70)

Siehe Karte Gardens & Tamboerskloof (S. 84)

Siehe Karte Higovale, Oranjezicht & Upper Tamboerskloof (S. 88)

Siehe Karte Clifton & Camps Bay (S. 96)

2 Robben Island (11,5 km)

V&A Waterfront 6

Noon Gun

SEA POINT

Victoria Rd

CLIFTON

CAMPS BAY

Lion's Head (669 m)

Company's Garden

3 Tafelberg (1000 m)

Devil's Peak (1000 m)

King's Blockhouse

Table Mountain National Park

NEWLANDS

Rhodes Dr

Waterworks Museum

Kirstenbosch National Botanical Gardens 5

Siehe Karte Observatory (S. 79)

Siehe Karte Pinelands, Langa & Milnerton (S. 116)

Cape Town International Airport (7,5 km)

GOODWOOD

MAITLAND

PINELANDS

LANGA

Voortrekker Rd

Koeberg Rd

Marine Dr

PAARDEN ISLAND

Table Bay

OBSERVATORY

MOWBRAY

RONDEBOSCH

Klipfontein Rd

ATHLONE

RONDEBOSCH EAST

Turf Hall Rd

WETTON

Imam Haron Rd

Ottery Rd

GRASSY PARK

ELFINDALE

Main Rd

Siehe Karte Southern Suburbs (S. 99)

WYNBERG

PLUMSTEAD

Main Rd

Edinburgh Dr

Ladies Mile

Constantia

BISHOPSCOURT

CONSTANTIA

IMIZAMO YETHU

Hout Bay Rd

Meeresschutz-gebiet

Oudekraal

LLANDUDNO

Little Lion's Head (436 m)

Sandy Bay

Sandy Bay

ATLANTIK

Strandfontein Rd

Baden Powell Rd

LAVENDER HILL

Rondevlei Nature Reserve

Zeekoevlei

Zandvlei

Silvermine Nature Reserve

Constantiaberg ▲ (928 m)

Hout Bay

Chapman's Peak Drive

Chapman's Peak ▲ (593 m)

Chapman's Bay

Sleepy Hollow Horse Riding

NOORDHOEK

Noordhoek Rd

Cape Point Vineyards

Noordhoek Beach

TOKAI

Steenberg Rd

Ou Kaapse Weg

SILVERMINE

CLOVELLY

FISH HOEK

MUIZENBERG

Muizenberg Beach

St James Beach

KALK BAY

False Bay

Meeresschutz-gebiet

SIMON'S TOWN

Boulders Beach

Kap der Guten Hoffnung (18 km)

Simon's Town Rd

Main Rd

Kommetjie Rd

Imhoff Farm

KOMMETJIE

Long Beach

Kommetjie Beach

Outer Kommetjie

Table Mountain National Park

ATLANTIK

5 km

Siehe Karte Hout Bay (S. 94)

Siehe Karte Kirstenbosch, Constantia & Wynberg (S. 102)

Siehe Karte Muizenberg & Kalk Bay (S. 106)

Siehe Karte Simon's Town Map (S. 110)

See Cape Point Map (S. 112)

5 **Kirstenbosch National Botanical Garden** (S. 96) Durch die herrlichen Gärten spazieren und das wunderbare Cape Floral Kingdom kennenlernen.

6 **V&A Waterfront** (S. 83) Den Vibe dieser instand gesetzten, historischen Docks mit ihren Attraktionen, Geschäften und Hafenrundfahrten genießen.

7 **Boulders** (S. 111) Die berühmten Brillenpinguine knipsen, die in Strandnähe herumpaddeln.

TABLE MOUNTAIN NATIONAL PARK

Lion's Head Trail — Lion's Head (669 m)
Signal Hill Rd
VREDEHOEK — De Waal Dr
Ecke Tafelberg & Kloofnek Rds
HIGGOVALE — ORANJEZICHT
THE GLEN
Untere Seilbahnstation
King's Blockhouse
Camps Bay
India Venster Trail
Rhodes-Denkmal
CAMPS BAY
Camps Bay Dr.
Tafelberg Rd
Devil's Peak (1000 m)
GROOTE SCHUUR ESTATE
Bakoven Bay
Obere Seilbahnstation — Tafelberg (1073 m)
Platteklip Gorge
Theresa Ave, Camps Bay
Maclear's Beacon (1088 m) — Maclear's Beacon
Contour Path
Pipe Track
Table Mountain National Park
Waaikoppie (932 m)
Victoria Rd
Woody Ravine
Waterworks Museum
Smuts Track
NEWLANDS
Woodhead Reservoir
Hely-Hutchinson Reservoir
Rhodes Ave
Newlands Rd
Twelve Apostles
Reserve Peak (847 m)
Kasteelspoort Track
Victoria Reservoir
Skeleton Gorge
Alexandra Reservoir
Kirstenbosch National Botanical Garden
Overseers Cottage
Constantia Nek (3,5 km)
N — 0 — 1 km

DIE ABSCHNITTE DES NATIONALPARKS

Der Park erstreckt sich über etwa 73 % der Kaphalbinsel und besteht aus mehreren Abschnitten. Die wichtigsten Gegenden sind:

Tafelberg (Karte S. 88; www.sanparks.org/parks/table_mountain) Die Hauptattraktion des Parks ersteigen oder die Seilbahn nehmen und auf dem Gipfelplateau herumwandern.

Lion's Head (Karte S. 96; Signal Hill Rd., Tamboerskloof; ▢ Kloof Nek) Einfacher zu erklimmen als der Tafelberg, mit Rundumblick auf Tafelberg, Küste und Stadt.

Signal Hill (S. 81) mit der Noon Gun. Zu erreichen per Auto von der Kloof Nek Road oder zu Fuß von Bo-Kaap oder Sea Point.

Boulders (S. 111) Sandige Felsbuchten in der False Bay und ein Schutzgebiet für eine Kolonie von 3000 Brillenpinguinen.

Kap der Guten Hoffnung (S. 110) Afrikas Südwestspitze und die Landzunge Cape Point sind Teil eines 77,5 km² großen Schutzgebiets.

DEN BERG ERKLIMMEN

Der portugiesische Seefahreradmiral Antonio de Saldanha erklomm 1503 als erster Europäer den Tafelberg. Er taufte ihn „Taboa do Cabo" (Brett des Kaps); bei den Khoisan, den Ureinwohnern des Kaps, hieß er „Hoerikwaggo" (Berg des Meeres). Seither sind viele Besucher auf den Berg gestiegen. Die Gipfelrouten erfordern alle eine gute Kondition, es lässt sich aber auch in niedrigeren Höhenlagen das Bergmassiv durchqueren, Schluchten hinaufklettern und durch Täler wandern.

PLATTEKLIP-GORGE-ROUTE

START TAFELBERG ROAD
ENDE OBERE SEILBAHNSTATION
DAUER 3 KM; 2 ½ STUNDEN
SCHWIERIGKEITSGRAD MITTEL BIS SCHWER

Der direkteste Weg zum Tafelberg hoch ist dieser, aber er ist sehr steil und erfordert viel Fitness. Wegen der intensiven Sonneneinstrahlung im Sommer so früh wie möglich hochsteigen und viel Wasser und Sonnen-

Der 220 km² große Park zwischen Signal Hill und Cape Point ist ein Naturwunder. Mit mehreren Bergen, Stränden voller Felsbrocken und schattigen Wäldern ist er der perfekte Ort für eine ganze Reihe von abenteuerlichen Aktivitäten.

schutz mitnehmen. Die Kleidung sollte auch wetterfest sein, denn die Witterung oben auf dem Berg kann ganz anders sein als im Tal.

Der gut ausgetretene Pfad ist klar erkennbar, gut befestigt und durch Gabionenmauern (in Drahtgitter eingehüllte Steine), abgesichert, aber unheimlich steil. In der windgeschützten Schlucht herrscht brütende Hitze, also so viel Trinkwasser einpacken, wie im äußersten Fall nötig scheint – und zusätzlich eine weitere Flasche. Aus den Wildbächen in der Schlucht zu trinken ist keine gute Idee.

Nach dem Zickzackpfad hinauf zur Desperation Corner, die angesichts der schroffen Felswände am oberen Ende der Schlucht zu Recht „Verzweiflungswinkel" heißt. Es ist der tückischste Teil des Aufstiegs, beim dem es einige rutschige Felsbrocken zu überwinden gilt; also besser langsam angehen! Oben erst mal durchatmen und die Aussicht genießen. Nach rechts führt ein 15-minütiger Fußmarsch zur oberen Seilbahnstation.

LION'S HEAD TRAIL
START SIGNAL HILL ROAD
ENDE SIGNAL HILL ROAD
DAUER 4,4 KM; ZWEI BIS DREI STUNDEN
SCHWIERIGKEITSGRAD LEICHT BIS MITTEL
Die Holländer prägten für den 669 m hohen Riesenfelsen mit Blick auf Sea Point und Camps Bay den Namen Lion's Head (Leeuwen Kop; Löwenkopf). Mit jährlich über 200 000 Besuchern ist er wohl der meistbestiegene Gipfel Südafrikas. Viele Kapstädter machen frühmorgens einen Spaziergang hinauf oder wandern in Vollmondnächten zum Sonnenuntergang hinauf. Trotz Mondschein immer eine Taschenlampe mitnehmen und nie ohne Begleitung aufbrechen!

Die Wanderung startet an der Straße, die auf den Gipfel des Signal Hill führt. Dort gibt es Parkwächter und eine Sicherheitshütte. Zuerst führt ein breiter Schotterweg um den Berg herum zu einer Plattform für Gleitschirmflieger, von wo aus der Blick über die Camps Bay schweift. Die Route wird schmäler und steiniger, bleibt aber auch auf ihrem Schlingerkurs um die Signal-Hill-Bergflanke gut erkennbar. Sie führt zu einer Weggabe-

lung, wo man entweder auf dem Pfad geradeaus weiterwandern oder mithilfe von Metallreifen und -ketten die Steilwand hochklettern kann. Die beiden Routen kreuzen sich bei einer Ansammlung von knorrigen Kiefern; von dort sind es noch ca. 20 Minuten bis zum Gipfel. Der Weg hinauf ist nicht sehr anspruchsvoll, also auch für Kinder geeignet, aber es gibt steile Passagen und Stellen, wo man auf allen vieren über Felsen klettern muss. Der Rundumblick macht alle Strapazen wett. Wer Mitwanderer sucht, kann den Terminkalender der Naturschutzgruppe **Friends of Lion's Head and Signal Hill** (http://friendsoflionshead.org) anschauen.

SMUTS TRACK
START KIRSTENBOSCH NATIONAL BOTANICAL GARDEN
ENDE MACLEAR'S BEACON
DAUER 5 KM; VIER BIS FÜNF STUNDEN
SCHWIERIGKEITSGRAD MITTEL BIS SCHWER
Dieser Wanderpfad wurde nach Jan Smuts benannt, dem General und südafrikanischen Premierminister, der bei der offiziellen Ernennung des Tafelbergs zum Nationalpark die treibende Kraft war: Er wanderte den steilen Pfad mit über 70 Jahren hinauf. Es geht über Sprossenleitern und teils kletternd über Felsen. Achtung: Rutschgefahr! Nach Regenfällen besser nicht hinaufwandern.

Anfangs geht es auf der Rückseite des Tafelbergs durch die Skeleton Gorge („Skelettschlucht") vom Kirstenbosch's Fragrance Garden durch den schattigen Afromontane Forest und stetig bergauf, es ist deshalb etwas anstrengend. Auf zwei Dritteln des Weges gibt es Holzleitern als Steighilfen, um steile Passagen und eventuell rutschige Felsen zu bewältigen. Oben angekommen, zweigt der Weg beim Breakfast Rock rechts ab und führt in ca. zwei Stunden zum Maclear's Beacon, den Gipfel des Tafelbergs (1085,9 m). Dieser Teil des Aufstiegs ist sanfter, doch es sind immer noch ca. 300 m Höhendifferenz.

Vom Gipfel aus ist es noch ca. eine Stunde Fußmarsch zur oberen Seilbahnstation für einen leichten Rückweg. Alternativ denselben Weg zurück nach Kirstenbosch laufen.

TIPPS FÜR WANDERUNGEN

➡ Lange Hosen tragen. Ein Großteil des *fynbos* ist kratzig, dazu kommt der Blister Bush. Wer die petersilieähnliche Pflanze berührt, sollte die Stelle sofort abdecken – Sonnenlicht aktiviert Giftstoffe, die auf der Haut Blasen verursachen, die ggf. jahrelang nicht abheilen.

➡ Immer jemanden über die geplante Gipfelroute informieren und Karte mitnehmen (oder mit einem Bergführer wandern).

➡ Auf viel benutzten Pfaden bleiben und keine Abkürzungen nehmen.

➡ Viel Wasser, Proviant, wetterfeste Kleidung und ein voll aufgeladenes Handy mitnehmen.

➡ Wanderstiefel oder -schuhe sowie eine Kopfbedeckung (Sonnenschutz!) tragen.

➡ Nicht allein hochsteigen – Parkbehörden empfehlen Gruppen mit vier Personen.

➡ Am Berg Abfall zurücklassen und Feuer machen ist verboten.

Wer sich den Eintritt für Kirstenbosch sparen will, kann auch auf dem Contour Path über die Constantia-Nek-Route absteigen.

INDIA VENSTER TRAIL

START UNTERE SEILBAHNSTATION, TAFELBERG ROAD
ENDE OBERE SEILBAHNSTATION
DAUER 2,5 KM; ZWEI BIS DREI STUNDEN
SCHWIERIGKEITSGRAD SCHWER

Diese Gipfelroute startet direkt hinter der unteren Seilbahnstation und steigt sofort steil an; nur für erfahrene Bergsteiger empfohlen! Der Trail ist gut erkennbar, nur einmal ist Klettern über einen Felsen angesagt (mit Metallreifen und -ketten als Steighilfen). Nur für Schwindelfreie! Bei Nässe kann es gefährlich werden, da die Felsen rutschig sind.

PIPE TRACK

START ECKE TAFELBERG ROAD/KLOOF NEK ROAD
ENDE WOODY RAVINE
DAUER 6 KM, ZWEI BIS DREI STUNDEN
SCHWIERIGKEITSGRAD LEICHT

Der Pipe Track wurde 1887 aus dem Stein gehauen, um eine Pipeline unterhalb der Twelve Apostles zu warten; in dem Rohr wurde das Wasser der Disa Gorge über den Woodhead-Tunnel auf die Rückseite des Tafelbergs in den Stausee Molteno in Oranjezicht umgeleitet. Es ist ein leicht zugänglicher und beliebter Wanderweg, wenn auch stellenweise felsig. Eine kürzere Strecke führt oberhalb der Camps Bay auf die Teresa Road, an der Kreuzung, wo die Kasteelspoort-Route zum Gipfel hinaufführt. Der Pfad ist größtenteils leicht zu bewältigen und bietet tolle Ausblicke auf die Küste, dafür kann es hier in der Nachmittagssonne sehr heiß sein. Im Sommer früh aufbrechen oder nur im Winter wandern; dann blühen viele Proteazeen.

CAPE OF GOOD HOPE TRAIL

START KAP DER GUTEN HOFFNUNG, EINGANG
ENDE EBENDA
DAUER 33,8 KM; ZWEI TAGE
SCHWIERIGKEITSGRAD MITTEL

Die Wanderung mit Übernachtung muss gebucht werden. Der spektakuläre, 33,8 km lange Rundwanderweg durch das Naturschutzgebiet schlängelt sich zu beiden Seiten der Halbinsel bergauf, bergab, d.h. hoch zum Plateau und wieder hinunter zu traumhaften Stränden. In den einfachen Hütten Erica, Protea und Restio (300 R) ist nur die Übernachtung inklusive (Sechsbettzimmer, Küchen, warme Duschen am südlichen Ende des Schutzgebiets). Mitzubringen sind ein eigener Schlafsack und Proviant; Gepäckstücke unter 6 kg kann man sich für 205 R zur Hütte bringen bzw. dort abholen lassen. Die Wanderung sollte vor 9 Uhr beginnen, um auf jeden Fall vor Sonnenuntergang da zu sein. Infos beim Besucherzentrum Buffelsfontein (S.57).

CONTOUR PATH: VON CONSTANTIA NEK ZUM RHODES MEMORIAL

START CONSTANTIA NEK
ENDE RHODES MEMORIAL
DAUER 11 KM; FÜNF BIS SECHS STUNDEN
SCHWIERIGKEITSGRAD LEICHT BIS MITTEL

Wer nicht viel Zeit hat, könnte den Abschnitt zwischen dem Kirstenbosch National Botanical Garden und dem Rhodes Memorial abwandern. Sonst kann man hier toll einen ganzen Tag auf der Rückseite des Tafelbergs wandern. Es ist eine recht flache Route mit viel Schatten, also geeignet für Gruppen mit unterschiedlicher Kondition oder mit Kindern. Zu Beginn geht es durch Forstwälder mit schönen Ausblicken über die Weinberge von Constantia bis zum Muizenberg. Auf halber Strecke ist die höchste Stelle des Botanischen Gartens ein guter Platz für ein Picknick oder zur Einkehr in eines der Cafés. Vor dem Abstieg zur Rhodes-Statue wartet das King's Blockhouse, die Reste eines 1795–1803 von den Briten erbauten Verteidigungsstellung.

KASTEELSPOORT

START THERESA AVENUE, CAMPS BAY
ENDE THERESA AVENUE, CAMPS BAY
DAUER 8 KM; 3½ BIS 4½ STUNDEN
SCHWIERIGKEITSGRAD MITTEL

Der Rundweg führt von den Twelve Apostles weiter hinauf zu zwei Stauseen auf dem Tafelberg. Man erreicht ihn auch über den Pipe Track (nach 35 Minuten ab dem Ausgangspunkt) auf der Kloof Nek Road oben. Der Pfad steigt stetig an und hat wenig Schatten, belohnt aber mit tollen Ausblicken. Trotz der Hitze lohnt es sich, am späteren Nachmittag zu wandern, um die Apostel beim Abstieg in der Abendsonne aufglühen zu sehen. Per telefonischer Anfrage lässt sich u. U. ein Besuch des **Waterworks Museum** (☎086 010 3089; Back Table; Mo–Fr ☉9–16 Uhr) neben dem Hely-Hutchinson-Stausee planen. Gruppen können einen Aufenthalt im **Overseers Cottage** (bis zu sechs Personen ab 2955 R) nahe dem Woodhead Dam buchen; Infos auf Anfrage bei den südafrikanischen Nationalparks.

GEFÜHRTE WANDERUNGEN

Neben den genannten Unternehmen bieten Abseil Africa (S. 119), Awol Tours (S. 129) und Downhill Adventures (S. 199) geführte Touren im Park, Wandervereine Tages- und Wochenendtouren, z. B. **Cape Union Mart Hiking Club** (www.cumhike.co.za), **Trails Club of South Africa** (www.trailsclub.co.za) und **Mountain Club of South Africa** (Karte S. 84; ☎021-465 3412; www.mcsacapetown.co.za; 97 Hatfield St.; Aufnahmegebühr 175 R, Mitgliedsbeitrag 460 R pro Jahr; ☉Kletterwand Mo–Fr 10–14 Uhr plus Di 6.30–21 Uhr & Fr 7.30–21.30 Uhr; 🚇Government Ave.) GRATIS.

Venture Forth (☎084 700 2867, 021-555 3864; www.ventureforth.co.za; ab 825 R, mind. drei Teilnehmer) Ausgezeichnete geführte Wanderungen und Klettertouren mit engagierten Guides.

Walk in Africa (☎021-785 2264; www.walkinafrica. com) Steve Bolnick, ein erfahrener Safari- und Bergführer, leitet das Unternehmen. Er bietet Halb- und Ganztagswanderungen im Nationalpark sowie im Umkreis an.

South African Slackpacking (☎082 882 4388; www.slackpackersa.co.za; ab 1100/1400 R unter/über 4 Std.) Das Unternehmen wird von dem lizenzierten Naturführer Frank Dwyer geleitet und bietet Ein- und Mehrtageswanderungen im Nationalpark.

Table Mountain Walks (☎021-715 6136; www. tablemountainwalks.co.za; 550 R pro Pers.) Diverse geführte Tageswanderungen, von Aufstiegen auf den Tafelberg bis zu Wanderungen im Abschnitt Silvermine.

Christopher Smith (☎073 727 0386; http://table mountain.my-hiking.com; 600 R pro Tag) Der im Nationalpark ausgebildete, freiberufliche Guide ist ein kenntnisreicher Bergführer und führt quer durch das Tafelberg-Terrain.

Karbonkelberg Hikers (Karte S. 94; www.facebook. com/Karbonkelberg-hikers-791126257689574) Brent Thomas, Donita Puckpas und Colin Delcarme sind Rastafaris und Hangberger, die durch diesen Teil des Parks führen können. (Achtung: Hier häufen sich Raubüberfälle; hier bitte nie ohne Guide wandern!)

SICHERHEITSHINWEISE

Bergunfälle passieren sehr häufig, meist bei Kletterexpeditionen. Am Tafelberg sind mehr Menschen ums Leben gekommen als auf dem Mount Everest. Auch Brände haben Opfer gefordert, und an den Hängen des Tafelbergs und des Lion's Head sind Überfälle leider keine Seltenheit. Im Park patrouillieren rund 50 Parkangestellte, aber sie können nicht überall sein; man sollte gut für die Bergtour gerüstet sein. Auch wer mit der Seilbahn hinauffährt, sollte bedenken, dass das Wetter oben schnell umschlagen kann. Die wichtigsten Notfallnummern sind ☎086 110 6417 (bei Feuer, Wilderei, Unfällen, Verbrechen) und ☎021-948 9900 (Bergrettung).

INFORMATIONEN & KARTEN

Die Ausschilderung wird besser, ist aber bei Weitem nicht vollständig, sogar mit Karte verirrt man sich leicht.

Table Mountain National Park Head Office (Karte S. 102; ☎021-712 7471; www.sanparks.org/ parks/table_mountain/; Tokai Manor House, Tokai Rd., Tokai; Mo–Fr ☉8–15.45 Uhr)

Boulders Visitor Centre (Karte S. 110; ☎021-786 2329; Kleintuin Rd., Seaforth, Simon's Town; Dez. & Jan. ☉7–19.30 Uhr, Feb., März, Okt. & Nov. 8–18.30 Uhr, April–Sept. 8–17 Uhr)

Buffelsfontein Visitor Centre (Karte S. 112; ☎021-780 9204; Kap der Guten Hoffnung; Mo–Fr ☉8–17 Uhr)

Slingsby Maps (https://slingsby-maps.myshop ify.com)

HIGHLIGHT
CASTLE OF GOOD HOPE

Vor weniger als einem Jahrhundert schlugen noch die Meereswellen an die Blausteinmauern des Castle of Good Hope. Südafrikas ältester noch erhaltener Kolonialbau ist das Hauptquartier des Militärkommandos am Westkap sowie der Standort einiger interessanter Museen und eine spektakuläre Kulisse für jährliche Events wie Festivals, Theater und Konzerte.

Geschichte

Die Festung wurde zum Schutz der logistischen und finanziellen Interessen der Niederländischen Ostindien-Kompanie (Vereenigde Oost-Indische Compagnie; VOC) zwischen 1666 und 1679 erbaut und ersetzte die Originalfestung aus Lehmziegeln und Holz, die der Befehlshaber der VOC, Jan van Riebeeck, 1652 zwei Tage nach seiner Landung in der Table Bay errichten ließ.

Der VOC-Gouverneur Simon van der Stel bezog 1680 das Schloss. Auf seinen Befehl hin wurde das Haupttor von der Seeseite der Festung an die Stelle zwischen den Bastionen Leerdam und Buuren verlegt, wo es sich noch heute befindet. Im Jahr 1795, als die Holländer die Schlacht von Muizenburg gegen die Briten verloren, übernahmen diese auch das Schloss, ohne dass dort ein einziger Schuss abgefeuert wurde. Zwischen 1803 und 1806 flatterte dann die Flagge der Batavischen Republik auf den Zinnen, bis die Briten wieder die Macht übernahmen.

Den britischen Herrschern in Kapstadt gefiel die holländische Festung nicht, und sie versuchten mehrmals erfolglos, sie abreißen zu lassen. 1922 wurde die alte südafrikanische Flagge über der Burg gehisst, 1994 wurde sie dann

NICHT VERSÄUMEN

➡ Rundgang durch die Befestigungsanlage

➡ Militärmuseum der Burg

➡ William Fehr Collection

➡ Schlüsselzeremonie

PRAKTISCH & KONKRET

➡ Karte S. 70

➡ 📞 021-787 1249

➡ www.castleofgoodhope.co.za

➡ Ecke Castle Street & Darling Street, City Bowl, Eingang in der Buitenkant Street; 🅿

➡ Erw./Kind 50/25 R

➡ 🕘 9–16 Uhr

➡ 🚌 Burg

durch die neue Flagge im Zeichen der südafrikanischen Demokratie ersetzt. Auch heute noch sind dort Militäreinheiten stationiert.

Die Anlage

Die fünfeckige Anlage hat an allen fünf Ecken Wehrtürme, von denen jeder nach den offiziellen Titeln des Prinzen von Oranien benannt ist (von links nach rechts ab dem Eingang: Buuren, Catzenellenbogen, Nassau, Oranje und Leerdam). Wer zu den Bastionen hochsteigt, kann die ganze Anlage des Forts überblicken und die Panoramaaussicht über die Grand Parade und Richtung Tafelberg genießen.

Überall innerhalb der Festung und rings um die Mauern stehen verschiedene Gebäude, die teils immer noch von der Armee genutzt werden. Die Besucher können einen Blick in die Folterkammer werfen, einen Nachbau der Schmiede sowie eine Bäckerei aus dem 18. Jh. (Het Bakhuys) und den Dolphin Pool mit einem dekorativen Delfin-Wasserspeier in der Brunnenmitte besichtigen.

Museen

Das interessante Castle Military Museum ist im zur Bucht hin gelegenen Eingang untergebracht. Hier sind echte und lebensnah gemalte Exemplare der Militäruniformen zu sehen, die im Laufe der Jahrhunderte getragen wurden, sowie eine sehr gute Ausstellung zum Zweiten Burenkrieg. Der Museumsladen verkauft Militärmemorabilien.

In den ehemaligen Gemächern des Gouverneurs ist ein Großteil der William Fehr Collection (www.iziko.org.za) ausgestellt, bestehend aus Ölgemälden, Möbeln, Keramik-, Metall- und Glasgegenständen. Auch Wanderausstellungen zu verschiedenen moderneren Themen finden statt. Der Geschäftsmann William Fehr begann seine Sammlung in den 1920ern mit Gemälden, die einen Bezug zu Südafrika hatten. Später kamen Möbel und andere Kunstobjekte hinzu. Vieles davon wird seit den 1950ern in der Burg ausgestellt, wobei die Werke auf Papier hauptsächlich in Rust en Vreugd (S. 82) präsentiert werden.

Die Vorderfront dieses Gebäudes ziert ein restaurierter, aus dem 18. Jh. stammender Balkon mit einem Flachrelief – ein Werk des deutschen Bildhauers Anton Anreith.

Eine Tür weiter befindet sich das Secunde's House. Es war die Residenz des Kap-Vizegouverneurs. Originalmöbel sind nicht mehr erhalten, aber die Zimmer sind so gestaltet, wie sie wohl im 17., 18. und 19. Jh. ausgesehen haben. Im Zuge der Restaurierung kamen einige der ursprünglichen Wandmalereien im Haus wieder zum Vorschein.

STADTVIERTEL IM ÜBERBLICK CASTLE OF GOOD HOPE

SCHLÜSSEL-ZEREMONIE

Montag bis Freitag um 10 und 12 Uhr wird eine traditionelle Schlüsselzeremonie abgehalten. Um 10 Uhr wird mit einem Schlüssel das Haupttor der Burg geöffnet, dann läutet eine Glocke, und die Wachen nehmen Aufstellung. Eine kleine Kanone wird auf der Vorburg abgefeuert und der Schlüssel in die Gemächer des Gouverneurs zurückgebracht. Die Mittagszeremonie wiederholt den Ablauf in umgekehrter Reihenfolge.

An Feiertagen führen freiwillige Gästeführer der Cannon Association of South Africa (www.caosa.org.za) öffentlich vor, wie eine Kanone abgefeuert wird.

GEFÜHRTE TOUREN

Führungen (im Eintrittspreis inbegriffen) finden um 11, 12 und 14 Uhr statt.

 HIGHLIGHT
COMPANY'S GARDEN

Der ehemalige Gemüsegarten der niederländischen Ostindien-Kompanie (Vereenigde Oost-Indische Compagnie; VOC) ist heute eine grüne Oase im Herzen der Stadt, auf deren Rasenflächen sich die Kapstädter gern im Schatten jahrhundertealter Bäume ein Päuschen gönnen. Hauptattraktion ist der Public Garden, aber auch an der Government Avenue, dem Fußgängern vorbehaltenen Hauptweg durch die Gärten, gibt es zahlreiche interessante Sehenswürdigkeiten und Gebäude.

Geschichte

Die Kultivierung des Company's Gardens begann 1652, als die ersten Vertreter der VOC am Kap ankamen. Man hob Grachten aus, leitete das Wasser der Flüsse des Tafelbergs um. Diese prägten bald nicht nur die Gestalt des Gartens, sondern auch die ersten Straßen und Grenzen der Stadt. Bis Ende des 17. Jhs. waren auf dem Gelände Pfade, Brunnen und eine Menagerie entstanden. Im 19. Jh. erhielten die Gärten ihre heutige Form. Große Teile des Terrains wurden zur Bebauung freigegeben, es entstanden die St. George's Cathedral (S. 68) und die Houses of Parliament (S. 69). 1848 wurde der tiefer gelegene Teil in einen Botanischen Garten verwandelt, der für die Öffentlichkeit zugänglich war. In den 1920ern erfuhr der obere Teil des Parks in der Nähe des South African Museum (S. 82) beim **Delville Wood Memorial** eine radikale Veränderung. Das Denkmal ehrt die über 2000 südafrikanischen Soldaten, die in einer Fünftageschlacht des Zweiten Weltkriegs fielen.

Public Garden

Das Highlight des Geländes ist der Public Garden (🚍Groote Kerk). Zu seiner botanischen Sammlung gehören Gelbe Flammenbäume (Peltophorum), Aloen und Rosen. Das älteste

NICHT VERSÄUMEN

➜ Public Garden
➜ De Tuynhuis
➜ Delville Wood Memorial
➜ National Library of South Africa
➜ Centre for the Book

PRAKTISCH & KONKRET

➜ Karte S. 70
➜ City Bowl
➜ ⊙ 7–19 Uhr
➜ 🚍 Dorp, Leeuwen

verzeichnete Gewächs ist die Scolopia mundii, ein südafrikanisches Weidengewächs, das etwa 300 Jahre alt ist und immer noch Früchte trägt.

Die Vorfahren der Eichhörnchen importierte Politiker und Bergbaumagnat Cecil Rhodes aus Nordamerika. 1908 wurde eine bronzene **Statue von Rhodes** (Karte S.70; 🏛Groote Kerk) aufgestellt, auf deren Sockel steht: „Dort ist dein Hinterland." Die ausgestreckte Hand des Imperialisten zeigt mitten in den Kontinent.

Zudem gibt es eine Voliere, eine nachgebaute „Sklavenglocke" von 1911, einen 1929 entworfenen Rosengarten und den **VOC Vegetable Garden** (Karte S.70; Company's Garden, Queen Victoria St., City Bowl; ⏰7–19 Uhr; 🏛Upper Loop, Upper Long), der 2014 nach dem Vorbild des ursprünglichen Marktgartens neu angelegt wurde – Teile der Ernte serviert das hiesige Gartenrestaurant.

An der Government Avenue

Die eichengesäumte Government Avenue mit Zugängen von der Wale Street und Orange Street teilte den ursprünglichen Company's Garden in zwei Teile. Von der Straße aus lässt sich durchs Ziergitter ein Blick aufs **De Tuynhuis** (Garden House; Karte S.70; Government Ave., City Bowl; 🏛Groote Kerk) erhaschen, 1700 als Unterkunft für Staatsbesucher erbaut. Vom vorderen Tor aus ist das VOC-Monogramm am Giebel zu erkennen. Näher kommt man nicht heran, denn De Tuynhuis dient jetzt als Büro des südafrikanischen Präsidenten. Der 1788 angelegte Parterregarten wurde in den 1960ern wiederhergerichtet. Weiter südlich führt die Government Avenue an der South African National Gallery vorbei (S.81; s. Abb.). Davor steht eine Statue von **Jan Smuts** (Karte S.84; Paddock Ave., Gardens), dem früheren General und Premierminister (1870–1950). Den Entwurf lieferte Sydney Harpley; ihre Enthüllung 1964 löste eine Protestwelle aus und führte zur Gestaltung einer weiteren, traditionelleren Statue von **Smuts** (Karte S.70; Ecke Adderley St. & Wale St., City Bowl; 🏛Groote Kerk), die neben der Slave Lodge aufgestellt wurde; diese wurde von Ivan Mitford-Barberton entworfen.

Bibliotheken

Die **National Library of South Africa** (Karte S.70; ☎021-424 6320; www.nlsa.ac.za; 5 Queen Victoria St., City Bowl; Mo–Fr ⏰9–17 Uhr; 🏛Dorp) mit Blick auf den Nordrand des Gartens ist ein klassizistisches Gebäude nach dem Vorbild des Fitzwilliam Museum in Cambridge. Drinnen gibt es Ausstellungen, in der Mitte des Gebäudes die Rotunde zu bewundern. Das **Centre for the Book** (Karte S.70; ☎021-423 2662; www.nlsa.ac.za; 62 Queen Victoria St., City Bowl; Mo–Fr ⏰8–16 Uhr; 🏛Upper Long, Upper Loop) liegt in einem grandiosen Kuppelbau (1913) im Osten des Parks. In dem traumhaften Lesesaal finden auch Konzerte statt.

HIGHLIGHT
DISTRICT SIX MUSEUM

Dieses Museum lässt wohl niemanden kalt: Es ist ein Denkmal für das einst pulsierende, multikulturelle Viertel, das während der Apartheid zerstört wurde und dessen 60 000 Einwohner zwangsumgesiedelt wurden. In der ehemaligen methodistischen Missionskirche zeigt das Museum anhand nachgebauter Wohnungen, Fotos, Tonträger und Zeitzeugenberichten das facettenreiche Bild einer zersplitterten, aber nicht gänzlich zerstörten Gemeinschaft.

Geschichte des Viertels

Das District Six, von der Stadt 1867 offiziell so genannt, war viele Jahrzehnte lang ein pulsierendes, multikulturelles Viertel mit ehemaligen Sklaven, Kaufleuten, Handwerken, Arbeitern und Einwanderern. Schon 1901 wurden jedoch schwarze Südafrikaner von den Behörden nach Langa umgesiedelt. Trotzdem lebten hier weiterhin viele Kapmalaien, weißhäutige Portugiesen, Chinesen und Hindu-Familien Seite an Seite.

1966 durften nach einem Erlass unter dem Group Areas Act („Gruppen-Gebiete-Gesetz" im Rahmen der Apartheidspolitik) „nur Weiße" hier wohnen. Mehrere Jahre lang passierte kaum etwas, 1970 aber ging es mit dem Abriss der Gebäude los. Nach und nach mussten die Bewohner in andere Stadtgebiete umziehen, meist in die Cape Flats.

Zu den Museumsexponaten gehört ein im Boden eingelassener Stadtplan, der zeigt, wie das District Six ursprünglich ausgesehen hat; hier haben frühere Bewohner ihre abgerissenen Häuser gekennzeichnet und was ihr Viertel früher einmal ausmachte. Es gibt auch Nachbildungen ihrer Inneneinrichtungen und verblichene Fotografien sowie Tonaufnahmen von Zeitzeugen.

NICHT VERSÄUMEN

➡ Bodenstadtplan des District Six

➡ Rundgang im Viertel

➡ Homecoming Centre

PRAKTISCH & KONKRET

➡ Karte S. 80

➡ ☎ 021-466 7200

➡ www.districtsix.co.za

➡ 25a Buitenkant Street, East City

➡ Erw./Kind 40/15 R, Führung durch das Museum 55 R, geführte Rundgänge 80–100 R

➡ Mo–Sa ⊗ 9–16 Uhr

➡ 🚋 Lower Buitenkant

Anwohnergeschichten & Führungen

Wer verstehen möchte, was dem District Six und seinen Bewohnern zur Zeit der Apartheid widerfahren ist, sollte sich mit den Mitarbeitern unterhalten, die alle bewegende Geschichten über die Zerstörung ihrer Heimat zu erzählen haben. Ein gutes Beispiel ist der Museumsführer Noor, der mitten im District Six aufgewachsen ist. Seine Familie lebte dort bis 1976, dann bekamen sie zwei Wochen Zeit, das Haus zu räumen, das sein Großvater 70 Jahre zuvor gekauft hatte. Nun wurden Familien, Nachbarn und Freunde nach Rasse getrennt und in verschiedene Townships umgesiedelt. In weiser Voraussicht hatten sie bereits ein neues Zuhause in der Township Athlone gekauft.

Noor wird den Tag ihres Wegzugs aus dem District Six nie vergessen. Er packte seine Frau und zwei Kinder ins Auto und fuhr los, kam aber nur bis zur nächsten Ecke, wo er kurz anhielt. Als er da schon die Planierraupen anrücken sah, fing er an zu weinen.

Homecoming Centre

Eine Querstraße nördlich des Hauptmuseumsgebäudes ist sein Erweiterungsbau, das **Homecoming Centre** (15 Buitenkant St., East City; Mo–Fr ⊙9–16 Uhr) `GRATIS`, das sich in einem Teil des Sacks Futeran Building befindet. Derzeit gibt's dort eine herrliche Ausstellung mit Kunstwerken für das *District Huis Kombuis Food & Memory Cookbook;* dazu gehören wunderbar bestickte Tafeln mit Familienrezepten, bemalte Platten und markante Porträtfotografie. Eine Ausgabe des Kochbuchs kann man im Museum kaufen.

Viele Generationen lang war dies das Geschäft der Familie Futeran, die mit Stoffen und Textilien handelte. Zuvor war in einem Teil des Gebäudes die Buitenkant Congregational Church untergebracht.

Die Zukunft des District Six

Seit Beginn der Demokratie soll das 4200 m² große Gelände wieder bebaut werden, aber wie die zumeist leeren Parzellen zeigen, geht es schleppend voran. Nicht alle Menschen werden dahin zurückkehren können, wo sie früher gewohnt haben, denn große Teile des Geländes nehmen mittlerweile Bauten wie die Cape Peninsula University of Technology in Beschlag. Viele Anspruchsberechtigte sind inzwischen sehr alt und ziehen nun eine finanzielle Entschädigung von der Regierung dem lange ersehnten Wiederaufbau ihrer Häuser vor. Positiv ist zu verbuchen, dass Anfang 2018 das 104 Millionen Rand schwere District Six Community Health Centre (Krankenhaus) an der Stelle gebaut wurde, wo früher das alte Peninsula Maternity Hospital stand, die Entbindungsklinik. Zum Gedenken haben frühere Anwohner in einer gemeinsamen Aktion dekorative Wandbilder gestaltet.

GEFÜHRTE TOUREN & BEGEGNUNGEN

Das Museum veranstaltet jeweils am letzten Donnerstag im Monat (100 R) Führungen bei Sonnenuntergang. Die Rundgänge beginnen im Museum und enden bei einer Heimkehrerfamilie zu Hause.

Wer sich eingehender mit der Geschichte befassen will, kann über das Museum formellere Begegnungen mit früheren Bewohnern arrangieren. Die Tickets kosten zwischen 75 und 150 R und können online gebucht werden.

BÜCHER

Recalling Community in Cape Town (Hrsg. Ciraj Rassool und Sundra Posalendis): illustrierter Bericht zum zerstörten District Six mit Erinnerungen ehemaliger Bewohner. Ein weiteres gutes Buch ist *Buckingham Palace, District Six* von Richard Rive mit spannenden Erzählungen über die Bewohner von fünf Häusern im Herzen des District Six.

HIGHLIGHT
ROBBEN ISLAND

Der prominenteste Insasse von Robben Island war Nelson Mandela, was die Insel zu einer der beliebtesten Pilgerstätten von Kapstadt macht. Die flache Insel liegt in der Table Bay rund 12 km vor der Küste. Sie ist ein Unesco-Weltkulturerbe und diente von den Anfängen der VOC (Vereenigde Oost-Indische Compagnie; niederländische Ostindien-Kompanie) bis 1996 als Gefängnis.

Die gerade einmal 2 mal 4 km große Insel kann nur im Rahmen einer Tour besucht werden, die mit einer Überfahrt (30 bis 45 Minuten je nach Schiffstyp) vom **Nelson Mandela Gateway** (Karte S.86; Clock Tower Precinct, V&A Waterfront; ◷9–20.30 Uhr; 🖥Nobel Square) GRATIS an der Waterfront beginnt. Auf der Fähre wird ein Video über die Geschichte der Insel gezeigt und wie sie über Jahrhunderte als Gefängnis und Leprakolonie genutzt wurde. Nach der Ankunft folgt eine 45-minütige Bustour rund um die Insel; dabei werden nennenswerte Orte kommentiert, wie der Kalksteinbruch, in dem Mandela und andere Häftlinge Zwangsarbeit leisten mussten; zu sehen sind auch das kleine Gebäude, in dem der Anführer des Pan-African Congress (PAC) Robert Sobuke sechs Jahre in Einzelhaft lebte; das Dorf, wo das Museumspersonal und ihre Familien immer noch leben; und der *kramat* (muslimischer Schrein), der für den indonesischen Prinzen von Madura, Pangerau Chakra Deningrat, errichtet wurde, der 1754 im Exil starb, nachdem ihn die Holländer von seiner Insel verbannt hatten.

Im historischen Gefängnis plaudert dann ein Guide, in der Regel ein ehemaliger Insasse, quasi aus dem Nähkästchen (mit obligatorischem Fotostopp in Mandelas Zelle). Insgesamt dauert die Tour ca. vier Stunden. In der Hochsaison können Tickets schon Tage, wenn nicht Wochen im Voraus ausverkauft sein; deshalb lohnt es sich, früh genug über die Website zu buchen. Auch kann sich der Fahrplan der Fähre je nach Wetterlage ändern.

NICHT VERSÄUMEN

➜ Nelson Mandelas Zelle

➜ Nelson Mandela Gateway

➜ Jetty 1

➜ Tafelbergfoto von der Insel aus

PRAKTISCH & KONKRET

➜ ☎ 021-413 4200

➜ www.robben-island.org.za

➜ Erw./Kind 340/190 R

➜ ◷ Fähren um 9, 11, 13 & 15 Uhr, je nach Witterung

➜ 🖥 Nobel Square

HIGHLIGHT
BO-KAAP

Das Bo-Kaap, wörtlich: „Oberes Kap", mit seinen bunten kleinen Häusern an schmalen Kopfsteinpflasterstraßen zählt zu den meistfotografierten Ecken der Stadt. Das Viertel wurde ursprünglich in der Mitte des 18. Jhs. als Kasernengelände für Soldaten angelegt. In den 1830er-Jahren, nach der Abschaffung der Sklaverei, siedelten sich hier dann immer mehr freigelassene Sklaven an. Es ist immer noch vorwiegend muslimisch.

Die bunten Hausfassaden des früher schwarzen Viertels entstanden erst nach dem Ende der Apartheid. Die bezauberndsten Straßen von Bo-Kap sind Chiappini, Rose und Wale. In manchen Teilen herrscht immer noch krasse Armut, und nach Einbruch der Dunkelheit ist es nicht ratsam, abseits der Hauptstraßen herumzuspazieren.

Das kleine, aber feine **Bo-Kaap Museum** (Karte S. 70; ☎021-481 3938; www.iziko.org.za/museums/bo-kaap-museum; 71 Wale St., Bo-Kaap; Erw./Kind 20/10 R; Mo–Sa ⏱10–17 Uhr) gewährt Einblicke in den Lebensstil einer wohlhabenden kapmuslimischen Familie des 19. Jhs. Die interessanteste Sammlung sind ausgewählte Schwarz-Weiß-Fotografien im oberen Ausstellungsraum, die das Leben im Viertel zeigen. Das Gebäude selbst, zwischen 1763 und 1768 erbaut, ist eines der ältesten in der Gegend.

Die **Auwal Mosque** (Auwal Masjid; Karte S. 70; ☎082 551 7324; http://auwalmasjid.co.za; 34 Dorp St., Bo-Kaap) ist die älteste islamische Glaubensstätte Südafrikas und wurde von Imam Abdullah Kadi Salaam (auch bekannt unter dem Namen Tuan Guru) 1798 erbaut. Dieser indonesische Prinz saß auf Robben Island eine Gefängnisstrafe ab und schrieb dort auswendig dreimal den gesamten Koran nieder. Einer davon ist in der Moschee ausgestellt.

Bei **Atlas Trading Company** (Karte S. 70; ☎021-423 4361; www.atlastradingcompany.co.za; 104 Wale St., Bo-Kaap; Mo–Do ⏱8.15–17.15 Uhr, Fr 8.15–12 & 14–17.15 Uhr, Sa 8.30–13 Uhr) liegt das stechende Aroma von über 100 verschiedenen Kräutern, Gewürzen und Düften in der Luft. Der Laden ist ein Eckpfeiler der muslimischen Gemeinde von Bo-Kaap, besucht von Generationen von Köchen zum Kauf wichtiger Zutaten (siehe Abb. oben).

NICHT VERSÄUMEN

➜ Chiappini Street

➜ Rose Street

➜ Bo-Kaap Museum

➜ Auwal-Moschee

PRAKTISCH & KONKRET

➜ Karte S. 70

➜ 🚇 Dorp, Leeuwen

HIGHLIGHT
ZEITZ MOCAA MUSEUM

Das alte Getreidesilo an der Waterfront hat sich zu einem hochmodernen Museum für zeitgenössische südafrikanische Kunst aus der Sammlung des Unternehmers Jochen Zeitz gewandelt; ebenso sind hier die eigene Sammlung des Museums und Leihgaben untergebracht. Seit seiner Eröffnung im September 2017 kämpft das MOCAA noch um seinen Stellenwert als Ausstellungsraum, bietet aber jetzt schon ein verblüffendes Repertoire an afrikanischer Kunst und aus anderen Teilen der Welt.

Umbau des Getreidesilos

Das wohl Auffallendste an diesem Museum ist das Gebäude, in dem es untergebracht ist. Bei seiner Inbetriebnahme im Jahr 1921 war das Getreidesilo Südafrikas größtes Gebäude überhaupt. Seit 1990 wurde es nicht mehr genutzt. Dann wurde der Industriebau außen herausgeputzt und innen komplett umgestaltet, und zwar nach dem fantasievollen Raumdesign des britischen Architekturbüros Thomas Heatherwick. Die 42 Aufzugschächte wurden in ein zentrales Atrium umgebaut. Die teilweise offengelegte Röhrenstruktur zieht sich über acht Stockwerke vom Untergeschoss bis auf eine Dachterrasse mit Skulpturengarten. Wer genau hinschaut, wird in der Struktur ein Getreidekorn erkennen – eines der Erntegüter, die hier gelagert wurden.

Im Glasboden auf der Dachterrasse ist ein originelles Alphabet eingraviert – ein Kunstwerk des togolesischen Künstlers El Loko. Im Souterrain und im Eingangsbereich sind zahlreiche (noch funktionstüchtige) Industriearma-

NICHT VERSÄUMEN

➡ BMW Atrium

➡ Dachterrassen-Skulpturengarten

➡ Dusthouse

➡ Centre for the Moving Image

PRAKTISCH & KONKRET

➡ Karte S. 86

➡ 📞 087-350 4777

➡ www.zeitzmocaa. museum

➡ Silo District, South Arm Road, V&A Waterfront; P

➡ Erw./Kind 180/Eintritt frei

➡ Mi–Mo 🕙 10–18 Uhr, erster Fr im Monat bis 21 Uhr

➡ 🚈 Waterfront Silo

turen erhalten geblieben – ein optischer Eindruck zur Geschichte des Gebäudes. Im **Dusthouse** finden auch Filmvorführungen statt. Daneben werden diese Räumlichkeiten, wo früher die Siloluft gefiltert und gereinigt wurde, heute für Kunstinstallationen genutzt.

Museumsabteilungen

Im MOCAA stehen 9500 Quadratmeter Ausstellungsfläche zur Verfügung, die sich auf über 80 Galerien und mehrere Ebenen rund und das Atrium verteilt. Die Orientierung bereitet deswegen manchmal Probleme. Jedoch steigert das den Entdeckergeist – und es gibt hier auch viel Sehenswertes!

Nur wenige Werke aus der Sammlung afrikanischer Kunst des 21. Jhs. (und der Künstlerdiaspora) werden hier ständig ausgestellt sein. Eine wohl permanente Kunstinstallation ist *Ten Thousand Waves von Isaac Julian*. Das Werk besteht aus einer 55-minütigen Videoinstallation mit neun Bildschirmen. Sie soll fünf Jahre hier gezeigt werden. Ansonsten wird das Museum sicherlich Werke südafrikanischer Größen ausstellen wie etwa von William Kentridge sowie Fotografien von Roger Ballen. Er war zudem der Mäzen des Foundation Centre for Photography (www.rogerballen.org). Auch neue Stars der Kunstfotografie, u. a. die südafrikanische Fotografin Zanele Muhole und Kudzanai Chiurai aus Simbabwe, werden hier ihre Werke ausstellen.

In den größeren Abteilungen wird es auch regelmäßige Wechselausstellungen geben, u. a. im **Costume Institute**, im **Centre for Performative Practice** für Aktionskunst, Symposien und andere Events sowie im **Centre for the Moving Image** für Video- und Digitalkunst; im **Curatorial Lab**, dessen erstes Projekt zum Ziel hatte, die LGBTQI+-Szene in Südafrika darzustellen, und im **BMW Atrium**, wo jedes Jahr eine bedeutende neue Kunstinstallation zu sehen sein wird.

ERMÄSSIGUNGEN

Jeden ersten Freitag im Monat kostet der Eintritt zwischen 16 und 20.30 Uhr nur halb so viel. Afrikaner zahlen mittwochs von 10 bis 13 Uhr keinen Eintritt. Auch in der **Museum Night** (www.museum-night.co.za; V&A Waterfront) ist zwischen 17 und 22 Uhr der Eintritt frei.

Im fünften Stock lockt das Zeitz MOCAA Food auf einen Drink mit herrlichen Ausblicken.

FÜHRUNGEN & EVENTS

Im Eintrittspreis enthalten ist eine kostenlose 60-minütige Führung zu den Highlights der Ausstellung – gut als Orientierungshilfe und zum Verständnis einiger Werke. Auf der Website des Museums stehen die laufenden Events, u. a. Performances, Podiumsdiskussionen und besondere Filmvorführungen und Gespräche.

◉ Sehenswertes

◉ City Bowl, Foreshore, Bo-Kaap & De Waterkant

Hier wurde Kapstadt gewissermaßen geboren, daher sind diese Viertel voller historisch interessanter Sehenswürdigkeiten und Stätten – vom Castle of Good Hope (S. 58) im Osten bis zu den grellbunt gestrichenen Häusern von Bo-Kaap (S. 65) im Nordwesten. Dazwischen liegt das dichte Gitter aus Straßen – die City – mit dem Company's Garden (S. 60) als „grüner Lunge". Die Sehenswürdigkeiten sind gut zu Fuß zu erreichen, und die meisten lassen sich an einem ganzen Tag oder gemütlichen zwei Tagen besichtigen.

Iziko Slave Lodge   MUSEUM

(Karte S. 70; ☑021-467 7229; www.iziko.org.za; 49 Adderley St., City Bowl; Erw./Kind 30/15 R; ⊙Mo–Sa 10–17 Uhr; 🚌Groote Kerk) Die Slave Lodge geht auf das Jahr 1660 zurück und ist eines der ältesten Gebäude Südafrikas. Ehemals Behausung von bis zu 1000 Sklaven, hat die Lodge eine faszinierende Geschichte; danach diente das Gebäude als Bordell, Gefängnis, Irrenanstalt, Postamt, Bibliothek und als Oberster Gerichtshof. Heute ist es ein Museum, das sich hauptsächlich mit der Geschichte und den Erfahrungen der Sklaven und ihren Nachfahren am Kap beschäftigt.

Bis 1811 beherbergte das Gebäude Sklaven unter feuchten, unhygienischen und überfüllten Bedingungen, jedes Jahr starben bis zu 20 % von ihnen. Ge- und verkauft wurden die Sklaven gleich um die Ecke in der Spin Street.

Im Innenhof finden sich noch Wände der ursprünglichen Slave Lodge, dort stehen auch die Grabsteine von Jan van Riebeeck, dem Gründer von Kapstadt, und seiner Frau Maria de la Queillerie. Die Grabsteine wurden von Jakarta, wo van Riebeeck begraben ist, hierhergebracht.

Im Erdgeschoss zeigt das Museum außerdem Ausstellungsstücke aus dem antiken Ägypten, Griechenland, Rom und dem Fernen Osten.

St George's Cathedral   KATHEDRALE

(Karte S. 70; ☑021-424 7360; www.sgcathedral. co.za; 1 Wale St., City Bowl; 🚌Groote Kerk) Auch bekannt als People's Cathedral und als einer der wenigen Orte, an denen zur Zeit der Apartheid Menschen aller Rassen beten durften. Manchmal finden hier klassische Konzerte statt; auf der Website stehen nähere Einzelheiten sowie die täglichen Gottesdienstzeiten. Das Innere der Kathedrale ist schön kühl; unbedingt das Siyahamba-Labyrinth in den Kreuzgängen aufsuchen, einen gepflasterten, kreis-

---

CHURCH SQUARE

Eine der attraktivsten Plazas der Stadt ist der von schönen alten Bauten umgebene Church Square (Kirchplatz). Hier steht u. a. das Haus des Architekten Sir Herbert Baker, das auch als National Mutual Building bezeichnet wird. Teile davon gehen auf 1905 zurück; heute beherbergt es das Iziko Social History Centre. Der Bauträger Urban Lime hat rund um den Platz einige Gewerbeimmobilien aufgekauft und restauriert, u. a. das Speaker's Corner (Karte S. 70; www.speakers-corner.co.za; Church Square, City Bowl), in dem ein Restaurant, eine Bar, Veranstaltungsräume und Büros entstehen sollen.

Ende 2018 soll hier eine kostenlose Licht-und-Klang-Show gestartet werden, mit Lichtprojektionen auf das National Mutual Building bei Nacht. Besucher können sich dann auch über eine interaktive Hightech-App zur Geschichte des Platzes informieren.

Seinen Namen verdankt der Platz der Groote Kerk (S. 73), der Mutterkirche der niederländisch-reformierten Kirche, die den Platz zur Spin Street hin begrenzt; dort kennzeichnet eine kleine runde Gedenktafel auf der Verkehrsinsel den einstigen Standort des Sklavenbaums (Karte S. 70; Spin St., City Bowl; 🚌Groote Kerk), wo die Sklaven bis zur ihrer Gleichberechtigung im Jahr 1834 verkauft worden sein sollen. Auf dem Platz selbst steht das Sklavendenkmal (Karte S. 70; Church Square, City Bowl; 🚌Groote Kerk) aus elf niedrigen, schwarzen Granitquadern, auf denen die Namen der Sklaven bzw. einst verwendete Begriffe im Zusammenhang mit Sklaverei, Widerstand und Rebellion eingraviert sind. Auf dem Platz befindet sich auch ein Standbild von Jan Hendrik (Karte S. 70; Church Square, City Bowl; 🚌Groote Kerk), dem einstigen Herausgeber der Zeitung Zuid Afrikaan und Schlüsselfigur hinter dem Entwurf der südafrikanischen Verfassung von 1909.

ROCK-GIRL-BÄNKE

Augen auf beim Herumstreifen durch die City Bowl sowie auf dem Weg hoch zum Signal Hill, am Lion's Head und entlang der Waterfront: Hier stehen überall die bunten Mosaikbänke von Rock Girl (www.rockgirlsa.org). Dieses inspirierende Projekt wurde von der Menschenrechtlerin Michelle India Baird im Jahr 2010 gestartet, als sie als Freiwillige an der Red River School im Vorort Manenberg der Cape Flats arbeitete, in dem die Kriminalitätsrate sehr hoch ist. Damit nahm sie sich der dringend erforderlichen Aufgabe an, sichere Orte zu schaffen, an denen junge Mädchen und Jungen sitzen konnten, ohne von Straßengangs belästigt zu werden.

Mehrere prominente Kapstädter Künstler und Designer, darunter Lovell Friedman, Laurie Wiid van Heerden, Atang Tshikare, Paul du Toit und Lyall Sprong, haben sich seitdem an der Gestaltung der Bänke beteiligt. Die meisten Bänke im Zentrum von Kapstadt haben eine Schwesterbank in den Townships, wie in Gugulethu, wo eine am Amy Biehl Memorial (S. 118) steht und eine in Khayelitsha am Grassroot Soccer Football for Hope Centre.

Im **Prestwich Memorial Garden** (S. 124) gibt's drei Bänke: *Time Out* vom Künstler Paul du Toit, in der Form eines symbolischen Rock Girls; eine übergroße Holzbank von Mark Thomas (der auch die Boomslang in den Kirstenbosch Botanical Gardens gestaltete) und eine Bank aus Metall und Holz von Laurie Wiird van Heerden im Truth Coffee. Weitere Bänke stehen am südlichen Ende der Long Street vor dem **Backpack** (S. 135) und in der Lobby des **Cape Town International Convention Centre** (S. 180). Wer durch Llandudno oder Muizenberg stromert, wird auch dort Bänke finden.

runden Weg zur Unterstützung von Meditation und Spiritualität.

Der offizielle Name der an der Wende des 19. Jh. von Sir Herbert Baker errichteten Kirche lautet Cathedral Church of St. George the Martyr in Cape Town. Hier war der Sitz des Erzbischofs Desmond Tutu, der die Kathedrale ins Zentrum des Widerstands gegen das Burenregime rückte.

Unbedingt die Ausstellung im Memory & Witness Centre anschauen, das in der Krypta untergebracht ist; dort befindet sich auch das Crypt Jazz Restaurant (S. 180). Bis heute ist die Kathedrale aufgrund ihres HIV/AIDS-Hilfsprogramms ein Leuchtfeuer der Hoffnung – sehenswert ist der Cape Town AIDS-Quilt, der über der nördlichen Tür hängt.

Arch for Arch
ÖFFENTLICHE KUNST
(Karte S. 70; Ecke Wale & Adderley Sts., City Bowl) Der Holzbogen wurde 2017 zu Erzbischof Desmond Tutus 86. Geburtstag enthüllt, er steht neben der Kathedrale, der der Friedensnobelpreisträger vorstand, und ist ein Symbol von Hoffnung und Widerstand während der Apartheid. Das Monument wurde von Design Indaba in Auftrag gegeben und von der norwegischen Architekturfirma Snøhetta entworfen; es besteht aus 14 ineinander verflochtenen Strängen, auf denen Auszüge aus der südafrikanischen Verfassung eingraviert sind.

Houses of Parliament
BEMERKENSWERTES GEBÄUDE
(Karte S. 70; 021-403 2266; www.parliament.gov.za; Parliament St., City Bowl; Geführte Touren Mo–Fr 9–16 Uhr; Roeland) GRATIS Eine Tour durch das Parlament ist faszinierend, vor allem für diejenigen, die sich für die neuere Geschichte des Landes interessieren. Die heiligen Hallen wurden 1885 eröffnet und haben so manchen geschichtsträchtigen Moment erlebt; hier hielt der britische Premierminister Harold Macmillan 1960 seine „Wind of Change"-Rede und hier wurde Präsident Hendrik Verwoerd, der auch als Architekt der Apartheid bekannt ist, 1966 erstochen. Vorher anrufen und am Eingang den Reisepass vorzeigen.

Long Street
ARCHITEKTUR
(Karte S. 70; City Bowl; Dorp, Leeuwen) Ein Bummel über die Long Street gehört einfach zu einem Besuch in Kapstadt. Auf der belebten Verkehrsader, die früher die Grenze zum muslimischen Viertel Bo-Kaap bildete, pulsieren der Handel und das Nachtleben, gesäumt ist sie teilweise von viktorianischen Gebäuden mit herrlichen schmiedeeisernen Balkonen. Nachdem die Long Street in den 1960ern in Verruf geraten war, entdeckten clevere Stadtentwickler Ende der 1990er ihr Potenzial. Der attraktivste Abschnitt befindet sich zwischen der Abzweigung Buitensingel Street im Norden und der Strand Street.

City Bowl & Bo-Kaap

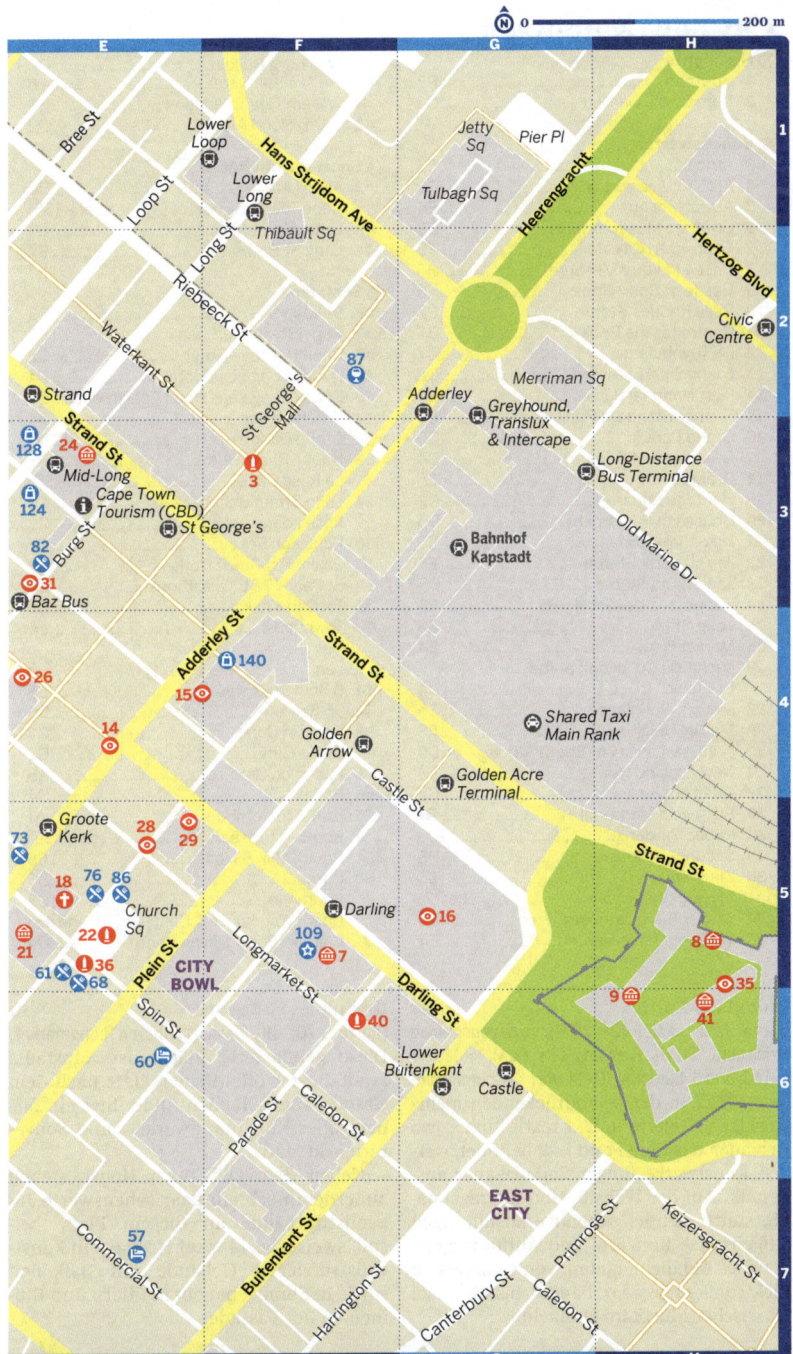

City Bowl & Bo-Kaap

◎ Highlights
1	Bo-Kaap	B3
2	Company's Garden	C6

◎ Sehenswertes
3	Africa	F3
4	Arch for Arch	D5
5	Auwal Mosque	B4
6	Bo-Kaap Museum	B3
7	Cape Town City Hall	F5
8	Castle Military Museum	H5
9	Castle of Good Hope	H6
10	Cecil Rhodes Statue	C7
11	Centre for the Book	B6
12	De Tuynhuis	C7
13	Evangelical Lutheran Church	D2
14	First National Bank	E4
15	Former Standard Bank	E4
16	Grand Parade	G5
17	Greenmarket Square	D4
18	Groote Kerk	E5
19	Heritage Square	C2
20	Houses of Parliament	D6
21	Iziko Slave Lodge	E5
22	Jan Hendrik Statue	E5
23	Jan Smuts Statue	D5
24	Koopmans-de Wet House	E3
25	Long Street	B6
26	Market House	E4
27	Michaelis Collection at the Old Town House	D4
28	Mullers Opticians	E5
29	Mutual Heights	E5
30	National Library of South Africa	D5
31	New Zealand House	E3
32	Open House	C5
33	Prestwich Memorial	D1
34	Public Garden	C6
35	Secunde's House	H5
36	Slave Tree	E5
	Slavery Memorial	(siehe 22)
37	St. George's Cathedral	D5
38	VOC Vegetable Garden	B7
39	Waalburg Building	D4
40	We Are Still Here	F6
41	William Fehr Collection	H6
42	Youngblood Africa	D2

◎ Sport & Aktivitäten
43	Abseil Africa	B6
	Cape Town on Foot	(siehe 135)
44	Lekka Kombuis	B3
45	Long St Baths	B7

◎ Schlafen
46	91 Loop	D3
47	Cape Breaks	B7
48	Cape Heritage Hotel	C3
49	Daddy Long Legs Hotel	C4
50	Daddy Long Legs Hotel Apartments	B6
51	Dutch Manor	B4
52	Grand Daddy Hotel	D3
53	Happy Rhino Hotel	B6
	La Rose B&B	(siehe 55)
54	Long Street Backpackers	C5
55	Rose Lodge	C2
56	Rouge on Rose	C2
57	Scalabrini Guest House	E7
58	St Paul's B&B Guesthouse	A5
59	Taj Cape Town	D5
60	Townhouse	E6

◎ Essen
61	6 Spin St Restaurant	E5
62	95 Keerom	B6
63	Addis in Cape	C4
64	Africa Café	C2
65	Bacon on Bree	A6
66	Bocca	C4
67	Bo-Kaap Kombuis	A1
	Bombay Brasserie	(siehe 59)
68	Bread, Milk & Honey	E5
69	Carne SA	B6
70	Charango	C3
	Chef's Warehouse & Canteen	(siehe 48)
71	Clarke's Bar & Dining Room	C4

Youngblood Africa GALERIE
(Karte S.70; ☎021-424 0074; www.youngblood africa.com; 70–74 Bree St., City Bowl; ⊗Mo–Fr 9–17, 1. und 3. Samstag 10–14 Uhr; ☐Church, Mid-Long) **GRATIS** In der beeindruckenden mehrstöckigen Galerie mit Kreativstudio, wo sich auch das Café **Food Lab** befindet, werden Kunstwerke junger Südafrikaner ausgestellt. Auf der Website sind die regelmäßig stattfindenden Abendveranstaltungen aufgelistet – Konzerte und Aufführungen, die alles Mögliche bieten, von swingenden Elektronik-Gypsy-Jazzbands bis hin zu klassischer Musik im Dunkeln.

Greenmarket Square PLATZ
(Karte S.70; City Bowl; ☐Church, Longmarket) Diese gepflasterte Fläche ist Kapstadts zweitältester öffentlicher Platz nach dem Grand Parade. Täglich findet hier ein farbenfroher Kunsthandwerker- und Souvenirmarkt statt.

Neben dem Old Town House stehen außerdem noch ein paar sehenswerte Jugendstilgebäude an diesem Platz, beispielsweise das **Market House**, ein kunstvoll verziertes Gebäude mit Balkonen sowie in Stein gehauenen Adlern und Blumen an der Fassade.

Groote Kerk
KIRCHE

(Karte S.70; ☎021-422 0569; www.grootekerk.org.za; Church Sq., City Bowl; ⏰Mo–Fr 10–14 Uhr, Gottesdienst So 10 & 19 Uhr; 🚌Groote Kerk) Die Highlights der Mutterkirche der Dutch Reformed Church (Nederduitse Gereformeerde Kerk) sind die riesige Orgel und die kunstvolle Kanzel aus burmesischem Teak, die von den Bildhauermeistern Anton Anreith und Jan Graaff geschnitzt wurde. Ansonsten ist das Gebäude ein architektonischer Mischmasch – Teile davon sind noch vom 1704 errichteten Original übrig geblieben, andere stammen aus dem Jahr 1841.

Zu denken gibt die Tatsache, dass in den ersten 100 Jahren im Leben dieser Kirche angeblich Sklaven direkt vor ihrer Tür verkauft wurden.

Cape Town City Hall
HISTORISCHES GEBÄUDE

(Karte S.70; ☎021-455 2029; Darling St., City Bowl; 🅿; 🚌Darling) Das alte Rathaus von Kapstadt ist ein großartiges edwardianisches Gebäude, das aus dem Jahr 1905 stammt. Nachdem Nelson Mandela im Februar 1990 aus dem Gefängnis entlassen worden war, hielt er auf dem vorderen Balkon der Cape Town City Hall seine erste öffentliche Rede.

Foreshore & De Waterkant

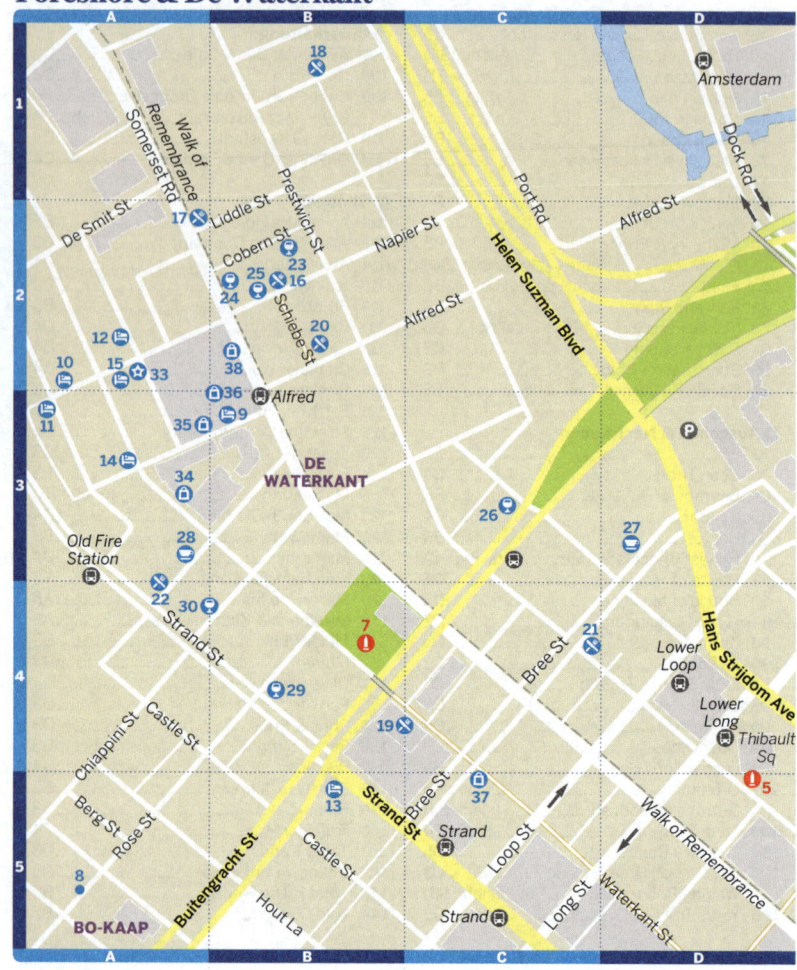

Das Auditorium der City Hall ist einer von mehreren Auftrittsorten des Cape Philharmonic Orchestra (S. 180).

Grand Parade
PLATZ

(Karte S. 70; Darling St., City Bowl; Darling) Ein wichtiger Ort für die Geschichte Kapstadts; hier bauten die Niederländer 1652 ihre erste Festung; Sklaven wurden hier verkauft und bestraft. Außerdem versammelten sich 1990 hier Menschenmassen, als Nelson Mandela seine Ansprache hielt. Der Platz wird zum Teil als Markt, zum Teil auch als Parkplatz genutzt.

Mutual Heights
ARCHITEKTUR

(Karte S. 70; www.mutualheights.info; Ecke Parliament & Darling Sts., City Bowl; Darling) Mutual Heights ist mit rosa- und goldgeädertem, schwarzem Marmor verkleidet und das beeindruckendste unter den Jugendstilgebäuden der City Bowl. Die Fassade ist mit einem der längsten durchgehenden Steinfriese der Welt verziert, der von Ivan Mitford-Barberton entworfen und von den Gebrüdern Lorenzi – Steinmetzmeistern – umgesetzt wurde. Der Großteil der Originaldetails und -dekorationen ist noch erhalten, einschließlich des beeindrucken-

N 0 ————————————— 200 m

den zentralen Bankraums, der der Öffentlichkeit leider nicht zugänglich ist.

Vom Finanzunternehmen Old Mutual in Auftrag gegeben, war es abgesehen von den Pyramiden einst das größte Bauwerk Afrikas – und auch das teuerste. Die Eröffnung des Gebäudes 1939 wurde vom Beginn des Zweiten Weltkriegs überschattet. Darüber hinaus wurde seine Spitzenlage am Foreshore sofort wieder hinfällig, als die Stadt beschloss, sich 2 km weiter in die Bucht auszudehnen. In den 1950ern verlagerte Old Mutual seine Geschäfte allmählich nach Pinelands. Als das Gebäude 2002

in Wohnungen umgewandelt und in Mutual Heights umbenannt wurde, löste dies unter Stadtentwicklern den Boom aus, ähnliche lang vernachlässigte, leer stehende Bürogebäude im Stadtzentrum ebenfalls umzuwandeln.

Prestwich Memorial GEDENKSTÄTTE
(Karte S.70; Ecke Somerset Rd. & Buitengracht St., De Waterkant; ◷ Mo–Fr 8–18, Sa & So bis 14 Uhr; 🚌 Strand) GRATIS 2003 förderten Bauarbeiten an der nahe gelegenen Prestwich Street zahlreiche Skelette zutage. Es handelte sich um nicht gekennzeichnete Gräber

Foreshore & De Waterkant

von Sklaven und anderen Menschen, die im 17. und 18. Jh. von den Niederländern auf dem damals sogenannten Gallows Hill hingerichtet worden waren. Die Knochen wurden exhumiert, und es wurde ein Gebäude mit attraktiver Fassade aus Robben-Island-Schiefer als Gedenkstätte errichtet. Die Stätte umfasst ein Ossarium sowie hervorragende lehrreiche Ausstellungsstücke, darunter etwa eine Replik des bemerkenswerten 360-Grad-Panoramas von der Tafelbucht, das Robert Gordon 1778 malte.

Evangelical Lutheran Church　　KIRCHE
(Karte S.70; ☎021-421 5854; www.lutheran church.org.za; 98 Strand St., City Bowl; ☺Mo–Fr 10–14 Uhr; 🚌Strand) Im Jahr 1780 entstand aus einer Scheune die erste lutherische Kirche am Kap. Ihre geschnitzte Holzkanzel ist ein Meisterwerk des deutschen Bildhauers Anton Anreith. Zwei muskelbepackte Herkulesfiguren stützen die beiden vorderen Ecken der Kanzel (als Symbol für die Kraft des christlichen Glaubens); darüber hängen vier Cherubim und ein Rokokobaldachin.

Anreiths Arbeit kann auch in der Groote Kerk und in Groot Constantia bewundert werden.

Koopmans-de Wet House　　MUSEUM
(Karte S.70; ☎021-481 3935; www.iziko.org.za; 35 Strand St., City Bowl; Erw./Kind 20/10 R; ☺Mo–Fr 10–17 Uhr; 🚌Strand) Wer dieses klassische Beispiel eines kapholländischen Stadthauses betritt, begibt sich vom Kapstadt des 21. Jh. auf eine Zeitreise, die zwei Jahrhunderte zurückreicht. Die Einrichtung besteht aus Antiquitäten aus dem 18. und frühen 19. Jh. Es handelt sich um einen Ort mit einer ganz eigenen Atmosphäre – im Hof wachsen alte Weinreben, und die Dielen knarren, wie sie es wohl schon zur Zeit von Marie Koopmans-de Wet getan haben, der Salonlöwin, nach der das Haus benannt ist.

Heritage Square　　ARCHITEKTUR
(Karte S.70; www.heritage.org.za/heritage_squa re_project.htm; 90 Bree St., City Bowl; 🅿; 🚌Church, Longmarket) Diese hübsche Ansammlung kapgeorgianischer und kapviktorianischer Gebäude wurde 1996 von der Abrissbirne verschont. Neben einem Hotel und mehreren Cafés und Restaurants wächst hier ein Weinstock, der schon seit den 1770ern dort steht und damit die älteste Pflanze dieser Art in Südafrika darstellt. An ihm wachsen noch immer Trauben, aus denen Wein hergestellt wird.

NICHT VERSÄUMEN

STREET-ART IN DISTRICT SIX & WOODSTOCK

Lebhafte Graffiti in allen Größen zieren die Wände vieler Gebäude im District Six und in Woodstock. Straßenkünstler veranstalten Führungen durch diese Gegenden, so z. B. **Juma** (S. 128), ein freundlicher Mann aus Simbabwe, der auch die Rundgänge durch Khayelitsha anbietet, und **Grant Jurius** (☑079 066 7055; www.facebook.com/thestreet isthegallery; 270 pro Pers.), der auch Führungen durch Mitchell's Plain im Programm hat. In Khayelitsha und Mitchell's Plain gibt's nämlich ebenfalls bemerkenswerte Street-Art.

I Art Woodstock (Karte S. 80; zw. Gympie St. & Hercules St., Woodstock; 🚊 Woodstock) GRATIS Ein Großteil der skizzenhaften Graffitikunst in diesem Straßengewirr unweit der Albert Road entstand 2011 im Zuge eines Gemeinschaftsprojekts von a word of art (www. a-word-of-art.co.za) und Adidas Originals. Es sind weitere Werke entstanden, wie Raised by Wolves von Nardstar und das Freedom Day Mural von Freddy Sam.

Land & Liberty (Karte S. 80; Keizersgracht; 🚊 Hanover St.) Die ausgesprochen produktive Spraykünstlerin Faith47 (www.faith47.com) schuf diese acht Stockwerke hohe Mutter mit einem Baby auf dem Rücken, die beide Arme zum Lion's Head hochreckt.

Harvest (Karte S. 80; Picket Post 59–63 block, Ecke Cauvin Rd. & Christiaan St.; 🚊 District Six) Faith47 entwarf diese stolze Afrikanerin mit ihrer Schilferne, ein Werk, in das eine elektronische Beleuchtung integriert ist. Es leuchtet jedes Mal auf, wenn eine Spende an das Projekt #ANOTHERLIGHTUP (www.anotherlightup.com) geht, das die Straßenbeleuchtung an den öffentlichen Plätzen in Khayelitsha finanziert.

Freedom Struggle Heroes (Karte S. 80; Darling St.; 🚊 Hanover St.) Die Hauswand zieren Porträts von Nelson Mandela, Steve Biko, Cissie Gool und Imam Haron, die so gemalt sind, dass sie aussehen, als wären sie in den Tafelberg gehauen.

◉ East City, District Six, Woodstock & Observatory

Das Sehenswerteste an der East City sind das District Six Museum (S. 62) und das dazugehörige Homecoming Centre (S. 63). Aber auch nicht verpassen: die aufregenden Kunstausstellungen in der A4 Arts Foundation. In Woodstock, Salt River und Obs gibt's jede Menge kommerzielle Galerien, die sich auch für diejenigen oft lohnen, die gar nicht vorhaben, die ausgestellten Kunstwerke zu kaufen. Wer frische Luft sucht, Vögel beobachten und großartige Aussichten auf die Rückseite des Tafelbergs genießen möchte, sollte einen Spaziergang im Two Rivers Urban Park machen.

A4 Arts Foundation   KUNSTZENTRUM

(Karte S. 80; www.a4arts.org; 23 Buitenkant St., District Six; ⊙Di–Fr 10–17.30 Uhr, Sa 10–14 Uhr; 🚊Lower Buitenkant) GRATIS Faszinierende Multimediaausstellungen erwarten die Besucher dieses Nonprofit-Zentrums, das die Künste in Südafrika fördert. Einheimische und internationale zeitgenössische Künstler erschaffen und zeigen hier ihre Werke. Die Ausstellungen umfassen oft Filmvorführungen, Liveauftritte und Diskussionen.

Dazu gehören außerdem eine Bibliothek und ein Ressourcenzentrum.

Two Rivers Urban Park   PARK

(TRUP; Karte S. 116; http://trup.org.za; Liesbeek Parkway, Observatory; 🚊Observatory) Dieser neue Park umfasst ungefähr 240 Hektar Land am Zusammenfluss von Liesbeek und Black River. Er ist einer der größten Parks der Stadt und hat das Potenzial, zu einem Gemeinschaftsbereich für die lange geteilten Gemeinden zu werden, die ihn umgeben. Auf den Wegen am Liesbeek River lässt es sich herrlich spazieren gehen, joggen und Rad fahren, die Feuchtgebiete eignen sich hervorragend, um Vögel zu beobachten.

Cape Town Science Centre   MUSEUM

(Karte S. 79; ☑021-300 3200; www.ctsc.org.za; 370B Main Rd., Observatory; 55 R; ⊙Mo–Sa 9–16.30 Uhr, So ab 10 Uhr; 🅿; 🚊Observatory) Das Cape Town Science Centre befindet sich in einem der seltenen Bauwerke des modernistischen Architekten Max Policansky. Es ist ein tolles Ziel mit Kindern, die hier Attraktionen wie einen riesigen Kreisel (5 R) und tonnenweise Lego bestaunen können. Außerdem gibt's hier eine Replik der Sojus-Kapsel, die den

WOODSTOCK & OBSERVATORY GALLERIES

Ein guter Grund, sich nach Woodstock und Observatory zu begeben, sind die vielen kommerziellen Galerien hier. Sie alle setzen auf interessante Ausstellungen, ohne dass man gleich immer etwas kaufen muss.

Greatmore Studios (Karte S.80; ☎021-447 9699; www.greatmoreart.org; 47–49 Greatmore St., Woodstock; Mo–Fr ⏰9–17 Uhr; 🚃Lawley) Dieser Vorreiter der Woodstocker Kunstszene bietet Ausstellungsräume für südafrikanische Künstler und Gastkünstler aus Übersee; damit sollen Know-how-Transfer, interkultureller Ideenaustausch und Kreativität angeregt werden. Besucher dürfen hier gerne herumstreifen, und gelegentlich finden auch Gruppenausstellungen statt.

Goodman Gallery Cape (Karte S.80; ☎021-462 7573; www.goodman-gallery.com; 3. OG, Fairweather House, 176 Sir Lowry Rd., Woodstock; Di–Fr ⏰9.30–17.30 Uhr, Sa bis 16 Uhr; 🚃District Six) Die Goodman Gallery, ein Renner der Jo'burger Kunstszene, war eine der wenigen Galerien, die schon zu Zeiten der Apartheid Werke von Künstlern aller Ethnien ausstellte. Sie steht für Lichtgestalten wie William Kentridge und David Goldblatt, zeigt aber auch Newcomer.

Der Eingang befindet sich an der Rückseite des Gebäudes. Auf der Frontseite gibt es einen neuen Ausstellungsraum für Videokunst.

Stevenson (Karte S.80; ☎021-462 1500; www.stevenson.info; 160 Sir Lowry Rd., Woodstock; Mo–Fr ⏰9–17 Uhr, Sa 10–13 Uhr; 🚃District Six) In dieser renommierten Galerie waren u.a. schon die witzigen, subversiven Arbeiten von Anton Kannemeyer, alias Joe Dog, ausgestellt. Dieser hat zusammen mit Conrad Botes, der hier ebenfalls vertreten ist, den bitterbösen satirischen Comic *Bitterkomix* erfunden. Bei Stevenson sind auch Werke der Fotografin Zanele Moholi vertreten. Außerdem kann man hier nach den eigenwilligen Stücke des Keramikers Hylton Nel stöbern.

AHEM! Art Collective (Karte S.116; ☎071 585 3423; www.ahemartcollective.com; 77 Lower Main Rd., Observatory; ⏰9–17 Uhr; 🚃Observatory) Mit talentierten südafrikanischen Grafikern und Illustratoren sowie einigen großartigen Werken aus Frankreich und anderen Ländern steht diese Galerie (mit Café und Co-working-Space) an der Spitze der Obs' arty-Renaissance. Die angebotenen Werke sind erschwinglich, und die Ausstellungen wechseln regelmäßig.

Demnächst sollen auch Übernachtungsmöglichkeiten in der Galerie angeboten werden (300 R pro Pers.). Einfach mal nachfragen.

South African Print Gallery (Karte S.80; ☎021-462 6851; http://printgallery.co.za; 109 Sir Lowry Rd., Woodstock; Di–Fr ⏰9.30–16 Uhr, Sa 10–13 Uhr; 🚃District Six) In der South African Print Gallery, die sich auf Drucke lokaler (sowohl etablierter als auch aufstrebender) Künstler spezialisiert hat, besteht die größte Chance, etwas zu erwerben, was nicht nur erschwinglich ist, sondern auch noch gut in den Reisekoffer passt.

südafrikanischen Tech-Milliardär Mark Shuttleworth nach seiner Reise zur Internationalen Raumstation wieder zurück auf die Erde brachte.

Heart of Cape Town Museum   MUSEUM
(Karte S.79; ☎021-404 1967; www.heartofcapetown.co.za; Old Main Bldg., Groote Schuur Hospital, Main Rd., Observatory; 350 R; ⏰geführte Touren um 9, 11, 13 &15 Uhr; 🅿; 🚃Observatory) Der Schauplatz im Groote Schuur Hospital, an dem 1967 Geschichte geschrieben wurde, als Dr. Christiaan Barnard und sein Team die weltweit erste erfolgreiche Herztrans-

plantation durchführten (leider verstarb der Empfänger des Herzens wenige Tage später), lässt sich nur im Rahmen einer im Voraus gebuchten geführten Tour besichtigen. Die Ausstellungstücke verströmen etwas faszinierend Dr.-Kildare-haftes.

◉ Gardens & Umgebung

Über dieser Gegend, eigentlich über ganz Kapstadt, thront die Hauptattraktion: der Tafelberg (S.54). Wer die atemberaubende Aussicht genießen will, kann hinaufklettern oder mit der Seilbahn hinauffahren.

Observatory

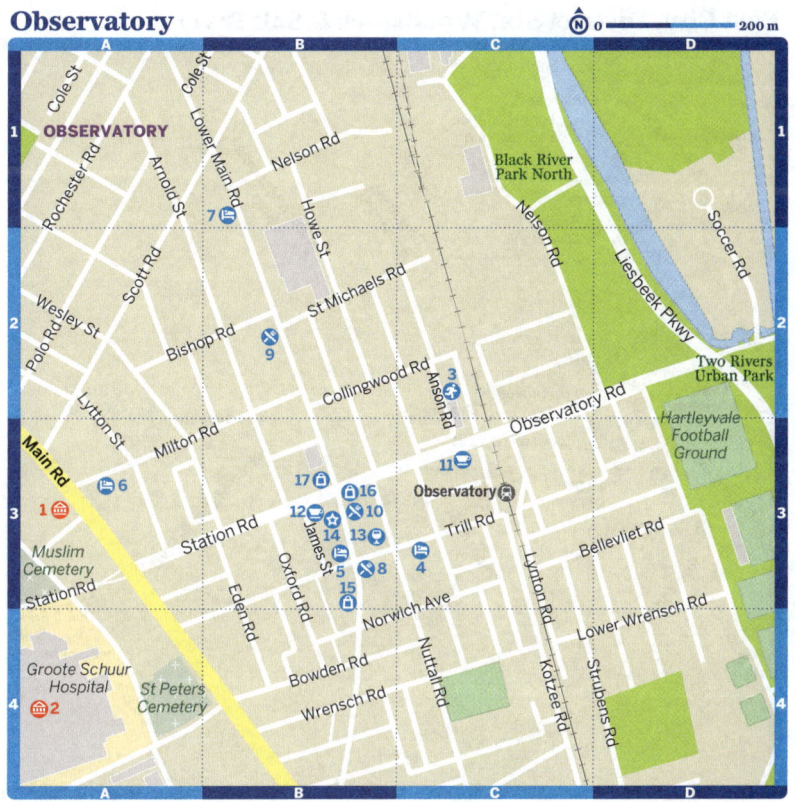

Observatory

Ein leichterer Aufstieg führt am benachbarten Lion's Head (S. 54) empor. Am Fuß des Berges sollten sich Besucher Zeit für das hervorragende South African Jewish Museum und die South African National Gallery nehmen, die besten der zahlreichen kulturellen Einrichtungen südöstlich des Company's Garden.

South African Jewish Museum MUSEUM
(Karte S. 84; ☎ 021-465 1546; www.sajewishmuseum.co.za; 88 Hatfield St., Gardens; Erw./Kind

East City, District Six, Woodstock & Salt River

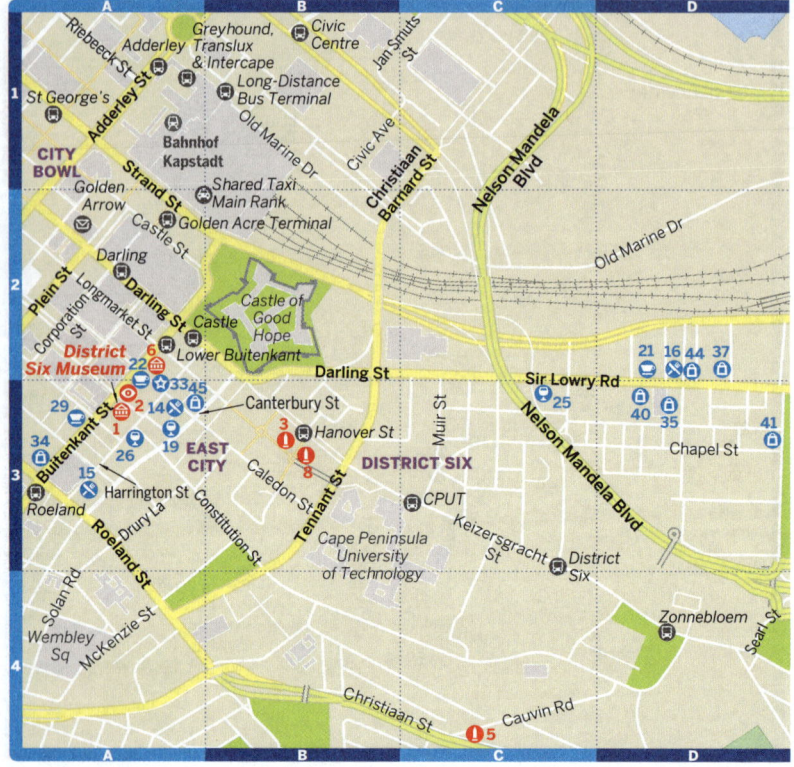

60 R/Eintritt frei; ⏰ So–Do 10–17, Fr bis 14 Uhr; 🅿; 📖 Annandale) Wer das gesicherte Anwesen, das dieses fantasievoll gestaltete

---

Museum beherbergt, betreten will, muss einen Lichtbildausweis vorzeigen; ein Teil des Museums besteht aus der schön restaurierten **Alten Synagoge** (1863). Die Dauerausstellung *Hidden Treasures of Japanese Art* umfasst eine Sammlung erlesener *netsuke* (aus Elfenbein oder Holz geschnitzte Gegenstände). Darüber hinaus gibt es Wechselausstellungen, die in der Regel sehenswert sind.

Das Ticket umfasst auch die faszinierende, 25 Minuten lange Dokumentation *Nelson Mandela: A Righteous Man,* die in dem Gebäude auf der anderen Seite des Hofes, gegenüber dem Museumseingang, gezeigt wird. Das **Cape Town Holocaust Centre** (Karte S. 84; ☎ 021-462 5553; www.holocaust.org.za) im Obergeschoss hat es in sich und geht echt an die Nieren; die Geschichte des Antisemitismus ist in einen südafrikanischen Kontext verlagert, mit Parallelen zum einheimischen Freiheits-

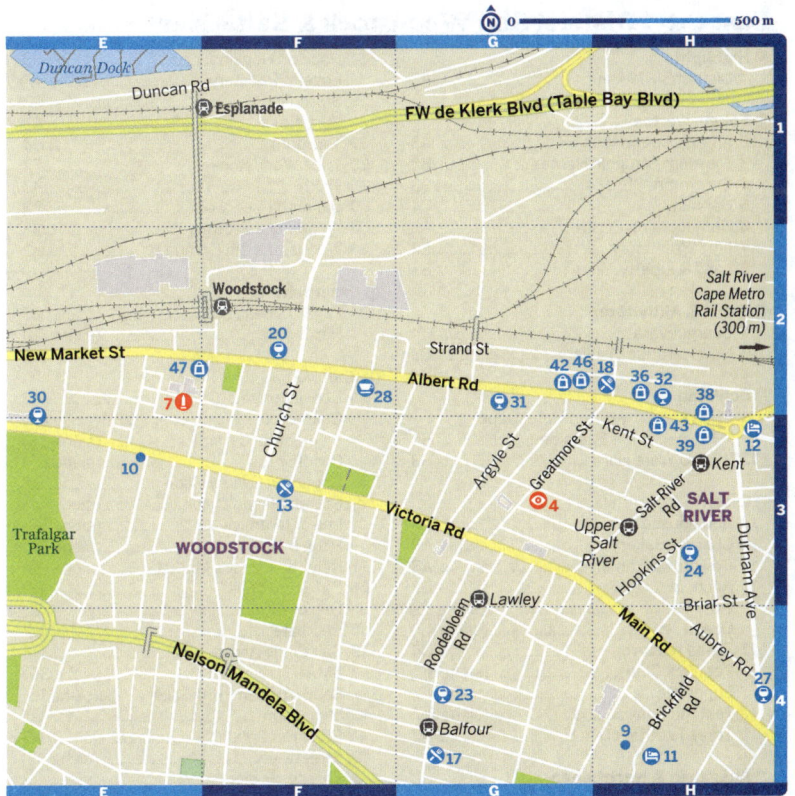

kampf. Wer kann, sollte sich auch für die hübsch ausgestaltete **Große Synagoge** (Karte S. 84; ☎021-465 1405; www.gardensshul. org; ⏱geführte Touren So–Do 10–16 Uhr) ansehen, in der immer noch Gottesdienste gefeiert werden – ein 1905 errichtetes Gebäude im neoägyptischen Stil.

Zum Komplex gehören auch das koschere **Café Riteve** (Karte S. 84; ☎021-465 1594; http://caferiteve.co.za; 88 Hatfield St., Gardens; Hauptgerichte 60–90 R; ⏱So–Do 8.30–17, Fr bis 15 Uhr; ☎✏; 🚌Annandale) und ein Souvenirladen.

Signal Hill   AUSSICHTSPUNKTE
(Karte S. 92; 🚌Kloof Nek) Der Aussichtspunkt der frühen Siedlung wird so genannt, weil dort die Flagge gehisst wurde, wenn ein Schiff in Sicht kam; dadurch hatten die Leute unten in der Siedlung Zeit, Waren vorzubereiten und ihre Krüge abzustauben. Zu Fuß, mit dem Fahrrad oder Auto auf der Kloof Nek Road die erste Abzwei-

gung rechts in die Military Road nehmen, um zum Gipfel gelangen, der Teil des Tafelberg-Nationalparks ist.

South African National Gallery   GALERIE
(Karte S. 84; ☎021-481 3970; www.iziko.org.za/ museums/south-african-national-gallery; Government Ave., Gardens; Erw./Kind 30/15 R; ⏱10–17 Uhr; 🚌Annandale) Die beeindruckende Dauerausstellung des führenden südafrikanischen Kunstmuseums reicht bis in die holländische Zeit zurück und umfasst einige recht außergewöhnliche Stücke. Doch oft fallen besonders die zeitgenössischen Werke ins Auge, etwa die *Butcher Boys* von Jane Alexander – eine Skulptur, die aussieht, als hätten sich Tolkien'sche Orks in die Galerie verlaufen.

Bemerkenswert ist außerdem die Teaktür im Hof, die von Herbert Vladimir Meyerowitz geschnitzt wurde und Szenen von der Wanderung der Juden rund um den Globus zeigt; auch die oberen Abschlüsse der

East City, District Six, Woodstock & Salt River

Türrahmen überall in der Galerie sind mit seinen Schnitzereien verziert.

South African Museum
MUSEUM
(Karte S.84; ☏ 021-481 3800; www.iziko.org.za/ museums/south-african-museum; 25 Queen Victoria St., Gardens; Erw./Kind 30/15 R; ⊙ 10–17 Uhr; 🚇 Michaelis) Zur Zeit der Recherche wurde Südafrikas ältestes Museum gerade renoviert, deshalb waren einige Galerien geschlossen. Das Museum zeigt eine breit gefächerte, oft faszinierende Reihe von Ausstellungen, von denen sich viele mit der Naturkunde des Landes befassen. Nach den Felszeichnungen der San Ausschau halten – sie sind ausgesprochen fein, vor allem die, auf denen die anmutigen Elands abgebildet sind. Ein weiteres Highlight ist ein zwei Meter breites Nest des geselligen Webervogels – ein regelrechter Wohnblock für Vögel – in der Wonders of Nature Gallery.

In der stimmungsvollen Whale Well hängen riesige Walskelette und -modelle; vom Band erklingen Walgesänge. Die Lydenburg Heads aus Terrakotta, die ältesten bekannten Exemplare afrikanischer Bildhauerei (500–700 n. Chr.), befinden sich derzeit nicht in der African Cultures Gallery, da diese grundlegend umgestaltet wird.

Rust en Vreugd
GALERIE, GARTEN
(Karte S.84; ☏ 021-467 7205; www.iziko.org.za; 78 Buitenkant St., Gardens; Erw./Kind 20/10 R;

⊙Mo–Fr 10–17 Uhr; 🖥Roeland) Das herrliche Herrenhaus aus den Jahren 1777–78 verfügt über einen Vorgarten aus derselben Zeit (1986 dem Originalentwurf entsprechend gestaltet) und war einst Sitz des Staatsanwalts. Heute beherbergt es einen Teil der William Fehr Collection, bestehend aus Gemälden und Möbeln (der Großteil davon befindet sich im Castle of Good Hope); außerdem sind hier detaillierte Litografien von Zulus, angefertigt von George Angus, sowie ein zartes Aquarellpanorama des Tafelbergs (von 1850), gemalt von Lady Eyre, zu sehen.

South African Planetarium PLANETARIUM
(Karte S.84; ☎021-481 3800; www.iziko.org.za/museums/planetarium; 25 Queen Victoria St., Gardens; Erw./Kind 60/30 R; ⊙Mo–Fr 14 Uhr; 🖥Michaelis) Die Ausstellungstücke und Sternenschauen gewähren Einblick in die Geheimnisse des Nachthimmels der südlichen Hemisphäre; dazu werden die Bilder des Southern African Large Telescope (in der Region Karoo) verwendet, eines der größten Teleskope der Welt. Für zusätzliche Sternenschauen vorher anrufen oder auf der Website nachsehen.

Das Planetarium gehört zum South African Museum.

⊙ Green Point & Waterfront

Wer die vielen Facetten der V&A Waterfront erkunden möchte, wird ein paar Tage einplanen müssen. Neben Shopping-möglichkeiten, Restaurants, Bars und Hotels bietet der Hafen, der noch immer in Betrieb ist, einige erstklassige Sehenswürdigkeiten und Attraktionen, etwa den Nelson Mandela Gateway (S.64), von dem die Boote nach Robben Island (S.64) auslaufen, und das überwältigende Zeitz MOCAA Museum (S.66) in einem ehemaligen Kornspeicher.

Die Ausbuchtung aus überwiegend offenem Terrain westlich der Waterfront heißt Green Point; dort liegen das Cape Town Stadium sowie der tolle Green Point Urban Park. In diesem Gebiet, das sich direkt an der Atlantikküste befindet, liegt auch das felsige Mouille Point – ein stimmungsvoller Ort für einen Spaziergang am Meer oder Cocktails und Abendessen bei Sonnenuntergang.

⭐**V&A Waterfront** GEBIET
(Karte S.86; ☎021-408 7500; www.waterfront.co.za; 🅿; 🖥Nobel Sq.) Dieser historische Hafen ist noch in Betrieb, er bietet eine spektakuläre Kulisse und viele Touristenattraktionen, einschließlich jeder Menge Läden, Restaurants, Bars, Kinos und Bootstouren. Das Alfred- und das Viktoriabecken gehen auf das Jahr 1860 zurück und sind nach Königin Victoria und deren Sohn Alfred benannt. Das Viktoriabecken ist für moderne Container- und Tankschiffe zu klein, wird aber immer noch von Schleppern, Fischerbooten und anderen Wasserfahrzeugen genutzt. Im Alfredbecken liegen Schiffe, die repariert werden.

ABSTECHER

ORANJEZICHT CITY FARM & MARKT

1709 wurde die ursprüngliche Farm „Oranje Zigt" an den oberen Hängen des Tafelbergs gegründet. Anfang des 20. Jhs. war die große Farm verschwunden, verschluckt von der Stadtentwicklung. Davon übrig blieben der kleine **Homestead Park** (Karte S.88; Upper Orange St., Oranjezicht; 🖥Upper Orange) GRATIS mit seiner historischen Farm und einem Stück alte Steinmauer. Zudem war da ein nicht genutzter Bowlingrasen, wo oft Landstreicher herumlungerten. 2013 haben Anwohner und Freiwillige diese schöne Grünanlage in die **Oranjezicht City Farm** (OZCF; Karte S.88; ☎083 508 1066; www.ozcf.co.za; Upper Orange St., Oranjezicht; Mo–Fr ⊙8–16 Uhr, Sa bis 13 Uhr; 🖥Upper Orange) GRATIS umgewandelt. Besucher dürfen gerne in diesem wunderschön angelegten Park herumspazieren oder auf den Bänken rasten, von denen aus man einen weiten Blick über den Tafelberg hat. Geführte Rundgänge werden angeboten, weitere Einzelheiten dazu auf der Website.

Die Erzeugnisse der Farm und anderer Farmen am Westkap werden am **OZCF Market Day** (S.189) verkauft, einem Highlight der Kapstädter Woche. Die Veranstalter sind gerade dabei, eine weitere städtische Farm im nahe gelegenen Vredehoek einzurichten, die doppelt so groß sein wird wie der OZCF-Markt; dazu wird es dann auch ein neues Gymnasium geben, an dem Anbau- und Lebensmittelsicherheit unterrichtet werden.

Gardens & Tamboerskloof

500 m

N 0

Map labels

Albertus St
Barrack St
Department of Home Affairs
31
Pein St
30
Commercial St
37
Buitenkant St
Roeland
Roeland St
Roeland St
46
4
Upper Canterbury St
Solan Rd
Wembley Sq
Clare St
Jutland Ave
Glynn St
Maynard St
Scott St
Gardens
12
45
11
54
Mill St

Parliament St
Bouquet St
St Johns St
Vrede St
Wesley St
Roodehek St
41
Hope St
52
Glynville Tce
24
Gordon St
Annandale
Company's Garden
Gallery La
Paddock Ave
28
3 7
13
5
2 27
1
Dunkley Sq
35
9
Barnet St
Wandel St

8
Queen Victoria St
Museum St
6
Government Ave
Hatfield St
Annandale Rd

Upper Long
Long St
34
Dean St
Grey's Pass
14
Michaelis
Orange St
Government Avenue
Reservoir

Loop St
Buitensingel St
10
Beckham St
Dorman St
38
57
50
Rheede St
Faure St
16

Bree St
Jamieson Rd
32
Kloof St
Lower Kloof
44
29
18
Weltevreden St
Union St
GARDENS
Van Riebeek

Carisbrook St
43
40
21 55
Park Rd
Kohling St
Ludwig's Garden
51
22
Wilkinson St
Camp St

17
New Church St
Upper Buitengracht St
20
47 33
48
Eaton Rd
Upper Union St
19 49
42
56
36
58
39
Welgemeend
26

53
Military Rd
Hillside Rd
TAMBOERSKLOOF
Carstens St
15
Tamboerskloof Rd
23
Belle Ombre
Belle Ombre Rd
Nicol St
De Lorentz St
Kloof Nek Rd

Milner Rd
Brownlow Rd
Queens Rd
25
Burnside Rd
Woodside Rd
Gilmour Hill Rd
Belle Ombre Rd
Warren St
Derwent Rd

Gardens & Tamboerskloof

◉ Sehenswertes

⊕ Sport & Aktivitäten

🛏 Schlafen

✕ Essen

◉ Ausgehen & Nachtleben

◉ Unterhaltung

◉ Shoppen

Two Oceans Aquarium AQUARIUM
(Karte S. 86; ☎021-418 3823; www.aquarium. co.za; Dock Rd., V&A Waterfront; Erw./Student/ Kind 165/120/80 R; ⊕9.30–18 Uhr; 🚻; 🚇Aquarium) Das herausragende Aquarium beherbergt Meeresbewohner aus den kalten und warmen Ozeanen, welche die Kaphalbinsel umgeben. Hier gibt's Pinguine, Wasserschildkröten, einen erstaunlichen, zum Himmel offenen Tangwald und Becken, in denen Kinder Meeresbewohner anfassen können. Ausgebildete Taucher können ins Wasser gehen und sich das Ganze genauer ansehen (870 R, einschließlich Taucherausrüstung).

Wer sich am Eingang einen Stempel auf die Hand geben lässt, kann am selben Tag beliebig oft kostenlos wiederkommen.

Green Point Urban Park PARK
(Karte S. 86; www.gprra.co.za/green-point-urban-park.html; Bay Rd., Green Point; geführte Tour Erw./Kind 35/11 R; ⊕7–19 Uhr; 🅿; 🚇Stadion) 🍃 Eines der besten Dinge, die die Umgestaltung des Green Point Common für die Fußballweltmeisterschaft 2010 mit sich gebracht hat, ist dieser Park mit Biodiversitätsgarten. Wasserläufe, die von den Quellen und Flüssen des Tafelbergs gespeist werden, bewässern den Park, der aus drei fantasievoll gestalteten Bereichen besteht – Mensch & Pflanze, Feuchtgebiete sowie Biodiversität entdecken – zusammen mit lehrreichen Informationstafeln entsteht so ein tolles Freiluftmuseum. Das Cape Town Stadium organisiert geführte Touren durch den Park.

Green Point & Waterfront

Green Point & Waterfront

Neben vielen Arten von *fynbos*-Vegetation (wörtlich „Feinbusch" – überwiegend bestehend aus Proteazeen und Heidekraut) und anderen heimischen Pflanzenarten ist hier ein Bauwerk von der Art zu sehen, wie sie die Khoisan früher bewohnt haben, außerdem wunderbar gefertigte, perlenbesetzte Tiere, Insekten und Vögel zwischen den Blumenbeeten. Es gibt jede Menge Platz für Picknicks mit herrlicher Aussicht auf das Stadion, Signal Hill und Lion's Head sowie zwei Kinderspielplätze (einen für Kleinkinder und einen für ältere).

Cape Town Stadium STADION
(Karte S. 86; ☎021-417 0120; www.capetown. gov.za/capetownstadium/home; Granger Bay Blvd., Green Point; geführte Touren Erw./Kind 45/17 R; ⊙geführte Touren Di–Sa 10, 12 & 14 Uhr; Ⓟ; 🚌Stadium) Das Stadion ist wie ein überdimensionaler traditioneller afrikanischer Hut geformt und hat eine Teflongittermembran, die das natürliche Licht einfängt und reflektiert. Kapstadts markantestes Bauwerk moderner Architektur hat 4,5 Mrd. Rand gekostet und wurde für die Fußballweltmeisterschaft 2010 gebaut.

Higgovale, Oranjezicht & Upper Tamboerskloof

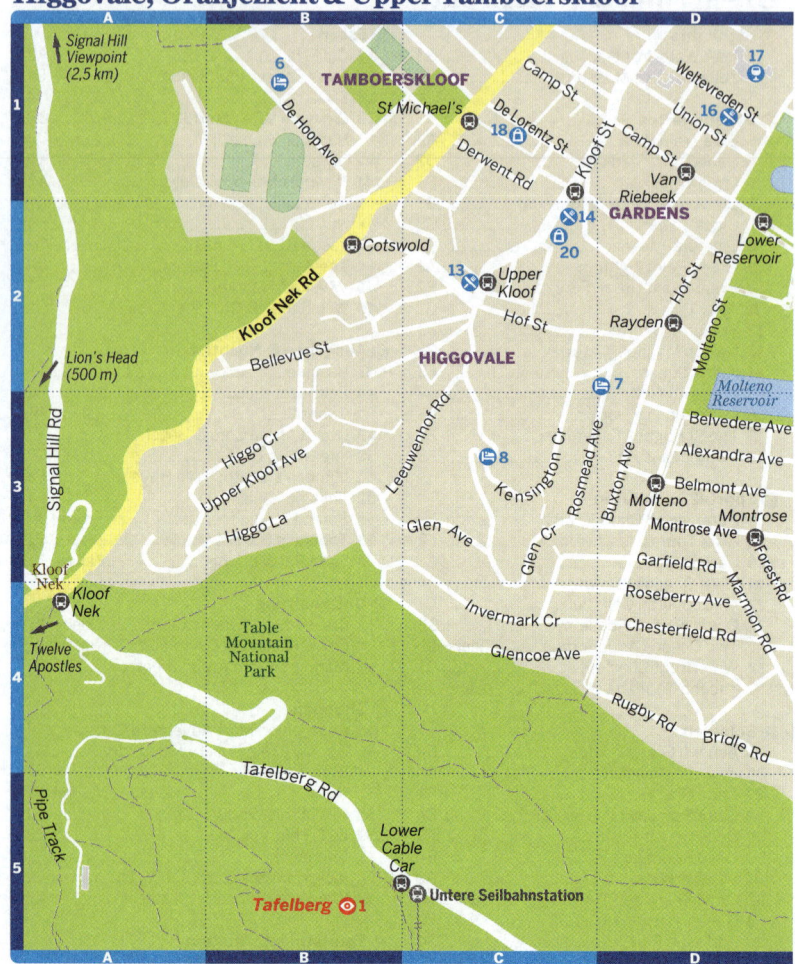

Die Besichtigungstour dauert eine Stunde und führt hinter den Kulissen in die VIP- und Pressebereiche sowie die Kabinen der Spieler.

Das Stadion bietet 55 000 Menschen Platz und ist die Heimspielstätte des Fußballteams Ajax Cape Town; außerdem wurde es für große Popkonzerte etwa von Coldplay und U2 sowie für den Gedenkgottesdienst für Nelson Mandela genutzt.

Gegenüber dem neuen Stadion bildet ein Teil des alten Green Point Stadiums die Aussichtsplattform für eine Lauf- und Radsportbahn.

Chavonnes Battery Museum   MUSEUM
(Karte S. 86; ☎021-416 6230; www.chavonnes battery.co.za; Clock Tower Precinct, V&A Waterfront; 70 R; ◷9–16 Uhr; ◻Nobel Square) Dieses Museum beherbergt die Überreste einer Kanonenbatterie aus dem frühen 18. Jh., eine von mehreren Befestigungsanlagen, die die Holländer in der Tafelbucht gebaut haben. Die Festung wurde teilweise zerstört und 1860 beim Bau der Docks verschüttet, Ausgrabungen haben 1999 jedoch die Überreste zutage gefördert. Besucher können in der ganzen Stätte herumlaufen und bekommen ein gutes

Higgovale, Oranjezicht & Upper Tamboerskloof

sich zum Beispiel herausfinden, ob man sich als Springbok-Spieler qualifizieren würde) und die historischen Fakten – einschließlich des internationalen Boykotts des Teams während der Apartheid – sind sehr detailliert dargestellt.

Erwachsene erhalten mit der Eintrittskarte einen Gutschein für ein kostenloses Lagerbier im Restaurant nebenan.

Gefühl dafür, wie es ursprünglich gewesen sein muss.

The Springbok Experience MUSEUM
(Karte S.86; ☎021-418 4741; www.sarugby. co.za; Portswood House, V&A Waterfront; Erw./ Kind 75/50 R; ◷Di–So 9–17 Uhr; ♿; 🚇Nobel Sq.) Nicht nur Rugby-Verrückten gefällt diese Attraktion, welche die Geschichte des Rugbysports in Südafrika zelebriert und vor allem die Probetrainings und Triumphe der Nationalmannschaft – der Springboks. Es gibt hier mehrere interaktive Ausstellungsobjekte (mit einem lässt

Cape Wheel RIESENRAD
(Karte S.86; ☎021-418 2502; www.capewheel. co.za; Market Sq., V&A Waterfront; Erw./Kind 130/60 R; ◷10–22.30 Uhr; 🚇Nobel Square) Was zunächst als vorübergehende Attraktion an der Waterfront vorgesehen war, erwies sich als so beliebt, dass es mittlerweile zu einer Institution geworden ist. Besucher dürfen mit ihrem Ticket vier Runden (insgesamt etwa 15 Min.) auf dem 40 m hohen Riesenrad drehen, von wo aus sie sich die Umgebung aus der Vogelperspektive anschauen können.

Für 240 R pro Person gibt's eine ausgedehnte Fahrt von 30 Min., einschließlich eines Picknicks nach Wahl.

Nobel Square

PLATZ

(Karte S. 86; www.nobelsquare.com; V&A Waterfront; Nobel Square) Wer möchte, kann sich hier mit Desmond Tutu und Nelson Mandela fotografieren lassen. Denn die überlebensgroßen Statuen beider Männer, angefertigt von der Künstlerin Claudette Schreuders, stehen hier neben denen zweier anderer südafrikanischer Nobelpreisträger – Nkosi Albert Luthuli und F. W. de Klerk.

Außerdem steht hier die *Peace and Democracy*-Skulptur von Noria Mahasa, die den Beitrag von Frauen und Kindern zu dem Kampf symbolisiert. In die Skulptur sind einschlägige Zitate der großen Männer eingraviert, übersetzt in alle wichtigen Sprachen des Landes.

Robinson Dry Dock

BEMERKENSWERTES GEBÄUDE

(Karte S. 86; V&A Waterfront; Nobel Square) Eine der faszinierendsten Sehenswürdigkeiten an der Waterfront ist sicherlich das riesige Trockendock, das im Jahr 1882 eröffnet wurde und auch heute noch für die Reparatur von Schiffen genutzt wird. Benannt wurde es nach Gouverneur Sir Hercules Robinson, und während des Zweiten Weltkriegs wurden hier mehr als 300 Schiffe repariert. Das Pumpenhaus gleich daneben, welches heute einerseits als Comedy-Club (S. 183) und andererseits als Lebensmittelmarkt (S. 155) dient, hatte den Zweck, das Wasser abzupumpen.

Diamond Museum

MUSEUM

(Karte S. 86; 021-421 2488; www.capetowndiamondmuseum.org; 1. OG, Clock Tower Shopping Centre, V&A Waterfront; Eintritt 50 R, freier Eintritt mit Gutschein von der Website; 9–21 Uhr; Waterfront Silo) Eigentlich verkauft hier der Juwelier Shimansky (S. 193) seine Klunker – das Museum ist eine Art erweiterter Verkaufsraum für den Juwelier von nebenan, aber das Museum ist trotzdem mit Stil und Fantasie eingerichtet und es besteht kein Kaufzwang. Besucher können hier viel über Diamanten lernen und darüber, wie sie zum Reichtum Südafrikas beigetragen haben.

Die geführten Touren (die letzte beginnt um 19.30 Uhr) werden vom Verkaufspersonal geleitet, die auf Repliken berühmter Steine hinweisen, z. B. den Hope- und den Taylor-Burton-Diamanten.

Green Point Lighthouse

LEUCHTTURM

(Karte S. 86; 100 Beach Rd., Mouille Point; P; Three Anchor Bay) Der rot-weiß gestreifte Leuchtturm, der aussieht wie eine Zuckerstange, wird oft fälschlicherweise für das Mouille Point Lighthouse gehalten (dessen Überreste auf dem Gelände der nahen Cape Town Hotel School liegen); er wurde 1824 errichtet und stellt ein auffälliges Wahrzeichen dar.

Draußen auf der Grasfläche neben der Mouille Point Promenade finden sich eine Vielzahl an Attraktionen, die für Familien interessant sind, einschließlich eines Spielplatzes, **Putt-Putt Golf** (Eintritt 25 R; 9–21 Uhr) und der Lokomotive in Kindergröße des Vergnügungsparks **Blue Train** (Karte S. 86; 084-314 9200; www.thebluetrainpark.com; Erf 1141/1061; Eintritt 25 R; Di–So 9.30–18 Uhr).

Clock Tower

HISTORISCHES GEBÄUDE

(Karte S. 86; Clock Tower Precinct, V&A Waterfront; Nobel Square) Das rot-graue Gebäude in viktorianischer Neugotik wurde 1882 gebaut; von hier überwachte der Hafenmeister das Kommen und Gehen auf den Docks.

Maritime Centre

MUSEUM

(Karte S. 86; 021-405 2880; www.iziko.org.za/museums/maritime-centre; 1. OG, Union-Castle House, Dock Rd., V&A Waterfront; Erw./Kind 20/10 R; 10–17 Uhr; Nobel Square) Das kleine Seefahrtsmuseum mit Modellschiffen beherbergt auch das **John H Marsh Maritime Research Centre** (www.rapidttp.co.za/museum), ein Quell des Wissens für alle, die sich für die Geschichte der südafrikanischen Seefahrt interessieren. Das wichtigste Exponat des Hauses dreht sich um die schicksalhafte Reise der *Mendi*, die 1917 im Ärmelkanal sank und 607 afrikanischen Soldaten ein nasses Grab bescherte.

Jetty 1

MUSEUM

(Karte S. 86; V&A Waterfront; 7–21 Uhr; Nobel Sq.) GRATIS Der Anleger 1 an der Waterfront ist als kleines Museum erhalten worden, von dieser Stelle legten die Boote nach Robben Island ab, als die Insel noch als Gefängnis genutzt wurde. Hier lassen sich die winzigen Zellen (die denen auf der Insel ähnelten) mit den harten Pritschen und leeren Bänken im Wartezimmer besichtigen. An den Wänden sind Kopien von Anträgen auf Besuchserlaubnis ausgestellt.

◉ Von Sea Point bis Hout Bay

Sea Point war lange Zeit bei Kapstadts jüdischen und chinesischen Gemeinden sowie bei der Gay-Community beliebt, es finden sich dort zahlreiche Jugendstilwohnblocks, die dem Viertel eine beinahe Miami-Beach-hafte Eleganz verleihen. Main Road und Regent Road bilden sein kommerzielles Rückgrat, sie sind gesäumt von vielen guten Restaurants, Cafés und Läden. Unbedingt einen Spaziergang über die Sea Point Promenade (S. 98) machen, ein Ritual der Einheimischen, vor allem bei Sonnenuntergang und am Wochenende.

Südlich davon liegt ein wichtiges Strandareal: Die exklusiven, reichen Wohnviertel Bantry Bay, Clifton und Camps Bay folgen hier rasch aufeinander in einem Wirbel aus Villen mit paradiesischen Aussichten aufs Meer. In dieser Gegend lässt es sich gut an den Strand gehen oder von einer Caféterrasse die Reichen und Schönen beobachten.

Der Victoria Road der Küste entlang folgen, über den Pass beim Little Lion's Head (436 m) und wieder hinunter zum Fischerdorf Hout Bay. Seine Wälder sind längst verschwunden, doch die faszinierende Geografie Hout Bays bleibt für die Ewigkeit. Der natürliche Hafen und der hufeisenförmige Bogen weißen Sandes liegen zwischen dem fast senkrechten Sentinel und den steilen Hängen des Chapman's Peak. Dies alles lässt sich am besten von den Aussichtspunkten am Chapman's Peak Drive (S. 122) genießen.

Die Township Imizamo Yethu (auch Mandela Park genannt) liegt im Inland von Hout Bay, der von Schwarzen bewohnte Bezirk Hangberg liegt über dem Hafen, somit stellt Hout Bay eine Art Mikrokosmos Südafrikas dar, mit all den üblichen Integrationsproblemen, die das Ende der Apartheid mit sich gebracht hat. Durch seine dörfliche Atmosphäre und praktische Lage in der Mitte der Kaphalbinsel stellt der Ort einen guten Ausgangspunkt für Besucher dar.

Hout bedeutet „Wald" auf Afrikaans: In Hout Bay fand Jan van Riebeeck, der Gründer von Kapstadt, jede Menge Holz in den Wäldern, die einst das Tal des Disa Rivers bedeckten; damit baute die Dutch East India Company (Vereenigde Oost-Indische Compagnie; VOC) Schiffe und Festungen, u. a. auch das Castle of Good Hope.

Twelve Apostles · BERG
(Karte S. 96; 🚌Kloof Nek oder Dal) Es heißt, der britische Gouverneur Sir Rufane Donkin hätte im Jahre 1820 den Namen der Bergkette – Twelve Apostles – geprägt. Aber eigentlich besteht sie aus viel mehr als nur zwölf Gipfeln, die sich auf der dem Meer zugewandten Seite des Tafelbergs erheben, und keiner davon ist ausdrücklich nach einem der Apostel benannt. Von den Holländern De Gevelbergen (Gabelberge) genannt, sind sie am schönsten, wenn man sie bei Sonnenuntergang vom Camps Bay Drive aus betrachtet.

Hout Bay Harbour · HAFEN
(Karte S. 94; Harbour Rd., Hout Bay) Der Hafen von Hout Bay ist noch in Betrieb, auch wenn er durch Komplexe wie der Mariner's Wharf (S. 158) teilweise dem Tourismus anheimgefallen ist. Die Südseite ist ein Fischerhafen mit Verarbeitungszentrum. Von hier starten auch Boots- und Tauch-/Schnorcheltouren nach Duiker Island (S. 124).

World of Birds · VOGELSCHUTZGEBIET
(☎021-790 2730; www.worldofbirds.org.za; Valley Rd., Hout Bay; Erw./Kind 95/45 R; ⊙9–17 Uhr; 🅿🚻; 🚌Valley) Bart- und Webervögel sowie Flamingos tummeln sich unter den rund 3000 Vögeln und kleinen Säugetieren – insgesamt etwa 400 verschiedene Spezies – in Afrikas größtem Vogelschutzgebiet. Ein riesiger Aufwand wurde betrieben, um die ausgedehnten Volieren des Schutzgebiets unter Einsatz von tropischem Landschaftsbau so naturgetreu wie möglich zu gestalten. Im **Affendschungel** (11.30–13 und 14–15.30 Uhr) können Besucher mit frechen Totenkopfaffen auf Tuchfühlung gehen.

Die Pinguine werden um 11.30 und 15.30 Uhr gefüttert, die Pelikane um 12.30 Uhr, die Kormorane um 13.30 und die Raubvögel um 16.15 Uhr. Absoluter Familienliebling, mit Café (tolle Pommes) und Sandkasten, wo man sich nach der Vogelbeobachtung erholen kann.

Maiden's Cove · PARK
(Karte S. 96; abzweigend von Victoria Rd., Clifton; 🚌Maiden's Cove) Diese Parklandschaft an der Küste zwischen Clifton und Camps Bay soll für mehrere Milliarden Rand umgestaltet werden. Geplant sind neue Strandpromenaden, *braai*-(Grill-)Möglichkeiten, ein Freiluft-Fitnessstudio, Wohnungen, ein Hotel, Läden und Restaurants.

Sea Point

Rocklands Bay

ATLANTIK

Rocklands Rd

Sea Point Promenade 1

2 Promenade

6

13 Sea Point High

14 Mt Nelson Rd

Hall Rd

London

London Rd

Graaf's Pool

Marais Rd

Firmount

Firmount Rd

SEA POINT

19 Albany Rd

Oliver Rd

Sea Point Milner Rd

Bellevue Rd Albany

Milton Rd

Worcester Rd

The Glen

Firdale Rd

Boat Bay

Boat Bay

Beach Rd

9

The Glen 11

Clifford Rd

Arthur's

22

Arthur's Rd

Barkley Rd

8

Sea Point Pool

21

24

Clarens

Clarens Rd

Gorleston Rd

St John's Rd

FRESNAYE

Queen's Beach

20

Kei Apple

High Level Rd

De l'Hermite Ave

Bordeaux Ave

7 Queens Beach

17

15

Kei Apple Rd

Hanover Rd

Normandie Ave

Sea Point

Tramway

Alexander Rd

18

Queens Rd

Kings Rd

Disandt Ave

Des Huguenots Ave

St Bartholomew Ave

Saunders Rocks

Rochester Rd

Fresnaye Ave

Kloof

La Croix Ave

Fresnaye Ave

Beach Rd

Brompton Ave

Alexandra Ave

Protea Ave

Bantry Bay

Kloof Rd

BANTRY BAY

De Wet Rd

Victoria Rd

10

Ocean View Dr

Arcadia Rd

Sea Point

⊙ Highlights
1 Sea Point Promenade.........................D2

⊙ Sehenswertes
2 Promenade Pets D2
3 Signal Hill...F4
4 White Horses.................................... E1

✈ Sport & Aktivitäten
5 Cape Sidecar Adventures E1
6 Into the Blue.................................... D2
7 Promenade Mondays A5
8 Sea Point Pavilion B4

🛏 Schlafen
9 Cascades on the Promenade............C4
10 Ellerman House.................................A7
11 Glen Boutique Hotel D4
12 Ritz Hotel..E2
13 Winchester Mansions Hotel..............D2

✕ Essen
14 Duchess of Wisbeach D2
15 Fuego B5
Harvey's.................................(siehe 13)
16 Hesheng..E2
17 Jarryds Espresso Bar & Eatery.........B5
18 Kleinsky's Delicatessen.....................B5
19 La Boheme Wine Bar & Bistro D3
20 La Mouette B5
21 La Perla...C4
22 Nü..C4

✪ Unterhaltung
23 Studio 7 Sessions E3

🛍 Shoppen
24 Mojo Market C4

Strände

Zwischen Sea Point und Hout Bay liegt eine ganze Reihe von Stränden, die alle ihren eigenen Charakter haben. Vor dem Sprung in die Wellen sollte man daran denken, dass das Wasser direkt aus der Antarktis kommt, deshalb ist Schwimmen recht erfrischend (will heißen, ganz schön kalt).

Von Norden nach Süden kommen zuerst die vier Strände bei Clifton, die über Stufen von der Victoria Road zu erreichen sind. An den Stränden bieten Verkäufer Getränke und Eis an, Sonnenliegen und Sonnenschirme sind ebenfalls erhältlich.

Clifton 3rd Beach (Karte S. 96; Victoria Rd., Clifton; ▣Clifton 3rd) ist der hübscheste des Quartetts und in der heimischen Schwulenszene sehr beliebt, aber es kommen auch viele Heteros hierher.

Hout Bay

Clifton 4th Beach (Karte S. 96; Victoria Rd., Clifton; Clifton 4th) ist der einzige der vier geschützten Strände, über dem die Blaue Flagge weht, daher ist er bei Familien sehr beliebt. An ruhigen Sommerabenden, vor allem in der Nacht des Valentinstags, veranstalten hier junge Leute ab Sonnenuntergang Picknicks im Kerzenschein.

Glen Beach STRAND
(Karte S. 96; abzweigend von Victoria Rd., Camps Bay; Glen Beach) Als Zuflucht vor den Menschenmassen geeignet ist dieser geschützte Strandabschnitt, der von Camps Bays nördlichem Ende durch Felsbrocken abgetrennt ist. Schwimmen ist hier nicht ratsam, aber bei hoher Brandung ist dies bei den Einheimischen eine beliebte Stelle zum Wellenreiten. Zugang über eine Treppe von der Hauptstraße.

Camps Bay Beach STRAND
(Karte S. 96; Victoria Rd., Camps Bay; Camps Bay) Vor dem Hintergrund der spektakulären Bergkette Twelve Apostles (ein Teil des Tafelbergs) erstreckt sich dieser weiche, weiße Sandstrand, über dem die Blaue

Hout Bay

◎ Sehenswertes
1	Hout Bay Harbour	B4
2	Leopard Statue	C4

✚ Sport & Aktivitäten
3	Animal Ocean	B3
	Circe Launches	(siehe 4)
	Drumbeat Charters	(siehe 4)
4	Duiker Island Cruises	B4
5	Imizamo Yethu Tour	C1
6	Karbonkelberg Hikers	A5
	Nauticat Charters	(siehe 4)

🛏 Schlafen
7	Amblewood Guesthouse	D3
8	Chapman's Peak Hotel	C4
9	Hout Bay Manor	C3

✖ Essen
10	Cheyne's	C3
11	Fish on the Rocks	B5
12	Hout Bay Coffee	C3
13	Kitima	C1
14	Mariner's Wharf	B4

◉ Ausgehen & Nachtleben
15	Dunes	C3
16	Ta Da!	B3

◉ Shoppen
17	Bay Harbour Market	B5
18	Ethno Bongo	B5
19	Hout Bay Lions Craft Market	C3
20	Iziko Lo Lwazi	C3
21	Shipwreck Shop	B4
22	T-Bag Designs	C1

STADTVIERTEL IM ÜBERBLICK SEHENSWERTES

Flagge flattert und der zu den beliebtesten der Stadt gehört. Allerdings hat er auch ein paar Nachteile: Er ist einer der windigsten Strände hier, oft ist es voll, vor allem am Wochenende, und die Brandung ist stark. Wer trotzdem schwimmen will, sollte sehr, sehr vorsichtig sein.

Am Strand entlang zieht sich ein Streifen aus gut besuchten Bars und Restaurants, die ideal sind für einen Drink zum Sonnenuntergang, aber man kann hier auch wunderbar den ganzen Tag über entspannt abhängen.

Llandudno Beach
STRAND

(Llandudno Rd., Llandudno; 🅿; 🚌Llandudno) Die exklusive Enklave Llandudno verfügt über einen von riesigen, von Felsen flankierten Strand, der eine echte Schönheit ist. Sehr beliebt bei Familien. Hier wird auf den Beachbreaks gesurft (überwiegend rechtsbrechend), am besten bei Flut und kleinem Wellengang bei südöstlichem Wind. Was zum Essen mitnehmen – Läden gibt's hier nämlich keine.

Sandy Bay
STRAND

(Llandudno; 🚌Llandudno) Wer vom Sunset-Rocks-Parkplatz bei Llandudno zu Fuß Richtung Süden geht, gelangt nach etwa 15 Min. an diesen besonders schönen Sandstrand. Sandy Bay ist Kapstadts inoffizieller Nacktbadestrand – wobei kein Druck ausgeübt wird, sich auszuziehen – und in der Schwulenszene ist er als Tummelplatz sehr beliebt. Interessant ist der Strand mit seinen unglaublichen Felsformationen und seinen dichten *fynbos* (wörtlich „Fein-

busch" – überwiegend bestehend aus Proteazeen und Heidekraut) auch für Naturliebhaber. Zugang von der Sunset Avenue.

◎ Southern Suburbs

Wer sehen will, wie die andere Hälfte von Kapstadt lebt – die reiche Hälfte –, sollte die Southern Suburbs besuchen, die Wohngebiete, die sich an den Osthang des Tafelbergs schmiegen. Hierfür geht es von der City Bowl über den Highway M3 Richtung Süden, wo man beim Devil's Peak zuerst auf Mowbray und Rondebosch trifft. Hier befinden sich die University of Cape Town (S.105) (UCT), eines von Kapstadts wichtigsten Kunstzentren, das Baxter Theatre Centre (S.183) und der exotische Innenraum des Irma Stern Museums.

In den grünen und wohlhabenden Vierteln Newlands und Bishopscourt liegt das Highlight der Gegend – der Kirstenbosch National Botanical Garden; außerdem liegen hier alle wichtigen Kricket- und Rugby-Austragungsorte der Stadt. In der Gegend um Claremont Station lassen sich faszinierende Kontraste studieren – hier bevölkern schwarze und farbige Händler die Straßen rund um das noble Einkaufszentrum Cavendish Square. Ähnlich ist es in Wynberg, einem anderen Vorort, in dem die Reichen Seite an Seite mit den Habenichtsen leben. Die strohgedeckten kapholländisch-georgianischen Häuser des **Wynberg Village** (Karte S.102; um Durban Rd.; 🚌Wynberg) sind einen Besuch wert.

Direkt westlich davon liegt Constantia; hier sind Südafrikas älteste Weingüter, und

Clifton & Camps Bay

N 0 ———————— 500 m

Clifton 1st Beach
Clifton
Clifton 2nd Beach
Clifton 2nd
Kloof Rd
CLIFTON
Clifton 3rd
Table Mountain National Park
2
3
Victoria Rd
Clifton 4th
Glen Country Club
Lower Kloof Rd
18
Bachelor's Cove
Maiden's Cove
Maiden's Cove
5
Round House Rd
17
THE GLEN
4
11
Glen Beach
Camps Bay
1
20
14
6
Sedgemoor Rd
Strathmore Rd
Shanklin Cres
Argyle St
Athlol Rd
Camps Bay
15
12
Whale Rocks
Whale Rock
19
16
21
The Drive
Central Dr
CAMPS BAY
Geneva Dr
Woodford Rd
Camps Bay Dr
Lower Camps Bay
ATLANTIK
Victoria Rd
13
Twelve Apostles Hotel & Spa (2,5 km); Oudekraal (3 km)

Lion's Head (669 m)
9
Signal Hill Rd
Kloof Nek Rd
Cotswold
Bellevue St
Kloof Rd
Kloof Nek
Kloof Nek
Tafelberg Rd
Lower Cable Car
10
Untere Seilbahnstation
8
Dal
Pipe Track
Obere Seilbahnstation
Table Mountain Café (250 m)
7

die Superreichen leben in riesigen Villen hinter hohen Mauern. Es ist eine sehr grüne Gegend, die in Tokai gipfelt, einem schattigen Waldschutzgebiet.

Die Southern Suburbs lassen sich an einem Tag erkunden, etwa mit einem Ausflug nach Kirstenbosch und einer anderen Sehenswürdigkeit am Morgen und ein paar Weinproben am Nachmittag. Wer mehr Zeit mitbringt, kann zum Rhodes Memorial (S. 105) oder über die Wanderwege zu den historischen Wasserspeichern auf dem Back Table des Tafelbergs hinaufsteigen.

★ **Kirstenbosch National Botanical Garden**   GÄRTEN

(Karte S. 102; ☎ 021-799 8783; www.sanbi.org/gardens/kirstenbosch; Rhodes Dr., Newlands; Erw./Kind 65/15 R; ◷ Sept.–März 8–19, April–Aug bis 18 Uhr; ℗ 🚻; 🚍 Kirstenbosch) 🌿 Die Lage und die einzigartige Flora machen diesen 52 800 km² großen botanischen Garten zu einem der schönsten der Welt. Am Tor 1, dem Haupteingang auf der Newlands-Seite des Gartens, befinden sich das Informationszentrum, ein toller Souvenirladen und das **Gewächshaus** (Karte S. 102; ◷ 9–17 Uhr) 🌿.

Clifton & Camps Bay

Zum hundertjährigen Bestehen des Gartens wurde 2013 der beliebte **Baumwipfelpfad** (salopp auch als „Boomslang" – „Baumschlange" – bezeichnet) eingerichtet, eine kurvenreiche Brücke aus Stahl und Holz, die sich oben durch die Bäume schlängelt und faszinierende Ausblicke bietet.

Der Garten bietet kostenlose geführte Touren an – oder für 40 R einfach den elektronischen MyGuide mieten, um detaillierte Informationen vom Band über die verschiedenen Pflanzen zu erhalten, an denen man auf den beschilderten Rundwegen vorbeikommt.

Mehr als 7000 der 22 000 südafrikanischen Pflanzenarten werden hier angebaut, dazu die berühmten *fynbos* des Cape Floral Kingdom (wörtlich „Feinbusch" – überwiegend bestehend aus Proteazeen und Heidekraut). Es gibt einen Duftgarten, der erhöht angepflanzt ist, damit die Besucher die Düfte der Pflanzen leichter einfangen können; außerdem einen Braille-Pfad, einen mit Pelargonien bepflanzten *kopje* (Hügel), einen Skulpturengarten, einen Bereich mit „nützlichen" Arzneipflanzen, zwei Wanderwege hinauf zum Tafelberg, zur Skeleton Gorge und zur Nursery Ravine, außerdem die bedeutenden Überreste der Van-Riebeeck-Hecke, einer Hecke aus wilden Mandelbäumen, die Jan van Riebeeck 1660 als Grenze des holländischen Außenpostens pflanzte.

Die Open-Air **Summer Sunset Concerts** (Karte S.102; Erw./Kind ab 180/135 R), die hier von November bis April sonntags veranstaltet werden, sind in Kapstadt zu einer Institution geworden. Der Garten liegt auf der Linie des City-Sightseeing-Busses (S.129). Das ruhige Tor 3 (auch Rycroft Gate genannt) ist der erste Eingang aus Richtung Süden vom Rhodes Drive her. Hier gibt's drei Cafés, u.a. auch den tollen Kirstenbosch Tea Room (S.161).

★ **Groot Constantia**   MUSEUM, WEINGUT
(Karte S.102; ☏021-794 5128; www.grootcons tantia.co.za; Groot Constantia Rd., Constantia; Weinproben 80 R, Museum Erw./Kind 30 R/Eintritt frei; ⊙Weinproben 9–18 Uhr, Museum 10–17 Uhr; Ⓟ) Simon van der Stels Herrenhaus, ein famoses Beispiel kaphölländischer Architektur, wird in Groot Constantia als Museum betrieben. Das schöne Anwesen wird hin und wieder von Tourgruppen überrannt, ist aber groß genug, um den Massen zu entkommen. Der große Verkostungssaal ist gleich rechts nach dem Eingang. Etwas weiter befindet sich das kostenlose **Orientierungszentrum**, das einen Überblick über die Geschichte Groot Constantias und das restaurierte Herrenhaus gibt.

Der **Cloete-Keller** mit seinem hübsch geformten Giebel war der originale Weinkeller des Anwesens. Heute beherbergt er alte Kutschen und eine Ausstellung von Lagergefäßen. Für 100 R gibt's geführte Touren durch die moderne Kellerei, einschließlich Weinprobe.

Besucher können zwei Audioguide-Apps von der Groot-Constantia-Website herunterladen und ein Visitors Route Experience Ticket (95 R) buchen, das eine Verkostung und den Eintritt zu den Attraktionen des Anwesens umfasst. Wer Wein und Schokolade kombinieren will, kann dies für 125 R tun.

NICHT VERSÄUMEN

KUNST AM MEER

Kunst im öffentlichen Raum gefällt wohl nie allen, aber es gab besonders heftige Proteste, als im November 2014 Michael Ellions Perceiving Freedom – eine gigantische Ray-Ban-Brille aus Metall und Plastik – an der **Sea Point Promenade** (Karte S. 92; Beach Rd., Sea Point; ; Promenade) enthüllt wurde. Mit der Ausrichtung auf Robben Island wollte Ellion erklärtermaßen auf Nelson Mandela anspielen, der einmal mit einer der kultigen Sonnenbrillen fotografiert wurde. Von der Lokalpresse als „Vandalismus seitens eines Unternehmens" abgelehnt, dauerte es nur bis zum Monatsende, bis die Skulptur von der Guerilla-Graffiti-Gruppe **Tokolos Stencil Collective** (www.facebook.com/tokolos stencils) verunstaltet wurde.

Perceiving Freedom, das inzwischen abgebaut wurde, war eine von mehreren temporären Installationen von Art54 (www.art54.co.za). Dies ist ein Projekt der Weltdesign-hauptstadt, das versuchsweise entlang des Atlantiks von Mouille Point bis nach Camps Bay läuft, damit die Stadt mehr Kunst im öffentlichen Raum bekommt. Einige Werke gehören jedoch mittlerweile zum festen Bestand. So zum Beispiel die Bänke **Promenade Pets** (Karte S. 92; Rocklands Beach, Beach Rd., Sea Point; Promenade) am Rocklands Beach, deren Sitzflächen von Paaren von blauen Möwen, schwarzen Seelöwen und rosaroten Pudeln getragen werden. In Camps Bay wiederum kann man auf den **Royal-View-Thronen** (Karte S. 96; Victoria Rd., Camps Bay; Camps Bay) von Greg Benatar posieren und sich wie der König oder die Königin vom Strand fühlen.

Am Ende der Sea-Point-Promenade in Richtung Three Anchor Bay stehen die **White Horses** (Karte S. 92; Beach Rd., Sea Point; Rocklands) von Kevin Brand, der von dem folgenschweren Besuch der SS South African Seafarer in der Table Bay im Jahr 1966 inspiriert wurde. Als das Schiff auf Grund lief, wurde ein Teil der Ladung, darunter einige weiße Plastikpferde, an ein nahe gelegenes Ufer gespült. Jedes der etwas skurrilen Pferde hat eine Vuvuzela im Maul; spricht man in eines der Pferde, so kommt der Ton aus dem Mund des anderen Pferdes.

⭐**Irma Stern Museum** MUSEUM
(Karte S.99; 021-685 5686; www.irmastern. co.za; Cecil Rd., Rosebank; Erw./Kind 10/5 R; Di–Fr 10–17, Sa bis 14 Uhr; Rosebank) Irma Stern (1894–1966) war eine Kunstpionierin des 20. Jhs., deren Werke zu den begehrtesten unter denen der modernen südafrikanischen Maler gehören. Sie bewohnte dieses Haus aus dem 19. Jh. beinahe 40 Jahre lang. Ihr Atelier wurde seitdem nahezu unangetastet gelassen, so als wäre sie eben mal hinaus in den üppig grünen Garten gegangen, um frische Luft zu schnappen. Die ethnografische Sammlung von Kunst und Kunsthandwerk, die die extravagante Künstlerin aus aller Welt zusammengetragen hat, ist dabei ebenso faszinierend wie ihre eigenen Werke, die vom deutschen Expressionismus beeinflusst wurden, aber auch traditionelle afrikanische Elemente integrieren.

⭐**Buitenverwachting** WEINGUT
(Karte S.102; 021-794 5190; www.buitenver wachting.com; Klein Constantia Rd., Constantia; Weinproben 50 R; Weinproben Mo–Sa 10– 17 Uhr; P) Buitenverwachting bedeutet „jenseits aller Erwartungen", und genau dieses Gefühl stellt sich bei einem Besuch dieses kapholländischen Anwesens ein. Zum Anwesen gehören ein ungewöhnliches Herrenhaus aus dem späten 18. Jh., das inmitten grüner Rasenflächen liegt, sowie die Kaffeerösterei Quaffee, das Café **Coffee Bloc** (Karte S.102; 021-794 4468; Hauptgerichte 75–135 R; Mo–Fr 8–17, Sa 8.30–15 Uhr), ein Restaurant und ein Souvenirladen.

Besucher sollten alles tun, um an eine Flasche des köstlichen – aber limitierten – Bordeaux-Verschnitts Christine zu gelangen. Der cremige Chardonnay und der reich strukturierte Cabernet Sauvignon sind ebenfalls herausragend.

⭐**Klein Constantia** WEINGUT
(Karte S.102; 021-794 5188; www.kleincons tantia.com; Klein Constantia Rd., Constantia; Weinproben 50 R; Weinproben Mo–Fr 10– 17 Uhr, Sa & So bis 16 Uhr; P) Klein Constantia ist Teil von Simon van der Stels ursprünglichem Anwesen Constantia und

Southern Suburbs

N | 0 ⟩━━━━━━━━ 500 m

King's Blockhouse (500 m)

Table Mountain National Park

MOWBRAY

Durban Rd
Mowbray

Klipfontein Rd
14

ROSEBANK

1
Irma Stern Museum

Woolsack Dr
Woolsack

Residence Rd

4

Rosebank
16

17

Belmont Rd

Rondebosch

GROOTE SCHUUR ESTATE

Rhodes Dr

Park Rd

Sandown Rd

Campground Rd

M3

Princess Anne Ave

2

Main Rd

Camp Ground Rd

Union Ave

Newlands Ave
7

13

19

3

18

Newlands

Main St

Camp Ground Rd

Keurboom Rd

Von Holdt St

12

Kildare Rd

NEWLANDS

6

Colinton Rd

Glenhof Rd
Protea Rd

CLAREMONT

Palmyra Rd

11

10

Belvedere Rd

8

15

20 21

5 Claremont

Cavendish St

Main Rd

Stanhope Rd

Newlands Rd

Bowwood Rd

Herschel Rd

Chichester Rd

STADTVIERTEL IM ÜBERBLICK SEHENSWERTES

Southern Suburbs

berühmt für seinen Vin de Constance, einen süßen Muskatellerwein. Er war Napoleons ganzer Trost auf St. Helena, und auch in Jane Austins *Gefühl und Verstand* propagiert Mrs Jennings seine „Heilkraft für ein gebrochenes Herz". Zum Weingut gehören ein kleines Bistro und ein hervorragender Verkostungsraum – unbedingt das champagnerartige Prickelwasser probieren!

★ **Constantia Glen** WEINGUT
(Karte S.102; ☎021-795 5639; www.constantia glen.com; Constantia Main Rd., Constantia; Weinproben 45–75 R; ⏰Weinproben So–Do 10–17, Fr und Sa bis 20 Uhr; P) Die Terrasse vor dem Verkostungsraum dieses kleinen Weinguts bietet einen Rundumblick über die Weinberge; das Weingut selbst ist für seinen Sauvignon Blanc und seine Bordeaux-artigen Verschnitte bekannt. Zur Weinprobe kann eine Platte mit leckerem Käse und edler Wurst bestellt werden.

Steenberg Farm WEINGUT
(Karte S.102; ☎021-713 2222; www.steenberg farm.com; Steenberg Estate, Steenberg Rd., Constantia; Weinproben 60–80 R; ⏰Weinproben 10–18 Uhr; P) Die moderne Degustationsbar und -lounge der Steenberg Farm beim Bistro Sixteen82 (S.160) bietet eine herrliche Kulisse, um den großartigen Merlot, den Sauvignon Blanc, den Sémillon und den Schaumwein Méthode Cap Classique (MCC) zu verkosten. Das Anwesen ist die älteste Farm am Kap, errichtet 1682; damals hieß sie Swaaneweide (Futterplatz der Schwäne).

Groote Schuur HISTORISCHES GEBÄUDE
(Karte S. 99; ☎021-686 9100; Klipper Rd., Rondebosch; 50 R; ⏰geführte Touren Mo–Fr 10 Uhr; ☒Rondebosch) Die großartigste von Cecil Rhodes früheren Residenzen war auch der Sitz mehrerer Premierminister und Präsidenten, einschließlich Frederik Willem de Klerk. Das hübsch restaurierte Innere ist ebenfalls entsprechend beeindruckend mit seinen Teakholztäfelungen, den schweren Kolonialmöbeln sowie hochkarätigen Antiquitäten und Wandteppichen. Das Beste ist allerdings die kolonnadenartige Veranda mit Blick über den förmlichen Garten, der sich zu einer Allee aus Kiefern hinaufzieht, die Aussicht auf den Devil's Peak bietet. Die zweistündige geführte Tour muss im Voraus gebucht werden.

Am Eingang des Hochsicherheitsbereichs müssen Besucher ihren Reisepass vorlegen; der Eingang ist nicht gekennzeichnet, ist aber leicht zu erkennen – gleich links wenn man von der M3 auf die Princess Anne Avenue fährt.

Beau Constantia WEINGUT
(Karte S.102; ☎021-794 8632; www.beaucons tantia.com; Constantia Nek, Constantia; Weinproben 55 R; ⏰Weinproben Di–So 11–18 Uhr; P) Hoch über den Weinbergen liegt Beau Constantias überraschend moderner Verkostungsraum mit Panoramablick. Der Viognier ist unbedingt eine Probe wert, außerdem gibt's hier eine Filiale des hervorragenden Restaurants Chef's Warehouse (S.146).

Achtung Autofahrer: Der Parkplatz ist ein wenig schwer zu finden.

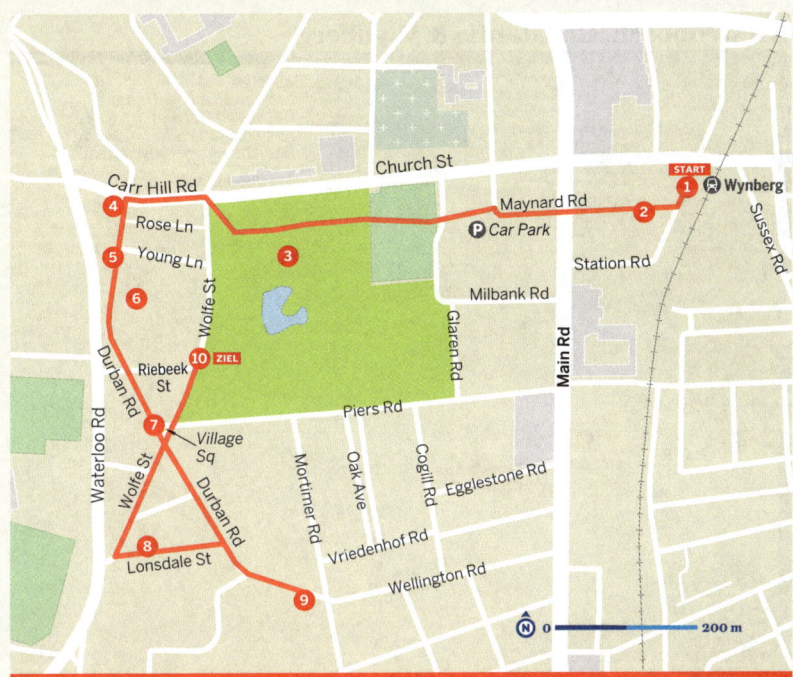

🏃 Stadtspaziergang
Southern Suburbs

START WYNBERG STATION
ZIEL WOLFE STREET,
LÄNGE/DAUER 2,5 KM; EINE STUNDE

Die denkmalgeschützte Gegend ist voller georgianischer und viktorianischer Gebäude, u. a. Reetdachhäuser und blühende Gärten. Die Gegend um **❶ Wynberg Station**, stets mit Sammeltaxis und Händlern verstopft, steht im Kontrast zur schicken dörflichen Umgebung zehn Gehminuten westlich. Gegenüber dem Bahnhof steht die restaurierte **❷ Town Hall** (Rathaus), die William Black Anfang des 19. Jhs. im Stil der flämischen Renaissance entwarf.

Weiter geht's über die Main Road und die Maynard Road entlang. Gegenüber dem Parkplatz (als Alternative zum Ausgangs-/Endpunkt bei Anfahrt mit dem Auto) liegt der **❸ Maynardville Park**, der zur Kreuzung Wolfe Street/Carr Hill Road führt. Die neogotische **❹ Niederländisch-reformierte Kirche**, bergauf an der Durban Road, stammt von 1831. Darin sind vier Granitsäulen zu sehen, die von Cecil Rhodes gestiftet wurden. An der Kirche links (nach

Süden) in die Durban Road abbiegen. Die Straße wird von Reetdachhäusern gesäumt. Das **❺ Winthrop House** beherbergte früher das Offizierskasino der britischen Streitkräfte, das **❻ Falcon House** soll der erste Gerichtshof der Stadt gewesen sein. An der Kreuzung Durban Road/Wolfe Street liegt ein kleiner Platz. Hier und um den Garten **❼ Chelsea Courtyard** gibt es einige Einrichtungsläden. Zurück geht's zur Wolfe Street; weiter nach Süden bis zur Kreuzung Lonsdale Street zur **❽ Alten Bäckerei** (ca. 1890) mit dem von Greifen flankierten Schiefertürmchen. Links (Osten) kommt die Lonsdale Street bis zur Kreuzung Durban Road. Ein Schlenker nach rechts erlaubt einen Blick durch den Stacheldrahtzaun auf das Herrenhaus **❾ Tenterden** aus dem späten 18. Jh. (die Veranda im Stil der kapholländischen Renaissance ist aus dem 20. Jh.). Hier übernachtete einst der Duke of Wellington in einem Wagenschuppen, der heute nicht mehr existiert.

Dann geht's auf demselben Weg zurück, nach Norden, über die Durban Road bis zu dem kleinen Platz an der **❿ Wolfe Street** mit Ladenzeile und Einkehrmöglichkeiten.

Kirstenbosch, Constantia & Wynberg

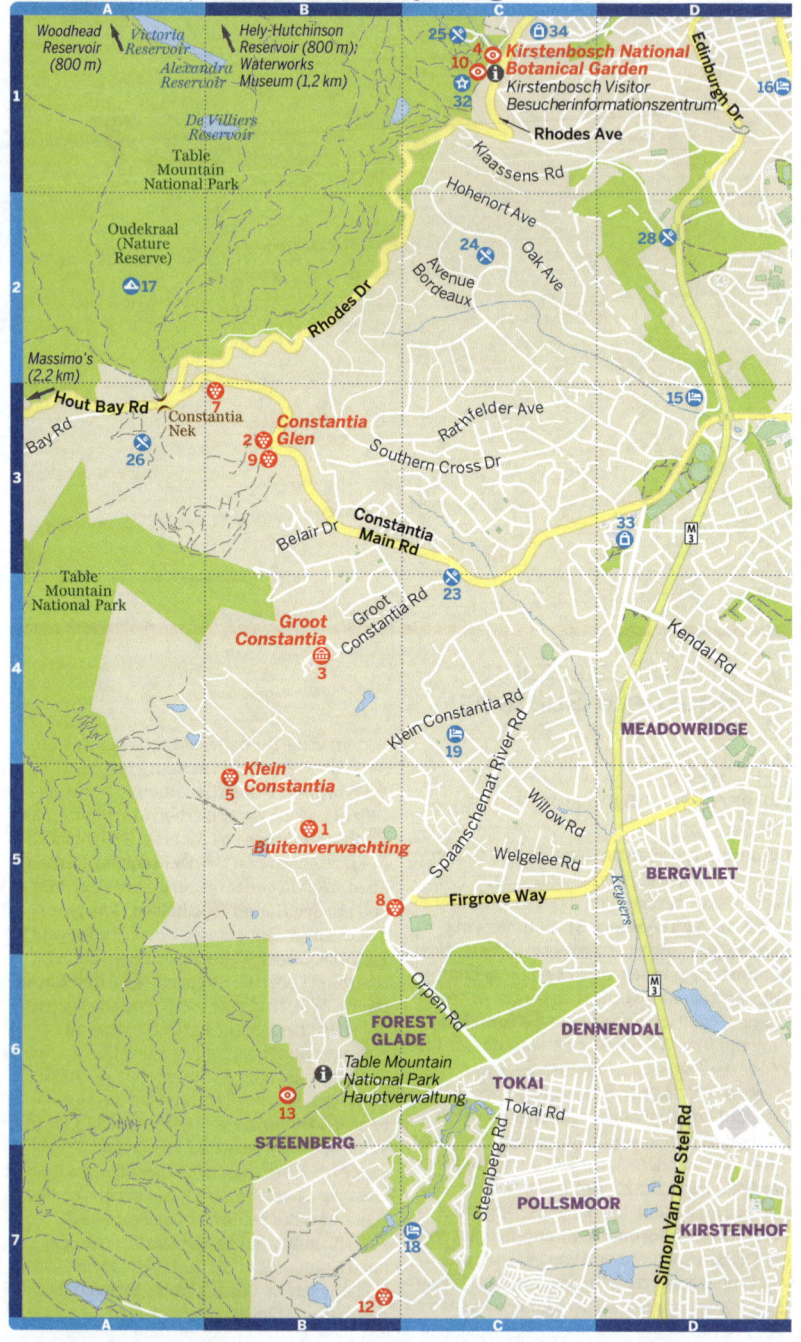

Woodhead
Reservoir
(800 m)

Victoria
Reservoir

Alexandra
Reservoir

Hely-Hutchinson
Reservoir (800 m);
Waterworks
Museum (1,2 km)

De Villiers
Reservoir

**Kirstenbosch National
Botanical Garden**
Kirstenbosch Visitor
Besucherinformationszentrum

Rhodes Ave

Klaassens Rd

Hohenort Ave

Oak Ave

Avenue
Bordeaux

Edinburgh Dr

Table
Mountain
National Park

Oudekraal
(Nature
Reserve)

Rhodes Dr

Massimo's
(2,2 km)

Hout Bay Rd

Bay Rd

Constantia
Nek

*Constantia
Glen*

Rathfelder Ave

Southern Cross Dr

**Constantia
Main Rd**

Belair Dr

Groot
Constantia Rd

*Groot
Constantia*

Table
Mountain
National Park

Kendal Rd

Klein Constantia Rd

MEADOWRIDGE

*Klein
Constantia*

Buitenverwachting

Willow Rd

Welgelee Rd

Spaanschemat River Rd

Keysers

Firgrove Way

BERGVLIET

Orpen Rd

Steenberg Rd

**FOREST
GLADE**

Table Mountain
National Park
Hauptverwaltung

DENNENDAL

TOKAI

Tokai Rd

Simon Van Der Stel Rd

STEENBERG

POLLSMOOR

KIRSTENHOF

Kirstenbosch, Constantia & Wynberg

◉ Highlights
1 Buitenverwachting..............................B5
2 Constantia Glen B3
3 Groot Constantia B4
4 Kirstenbosch National Botanical
   Garden C1
5 Klein Constantia..................................B5

◉ Sehenswertes
6 Arderne Gardens E1
7 Beau Constantia B3
8 Constantia Uitsig B5
9 Eagle's Nest...B3
10 Kirstenbosch National Botanical
   Garden Gewächshaus....................C1
Maynardville Park ....(siehe 14)
11 Open Mosque.....................................E2
12 Steenberg Farm B7
13 Tokai Arboretum................................B6
Tokai Forest ....(siehe 13)
14 Wynberg Village E2

🛏 Schlafen
15 Alphen D3
16 Andros Boutique Hotel.......................D1
17 Orange Kloof Tented Camp A2
18 Steenberg Hotel.................................C7
19 Summit Place......................................C4

🍴 Essen
20 A Tavola E1
Bistro Sixteen82 ....(siehe 12)
Coffee Bloc ....(siehe 1)
21 Earth Fair Food Market.......................E7
22 Four & Twenty Cafe & Pantry E2
23 Foxcroft C4
24 Greenhouse...C2
Jonkershuis ....(siehe 3)
25 Kirstenbosch Tea Room......................C1
La Belle ....(siehe 15)
26 La Colombe A3
27 Rare Grill E1
Tashas ....(siehe 33)
28 The View D2

🍸 Ausgehen & Nachtleben
29 Banana Jam E1
Caffé Verdi ....(siehe 22)
30 Jack Black's Brewery...........................F5
Martini Bar............................(siehe 24)
31 Twigs with Beans E1

✪ Unterhaltung
32 Kirstenbosch Summer Sunset
   Concerts C1
Maynardville Open-Air
   Theatre ....(siehe 14)

🛍 Shoppen
33 Constantia Village D3
34 Kirstenbosch Craft Market C1

Constantia Uitsig WEINGUT

(Karte S.102; ☏ 021-794 6500; www.uitsig.co.za; Spaanschemat River Rd., Constantia; Weinproben 3/6 Weine 50/90 R; ⊘ Weinproben 10–18 Uhr; P) Im Verkostungsraum am Tor des Anwesens auf einen spritzigen Sémillon, einen satten, herben MCC auf Chardonnay-Basis oder den limitierten Roten Muscat d'Alexandrie vorbeischauen. Zum Weingut gehören außerdem ein Restaurant sowie ein Fahrradparcours.

Eagle's Nest WEINGUT

(Karte S.102; ☏ 021-794 4095; www.eaglesnest wines.com; Constantia Main Rd., Constantia;

Kaphalbinsel

Weinprobe 60 R; ⊘ Weinproben 10–16.30 Uhr; P) Auf diesem kleinen Weingut mitten in den Constantia-Weinbergen lohnt es sich, den Viognier oder den Shiraz zu probieren und an einem Wasserlauf im Schatten einen Teller Delikatesswurst (145 R) oder ein Brett mit traditionell hergestelltem Käse (165 R) zu genießen.

Newlands Brewery BRAUEREI

(Karte S.99; ☏ 021-658 7440; www.newlands brewery.co.za; 3 Main Rd., Newlands; geführte Touren 80 R; ⊘ geführte Touren Mo 11 & 15 Uhr, Di– Sa 10 & 12 Uhr, Mi zusätzlich 14 & 18 Uhr, Fr zusätzlich 14 & 16 Uhr; P; ☒ Newlands) Im frühen 19. Jh. baute Jacob Letterstedt die Mariendahl Brewery in Newlands, ein schönes Gebäude, das seitdem zum nationalen Kulturerbe zählt. Heute gehört es zur Newlands Brewery, die wiederum South African Breweries gehört. Faszinierende Führungen durch den Komplex mit der Gelegenheit, diverse hier gebraute Biere (darunter Castle und Black Label) zu probieren, geben einen Einblick in die industrielle Bierproduktion. Unbedingt im Voraus buchen.

Tokai Forest WALD

(Karte S.102; ☏ 021-712 7471; www.tmnp.co.za; Tokai Rd., Tokai; Erw./Kind 25/15 R, Auto 27 R, Mountainbike fahren 80 R; ⊘ April–Sept. 8–17, Okt.–März 7–18 Uhr; P) Der bewaldete Teil des Table Mountain National Park (S.154) ist ein beliebtes Ziel zum Picknicken, Mountainbikefahren (nur am Wochenende) und Spazierengehen. Vom Highway M3 die Ausfahrt Tokai nehmen und den Schildern folgen, um zum Wald zu gelangen.

Jenseits des Picknickbereichs ist das **Tokai Arboretum** (Karte S.102), eine Anpflanzung von 1555 Bäumen aus 274 Arten. Nachdem es infolge heftiger Buschfeuer geschlossen worden war, soll es 2018 wiedereröffnen.

Ebenfalls vorübergehend geschlossen ist der herausfordernde, 6 km lange Wanderweg hinauf zur **Elephant's Eye Cave**, die im Silvermine-Abschnitt des Parks liegt. Der im Zickzack verlaufende Pfad weiter hinauf zum Constantiaberg (928 m) ist ziemlich steil und bietet wenig Schatten, deshalb sollten Wanderer unbedingt einen Sonnenhut und Wasser mitnehmen. Von Silvermine ist der Zugang zur Höhle leichter.

Arderne Gardens GÄRTEN

(Karte S.102; www.ardernegardens.org.za; 222 Main Rd., Claremont; gegen Spende; ⊘ 8–18 Uhr;

Claremont) Der schattige Garten, der 1845 vom Botaniker Ralph Arderne angelegt wurde, stellt die älteste Sammlung von Bäumen in der südlichen Hemisphäre dar; hier wachsen Bambusse, Koniferen, Gummibäume und gewaltige Großblättrige Feigen. Ein herrlicher Ort für einen Nachmittagsspaziergang, besonders farbenfroh wird es am Wochenende, wenn sich viele Kapstädter Hochzeitsgesellschaften hier ablichten lassen.

Rhodes Memorial
DENKMAL

(Karte S.104; www.rhodesmemorial.co.za; abzweigend von der M3, Groote Schuur Estate; 9–17 Uhr; P) Teilweise dem Bogen der Londoner Hyde Park Corner nachempfunden, steht dieses Denkmal am Osthang des Tafelbergs an einer Stelle, an der der Bergbaumagnat und frühere Premierminister Cecil Rhodes stets die Aussicht bewunderte. Die 49 Stufen – eine für jedes Lebensjahr von Rhodes – werden von stolzen Löwen flankiert. Von oben Rundumblick auf die Cape Flats und die Bergketten dahinter.

Rhodes kaufte im Jahr 1895 das gesamte umliegende Land für 9000 £ als Teil seines Plans, einen relativ unberührten Bereich des Bergs für künftige Generationen zu erhalten. Die dynamische Statue eines Mannes auf einem steigenden Pferd soll Rhodes' Ehrgeiz und seine Entschlossenheit widerspiegeln (im Gegensatz zur Büste von Rhodes selbst, die reichlich mürrisch dreinblickt).

Hinter dem Denkmal befindet sich ein angenehmes Restaurant (S.160), und ein steiler Pfad führt hinauf zum **King's Blockhouse** (Tafelberg Rd., Table Mountain National Park), einer Verteidigungsstellung, die die Briten zwischen 1795 und 1803 errichteten. Von hier dem Contour Path folgen, einem ungefähr auf konstanter Höhe verlaufenden Weg, der über Newlands Forest zur Skeleton Gorge und hinunter nach Kirstenbosch (S.96) führt. Besser nicht allein wandern, da sich in diesem Teil des Bergs Raubüberfälle häufen.

Von der M3 die Abfahrt Princess Anne Interchange nehmen, um zum Denkmal zu gelangen.

University of Cape Town
UNIVERSITÄT

(UCT; Karte S.99; www.uct.ac.za; abzweigend von Rhodes Dr., Rondebosch; P; Rondebosch) Für Nichtakademiker gibt es keinen drängenden Grund, die UCT zu besuchen, dennoch ist es ein beeindruckender Ort zum

ABSEITS DER ÜBLICHEN PFADE

SILVERMINE NATURE RESERVE

Zu dem weniger besuchten **Naturschutzgebiet** (Karte S.50; 021-712 7471; www.tmnp.co.za; Ou Kaapse Weg; Erw./Kind 50/25 R; Sept.–April 7–18 Uhr, Mai–Aug. 8–17 Uhr; P) gehört auch der Silvermine-Stausee, ein herrlicher Ort zum Picknicken oder für einen gemütlichen Spaziergang auf dem barrierefreien Uferweg. Das leicht tanninhaltige Gewässer lädt zum Baden ein; trotz der Verbotsschilder sieht man hier oft Einheimische im Stausee baden. Von hier aus führen einige Halbtageswanderungen in die Berge, deren Name von Holländern stammt, die hier im späten 17. Jh. erfolglos nach Silbervorkommen gesucht hatten.

Spazierengehen. Leider ist es in den letzten Jahren zu gewaltsamen Studentenprotesten gekommen. Der Upper Campus (westlich der M3) präsentiert eine recht stimmige architektonische Ansicht mit seinen efeubedeckten, klassizistischen Fassaden und einer tollen Steintreppe, die zur tempelartigen Jameson Hall hinaufführt. Wer vorher anruft, kann sich eine geführte Tour durch die Bibliothek organisieren lassen.

Wer über den Woolsack Drive zur UCT kommt, kommt am **Woolsack** vorbei, einem Cottage, das Sir Herbert Baker im Jahr 1900 für Cecil Rhodes entworfen hat. Inzwischen ist es ein Studentenwohnheim; angeblich hat Rhodes' Freund Rudyard Kipling hier bei seinen Aufenthalten zwischen 1900 und 1907 das Gedicht „If" geschrieben.

Simon's Town & Southern Peninsula

Muizenberg ist ein Ort, der einen gewissen Vibe verströmt und sich aktuell in einer Phase der Regentrifizierung befindet. Viele kommen hierher, um surfen zu lernen und sich am Strand ein Bier oder ein Eis zu kaufen. Der Weg zum Silvermine Nature Reserve ist es auch nicht weit.

Ein beliebter Tagesausflug der Kapstädter führt an der False Bay Richtung Süden zur hübschen kleinen Kalk Bay, wo sie durch Antikläden bummeln und Fish and

Muizenberg & Kalk Bay

Quarterdeck Rd
Dalebrook Rd
8
Rosmead Rd
Rouxville Rd **33**
25
Main Rd
27
Belmont Rd **29**
Duignam Rd **15** Colyn Ln **34**
Boyes Dr
Gatesville Rd Norman Rd
Kalk Bay **21**
Windsor Rd Main Rd
KALK BAY
31
20 **22**
Clairvaux Rd **32**
Gordon Rd
Harbour Rd
Harris Rd
Essex Rd **3**
19
Kalk Bay Harbour

N 0   200 m

Main Rd
Boyes Dr
28
False Bay
26 **17**
35
Palmer Rd
30
5 Sidmouth
14 Rd
Camp Rd
Muizenberg **18** **13**
Park
23
16 **24**
Muizenberg
6
2
7 **1**

Boyes Dr Main Rd
ST JAMES
St James
Jacob's Ladder **9**

Siehe Detailplan Kalk Bay

Boyes Dr Main Rd
KALK BAY
Kalk Bay
Kalk Bay Harbour

False Bay

Mountain House (11 km)
Clovelly (500 m); Fish Hoek (1 km)

Chips essen. Simon's Town, das nautische Hauptquartier der holländischen, britischen und inzwischen südafrikanischen Marine, ist gut erhalten geblieben und bietet mit seinem Yachthafen und zwei Museen Atmosphäre.

Weiter südlich liegen die beiden bedeutendsten Naturspektakel der Gegend: Boulders mit seiner Pinguinkolonie (S. 111) und das Kap der Guten Hoffnung (S. 110). Beide gehören zum Table Mountain National Park (S. 54).

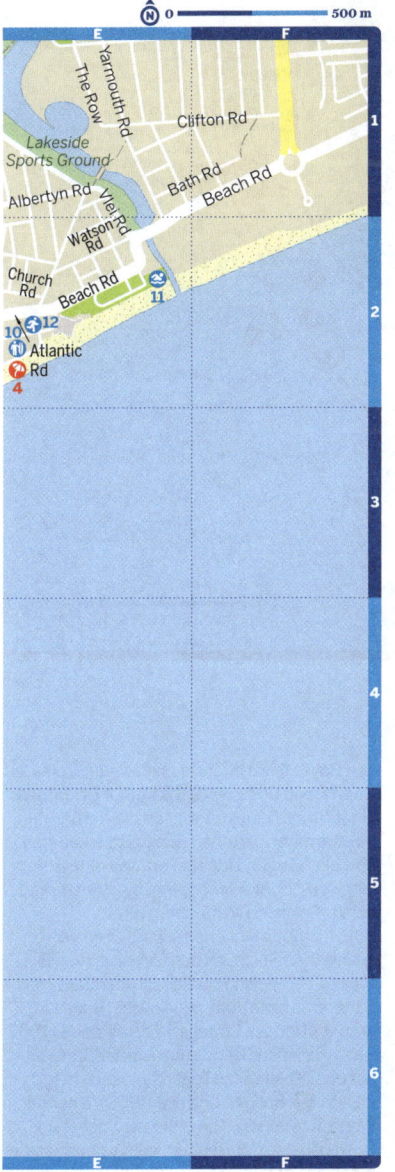

Muizenberg & Kalk Bay

◉ Sehenswertes
1 Bailey's Cottage D3
2 Casa Labia Cultural Centre D3
3 Kalk Bay Harbour B3
4 Muizenberg Beach E2
5 Muizenberg Synagoge D2
6 Posthuys D3
7 Rhodes Cottage Museum D3
8 Save Our Seas Shark Education
    Centre C1
9 St James Beach C4

✈ Sport & Aktivitäten
10 Gary's Surf School E2
11 Muizenberg Water Slides E2
    Roxy Surf Club .... (siehe 10)
12 Surfstore Africa E2

🛌 Schlafen
13 African Soul Surfer D2
14 Bella Ev D2
15 Chartfield Guesthouse B2
16 Stoked Backpackers D2

✖ Essen
17 Blue Bird Cafe D1
    Bob's Bagel Cafe .... (siehe 33)
    Cucina Labia .... (siehe 2)
18 Empire Cafe D2
19 Live Bait B3
20 Olympia Cafe & Deli A2
    Salt .... (siehe 20)

☕ Ausgehen & Nachtleben
21 Brass Bell B2
22 Cape to Cuba B2
23 Striped Horse Bar & Grill.................. D2
24 Tiger's Milk D2

✪ Unterhaltung
25 Kalk Bay Theatre......................... B1
26 Masque Theatre D1

🛍 Shoppen
27 Artvark B1
    Blue Bird Garage Food &
    Goods Market...................... (siehe 17)
28 Blue Planet Fine Art D1
29 Catacombes B2
30 Gina's Studio D2
31 Kalk Bay Books A2
32 Kalk Bay Modern A2
33 Pottershop B1
34 Quagga Rare Books & Art B2
35 Sobeit Studio D2

MUIZENBERG, KALK BAY & UMGEBUNG

Muizenberg wurde 1743 von den Holländern als Postkutschenstation eingerichtet. Anfang des 20. Jhs. erlebte es seine Blütezeit – damals war es ein wichtiger Badeort, und Leute wie Agatha Christie lernten hier surfen.

Kalk Bay ist nach dem Kalk (auf Afrikaans ebenfalls „kalk") benannt, der hier im 17. Jh. produziert wurde, indem Muschelschalen in Brennöfen verbrannt wurden. Anschließend wurde er dazu benutzt,

Stadtspaziergang
Muizenberg & St. James

START MUIZENBERG STATION
ZIEL MUIZENBERG STATION
LÄNGE/DAUER 3 KM; EINE STUNDE

Die Küstenwanderung bietet grandiose Aussichten auf die False Bay und vermittelt einen Eindruck von der Geschichte und der einstigen Pracht der Küstenvorstadt. Vom ❶ Bahnhof Muizenberg geht es nordwärts über den Park zur Camp Road mit der rot-weiß gestrichenen ❷ Synagoge. Muizenberg hatte in den 1920er- und 1930er-Jahren eine große jüdische Gemeinde. Eine Betontreppe führt zum Boyes Drive hinauf, von wo sich ein großartiger Blick über die Stadt und den breiten, flachen Strand bietet. Am schmiedeeisernen Tor auf der linken Seite führen Stufen hinab zum ❸ Grab von Sir Abe Bailey (1864–1940), „Soldat, ehemaliger Sportler, Philanthrop, Bergbaupionier". Von dort sollte ein Blick auf Baileys Haus ❹ Rusten-Vrede mit den roten Dachziegeln und hohen Giebeln an der Main Road unten möglich sein. Cecil Rhodes gab den Bau in Auftrag, wohnte aber nie selbst dort. Weiter geht's über

den Boyes Drive bis zur „Jakobsleiter", die zur Capri Road und zum ❺ Bahnhof St. James hinabführt. Daneben warten die berühmten, farbenfrohen viktorianischen Badekabinen und ein felsiges Tidebecken, das eine Abkühlung verspricht. Hier beginnt ein Küstenpfad, der zurück nach Muizenberg führt.

In Richtung einer herrschaftlichen Villa im spanischen Stil (nach dem Anwesen von Elvis Presley „Graceland" genannt) überquert man durch eine Unterführung die Main Road, um dem ❻ Rhodes Cottage, in dem Rhodes 1902 verstarb, einen Besuch abzustatten. Zurück auf dem Küstenpfad liegt rechts das reetgedeckte ❼ Bailey's Cottage (1909), einer der Wohnsitze von Sir Abe Bailey. Auf der Main Road näher an Muizenberg geht es auch an der ❽ Casa Labia (S.109) vorbei, die der Familie eines italienischen Grafen gehört, der das Haus 1930 erbauen ließ. Ein Stück weiter steht das ❾ Posthuys aus den 1670er-Jahren. Der einstige Wachposten für einlaufende Schiffe in die False Bay ist eines der ältesten Gebäude Kapstadts im europäischen Stil. Von hier sind es nur ein paar Gehminuten bis zum Bahnhof.

Häuser anzustreichen. Unter dem Apartheidregime wurde es von Politik und Wirtschaft vernachlässigt, da hier vor allem Farbige lebten; dies hatte den Vorteil, dass damit die Zwangsumsiedlungen vermieden wurden, die Simon's Town zerstört haben.

Rund um die False Bay, südlich von Kalk Bay, liegen die Gemeinden Fish Hoek und Clovelly mit ihren breiten Stränden, wo man gefahrlos schwimmen kann.

Muizenberg Beach   STRAND
(Karte S.106; Beach Rd., Muizenberg; P; Muizenberg) Der bei Familien beliebte Surfstrand ist berühmt für seine farbenfroh gestrichenen viktorianischen Badehäuschen. Surfbrettverleih und Kurse bieten mehrere Geschäfte an der Beach Road an. Der Strand fällt sanft zum Meer hin ab, und das Meer ist hier im Allgemeinen sicherer als sonstwo an der Halbinsel.

Am östlichen Ende der Promenade liegt ein **Wasservergnügungspark** (Karte S.106; 021-788 4759; www.muizenbergslides.co.za; abzweigend von Beach Rd., Muizenberg; 1 Std./Tagespass 45/85 R; Mo–Fr 13.30–17.30 Uhr, Sa & So ab 9.30 Uhr, Nov.–Feb. zusätzlich Fr 18–21 Uhr; ; Muizenberg).

Casa Labia Cultural Centre   KUNSTZENTRUM
(Karte S.106; 021-788 6068; www.casalabia.co.za; 192 Main Rd., Muizenberg; Di–So 10–16 Uhr; Muizenberg) GRATIS Die prachtvolle Villa am Meer aus dem Jahr 1930 war einst der palastartige Wohnsitz des italienischen Botschafters in Südafrika, Graf Natale Labia, und seiner südafrikanischen Gemahlin. Heute bietet das Haus ein reichhaltiges kulturelles Programm mit Konzerten, Vorträgen und Veranstaltungen; außerdem sind hier die Möbel der Familie Labia ausgestellt, die in den 1920ern aus Venedig importiert wurden, und Werke aus ihrer Kunstsammlung (einschließlich Gemälden von Irma Stern und Gerald Sekoto). Das schmucke Gebäude beherbergt außerdem das Restaurant Cucina Labia (S.164) und die **South African Print Gallery**.

Der Kapstädter Architekt Fred Glennie entwarf den großartigen Palazzo im venezianischen Stil des 18. Jhs., und ein venezianischer Innendesigner stattete ihn mit antiker Inneneinrichtung aus. Mehrere Jahrzehnte lang diente er zunächst als italienische, dann als kanadische und schließlich als argentinische Botschaft, bevor er in den 1980ern zu dem wurde, was er heute

ist. Das Recht, das Gebäude zu managen, wurde 2008 wieder dem Sohn und der Enkelin der Labias zugesprochen. Seitdem wird es liebevoll restauriert.

Kalk Bay Harbour   HAFEN
(Karte S.106; Essex Rd., Kalk Bay; Fischmarkt 9–17 Uhr; P; Kalk Bay) Am Morgen ist der malerische Hafen am schönsten, wenn die Fischerboote der Gemeinde mit ihrem Tagesfang einlaufen und ein lebhafter Markt am Kai beginnt. Dies ist ein hervorragender Ort, um frischen Fisch für ein *braai* (Grillparty) zu kaufen oder in der Walsaison Wale zu beobachten.

Ganz in der Nähe, neben dem Bahnhof Kalk Bay und dem Pub Brass Bell (S.178), gibt's ein paar Gezeitenbecken zum Schwimmen.

Save Our Seas Shark Education Centre   WISSENSCHAFTSZENTRUM
(Karte S.106; 021-788 6694; www.saveourseas.com; 28 Main Rd., Kalk Bay; Mo–Do

---

🛈 AN- & WEITERREISE SOUTHERN PENINSULA

Auto Die praktischste Lösung, um das Beste aus der Region zu holen.

Taxi Ausprobieren mit **HGTS Tours** (Karte S.110; 021-786 5243; www.hgtravel.co.za; Simon's Town Station, Main Rd., Simon's Town). **Noordhoek Taxis** (071 484 5721; www.noordhoektaxis.co.za) oder Uber.

Geführte Tour Eine beliebte Möglichkeit, Cape Point zu besichtigen; oft ist ein Zwischenstopp bei der Pinguinkolonie in Boulders inbegriffen. Die ausgewählte Route sollte sowohl die False Bay als auch die Atlantikküste enthalten, um beide Seiten der Halbinsel zu sehen.

Zug Hält in Muizenberg, St. James, Kalk Bay und Fish Hoek; Endstation ist Simon's Town. Eine einfache Fahrt vom Bahnhof Kapstadt bis Simon's Town kostet 16,50 R.

Wassertaxi Mellow Yellow (Karte S.110; 073 473 7684; www.watertaxi.co.za; hin & zurück 100/150 R) zwischen Kalk Bay und Simon's Town (zur Anreise nach Kalk Bay empfehlen wir die Zugverbindung nach Simon's Town, dann umsteigen ins Wassertaxi, und nicht umgekehrt!).

Simon's Town

14–16 Uhr; ⬚; ⬚Kalk Bay) ⬚ GRATIS Das Bildungszentrum fördert das Bewusstsein für Haie, ihren Schutz, ihre Bewahrung und ihre nachhaltige Fischerei weltweit. Die hochmodernen Ausstellungsobjekte – die vom „Touch Pool" bis hin zu Mikroskopen reichen – gefallen Erwachsenen und Kindern gleichermaßen. Das Zentrum ist Teil einer gemeinnützigen Stiftung, die ähnliche Zentren in Florida und auf den Seychellen betreibt.

Besucher können sich auch über das wegweisende Projekt **Shark Spotters** (http://sharkspotters.org.za) informieren, das wichtige Strände überwacht und Alarm schlägt, wenn in der Nähe Haie auftauchen.

SIMON'S TOWN & RESTLICHE SOUTHERN PENINSULA

Auf der False-Bay-Seite der Halbinsel liegt Simon's Town, benannt nach Simon van der Stel, der im 17. Jh. Gouverneur am Kap

war. Als Winterankerplatz der Niederländischen Ostindien-Kompanie (Vereenigde Oost-Indische Compagnie; VOC) aus dem Jahr 1741 und Marinestützpunkt der Briten zwischen 1814 und 1957 ist Simon's Town heute Hauptquartier der südafrikanischen Marine, deshalb sind auf der Straße viele Uniformen zu sehen.

★ Kap der Guten Hoffnung
NATURSCHUTZGEBIET

(Cape Point; Karte S.112; www.tmnp.co.za; Erw./Kind 135/70 R; ⬚Okt.–März 6–18 Uhr, April–Sept. 7–17 Uhr; ⬚) Der 77,5 km² große Teil des Table Mountain National Park umfasst hinreißende Landschaft, fantastische Wanderwege, großartige Möglichkeiten, Vögel zu beobachten, und oft einsame Strände. Das Schutzgebiet wird häufig auch Cape Point genannt, nach seiner dramatischsten (aber weniger bekannten) Landspitze. Wer den zweitägigen **Cape of**

fache Fahrt/hin & zurück Erw. 50/65 R, Kind 20/25 R; ⊘9–17 Uhr) nehmen, die neben dem Restaurant abfährt und am Souvenirkiosk neben dem **alten Leuchtturm** (von 1859) hält. Von hier führt ein 1 km langer Wanderweg zu seinem Nachfolger. Über den spektakulären Höhenweg dauert es keine 30 Min. bis zum Blick auf den neuen Leuchtturm und die steilen Klippen, die sich imposant über dem brausenden Ozean erheben.

★ Pinguinkolonie in Boulders
VOGELSCHUTZGEBIET

(Karte S.110; ☎021-786 2329; www.tmnp.co.za; Simon's Town; Erw./Kind 70/35 R; ⊘Dez. & Jan. 7–19.30 Uhr, Feb., März, Okt. & Nov. 8–18.30 Uhr, Apr.–Sept. 8–17 Uhr; P; ℝSimon's Town) Diese malerische Gegend mit riesigen Felsbrocken, die die Küste in kleine Sandbuchten aufteilen, beherbergt eine Kolonie aus rund 3000 putzigen Brillenpinguinen. Vom Boulders Visitor Centre (S.57), das am Foxy-Beach-Ende des Schutzgebietes – Teil des Table Mountain National Park (S.54) – liegt, verläuft ein Bohlenweg zum Boulders Beach, wo Besucher hinunter zum Sand gehen und sich unter die watschelnden Pinguine mischen können. Achtung, nicht anfassen: Sie haben spitze

Good Hope Trail (Karte S.112; 280 R, plus Eintritt ins Reservat) mitmachen will, muss im Voraus buchen, die Tour geht über eine spektakuläre, 33,8 km lange Strecke, und die Nacht wird in schlichten Hütten verbracht. Weitere Details beim Buffelsfontein Visitor Centre (S.57).

Rund 250 Vogelarten wurden hier gesichtet, einschließlich Kormoranen und einer Straußenfamilie, die auf der Landspitze des Kaps der Guten Hoffnung herumlungert, dem südwestlichsten Punkt des Kontinents.

Viele Bustouren führen in dieses Naturschutzgebiet, aber wer die Zeit hat, durch das Reservat zu wandern oder zu radeln, hat mehr davon. Doch Achtung: Hier gibt's kaum Schatten, und das Wetter kann schnell umschlagen.

Es geht nicht besonders steil bergauf, aber Faulpelze können die Seilbahn **Flying Dutchman** (www.capepoint.co.za; ein-

Cape Point

Cape Point

Schnäbel und können schwerwiegende Verletzungen zufügen!

Der Großteil der Kolonie, die seit 1982 aus nur zwei brütenden Paaren hervorgegangen ist, scheint Foxy Beach zu bevorzugen, wo sie wie lässige, verkümmerte Supermodels die Armeen von kamerabewehrten Touristen ungeniert ignorieren, die auf den Aussichtsplattformen munter vor sich hin knipsen (der Strand selbst ist für Besucher gesperrt).

Die Wasservögel sind eine vom Aussterben bedrohte Art. Wegen ihres eselartigen Iahens wurden sie auf Englisch früher „jackass penguins" (Eselspinguine) genannt – wer zur Hauptbrutsaison zwischen März und Mai in Boulders ist, bekommt Gelegenheit, es zu hören. Parkplätze gibt's an beiden Enden des Reservats an der Seaforth Road und an der Bellevue Road, wo es auch Unterkünfte und Restaurants gibt. Boulders liegt etwa 3 km südöstlich von Simon's Town.

Imhoff Farm FARM
(☎021-783 4545; www.imhofffarm.co.za; Kommetjie Rd., Kommetjie; ⊗9–17 Uhr; P ⊕) GRATIS
Auf diesem ansprechenden, historischen Gehöft außerhalb Kommetjies gibt es jede Menge zu sehen und zu tun. Zu den Attraktionen gehören kunsthandwerkliche Geschäfte und Kunstateliers, ein Café, eine Sushi-Bar, das Restaurant Blue Water Cafe (S. 163), ein **Schlangen- und Reptilienpark** (Erw./Kind 70/50 R), der **Higgeldy Piggeldy Farmyard** (20 R) voller Tiere, **Kamelritte** (Di–So 12–16 Uhr; Erw./Kind 70/50 R) und ein **Farmladen,** der köstlichen Ziegenkäse (vor Ort von einem französischen Käser hergestellt) und andere Esswaren verkauft.

Noordhoek Beach STRAND
(Karte S. 104; Beach Rd., Noordhoek) Dieser herrliche, 5 km lange Strand wird von Surfern und Reitern bevorzugt. Hier ist es oft windig und zu gefährlich zum Schwimmen. The Hoek, wie er von Surfern auch genannt wird, bietet am nördlichen Ende tolle rechtsbrechende Beachbreaks, die riesige Wellen mit sich bringen können (nur bei Ebbe ausprobieren); am besten mit Südostwind. Der große Strand ist stellenweise recht einsam, und manchmal kommt es zu Raubüberfällen, deshalb lieber nicht allein gehen und sich von Einheimischen vorher Tipps geben lassen.

ⓘ ABSEITS VON VERKEHR & MENSCHENMASSEN

Die Main Road ist die Hauptverkehrsstraße an der Küste zwischen Muizenberg und Fish Hoek. Eine hübschere (und weniger staureiche) Strecke zwischen Muizenberg und Kalk Bay ist der Boyes Drive durch die Berge mit fantastischen Aussichten auf die Halbinsel. Zwischen August und Oktober kann man von hier aus vielleicht sogar Wale erspähen.

Wer nur einen Tag Zeit für die Southern Peninsula hat, kann den Hauptansturm durch die Anfahrt entlang der Atlantikküste über den Chapman's Peak Drive und dann über die Kommetjie/Main Road (M65) zum Eingang des Naturschutzgebietes des Kaps der Guten Hoffnung geschickt umgehen. Wer früh losfährt, erreicht Cape Point lange vor dem großen Andrang der Touristenbusse, die meist zuerst in Boulders halten – dort stattdessen besser auf dem Rückweg einen Zwischenstopp einlegen.

In der Mitte des Strands ragt die verrostete Schale des Dampfschiffs *Kakapo* wie eine seltsame Skulptur aus dem Sand. Es lief hier auf seiner Jungfernfahrt von Swansea, Wales, nach Sydney, Australien, auf Grund.

★ **Cape Point Vineyards** WEINGUT
(☎021-789 0900; www.cpv.co.za; Silvermine Rd., Noordhoek; Weinproben 10 R pro Wein; ⊗Weinproben Fr–Mi 11–18, Do bis 14 Uhr; P ⊕) Der kleine Weinberg ist bekannt für seinen feinen Sauvignon Blanc und hat eine spektakuläre Lage mit Blick auf Noordhoek Beach. Die Weine am besten mit einem Picknick (395 R für zwei Pers., mindestens einen Tag im Voraus buchen; Fr–Mi 11–17 Uhr) auf dem Gelände oder im Restaurant (Fr–Mi 12–15 Uhr, Fr & Sa außerdem 18–20.30 Uhr) genießen.

Donnerstagabends findet ein Gemeinschaftsmarkt statt (16.30–20.30 Uhr), auf dem hauptsächlich Essen verkauft wird; für die Einheimischen ist er das wöchentliche Highlight. Auch für Kinder ist er großartig, sie können auf den Rasenflächen über dem Farmdamm herumtollen.

Buffalo Bay STRAND
(Karte S. 112; Cape of Good Hope, Table Mountain National Park; P) Diese geschützte Bucht im

DURBANVILLE WINE ROUTE

Etwa 25 km (eine Fahrt von ca. 30 Minuten) nördlich der City Bowl, aber noch im Großraum Kapstadt gelegen, liegt die Durbanville Wine Route (www.durbanvillewine.co.za). Seit 1698 werden hier Reben angebaut; die typische Traube der Gegend ist der Sauvignon Blanc, der dank der kühleren Küstenwinde an den Hängen gut gedeiht. Zu dem Dutzend Weingütern auf der Strecke zählen:

De Grendel (☎ 021-558 6280; www.degrendel.co.za; Plattekloof Rd.; Weinprobe 60–80 R; ☺ Weinprobe Mo–Sa 9–17 Uhr, So 10–16 Uhr; P; 🚇 Potsdam) 🍴 Das 1720 gegründete Weingut liegt am nächsten an Kapstadt und bietet vom Verkostungsraum aus einen überwältigenden Blick auf den Tafelberg. Dort locken auch ein gutes **Restaurant** (☎ 021-558 6280; www.degrendel.co.za; Plattekloof Rd., Durbanville; Hauptgerichte mittags 200 R, abends 2/3-Gänge-Menüs 350/385 R; Di–Sa ☺ 12–14.30 Uhr & 19–21.30 Uhr, So 12–14.30 Uhr; 🚇 Potsdam) und das geschützte kapländische Florenreich mit *renosterveld*-Vegetation (*fynbos*-Art) an den Tygerberg-Hängen.

Durbanville Hills (☎ 021-558 1300; www.durbanvillehills.co.za; M13; Weinprobe 60–95 R; Mo ☺ Weinprobe 12–18 Uhr, Di–Fr ab 10 Uhr, Sa 10–16 Uhr, So 11–16 Uhr; P; 🚇 Dunoon) 🍴 Anders als die historischen kapholländischen Weingüter ist dieses hier für seinen Merlot und Sauvignon weithin bekannt. Es befindet sich in einem ultramodernen Gebäude auf einer Hügelkuppe mit grandiosem Blick auf die Table Bay und den Tafelberg; einen *renosterveld*-Garten gibt es dort auch.

Hillcrest Estate (☎ 021-970 5800; www.hillcrestfarm.co.za; M13; Weinprobe 30–50 R; Mo–Do & Sa ☺ Weinprobe 10–17 Uhr, Fr bis 18 Uhr, So 11–17 Uhr; P; 🚇 Dunoon) Neben hervorragenden Weinen baut das Hillcrest auch Oliven an und produziert Havoc-Brew-Craft-Biere, die man in einem Biergarten zur Pizza trinken kann. Sein historischer Steinbruch (www.thequarry.co.za) mit Fischteich wird für Veranstaltungen genutzt, so z. B. für Konzerte und Filmvorführungen. Hier kann man Barsche, Forellen und viele andere Fischarten angeln sowie picknicken und über einem offenen Feuer (*braai*) grillen.

Nitida (☎ 021-976 1467; www.nitida.co.za; M13; Weinprobe 30–60 R; Mo–Fr ☺ Weinprobe 9.30–17 Uhr, Sa 11–16 Uhr, So 11–15 Uhr; P; 🚇 Dunoon) Die Verkostung preisgekrönter Nitida-Weine finden im Weinkeller statt. Da das Platzangebot begrenzt ist, wird eine Reservierung empfohlen. Zudem gibt es hier zwei Restaurants: das ausgezeichnete **Tables at Nitida** (☎ 021-975 9357; www.tablesatnitida.co.za; Nitida, M13, Durbanville; Hauptgerichte 105–165 R; Mo–Sa ☺ 9–16 Uhr, So bis 15 Uhr; 🚻; 🚇 Dunoon), wo man köstliche Gourmet-Picknicks vorbestellen (350 R für zwei Personen) oder einen saftigen Kuchen und das gehobene **Cassia** naschen kann.

Meerendal (☎ 021-975 1655; www.meerendal.co.za; M48; Weinprobe 30–75 R, MTB-Tageskarte 30 R; ☺ Weinprobe Mo–Sa 10–18 Uhr, So bis 17 Uhr; P 🚻; 🚇 Dunoon) Das 1702 gegründete Weingut mit einigen der ältesten Pinotage- und Shiraz-Reben Südafrikas sowie einem schönen kapholländischen Anwesen ist alles andere als verstaubt. Der Verkostungsraum wird in Kombination mit einer zeitgenössischen Kunstgalerie und einer Brennerei sehr professionell betrieben. Letztere bietet Wodka-, Rum- und Ginverkostungen an. Auf dem Anwesen sorgen zwei Restaurants für das leibliche Wohl, das **Carlucci's Deli** (☎ 021-612 0015; http://meerendal.co.za/carluccis-deli; M48; Hauptgerichte 100 R; Mo–Mi & So ☺ 7.30–17 Uhr, Do–Sa 21 Uhr; 🚻; 🚇 Dunoon) und das gehobene **Crown**; hinzu kommen 18 km **MTB-Trails**.

Cape-Point-Teil des Table Mountain National Park (S. 54) eröffnet einen weiten Blick über False Bay sowie einen Meerwasserpool, in dem man gefahrlos schwimmen kann.

Long Beach   STRAND
(Abzweigend von Benning Dr., Kommetjie; P) Nichts eignet sich besser für luftige Strandspaziergänge als dieser passend benannte Streifen weißen Sands. Er bietet atemberaubende Aussichten auf die bergige Küstenlinie bis nach Hout Bay. Um den Parkplatz zu finden, von der Kommetjie Road aus der Kirsten Avenue folgen und dann links abbiegen.

South African Naval Museum MUSEUM
(Karte S.110; ☎021-787 4686; www.simonstown.
com/navalmuseum/index.htm; abzweigend von
St. George's St., Simon's Town; ⊙9.30–15.30 Uhr;
☒Simon's Town) GRATIS Vor allem für Marine-
fans bietet dieses Museum jede Menge interessanter Ausstellungsstücke, darunter
zum Beispiel Schiffs- und U-Boot-Modelle,
Uniformen und eine lebensgroße Kom-
mandobrücke. Das Museum liegt im originalen Dockyard Magazine (Lagerhaus),
das Mitte des 18. Jhs. gebaut wurde.

Es lohnt sich, nach einer geführten Tour
durch die **SAS Assegaai** zu fragen, ein von
Franzosen gebautes U-Boot der Daphné-Klas-
se, das von 1971 bis 2003 im Dienst der südafrikanischen Marine stand. In der Marine-
werft von Simon's Town war es der Öffentlichkeit als Museum zugänglich, wurde dann
aber wegen Reparaturarbeiten geschlossen.

Heritage Museum MUSEUM
(Karte S.110; ☎021-786 2302; King George Way,
Simon's Town; 10 R; ⊙Di–Do & So 11–16 Uhr; ☒;
☒Simon's Town) Zu Simon's Town gehörte
früher eine 7000-köpfige Gemeinde von
Farbigen, bevor die Apartheid die meisten
von ihnen zwangsumgesiedelt hat, vor allem in den Vorort Ocean's View auf der At-
lantikseite der Halbinsel. Dieses kleine,
aber interessante Museum im Almay House
(1858), das auch einen herrlichen Vorgarten
besitzt, ist den Vertriebenen und ihrer islamischen Kultur gewidmet, die zurückgeht
auf die Anfänge von Simon's Town im 18. Jh.
Kuratorin des Museums ist Zainab Davidson, deren Familie 1975 vertrieben wurde.

Simon's Town Museum MUSEUM
(Karte S.110; ☎021-786 3046; www.simonstown.
com/museum/index.html; Court Rd., Simon's
Town; Erw./Kind 10/5 R; ⊙Mo–Fr 10–16, Sa bis
13 Uhr; ☒; ☒Simon's Town) Dieses weitläufige
Museum zeichnet die Geschichte von Simon's Town nach, mit Ausstellungsstücken,
die von Marineobjekten bis hin zu einem
Raum reichen, der Just Nuisance gewidmet
ist, der einheimischen Dogge, die im Zweiten Weltkrieg als Marinemaskottchen diente. Das Museum ist in der ehemaligen Gou-
verneursresidenz (1777) untergebracht.

Just Nuisance Statue STATUE
(Karte S.110; Jubilee Sq., Simon's Town; ☒; ☒Si-
mon's Town) Von Künstler Jean Doyle 1985
in Bronze verewigt, lebte dieses berühmte
einheimische Hundemaskottchen von 1937
bis 1944; man erinnert sich hier gern an
seine Freundschaft mit Marinesoldaten im

Zweiten Weltkrieg. Tatsächlich war die
Dogge der einzige Hund, der bei der Royal
Navy verpflichtet war. Seine Statue über-
blickt den Yachthafen.

Auf dem Jubilee Square stehen Kunst-
handwerkerstände, und jeden zweiten
Samstag findet hier von 9.30 bis 14.30 Uhr
ein Markt statt.

Cape Point Ostrich Farm FARM
(Karte S.112; ☎021-780 9294; www.capepoint
ostrichfarm.com; Sun Valley; geführte Touren
Erw./Kind 55/25 R; ⊙9.30–17.30 Uhr; ☒☒) In
diesem Familienbetrieb gibt's massenhaft
Strauße; zur Farm, die 500 m vom Haupttor
des Cape Point entfernt ist, gehören außerdem ein Restaurant und ein Touristenkom-
plex. Regelmäßige Touren durch die Brut-
einrichtungen, die aus 40 Vögeln in 40 „Camps"
besteht, decken den Lebenszyklus des Strau-
ßes ab und gewähren einen Blick auf die
Eier, die ausgebrütet werden, oder sogar auf
schlüpfende Jungstrauße. In den dazugehörigen Shops gibt's alles Mögliche aus Strau-
ßenleder und -eiern, von der Handtasche bis
hin zu geschnitzten Eierschalen.

STADTVIERTEL IM ÜBERBLICK SEHENSWERTES

⊙ Cape Flats & Northern Suburbs

Die beiden Hauptgebiete der Gegend sind
die Townships der Cape Flats, die den
Highway N2 flankieren, der aus der Stadt
hinaus in Richtung Flughafen und Cape Winelands sowie zu den Weingütern und
Stränden der Northern Suburbs führt. Letztere Gegend liegt von den Cape Flats aus
gesehen auf der anderen Seite der Stadt und
wird am besten im Rahmen eines anderen
Ausflugs besucht.

Zur Erkundung beider Gegenden benötigt man nicht mehr als zwei Tage Zeit – einen, um zunächst ein Gefühl für das Leben
in einer Township zu bekommen, und den
anderen, um die Durbanville Wine Route
und den **Bloubergstrand** (S. 51; ☒Klein-
baai) zu besuchen.

An den Stränden beim angenehmen Küs-
tenvorort Bloubergstrand gewannen die
Briten 1806 die Schlacht um das Kap. Der
Panoramablick von dort über die Tafelbucht
auf den Tafelberg ist fabelhaft, aber auch
bei Kitesurfern und Windsurfern sind diese
Strände beliebt; ihnen zuzuschauen, wie sie
an den Wochenenden die Wellen reiten, ist
beeindruckend. Auch Robben Island ist von
hier aus deutlich zu sehen.

Wer eine Kleinigkeit essen möchte oder
vorhat, Badesachen einkaufen, ist in der

Pinelands, Langa & Milnerton

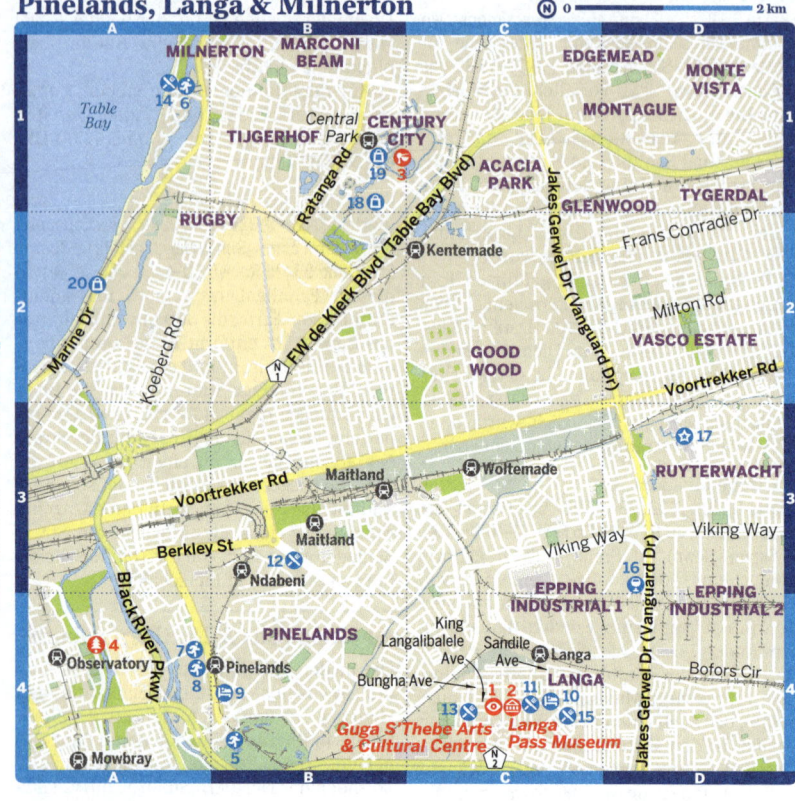

Pinelands, Langa & Milnerton

Eden on the Bay Mall (www.edenonthebay mall.co.za; Cormorant Ave., Bloubergstrand; ⬛Big Bay) genau richtig. Sie ist in erstklassiger Lage am südlichen Ende des Big Bay Beach gelegen. Blouberg Beach ist ein gutes Beispiel für einen der poetischen Kap-Namen – es bedeutet so viel wie „Blaubergstrand".

TOWNSHIPS DER CAPE FLATS

Ein Besuch in den Townships der Cape Flats sorgt möglicherweise für die besten Erinnerungen an Kapstadt, vor allem für diejenigen, die eine Nacht in einem der B&Bs verbringen, die es hier gibt, oder in einem der immer zahlreicher werdenden Restaurants und Cafés essen.

Wer sich nicht zutraut, selbst zu fahren oder öffentliche Verkehrsmittel zu benutzen (es ist immer eine gute Idee, sich bei der Ankunft von einem Einheimischen abholen zu lassen), kann sich einer der vielen Touren oder einem Reiseführer (S. 127) anschließen, der einen herumführt.

LANGA

Kapstadts älteste Township gehört zu denen, die dem Stadtzentrum am nächsten liegen; die Nähe der Sehenswürdigkeiten von Langa zum Highway N2 macht es zudem zu einer unkomplizierten Möglichkeit für alle, die eine Township unabhängig besuchen wollen.

Der bewachte Parkplatz des **Guga S'Thebe Arts & Cultural Centre** (Karte S. 116; ☎021-695 3493; Ecke King Langalibalele Ave. & Church St., Langa; ⏰Mo–Fr 8–16.30, Sa & So bis 14 Uhr; 🅿; ⬛Langa) GRATIS ist nicht nur gut geeignet, um dort sein Auto abzustellen, das Gebäude ist auch ein geeignetes Ziel bei einer Anfahrt mit dem Taxi. Das mit bunt bemalter Keramik verzierte Gebäude gehört zu den beeindruckendsten der Townships – umso mehr, als es inzwischen auch ein Theater beherbergt, das auf sehr kreative Weise aus Recyclingmaterial gebaut ist. In einem von mehreren Atelierräumen können Besucher zusehen, wie Keramik hergestellt wird, und sich anschließend im hauseigenen Laden eins der fertigen Werke kaufen. Draußen im Amphitheater treten häufig einheimische Gruppen auf.

Das riesige Wandgemälde auf dem Gebäude gegenüber dem Zentrum stammt von Philip Kgosana, dem Mann, der in der Komposition emporgehalten wird – es erinnert an die Widerstandskampagne gegen die Apartheidsgesetze von 1960. Das Guga

INTAKA ISLAND

Intaka bedeutet „Vogel" in der Sprache der Xhosa, und in dem 1600 m² großen **Wasserschutzgebiet** (Karte S. 116; ☎021-552 6889; www.intaka.co.za; Park Ln., Intaka Island, Century City; Erw./Kind 20/12 R, inkl. Schifffahrt 60/50 R; Sept.–April ⏰7.30–19 Uhr, Mai–Aug. bis 17.30 Uhr; 🅿; ⬛Central Park) ✈lassen sich über 120 gefiederte Arten erspähen. Alles über das Feuchtgebiet ist im Ökozentrum zu erfahren, das ganz im Zeichen der Nachhaltigkeit für das gesamte Gebiet steht. Dort fährt auch das Erkundungsschiff (40 Min.) die Wasserläufe auf der Insel ab; alternativ kann man dem 2 km langen Wanderpfad folgen.

S'Thebe beherbergt regelmäßig die Konzertreihe **Jazz in the Native Yards** (www.facebook.com/nativeyards).

Vom Guga S'Thebe geht's weiter entlang der King Langalibalele Avenue, vorbei an den **Mosaiksockeln von Langa** (Karte S. 116; King Langalibalele Ave., ⬛Langa). Jede Seite dieser farbenprächtigen, mit Mosaiken verzierten Sockel stellt ein anderes Thema aus der Geschichte der Township dar. Eines davon ist das einzige Denkmal für die *Mendi*, ein Truppentransportschiff, das 1917 im Ärmelkanal sank, ein Vorfall, bei dem 607 Mitglieder des South African Native Labour Corps ums Leben kamen.

Unbedingt im **Passmuseum von Langa** (Langa Heritage Museum; Karte S. 116; ☎084 949 2153, 072 975 5442; Ecke King Langalibalele & Erotholi Aves., Langa; Eintritt gegen Spende; ⏰Mo–Fr 9–16, Sa bis 13 Uhr; 🅿; ⬛Langa) vorbeigehen. In diesem bedrückenden Relikt aus der Apartheid mussten die Schwarzen früher ihre Ausweise vorzeigen. Im dazugehörigen Gericht wurden sie wegen Verstößen gegen die Passgesetze angeklagt. Die großartige Sammlung aus Fotos und Dokumenten veranschaulicht, wie das Leben in Kapstadts ältester Township zu dieser Zeit war.

GUGULETHU

Das **Gugulethu Seven Memorial** (Ecke Steve Biko St. (NY1) & Mananase Ndlebee St. (NY121); ⬛Heideveld) aus Granit erinnert an sieben junge schwarze Aktivisten aus den Townships, die hier 1986 von der Polizei ermordet wurden. Ganz in der Nähe steht das **Amy Biehl Memorial** (Steve Biko St. (NY1), Gugulethu; ⬛Heideveld) an der Stelle, an der die junge amerikanische Anti-Apartheid-Aktivistin 1993 unter tragischen Umständen ums Leben kam.

KHAYELITSHA

Khayelitsha ist riesig – es ist die größte Township Kapstadts und die am schnellsten wachsende Südafrikas. Die Holztreppe zum sandigen **Lookout Hill** (☎021-361 7098; Ecke Mew Way & Spine Rd.; ⏲Mo–Fr 8–16.30 Uhr; P; ⬛Khayelitsha; GRATIS) hinaufsteigen und einen weiten Blick über Khayelitsha genießen. Die Treppe ist am besten durch das Kultur- und Touristenzentrum am Fuß des Hügels zu erreichen, wo sich auch das Restaurant **Malibongwe** (☎021-361 6259; www.facebook.com/malibongwerestuarant; Ecke Mew Way & Spine Rd., Khayelitsha; Hauptgerichte 60 R; ⏲Mo–Sa 8–17 Uhr; ⬛Makabeni) und ein Kunsthandwerkermarkt befinden. Es ist sinnvoll, dort um die Begleitung eines Wachmanns zu bitten, da es schon zu Überfällen gekommen ist.

Das **Isivivana Centre** (☎021-361 0181; https://isivivanacentre.org.za; 8 Mzala St., Khayelitsha; ⬛Khayelitsha) ist mit riesigen kunstvollen Wandgemälden von Breeze Yoko und Falko One verziert; es handelt sich dabei um ein neues Kultur- und Gemeindezentrum, das an sich schon einen Besuch wert ist. Allerdings beherbergt es auch das

Bertha Movie House, in dem kostenlos Familienfilme und Streifen mit afrikanischen Themen gezeigt werden. Das angenehm dekorierte **Isivivana Cafe** dient als Kantine für die NGOs und Stiftungen, die hier ihren Sitz haben.

Das Bandenwesen ist ein echter Schandfleck der Cape Flats, und das innovative, neue 18 Gangster Museum (S. 127) zeichnet den trügerischen Pfad nach, dem viel zu viele in diesen Gemeinden folgen, indem sie sich Gangs anschließen und schließlich im Gefängnis landen. In der Hoffnung, einheimische Jugendliche davon zu überzeugen, eine positivere Richtung einzuschlagen, werden die Ausstellungsstücke von diesem in Schiffscontainern untergebrachten Museum von ehemaligen Straftätern kuratiert, die von ihren Erfahrungen erzählen. Es gibt Texte, Bilder und die Nachbildung einer Gefängniszelle. Der Eintritt umfasst eine 45- bis 60-minütige geführte Tour; unbedingt im Voraus buchen!

Aktivitäten

City Bowl, Foreshore, Bo-Kaap & De Waterkant

Long St Baths   SCHWIMMEN
(Karte S. 70; ☎021-422 0100; www.capetown.gov.za; Ecke Long & Buitensingel Sts., City Bowl; Schwimmen Erw./Kind 23/12 R, Dampfbäder 64 R; ⏲Di, Sa & So 10–16 Uhr, Fr ab 13 Uhr; ⬛Upper

---

NICHT VERSÄUMEN

HAFENRUNDFAHRTEN

Auch wenn die Waterfront viele Angebote für Landratten bereithält, die Gegend vom Boot aus zu betrachten, ist eine Schlüsselerfahrung und eine Bootstour über die Table Bay mit Blick auf den Tafelberg ein unvergleichliches Erlebnis. Generationen von Seeleuten wurden in Kapstadt mit diesem Anblick empfangen.

Das Angebot an Bootstouren ist sehr groß, von Luxusyachten bis hin zum Ruderboot der **Penny Ferry** (5 R), mit dem Fahrgäste zwischen dem Pier Head und dem Clock Tower übersetzen können.

Waterfront Charters (Karte S.86; ☎021-418 3168; www.waterfrontcharters.co.za; Shop 5, Quay 5, V&A Waterfront; ⬛Breakwater) Ein One-Stop-Shop für Kreuzfahrten, wo verschiedenste Betreiber vertreten sind, inkl. wärmstens empfohlener Törns zum Sonnenuntergang (Erw./Kind 360/180 R, 1½ Std.) an Bord des mit Holz- und Messingarmaturen ausgestatteten Segelschoners Esperance. Eine 30-minütige Schnellbootfahrt kostet 440 R.

Yacoob Tourism (Karte S.86; ☎021-421 0909; www.ytourism.co.za; Shop 8, Quay 5, V&A Waterfront; ♿; ⬛Breakwater) Unter den diversen angebotenen Touren sind jene an Bord von Jolly Roger Pirate Boat (Erw./Kind ab 170/85 R) und Tommy the Tugboat (50/25 R) perfekt für Familienausflüge. Erwachsene entscheiden sich vielleicht für eine Tour mit dem Speedboat Adrenalin oder einen Törn auf einem der Katamarane Ameera und Tigress.

Loop, Upper Long) Das 1906 gebaute, hübsch restaurierte Bad ist mit Wandgemälden ausgestattet, die Szenen aus dem Stadtleben zeigen. Es ist bei den Einheimischen sehr beliebt. Das türkische Dampfbad ist großartig für alle, die eine Weile gemütlich vor sich hin schwitzen wollen, vor allem in den kühleren Monaten.

Zur Zeit der Recherche waren die Öffnungszeiten des Bades wegen der Wasserrestriktionen eingeschränkt – vorher anrufen und die Öffnungszeiten erfragen. Dienstags gehört das Bad ausschließlich den Frauen!

🏃 East City, District Six, Woodstock & Observatory

City Rock KLETTERN
(Karte S.79; 📞021-447 1326; http://cityrock.co.za; 21 Anson Rd., Observatory; Tagespass Erw./Kind 150/125 R; ⏲Mo & Mi 9–21 Uhr, Di & Do bis 22 Uhr, Fr–So bis 18 Uhr; 🚍Observatory) Diese beliebte Kletterhalle bietet Kletterkurse und vermietet und verkauft Kletterausrüstung. Yogakurse gibt es hier ebenfalls.

🏃 Gardens & Umgebung

Tafelberg-Seilbahn SEILBAHN
(Karte S.96; 📞021-424 8181; www.tablemountain.net; Tafelberg Rd., Table Mountain; Erw. einfach/hin & zurück ab 150/290 R, Kind 70/140 R; ⏲Mitte Jan.–Mitte Dez. 8.30–18 Uhr, Mitte Dez.–Mitte Jan. 8–21.30 Uhr; 🚍Lower Cable Car) Wer zum 1086 m hohen Gipfel des Tafelbergs hinaufwill, ohne ins Schwitzen zu geraten, fährt am besten mit der Seilbahn; die Aussicht von der sich drehenden Gondel und vom Gipfel ist phänomenal. Die Seilbahn fährt alle 10 bis 20 Min. Am besten online schauen, wann die erste und letzte Fahrt stattfindet, weil dies in den letzten Jahren immer wieder variiert hat.

Achtung: Die Seilbahn verkehrt nicht, wenn es sehr windig ist, was in Kapstadt relativ häufig vorkommt; vor dem Aufbrechen am besten anrufen oder im Internet nachschauen, ob sie fährt. Die beste Sicht und die besten Bedingungen herrschen meist frühmorgens oder abends. Wenig sinnvoll ist eine Fahrt, wenn oben alles wolkenverhangen ist – die berühmte „Tischdecke" des Tafelbergs. Unbedingt etwas Warmes zum Anziehen mitnehmen – auch wenn unten Badewetter herrscht, kann es oben auf dem Berg schneidend kalt sein.

Abseil Africa ABENTEUERSPORT
(Karte S.70; 📞021-424 4760; https://abseilafrica.co.za; 297 Long St.; Abseilen 995 R; 🚍Upper Long, Upper Loop) Das 112 m lange Abseilen vom Tafelberg mit dieser lange etablierten Truppe garantiert einen Adrenalinrausch. Wer nicht schwindelfrei ist (oder einen schwachen Magen hat) verzichtet lieber. Lohnenswert ist auch eine geführte Wanderung die Platteklip Gorge hoch (1745 R) oder die Wanderung ohne das Abseilen (800 R).

Abseil Africa bietet auch *kloofing*-Trips (Canyoning oder Schluchteln) rund um Kapstadt an (1395 R). Der Sport, auf und in *kloofs* (Klippen oder Schluchten) zu klettern, umfasst ebenfalls Abseilen, Klettern, Schwimmen und Springen.

Cape Town Tandem Paragliding PARAGLIDEN
(📞076 892 2283; www.paraglide.co.za; Flug 1150 R) Wer sich wie James Bond fühlen möchte, kann mit dem Gleitschirm vom Lion's Head fliegen, beim Glen Country Club landen und anschließend in Camps Bay einen Cocktail schlürfen. Neulinge können einen Tandem-Paraglide wagen, bei dem sie an einem erfahrenen Gleitschirmflieger festgeschnallt werden, der sich um alle Details kümmert. Es ist ratsam, gleich bei der Ankunft in Kapstadt Kontakt aufzunehmen, denn geflogen wird nur dann, wenn die Wetterbedingungen stimmen.

Enmasse MASSAGE
(Karte S.84; 📞021-461 5650; www.enmasse.co.za; 123 Hope St., Gardens; 1-stündige Massage 425 R; ⏲8–22 Uhr; 🚍Gardens) Stress abbauen in einem historischen Gebäude, das früher ein Hotel war, mit einer Thai- oder Shiatsu-Massage (mit Ölen). Besucher können danach bleiben, solange sie wollen, und im Teesalon bei einer der 15 überwiegend einheimischen Tee- und Kräuterteemischungen entspannen (die Teemischungen können auch für zu Hause gekauft werden). Von der Schoonder Road durch Tor 2 eintreten.

🏃 Green Point & Waterfront

Kaskazi Kayaks KAJAKFAHREN, -TOUREN
(Karte S.86; 📞074 810 2224, 083 346 1146; www.kayak.co.za; Shell-Tankstelle, 179 Beach Rd., Three Anchor Bay; pro Person 400 R; 🚍Three Anchor Bay) Früh aufstehen, um an einer der zweistündigen geführten (wetterabhängigen) Kajaktouren teilnehmen, die

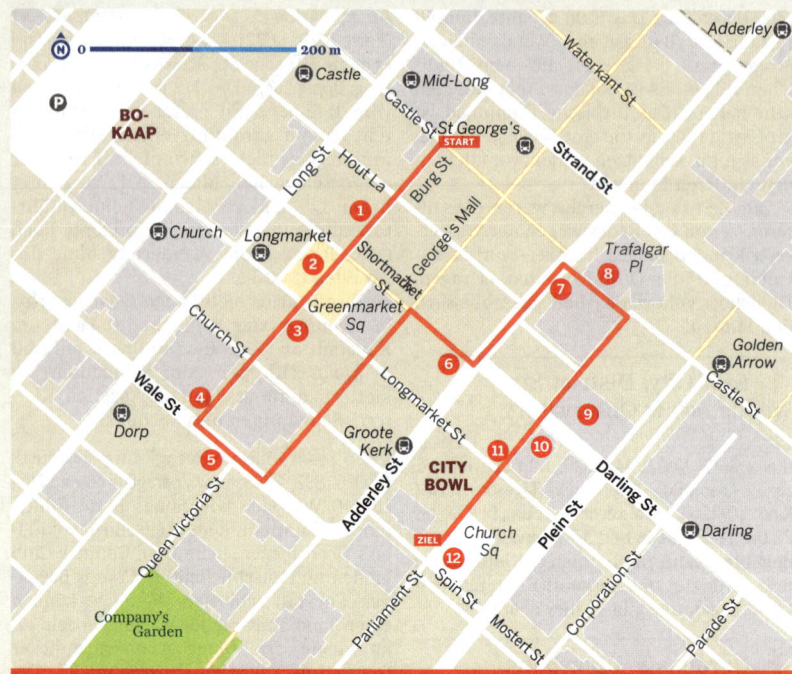

Stadtspaziergang
Kunst & Architektur

START CAPE TOWN TOURISM, ECKE
CASTLE ST & BURG ST., CITY BOWL
ZIEL CHURCH SQUARE
LÄNGE/DAUER 1,5 KM; EINE STUNDE

Dank des Baubooms in den 1930er-Jahren hat die Innenstadt eine beachtliche Zahl eleganter Art-déco-Bauten. Der Stadtrundgang führt an einigen der wichtigsten Gebäude vorbei. In der Burg Street Nr. 24 steht das **1 New Zealand House** von W. H. Grant, dessen Stil „Cape Mediterranean" genannt wird. Geradeaus liegt der **2 Greenmarket Square** (S. 72) mit täglichem Kunstgewerbe- und Souvenirmarkt. Drei Viertel der Bauten rings um den Platz stammen aus den 1930ern; das 1761 vollendete **3 Old Town House** bildet eine große Ausnahme.

An der Kreuzung der Burg Street und Wale Street zieren die Fassade des **4 Waalburg Building** Tafeln aus Bronze und Tafelberggestein. Gegenüber steht das **5 Western Cape Legislature**, dessen Mauerwerk von in Stein gemeißelten Tierköpfen aufgelockert wird. Jetzt geht's in die St. George's Mall, Richtung Short-

market Street, rechts kommt die Kreuzung Adderley Street. Hier steht die 1913 fertiggestellte **6 First National Bank**, eines der letzten Bauprojekte von Sir Herbert Baker. Ein kurzer Blick ins Innere lohnt, um die Originalausstattung zu besichtigen. Der Spazierweg führt weiter die Adderley Street entlang und vorbei an der edwardianischen **7 Former Standard Bank**, einem Prachtbau, auf dem eine Statue der Britannia steht. Rechts geht's zum **8 Trafalgar Place**, dem Platz der Kapstädter Blumenverkäufer seit 1860. Am Ende des Platzes steht das **9 General Post Office**. Im Erdgeschoss drängen sich die Marktstände, darüber hängen farbenprächtige Gemälde.

In der Darling Street steht man direkt vor **10 Mutual Heights** (S. 74). An der Kreuzung von Parliament und Longmarket Street wartet **11 Mullers Opticians**, eine der besterhaltenen Art-déco-Ladenfronten der Stadt. Einige Schritte weiter an der Parliament Street und dem Church Square thront die **12 Groote Kerk** (S. 73), der Mutterkirche der niederländischreformierten Kirche gegenüber steht das alte National Building.

KAPSTADT MIT KINDERN

Schöne Sandstrände, der Tafelberg mit seinem unzähligen Outdooraktivitäten, Tierbeobachtungen, die Waterfront mit ihrem Kirmes-Flair und vieles mehr: Kapstadt ist ein *lekker* (Afrikaans für „grandioses") Reiseziel für den Familienurlaub.

Strände & Boote

Es herrscht kein Mangel an Stränden, wobei das Wasser in der False Bay etwas wärmer ist als an der Atlantikküste. Gut sind Muizenberg (S. 109), **St. James** (Karte S. 106; Nebenstraße der Main Rd., St. James; ▣ St. James) und die Buffels Bay (S. 113) am Cape Point.
    Bootsfahrten werden überall angeboten, z. B. mit Tommy the Tugboat und dem Jolly Roger Pirate Boat an der Waterfront; Ausflugsschiffe starten in den Häfen von Simon's Town und Hout Bay.

Spielplätze & Parks

Im Green Point Urban Park (S. 85) gibt's zwei tolle, fantasievoll gestaltete Spielplätze. Der Mouille Point wartet zusätzlich mit Minibahn (S. 90) und Golf-Übungsgrün (S. 90) auf. Die Sea Point Promenade (S. 98) hat ebenfalls Spielplätze, und man kann am Uferpavillon baden. In Vredehoek gibt's neben dem Deer Park Café (S. 153) einen schönen Spielplatz.

Land- & Meerestiere

Meerestiere gibt's im Two Oceans Aquarium (S. 122), Vögel und Affen in der World of Birds (S. 91) in Hout Bay oder im Wasserschutzgebiet Intaka Island (S. 117), Brillenpinguine in Boulders (S. 111), wilde Strauße, Paviane und Klippschliefer am Cape Point (S. 110) sowie Wasservögel im Rondevlei Nature Reserve (S. 129). Bauernhoftiere sind im Oude Molen Eco Village (S. 127) und auf der Imhoff Farm (S. 113) zu Hause, wo man auch auf Kamelen reiten kann.

Interessante Museen

Wissenschaft und Technik werden Kindern im Cape Town Science Centre (S. 77) nahegebracht, meist mit speziellen Aktivitäten. Das South African Museum (S. 82) verfügt über riesige Walskelette und ein Planetarium (S. 83). Das Castle of Good Hope (S. 58) bietet mit seinen Museen und Kutschfahrten unterhaltsamen Geschichtsunterricht.

Shoppen & Essen

Alle großen Einkaufszentren haben Spielwarenabteilungen und Kinderkleidung. Tolle Secondhand-Ware, einen Spielbereich und Kinderyoga bietet **Merry Pop Ins** (Karte S. 70; ☑ 021-422 4911; www.merrypopins.co.za; 201 Bree St., City Bowl; Mo–Do, ⊙ 9.30–17 Uhr, Fr 9–16 Uhr, Sa 10–14 Uhr; ▣ Upper Loop, Upper Long). Die Book Lounge (S. 190) hat eine sehr gute Kinderbuchabteilung und veranstaltet Vorlesestunden. Wochenmärkte wie Neighbourgoods (S. 189), Bay Harbor Market (S. 189) und Blue Bird Garage (S. 189) haben Spielbereiche und Essen für Kinder. Fish 'n' Chips gibt's an der Waterfront, in Hout Bay und in Simon's Town.

Gut zu wissen

Cape Town Kids (www.capetownkids.co.za) gibt Informationen zu Orten und Veranstaltungen für Kinder.

Child Mag (www.childmag.co.za) ist eine südafrikanische Erziehungsberatungsstelle.

---

dieser professionelle Anbieter von Three Anchor Bay nach Granger Bay oder Clifton veranstaltet. Unterwegs gibt's erstaunliche Aussichten auf Berge und Küste sowie möglicherweise Delfine, Robben und Pinguine. Während der Saison sind auch Walsichtungen drin.

Adrenalised Cape Town   TAUCHEN
(Karte S. 86; ☑ 021-418 2870; www.adrenalisediving.co.za; Shop 8, Quay 5, V&A Waterfront; ⊙ Mo–Sa 9.30–18 Uhr, So ab 10 Uhr; ▣ Breakwater) Sporttauchen ist nur eine von mehreren Aktivitäten im Wasser, die diese Einrichtung anbietet. Open-Water-PADI-Kurse kosten 5995 R,

ein Zwei-Strände-Tauchgang 1540 R. Außerdem kann man hier apnoetauchen oder es lernen und in Ouderkraal schnorcheln, wo es eine Kolonie Südafrikanischer Seebären gibt.

Die 90-minütige Ozeansafari in einem Gemini-850-Boot (650 R für mindestens zwei Personen) verspricht ebenfalls die Gelegenheit, Delfine, Robben, Pinguine und Mondfische zu sehen.

Two Oceans Aquarium   TAUCHEN
(Karte S.86; ☏ 021-418 3823; www.aquarium. co.za; Dock Rd., V&A Waterfront; Tauchgänge 870 R, Schnuppertauchkurse 750 R; 🚇 Aquarium) Wer in den Becken des Two Oceans Aquarium taucht, schwimmt mit Wasserschildkröten und Rochen – eine herrliche Taucherfahrung, da man sich keine Sorgen um Haie machen muss. Taucherausrüstung ist im Preis inbegriffen, aber wer kein zertifizierter Taucher ist, muss noch einen Schnuppertauchkurs bezahlen.

PADI-Tauchkurse kosten hier ungefähr 5000 R.

Sports Helicopters   RUNDFLUG
(☏ 021-419 5907; www.sport-helicopters.co.za; East Pier Rd., V&A Waterfront; Flüge ab 1375 R; 🚇 Waterfront) Zur Flotte dieses Unternehmens gehört neben gewöhnlichen Modellen auch ein ehemaliger Huey-Chopper des US Marine Corps aus der Ära des Vietnamkriegs, der mit offenen Türen fliegt, damit auch das richtige *Apocalypse-Now*-Feeling aufkommt (ab 4400 R). Standardtouren dauern 30 Minuten und führen in Richtung Hout Bay und zurück. Der einstündige Flug geht von der Waterfront hinunter zum Cape Point.

Cape Town Helicopters   RUNDFLUG
(☏ 021-418 9462; www.helicopterscapetown. co.za; 220 East Pier, Breakwater Edge, V&A Waterfront; ab 1650 R pro Person; 🚇 Waterfront) Unvergessliche Ausblicke über die Kaphalbinsel sind bei diesen Rundflügen garantiert. Eine Vielzahl von Paketen steht zur Auswahl: von einem 30-minütigen Ausflug nach Robben Island und zurück bis zu einem einstündigen Flug zum Cape Point (4800 R pro Person).

Ocean Sailing Academy   SEGELN
(Karte S.86; ☏ 021-425 7837; www.oceansailing. co.za; Marina Centre, West Quay Rd., V&A Waterfront; 🚇 Marina) Südafrikas einzige Schule der Royal Yachting Association (RYA) veranstaltet Segelkurse für alle Levels.

Metropolitan Golf Club   GOLF
(Karte S.86; ☏ 021-430 6011; www.metropolitan golfclub.co.za; Fritz Sonnenberg Rd., Mouille Point; Golfplatzgebühren 9/18 Löcher 410/725 R, Mietausrüstung 9/18 Löcher 250/350 R; 🚇 Mouille Point) Im Zuge der Umgestaltung der Sporteinrichtungen des Green Point Common bekam auch dieser Platz ein Facelifting. Vier einheimische Grassorten sollen ihm ein natürlicheres Aussehen verleihen. Die windgeschützte Lage zwischen dem Cape Town Stadium und Green Point Park vor dem Hintergrund des Signal Hill ist einfach unschlagbar.

Zwischen Juni und September werden übrigens Rabatte auf die Golfplatzgebühren gewährt.

🏃 Von Sea Point bis Hout Bay

⭐ Animal Ocean   SCHNORCHELN, WILDTIERE, TAUCHEN
(Karte S.94; ☏ 072 296 9132; www.animalocean. co.za; 8 Albert St., Hout Bay; Schnorcheln/Tauchen pro Pers. 800/2150 R; 🚻; 🚇 Lower Victoria) Es empfiehlt sich unbedingt, vor Duiker Island schnorcheln oder tauchen zu gehen, auch wenn es wetterabhängig ist (und nichts für Leute, die seekrank werden). Mit etwas Glück sind dort vielleicht auch einige von Tausenden verspielter, neugieriger Südafrikanischer Seebären anzutreffen, die auf der Insel leben und in den haifreien Gewässern in der Umgebung herumschwimmen. Die gesamte Ausrüstung, einschließlich dicker Neoprenanzüge, wird gestellt. Das Angebot gibt's nur von September bis April.

⭐ Chapman's Peak Drive   AUTOFAHREN
(☏ 021-791 8220; www.chapmanspeakdrive.co. za; Chapman's Peak Dr.; Autos/Motorräder 45/29 R; 🚇 Hout Bay) Ganz gleich, ob mit dem Auto, dem Fahrrad oder zu Fuß: „Chappies", eine 5 km lange Mautstraße, welche die Hout Bay mit Noordhoek verbindet, ist zweifelsohne eine der spektakulärsten Küstenstraßen der Welt, deshalb sollte man am besten genügend Zeit mitbringen und von einem der Picknickplätze aus die Aussicht genießen. Es lohnt sich auf jeden Fall, die Straße zumindest auf einer Strecke zum oder vom Cape Point zu nehmen.

Die Mautstation steht an dem Ende der Straße, das bei der Hout Bay liegt, man kann selbstverständlich auch zu Fuß hierherkommen und die Straße entlanggehen. Autofahrer erhalten hier auch einen kostenlosen Tagespass (oder „Picknickgutschein"),

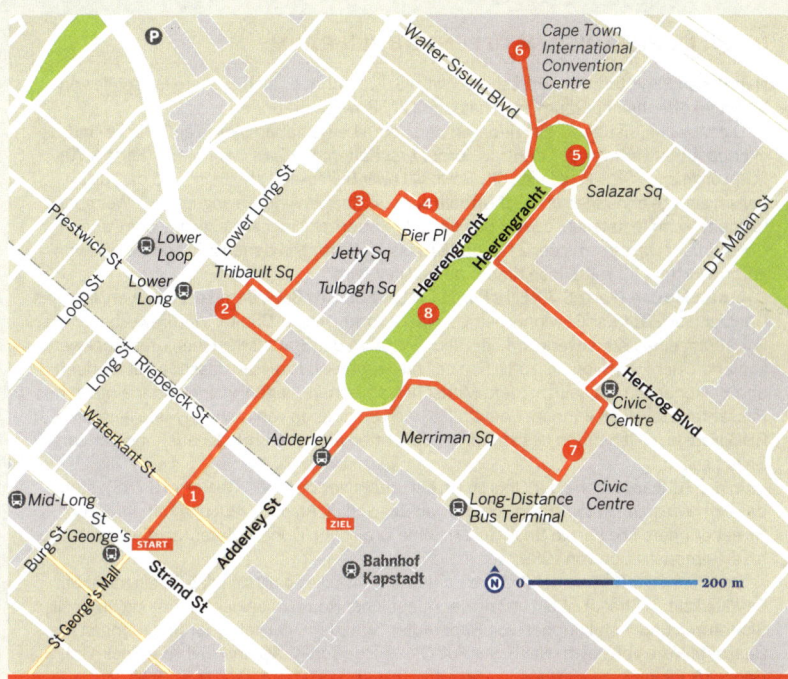

🏃 Stadtspaziergänge
Kunst im öffentlichen Raum in Foreshore

START ECKE ST. GEORGE'S MALL & STRAND STREET, FORESHORE
ZIEL BAHNHOF KAPSTADT
LÄNGE/DAUER 1 KM; EINE STUNDE

Dieser Rundgang führt um die Betonhochhäuser und Plazas von Foreshore herum zu alten und neuen Skulpturen. In der Fußgängerzone St. George's Mall, gegenüber der Waterkant Street, steht ❶ **Africa** von Brett Murray. Die Bronzestatue, aus der grellgelbe Bart-Simpson-Köpfe wachsen, heizt seit ihrer Enthüllung 2000 die öffentliche Debatte an.

Am Ende der St. George's Mall links auf den Thibault Square abbiegen, an dem einige der ältesten Wolkenkratzer von Foreshore stehen, darunter auch das ABSA Centre. Den Platz dominiert ❷ **Mythological Landscape**. Das Kunstwerk aus Stahl und Bronze von John Skotnes ist eine Hommage an die Vielfalt. Die Mechau Street überqueren, dann Richtung ❸ **Jetty Square**, wo sich stählerne Haie aus dem Atelier des Künstlers Ralph Borland auf Sockeln drehen und auf Passanten reagieren.

Auf dem ❹ **Pier Place** um die Ecke stehen lebensgroße menschliche Figuren von Egon Tania, die ihrem Alltag nachgehen.

Im Kreisverkehr an der Heerengracht Richtung Foreshore steht die Statue des portugiesischen Seefahrers ❺ **Bartholomeu Dias**, der als erster Europäer 1488 das Kap der Guten Hoffnung umrundete. Auf der anderen Straßenseite steht das ❻ **Cape Town International Convention Centre** (S. 180); die Haupteingangshalle ziert das riesige Relief *Baobabs, Stormclouds, Animals and People*, aus dem Kunst- und Kulturprojekt !Xun und Khwe San, einer Kooperation von Brett Murray mit dem verstorbenen Tuoi Steffaans Samcuia. Die Heerengracht führt zurück in die City, mit einem Abstecher nach links zum Hertzog Boulevard. Beim Civic Centre steht Edoardo Villas ❼ **The Knot**, der einer riesigen roten, verbogenen Heftklammer gleicht. Zurück an der Heerengracht, stehen Statuen von ❽ **Jan van Riebeeck und Maria de la Queillerie**, dem ersten holländischen Kommandeur Kapstadts und seiner Frau. Hier sollen sie 1652 an Land gegangen sein.

NOCH MEHR KUNST IM ÖFFENTLICHEN RAUM

Neben den Skulpturen am Foreshore Walk (S. 123) lohnt es sich, weitere Beispiele von Kunst im öffentlichen Raum innerhalb der City Bowl zu erkunden.

Die Mosaikkünstler Lovell Friedman und Leora Lewis haben dieses äußerst beeindruckende Kunstwerk vor der Central Library erschaffen: **We Are Still Here** (Karte S. 70; Ecke Longmarket St. & Parade St., City Bowl; 🚇 Lower Buitenkant) stellt ein Kind dar; drumherum sind Zeichnungen und Schriftbeiträge von Straßenkindern angeordnet. Wer genau hinsieht, kann feststellen, dass jede Fliese den Abdruck einer Anzeige aus der *Cape Government Gazette* aus der Zeit von 1841 bis 1921 trägt, in denen zur Übernahme von Verantwortung für mittellose Kinder aufgerufen wird.

Open House (Karte S. 70; Ecke Dorp St. & Long St., City Bowl; Dorp, Leeuwen) von Jacques Coetzer war 2014 der Gewinnerbeitrag eines World-Design-Capital-Wettbewerbs für die Schaffung eines Kunstwerks im öffentlichen Raum der Stadt. Mit seinen drei Stockwerken und einer Höhe von bis zu 10,5 m soll die leuchtend rote Hausfassade mit Treppen und Balkonen ein Ort sein, an dem Menschen sprechen, singen, weinen oder einfach nur Passanten zuwinken können. Coetzer ließ sich inspirieren von rostigen Metallgerüsten, RDP-Häusern (Gebäuden des staatlich subventionierten Wohnungsbaus) und der Long Street selbst.

In der Fußgängerzone der Church Street, direkt vor der **AVA Gallery** (S. 188), steht das *Arm Wrestling Podium* von Johann van der Schijff. An der Kreuzung mit der Burg Street erinnert *The Purple Shall Govern*, eine Grafik von Conrad Botes, an die Anti-Apartheid-Demonstration von 1989.

Der **Prestwich Memorial Garden** (Karte S. 74; Ecke Somerset Rd. & Buitengracht St., De Waterkant; 🚇 Strand) ist ein attraktiver öffentlicher Raum mit einer Sammlung origineller Skulpturen und Installationen von Kapstädter Künstlern, darunter der Regenbogen *It's Beautiful Here* von Heath Nash, der *Full Cycle Tree* von KEAG und mehrere Rock-Girl-Bänke (S. 69).

---

der für die ersten 2,7 km der Straße gilt. Sie können auf diesem Abschnitt dann an Picknickplätzen, Aussichtspunkten und Bergwanderwegen halten und wieder umkehren. Diese Option gibt's von Oktober bis März von 6 bis 20 Uhr, von April bis September von 7 bis 18.30 Uhr.

Von Hout Bay kommend nach der bronzenen **Leopardenstatue** (Karte S. 94; Chapman's Peak Dr., Hout Bay; 🚇 Hout Bay) Ausschau halten. Sie sitzt dort schon seit 1963 und steht stellvertretend für die Wildtiere, die einst die Wälder dieser Gegend durchstreiften (die ebenfalls großteils verschwunden sind).

Into the Blue TAUCHEN
(Karte S. 92; 📞 021-434 3358; www.diveschool capetown.co.za; 88 Main Rd., Sea Point; Open-Water-PADI-Kurse 4995-5995 R, Tauchen vom Ufer/Boot 400/650 R, Mietausrüstung pro Tag 650 R; 🚇 Sea Point High) Der Tauchanbieter ist günstig in der Nähe der Unterkünfte von Sea Point gelegen. Es gibt Tauchkurse, und auf dem Programm stehen regelmäßige Tauchgänge um das Kap zu einer Vielzahl von Themen, von Schiffswracks

über Kammzähnerhaie bis hin zu Haitauchen im Käfig.

Das Haitauchen im Käfig ist ein sehr umstrittenes Angebot; Kritiker argumentieren, dass es vermehrt zu Haiattacken führt, während andere (darunter auch einige Meereswissenschaftler und Umweltschützer) wiederum glauben, dass es ein positives erzieherisches Mittel ist, um den Schutz der Haie zu fördern.

Sea Point Pavilion SCHWIMMEN
(Karte S. 92; 📞 021-434 3341; Beach Rd., Sea Point; Erw./Kind 23/12 R; 🕐 Dez.–April 7–19 Uhr, Mai–Nov. 9–17 Uhr; 🚇 Sea Point Pool) Der riesige Freibadkomplex mit einem Hauch von Jugendstil ist in Sea Point so etwas wie eine Institution. An heißen Sommertagen ist hier viel los – was nicht überrascht, denn die vier Becken sind immer mindestens 10 °C wärmer als der stets eisige Ozean.

Duiker Island Cruises BOOTSAUSFLÜGE
(Karte S. 94; 🕐 Bootsfahrten 8–15.30 Uhr; 🚇 Fishmarket) Von Hout Bay Harbour kann man mit dem Boot zur Duiker Island fahren, die wegen ihrer Kolonie Südafrikanischer See-

RADFAHREN, SKATEBOARDEN & INLINESKATEN

Jeden Montag um 18 Uhr treffen sich bis zu 300 Skateboarder, Radfahrer und Inliner auf dem Parkplatz am Queen's Beach in Sea Point, um an den **Promenade Mondays** (Karte S. 92; www.facebook.com/promenademondays; anzweigend von der Beach Rd., Sea Point) teilzunehmen. Dieses gesellige Event, bei dem es nur darum geht, sich auf irgendeine Weise zu bewegen, wird von dem Städteplaner und Longboarder Marco Morgan organisiert, einem Gründungsmitglied des National Skate Collective, das seit Jahren in der Stadt Lobbying für bessere Skater-Anlagen betreibt.

Die Aufhebung des Radfahrverbots entlang der Promenade hat auch den Weg für **Up Cycles** (S. 199) geebnet, das einen **Fahrradverleih** direkt neben dem Sea Point Pavilion und einen weiteren **Verleih** am Bay Hotel in Camps Bay betreibt. Auch Besucher können an dem Biking-Event teilnehmen.

Entlang der Long Street gibt es Skateboard-Läden, wo man sich sein eigenes Board zulegen kann. Es lohnt sich, die Szene im **Mill St. Bridge Skate Park** (Karte S. 84; Mill St., Gardens; ⊗ 8–21 Uhr; 🚇 Gardens) GRATIS in Gardens anzuschauen, wo sogar der südafrikanische Meister-Skater (und Kapstädter) **Jean-Marc Johannes** (www.facebook.com/jeanmarcskate) beim Moves-Training zu sehen sein kann.

bären (nicht zu verwechseln mit der „offiziellen" Seal Island in False Bay) auch „Seal Island" genannt wird. Drei verschiedene Unternehmen bieten täglich 40- bis 60-minütige Touren an, die morgendlichen Abfahrten finden meist garantiert statt: **Circe Launches** (Karte S. 94; ☎ 082 552 2904; www.circelaunches.co.za; Hout Bay Harbour, Hout Bay; Erw./Kind 75/45 R; 🚇 Fishmarket), **Drumbeat Charters** (Karte S. 94; ☎ 021-791 4441; www.drumbeatcharters.co.za; Hout Bay Harbour, Hout Bay; Erw./Kind 90/50 R; 🚇 Fishmarket) und **Nauticat Charters** (Karte S. 94; ☎ 021-790 7278; www.nauticatcharters.co.za; Hout Bay Harbour, Hout Bay; Erw./Kind 85/45 R; 🚇 Fishmarket).

Einige Ausflüge erfordern eine Mindestzahl von 15 bis 20 Personen.

🏃 Simon's Town & Southern Peninsula

⭐ **Kayak Cape Town**　　　KAJAKFAHREN
(Karte S. 110; ☎ 082 501 8930; www.kayakcapetown.co.za; Wharf St, Simon's Town; 🚇 Simon's Town) Mit dem in Simon's Town angesiedelten Unternehmen hinauspaddeln zur Pinguinkolonie (S. 111) in Boulders (300 R, 2 Std.).

Gary's Surf School　　　SURFEN
(Karte S. 106; ☎ 021-788 9839; www.garysurf.co.za; 34 Balmoral Bldg., Beach Rd., Muizenberg; 2-stündiger Unterricht 500 R; ⊗ 8–17 Uhr; 🚇 Muizenberg) Der nette Surf-Coach Gary Kleynhans und sein Team unterrichten Anfänger ab vier Jahren – mit Longboards und viel unbeschwertem Surfer-Feeling. Außerdem

vermietet Gary's Surf School Bretter und Neoprenanzüge (pro Std./Tag 150/600 R) und bietet Sandboarding-Trips in die Dünen von Fish Hoek (350 R).

Veld and Sea　　　ESSEN
(Karte S. 112; ☎ 060 509 4288; www.veldandsea.com; Good Hope Gardens Nursery, Plateau Rd., Scarborough; Erw./Kind 550/250 R; ⊗ 9–16.30 Uhr) Das Veld and Sea befindet sich in der Gärtnerei für heimische Pflanzen der Good Hope Gardens (www.goodhopegardensnursery.co.za) und bietet Sammelkurse in den *fynbos* und an der Küste. Erfahrene Führer bringen den Teilnehmern nachhaltige Techniken bei, wie sie alles Essbare, was Mutter Natur hervorbringt, ernten können, einschließlich Algen und Muscheln aus den nahen Felsbecken in Scarborough und im Cape of Good Hope Nature Reserve (S. 110). Das Mittagessen wird aus dem zubereitet, was gefunden wird.

Wer Muscheln ernten will, braucht eine Genehmigung für Weichtiere, die von Postämtern ausgestellt wird.

Outer Kommetjie　　　SURFEN
(Abzweigend von Lighthouse Rd.) Die erstklassige Surf-Location Kommetjie bietet eine ganze Palette von Riffs mit sehr hohen Wogen. Outer Kommetjie ist ein Left-Point, der am Slangkop Lighthouse am Südende des Orts beginnt, während Inner Kommetjie geschützter und kleiner ist (mit viel Seetang bei Flut). Die Wellen sind bei südöstlichen bzw. südwestlichen Winden am besten.

Surfstore Africa
WASSERSPORT

(Karte S.106; ☎ 076 202 3703, 021-788 5055; www.surfstore.co.za; 48–50 Beach Rd., Muizenberg; Unterricht im Kitesurfen ab 1600 R; ⊠ Muizenberg) Hier gibt's Unterricht in Kitesurfen und Stand-up-Paddeln (SUP), aber auch in normalem Surfen. Außerdem gibt's hier einen Laden, der eine breite Palette an Surf-Ausrüstung bietet, sowie ein Café.

Pisces Divers
TAUCHEN

(Karte S.110; ☎021-786 3799; www.piscesdivers. co.za; Goods Shed, Main Rd., Simon's Town; geführte Tauchgänge ab 1200 R, Kurse ab 1300 R; ⊠Simon's Town) Nur Meter vom Ufer entfernt bietet dieses PADI-Tauchzentrum eine Auswahl an Kursen und organisierten Tauchgängen.

Roxy Surf Club
SURFEN

(Karte S.106; ☎021-788 8687; www.surfempori um.co.za/roxy-surf-school; Empire Bldg., Beach Rd., Muizenberg; Privatstunden 360 R; ⊙7.30– 17.30 Uhr; ⊠Muizenberg) Der Surfclub wurde 2003 ausschließlich für Frauen gegründet, um mehr Mädchen und Frauen für diesen männlich dominierten Sport zu gewinnen. Noch immer bietet der Roxy Surf Club Unterrichtsstunden ausschließlich für Frauen, aber inzwischen kommen auch Männer ins Spiel, da der Club jetzt zum größeren Surf-Emporium-Laden gehört.

Sleepy Hollow Horse Riding
REITEN

(☎021-789 2341, 083-261 0104; www.sleepyhol lowhorseriding.com; Sleepy Hollow Ln., Noordhoek; Ausritt am Strand 530 R, durchs Buschland 350 R; ⊙Strandausritte um 9, 13 & 16 Uhr; durchs Buschland 11.30 & 15.30 Uhr) Dieses solide Unternehmen bietet zweistündige Reittouren an den breiten Sandstränden von Noordhoek entlang sowie einstündige Touren durch das bergige Hinterland. Unbedingt im Voraus buchen. Ponyritte und Reitunterricht sind ebenfalls möglich.

🏃 Cape Flats & Northern Suburbs

Skydive Cape Town
FALLSCHIRMSPRINGEN

(☎082 800 6290; www.skydivecapetown.co.za; Delta 200 Airfield, Brakkefontein Rd., Melkbos-

---

CAPE CAMINO

Nach dem Vorbild des Camino de Santiago, des berühmten Jakobswegs in Spanien, wurde der 169 Kilometer lange Fernwanderweg und in neun Etappen unterteilte **Cape Camino** (☎083 997 7404, 084 844 7996; https://capecamino.co.za; passport R380) von dem Mutter-Tochter-Gespann Gabrielle Andrew und Peggy Coetzee-Andrew 2015 initiiert. Einige Abschnitte der Rundroute um die Kaphalbinsel folgen Pfaden durch den Tafelberg-Nationalpark, jedoch führt sie nirgends zum Gipfelplateau hoch.

Ausgangspunkt ist die Seilbahnstation zum Tafelberg. Der Weg führt am Rhodes Memorial und Kirstenbosch National Botanical Garden vorbei über die Bergflanken nach Constantia Nek. Dann geht es hinunter in die False Bay und nach Simon's Town, bevor die Halbinsel in Richtung Westen durchquert wird. Die ansteigende Strecke von Scarborough nach Green Point führt zurück zum Startpunkt.

Die Route ist je nach Kondition der Wanderer und dem Schwierigkeitsgrad in 8 bis 25 km lange Etappen gestückelt. Im Einklang mit den Leitprinzipien des Cape Camino, der Förderung von Frieden, Einheit und Nachhaltigkeit, führt die Route zu verschiedensten Gemeinden und zu einer Vielzahl unterschiedlicher heiliger Orte, u. a. zu *kramat* (islamischen Schreinen), Kirchen, Synagogen und Kultstätten der Khoe-San.

Lokale Guides und kleine Geschäfte, wie etwa Cafés und Pensionen, bieten ihre Dienste an. Mit dem Camino-Pass gibt's Preisermäßigungen. Auch der Gepäcktransport zwischen den Etappen (250 R), Unterkunft und Transfers können organisiert werden. Wer keine Zeit hat, die Route komplett abzuwandern, kann beliebig viele Etappen wandern oder seine eigene Route zusammenstellen. Zu verschiedenen Zeiten im Jahr werden auch Gruppenwanderungen organisiert, so etwa der LGBT-freundliche Faschingsmarsch im Februar und Wanderungen, die verschiedene lokale Hilfsorganisationen unterstützen. Im Cape Camino Forum (www.facebook.com/groups/8954 23400589197) kann man sich mit Leuten vernetzen, die den Weg bereits gegangen sind oder noch gehen wollen.

strand; 2850 R; 9–16 Uhr; Koeberg Power Station) Etwa 40 km nördlich des Stadtzentrums, in der Gegend um den Melkbosstrand, bietet dieses erfahrene Unternehmen Tandemfallschirmsprünge. Unnötig hinzuzufügen, dass die Aussicht spektakulär ist – wenn man erst mal aufgehört hat zu kreischen. Es gibt zwar keinen Abholservice von Kapstadt, aber für alle, die keinen eigenen fahrbaren Untersatz haben, empfiehlt das Personal Verkehrsunternehmen.

Oude Molen Eco Village OUTDOOR
(Karte S.116; 021-448 9442; www.oudemolen ecovillage.co.za; Alexandra Rd., Pinelands; Schwimmbad Erw./Jugendliche/Kind 30/20/10 R; Di–So 9–17 Uhr; ; Pinelands) Viele „grassroot"-Unternehmen bevölkern die einst verlassenen Gebäude und Flächen der psychiatrischen Anstalt Valkenberg.

Zu den zahlreichen Aktivitäten gehören Reiten mit **Oude Molen Stables** (Karte S.116; 073 199 7395; pro Std. 150 R; 9–17 Uhr; Pinelands) und Schwimmen im Freibad des Dorfes. Darüber hinaus gibt's das Millstone Cafe und den gleichnamigen Marktstand (S.164).

Weitere Infos über Veranstaltungen wie das jährliche Jazzfestival, das an einem Wochenende Ende November stattfindet, gibt es auf der Facebook-Seite des Dorfes (www.facebook.com/OudeMolenEcoVillage).

Best Kiteboarding Africa WASSERSPORT
(021-556 2765; www.bestkiteboardingafrica. com; Portico Bldg., Athens Rd., Table View; halb-/ganztägiger Unterricht 1185/2350 R; Mo–Fr 9.30–17, Sa & So 10–15 Uhr; Marine Circle) Der lange, breite, windige Strand bei Table View ist ideal für Kitesurfen. Best Kiteboarding Africa oberhalb des Strands zeigt, wie es geht; erfahrene Kitesurfer können sich hier Ausrüstung ausleihen. Unterricht im Stand-up-Paddeln ist hier ebenfalls erhältlich (SUP; zweistündiger Kurs 1185 R).

Milnerton Golf Club GOLF
(Karte S.116; 021-552 1047; www.milnerton golf.co.za; Bridge Rd., Milnerton; 18 Löcher 650 R; 7–17 Uhr; Woodbridge) Etwa 10 km nördlich des Stadtzentrums auf Woodbridge Island hat dieser Par-72-Platz mit 18 Löchern eine herrliche Lage mit Blick über die Tafelbucht und eine großartige Aussicht auf den Tafelberg (der Wind kann hier allerdings zum Problem werden).

NOON GUN

Von Montag bis Samstag wird zur Mittagszeit eine Kanone abgefeuert – der Knall kommt von der sogenannten Noon Gun. Der Schuss ist in der ganzen Stadt zu hören. Ursprünglich diente er den Bürgern der Stadt dazu, ihre Uhren zu stellen. Der Aufstieg von Bo-Kaap aus hat es in sich – am besten die Longmarket Street bis zum Ende gehen bis zu einer Stelle direkt unter der Kanone (näher kommt man nicht heran). Die Aussicht ist phänomenal. Oder selbst bzw. mit dem Taxi zum Signal Hill über die Military Road hinauffahren, die von der Kloof Nek Road abzweigt.

King David Mowbray Golf Club GOLF
(Karte S.116; 021-685 3018; www.mowbraygolf club.co.za; 1 Raapenberg Rd., Mowbray; 18 Löcher 580 R; 8–18 Uhr; Pinelands) Der 1910 eingerichtete Mowbray wird wegen seiner parkähnlichen Anlage und seiner reichen Vogelwelt von manchen als bester innerstädtischer Golfplatz betrachtet. Auf jeden Fall bietet der Platz eine herrliche Aussicht auf den Devil's Peak.

Geführte Touren

Wer wenig Zeit oder ein spezielles Interessensgebiet hat oder einfach professionelle Hilfe bei der Besichtigung von Kapstadt haben möchte, dem steht eine kleine Armee aus Tourguides und Unternehmen zur Verfügung, die nur darauf warten, zu helfen. Die besten von ihnen bieten unschätzbare Einblicke in Kapstadts Küche und Weine, Flora und Fauna, Geschichte und Kultur.

City Walking & Biking Tours
VoiceMap (www.voicemap.me) Diese vor Ort entwickelte Website und App bietet qualitativ hochwertige, selbstständig geführte Touren, die aufs Smartphone heruntergeladen oder auf dem Computer angehört werden können. Lokale Experten gewähren Einblicke in Ecken der Stadt, die von regulären geführten Touren manchmal übersehen werden.

Cape Town on Foot (Karte S.70; 021-462 2252; www.wanderlust.co.za; 66 Loop St., City Bowl; geführte Touren 250 R; Mo, Mi & Fr 11 Uhr; Church, Longmarket) Dieser 2½-stündige Stadtspaziergang, der am Kapstädter Tourismusbüro in der Burg Street beginnt, deckt die Sehenswürdigkeiten im Stadtzentrum ab und wird von einem sachkundigen Führer auf Englisch oder Deutsch durchgeführt.

Day Trippers (☎021-511 4766; www.day trippers.co.za) Viele Touren dieses seit Langem etablierten Unternehmens umfassen auch die Möglichkeit, Rad zu fahren. Eine Radtour durch die Stadt kostet 360 R.

Township- & Kulturführungen

Die besten Township-Touren vermitteln ein deutliches Verständnis des geteilten Wesens der „Mother City" und der Herausforderungen, vor denen der Großteil der Kapstädter im täglichen Leben steht. Die Touren enthüllen aber auch, dass das Leben in den Townships nicht pauschal elend und unterprivilegiert ist, dass es dort viel Inspirierendes zu tun und zu sehen gibt und man auf viele interessante Leute treffen kann.

Die typische Township-Tour dauert einen halben Tag, Fortbewegungsmittel ist normalerweise ein Auto oder ein kleiner Bus, aber es gibt auch Spaziergänge, Rad- und sogar Joggingtouren.

Juma's Tours (☎073 400 4064; www.town shiparttours.co.za) Juma stammt aus Simbabwe und ist ein talentierter Straßenkünstler, der in Khayelitsha lebt und arbeitet; er veranstaltet hochinteressante Touren zu den Street-Art-Kunstwerken, welche die Gegend um den Bahnhof von Khayelitsha verschönern. Außerdem ist er DER Tourguide für Einblicke in die reiche Street Art von Woodstock, wo er früher gewohnt hat und immer noch Stadtspaziergänge anbietet.

Andulela (☎083 305 2599, 021-790 2592; http://andulela.com; Kulinariktouren ab 985 R) Bietet eine Vielzahl von kulturellen und kulinarischen Touren an, darunter eine Tour zur afrikanischen Küche in Langa und eine zur Küche der Kapmalaien in Bo-Kaap.

Siwiwe Tours (☎076 483 5539; www.siviwe tours.com; Touren ab 350 R) Der sympathische Tourguide Siviwe Mbinda ist der Gründer dieses Unternehmens, das zweistündige Stadtspaziergänge in Langa veranstaltet. Die Strecke umfasst häufig eine Aufführung der Gummistiefel-Tanzgruppe Happy Feet, die Siviwe gegründet hat. Ein weiteres Tourunternehmen, das Siviwe gehört, heißt **Vamos** (☎083 452 1112, 072 499 7866; www.vamos.co.za; Radtouren 320 R); es bietet Radtouren durch Langa an.

Dinner@Mandela's (☎021 790 5817, 083-471 2523; www.dinneratmandelas.co.za; geführte Touren 400 R) Eine höchst empfehlenswerte Alternative beziehungsweise Ergänzung der tagsüber stattfindenden Township-Touren ist diese Abendtour mit Essen in Imizamo Yethu. Sie findet montags und donnerstags um 19 Uhr statt (mit Abholservice im Stadtzentrum). Das vegetarierfreundliche Essen mit traditionellen afrikanischen Gerichten findet in Tamfanfa's Tavern statt. Davor stehen lebhafter afrikanischer Tanz und Chorgesang auf dem Programm.

Imizamo Yethu Tour (Karte S. 94; ☎083 719 4870; www.suedafrika.net/imizamoyethu; 75 R; ⊙geführte Touren 10.30, 13 & 16 Uhr; 🚌Imizamo Yethu) Der einheimische Tourguide Afrika Moni bietet eine zweistündige Tour durch die Township von Hout Bay an, auf der die Teilnehmer auf der Polizeistation Einheimische kennenlernen können und danach einen *spaza* (Laden), eine *shebeen* (Bar) und einen *sangoma* (traditionellen Heiler) besuchen.

Transcending History Tours (☎084 883 2514; http://sites.google.com/site/capeslave routetours; 2½-stündige Tour ab 200 R) Lucy Campbell ist die Expertin für diese Touren, die einen tieferen Einblick in die reiche und faszinierende Geschichte der Ureinwohner und Sklaven am Kap bieten.

18 Gangster Museum (☎021-821 7864, 073 707 3639; www.18gm.co.za; Dullah Omar St., Mandela Park, Khayelitsha; 60 R; ⊙Mo–Fr 8.30–18, Sa & So 10–15 Uhr) Die einstündigen Rundgänge umfassen dieses winzige Museum (untergebracht in einem Schiffscontainer), das den trügerischen Weg illustriert, den viel zu viele in dieser Community einschlagen und der in die Kriminalität führt. Angeboten wird auch eine halbtägige Tour zu Fuß, mit dem Rad oder mit dem Taxi, die neben dem Museum auch einen Besuch im Haus eines geläuterten Gangsters, einen Abstecher in die Khayelitsha Mall und auf den Lookout Hill sowie ein *braai*-Mittagessen beinhaltet.

Maboneng Township Arts Experience (☎021-824 1773; www.maboneng.com) Diese Stadtspaziergänge durch Langa, die normalerweise Guga S'Thebe, das Passmuseum von Langa, Street Art und die private Galerie eines einheimischen Künstlers umfassen, machen den Teilnehmern viel Spaß. Auf diese Weise haben sie die Möglichkeit, die kreative Seite der Township zu erleben. Angeboten werden einstündige, halbtägige und auch ganztägige Touren.

TOP-TOUREN

City Sightseeing Cape Town (☎086 173 3287; www.citysightseeing.co.za; Erw./Kind 180/100 R für 1 Tag, 280/200 R für 2 Tage) Die offenen Doppeldeckerbusse, bei denen man beliebig aus- und wieder zusteigen kann, befahren zwei Hauptstrecken und eignen sich prima zur ersten Orientierung. Sie bieten Kommentare in 16 Sprachen und dazu eine erhöhte Plattform für ideale Fotobedingungen. Die Busse fahren zwischen 9 und 16.30 Uhr ungefähr halbstündlich, in der Hauptsaison häufiger.

Coffeebeans Routes (Karte S.84; ☎021-813 9829; https://coffeebeansroutes.com; iKhaya Lodge Hotel, Dunkley Sq., Gardens; geführte Touren ab 90 US$; 🚇Roodehek) Die Idee, Besucher mit interessanten Bewohnern der Stadt wie Musikern, Künstlern, Bierbrauern und Designern zusammenzubringen, ist großartig. Das innovative Angebot umfasst Routen in Kapstadt und Umgebung mit Schwerpunkt auf Geschichte der jüngsten Revolution in Südafrika, kreativen Unternehmen und Bio-Weinen.

Awol Tours (Karte S.86; ☎021-418 3803; www.awoltours.co.za; Information Centre, Dock Rd., V&A Waterfront; ⊙9–18 Uhr; 🚇Nobel Square) Fantastische geführte Radtour (tgl., drei Stunden, 600 R) von der Waterfront in Awol durch die Stadt. Andere Ziele sind z.B. das Weinland, Cape Point und die Township Masiphumelele – eine tolle Alternative zu traditionellen Township-Touren. Außerdem gibt's geführte Wanderungen auf den Tafelberg (ab 1850 R).

Uthando (☎021-683 8523; www.uthandosa.org; 912 R) Diese Township-Touren sind etwas teuer, weil die Hälfte des Geldes an die Hilfsprojekte geht, die auf der Tour besucht werden – und genau dafür wurde die Tour auch entwickelt. Gewöhnlich werden etwa drei Projekte besucht, von Biofarmen bis zu Seniorenzentren.

Run Cape Town (Karte S.88; ☎072 920 7028; www.runcapetown.co.za; geführte Touren ab 600 R) Das Sightseeing ist integriert ins Lauftraining auf den Strecken, die dieses innovative Unternehmen überall in der Stadt anbietet, sowohl im Tafelberg-Nationalpark als auch weiter draußen in Gugulethu und Darling.

Naturkundliche Touren

Wanderungen und Spaziergänge können im Table Mountain National Park (S.54) und rund um das **Rondevlei Nature Reserve** (☎021-706 2404; rondevleinaturereserve @capetown.gov.za; Ecke Perth Rd. & Fishermans Walk, Zeekoevlei; ⊙7.30–17 Uhr; P) GRATIS arrangiert werden.

Bootstouren zur Beobachtung von Haien, Walen und Meeresvögeln können in **Simon's Town** (Karte S.110; ☎021-786 5717; www.apexpredators.com; Quayside Bldg., Simon's Town; Haibeobachtungstouren ab 2400 R; 🚇Simon's Town) gebucht werden.

Birdwatch Cape (☎021-592 7438, 072 211 9863; www.birdwatch.co.za; geführte Touren pro Pers. 4000 R) bietet informative Touren mit Schwerpunkt auf der einzigartigen Vogelwelt am Kap.

🎇 Festivals & Events

Sun Met   SPORT
(www.sunmet.co.za; Kenilworth Racecourse, Rosmead Ave., Kenilworth; ⊙Jan) Bei Südafrikas höchstdotiertem Pferderennen mit einem Jackpot von stolzen 1,5 Millionen Rand sind lediglich die Hüte noch größer als die Wetteinsätze. Das Sun Met findet normalerweise am letzten Samstag im Januar statt.

Design Indaba   KUNST
(www.designindaba.com; ⊙Feb.) Bei dieser kreativen Tagung, die Ende Februar normalerweise im Cape Town International Convention Centre stattfindet, kommen kreative Köpfe aus den Bereichen Mode, Architektur, bildender Kunst, Handwerk und Medien zusammen.

Cape Town Minstrel Carnival   KULTUR
(www.facebook.com/capetownminstrelca; ⊙Jan. & Feb.) Am *Tweede Nuwe Jaar* (2. Januar) marschieren beim traditionellen Kaapse Klopse (Cape Minstrel Carnival) in Satin und Pailletten gekleidete Spielmannszüge durch die Stadt, von der Keizergracht Street, die Adderley und Wale Streets entlang bis nach Bo-Kaap. Im gesamten Januar und noch Anfang Februar finden im **Athlone Stadium** (☎021-637 6607;

Cross Blvd., Athlone; 🚉Athlone) Wettbewerbe zwischen den Gruppen statt.

Cape Town Carnival KULTUR
(www.capetowncarnival.com; Walk of Remembrance, Green Point; ☺Mitte März) Die Stadt finanziert die Parade und das Straßenfest auf dem Walk of Remembrance (dem früheren Fan Walk). Auf diese Weise feiert man hier die vielen Facetten südafrikanischer Identität.

Cape Town Cycle Tour SPORT
(www.capetowncycletour.com; ☺Mitte März) Dieser traditionell an einem Samstag ausgetragene Wettbewerb zieht Jahr für Jahr mehr als 30 000 Teilnehmer an – damit ist die Cape Town Cycle Tour das größte Radrennen der Welt. Die Strecke führt um den Tafelberg herum, die Atlantikküste hinunter und anschließend den Chapman's Peak Drive entlang.

Infecting the City KUNST
(☎021-418 3336; http://infectingthecity.com; ☺März) Kapstadts wunderbare Plätze, Brunnen, Museen und Theater bilden den Schauplatz dieses innovativen Festivals, zu dem sich alle zwei Jahre darstellende Künstler aus dem ganzen Kontinent einfinden. Das Festival findet zum nächsten Mal 2019 statt.

Old Mutual Two Oceans Marathon SPORT
(☎087 740 5260; www.twooceansmarathon.org.za; ☺Mitte März) Dieser beliebte, 56 km lange Marathon führt um den Tafelberg herum. In der Regel lockt er um die 9000 Läufer an.

Cape Town International Jazz Festival MUSIK
(☎021-671 0506; www.capetownjazzfest.com; ☺März oder April) Kapstadts größtes Jazz-Event zieht große Namen aus Südafrika und aus dem Ausland an; normalerweise findet es Ende März im Cape Town International Convention Centre statt. Auf dem Greenmarket Square findet ein kostenloses Konzert statt.

Mercedes-Benz Fashion Week MODE
(www.africanfashioninternational.com; ☺März/April) Modefans säumen im Frühjahr die Laufstege überall in der Stadt und halten Ausschau nach den brandneuen Werken einheimischer Designer und den aktuellen Trends.

Good Food & Wine Show ESSEN & TRINKEN
(www.goodfoodandwineshow.co.za; ☺Mai) Ein Mekka für Gourmets wird Kapstadt an diesem dreitägigen Event, das im Cape Town International Convention Centre stattfindet.

Cape Town Nu World Festival MUSIK
(http://capetownnuworldfestival.com; ☺Mitte Juli) Das Festival findet am Wochenende des Mandela-Tages (ca. 18. Juli) statt; Beats und Rhythmen aus aller Welt erobern dabei die alte City Hall und einen Teil der Grand Parade.

Open Book Festival LITERATUR
(http://openbookfestival.co.za; ☺Sept.) Das wichtigste Literaturfestival der Stadt wartet mit einem vollgepackten Programm aus Gesprächsrunden, Lesungen und Diskussionen mit einheimischen und internationalen Autoren auf. Es wird vom Fugard Theatre organisiert; wenn die Events nicht dort stattfinden, dann im District Six Homecoming Centre oder der Book Lounge.

Cape Town Fringe KUNST
(☎086 000 2004; www.capetownfringe.co.za; ☺Mitte Sept.–Anfang Okt.) Ein rauschendes Fest der darstellenden Kunst, das in Zusammenarbeit mit dem angesehenen Grahamstown Festival organisiert wird, beschert der Stadt von Mitte September bis in den Oktober hinein elf Tage voller interessanter Events.

OUTsurance Kfm 94.5 Gun Run SPORT
(http://thegunrun.co.za; ☺Anfang Okt.) Dieser beliebte Halbmarathon (21 km) ist die einzige Gelegenheit, bei der die Noon Gun auf dem Signal Hill an einem Sonntag abgefeuert wird – die Läufer versuchen, das Ziel zu erreichen, bevor die Kanone ertönt. Wer will, kann auch nur eine 10 oder 5 km lange Strecke laufen.

Mama City Improv Festival COMEDY
(www.mamacityimprovfest.com; ☺Okt.) Fünf Tage Shows, die die Lachmuskeln strapazieren, an Veranstaltungsorten in Observatory – darunter auch Obviouzly Armchair (S. 181): Ein Stand-up-Comedy- und Improvisationsfestival mit Workshops und Auftritten einheimischer und internationaler Talente.

Season of Sauvignon WEIN
(www.durbanvillewine.co.za/festivals; ☺Ende Okt.) Durbanville feiert seine unverkennbare Rebsorte, Sauvignon Blanc, mit diesem Festival Ende Oktober; die Weingüter der Gegend veranstalten alles Mögliche von vertikalen Verkostungen (bei denen ver-

ⓘ AUSSTATTUNG CHECKEN

Qualität hat ihren Preis, doch die wirklich hohe Qualität einzelner Unterkünfte kann eine angenehme Überraschung sein. Auf ein paar bestimmte Dinge gilt es hier bei der Wahl der Unterkunft zu achten:

Internetzugang WLAN ist allgegenwärtig und häufig gratis. Die Verbindung kann aber langsam und ungesichert bzw. das Datenvolumen zum Herunterladen begrenzt sein. Wer eine stabile Verbindung braucht, sollte sich zuvor genau erkundigen und die Zusatzkosten sorgfältig prüfen.

Swimmingpools Oft handelt es sich eher um Planschbecken, besonders in Pensionen – allerdings haben auch einige Spitzenhotels nur winzige Pools.

Sichere Parkplätze Nicht jede Unterkunft hat sie – wenn doch, nur mit einem Aufpreis von bis zu 150 R pro Tag, gerade in der City Bowl.

schiedene Jahrgänge ein und derselben Rebsorte verkostet werden) bis hin zu Livemusik.

Cape Town International Kite Festival
LUFTSHOW
(www.capementalhealth.co.za/kite; ⊘Ende Okt./Anfang Nov.) Diese farbenfrohe Versammlung von Drachenliebhabern wird Ende Oktober oder Anfang November in Zandvlei, in der Nähe von Muizenberg, zugunsten der Cape Mental Health Society veranstaltet.

Miss Gay Western Cape
LGBT
(www.missgay.co.za; Joseph Stone Auditorium, Klipfontein Rd., Athlone; ⊘Anfang Nov.) Schrille Gewänder werden für diesen schon lange stattfindenden Transgender-Schönheitsumzug ausgelüftet oder genäht, der normalerweise Anfang November stattfindet.

Streetopia
STRASSENKARNEVAL
(http://streetopia.co.za; ⊘Nov.) Das lebhafte Straßenfest findet normalerweise am letzten Sonntag im November an verschiedenen Orten im Zentrum Observatorys statt, darunter Trill Road, Station Road und Lower Main Road.

Wavescape Surf & Ocean Festival
SURFEN
(www.wavescapefestival.com; ⊘Ende Nov.–Anfang Dez.) Die Veranstaltungen dieses Festivals

rund um das Thema Surfen – zu denen Kunstausstellungen und Filmvorführungen ebenso wie Meisterkurse gehören – finden an verschiedenen Orten am Kap statt, einschließlich Muizenburg und Waterfront.

Adderley Street Christmas Lights
MUSIK
(www.capetown.gov.za; ⊘Dez.) Zehntausende Besucher lauschen gemeinsam vor der Cape Town Railway Station einem Konzert, danach werden auf der Adderley Street festliche Lichter entzündet, und es findet ein Umzug statt. Etwa vom 17. bis 30. Dezember wird die Straße abends zur Fußgängerzone, weil dort ein Nachtmarkt mit Livemusik stattfindet.

Cape Town Festival of Beer
BIER
(www.capetownfestivalofbeer.co.za; Hamilton's Rugby Club, 1 Stephan Way, Green Point; ⊘Anfang Dez.) An drei Tagen im Jahr warten vor der Kulisse des Stadions auf dem größten Bierfestival des afrikanischen Kontinents mehr als 200 Biersorten darauf, probiert zu werden.

🛏 Schlafen

Von Fünf-Sterne-Hotelpalästen mit hohem Verwöhnfaktor und Pensionen im Designer-Chic bis hin zu kreativen Backpacker-Unterkünften – in Kapstadt ist für jeden Geldbeutel etwas dabei. Reisende sollten ihre Bleibe sorgfältig auswählen und Prioritäten setzen – nicht alle Unterkünfte liegen in Strandnähe oder bei bedeutenden Sehenswürdigkeiten.

Am besten weit im Voraus buchen, vor allem wenn man in den Schulferien (von Mitte Dezember bis Ende Januar) herkommen will; die meisten Unterkünfte reduzieren in der ruhigen Wintersaison zwischen Mai und Oktober ihre Preise.

Die Mehrwertsteuer von 14% ist in den Preisen normalerweise schon enthalten, häufig auch die 1% Tourismusförderungsabgabe. Es empfiehlt sich unbedingt nachzufragen, ob ein bewachter Parkplatz im Preis enthalten ist, sonst fallen Gebühren von bis zu 150 R pro Tag an, um das Auto zu parken.

🛏 City Bowl, Foreshore, Bo-Kaap & De Waterkant

★91 Loop
HOSTEL €
(Karte S. 70; ☎021-286 1469; www.91loop.co.za; 91 Loop St., City Bowl; B/Zi. inkl. Frühstück ab 270/1000 R; ❋🛜; 🚌Church, Longmarket)

SELBSTVERSORGER-FERIENUNTERKÜNFTE & SERVICE-APARTMENTS

Für alle, die einen längeren Aufenthalt planen, können sich Selbstversorgeroptionen oder Service-Apartments als günstige Alternative erweisen. Zu den seriösen Agenturen gehören:

African Elite Properties (Karte S. 74; ☏021-421 1090; www.africaneliteproperties.com; Shop A21, Cape Quarter, Dixon St., De Waterkant; 1-Bett-Apt. ab 3000 R; ▣Alfred) Vermittlungsagentur für Luxus-Ferienwohnungen hoch über dem beliebten Cape Quarter.

Cape Stay (www.capestay.co.za) Unterkünfte in der gesamten Kapregion.

De Waterkant Cottages (Karte S. 74; ☏021-421 2300; www.dewaterkantcottages.com; 40 Napier St., De Waterkant; Apt./Villa ab 1650/2200 R; ▣Old Fire Station) Exklusive Villen und Apartments in De Waterkant für zwei bis acht Personen.

In Awe Stays (☏083 658 6975; www.inawestays.co.za; DZ ab 1600 R) Stilvolle Studios und Ferienhäuser in Gardens und Fresnaye ab 1600 R pro Nacht für zwei Personen

Village & Life (Karte S. 96; ☏021-437 9700; www.villageandlife.com; 69 Victoria Rd., Camps Bay; ▣Old Fire Station) Vermietungen vor allem in De Waterkant und Camp's Bay.

Investoren aus Johannesburg stecken hinter diesem neuen, brummenden Laden, der eine gute Palette an Zimmern anbietet, einschließlich Pods – im Grunde ist ein Pod ein Schlafsaalbett, aber anstatt in einem Stockbett schläft man in einer länglichen Betonkabine, die ein wenig mehr Privatsphäre bietet. Zimmer und Schlafsäle (die alle nach großen Metropolen der Welt benannt sind) bieten große Matratzen, der Putzservice hat durchweg einen hohen Standard.

Das stylishe Bar-Restaurant **Honey Badger** im Erdgeschoss ist ein beliebter Treffpunkt, und es gibt hier täglich ein Programm mit diversen Aktivitäten – zum Teil kostenlos –, damit sich die Gäste kennenlernen.

Happy Rhino Hotel
HOTEL €

(Karte S. 70; ☏021-424 5092; http://happyrhino. co.za; 179 Loop St., City Bowl; EZ/DZ ab 800/950 R, Parken 150 R pro Nacht; ☏; ▣Upper Loop, Upper Long) Dafür, dass es so zentral gelegen ist, bietet dieses neue, aber praktische, schlichte Hotel ein ziemlich gutes Preis-Leistungs-Verhältnis. Die kompakten Zimmer haben unverputzte Backsteinwände, und für 200 R mehr gibt's eine großartige Aussicht auf den Tafelberg vom 7. Stock aus. Außerdem gibt es Studios für Selbstversorger, allerdings sind diese ohne Aussicht.

Scalabrini Guest House
PENSION €

(Karte S. 70; ☏021-465 6433; www.scalabrini.org. za; 47 Commercial St., City Bowl; B/EZ/DZ 280/560/780 R; @☏; ▣Roeland) Der italienische Mönchsorden Scalabrini Fathers bietet Kapstadts Armen und Flüchtlingen seit 1994 Sozialdienste. In der ehemaligen Textilfabrik laufen verschiedene Sozialprogramme, und es gibt ein hübsches Gästehaus mit elf makellos sauberen Zimmern mit eigenem Bad – dazu eine große Küche für Selbstversorger, in der Gäste auch Satellitenfernsehen empfangen können.

Long Street Backpackers
HOSTEL €

(Karte S. 70; ☏021-423 0615; www.longstreet backpackers.co.za; 209 Long St., City Bowl; B/EZ/ DZ 190/350/490 R; ☏; ▣Dorp, Leeuwen) Wenig hat sich seit seiner Eröffnung im Jahr 1993 in dieser Backpacker-Unterkunft geändert (damit ist es eines der am längsten bestehenden unter den vielen Hostels, die die Long Street säumen). Bestehend aus einem Block aus 14 kleinen Wohnungen mit vier bis zehn Betten, ordnet sich diese Unterkunft um einen begrünten Hof mit ausgefallenen Mosaiken an, in dem die hauseigene Katze umherschleicht.

Rose Lodge
B&B €

(Karte S. 70; ☏021-424 3813; www.rosestreet28. com; 28 Rose St., Bo-Kaap; EZ/DZ inkl. Frühstück ab 890/990 R; ☏; ▣Old Fire Station) In einem grau gestrichenen Eckhaus ist dieses süße B&B. Der kanadische Besitzer spielt Klavier und besitzt zwei entzückende Hunde. Es gibt nur drei gemütliche Zimmer (mit eigenem Bad), die alle modern eingerichtet sind. In Bo-Kaap führt der Eigentümer noch weitere ähnliche Häuser.

St Paul's B&B Guesthouse
B&B €
(Karte S.70; ☎021-423 4420; www.stpauls
guesthouse.com; 182 Bree St., City Bowl; EZ/DZ
inkl. Frühstück 600/950 R, mit Gemeinschaftsbad 500/800 R; 🅿🛜; 🚌Upper Long, Upper
Loop) Dieses makellose B&B mit Charakter
befindet sich in praktischer Lage und ist
eine tolle Alternative zu den Backpa-
cker-Bleiben, die in der Long Street liegen. Die schlicht eingerichteten, geräumigen Zimmer haben hohe Decken, und es
gibt einen mit Wein überwachsenen,
schattigen Hof, wo Gäste sich entspannen
oder frühstücken können.

★Cape Heritage Hotel
BOUTIQUEHOTEL €
(Karte S.70; ☎021-424 4646; www.capeherita
ge.co.za; Heritage Sq., 90 Bree St., City Bowl;
DZ/Suite/Apt. inkl. Frühstück ab 2850/4420/
7000 R, Parken pro Tag 85 R; 🅿🛜@🛜;
🚌Church, Longmarket) Jedes der 19 Zimmer
in diesem eleganten Boutiquehotel hat
seinen eigenen Charakter. Das Gebäude
am Heritage Square wurde zusammen
mit anderen Häusern aus dem 18. Jh. sa-
niert. In einigen der Zimmer stehen Himmelbetten, alle verfügen über modernen
Komfort wie Satellitenfernsehen und
Kleidermangeln. Es gibt eine Dachterrasse und einen Whirlpool.

★Rouge on Rose
BOUTIQUEHOTEL €€
(Karte S.70; ☎021-426 0298; www.rougeonrose.
co.za; 25 Rose St., Bo-Kaap; EZ/DZ inkl. Frühstück 1600/2300 R; 🛜🛜; 🚌Old Fire Station)
Diese großartige Option in Bo-Kaap bietet
neun Suiten in rustikalem Chic mit Kochnische, Lounge und einem großen Ar-
beitsbereich. Die lustigen Wandgemälde
stammen von einem ortsansässigen
Künstler, und alle Zimmer verfügen über
luxuriöse offene Badezimmerbereiche mit
frei stehenden Badewannen.

★Grand Daddy Hotel
BOUTIQUEHOTEL €€
(Karte S.70; ☎021-424 7247; www.granddaddy.co.
za; 38 Long St., City Bowl; Zi./Wohnwagen ab 2895/
3695 R; 🅿🛜@🛜; 🚌Mid-Long, Church) Der Clou
des Grand Daddy's ist sicherlich die Pent-
house-Wohnwagensiedlung auf dem Dach,
die aus sieben alten, künstlerisch renovierten Airstream-Wohnwagen besteht. Die nor-
malen Zimmer des Hotels sind ebenfalls
stylish eingerichtet und enthalten Anspie-
lungen auf die südafrikanische Kultur.

Purple House
B&B, APARTMENT €€
(Karte S.74; ☎021-418 2508; www.purplehouse.
co.za; 23 Jarvis St., De Waterkant; EZ/DZ/Apt. ab
1450/1650/1700 R; 🛜@🛜; 🚌Alfred) Neben
dem stilvollen, gemütlichen B&B, das – wie
der Name schon sagt – in einem Haus mit
purpurner Fassade untergebracht ist, bieten die sympathischen holländischen Inhaber, Hank und Guido, in der gleichen Straße auch noch ein Cottage für Selbstversorger sowie weitere Apartments in der Gegend. Alles sehr LGBT-freundlich.

Dutch Manor
HISTORISCHES HOTEL €€
(Karte S.70; ☎087 095 1375; www.dutchmanor.
co.za; 158 Buitengracht St., Bo-Kaap; EZ/DZ inkl.
Frühstück 2050/2250 R, Parken pro Tag 100 R;
🅿🛜🛜; 🚌Dorp, Leeuwen) Himmelbetten, riesige Schränke und knarrende Dielen erzeugen eine tolle Atmosphäre in diesem Hotel,
das aus sechs Zimmern besteht und in einem Gebäude aus dem Jahr 1812 untergebracht ist. Der Service hat allerdings ein
wenig nachgelassen, und das Hotel liegt an
der viel befahrenen Buitengracht, deshalb
bekommen Gäste Verkehrslärm ab.

Cape Breaks
APARTMENT €€
(Karte S.70; ☎083 383 4888; http://capebre-
aks.co.za; St. Martini Gardens, 74 Queen Victoria
St., City Bowl; Studio ab 1485 R; 🅿🛜🛞) Bietet
großartige Studios und Apartments in St.
Martini Gardens, einem Komplex neben
Company's Garden, und Aussichten auf
den Tafelberg und Lion's Head. Zum Kom-
plex gehören auch ein ordentlich großer
Pool und Parkmöglichkeiten.

The Charles
PENSION €€
(Karte S.74; ☎021-409 2500; www.thecharles.
co.za; 137 Waterkant St., De Waterkant; EZ/DZ
inkl. Frühstück ab 1300/1550 R; 🛞@🛜;
🚌Alfred) Die ansprechende Pension hat
eine zentrale Lage in De Waterkant. Auf
der Terrasse stehen Tische mit guter Aussicht über die Gegend. Die Zimmer sind
unterschiedlich groß, wobei die billigsten
am kleinsten sind. Die größten Zimmer haben einen offenen Grundriss mit Kochnische für Selbstversorger.

La Rose B&B
B&B €€
(Karte S.70; ☎021-422 5883; www.larosecape
town.com; 32 Rose St., Bo-Kaap; EZ/DZ inkl.
Frühstück ab 1000/1200 R; 🅿🛞🛜; 🚌Old Fire
Station) Das südafrikanisch-französische
Paar Adheena und Yoann sind die sehr
gastfreundlichen Inhaber dieses char-
manten B&B, das sich als so erfolgreich
erwiesen hat, dass sie es auf die benachbarten Anwesen ausgedehnt haben. Es ist
wunderschön eingerichtet und hat einen

Dachgarten mit toller Aussicht auf die Umgebung. Yoanns Spezialität sind authentische Crêpes für die Gäste.

Daddy Long Legs Hotel BOUTIQUEHOTEL €€
(Karte S.70; ☎021-422 3074; www.daddy longlegs.co.za; 134 Long St., City Bowl; Zi./Apt. ab 950/1450 R; ✳@🛜; 🚇Dorp, Leeuwen) Ein Aufenthalt in diesem Hotel mit Kunstinstallationen ist alles andere als langweilig. Dreizehn Künstlern wurde freie Hand gelassen, die Boudoirs ihrer Träume zu verwirklichen; die Ergebnisse reichen von der Künstlermansarde bis hin zu einer Krankenstation!

Zu unseren Lieblingen gehört das Karaokezimmer (mit Mikrofon in der Dusche) und das Zimmer, das mit Cartoons der südafrikanischen Popband Freshly Ground dekoriert ist.

Frühstück kostet extra. Außerdem gibt's hier superstylishe **Apartments** (Karte S.70; 263 Long St., City Bowl; Apt. ab 1450 R; ✳; 🚇Upper Long, Upper Loop) – eine ideale Option für alle, die den Luxus einer Hotelsuite mit Selbstversorgung kombinieren wollen.

The Grey BOUTIQUEHOTEL €€
(Karte S.74; ☎021-421 1106; www.thegreyhotel. co.za; 49 Napier St., De Waterkant; EZ/DZ ab 1320/2750 R; ✳@🛜🗙; 🚇Alfred) Die Zimmer sind elegant (und natürlich in Grautönen gehalten), aber die meisten sind sehr klein, vor allem die am unteren Ende der Preiskala, wo das Bett praktisch das ganze Zimmer ausfüllt. Vom Pool und der Bar auf dem Dach können die Gäste die Aussicht – und sich gegenseitig – begutachten.

Das Frühstück (165 pro Person) wird in der Piano Bar (S.180) serviert, die auch als Hotelrezeption dient.

De Waterkant House B&B €€
(Karte S.74; ☎021-409 2500; www.dewaterkant. com; 35 Loader St., De Waterkant; EZ/DZ inkl. Frühstück ab 1300/1550 R; @🛜🗙; 🚇Old Fire Station) Das angenehme B&B befindet sich in einem renovierten georgianischen Haus und bietet einen winzigen Pool für heiße Sommertage und einen Kamin für kalte Winter.

Townhouse HOTEL €€
(Karte S.70; ☎021-465 7050; www.townhouse. co.za; 60 Corporation St., City Bowl; EZ/DZ inkl. Frühstück ab 1685/2905 R, Parken pro Tag 95 R; P✳@🛜🗙; 🚇Groote Kerk) Das Townhouse im Herzen der Stadt bietet guten Service und hohe Standards, deshalb ist es zu Recht beliebt. Die Zimmer wurden modernisiert, sie haben Holzböden und eine schicke schwarz-weiße Ausstattung.

★ Taj Cape Town LUXUSHOTEL €€€
(Karte S.70; ☎021-819 2000; www.tajhotels. com; Wale St., City Bowl; Zi./Suite inkl. Frühstück 3000/5000 R; P✳@🛜🗙; 🚇Groote Kerk) Die indische Luxushotelkette hat dem Gebäude des alten Board of Executors neues Leben eingehaucht. Tradition wird hochgehalten, aber im neuen Tower gibt's auch schicke, modern eingerichtete Zimmer, viele davon mit spektakulärer Aussicht auf den Tafelberg. Service und Serviceangebote wie das hervorragende Restaurant Bombay Brasserie (S.149) sind spitzenmäßig.

🛏 East City, District Six, Woodstock & Observatory

★ Wish U Were Here HOSTEL €
(Karte S.80; ☎021-447 0522; www.wishu wereherecapetown.com; 445 Albert Rd., Salt River; B 280 R, DZ 845 R, EZ/DZ mit Gemeinschaftsbad 550/780 R; 🛜; 🚇Kent) Die Designer hatten in diesem Gebäude, einen kurzen Fußweg von der Old Biscuit Mill entfernt, eindeutig jede Menge Spaß. Einer der Schlafsäle ist quietschrosa à la Barbie; ein romantisches Doppelzimmer verfügt über ein schaukelndes Bett, das eigentlich ein aufgehängtes Fischerboot ist; ein weiteres Zimmer ist wie eine Intensivstation eingerichtet. Der Balkon mit Blick auf den Salt-River-Kreisverkehr führt einmal um das Gebäude herum; tagsüber herrscht ein hoher Geräuschpegel.

Bohemian Lofts Backpackers HOSTEL €
(Karte S.79; ☎021-447 6204; www.bohemian lofts.com; 41 Trill Rd., Observatory; B 220 R, EZ/ DZ 650/800 R, mit Gemeinschaftsbad 600/ 750 R; 🚇Observatory) Ein Balkon, der um das Gebäude herumläuft, bietet Aussicht über das Zentrum von Observatory – etwas für Backpacker, die wissen wollen, wer auf der Lower Main Road kommt und geht. Ein angenehmer Ort zum Übernachten mit vernünftigen Zimmern, netten Gemeinschaftsbereichen und einer guten Küche für Selbstversorger, auch wenn es direkt vor der Tür ebenfalls massenhaft zu essen gibt.

Observatory Backpackers HOSTEL €
(Karte S.79; ☎021-447 0861; http://observatory backpackers.com; 235 Lower Main Rd., Obser-

vatory; B 240 R, DZ 800 R, mit Gemeinschaftsbad 700 R; ☎; 🖭Observatory) Das attraktive Backpacker-Hostel hat ein flippiges afrikanisches Motto und liegt nur einen kurzen Fußweg entfernt vom lebhaften Zentrum Observatorys weiter unten an der Lower Main Road. Der große, schattige Hof und die Lounges sind ein Plus. Frühstück ist im Preis nicht enthalten, aber gleich nebenan ist eine Bäckerei mit Café.

33 South Backpackers HOSTEL €
(Karte S.79; ☎021-447 2423; http://33south backpackers.com; 48 Trill Rd., Observatory; B 190 R, EZ/DZ ab 680/720 R, mit Gemeinschaftsbad 620/680 R; @🛜; 🖭Observatory) Das fantasievolle, gemütliche Backpacker-Hostel ist in einem viktorianischen Cottage untergebracht, die Zimmer sind von unterschiedlichen Kapstädter Vororten inspiriert. Es gibt eine tolle Gemeinschaftsküche, einen hübschen Hof und einen geselligen Barbereich. Das Personal bietet kostenlose Touren durch Observatory an. Frühstück ist im Preis nicht enthalten.

Green Elephant HOSTEL €
(Karte S.79; ☎021-448 6359; www.green elephant.co.za; 57 Milton Rd., Observatory; B 210 R, EZ/DZ 600/750 R, mit Gemeinschaftsbad 500/650 R, Camping pro Zelt 100 R; P@🛜🏊; 🖭Observatory) Das seit Langem bestehende Backpacker-Hostel, das auf vier Häuser aufgeteilt ist, ist und bleibt eine beliebte Option unter den Hostels im Stadtzentrum. Die Zimmer mit eigenem Bad, die sich in den Häusern gegenüber dem Haupthostel befinden, sind besonders angenehm; sie sind mit Holzböden und Möbeln in rustikalem Chic ausgestattet. Ein einfaches Frühstück ist im Preis inbegriffen. Im hosteleigenen Garten kann auch gecampt werden.

DoubleTree by Hilton Hotel Cape Town
– Upper Eastside HOTEL €€
(Karte S.80; ☎021-404 0570; www.doubletree. hilton.com; 31 Brickfield Rd., Woodstock; Zi./Suite ab 1395/2595 R, Parken pro Tag 60 R; P🌸@🛜🏊; 🖭Upper Salt River) Das flott designte Hotel ist in den umgestalteten Gebäuden der alten Bonwitt-Textilfabrik untergebracht. Die Zimmer sind groß und angenehm und bieten entweder Aussicht auf die Berge oder auf die Stadt. Die meisten Loft-Suiten sind mit einer Kochnische ausgestattet. Es gibt einen Innenpool und ein Fitnessstudio. Frühstück ist im Preis enthalten.

🛏 Gardens & Umgebung

Backpack HOSTEL €
(Karte S.84; ☎021-423 4530; http://backpackers. co.za; 74 New Church St., Tamboerskloof; B 390 R, EZ/DZ ab 1150/1440 R, mit Gemeinschaftsbad 910/1150 R; P@🛜🏊; 🖭Upper Long, Upper Loop) Das von Fair Trade in Tourism zertifizierte Hostel bietet bezahlbaren Stil, eine quirlige Atmosphäre und fantastisches Personal. Die Schlafsäle sind zwar nicht die billigsten in Kapstadt, dafür gehören sie zu den besten. Die Privatzimmer und Apartments für Selbstversorger sind charmant eingerichtet. Entspannen lässt es sich gut im herrlichen, mit Mosaiken verzierten Pool und dem Garten mit Blick auf den Tafelberg. Frühstück ist im Preis enthalten.

Once in Cape Town HOSTEL €
(Karte S.84; ☎021-424 6169; http://oncein capetown.co.za; 73 Kloof St., Gardens; B/DZ inkl. Frühstück ab 260/1260 R; P@🛜; 🖭Ludwig's Garden) Atmosphäre und Lage dieses Hostels sind großartig, und jedes Zimmer hat ein eigenes Bad. Die Zimmer sind zwar ziemlich kompakt, dafür aber hübsch eingerichtet. Der Hof lädt zum Entspannen ein, und für Selbstversorger gibt es eine große Küche.

Ashanti Gardens HOSTEL €
(Karte S.84; ☎021-423 8721; https://ashanti. co.za; 11 Hof St., Gardens; B 300 R, DZ 1100 R, EZ/DZ mit Gemeinschaftsbad 620/840 R, Camping 180 R; P@🛜; 🖭Government Ave.) Eine der pfiffigsten Unterkünfte Kapstadts, wo sich das Geschehen auf der quirlige Bar und die Terrasse mit Blick auf den Tafelberg konzentriert. In dem schönen alten Haus, das geschmackvoll mit zeitgenössischer Kunst eingerichtet wurde, befinden sich die Schlafsäle und Zimmer mit Gemeinschaftsbädern; auf dem Rasen können Gäste ihr Zelt aufschlagen.

Für Selbstversorger gibt's gleich um die Ecke in zwei separaten, denkmalgeschützten Häusern tolle Zimmer mit eigenem Bad. Eine weitere Filiale befindet sich in Green Point (S.138).

Blencathra HOSTEL €
(Karte S.88; ☎073 389 0702, 021-424 9571; www.blencathra.co.za; Ecke De Hoop & Cambridge Aves., Tamboerskloof; B 200 R, EZ/DZ ab 700/1000 R, mit Gemeinschaftsbad 350/500 R; P@🛜🏊; 🖭Cotswold) Der wunderbare

Familienbetrieb liegt an der Strecke zum Lion's Head hinauf und bietet attraktive Zimmer, die oft von Dauergästen belegt sind. Ideal für Reisende, die der Stadt und den kommerzialisierteren Backpacker-Optionen entfliehen wollen. Bei längerem Aufenthalt lässt sich über den Preis noch verhandeln.

★ La Grenadine
PENSION €€
(Karte S. 84; ☎021-424 1358; www.lagrenadine. co.za; 15 Park Rd., Gardens; Zi./Cottage mit 2 Betten inkl. Frühstück ab 2590/3980 R; ✳@🛜; 🚍Ludwig's Garden) Das Auswandererpaar Maxime und Mélodie setzt ganz auf französischen Charme – die Zimmer in diesen fantasievoll renovierten ehemaligen Stallungen sind von alten Steinwänden geprägt. Der Garten, in dem Obstbäume stehen, stellt eine zauberhafte Oase dar, die Lounge ist mit zahllosen Büchern und Schallplatten bestückt, und das Frühstück wird in Schauspielerin Mélodies preisgekrönter Porzellansammlung serviert.

★ Cloud 9
BOUTIQUEHOTEL €€
(Karte S. 84; ☎021-424 1133; www.hotelcloud9. com; 12 Kloof Nek Rd., Tamboerskloof; EZ/DZ inkl. Frühstück ab 1945/2590 R; ✳@🛜🖥; 🚍Ludwig's Garden) Dieses künstlerische neue Boutiquehotel mit Wellnessbereich wurde kombiniert aus mehreren, ehemals einzelnen Häusern. In jedem Teil des Hotels sind die Zimmer anders, können aber Decken aus gepresstem Blech und gekachelte Kamine enthalten, die als Teil der modernen Renovierung beibehalten wurden. Ein riesiges Plus sind die große Bar und der Whirlpool auf der Dachterrasse mit Blick auf den Tafelberg.

Trevoyan
B&B €€
(Karte S. 84; ☎021-424 4407; http://trevoyan. co.za; 12 Gilmour Hill Rd., Tamboerskloof; Zi. inkl. Frühstück ab 2700 R; P✳@🛜; 🚍Belle Ombre) Das denkmalgeschützte Gebäude mit hohen Decken, Parkettböden und einem Hauch von Jugendstil wurde in eine entspannte Pension umgewandelt, die schick, aber nicht piekfein ist. Toll ist der hübsche Hofgarten, der teilweise von einer riesigen Eiche beschattet wird, und der Pool, der so groß ist, dass man darin schwimmen kann.

Cape Cadogan
BOUTIQUEHOTEL €€
(Karte S. 84; ☎021-480 8080; www.capecadog an.com; 5 Upper Union St., Gardens; EZ/DZ ab 2190/2920 R; P✳@🛜🖥; 🚍Belle Ombre) Diese denkmalgeschützte Villa im Vom-Winde-verweht-Stil ist ein sehr elegantes Boutiquehotel mit einigen Zimmern, die sich zum abgeschiedenen Hof hin öffnen. Leckereien gibt's hier ohne Ende: ein Teller Macarons an der Rezeption, kostenlose Desserts nachmittags in der Lounge sowie ein Aperitif und Appetithäppchen bei Sonnenuntergang.

Abbey Manor
B&B €€
(Karte S. 88; ☎021-462 2935; www.abbey.co.za; 3 Montrose Ave., Oranjezicht; EZ/DZ inkl. Frühstück ab 2480/3260 R; P✳@🛜🖥; 🚍Montrose) Die luxuriöse Unterkunft befindet sich in einem prächtigen Bau im britischen Arts-and-Crafts-Stil, der 1905 für einen reichen Reeder gebaut wurde. Die Zimmer sind mit edler Bettwäsche und antiken Möbeln mit verspielten Jugendstildetails ausgestattet. Es gibt nur neun Zimmer, eines recht großen Pool und eine Dachterrasse mit toller Aussicht. Höfliches Personal setzt dem Ganzen das Sahnehäubchen auf.

Four Rosmead
PENSION €€
(Karte S. 88; ☎021-480 3810; http://fourros mead.com; 4 Rosmead Ave., Oranjezicht; DZ/ Suite inkl. Frühstück ab 3500/3900 R; P✳@🛜; 🚍Rayden) Das denkmalgeschützte Gebäude von 1903 wurde in eine luxuriöse Pension umgewandelt. Die Zimmer sind sehr stilvoll mit zeitgenössischer Kunst und afrikanischem Kunsthandwerk ausgestattet. Besonderheiten sind u. a. der Salzwasser-Swimmingpool und ein duftender mediterraner Kräutergarten.

An African Villa
B&B €€
(Karte S. 84; ☎021-423 2162; www.capetownci ty.co.za; 19 Carstens St., Tamboerskloof; Zi. ab 1450 R; ✳@🛜🖥; 🚍Belle Ombre) Das attraktive B&B befindet sich in drei Reihenhäusern aus dem 19. Jh. und besticht durch ein raffiniertes, farbenfrohes „afrikanisch-modernes" Design. Abends lässt es sich bei einem Glas Sherry oder Portwein in den beiden komfortablen Lounge-Bereichen prima entspannen.

★ Mannabay
BOUTIQUEHOTEL €€€
(Karte S. 88; ☎021-461 1094; www.mannabay.com; 8 Bridle Rd., Oranjezicht; Zi./Suite inkl. Frühstück ab 7000/8700 R; P✳@🛜🖥; 🚍Upper Orange) Dem Personal dieses umwerfenden Boutiquehotels, das mit tollen Werken zeitgenössischer einheimischer Künstler dekoriert ist, scheint nichts zu viele Umstände zu machen. Die acht Gästezimmer haben un-

SCHLAFEN IM TABLE MOUNTAIN NATIONAL PARK

Zwar ist hier privates Campen verboten, jedoch bietet der Table Mountain National Park einige Unterkunftsmöglichkeiten:

Tented Camps

Die Zeltlodges sind teils aus Naturmaterialien gebaut, die im Nationalpark aufgesammelt wurden, um sie harmonisch in die Umgebung einzubetten. Die mit komfortablen Betten ausgestatteten „Safarizelte", wie man sie auch beim Militär verwendet, bestehen aus robustem Leinen, das über ein stabiles Holzgerüst gespannt ist. Die Nassbereiche sind in allen Zelten hervorragend integriert; auch die Gemeinschaftsküche ist voll ausgestattet, und es gibt eine *braai*-Feuerstelle zum Grillen im Freien. Von einer Lodge zur nächsten ist es immer nur eine kurze Fahrt oder eine leichte Wanderung. Bettzeug und Handtücher werden nicht gestellt.

Buchungen sind online (www.sanparks.org/parks/table_mountain) oder telefonisch (☎ 021-428 9111) möglich.

Orange Kloof (Karte S.102; ☎ 012-428 9111; www.sanparks.org/parks/table_mountain; abzweigend von Hout Bay Rd.; Zelte für 2 Pers. 580 R, Erw./Kind zusätzlich 260/130 R) Vielleicht der beste, ruhigste Winkel in der wunderschönen Gegend um Constantia Nek mit direktem Zugang zum letzten Waldstreifen des Afromontane Forest im Nationalpark.

Slangkop (Karte S.104; ☎ 012-428 9111; www.tmnp.co.za; abzweigend von der Lighthouse Rd., Kommetjie; Zelte 580 R; P) ✦ Nahe dem Leuchtturm an der Küste von Kommetjie, unterhalb eines Waldes mit seltenen, indigenen Milkwood-Bäumen; hier und da liegen Walskelette herum. Die Wale wurden 2006 mit der Meeresbrandung an den Strand gespült.

Smitswinkel (Karte S.112; ☎ 012-428 9111; www.tmnp.co.za; Cape Point; Zelte 715 R; P) Das einzige Zeltlager mit Komfort; sprich: Jedes Zelt hat seinen eigenen Nassbereich. Die Unterkunft ist nur einige Schritte vom Eingang zum Cape-of-Good-Hope-Parkabschnitt entfernt. Hier bläst manchmal der Wind recht kräftig.

Cottages

Zu den besten Adressen in dieser Kategorie gehören das **Platteklip Wash House** (Karte S.88; ☎ 012-462 7861, 021-712 7471; www.sanparks.org/parks/table_mountain; Deer Park, Vredehoek; DZ 980 R, Extraperson 490 R; P; 🚌Herzlia) und das **Olifantsbos Guest House** (Karte S.112; ☎021-780 9204; www.tmnp.co.za; Cape of Good Hope; bis zu 4 Pers. 3885 R, extra Erw./Kind zusätzlich 580/290 R; P). Sie alle erfreuen sich einer herrlichen Lage, und man kann bis vor die Haustür fahren. Bettwäsche wird gestellt.

---

terschiedliche Themen. Die Lage am Rand des Nationalparks bietet herrliche Aussichten. Im Preis enthalten ist High Tea, der in der Lounge der Bibliothek serviert wird.

⭐ **Belmond Mount Nelson Hotel** HOTEL €€€ (Karte S.84; ☎021-483 1000; www.belmond.com; 76 Orange St., Gardens; Zi./Suite inkl. Frühstück ab 10 050/12 635 R; P✴@🛜🏊; 🚌Government Ave.) Welten entfernt vom Rest der Stadt, inmitten von drei Hektar Garten, bezaubert das in zuckersüßem Rosa angestrichene charmante Kolonialhaus „Nellie" durch Chintz-Dekor und Portiers in Tropenhelmen. Die Zimmer sind in elegantem Silber und Moosgrün gehalten. Dazu gehören auch ein großer Swimmingpool, Tennisplätze, ein luxuriöser Wellnessbereich und mehrere Restaurants.

Das Hotel ist sehr familienfreundlich, denn für die Kleinen ist gut gesorgt, z.B. mit Bademänteln in kleinen Größen, Betthupferl und Milch. Wer hier nicht übernachtet, sollte in dieser Kapstädter Institution wenigstens mal zum Nachmittagstee vorbeischauen (S.163).

15 on Orange HOTEL €€€ (Karte S.84; ☎021-469 8000; www.marriott.com/hotels/travel/cptoh-african-pride-15-on-orange-hotel; Ecke Grey's Pass & Orange St., Gardens; Zi. ab 4400 R, Parken pro Tag 65 R; P✴@🛜🏊; 🚌Michaelis) Der knallrote, marmorne Weg, der zur Lobby führt, gibt einen Vorgeschmack auf den Luxus im Hotel. Einige Zimmer liegen am lichtdurchfluteten Atrium (perfekt für Exhibitionisten). Alles ist sehr opulent und designvernarrt. Frühstück ist nicht im Preis enthalten.

Kensington Place
BOUTIQUEHOTEL €€€

(Karte S.88; ☎021-424 4744; www.kensingtonplace.co.za; 38 Kensington Cres., Higgovale; Zi. inkl. Frühstück ab 4800 R; P❄@🛜🏊; 🚏Upper Kloof) Das exklusive, schicke Haus hoch oben auf dem Berg vermietet acht große und geschmackvoll eingerichtete Zimmer mit Balkon und wunderschön gefliesten Badezimmern. Ein nettes Detail sind frisches Obst und Blumen in den Zimmern.

Um eine „erwachsene Atmosphäre" zu schaffen, sind keine Gäste mit Kindern unter 12 zugelassen.

🛏 Green Point & Waterfront

⭐ B.I.G. Backpackers
HOSTEL €

(Karte S.86; ☎021-434 0688; www.bigbackpackers.co.za; 18 Thornhill Rd., Green Point; DZ/BZ/3BZ 420/1050/1400/1900 R; P❄@🛜🏊; 🚏Skye Way) An den Hängen von Green Point und etwas versteckt, bietet dieses Backpacker-Hostel ein heiteres, lässiges Ambiente mit schön ausgestatteten Zimmern, Gemeinschaftsbereiche zum Abhängen und eine große Küche mit einer Bar (die auf dem Ehrlichkeitsprinzip beruht). Zum Frühstück gibt's manchmal hausgemachtes Brot; außerdem stehen den Gästen drei Gitarren sowie Fahrräder zur Verfügung.

Ashanti Green Point
HOSTEL €

(Karte S.86; ☎021-433 1619; www.ashanti.co.za; 23 Antrim Rd., Three Anchor Bay; B/EZ/DZ mit Gemeinschaftsbad 320/640/900 R, DZ mit eigenem Bad 1100 R; P@🛜🏊; 🚏St Bedes) Diese gechillte Backpacker-Bleibe hat eine luftige Hanglage mit Meerblick und ist mit alten Fotos von Kapstadt hübsch dekoriert. Im Preis ist ein Frühstücksbüfett inbegriffen.

⭐ Villa Zest
BOUTIQUEHOTEL €€

(Karte S.86; ☎021-433 1246; www.villazest.co.za; 2 Braemar Rd., Green Point; EZ/DZ inkl. Frühstück ab 2070/2990 R; P❄🛜🏊; 🚏Upper Portswood) Die Villa im Bauhaus-Stil wurde in ein skurril eingerichtetes Boutiquehotel verwandelt. Die sieben Gästezimmer mit kühnen Designmöbeln und Tapeten im Retrostil sind mit Plüschkissen und Flokatis bestückt.

In der Lobby ist eine beeindruckende Sammlung von Elektrogeräten aus den 1960er- und 1970er-Jahren zu sehen, z.B. Radios, Telefone, Polaroidkameras und Kassettenrekorder, die hier wie Kunstwerke ausgestellt sind.

Radisson Red
HOTEL €€

(Karte S.86; ☎087 086 1578; www.radissonred.com; Silo 6, Silo Sq., V&A Waterfront; Zi. ab 1750 R, Parken 110 R; P❄🛜🏊; 🚏Waterfront Silo) Radissons heitere, jugendliche Hotelmarke liegt im Distrikt Silo in Waterfront und sieht ein wenig aus wie eine abgefahrene Flughafen-Lounge. Superhelden- und Minnie-Maus-Puppen begrüßen die Gäste am Gemeinschaftstisch in der Lobby, es gibt eine Wand aus Coca-Cola-Kisten und auf der Dachterrasse einen ziemlich schicken Pool mit Bar. Die Zimmer sind praktisch, geräumig genug und mit großen Betten ausgestattet.

La Splendida
HOTEL €€

(Karte S.86; ☎021-439 5119; www.lasplendida.co.za; 121 Beach Rd., Mouille Point; EZ/DZ ab 1170/1420 R, Parken pro Tag 25 R; P❄🛜; 🚏Lighthouse) Zimmer mit Meerblick kosten etwas mehr in diesem Hotel an der Mouille Point Promenade, aber die Zimmer mit Blick auf Signal Hill sind ebenso schön; außerdem sind alle Zimmer ziemlich geräumig. Die Einrichtung hat einen Hauch von Retro-Pop-Art.

Frühstück (zusätzlich 115 R pro Person) gibt's im Sotano (S.175), dem gut besuchten Café im Erdgeschoss.

Cape Standard
BOUTIQUEHOTEL €€

(Karte S.86; ☎021-430 3060; www.capestandard.co.za; 3 Romney Rd., Green Point; EZ/DZ inkl. Frühstück 1650/2100 R; P@🛜🏊; 🚏Ravenscraig) Das elegante Haus hat unten weiß getünchte Strandhauszimmer und oben modernere Zimmer. Die Duschen in den mosaikgefliesten Badezimmern sind groß genug, um darin tanzen zu können. Seit Kurzem umfasst das Cape Standard auch eine benachbarte Villa und somit mehr Zimmer und Gartenfläche sowie einen größeren Pool (der aber auch nicht groß genug ist, um richtig darin schwimmen zu können).

Head South Lodge
BOUTIQUEHOTEL €€

(Karte S.86; ☎021-434 8777; www.headsouth.co.za; 215 Main Rd., Three Anchor Bay; EZ/DZ inkl. Frühstück ab 1400/2100 R; P❄@🛜; 🚏Ellerslie) Eine Hommage an die 1950er mit Retro-Möbeln und einer riesigen Sammlung aus Tretchikoff-Drucken in der Bar. Die großen Zimmer sind in kühlen Weiß- und Grautönen gehalten und mit auffälligen modernen Kunstwerken von Philip Briel dekoriert.

★ **Cape Grace**   LUXUSHOTEL €€€
(Karte S.86; ☎021-410 7100; www.capegrace. com; West Quay Rd., V&A Waterfront; Zi./Suite inkl. Frühstück ab 9700/23 000 R; 🅿✳@ 🛜🏊; 🖵Nobel Sq.) Das Cape Grace ist eines der ansprechendsten Hotels der Waterfront, seine künstlerische Kombi aus Antiquitäten und Kunsthandwerk – darunter auch handbemalte Tagesdecken und Vorhänge – vermittelt ein einzigartiges Gefühl für den Ort und für die Geschichte Kapstadts.

★ **One&Only Cape Town**   LUXUSHOTEL €€€
(Karte S.86; ☎021-431 5888; www.oneandonly capetown.com; Dock Rd., V&A Waterfront; Zi./Suite inkl. Frühstück ab 12 795/27 565 R; 🅿✳@🛜🏊; 🖵Aquarium) Für diese luxuriöse Hotelanlage wurden offensichtlich keine Kosten gescheut. Zur Wahl stehen entweder riesige, opulente Zimmer im Hauptgebäude (mit Blick auf den Tafelberg) oder die noch exklusivere Insel neben Pool und Spa.

Silo Hotel   BOUTIQUEHOTEL €€€
(Karte S.86; ☎021-670 0500; www.theroyalport folio.com/the-silo; Silo Sq., V&A Waterfront; Zi./Suite ab 18 000/25 000 R; 🅿✳🛜🏊; 🖵Waterfront Silo) Als Kontrapunkt zu seiner früheren industriellen Umgebung und den klaren Linien von Thomas Heatherwicks Umgestaltung des Getreidesilos (S.66) setzt das Silo Hotel bei der Inneneinrichtung auf auffällige Opulenz.

Aufgepasst, konkret bedeutet dies: luxuriöse Stoffe, florale Drucke, glitzernde Kronleuchter und allgegenwärtige, lebhafte Farbenpracht.

Dock House   BOUTIQUEHOTEL €€€
(Karte S.86; ☎021-421 9334; www.dockhouse. co.za; Portswood Close, Portswood Ridge, V&A Waterfront; DZ/Suite inkl. Frühstück 8000/ 10 000 R; 🅿✳@🛜🏊; 🖵Nobel Square) Zur Begrüßung warten Butler in weißen Kurtas auf die Gäste. Das superelegante Anwesen hat sechs Zimmer und gehörte früher dem Hafenmeister. Die luxuriösen Zimmer sind in Taubengrau und Olivgrün gehalten und haben geräumige Bäder. Das Hotel liegt im Herzen der Waterfront und fühlt sich dennoch an, als wäre es Welten davon entfernt.

Das gleiche Unternehmen betreibt in der Nähe auch das hübsche (und etwas günstigere) **Queen Victoria Hotel** (Karte S.86; ☎021-427 5900; www.queenvictoriahotel.

co.za; Portswood Close, Portswood Ridge, V&A Waterfront; DZ/Suite inkl. Frühstück 6000/ 9000 R; 🅿✳@🛜🏊; 🖵Nobel Square).

🛏 **Sea Point bis Hout Bay**

★ **Ocean View House**   PENSION €€
(Karte S.96; ☎021-438 1982; www.oceanview house.com; 33 Victoria Rd., Bakoven; Zi. inkl. Frühstück ab 2200 R; 🅿✳🛜🏊; 🖵Bakoven) Lage ist alles in diesem Familienbetrieb, der in einem *fynbos*-(wörtlich „Feinbusch")Garten zwischen der Bergkette Twelve Apostles und der zerklüfteten Küstenlinie des Vororts Bakoven bei Camps Bay liegt. Die Zimmer des Ocean View sind frisch, weiß und minimalistisch, jedes verfügt über einen eigenen Balkon oder eine Terrasse, von wo die Aussicht genossen werden kann.

★ **Glen Boutique Hotel**   BOUTIQUEHOTEL €€
(Karte S.92; ☎021-439 0086; www.glenhotel. co.za; 3 The Glen, Sea Point; Zi. inkl. Frühstück ab 2980 R; 🅿✳@🛜🏊; 🖵The Glen) Dieses tolle, schwulenfreundliche Boutiquehotel ist in den Räumlichkeiten eines eleganten alten Hauses und in einem neueren Gebäudeblock dahinter untergebracht. Die großen Zimmer sind in den natürlichen Tönen von Stein und Holz gestaltet. In der Mitte liegen ein sagenhafter Pool und ein Wellnessbereich; außerdem kann man im Hotelrestaurant im Freien dinieren.

★ **Winchester Mansions Hotel**   HOTEL €€
(Karte S.92; ☎021-434 2351; www.winchester. co.za; 221 Beach Rd., Sea Point; EZ/DZ inkl. Frühstück ab 2785/3135 R; 🅿✳🛜🏊; 🖵London) Das elegante Winchester hat Küstenlage (Zimmer mit Meerblick kosten extra) und ist in Sea Point eine echte Institution aus den 1920er-Jahren. Der Wellnessbereich und der 50-m²-Pool verleihen dem historischen Anwesen jedoch eine moderne Note. Der herrliche Hof mit Springbrunnen in der Mitte ist ein romantischer Ort für ein Abendessen. Harvey's Bar (S.158) eignet sich gut für einen Drink bei Sonnenuntergang und bietet einen legendären Jazz-Brunch.

Cascades on the Promenade   HOTEL €€
(Karte S.92; ☎021-434 2586; www.cascadescol lection.com; 11 Arthurs Rd., Sea Point; EZ 2350– 2550 R, DZ 2550–2750 R; 🅿✳@🛜; 🖵Boat Bay) Das trendig einfarbig gehaltene Designerhotel liegt zwar nicht direkt an der Strandpromenade, aber doch so nah am Wasser,

OUDEKRAAL

Oudekraal (☎021-712 7471; www.tmnp. co.za; Victoria Rd./M6; Erw./Kind 40/25 R; Okt.–Mai ⊙8–18 Uhr, Juni–Sept. nur Sa & So; P; ☐Oudekraal), ein vom Table Mountain National Park verwaltetes Granitfelsen-Massiv, das in den Atlantik hinausragt, ist ein erstklassiger Tauchspot. In seinen geschützten Felsbuchten tummeln sich jede Menge Meereslebewesen. Hier ist auch das älteste bekannte Schiffswrack in Südafrika (aus dem Jahr 1670) zu finden. Zudem eignet sich Oudekraal wunderbar zum Picknicken oder für ein *braai* (Grillen über offenem Feuer).

dass die (teureren) Zimmer mit Balkon einen Ausblick aufs Meer gewähren. Alle Zimmer verfügen über Dockingstationen, Apple-PCs und Nespresso-Kaffeemaschinen.

Das Café mit Veranda nach vorne raus ist ein wunderbarer Ort zum Frühstücken, Brunchen oder zum Mittagessen. Frühstück ist im Preis enthalten.

Thulani River Lodge PENSION €€
(☎021-790 7662; www.thulani.eu; 14 Riverside Tce., Hout Bay; Zi. inkl. Frühstück ab 1650 R; P⊛🛰❄; ☐Imizamo Yethu) Das Wort *thulani* ist Zulu und bedeutet „Frieden und Ruhe" – eine perfekte Beschreibung dieser von Deutschen geführten Pension. Sie ist in einem Haus mit afrikanischem Strohdach untergebracht, etwas versteckt in einem üppig bewachsenen Tal, durch das der Disa River zur Hout Bay fließt. Wer im Himmelbett der Honeymoon-Suite liegt, kann einen beeindruckenden Panoramablick auf die Rückseite des Tafelbergs genießen.

Amblewood Guesthouse B&B €€
(Karte S.94; ☎021-790 1570; www.amblewood. co.za; 43 Skaife St., Hout Bay; EZ/DZ inkl. Frühstück ab 1100/1490 R; P🛰❄; ☐Military) June und Trevor heißen die freundlichen Betreiber dieses gastlichen, gehobenen B&B, das sechs Zimmer mit historischem oder fröhlich-modernem Mobiliar bietet. Gäste können sich in dem kleinen Pool auf der Terrasse abkühlen, die Aussicht auf die hübsch geschwungene Hout Bay bietet.

Chapman's Peak Hotel HOTEL €€
(Karte S.94; ☎021-790 1036; www.chapmans peakhotel.co.za; Chapman's Peak Dr., Hout Bay;

EZ/DZ mit Aussicht auf die Berge inkl. Frühstück ab 1700/2550 R, mit Meerblick ab 2300/3400 R; P⊛🛰❄; ☐Hout Bay) Zur Wahl stehen schicke, moderne Zimmer mit Balkon und einem hinreißenden Blick über Hout Bay und die kleineren, traditioneller ausgestatteten Zimmer, die einen Blick auf die Berge bieten und vor deren Fenstern heimischer Wald wuchert. Im historischen Hauptgebäude befindet sich auch ein beliebtes Fischrestaurant mit Bar.

★**Tintswalo Atlantic** LODGE €€€
(☎021-201 0025; www.tintswalo.com/atlantic; Chapman's Peak Dr., Hout Bay; EZ/DZ inkl. Frühstück ab 8085/10 780 R; P⊛🛰❄; ☐Hout Bay) Das einzige Hotel im gesamten Table Mountain National Park (S.54) wurde nach einem verheerenden Brand, der im März 2015 wütete, wiederaufgebaut, wobei der Charme der abgeschiedenen Küstenlage erhalten blieb.

Das luxuriöse Tintswalo liegt am Rand der Hout Bay am Fuß des Chapman's Peak und bietet einen unverstellten Blick auf den Sentinel, der über der Stadt aufragt, und auf die Wale, die in der Walsaison hier vorbeikommen.

★**Ellerman House** HISTORISCHES HOTEL €€€
(Karte S.92; ☎021-430 3200; www.ellerman. co.za; 180 Kloof Rd., Bantry Bay; Zi./Suite/Villa ab 12 000/30 000/95 000 R; P⊛@🛰❄; ☐Bantry Bay) Als würde man von einem unfassbar reichen befreundeten Kunstsammler aus Kapstadt eingeladen werden: Genau so fühlt sich das Ambiente des Ellerman House an, einem eleganten Herrenhaus mit Blick auf den Atlantik. Die Zimmer sind Studien geschmackvollen Designs und verfügen über Fußbodenheizung, gepolsterte Betthäupter, Erkerfenster zum Ozean hin und Originalkunstwerke. Wunderschöne Parkanlage, jede Menge Luxus und auch sonst alles, was das Herz begehrt.

Das Herrenhaus und die beiden eher modernen Villen beherbergen eine unglaubliche Sammlung moderner Kunst. Den Gästen stehen außerdem zwei luxuriöse Wellnessräume mit doppelten Holzschiebetüren zur Verfügung, die sich zum Pool hin öffnen lassen.

★**Camps Bay Retreat** RESORT €€€
(Karte S.96; ☎021-437 8300; www.campsbay retreat.com; 7 Chilworth Rd., The Glen; Zi./Suite inkl. Frühstück ab 6200/9200 R; P⊛🛰❄;

Glen Beach) Das im großartigen Earl's Dyke Manor (erbaut 1929) untergebrachte Resort ist ein herrlicher Ort in einem abgeschiedenen Naturschutzgebiet und doch nur einen kurzen Fußweg von den Geschäftsstraßen Camps Bays entfernt. Im Herrenhaus selbst gibt es Zimmer mit dunklen Holzmöbeln, Orientteppichen und frei stehenden viktorianischen Badewannen, außerdem moderne Zimmer mit offenem Grundriss und eigenen Terrassen zwischen Baumwipfeln.

Twelve Apostles Hotel & Spa HOTEL €€€

(☎021-437 9000; www.12apostleshotel.com; Victoria Rd., Oudekraal; Zi. inkl. Frühstück ab 8054 R; P✳@🛜🏊; 🚌Ouderkraal) Seidige Tapeten, Berge von Kissen und die Kunstsammlung des Eigentümers sorgen in diesem Hotel mit Küstenlage für eine raffinierte Atmosphäre. Das Haus hat 2017 einen Steppenbrand überstanden und liegt wunderbar abgeschieden zwischen der gleichnamigen Bergkette und den Oudekraal-Felsen (S. 140). Weitere Vorzüge sind der Nachmittagstee in der Leopard Bar (S. 175), einer der besten der Stadt, und Wanderwege zu abgelegenen Picknickplätzen.

Ritz Hotel HOTEL €€€

(Karte S. 92; ☎021-439 6010; www.theritz.co.za; Ecke Camberwell & Main Rds., Sea Point; EZ/DZ ab 2550/2750 R; P✳🛜🏊) Das 1960 erbaute Wahrzeichen wurde nach Jahren der Vernachlässigung und einer langen Zeit, in der es geschlossen war, gründlich umgestaltet. Die in Grautönen gehaltenen Zimmer sind schlicht und stilvoll und bieten ausnahmslos Meerblick. Die beste Aussicht gewähren die Eckzimmer, die auch nicht teurer sind als die übrigen. Die Krönung im wahrsten Sinne des Wortes ist das sich drehende Restaurant im 23. OG (Acht-Gänge-Menü 850 R).

Marly BOUTIQUEHOTEL €€€

(Karte S. 96; ☎021-437 1287; www.themarly. co.za; 201 The Promenade, Camps Bay; Berg-/Meerblick-Suite inkl. Frühstück ab 4675/6375 R; P✳🛜🏊; 🚌Whale Rock) Das exklusive und exquisite Marly bietet schicke Zimmer, die mit Schwarz-Weiß-Fotos geschmückt sind. Es thront hoch über dem Menschengewimmel von Camps Bay, aber nah genug am Meer, um die Brandung zu hören (und den Verkehr der Victoria Road). Wer Wert auf seinen Nachtschlaf legt, dem sei eine der ruhigeren Suiten mit Blick auf die Berge empfohlen.

POD BOUTIQUEHOTEL €€€

(Karte S. 96; ☎021-438 8550; www.pod.co.za; 3 Argyle Rd., Camps Bay; Zi./Suite inkl. Frühstück ab 5800/14 300 R; P✳@🛜🏊; 🚌Camps Bay) Das klare, moderne Design des POD hat den perfekten Winkel, um das Treiben in Camps Bay von der Bar, dem großen Pool und der Terrasse einzufangen. Die günstigsten Zimmer bieten einen Blick auf die Berge, nicht aufs Meer; die Luxuszimmer verfügen über eigene Tauchbecken.

Hout Bay Manor BOUTIQUEHOTEL €€€

(Karte S. 94; ☎021-790 0116; www.houtbay manor.co.za; Baviaanskloof Rd., Hout Bay; Zi. inkl. Frühstück 4200–7600 R; P✳@🛜🏊; 🚌Military) Beim Anblick der tollen Neugestaltung im Afro-Chic geraten Gäste des 1871 errichteten Hout Bay Manor ins Staunen. In den Zimmern mit Afrika-Motto, die alle die üblichen elektronischen Annehmlichkeiten haben, mischt sich moderne Kunst mit leuchtend bunter Einrichtung und Kunsthandwerk. Zu den Vorzügen gehören auch ein Wellnessbereich und das Restaurant Pure.

🛏 Southern Suburbs

Off the Wall HOSTEL €

(Karte S. 99; ☎076 322 4053, 021-671 6958; www.offthewallbackpackers.com; 117 Roscommon St., Claremont; B 205–230 R, EZ/DZ 630/850 R, mit Gemeinschaftsbad 555/665 R; 🛜; 🚌Claremont) Wer in den Southern Suburbs eine erschwingliche Bleibe sucht, für den ist dieses praktische, attraktive Hostel, das im Gedränge entlang der Claremonter Einkaufsmeile liegt, genau das Richtige. Es ist innen und außen bunt angestrichen und verfügt über eine großartige Gemeinschaftsküche.

Andros Boutique Hotel BOUTIQUEHOTEL €€

(Karte S. 102; ☎021-797 9777; www.andros.co.za; Ecke Phyllis & Newlands Rds., Claremont; EZ/DZ inkl. Frühstück ab 2050/2550 R; P✳🛜🏊; 🚌Kenilworth) Das hübsche Haus greift den kapholländischen Stil auf und befindet sich in einem ausgedehnten Garten; es wurde 1908 nach Entwürfen von Sir Herbert Baker erbaut. Die Zimmer und Suiten sind geräumig und komfortabel, einige davon verfügen über eine eigene Terrasse – perfekt für Leute geeignet, die hier arbeiten oder Anschluss finden wollen. Es gibt ein Restaurant, eine Bar, einen Pool und einen Wellnessbereich, alles in einem attraktiven Mix aus historischem und modernem Stil.

Summit Place
PENSION €€
(Karte S.102; ☑021-794 0895; http://summitplaceguesthouse.co.za; 15 Summit Way, Constantia; EZ/DZ ab 1200/1800 R; P✳🌐♒) Diese attraktive, gut ausgestattete und moderne Pension bietet helle, zeitgemäße Zimmer und Cottages für Selbstversorger. Über den Balkonen sowie dem Rasen und Pool ragen die Berge auf.

Bei der etwas versteckt liegenden Unterkunft in der Nähe des Weinguts Klein Constantia (S. 98) handelt es sich um eine durchweg gute Option für einen ruhigen Aufenthalt.

★ Vineyard Hotel & Spa
LUXUSHOTEL €€€
(Karte S.99; ☑021-657 4500; www.vineyard.co.za; Colinton Rd., Newlands; Zi./Suite inkl. Frühstück ab 3320/5420 R; P✳🌐♒; ⛎Claremont) Die Zimmer dieses reizenden Hotels sind modern eingerichtet und in beruhigenden Naturtönen gehalten. Das bereits 1799 errichtete Zuhause von Lady Anne Barnard ist von einem üppigen Garten mit Blick auf den Tafelberg umgeben, in dem man einen geführten Spaziergang mitmachen und entspannt einen Nachmittagstee trinken kann. Das fabelhafte Angsana Spa, ein großartiges Fitnessstudio und ein Pool sowie das Gourmetrestaurant Myoga runden das Ganze stilgerecht ab.

Steenberg Hotel
HISTORISCHES HOTEL €€€
(Karte S.102; ☑021-713 2222; www.steenberghotel.com; Steenberg Estate, Steenberg Rd., Constantia; Zi./Suite inkl. Frühstück ab 4900/7750 R; P✳🌐♒) Vornehme, in zarten Tönen gehaltene Zimmer, die stets mit frischen Blumen dekoriert sind – das alles und noch viel mehr bietet das elegante Luxushotel auf dem historischen Weingut Steenberg, zu dem auch Restaurants, Golfplätze und ein Wellnessbereich gehören. Gäste bekommen kostenlose Weinproben, und täglich fährt ein Shuttle zum Strand und wieder zurück.

Alphen
BOUTIQUEHOTEL €€€
(Karte S.102; ☑021-795 6300; www.alphen.co.za; Alphen Dr., Constantia; Suite inkl. Frühstück ab 3570 R; P✳🌐♒; ⛎Wittebome) Eine todschicke Umgestaltung hat dieses historische Anwesen in ein glamouröses Boutiquehotel mit 19 Suiten verwandelt, das mit Elementen wie Badezimmer „für sie und ihn" ausgestattet ist. Das Alphen ist in einem Mix aus Antiquitäten und kühnem, modernem Stil eingerichtet, den man entweder liebt oder hasst. Das zum Anwesen gehörige Bistro mit Bäckerei La Belle (S.161) und die schicke Rose Bar mit Blick auf den gepflegten Garten und Pool sind schon für sich genommen einen Abstecher wert.

Mit dem Auto von der M3 die Ausfahrt Constantia nehmen und den Schildern nach Alphen folgen.

🛏 Simon's Town & Southern Peninsula

Stoked Backpackers
HOSTEL €
(Karte S.106; ☑021-709 0841; www.stokedbackpackers.com; 175 Main Rd., Muizenberg; B 200–220 R, Zi. 665–995 R; 🌐; ⛎Muizenberg) Einige der vier 12-Bett-Zimmer hier sind schöner als andere; deshalb sollten sich Gäste alles genau anschauen, bevor sie ihre Wahl treffen. Die Lage ist einwandfrei: nah am Bahnhof und mit Strandblick. Unten gibt's ein Café, Aktivitäten werden angeboten, und der Sandstrand ist nur einen kurzen Fußweg entfernt, deshalb ist das Hostel schon seit Langem sehr beliebt bei Reisenden.

Eco Wave Lodge
HOSTEL €
(☑073 927 5644; www.ecowave.co.za; 11 Gladioli Way, Kommetjie; DZ 700 R, B/EZ/DZ mit Gemeinschaftsbad 200/550/600 R, Apt. 1200 R; P🌐) Das Hostel ist nur 100 m vom Strand entfernt und damit ideal für Surfer. Das geräumige Vorstadthaus verfügt über ein großes Speisezimmer (mit Kronleuchter), eine Lounge mit Billardtisch und ein Sonnendeck. Die Palette von Zimmern reicht von Vier-Bett-Zimmern mit unverputzten Backsteinwänden und Holzbalken bis hin zu winzigen Doppel- und Zwei-Bett-Zimmern mit Surf-Dekor; die meisten mit Gemeinschaftsbad.

Darüber hinaus gibt's ein Apartment mit Garage und *braai* (Grill) für Selbstversorger. Von der Kommetjie Road (M65) auf den Somerset Way abbiegen, der zum Gladioli Way führt.

African Soul Surfer
HOSTEL €
(Karte S.106; ☑021-788 1771; www.africansoulsurfer.co.za; 13 York Rd., Muizenberg; B 190 R, EZ/DZ 580/750 R; 🌐; ⛎Muizenberg) Das in einem denkmalgeschützten Haus untergebrachte Hostel mit herrlichem Meerblick ist ideal für alle, die nicht mehr als 30 Sekunden

vom Strand entfernt sein wollen. Neben hübsch eingerichteten Zimmern mit eigenem Bad oder Gemeinschaftsbad gibt es auch eine Küche, eine bequeme Lounge sowie Tischtennisplatte und Billardtisch.

Simon's Town Boutique Backpackers
HOSTEL €

(Karte S.110; ☑021-786 1964; www.capepax. co.za; 66 St. George's St., Simon's Town; B 240 R, EZ/DZ 700/820 R, mit Gemeinschaftsbad 550/690 R; P⛽; ⬛Simon's Town) Das Hostel bietet mit seinen geräumigen, schiffsrumpfähnlichen Zimmern – einige davon mit Blick auf den Hafen – das beste Preis-Leistungs-Verhältnis in Simon's Town. Das Personal kann behilflich sein, Aktivitäten in der Umgebung zu planen, von Walbeobachtung bis hin zu Weintouren; es gibt einen Fahrradverleih, eine Bar und einen Balkon zur Hauptstraße hin.

★ Bella Ev
PENSION €€

(Karte S.106; ☑021-788 1293; www.bellaev guesthouse.co.za; 8 Camp Rd., Muizenberg; EZ/DZ ab 1000/1200 R; P⛽; ⬛Muizenberg) Diese reizende Pension mit herrlichem Innenhofgarten könnte die Kulisse für einen Agatha-Christie-Film abgeben – einen, in dem der Hausbesitzer einen Hang zu allem Türkischem hat, daher die orientalischen Hausschuhe, die die Gäste benutzen dürfen.

Mountain House
COTTAGE €€

(☑083 455 5664; www.themountainhouse.co.za; 7 Mountain Rd., Clovelly; Cottages 1450–1950 R; P⛽; ⬛Fish Hoek) Dieses moderne Cottage mit zwei Zimmern liegt in den Bergen, im Garten eines einheimischen Architekten, und bietet viele große Fenster und Meerblick. Bis zu vier Leuten können hier übernachten und es gibt einen *braai*-(Grill-)Bereich und eine Terrasse mit weitreichendem Blick über Fish Hoek. Das Cottage liegt zwischen Kalk Bay und Fish Hoek.

De Noordhoek Hotel
HOTEL €€

(☑021-789 2760; www.denoordhoek.co.za; Ecke Main Rd & Village Ln., Noordhoek; EZ/DZ inkl. Frühstück 1500/2250 R; P⛽@⛽⛽) Das Hotel befindet sich in hervorragender Lage im Noordhoek Farm Village (S.195). Seine Zimmer sind geräumig und komfortabel und liegen an einem hübschen Innenhof, der mit *fynbos* (wörtlich „Feinbusch") und Zitronenbäumen bepflanzt ist. Einige der Zimmer sind für Gäste mit Behinderungen besonders geeignet. Der Komplex

ähnelt einer modernen kapholländischen Farm mit diversen Restaurants, Läden und Kinderspielplatz.

Monkey Valley Resort
RESORT €€

(☑021-789 8000; www.monkeyvalleyresort.com; Mountain Rd., Noordhoek; EZ/DZ inkl. Frühstück ab 950/1480 R, Cottages ab 2360 R; P⛽⛽⛽) 🍃 Das fantasievoll gestaltete, rustikale „Strand-Natur-Resort" vermietet Zimmer, die zum Meer oder zum Garten hin liegen, sowie geräumige Selbstversorger-Cottages mit strohgedeckten Dächern und offenem Gebälk. Das Ganze liegt angenehm im Schatten von Milkwood-Bäumen. Das Resort liegt am Fuß des Chapman's Peak und ist nur einen kurzen Moment vom breiten Strand entfernt.

Ein Restaurant gehört ebenfalls dazu; bei Kindern ist das Resort ein absoluter Liebling, es bietet einen Spielplatz, drei Pools, einen Babysitting-Service und Trommel-Workshops.

Boulders Beach Lodge
B&B €€

(Karte S.110; ☑021-786 1758; www.boulders beach.co.za; 4 Boulders Pl., Simon's Town; EZ/DZ/FZ inkl. Frühstück ab 650/1300/2400 R; P⛽; ⬛Simon's Town) Pinguine watscheln direkt bis zur Tür dieses schicken Gästehauses; die Zimmer sind mit Korbmöbeln und Holz ausgestattet. Es gibt zwei Familieneinheiten für Selbstversorger. Das hervorragende Restaurant bietet Sitzplätze draußen auf der Terrasse. Achtung: Pinguine gehören nicht gerade zu den ruhigsten Zeitgenossen, deshalb besser Ohrstöpsel mitnehmen.

Chartfield Guesthouse
PENSION €€

(Karte S.106; ☑021-788 3793; www.chartfield. co.za; 30 Gatesville Rd., Kalk Bay; Zi. 900–1200 R, FZ 2400 R; P⛽⛽; ⬛Kalk Bay) Die weitläufige Pension aus den 1920ern ist mit Holzböden ausgestattet und mit ausgewählten Stücken zeitgenössischen, einheimischen Kunsthandwerks dekoriert. Es gibt eine Auswahl von Zimmern, die alle mit duftig frischer Bettwäsche und Regenwaldduschen im Bad ausgestattet sind. Frühstück gibt's auf der herrlichen Terrasse und im Garten mit Blick auf den Hafen.

🛏 Cape Flats & Northern Suburbs

In den Cape Flats gibt es eine Reihe familienbetriebener Unterkünfte und B&Bs, die normalerweise in oder gleich neben einem Privathaus untergebracht sind. Bei einer Xhosa-Matriarchin zu übernachten, ist eine herrliche und lustige Art und Weise, mehr vom Leben in der Township mitzubekommen als nur bei einer Tagestour dorthin mit ein oder zwei afrikanischen Mahlzeiten. Buchungen sind über Vamos (S. 128), **Ikhaya Le Langa** (☏076-530 5065; http://ikhayalelanga.co.za), **Khayelitsha Travel** (☏021-361 4505, 082 729 9715; www.facebook.com/Khayelitsha-Travel-618660584966170; Lookout Hill complex, Ecke Mew Way & Spine Rd., Ilitha Park, Khayelitsha; ⊟Makabeni) und die üblichen Anbieter von Privatunterkünften möglich.

In den Northern Suburbs finden Reisende Unterkunft auf Weingütern in Durbanville, z. B. Meerendal (S. 114), sowie um Bloubergstrand und Century City.

★ Liziwe Guest House
B&B €

(☏021-633 7406; www.sa-venues.com/visit/liziwesguesthouse; 111 NY 112, Gugulethu; Zi. 750–900 R; 🅿; ⊟Heideveld) Liziwe hat ihre Villa in einen Palast mit sieben wunderbaren Zimmern mit Bad, Satelliten-TV und afrikanischen Motiven umgewandelt. Sie hat an einer Kochsendung der BBC teilgenommen – entsprechend köstlich ist ihre Küche. Alle Mahlzeiten sind hier erhältlich, und auch wer nicht hier übernachtet, kann nach vorheriger Reservierung zum Mittag- oder Abendessen vorbeikommen.

★ Kopanong
B&B €

(☏082 476 1278, 021-361 2084; www.kopanongtownship.co.za; 329 Velani Cres., Section C, Khayelitsha; EZ/DZ inkl. Frühstück 500/1000 R; 🅿; ⊟Nonkqubela) Thope Lekau, auch „Mama Africa" genannt, leitet dieses hervorragende B&B zusammen mit ihrer ebenso überschwänglichen Tochter Mpho. Ihr beachtliches Backsteinhaus bietet drei stilvoll ausgestattete Gästezimmer, zwei davon mit eigenem Bad. Das Abendessen (pro Person 140 R, Minimum zwei Gäste) schmeckt köstlich; zusätzlich können Stadtspaziergänge (1 Std., pro Person 150 R) organisiert werden, geführt von Mitgliedern der lokalen Gemeinde.

Nomase's Guesthouse
PENSION €

(Karte S. 116; ☏083 482 8377, 021-694 3904; Ecke King Langalibalele & Sandile Aves., Langa; Zi. inkl. Frühstück 480 R; 🅿) Nomases lachsfarbenes Gästehaus bietet vier Zimmer mit eigenem Bad in praktischer Lage – nur wenige Gehminuten östlich des Passmuseums von Langa (S. 117) und dem Guga S'Thebe Arts & Cultural Centre (S. 117). Für Selbstversorger gibt es eine Küche.

Majoro's B&B
B&B €

(☏021-794 1619; www.mycapetownstay.com/MajorosBB; 69 Helena Cres., Khayelitsha; EZ/DZ mit Gemeinschaftsbad inkl. Frühstück 550/900 R; 🅿; ⊟Khayelitsha) Die freundliche Maria Maile leitet dieses B&B in ihrem kleinen Backsteinbungalow in Graceland, einem gehobeneren Viertel von Khayelitsha. In ihren beiden gemütlichen Zimmern kann sie bis zu vier Personen unterbringen. Es gibt Mittag- und Abendessen sowie weitere Angebote, vom Abholservice bis hin zu Gospeltouren. Für Autofahrer gibt's einen sicheren Parkplatz.

Malebo's
B&B €

(☏083 475 1125, 021-361 2391; www.airbnb.com/rooms/2156844; 18 Mississippi Way, Khayelitsha; EZ/DZ 700/850 R; 🅿🛜; ⊟Khayelitsha) Lydia Masoleng öffnet schon seit 1998 ihr geräumiges, modernes Zuhause für Gäste. Ihre drei gemütlichen Zimmer sind mit eigenem Bad ausgestattet. Sie bietet geführte Touren und traditionelle Xhosa-Abendessen (120 R); zu Letzterem gehört auch ihr selbst gebrautes *umqombothi* (Bier).

Colette's
B&B €

(Karte S. 116; ☏083 458 5344, 021-531 4830; www.colettesbb.co.za; 16 The Bend, Pinelands; EZ/DZ inkl. Frühstück ab 500/650 R; 🅿🛜; ⊟Pinelands) Die reizende Colette betreibt dieses frauenfreundliche B&B. Ihr geräumiges und hübsches Zuhause in Pinelands teilt sie sich mit Enten im Garten. Die vier Zimmer mit eigenem Bad, zu denen auch zwei Loft-Doppelzimmer gehören, sind in einem eigenen Flügel untergebracht.

★ Hotel Verde
HOTEL €€

(☏021-380 5500; www.hotelverde.com; 15 Michigan St., Airport Industria; EZ/DZ 2136/2380 R; 🅿✴@🛜; ⊟Airport) 🍃 Es ist unschwer zu erkennen, warum das selbst ernannte „grünste Hotel Afrikas" so viele Nachhaltigkeitspreise gewonnen hat. Die Zimmer sind komfortabel und kreativ gestaltet, und überall gibt hier regionales Kunsthandwerk den Ton an. Solarpaneele und Windräder reduzieren den Energieverbrauch aus dem öffentlichen Versorgungsnetz. Hinter dem Hotel ist ein wunderschön angelegter Garten mit Schwimmteich, der das umliegende Sumpfgebiet mit einbezieht.

Zwischen Hotel und Flughafen (S. 199) und Hotel und Stadt gibt es einen kostenlosen Shuttle-Service.

✖ Essen

Es grenzt an ein Wunder, dass die Kapstädter am Strand so eine gute Figur machen, denn man kann in dieser Stadt wirklich verdammt gut essen – vielleicht besser als in ganz Afrika. Es gibt eine wunderbare Palette an Küchen – einschließlich der lokalen afrikanischen und der kapmalaiischen –, köstliche Meeresfrüchte direkt vom Boot und erstklassige Spitzenköche.

✖ City Bowl, Foreshore, Bo-Kaap & De Waterkant

Die City Bowl strotzt geradezu vor Restaurants und Cafés, viele sind sonntags jedoch geschlossen. Das Cape-Quarter-Einkaufszentrum ist der kulinarische Mittelpunkt De Waterkants, aber auch außerhalb davon finden sich jede Menge Restaurants. Bo-Kaap bietet ebenfalls eine Handvoll Restaurants, aber die Einheimischen schwören auf das Grillfleisch zum Mitnehmen, das der Typ in der Nähe der Ecke Rose und Wale Streets verkauft.

Hail Pizza   PIZZA €
(Karte S.70; www.hailpizza.com; 133 Bree St., City Bowl; Pizza klein/groß 60/114 R; ⏰Mo–Fr 7–22.30 Sa & So ab 8 Uhr; 🚃Dorp, Leeuwen) Das Hail ist, was Pizza angeht, ein echter Geheimtipp am Kap, es versteckt sich praktisch vor aller Augen hinter einem anderen beliebten Restaurant. Die leckeren Pizzen mit dünnem, knusprigem Boden werden im Holzofen gebacken, beim Wochenend-Bruch gibt's dazu Bloody Marys oder Sekt-Orange, so viel man will (150 bis 200 R). Bis 16 Uhr gibt's hier auch Frühstück, einschließlich einiger interessanter Gerichte wie Kimchi mit gebratenem Bio-Reis.

Zu finden direkt hinter Clarke's Bar & Dining Room.

Hokey Poke   HAWAIISCH €
(Karte S.70; ☎021-422 4382; www.hokeypoke. co.za; 1 Church St., City Bowl; Hauptgerichte 85–135 R; ⏰Mo–Sa 12–21 Uhr; 🖪) Kapstadts erstes Poke-Lokal ist ein herrlicher Geheimtipp mit einem Hauch von Asia-Kitsch, der die weiß gefliesten Wände auflockert. Es stehen sieben verschiedene Poke Bowls zur Auswahl, Gäste können sich aber selbst auch ihre ganz eigene Bowl zusammenstellen. Die Zutaten sind ziemlich traditionell, z.B. roher Thunfisch, Lachs und Garnelen, zerkleinerte Algen und Rogen. Hokey ist ein heiteres Lokal mit freundlicher Bedienung.

Kleinsky's Delicatessen   DELI €
(Karte S.70; ☎082 583 4162; www.kleinskys. co.za; 32 Parliament St, City Bowl; Sandwiches 38–114 R; ⏰Mo–Sa 7–16 Uhr; 🚃Groote Kerk) In diesem modern eingerichteten Deli am Church Square gibt es jüdisches Soul Food; Dauerbrenner sind überaus korrekte Bagels und *shmears* (cremiger Käse in verschiedenen Geschmacksrichtungen), Suppe mit Matzeknödeln, gehackte Leber und heiße Pastrami auf Roggenbrot.

Die Hauptfiliale ist in Sea Point (S.157).

City Bowl Health Kitchen   SÜDAMERIKANISCH €
(Karte S.84; ☎021-461 0334; www.facebook. com/citybowlhealthkitchen; Shop 6, Waalford Centre Bldg., 9 Commercial St., City Bowl; Hauptgerichte 55 R; ⏰Mo–Fr 7–16 Uhr; ☎; 🖪) Ein Kolumbier führt dieses angenehme, leicht versteckt gelegene Café, daher finden sich viele Gerichte im südamerikanischen Stil auf der Speisekarte, darunter auch Quesadillas, Mehltortillas mit Fleisch-, Gemüse- und Käsefüllung. Außerdem werden traditionelle Getränke wie *aromaticas,* ein heißes Zitrusgetränk mit Gewürzen, und *canelazo,* ein Getränk aus Zuckerrohr, Zimt und Zitrone, angeboten.

Marrow   SUPPE €
(Karte S.70; ☎082-963 3534; www.marrow broth.co.za; 83 Loop St., City Bowl; Tasse/Schüssel Brühe 30/65 R; ⏰Mo–Di 11–16, Mi–Fr bis 20 Uhr; 🚃Church, Longmarket) Raffiniert: Alle Rinder-, Hühner- und Gemüsebrühen sind *halal* und werden entweder in einer Tasse als leckeres, herzhaftes Getränk oder zusammen mit anderen Zutaten wie gebratenem Huhn oder Auberginen, gedünstetem Fisch oder halbgaren Wildstückchen in einer Schüssel angerichtet. Das Essen wird in einem engen Lokal, das nur zwölf Personen Platz bietet, ansprechend serviert.

Bacon on Bree   SANDWICHES €
(Karte S.70; ☎021-422 2798; http://baconon bree.com; 217 Bree St., City Bowl; Sandwiches 55–90 R; ⏰Mo–Do 7.30–17, Fr bis 21 Uhr, Sa 8.30–21, So 8.30–15 Uhr; 🚃Upper Loop, Upper Long) Die unangefochtene Nummer eins in Bezug auf Bacon am Kap serviert super Sandwiches und opulente Salate, die nach Filmen und Fernsehserien benannt sind, auch wenn hier das Pökelfleisch von

Besitzer Richard Bosmann der Star ist, einem bekannten einheimischen Meister für Fleisch- und Wurstwaren. Das Frühstück hier ist auch toll.

Das Lokal hat eine Schankkonzession, freitags und samstags ist lange geöffnet, und es gibt Abendessen mit Bacon, Bier und Sekt.

Plant
VEGAN €

(Karte S. 70; ☑021-422 2737; www.plantcafe. co.za; 8 Buiten St., City Bowl; Hauptgerichte 40–70 R; ☺Mo–Sa 8–22 Uhr; ☑; ☐Upper Loop, Upper Long) Wie der Name schon sagt, serviert das Plant nur veganes Essen – und das ist so lecker, dass es auch Nicht-Veganer begeistern kann. Sandwiches und Salate enthalten Käse- und Ei-Ersatz, riesige Zuchtchampignons oder eine Mischung aus Kartoffelflocken und Algen dienen als Burger-Alternative. Die veganen Cupcakes und Brownies sind köstlich.

Clarke's Bar & Dining Room
AMERIKANISCH €

(Karte S. 70; ☑021-424 7648; www.clarkesdining. co.za; 133 Bree St., City Bowl; Hauptgerichte 75–105 R; ☺Mo–Fr 7–22.30, Sa & So 8–15 Uhr; ☐Dorp, Leeuwen) Das einladende Lokal mit Barplätzen ist ein Lieblingstreff der Bree-Street-Hipster-Szene und steht ganz in der Tradition eines US-amerikanischen Diners. Frühstücksgerichte wie gegrillte Käse-Sandwiches und *huevos rancheros* gibt's hier den ganzen Tag und ab mittags auch Reubens- und Schweinebauch-Sandwiches sowie Burger und Käse-Makkaroni.

Olami
NAHÖSTLICH €

(Karte S. 70; 231 Bree St., City Bowl; Hauptgerichte 75–100 R; ☺Mo–Fr 8–16 Uhr; ☐Upper Loop, Upper Long) Alle Wohlgerüche des Mittelmeers und des Nahen Ostens kommen in diesem makellos weißen Lokal in Form von Falafel-Sandwiches, Salaten, Süßigkeiten und Getränken zusammen. Hier gibt's nicht nur eine Box voller Leckereien zum Mitnehmen, sondern auch das hauseigene Kochbuch und das wunderbare, handgearbeitete Tongeschirr des Kochs!

Jason Bakery
BÄCKEREI, CAFÉ €

(Karte S. 70; ☑021-424 5644; www.jasonbakery. com; 185 Bree St., City Bowl; Hauptgerichte 50–85 R; ☺Mo–Fr 7–15.30, Sa 8–14 Uhr; ☐Upper Loop, Upper Long) Wer einen Sitzplatz in diesem wahnsinnig angesagten Eckcafé ergattern will, muss schnell sein. Hier gibt's sensationelles Frühstück und Sandwiches sowie ordentlichen Kaffee, einige

Craft-Biere und MCC-Sekt glas- oder flaschenweise. Zum Glück verfügt der Laden auch über eine Take-away-Theke.

Eine neue Filiale gibt's in Green Point.

Royale Eatery
BURGER €

(Karte S. 70; ☑021-422 4536; www.royaleeatery. com; 279 Long St., City Bowl; Hauptgerichte 78–96 R; ☺Mo–Sa 12–23.30 Uhr; ☐Upper Loop, Upper Long) Seit Jahren werden hier schon Gourmet-Burger gegrillt, die an Perfektion grenzen; unten geht es locker und lebhaft zu, während man im Restaurant oben einen Tisch reservieren kann. Wer mal etwas anderes will, sollte den Sprinter-Straußenburger probieren. Wer kein rotes Fleisch will, ist aber auch mit einem Hähnchen-, Fisch- oder Gemüse-Burger gut beraten.

Bread, Milk & Honey
SANDWICHES €

(Karte S. 70; ☑021-461 8872; www.breadmilk honey.co.za; 10 Spin St., City Bowl; Hauptgerichte 45–65 R; ☺Mo–Fr 6.30–15.45 Uhr; ☐Groote Kerk) Angeregte Debatten von Politikern und Bürokraten aus dem nahen Parlament erfüllen dieses schicke, familienbetriebene Café. Die Angebote auf der Speisekarte sind köstlich: Besonders lecker sind die Kuchen und Desserts, und es gibt täglich Mittagessen, das nach Gewicht bezahlt wird, dazu jede Menge Essen zum Mitnehmen.

Lola's
INTERNATIONAL €

(Karte S. 70; www.lolas.co.za; 228 Long St., City Bowl; Hauptgerichte 60–80 R; ☺Mo–Sa 7.30–16 Uhr, So 8.30–15 Uhr; ☎; ☐Upper Loop, Upper Long) Die alte Dame der Szene in der Long Street hat ihr gutes Aussehen beibehalten, und das Ambiente ist nach wie vor entspannt. Das Frühstück, inklusive Frittiertem aus Zuckermais und Eiern Benedict, ist immer toll. Herrlich, um etwas zu trinken und dabei das Treiben auf der Long Street zu beobachten.

★ Chef's Warehouse & Canteen
TAPAS €€

(Karte S. 70; ☑021-422 0128; www.chefs warehouse.co.za; Heritage Sq., 92 Bree St., City Bowl; Tapas für 2 Pers. 700 R; ☺Mo–Fr 12–14.30 & 16.30–20 Uhr, Sa 12–14.30 Uhr; ☐Church, Longmarket) Hier bietet der Küchenchef Liam Tomlin mit seiner talentierten Mannschaft seinen Gästen eine köstliche und sehr großzügige Auswahl an kleinen Gerichten. Bei den Geschmacksrichtungen geht's einmal rund um die Welt, von Tintenfisch mit einem würzigen vietnamesischen Salat bis hin zu gediegenem Coq au Vin. Wer keinen Sitzplatz bekommt (reservieren ist nicht möglich), dem bleibt immer noch die Take-away-Durchreiche mit Street Food am Treppenaufgang. Andere Kapstädter Köche kommen hierher, um Zutaten und Küchenzubehör einzukaufen. Nach dem Essen kann man im Shop noch in einer großartigen Auswahl an Kochbüchern und anderen kulinarischen Highlights stöbern.

★ Hemelhuijs INTERNATIONAL €€

(Karte S.74; 021-418 2042; www.hemelhuijs. co.za; 71 Waterkant St., Foreshore; Hauptgerichte 125–175 R; Mo–Fr 9–16 Uhr, Sa bis 15 Uhr; Strand) Das mit Hirschköpfen, zerbrochenem Geschirr und moderner Kunst recht eigenwillig, aber dennoch elegant eingerichtete Hemelhuijs präsentiert die Kunstwerke und kulinarischen Kreationen von Jacques Erasmus. Das einfallsreiche Essen ist köstlich und enthält auch einheimische Zutaten, etwa Sandvelt-Kartoffeln, herrlich frische Säfte und tagesfrische Backwaren.

Izakaya Matsuri JAPANISCH €€

(Karte S.74; 021-421 4520; www.izakayamat suri.com; Shop 6, The Rockwell, Schiebe St., De Waterkant; Hauptgerichte 50–125 R; Mo–Sa 10.30–15, 17–22 Uhr; Alfred) Das Sushi und die belegten Brötchen des genialen Arata-san gehören zu den besten Kapstadts. Außerdem gibt es hier weitere japanische *izakaya*-Snacks, z. B. Nudeln und Tempura. Bei warmem Wetter verlagern sich die Tische aus dem attraktiven Innenbereich mit riesigen weiß-roten Papierlaternen hinaus ins Freie.

Mulberry & Prince INTERNATIONAL €€

(Karte S.70; 021-422 3301; www.mulberryand prince.co.za; 12 Pepper St., City Bowl; Hauptgerichte 140–195 R; Mi–Sa 7–22 Uhr, So 10–14 Uhr; Leeuwen/Dorp) Tische mit Messingplatten, Marmor und zeitgenössische Kunst verleihen diesem gemütlichen Restaurant mit Cocktailbar ein edles Ambiente, passend zum einfallsreichen Essen, das von zwei Köchen zubereitet wird, die am Culinary Institute of America ausgebildet wurden. Die Tapas-artigen Gerichte sind nicht besonders groß, daher lieber mehrere davon bestellen – das fällt nicht schwer, wo doch so verlockende Optionen wie zweimal gegarter Schweinebauch auf der Speisekarte stehen.

Charango PERUANISCH €€

(Karte S.70; 021-422 0757; http://charango. co.za; 114 Bree St., City Bowl; Hauptgerichte 40–190 R; Mo 17–22 Uhr, Di–Sa 12–22.30 Uhr; Church, Longmarket) Hier gibt es eine Auswahl kleiner Gerichte, wie frittierte Kalamari, Hähnchen und Tacos auf peruanische Art, sowie üppigere Hauptgerichte, wie in Miso marinierter Fisch. Die Atmosphäre ist lebhaft, und es gibt jede Menge Platz, um an warmen Abenden draußen zu sitzen, wenn die Bar nach den Essensbestellungen noch einige Stunden geöffnet ist.

Culture Club Cheese KÄSE €€

(021-422 3515; www.cultureclubcheese.co.za; 13 Boundary Rd., The Josephine Mill, Newlands; Hauptgerichte 65–85 R; Mo–Mi 9–17, Do–Sa bis 22 Uhr, So 9–15 Uhr; Newlands) Der in Großbritannien ausgebildete Käsehersteller Luke und seine Partnerin Jessica haben hier ein tolles kleines Café mit Imbiss aufgezogen. Achtzig Prozent der über 200 Käsesorten, die sie hier haben – und für Gerichte wie gegrillte Käsesandwiches und Makkaroni mit Käse verwenden – stammen aus Südafrika, deshalb bietet sich hier die wunderbare Gelegenheit, etwas Ungewöhnliches zu probieren.

Auch Kefir und Kombucha (zwei fermentierte Getränke) stellen sie selbst her, und monatlich veranstalten sie Gourmet-Events, bei denen sie Käse mit anderen Dingen kombinieren.

Cousins ITALIENISCH €€

(Karte S.84; 083 273 9604; www.thecousins restaurant.com; 3B Barrack St., City Bowl; Hauptgerichte 70–100 R; 18–22 Uhr;) Wem der Sinn nach traditionellem italienischem Essen steht, ist in diesem freundlichen, lebhaften Lokal genau richtig aufgehoben. Auf der Speisekarte steht perfekte hausgemachte Pasta; dazu wird dann – höchstwahrscheinlich von einem der drei Cousins aus der Romagna, die das Restaurant vor Jahren gegründet haben – ein riesiger Laib Parmesan theatralisch an den Tisch gerollt.

Homage 1862 INTERNATIONAL €€

(Karte S.70; 021-422 0900; www.homage. co.za; 168 Loop St., City Bowl; Hauptgerichte 85–220 R; Di–Sa 12–15.30 Uhr; Mi–Sa 12–15.30 & 18.30–21.30 Uhr; ; Leeuwen, Dorp) Das aus dem Jahr 1862 stammende Gebäude wurde einfühlsam in ein angenehmes Restaurant mit Bar mit breitem Balkon, Innenhof und jeder Menge

STADTVIERTEL IM ÜBERBLICK ESSEN

Topfpflanzen verwandelt. Auf der Speise-karte steht überwiegend Gemüse – aber auch Fleisch. Alle Speisen haben gemein-sam, dass sie auf einem Holzkohlegrill ge-gart oder fertig gebraten werden.

Die Bar oben bietet Events wie Live-musik; Aktuelles am besten auf der Face-book-Seite nachlesen.

La Tête
INTERNATIONAL €€
(Karte S. 74; ☑021-418 1299; www.latete.co.za; 17 Bree St., Foreshore; Hauptgerichte 130–180 R; ⊙Di–Fr 12–14.30, 18–23 Uhr; ☐Lower Loop, Lower Long) Die Brüder Giles und James Edwards haben mit ihrem Kochansatz be-geisterte Kundschaft unter den Kapstäd-ter Gourmets gefunden, die in Scharen hierherkommen, um Gerichte zu probie-ren wie knusprige Schweineschwänze (die ziemlich gehaltvoll und ölig sind) oder die leckere gebackene Schweinebacke und Wachteleier. Ochsenzunge, Bries und ge-füllte Hähnchenherzen haben höchst-wahrscheinlich auch ihren großen Auf-tritt auf der Speisekarte.

Lucy Ethiopian Restaurant
ÄTHIOPISCH €€
(Karte S. 84; ☑021-422 1797; www.lucyrestau rant.co.za; 281 Long St., City Bowl; Hauptgerichte 85–170 R; ⊙Mo–Sa 12–23 Uhr; ☑; ☐Upper Long, Upper Loop) In diesem hellen Lokal mit Blick auf die Long Street sitzt man an einem der zwölf traditionellen geflochte-nen *mesob*-Tische. Am besten die authen-tische Küche mit einem Kombi-Teller pro-bieren – sechs Gerichte mit oder ohne Fleisch, die auf einem frisch gebackenen *injera* (einem leicht sauren, schwammi-gen Fladenbrot) serviert werden. Dazu gibt es *tej* (Honigwein) und auf Anfrage eine traditionelle Kaffeezeremonie.

Raw and Roxy
VEGAN €€
(Karte S. 70; ☑079 599 6277; www.facebook. com/rawandroxy; 38 Hout St., City Bowl; Haupt-gerichte 110–135 R; ⊙Mo–Do 10–18, Fr bis 21.30 Uhr, Sa, 10–17 Uhr; ☑; ☐Kent) Beatrice Holst verführt die fleischvernarrten Kap-städter mit ihren köstlichen Rohkost-gerichten und veganen Leckereien und Getränken, darunter vor Vitaminen strot-zende Säfte, eine Rohkostlasagne, die Feinschmecker zu Superlativen greifen lässt, und seidig-glatter, super-üppiger Avocado-Schoko-Ganache-Kuchen.

Wer einen veganen Kochkurs (600 R) belegen will, kann sich an Beatrice wen-den, die diese Abendkurse leitet.

Bocca
ITALIENISCH €€
(Karte S. 70; ☑021-422 0188; www.bocca.co.za; cnr Bree & Wale Sts., City Bowl; Pizza 75–136 R; ⊙12–22 Uhr; ☐Dorp, Leeuwen) Köstliche ne-apolitanische Pizzen mit weicherer Kruste und kreativem Belag (Kimchi, Schweins-wurst und Ingwer auf der Pizza „Lady Zaza") kommen in diesem bereits sehr be-liebten Lokal aus dem Backsteinofen. Außerdem stehen weitere moderne italie-nische Gerichte und Teller für mehrere Personen auf der Speisekarte.

Bo-Kaap Kombuis
KAPMALAIISCH €€
(Karte S. 70; ☑021-422 5446; www.bokaapkom buisco.za; 7 August St., Bo-Kaap; Hauptgerichte 75–95 R; ⊙Di–Sa 12–16 & 18–21.30 Uhr, Sa 12–16 Uhr) Yusuf und Nazli und ihre Mitarbei-ter empfangen Gäste sehr herzlich in die-sem toll gelegenen Restaurant weit oben im Bo-Kaap. Schon allein wegen des Pano-ramablicks über den Tafelberg und Devil's Peak lohnt sich der Besuch. Auf der Karte stehen alle traditionellen kapmalaiischen Gerichte sowie vegetarische Speisen wie Zuckerbohnencurry.

Es gibt übrigens auch ein paar Zimmer in einer Pension oder für Selbstversorger zu mieten.

6 Spin St Restaurant
INTERNATIONAL €€
(Karte S. 70; ☑021-461 0666; www.6spinstreet. co.za; 6 Spin St., City Bowl; Hauptgerichte 75–180 R; ⊙Mo–Fr 10–22, Sa ab 18 Uhr; ☐Groote Kerk) Robert Mulders bringt seine ansehnli-chen kulinarischen Fähigkeiten und sein berühmtes, doppelt gebackenes Käsesoufflé in das elegante Ambiente dieses von Sir Herbert Baker entworfenen Gebäudes. Au-ßerdem empfehlenswert: marokkanisches Lamm mit Couscous oder frisch gefangenen, gegrillten Fisch mit Knoblauchkruste. Das Restaurant dient außerdem als Kunstgale-rie, die man sich anschauen kann, ob man hier nun isst oder nicht.

Company's Garden Restaurant
KAPMALAIISCH €€
(Karte S. 70; ☑021-423 2919; www.thecompa nysgarden.com; Company's Garden, Queen Victo-ria St., City Bowl; Hauptgerichte 75–130 R; ⊙7–18 Uhr; ☑☑; ☐Dorp, Leeuwen) Das alte Café im Company's Garden wurde in ein schi-ckes, modernes Lokal umgewandelt, mit reizenden Outdoor-Elementen, z. B. einem riesigen Schachbrett und geflochtenen Nestern, in denen Kinder (und jung ge-bliebene Erwachsene) spielen können. Die Speisekarte reicht von tollen Früh-

stücksoptionen (unbedingt den Armen Ritter probieren) bis hin zu mehreren kapmalaiischen Gerichten, einige davon mit modernem Einschlag wie würzige Frühlingrollen mit Hackfleisch.

Addis in Cape   ÄTHIOPISCH €€
(Karte S.70; ☎021-424 5722; www.addisincape. co.za; 41 Church St., City Bowl; Hauptgerichte 110–150 R; ⊙Mo-Sa 12–22.30 Uhr; 🖥🍴; 🚇Church, Longmarket) An niedrigen Korbtischen würzige äthiopische Gerichte auf einem tellergroßen *injera* (Sauerteigpfannkuchen) genießen, den man zerreißt und anstelle von Besteck zum Essen benutzt. Es gibt eine gute Auswahl an vegetarischen und veganen Gerichten. Unbedingt den hausgemachten *tej* (Honigwein) und den authentischen äthiopischen Kaffee probieren.

Loading Bay   BISTRO, CAFÉ €€
(Karte S.74; ☎021-425 6320; www.loadingbay. co.za; 30 Hudson St., De Waterkant; Hauptgerichte 80–100 R; ⊙Mo-Fr 7.30–17, Sa 8.30–16, So 9–14 Uhr; 🚇Old Fire Station) Dieses schicke Café zeugt vom vorherrschenden Stil in De Waterkant. Serviert werden Kaffee und „Milch mit Mikrotexturen" (sie wird nur bis 70°C erhitzt) und Speisen im Bistro-Stil wie Toast mit knusprigem Bacon und Avocado.

Zum Café gehört außerdem eine Boutique für Herrenmode ausländischer Marken und die Hautpflegeserie Aesop.

Fork   TAPAS €€
(Karte S.70; ☎021-424 6334; www.fork-restaurants.co.za; 84 Long St., City Bowl; Tapas 60–85 R; ⊙Mo-Sa 12–23 Uhr; 🚇Church, Longmarket) Ob man ein paar Tapasgerichte snacken oder ein ganzes Mahl zu sich nehmen möchte – in diesem superentspannten Lokal ist man genau richtig: Hier gibt es einfallsreiche, nicht unbedingt spanische Snacks, dazu hervorragende Weine, viele davon auch glasweise.

Mink & Trout   INTERNATIONAL €€
(Karte S.70; ☎021-426 2534; http://minkandtrout.com; 127 Bree St., City Bowl; Hauptgerichte 110–170 R; ⊙Mo-Sa 12–15 & 19–22 Uhr; 🖥; 🚇Church, Longmarket) Ein großartiges, altes holländisches Gebäude bildet die Kulisse für dieses lässige Bistro mit Weinbar, das überdurchschnittliche Mahlzeiten und eine riesige Auswahl an Wein bietet, der glasweise serviert wird. Die in einem Papierpäckchen gedämpften Muscheln

mit malaiischer Currysauce sind sensationell und werden mit Brioche-Scheiben serviert, mit denen man die Flüssigkeit auftunken kann.

Anatoli   TÜRKISCH €€
(Karte S.74; ☎021-419 2501; www.anatoli.co.za; 24 Napier St., De Waterkant; Mezze 50–60 R, Hauptgerichte 120 R; ⊙Mo-Sa 18.30–22.30 Uhr; 🚇Alfred) Auf dieses türkische Restaurant mit guter Atmosphäre ist immer Verlass – ein kleines Stück Istanbul in Kapstadt. Eine Mahlzeit aus den köstlichen warmen und kalten Mezze zusammenstellen oder die Kebabs probieren.

⭐ Shortmarket Club   INTERNATIONAL €€€
(Karte S.70; ☎021-447 2874; http://theshortmarketclub.co.za; 88 Shortmarket St., City Bowl; Hauptgerichte 150–290 R, 7-gängiges Probiermenü 790 R; ⊙Mo-Sa 12.30–14 & 19–22 Uhr; 🖥; 🚇Church, Longmarket) Sternekoch Luke Dale-Roberts' neuestes Restaurant liegt leicht versteckt in der gleichnamigen Straße. Der herrliche Innenhofraum ist mit einer Wand aus Papierschmetterlingen dekoriert und mit clubartigen Lederstühlen in mehreren Nischen ausgestattet. Es gibt Fisch aus nachhaltigem Fischfang, Rindfleisch (angerichtet auf Servierwagen) von Rindern, die mit Gras gefüttert wurden, und jede Menge lokal angebautes Gemüse. Bedienungen in weißen Jacketts verleihen dem Ganzen einen schnittigen, europäischen Touch.

Anders als in Dale-Roberts' anderen Restaurants Test Kitchen (S.152) und Pot Luck Club (S.151) kann man hier ohne Reservierung hinkommen – zumindest zum Mittagessen an Werktagen. Einen Tisch für den Abend besser weit im Voraus reservieren.

⭐ Bombay Brasserie   INDISCH €€€
(Karte S.70; ☎021-819 2000; www.tajhotels. com; Wale St., City Bowl; Hauptgerichte 110–200 R, Probiermenüs 625 R; ⊙18–22.30 Uhr; 🅿; 🚇Groote Kerk) Das Hauptrestaurant des Taj Hotel ist alles andere als ein durchschnittliches Curry-Haus – mit seinen glitzernden Kronleuchtern und Spiegeln ist es eher dunkel-mysteriös. Chefkoch Harpreet Longanis Küche ist kreativ und lecker, die Präsentation genau richtig, ebenso der Service. Mit dem Probiermenü kann man sich auf eine würzige Reise begeben, es gibt davon eine vegetarische und eine nicht-vegetarische Version.

Gold
AFRIKANISCH €€€

(Karte S.74; ☎021-421 4653; www.goldrestaurant. co.za; 15 Bennett St., De Waterkant; Menü 375 R, Trommelsession 95 R; ⏱18.30–22 Uhr; 🚌Alfred) Das Gold befindet sich in einem riesigen Lagerhaus, in dem eine Orgel steht, die aus einer alten Kirche gerettet wurde. Die Speisekarte ist wie eine Geschmackssafari quer durch Afrika. Sie reicht von Xhosa-Maisbrot und kapmalaiischen Samosas bis hin zu würzigen tunesischen Chicken Wings oder Eintopf aus schwarzen Bohnen und Karotten aus Sansibar – nur eines von mehreren vegetarischen Gerichten, die im Menü enthalten sind.

Wer um 18.30 Uhr kommt, kann an einer 30-minütigen Trommelsession teilnehmen. Den ganzen Abend über gibt's immer wieder Show-Einlagen.

95 Keerom
ITALIENISCH €€€

(Karte S.70; ☎021-422 0765; http://95keerom. com; 95 Keerom St., City Bowl; Hauptgerichte 60–400 R; ⏱Mo–Sa 18–22.30 Uhr; 🚌Upper Loop, Upper Long) Eine Reservierung ist dringend erforderlich für dieses schicke italienische Restaurant, dessen Mittelpunkt der Olivenbaum im Erdgeschoss ist. Chefkoch und Gastwirt Giorgio Nava fährt bei seinen Präsentationen am Tisch kellenweise italienischen Charme auf, aber an seiner herrlichen Pasta ist absolut nichts auszusetzen.

Fleischfans wollen vielleicht Navas erstklassiges Steakrestaurant **Carne SA** (Karte S.70; ☎021-424 3460; www.carne-sa. com; 70 Keerom St., City Bowl; Hauptgerichte 100–400 R; 🚌Upper Loop, Upper Long) gleich gegenüber ausprobieren; eine weitere Filiale ist in der Kloof Street.

Africa Café
AFRIKANISCH €€€

(Karte S.70; ☎021-422 0221; www.africacafe. co.za; 108 Shortmarket St., City Bowl; Bankett 360 R; ⏱Mo–Sa 18–23 Uhr; 🚌Church, Longmarket) Zwar touristisch, aber immer noch eine der besten Adressen für afrikanisches Essen. Ordentlich Hunger mitbringen, denn das Fest-Schlemmermahl besteht aus rund 15 panafrikanischen Gerichten, von denen man so viel verdrücken darf, wie man möchte. Die talentierten Mitarbeiter tanzen und singen um die Tische herum, während die Gäste essen.

Savoy Cabbage
MODERNE SÜDAFRIKANISCHE KÜCHE €€€

(Karte S.70; ☎021-424 2626; www.savoycabbage. co.za; 101 Hout Lane, City Bowl; Hauptgerichte 145–270 R; ⏱Mo–Sa 18.30–22 Uhr; 🚌Church, Longmarket) Das alteingesessene Savoy Cabbage ist bekannt für seine innovative Küche und bietet seinen Gästen die Möglichkeit, einheimisches Wild wie Elanantilope und Springbock zu probieren. Der Tomatenkuchen ist legendär, unbedingt probieren, wenn er gerade auf der Karte steht.

✕ East City, District Six, Woodstock & Observatory

Die drei wichtigsten Fressmeilen in dieser Gegend sind die Roodebloem Road in Woodstock, die Albert Road in Salt River und die Lower Main Road in Observatory. Unbedingt ein große, rotes Kreuz im Kalender vermerken, um an das samstägliche Brunch-Fest auf dem Neighbourgoods Market (S.189) zu denken.

★ Kitchen
DELI €

(Karte S.80; ☎021-462 2201; www.lovethekitchen. co.za; 111 Sir Lowry Rd., Woodstock; Sandwiches & Salate 60–75 R; ⏱Mo–Fr 8–15.30 Uhr; 🍴; 🚌District Six) Unter all den schicken Restaurants der Stadt entschied sich Michelle Obama ausgerechnet für diesen kleinen Charmebolzen, um dort zu Mittag zu essen. Das beweist eindeutig, dass die Ex-First Lady einen ausgezeichneten Geschmack hat. Die Gäste erwarten himmlische Salate, herzhafte, mit Liebe gemachte Sandwiches und süße Verlockungen zum Tee, der aus Porzellankannen ausgeschenkt wird.

Das Kitchen wurde zwar kürzlich vergrößert, ist aber so beliebt wie eh und je – wer also nicht auf einen Tisch fürs Mittagessen warten will, sollte am besten sein Glück vor 11.30 oder nach 14 Uhr versuchen.

★ Ocean Jewels
MEERESFRÜCHTE €

(Karte S.80; ☎083 582 0829; www.ocean jewels.co.za; Woodstock Exchange, 66 Albert Rd., Woodstock; Hauptgerichte 50–95 R; ⏱Shop Mo–Fr 8.30–16.30, Restaurant Mo–Fr 11–15 Uhr; 🚌Woodstock) 🐟 Fisch direkt vom Hafen in der Kalk Bay serviert dieses Café mit Fischladen, es unterstützt dabei die South African Sustainable Seafood Initiative SASSI. Hier gibt es einen unglaublichen Thunfischburger mit Kartoffelspalten, und obwohl sich das Lokal im Woodstock Exchange mit seinem Industrial Chic befindet, ist die Atmosphäre hier so entspannt wie am Meer. Weiß getünchte Holztische und das auf rustikalen Emailletellern servierte Essen tragen dazu bei.

Lefty's
AMERIKANISCH €

(Karte S.80; 📞021-461 0407; 105 Harrington St., East City; Hauptgerichte 60–95 R; ⏱16–22 Uhr; 🚃Roeland) Diese kunstvoll gestaltete Taucherbar ist bei Schülern und Liebhabern von Grunge und Shabby Chic beliebt. Das trendige Image wird unterstützt von den klebrigen Grillrippchen vom Schwein und Hühnchenwaffeln nach Kentucky-Art, außerdem gibt's Pizza aus dem Steinofen und Falafel aus Roter Beete und Ingwer. Dazu jede Menge Bier aus Hausbrauereien, um das Ganze hinunterzuspülen.

Essen kann man bis 22 Uhr bestellen, aber an der Bar geht's noch bis Mitternacht weiter. Oben befindet sich die Nudelbar Downtown Ramen.

Three Feathers Diner
BURGER €

(Karte S.80; 📞021-448 6606; 68 Bromwell Rd., Woodstock; Burger 90 R; ⏱Mo & Di 11–15, Mi–Fr bis 21, Sa bis 19 Uhr; 🚃Kent) Graffiti zieren die höhlenartigen Räumlichkeiten, die ein Schrein für die vom Inhaber so geliebten amerikanischen Muscle-Cars sind, wie der Pontiac Firebird in leuchtendem Orange, der drinnen neben dem Spielautomaten parkt. Serviert werden riesige, saftige Burger (auch vegetarisch), Shakes und Bier aus Hausbrauereien.

Café Ganesh
AFRIKANISCH, INDISCH €

(Karte S.79; 📞021-448 3435; http://cafeganesh. co.za; 38 Trill Rd., Observatory; Hauptgerichte 50–80 R; ⏱Mo–Sa 11.30–23.30 Uhr; 🚃Observatory) Diese Institution in der kulinarischen Szene von Observatory hat inzwischen zwei Seiten. Tagsüber ist sie ein farbenfrohes Café an der Ecke, das Gerichte wie vegetarisches Curry und Roti serviert. Abends gibt's *pap* (Maisbrei) und Gemüse, gegrillten Springbock oder Lammcurry in dem mit allerlei Krempel vollgestopften Laden in hüttenartigem Chic, der in einer Gasse zwischen zwei Gebäuden eingequetscht ist.

Superette
CAFÉ €

(Karte S.80; www.superette.co.za; Woodstock Exchange, 66 Albert Rd., Woodstock; Hauptgerichte 70 R; ⏱Mo–Fr 9–16 Uhr, Sa bis 14 Uhr; 🚃Woodstock) Wohlfühlessen, das vom Bauernhof direkt auf den Teller kommt, gibt es in diesem entspannten, geschmackvoll gestalteten und ungemein trendigen Nachbarschaftscafé. Tipps: das ganztägig erhältliche Frühstückssandwich oder das mit natürlichen Süßstoffen zubereitete Gebäck – himmlisch!

Hello Sailor
BISTRO €

(Karte S.79; 📞021-447 0707; www.hellosailor bistro.co.za; 86 Lower Main Rd., Observatory; Hauptgerichte 65–80 R; ⏱8–22 Uhr; 🚃Observatory) Von der Wand schaut eine tätowierte Nixe aus einem runden Rahmen auf die tätowierten Mitarbeiter dieses schicken Bistros herab, das sich auf günstiges Comfort Food verlegt hat, sprich: Burger, Salate, Pasta – alles gut zubereitet. Das Restaurant schließt um 22 Uhr, aber in der Bar kann am Wochenende bis 2 Uhr ordentlich was los sein.

Charly's Bakery
BÄCKEREI, CAFÉ €

(Karte S.80; 📞021-461 5181; www.charlysbakery. co.za; 38 Canterbury St., East City; Gebäck 25–35 R; ⏱Di–Fr 8–17, Sa 8.30–14 Uhr; 🅿; 🚃Lower Buitenkant) Hier geht es zu wie beim Great South African Bake-off. Das fabelhafte Frauenteam backt hier – nach eigener Aussage – „mucking afazing" Cupcakes und andere Backwaren. Das historische Gebäude ist ebenso farbenfroh gestaltet wie die hier hergestellten Kuchen.

★Pot Luck Club
INTERNATIONAL €€

(Karte S.80; 📞021-447 0804; www.thepotluck club.co.za; Silo top fl., Old Biscuit Mill, 373-375 Albert Rd., Woodstock; Gerichte 60–150 R; ⏱Mo–Sa 12.30–14.30 & 18–22.30, So 11–15 Uhr; 🚃Kent) Das etwas günstigere Schwester-Restaurant der Test Kitchen (S.152) ist das erschwinglichere Lokal von Luke Dale-Roberts. Es befindet sich oben in einem Getreidespeicher und bietet einen Panoramarundblick über die Umgebung, aber vor allem ist das, was auf dem Teller landet, wirklich atemberaubend. Die Gerichte sind dazu gedacht, dass man sie teilt. Man kann es aber keinem Gast verdenken, wenn er noch eine zweite Portion geräuchertes Rindfleisch mit Trüffel-Café-au-lait-Sauce bestellt.

Sehr empfehlenswert ist der Sonntagsbrunch (ohne/mit Sekt ohne Ende 450/650 R). Unbedingt vorher reservieren.

★Andalousse
MAROKKANISCH €€

(Karte S.80; 📞021-447 1708; http://andalousse-moroccan-cuisine.business.site; 148 Victoria Rd., Woodstock; Hauptgerichte 90–150 R; ⏱12–21.30 Uhr; 🚃Woodstock) Etwas versteckt an einem etwas zweifelhaften Abschnitt der Victoria Road liegt dieses kleine Schmuckstück von Restaurant. Gegründet 2016 von einer Gruppe von Freunden aus Marokko, gibt es hier authentische Speisen wie schmackhafte *tagine*, Couscous und Blätterteig-Pastilla. Die *harira*-Suppe, serviert mit knusprigem Brot, schmeckt nach mehr und ist eine Mahlzeit für sich.

Unbedingt noch Platz lassen für einen heißen, süßen Pfefferminztee, der in silbernem Teegeschirr und mit traditionellen Keksen serviert wird.

★ Ferdinando's
PIZZA €€

(Karte S.79; ☎084 771 0485; www.ferdinandospizza.com; 205 Lower Main Rd., Observatory; Pizza 80–110 R; ⏰Mi–Sa 18–22 Uhr; 🚃Observatory) Für diese reizende „pizza parla", die ihre natürliche Heimat in Obs gefunden hat, muss man auf jeden Fall vorher reservieren. Diego ist der Pizzameister, Kikki die lebhafte Kellnerin und kreative Künstlerin, und die bezaubernde Promenadenmischung Ferdinando hält alle bei der Stange. Der Belag der traumhaft dünnen und knusprigen Pizzen ändert sich je nach Jahreszeit.

Downtown Ramen
ASIATISCH €€

(Karte S.80; ☎021-461 0407; 103 Harrington St., East City; Nudeln 80 R; ⏰Mo–Sa 16–22 Uhr; 🚃Roeland) Die Speisekarte ist angenehm kurz – sie enthält nur vier Nudelgerichte und eine Auswahl an *bao* (gedämpfte Teigtaschen gefüllt mit würzigem Schweinefleisch, Huhn oder Gemüse). Wer seine Nudeln nicht ganz so scharf mag, kann darum bitten, das Chili zum Selberwürzen dazuzubekommen. Der Laden ist klein, deshalb an den Wochenenden vorher reservieren.

Pesce Azzurro
ITALIENISCH €€

(Karte S.80; ☎021-447 2009; www.pesceazzurro.co.za; 113 Roodebloem Rd., Woodstock; Hauptgerichte 105–165 R; ⏰Mo–Sa 12–15 & 18–22 Uhr; 🚃Balfour) Rustikale italienische Pasta- und Meeresfrüchtegerichte sind die Spezialität dieses lässigen Lokals, das von zwei Einheimischen gut geführt wird (auch wenn der Service nicht gerade herausragend ist). Das Tiramisu nach Großmutters Art rundet die Mahlzeit perfekt ab.

Raptor Room
INTERNATIONAL €€

(Karte S.84; ☎087 625 0630; www.raptorroom.co.za; Shop 2, 79 Roeland St., East City; ⏰Mo–Fr 10–23, Sa bis 17, So bis 15 Uhr; 🚃Roeland) Dinosaurier mag jeder, vor allem wenn sie als Teil einer altrosa und grasgrün-blätterigen Ausstattung daherkommen. Von Anfang an ist klar, dass der LGBT-freundliche Raptor Room etwas skurril ist, aber es

gibt dort eine ansprechende Speisekarte mit Burgern, kleinen Gerichten (Popcorn-Huhn, Pilzrisotto-Bällchen) sowie Brunch-Gerichten, dazu eine volle Getränkekarte mit Cocktails und Wein.

★ Test Kitchen
INTERNATIONAL €€€

(Karte S.80; ☎021-447 2622; www.thetestkitchen.co.za; Shop 104a, Old Biscuit Mill, 375 Albert Rd., Woodstock; Menü mit/ohne Wein 1650/2250 R; ⏰Di–Sa 18.30–21 Uhr; 🅿; 🚃Kent) Luke Dale-Roberts zaubert in seinem Vorzeigerestaurant geniale Gerichte mit lokalen Zutaten bester Qualität – man ist sich allgemein einig, dass es das beste Restaurant Afrikas ist. Das Lokal ist jedoch inzwischen so beliebt, dass es wie ein Lottogewinn ist, wenn man sich eine Reservierung ergattern kann – online-Reservierungen werden drei Monate im Voraus angenommen, und man muss wirklich schnell sein.

★ Reverie Social Table
INTERNATIONAL €€€

(☎021-447 3219; www.reverie.capetown; 226a Lower Main Rd., Observatory; Mittagessen 60–70 R, 5-Gänge-Abendessen mit Wein 700 R; ⏰Di–Fr 12–14.30, Mi–Sa zusätzlich 19.30 Uhr-open end; 🚃Salt River) Warum das Lokal Social Table heißt, ist leicht zu erkennen an dem langen Holztisch, der bis zu 18 Personen Platz bietet, und an der bezaubernden Köchin und Gastgeberin Julia Hattingh. Für die fünfgängigen Dinners muss vorher reserviert werden. Zu den Gerichten gibt es den passenden Wein, manchmal auch Gin, aus der Region.

Tagsüber kommen regelmäßig Künstler und Kreative aus der Gegend vorbei und essen hier rosa gebratenen Rinderfleischsalat mit Pfirsich-Achar oder Blumenkohl-Gorgonzola-Suppe zu Mittag.

✖ Gardens & Umgebung

Die Kloof Street gehört, was Essen angeht, zu Kapstadts Top-Adressen; hier eröffnen andauernd neue Restaurants. Auch am Anfang der Kloof Nek Road drängen sich einige Restaurants.

Spirit Cafe
VEGAN €

(Karte S.88; www.spiritcafe.co.za; 26 Dunkley Sq., Gardens; Hauptgerichte 50–98 R; ⏰Mo–Fr 7.30–17 Uhr, Sa 9–15 Uhr; 🖉; 🚃Annandale) Nicht alles ist hier vegan, aber ziemlich viel, einschließlich der meisten Salate und Hauptgerichte auf dem täglichen Büfett, das verführerisch auf der Küchentheke aufgebaut ist. Außerdem kommen hier eine Auswahl von Frühstücksoptionen, eine Buddha Bowl, Wraps sowie Säfte und Smoothies aus frischen Früchten und Gemüse auf den Tisch.

Tamboers Winkel
INTERNATIONAL €

(Karte S.84; 021-424 0521; www.facebook.com/Tamboerswinkel; 3 De Lorentz St., Tamboerskloof; Hauptgerichte 50–110 R; So–Di 7.45–17, Mi–Sa bis 22 Uhr; Welgemeend) Dieses charmante Café im Stil einer rustikalen Landküche ist ein ernsthafter Anwärter auf den Preis sowohl für das beste Frühstück als auch das beste Mittagessen an der Kloof Street. Die Chicken Pies der Chefköchin Karen in knusprigem Blätterteig sind bereits legendär. Mittwochs von 18 bis 20 Uhr gibt's kostenlose Weinproben verschiedener Weingüter.

Yard
INTERNATIONAL €

(Karte S.84; www.facebook.com/YARDCT; 6 Roodehek St., Gardens; Hauptgerichte 85–99 R; Mo–Fr 7–22.30, Sa & So 9–22.30 Uhr; Roodehek) Achtung, klebrige Finger: Die Straßenfeger-Burger mit dem Namen „Dog's Bollocks" haben dieses coole Grunge-Lokal vor ein paar Jahren auf die Beine gebracht. Inzwischen kann man den ganzen Tag über dort essen. Los geht's mit Mucky Marys zum deftigen Frühstück und Sandwiches sowie Bitch's Tits Tacos. Dazu hervorragender Kaffee.

Melissa's
DELI €

(Karte S.84; 021-424 5540; www.melissas.co.za; 94 Kloof St., Gardens; Hauptgerichte 60–80 R; Mo–Fr 7.30–19 Uhr, Sa & So ab 8 Uhr; Welgemeend) Am köstlichen Frühstücks- und Mittagsbüfett wird nach Gewicht bezahlt. Die Verkaufsregale sind außerdem mit einer Auswahl ausgezeichneter Picknickzutaten und Gourmet-Mitbringsel gefüllt.

Blue Cafe
INTERNATIONAL €

(Karte S.84; 021-426 0250; www.thebluecafe.co.za; 13 Brownlow Rd., Tamboerskloof; Hauptgerichte 35–70 R; 7.30–22 Uhr; ; Belle Ombre) Das Café mit Mini-Deli gibt's schon seit 1904 unter verschiedenen Inhabern (und Namen). Die letzte Reinkarnation des Blue Café ist vielleicht eine seiner besten überhaupt. Es ist ein hübsches, zwangloses Lokal mit ganztägig warmer Küche, das sich besonders für eine Mahlzeit am frühen Abend an einem der Tische an der Straße anbietet – einige davon gestatten einen traumhaften Ausblick auf die umliegenden Berge bei Sonnenuntergang.

Table Mountain Café
CAFÉ €

(021-424 0015; www.tablemountain.net; Table Mountain; Hauptgerichte 35–95 R; 8.30 bis 30 Minuten, bevor die letzte Seilbahn runterfährt; Upper Cable Station) Hallelujah! Der Tafelberg hat endlich das Café, das er verdient hat. Das Selbstbedienungslokal bringt schmackhafte Deli-Gerichte und Mahlzeiten in kompostierbaren Behältern und Tellern auf den Tisch, dazu guten Kaffee. Außerdem gibt's hier Wein und Bier, daher brauchen Besucher keine Flaschen die Hänge hinaufschleppen, um oben auf die Aussicht anzustoßen.

Die Küche schließt um 16 Uhr, aber im Café gibt's bis 30 Minuten, bevor die letzte Seilbahn nach unten fährt, was zu trinken.

Liquorice & Lime
INTERNATIONAL €

(Karte S.88; 021-423 6921; 162 Kloof St., Gardens; Sandwiches 50–80 R; Mo–Fr 7–17, Sa & So bis 16 Uhr; Upper Kloof) Auf dem Weg zum oder vom Tafelberg oder Lion's Head lädt dieses gesellige Gourmet-Deli zu einem Päuschen ein. Die Armen Ritter mit gegrillter Banane sind extrem lecker, außerdem gibt's Backwaren und Sandwiches.

Deer Park Café
INTERNATIONAL €

(Karte S.88; 021-462 6311; www.deerparkcafe.co.za; 2 Deer Park Dr. West, Vredehoek; Hauptgerichte 55–90 R; 8–21 Uhr; ; Herzlia) Das entspannte Café liegt gegenüber einem Spielplatz im Rocklands Road Park, durch seine klobigen Holzmöbel wirkt es wie eine große Kinderkrippe. Das köstliche Essen ist allerdings alles andere als eine Kinderei. Es gibt ein paar großartige vegetarische Gerichte und Kinderteller.

Am ersten Samstag des Monats findet im Rocklands Road Park normalerweise der **Deer Little Market** (9–14 Uhr) statt – Einzelheiten gibt's auf der Facebook-Seite, ebenso für andere Events wie die Standup-Comedy-Aufführungen mittwochabends.

Lazari
INTERNATIONAL €

(Karte S.88; 021-461 9865; www.lazari.co.za; Ecke Upper Maynard St. & Vredehoek Ave., Vredehoek; Hauptgerichte 60–85 R; Mo–Fr 7.30–16, Sa & So 8–14.30 Uhr; ; Upper Buitenkant) Nur wenige Restaurantbesitzer sind so freundlich zu ihren Gästen wie Chris Lazari. Entsprechend loyal ist seine Kundschaft. Das Lokal ist quirlig, gay-freundlich und toll zum Brunchen oder für ein Schlemmerpäuschen bei Kaffee und Kuchen geeignet.

★ Chefs INTERNATIONAL €€

(Karte S. 84; ☐ 021-461 0368; www.chefscape town.co.za; 81 St. Johns Rd., Gardens; Hauptgerichte 150–190 R; ◷ Mo–Fr 12–20.30 Uhr; ☎; ☐ Annandale) Wie der Name schon sagt, kann man allen Küchenchefs bei der Arbeit in der offenen Küche zusehen. Die fabelhafte neue Ergänzung zu Kapstadts kulinarischer Szene verfolgt das originelle Konzept des „schnellen, guten Essens", das wirklich aufgeht. Die tägliche Auswahl an drei Gerichten (eines davon stets vegetarisch) sieht genau aus wie auf der Touchscreen-Speisekarte abgebildet und schmeckt einfach herrlich.

Es gibt ein Dessert und ein paar gute Weine sowie andere Getränke. Reservierungen sind auf festgelegte Zeiten begrenzt, wer keine Enttäuschung erleben will, sollte deshalb besser früh kommen, da das Restaurant sehr beliebt ist – vor allem abends.

★ The Stack INTERNATIONAL €€

(Karte S. 88; ☐ 021-286 0187; www.thestack. co.za; Leinster Hall, 7 Weltevreden St., Gardens; Hauptgerichte 125–190 R; ◷ 8–22 Uhr; Ⓟ☎; ☐ Van Riebeek) Nach einer stilvollen Runderneuerung hat die alte Leinster Hall unten eine Brasserie mit Bar bekommen und oben einen Club für private Mitglieder – ein herrlicher Ort, um zu essen. Das Essen ist hübsch angerichtet, die Speisekarte umfasst Nizzasalat mit Thunfisch, Springbock-Lende und ein sündhaft leckeres geräuchertes Mousse au Chocolat.

Weitere Vorzüge: Von 15 bis 18 Uhr kosten die Cocktails nur die Hälfte, und man kann sie im herrlichen Garten voller Jasminduft genießen.

★ Kyoto Garden Sushi JAPANISCH €€

(Karte S. 84; ☐ 021-422 2001; https://kyotogarden sushict.com; 11 Lower Kloof Nek Rd., Tamboerskloof; Hauptgerichte 140–220 R; ◷ Mo–Sa 17.30–23 Uhr; ☐ Ludwig's Garden) Buchenholzmöbel und gedämpftes Licht verleihen diesem herausragenden japanischen Restaurant eine ruhige, Zen-artige Atmosphäre. Der Chefkoch ist ein Meister seines Fachs und bereitet Sushi und Sashimi zu. Besonders empfehlenswert sind der Seeigel und der spritzige Asian-Mary-Cocktail.

Thali INDISCH €€

(Karte S. 84; ☐ 021-286 2110; www.thalitapas.co. za; 3 Park Rd., Gardens; Tapas 325 R pro Person; ◷ Mo 17–21.30 Di–Sa 12–14.30 & 17–21.30 Uhr; ☐ Lower Kloof) Auch wenn das Essen hier als indische Tapas beschrieben wird, sind die Portionen des Vier-Gänge-Menüs sehr großzügig, deshalb stellt es ein ziemliches Festmahl dar. Die Einrichtung ist elegant, an den in Ziegel und Terrakotta gehaltenen Wänden hängen Messingteller. Auch die Präsentation der Gerichte ist gut, und an der Bar gibt's süffige Lassis mit Alkohol.

Cafe Paradiso ITALIENISCH €€

(Karte S. 84; ☐ 021-422 0403; www.cafeparadiso. co.za; 101 Kloof St., Tamboerskloof; Hauptgerichte 90–205 R; ◷ Mo–Sa 9–22, Do 10–16 Uhr; ☐; ☐ Welgemeend) Wer mit Kindern unterwegs ist, wird dieses Lokal lieben. Hier gibt's eine Küche, wo die Kleinen selbst Pizza, Kekse, Cupcakes oder Lebkuchenfiguren backen können (55 R), während die Erwachsenen in einem schönen Garten speisen.

Societi Bistro FRANZÖSISCH €€

(Karte S. 84; ☐ 021-424 2100; www.societi.co.za; 50 Orange St., Gardens; Hauptgerichte 100–180 R; ◷ Mo–Sa 12–23 Uhr; ☐ Michaelis) Im Hof mit Aussicht auf den Tafelberg (wenn es kalt wird, gibt's Decken) sowie im stilvollen Lokal mit Backsteinwänden und Weinregalen werden fachmännisch zubereitete Bistrogerichte ohne überflüssiges Brimborium gekonnt serviert.

Maria's GRIECHISCH €€

(Karte S. 84; ☐ 021-461 3333; www.facebook. com/MariasGreekCafe; 31 Barnet St., Dunkley Sq., Gardens; Hauptgerichte 75–135 R; ◷ Di–Fr 8–22.30, Sa ab 9 Uhr; Ⓟ☐; ☐ Annandale) An einem warmen Abend gibt's kaum ein romantischeres oder gemütlicheres Fleckchen zum Essen als das Maria's. An rustikalen Tischen unter den Bäumen im Hof werden klassische griechische Vorspeisen und Gerichte wie Moussaka serviert. Auch bei den vegetarischen und veganen Gerichten ist die Auswahl groß.

Manna Epicure BÄCKEREI, CAFÉ €€

(Karte S. 88; ☐ 021-426 2413; www.mannaepicu re.com; 151 Kloof St., Gardens; Hauptgerichte 90–130 R; ◷ Di–Sa 8–16, So bis 15 Uhr; ☐ Welgemeend) Das ganz in Weiß gehaltene kleine Café lädt zu einem köstlich schlichten Frühstück oder Mittagessen und später am Tag zu Cocktails und Tapas auf der Veranda ein. Der Fußmarsch den Hügel hinauf lohnt sich allein schon wegen des frisch gebackenen Brots mit Kokosnuss oder Pekannuss und Rosinen.

⭐ **Chef's Table** INTERNATIONAL €€€
(Karte S.84; ☏021-483 1864; www.belmond.
com/mountnelsonhotel; Belmond Mount Nelson
Hotel, 76 Orange St., Gardens; Abendessen
545 R, Abendessen mit/ohne Wein 820/1395 R;
⏰Fr 12–15, Mo–Sa 18.30–21 Uhr; 🅿🖉; 🚌Govern-
ment Ave.) Im Mount Nelson Hotel gibt es
gleich mehrere Restaurants, aber wer was
richtig Tolles erleben möchte, reserviert
einen der vier Tische in der ersten Reihe
mit Blick auf das dramatische Geschehen
und die kulinarischen Wunder in der Küche diese Restaurants. Das Essen ist köstlich (auch für Vegetarier ist gesorgt) und
wird von den Köchen serviert, die Gäste
auch auf eine Tour hinter die Kulissen
mitnehmen.

⭐ **Aubergine** INTERNATIONAL €€€
(Karte S.84; ☏021-465 0000; www.aubergine.
co.za; 39 Barnet St., Gardens; 3-gängiges Mittagessen 465 R, 3-/4-/5-gängiges Abendessen
620/780/945 R; ⏰Mi–Fr 12–14, Mo–Sa zusätzlich 17–22 Uhr; 🖉; 🚌Annandale) Der in
Deutschland geborene Harald Bressel-
schmidt zählt seit Langem zu den besten
Köchen Kapstadts und kreiert einfallsreiche, herzhafte Gerichte, die mit einigen
der besten Weine am Kap serviert werden
– mehrere davon werden eigens für dieses
Restaurant gekeltert. Vegetarische Gerichte sind erhältlich, Service und Einrichtung sind tadellos.

🍴 Green Point & Waterfront

Waterfront bietet eine Fülle an Restaurants und Cafés, von denen viele Plätze im
Freien mit großartigem Ausblick auf Meer
und Berge haben. Weniger touristische Al-
ternativen finden sich einen kurzen Fußweg entfernt in Green Point und Mouille
Point.

⭐ **Café Neo** CAFÉ €
(Karte S.86; ☏021-433 0849; 129 Beach Rd.,
Mouille Point; Hauptgerichte 85–100 R; ⏰7–
19 Uhr; 🅿🛜; 🚌Three Anchor Bay) Atmosphäre und Design dieses beliebten Cafés mit
Meerblick sind angenehm modern, mal
geht es dort lebhaft (zu den Mahlzeiten),
mal ruhig zu – großartig für einen Drink
am Nachmittag. Auf der großen Tafel
steht, was es zu essen gibt, darunter mehrere griechische Gerichte. Gegessen wird
am langen Gemeinschaftstisch drinnen
oder auf der Terrasse mit Blick auf den
rot-weißen Leuchtturm.

Nü VEGETARISCH €
(Karte S.86; ☏021-433 1429; www.nufood.co.za;
Shop 4, Portside, Main Rd., Green Point; Hauptgerichte 60–80 R; ⏰Mo–Fr 7–19, Sa ab 7.30, So
7.30–18 Uhr; 🖉; 🚌Upper Portswood) Ein toller Ort für ein gesundes, vegetarisches
Frühstück oder Mittagessen. Die Speisekarte bietet eine Vielzahl an frisch gepressten Säften, Smoothies, nahrhaften
Salaten und Vollkorn-Wraps. Einfach die
Bestellung an der Theke aufgeben und
dann die Speisen in einem hellen,
schnörkellosen Raum genießen. Eine
weitere Filiale gibt es in **Sea Point** (Karte
S.92; ☏021-439 7269; www.nufood.co.za; Piaz-
za St. John, Main Rd., Sea Point; Hauptgerichte
80 R; ⏰Mo–Fr 7–19, Sa & So 7.30–18 Uhr; 🖉;
🚌Arthur's).

Tashas INTERNATIONAL €
(Karte S.86; ☏021-421 4350; www.tashascafe.
com; Shop 7117, Victoria Wharf, Breakwater Blvd.,
V&A Waterfront; Hauptgerichte 60–100 R; ⏰So–
Mo 7.30–21, Di–Sa bis 22 Uhr; 🅿🛜🖉; 🚌Water-
front) Muffins, von denen problemlos eine
Kleinfamilie satt werden könnte, und andere leckere Backwaren und Desserts sind
die Stärke dieses Luxus-Designercafés –
ein aus Johannesburg importiertes Hit-
konzept. Auf der Speisekarte stehen außerdem zahlreiche Salate, Sandwiches
und Hauptgerichte, die netterweise für
den kleinen Hunger auch als halbe Portionen erhältlich sind.

V&A Food Market FOOD COURT €
(Karte S.86; www.waterfrontfoodmarket.com;
Pump House, Dock Rd., V&A Waterfront; Hauptgerichte ab 75 R; ⏰So–Do 10–20, Fr & Sa bis
21 Uhr; 🅿🛜♿; 🚌Nobel Sq.) Für gutes (und
gesundes) Essen muss man an der Waterfront dank diesem farbenfrohen, markt-
ähnlichen Food Court im alten Pump
House nicht viel ausgeben. Hier gibt's
sowohl einen Kaffee oder einen frisch gepressten Saft zu Snacks wie einem Wrap
oder Muffin als auch größere Gerichte
wie thailändische, indische oder kapmalaiische Currys.

Newport Market & Deli INTERNATIONAL, DELI €
(Karte S.86; ☏021-439 1538; www.newportdeli.
co.za; Amalfi, 128 Beach Rd., Mouille Point;
Hauptgerichte 55–100 R; ⏰7–17 Uhr; 🅿; 🚌Three
Anchor Bay) Dieses seit Langem bestehende
Deli mit Café hat zwei Stockwerke. Es ist
ein guter Ort, um sich mit Sandwiches und
Deli-Gerichten plus einen Smoothie mit
oder ohne einen der verschiedenen

Power-Zusätze für ein Picknick auf der Mouille Point Promenade oder im Green Point Park zu versorgen.

Giovanni's Deli World
DELI €

(Karte S.86; ☎021-434 6893; 103 Main Rd., Green Point; Hauptgerichte 40–70 R; ⊘7.30–20.30 Uhr; ☐Stadium) Auf der Speisekarte stehen jede Menge schmackhafte Gerichte. Giovanni's bereitet jedes Sandwich zu, das man sich nur wünschen kann, und ist außerdem ein idealer Anlaufpunkt, um sich auf dem Weg zum Strand für ein Picknick einzudecken. Auch das zugehörige Straßencafé ist sehr beliebt.

⭐ The Yard
INDISCH €€

(Karte S.86; ☎021-879 1157; www.theyardatsilo.co.za/food; Silo 4, Silo District, V&A Waterfront; ⊘Mo–Fr 7.30–22, Sa ab 8, So 8–15 Uhr) Auf der Speisekarte stehen alle möglichen kulinarischen Publikumslieblinge, aber der Großteil davon ist indisch und man sollte ihn sich nicht entgehen lassen – von knusprigen *dosa* (Pfannkuchen aus Kichererbsenmehl) zum Frühstück bis hin zu leckerem Tandoori-Hähnchen und Daal zum Abendessen. Es gibt Kaffee aus der Rosetta Roastery, gute Cocktails sowie ein dazugehöriges Deli und eine Boutique mit sorgfältig gepflegtem Bestand.

Lily's
INTERNATIONAL €€

(Karte S.86; ☎021-204 8545; www.lilysrestaurant.co.za; Ecke Beach Rd. & Surrey Pl., Mouille Point; Hauptgerichte 95–220 R; ⊘7.30–22 Uhr; ☎; ☐Surrey) Messingtischplatten, eine mit Marmor verkleidete Bar und ein Fotofries mit schwarz-weißen Blumen verleihen dem Lily's einen edlen Touch. Hier lässt sich der Blick aufs Meer genießen und dabei professionell zubereitete Hauptgerichte wie Sesamthunfisch, knusprige Ente und Lammrippchen essen. Zum Mittagessen gibt's z.B. Sandwiches mit heißer Pastrami und unübertrefflichem gegrilltem Käse.

Cape Town Hotel School
ZEITGENÖSSISCH €€

(Karte S.86; ☎021-440 5736; Beach Rd., Mouille Point; Hauptgerichte 70–200 R; ⊘Di–Fr 11.30–14.30 & 18.30–21.30, So 12–14.30 Uhr; ☐; ☐Mouille Point) Der Speisesaal ist geschmackvoll in Grau- und Silbertönen gehalten, und von der Außenterrasse blickt man direkt auf die Granger Bay hinaus. Begeisterte Azubis werden hier zu Köchen und Kellnern ausgebildet, deshalb läuft vielleicht nicht alles glatt; wir haben bei unserem Besuch jedoch gute Erfahrungen gemacht und fanden das Essen sehr lecker

und ansprechend präsentiert. Sonntags wird ein Büfett oder ein festes Menü für 280 R pro Person angeboten.

El Burro
MEXIKANISCH €€

(Karte S.86; ☎021-433 2364; www.elburro.co.za; 81 Main Rd., Green Point; Hauptgerichte 100–140 R; ⊘Mo–Sa 12–23.30 Uhr; ☐☐; ☐Stadium) Mit Aussicht vom Balkon auf das Cape Town Stadium ist dieses stylishe Restaurant von der Einrichtung her etwas schicker als der Durchschnittsmexikaner und die Karte einfallsreicher. Die üblichen Tacos und Enchiladas werden durch traditionelle Gerichte wie Hühnchen Mole Poblano und eine ganze vegane Speisekarte ergänzt. Das Lokal ist so beliebt, dass man besser reserviert.

Unten ist das **Cabrito** (Karte S.86; ⊘Mo–Fr 16–2, Sa ab 14 Uhr), eine lebhafte Bar, die Craft-Bier, Wein und eine beeindruckende Vielfalt an Tequila ausschenkt.

Willoughby & Co
MEERESFRÜCHTE €€

(Karte S.86; ☎021-418 6115; www.willoughbyandco.co.za; Shop 6132, Victoria Wharf, Breakwater Blvd., V&A Waterfront; Hauptgerichte 70–180 R; ⊘12–22.30 Uhr; ☐☐; ☐Waterfront) Allgemein als eines der besten Lokale an der Waterfront anerkannt – schon die langen Schlangen beweisen es. Große Portionen Sushi sind das Markenzeichen der guten, fischlastigen Speisekarte dieses lässigen Lokals im Einkaufszentrum.

⭐ Harbour House
MEERESFRÜCHTE €€€

(Karte S.86; ☎021-418 4744; www.harbourhouse.co.za; Quay 4, V&A Waterfront; Hauptgerichte 100–435 R; ⊘12–22 Uhr; ☐; ☐Nobel Square) Diese Institution der Kalk Bay liegt an der Waterfront mit einem guten Erdgeschoss-Restaurant mit weißen Tischtüchern (nach einem Tisch auf der Veranda fragen) und bietet hervorragende Meeresfrüchte und andere Gerichte.

Die Sushi- und Cocktail-Loungebar oben ist der perfekte Ort für ein kühles Glas Wein bei Sonnenuntergang.

Nobu
JAPANISCH €€€

(Karte S.86; ☎021-431 4511; www.noburestaurants.com; One&Only Cape Town, Dock Rd., V&A Waterfront; Hauptgerichte 200–760 R, Menü ab 900 R; ⊘18.30–23 Uhr; ☐; ☐Aquarium) Auch diese Filiale der vornehmen, weltweiten japanischen Restaurantkette läuft wie geschmiert. Die Köche bereiten fachmännisch unverkennbare Nobu-Matsuhisa-Gerichte, wie Ceviche und Dorsch in Miso-Sauce zu, daneben gibt's die üblichen

Sushi und Tempura. Im hohen Speisesaal geht es so lebhaft zu wie in der New Yorker Metro.

Die intimere Bar im Obergeschoss ist dagegen ein angenehmer Ort, um sich genüsslich durch das umfangreiche Sakeangebot zu probieren.

✖ Von Sea Point bis Hout Bay

Sea Point gehört in Bezug auf Essen zu den aufregendsten Vierteln der Stadt – ein kosmopolitischer Mix aus Sushi-Bars, Burger-Läden, koreanischen Restaurants, westafrikanischen Cafés und Mini-Märkten, die frische Bagels servieren. Parallel zur hübscheren Beach Road am Wasser verlaufen die geschäftigen Main und Regent Roads, wo es die interessantesten kulinarischen Entdeckungen zu machen gilt; hier gibt es zahlreiche Optionen, einschließlich dem täglichen Mojo Market (S. 194), der an der Kreuzung der beiden Verkehrsstraßen stattfindet.

Camps Bay und Clifton bieten wunderbare Cafés am Wasser, wo man draußen essen und den Strand mit Kapstadts Schönheiten überblicken kann. In Hout Bay Fish & Chips essen und über den wöchentlich stattfindenden Bay Harbour Market (S. 189) schlendern.

★ Jarryds Espresso Bar & Eatery   CAFÉ €
(Karte S. 92; ☏ 060 748 0145; www.jarryds.com; 90 Regent Rd, Sea Point; Hauptgerichte 95 R; ⊙ 7–16 Uhr) Als Jarryd und sein Bruder Ariel von Sydney hierherzogen, brachten sie das Konzept der zwanglosen, tagsüber geöffneten Restaurants mit, die die Australier so lieben. Folglich wurde ihr Café zu Sea Points zuverlässiger Institution für Frühstück, zu dem es alles Mögliche von Kokos-Granola bis hin zu Eiern Benedict gibt, und Mittagessen mit Rippchen oder Falafel-Bowls. Die Zutaten sind regional, auch der Kaffee vom Espresso Lab in Woodstock.

★ Kleinsky's Delicatessen   DELI €
(Karte S. 92; ☏ 021-433 2871; www.kleinskys.co.za; 95 Regent Rd., Sea Point; Sandwiches 50 R; ⊙ Mo–Fr 8–16, Sa & So bis 15 Uhr; ☎; 🚊 Tramway) Eine hippe Hommage an die klassischen jüdischen Delis New Yorks. Das Kleinsky's ist eine großartige, lässige Option für tagsüber, es bietet Gerichte wie getoastete Bagels mit Räucherlachs oder Leberpastete von frei laufenden Hühnern, Hühnersuppe mit Matzeknödeln und *lat-*

kes (Kartoffelpuffer). Außerdem gibt's hier guten Kaffee. Die Wände dienen als Galerie für einheimische Künstler.

Hout Bay Coffee   CAFÉ €
(Karte S. 94; ☏ 083 263 9044; www.facebook.com/HoutbayCoffee; Main Rd., Hout Bay; Hauptgerichte 65 R; ⊙ Mo–Fr 9–17, Sa & So bis 15 Uhr; 🚌 Military) In diesem rustikalen Café mit Rösterei, das sich im Anbau aus dem 18. Jh. eines original Holzfällerhauses aus dem 17. Jh. in Hout Bay befindet, gibt's ausgezeichneten Kaffee. Der Außenbereich liegt im Schatten einer 150 Jahre alten Norfolk-Kiefer. Tische und Stühle sind aus alten Fischerbooten gezimmert. Auf der Speisekarte stehen u.a. hausgemachte Hähnchen-Pies aus Blätterteig, Schokoladenkuchen und weizenfreie Quiche mit Eiern von frei laufenden Hühnern. Gleich vor dem Mainstream Shopping Centre.

Hesheng   CHINESISCH €
(Karte S. 92; ☏ 021-433 0739; http://hesheng.co.za; Ecke Main & Rocklands Rds., Sea Point; Hauptgerichte 70–98 R; ⊙ Mo & Mi–So 11–22, Di ab 17 Uhr; 🚌 Sea Point High) Chinesische Restaurants gibt's in Sea Point wie Sand am Meer, aber dieses unauffällige, von einem freundlichen Ehepaar geführte kleine Lokal neben einem Pfandleiher ragt aus der Masse heraus.

Viele chinesische Einwanderer kommen hierher; geleitet wird das Restaurant von einer chinesischen Familie, die etwas auf ihre Esskultur hält, was sich darin äußert, dass sie authentische Gerichte auf den Tisch bringt (und kein schmieriges süß-saures Schweinefleisch) sowie die Teigtaschen und Nudeln selbst herstellt.

Fish on the Rocks   MEERESFRÜCHTE €
(Karte S. 94; ☏ 021-790 0001; www.fishontherocks.com; Harbour Rd., Hout Bay; Hauptgerichte 50–92 R; ⊙ 10–20 Uhr; 🚌 Atlantic Skipper) In dieser Institution Hout Bays kommen draußen, in luftiger Lage direkt an der Bucht, so ziemlich die besten Fish and Chips Kapstadts auf den Tisch. Wer sich tatsächlich entscheidet, auf den Felsen zu essen, sollte sich aber vor den frechen Möwen in Acht nehmen.

★ Fuego   MEXIKANISCH €€
(Karte S. 92; ☏ 021-200 4278; www.fuegotacos.co.za; 77 Regent Rd., Sea Point; Tacos 60–75 R; ⊙ Di–Sa 11–22, so 9–16 Uhr) Gegründet v einem New Yorker Koch, ist dieser ' Laden auf den beliebten mexik'

Maissnack und auf Cocktails spezialisiert. Hier kann man Füllungen aus Pulled Pork und „betrunkenem" Huhn (in Tequila gekocht) genießen, dazu Getränke wie den hausgemachten Tequila mit Rooibos. In der Happy Hour (16–18.30 Uhr) sind sowohl Tacos als auch Getränke günstiger.

★ La Boheme Wine Bar & Bistro BISTRO €€

(Karte S. 92; ☏ 021-434 8897; www.labohemebistro.co.za; 341 Main Rd., Sea Point; Hauptgerichte 100 R, 2-/3-Gänge-Menüs 150/180 R; ☺ Mo–Sa 12–23 Uhr; ☎; ▣ Firmount) Tagsüber gibt es hier leckere Tapas und Espresso, aber abends ist es im La Boheme am schönsten. Dann flackern Kerzen auf den Tischen, und man kann eines der köstlichen Zwei- oder Drei-Gänge-Menüs genießen. Lokale Zutaten werden hier mit französischen und spanischen Einflüssen vermischt – der Kapstädter Ansatz in Bezug auf europäische Gastronomie.

★ Massimo's ITALIENISCH €€

(☏ 021-790 5648; www.pizzaclub.co.za; Oakhurst Farm Park, Main Rd., Hout Bay; Hauptgerichte 70–135 R; ☺ 12–21.30 Uhr; ☎🅿️♿; ▣ Imizamo Yethu) Es gibt Pasta und *spuntini* (kleine, Tapas-ähnliche Gerichte), aber die eigentliche Spezialität im Massimo's ist die knusprig-dünne Holzofenpizza – und die ist ausgesprochen gut. Der Italiener Massimo und seine Frau Tracy aus Liverpool servieren mit Humor und Herzlichkeit. Dazu gibt's viel Auswahl für Vegetarier und Veganer sowie den besten Kinderbereich in ganz Kapstadt.

Cheyne's ASIATISCH €€

(Karte S. 94; ☏ 021-790 3462, 066 412 3289; www.facebook.com/cheyneshoutbay; 35 Main Rd., Hout Bay; kleine Gerichte 65–95 R; ☺ Mo–Sa 18–22, Fr & Sa 12–15 Uhr; 🅿️; ▣ Military) Cheyne Morrisby hat sich mit seinen kleinen, fantasievollen asiatischen und pazifischen Gerichten, die abenteuerliche Aromen und Texturen vereinen, eine beträchtliche Fangemeinde aufgebaut. Nicht jede Kombination ist gelungen, aber wenn doch – wie bei den Thunfisch-Tacos, Poke Bowls und üppig dicken Erdnussbutter-Shakes – kann das Ergebnis umwerfend sein. Die Präsentation, der Service und das Street-Art-Dekor sind großartig.

Mariner's Wharf MEERESFRÜCHTE €€

(Karte S. 94; ☏ 021-790 1100; www.marinerswharf.co.za; Harbour Rd., Hout Bay; Hauptgerichte 70–245 R; ☺ 10–20.30 Uhr; ▣ Northshore) Ein touristischer Komplex aus Fischrestaurants, Souvenirläden und Fish-and-Chips-Ständen beim sandigen Hout Bay Beach. Das **Wharfette Bistro & Takeaway** (Hauptgerichte 70 bis 95 R) ist beliebt für seinen Seehecht mit Pommes, während der **Wharfside Grill** (Hauptgerichte 125 bis 245 R) aufwendigere Gerichte wie thailändisches grünes Curry mit frisch geangeltem Fisch bietet.

Harvey's INTERNATIONAL €€

(Karte S. 92; ☏ 021-434 2351; www.winchester.co.za; Winchester Mansions Hotel, 221 Beach Rd., Sea Point; Bar-Snacks 80 R, Mittagshauptgerichte 100–200 R; ☺ Mo–Sa 7–22, So ab 11 Uhr; ▣ London) Für den sonntäglichen Jazz-Brunch (11–14 Uhr; 320 R) reservieren. Die Gäste werden mit Livemusik und einem Glas Sekt in dem mit Blumen geschmückten Innenhof des hundert Jahre alten Winchester Mansions Hotels (S. 139) empfangen. Das schicke, zum Meer ausgerichtete Restaurant mit Bar eignet sich auch gut zum Mittagessen oder für Drinks und Snacks. Für den samstäglichen High Tea, zu dem den Etagèren mit süßen und herzhaften Leckereien serviert werden, ist ebenfalls eine Reservierung notwendig (14.30–17.30 Uhr; 360 R für zwei Personen).

Duchess of Wisbeach INTERNATIONAL €€

(Karte S. 92; ☏ 021-434 1525; www.duchessofwisbeach.co.za; 3 Wisbeach Rd., Sea Point; Hauptgerichte 105–175 R; ☺ Mo–Sa 18.30–22.30, So 12.30–14.30 Uhr; ▣ Sea Point High) Unter der Leitung eines gefeierten Johannesburger Kochs ist die „Herzogin" eine romantisch anmutende Dame, die die Messlatte für Sea Points Esslokale ein gutes Stück höher hängt. Es werden klassische französische Bistrogerichte mit modernem südafrikanischen Touch serviert. Alle Zutaten sind frisch; tiefgefroren sind hier nur die hausgemachten Eissorten und Sorbets.

Kitima ASIATISCH €€

(Karte S. 94; ☏ 021-790 8004; www.kitima.co.za; Kronendal, 140 Main Rd., Hout Bay; Hauptgerichte 130–225 R, Sonntagsbrunch 250 R; ☺ Di–Sa 17.30–22.30, So 12–15.30 Uhr; ▣ Imizamo Yethu) Das hervorragende panasiatische Restaurant, das sich auf Thaiküche und Sushi spezialisiert hat, befindet sich im Kronendal, einem sorgsam restaurierten kapholländischen Landhaus, das teilweise aus dem Jahr 1713 stammt. Lächelnde Thai-Köche garantieren, dass Fusionsgerichte wie *phad chaa* mit Straußenfleisch (im Wok mit Lemongras gebraten) einfach lecker schmecken.

★ La Mouette
FRANZÖSISCH €€€

(Karte S. 92; ☎021-433 0856; www.lamouette-restaurant.co.za; 78 Regent Rd., Sea Point; Tapas 90 R, 3-/5-Gänge-Menüs 395/445 R, mit passenden Weinen 720/820 R; ☺18–22.30, So zusätzlich 12–15 Uhr; 🚇Kei Apple) Klassiker (beispielsweise Kräuter-Gnocchi und geräucherter Schweinebauch) sowie Neukreationen (etwa Kudu-Lende mit fermentiertem Kohl, Barbecue-Karottenpüree und Bolognesesauce) machen einen Besuch hier zu einer herausragenden kulinarischen Erfahrung. An den braunen Wänden hängen Werke einheimischer Künstler, und draußen gibt es einen üppig grünen Innenhof mit sprudelndem Springbrunnen. Sonntags gibt's Tapas zum Mittagessen.

Codfather
MEERESFRÜCHTE €€€

(Karte S. 96; ☎021-438 0782; www.codfather.co.za; 37 The Drive, Camps Bay; Gerichte 500 R; ☺12–23 Uhr; 🚇Whale Rock) Wer einen Tisch in diesem gut etablierten Restaurant in Camps Bay ergattern möchte, sollte im Voraus reservieren. Hier erwarten Gäste leckere Gerichte, egal ob sie in die Sushi-Bar gehen oder lieber mit Ausblick auf den Lion's Head dinieren möchten. Wein und Beilagen bestellen und sich dann vom fachkundigen Kellner die schillernde Auswahl an den Theken erklären lassen, wo es alles Mögliche gibt, von *angelfish* (Brachsenmakrele) bis *butterfish*, von Seehecht bis Kingklip.

Je nachdem, welchen Fisch man bestellt, muss man für Sushi-Vorspeisen, Fisch, Beilagen und Wein mit bis zu 500 R pro Person rechnen.

Roundhouse
INTERNATIONAL €€€

(Karte S. 96; ☎021-438 4347; www.theroundhouserestaurant.com; Round House Rd., Camps Bay; 5-Gänge-Menüs 695 R, mit passenden Weinen 995 R; ☺Di–Sa 18–22 Uhr, von Mai bis Sept. Sa & So zusätzlich 12–14.30 Uhr; 🚇Kloof Nek) Das denkmalgeschützte Gebäude aus dem 18. Jh. auf einem Waldgrundstück mit Blick auf die Camps Bay beherbergt ein elegantes Restaurant. Für die Menüs werden südafrikanische Rezepte mit einem europäischen Flair versehen – die Gerichte reichen von pochiertem King-

klip (einer Fischart) bis hin zu Straußenfleisch mit Rotkohl und Senfkörnern.

Von Oktober bis April bieten sich die Rasenflächen rund um das zu Roundhouse gehörige Mittelklasserestaurant **Rumbullion** für einen entspannten Lunch an; hier gibt es Gourmetpizza und Salate (Hauptgerichte 85 bis 125 R). Es ist von Dienstag bis Donnerstag von 12 bis 17 Uhr und Freitag bis Sonntag von 9 bis 17 Uhr geöffnet.

La Perla
ITALIENISCH €€€

(Karte S. 92; ☎021-439 9538; www.laperla.co.za; Ecke Church & Beach Rds., Sea Point; Hauptgerichte 95–285 R; ☺10–23 Uhr; 🚇Sea Point Pool) Dieses unendlich stilvolle Restaurant mit Kellner in weißen Jacketts gibt's schon seit 1969 an der Promenade von Sea Point. Auf der Speisekarte stehen Pasta, Fisch und Fleischgerichte, die man auf der Terrasse unter stämmigen Palmen oder im atmosphärischen Innenraum genießen kann.

✖ Southern Suburbs

Constantias Weingüter und Hotels beherbergen einige der besten Restaurants der Stadt. Constantia Nek, der Durchgang nach Hout Bay, bietet ein paar gehobenere Restaurants unter Bäumen, einschließlich einer Filiale von La Parada (S. 169). Überall sonst verstreut in den Southern Suburbs finden sich gute Cafés und Restaurants – angenehme Zwischenstationen zwischen dem Stadtzentrum und False Bay. Mittwochs und samstags findet außerdem der **Earth Fair Food Market** (Karte S. 102; ☎071 121 7367; www.earthfairmarket.co.za; South Palms Shopping Centre, 333 Main Road, Tokai; Hauptgerichte 60–100 R; ☺Mi 15–20.30, Sa 9–14 Uhr; ♿; 🚇Steenberg) in Tokai statt.

★ Starlings Cafe
INTERNATIONAL €

(Karte S. 99; ☎021-671 6875; www.starlings.co.za; 94 Belvedere Rd., Claremont; Hauptgerichte 60–120 R; ☺Mo–Fr 7–17, Sa 8–16 Uhr; ♫; 🚇Claremont) Eine der charmantesten Essensoptionen der Southern Suburbs. Das entspannte künstlerische Cottage liegt in einem schattigen Garten und lädt zu einem trägen Frühstück oder Mittagessen ein. Auch der Kaffee hier ist hervorragend. Zum Frühstück gibt's beispielsweise Arme Ritter und pochierte Eier mit Parmesan und Basilikumpesto, zu den Mittagsgerichten gehören beispielsweise

Auberginenauflauf und gelbes asiatisches Hühnchenfleischcurry.

Es liegt weit abseits der ausgetretenen Touristenpfade und ist ein wenig schwierig zu finden – es verbirgt sich nämlich hinter einer hohen Hecke.

★ Gardener's Cottage
CAFÉ €

(Karte S.99; ☑021-689 3158; Montebello Design Centre, 31 Newlands Ave., Newlands; Hauptgerichte 80 R; ⊙Di–Fr 8–16.30, Sa & So ab 8.30 Uhr; ☒Newlands) Nach einem Besuch im Montebello Design Centre (S.194) lädt dieses hübsche Café zum Entspannen ein, es ist im früheren Cottage des Torwächters des Anwesens untergebracht. Es gibt einen üppigen Garten und eine *stoep* (Veranda). Das Innere sieht aus wie eine moderne Teestube, mit freigelegten Dielen und hausgemachten Kuchen, Marmeladen und Keksen im Angebot. Zum Frühstück gibt es alles Mögliche, von Eiern Benedict bis hin zu Pfannkuchen aus Zuckermais, zum Mittagessen von offenen Sandwiches bis hin zu Sushi.

The View
CAFÉ €

(Karte S.102; ☑021-762 0067; www.theviewat chartfarm.com; Chart Farm, Klaasens Rd., Wynberg; Hauptgerichte 69–85 R; ⊙Di–So 9–16.30 Uhr; ☒; ☒Wynberg) Das zur Chart Farm gehörige Café bietet leckere Kuchen, Frühstück und Mittagessen wie Hühnchenpastete, dazu einen Panoramablick über die Farm und auf die Berge. Maronen, Zitronen und Trauben gehören zu den leckeren Sachen, die hier angebaut werden; außerdem kann man sich Rosen pflücken und am Farmstand einkaufen. Westlich der M3, etwas versteckt.

Rhodes Memorial Restaurant
KAPMALAIISCH €

(Karte S.99; ☑021-687 0000; www.rhodesmemori al.co.za; Rhodes Memorial, abzweigend von der M3, Groote Schuur Estate; Hauptgerichte 80–105 R; ⊙9–17 Uhr; ☒) Hinter dem Rhodes Memorial (S.105) befindet sich in einem strohgedeckten Cottage aus dem Jahr 1920 das ansprechende Restaurant mit Tearoom im Freien. Der Familienbetrieb ist auf kapmalaiische Gerichte wie Currys, Straußenfleisch und Butternut-*bobotie* (ein fein gewürztes Curry mit einer Kruste aus geschlagenem Ei), *bredie* (Eintopf aus langsam gegartem Lamm und Tomaten) und *potjie* (Eintopf aus Fleisch und Gemüse) spezialisiert.

Am Wochenende sollte reserviert werden – besonders am Sonntag, wenn es von 13 bis 16 Uhr Livejazz gibt. Das Restaurant verfügt über einen Kinderbereich.

O'ways Teacafe
VEGETARISCH €

(Karte S.99; ☑021-671 2850; www.oways.co.za; 20 Dreyer St., Claremont; Hauptgerichte 70 R; ⊙Mo–Fr 7.30–17, Sa 9–14 Uhr; ☒; ☒Claremont) Ausgesprochen wird der Name dieses stilvollen und entspannten Lokals wie „always". Die Speisekarte ist komplett vegetarisch und umfasst leckere Gerichte wie Curry aus Sojastücken und Kichererbsen, cremigen Gnocchi und *dim-sum*-Tellern. Außerdem ist dies in Kapstadt einer der besten Orte für Tee. Über 100 Sorten loser Tee und Kräutertee sowie lokal gerösteter Origin-Kaffee werden hier angeboten.

★ Rare Grill
STEAK €€

(Karte S.102; ☑076 460 0423; www.facebook. com/raregrillcpt; 166 2nd Ave., Kenilworth; Hauptgerichte 98–190 R; ⊙Mo–Sa 6–22 Uhr; ☒Kenilworth) Vor der merkwürdigen Kulisse eines verlotterten Parkplatzes neben dem Bahnhof Kenilworth steht dieses kleine Steakhaus, das zu den besten der Stadt gehört. Hier gibt's das beste südafrikanische Wet-Aged-Fleisch, das Gäste unter Fotos von Kühen genießen können. Weit im Voraus reservieren, um die Filets und Lenden zu kosten, die auf der Zunge zergehen und eine Geschmacksexplosion hervorrufen; unbedingt das 500-g-T-Bone-Steak bestellen, wenn es auf der Tafel mit den Tagesspezialitäten steht.

★ Bistro Sixteen82
BISTRO €€

(Karte S.102; ☑021-713 2211; www.steenberg farm.com; Steenberg Estate, Steenberg Rd., Constantia; Mittagsgerichte 170 R; ⊙9–20 Uhr) Das einladende Bistro der Steenberg Farm (S.100) ergänzt perfekt die schicke, moderne Probierstube und serviert alles von Austern zum Frühstück bis hin zu geschmortem Lammhals zum Mittagessen. Ab 17 Uhr gibt es eher Tapas als Abendessen; zu Recht beliebt ist hier auch das stilvolle Frühstück. Die Terrasse bietet eine herrliche Sicht auf die Gärten und den Berg.

★ Four & Twenty Cafe & Pantry
DELI €€

(Karte S.102; ☑021-761 1000; www.fourand twentycafe.co.za; 23 Wolfe St., Wynberg Village; Hauptgerichte 120 R; ⊙Mo–Sa 8–15.30, So 9 Uhr; ☒; ☒Wynberg) Der Liebling in Little Chelsea (Wynberg Village) ist ein rustikaler, aber schicker Laden, der eine kleine Speisekarte bestehend aus köstlichen Kreationen bietet – von Gourmet-Salaten und

Sandwiches bis hin zu einfallsreichen Gerichten wie „mannshohe" Kräuter-Fisch-frikadellen und mit Short Ribs gefüllte *bao*. Der von Bougainvillea überwucherte Hof ist ein herrliches Plätzchen, selbst wenn es nur Tee und Kuchen sein soll.

Tashas
INTERNATIONAL €€

(Karte S.102; ☎021-794 5449; www.tashascafe. com; Shop 55, Constantia Village, Constantia Main Rd, Constantia; Hauptgerichte 110 R; ⊗Mo–Sa 7–21, So ab 8 Uhr; ☑) Muffins, von denen eine Kleinfamilie satt wird, und andere köstliche Backwaren und Desserts sind die Stärke dieses luxuriös designten Cafés, das „schönes Essen und eine überwältigende Umgebung" anbietet, inspiriert von der französischen Landküche; ein Johannesburger Erfolgskonzept, das nach Kapstadt (und in die Nahen Osten) importiert wurde. Hier gibt's alles von Quiche und Burgern bis zu Waffeln und Scones.

La Belle
BÄCKEREI €€

(Karte S.102; ☎021-795 6336; www.alphen.co.za; Alphen Dr., Constantia; Hauptgerichte 95–250 R; ⊗7–23 Uhr; ☎) Direkt vor dem Hotel Alphen (S.142) gelegen, ist dieses Bistro mit Bäckerei drinnen wie draußen einladend – zum Frühstücken, Mittagessen oder für den kleinen Hunger zwischendurch. Besonders gut sind die Buttermilch-Pfannkuchen und ein Spezialtee zum Frühstück oder ein Mittagessen bestehend aus einem gegrillten Cheeseburger oder einem Sandwich mit Räucherlachs. Es gibt auch eine Filiale an der Camps Bay (S.176).

Kirstenbosch Tea Room
INTERNATIONAL €€

(Karte S.102; ☎021-797 4883; www.ktr.co.za; Gate 2, Kirstenbosch National Botanical Garden, Rhodes Dr., Newlands; Hauptgerichte 90–160 R; ⊗8.30–17 Uhr; ☑Kirstenbosch) Der seit Langem in Kirstenbosch etablierte Tearoom serviert prima englischen „Tea for Two" (310 R) mit Sandwiches, Mini-Quiches und hausgemachten Scones mit Erdbeermarmelade und clotted cream, der überall im Botanischen Garten genossen werden kann. Ebenfalls im Angebot sind Gourmet-Picknicks (230 R pro Person) und leichtes und weniger leichtes Mittagessen. Die beste Essensoption im Kirstenbosch National Botanical Garden (S.96).

A Tavola
ITALIENISCH €€

(Karte S.102; ☎021-671 1763; www.atavola. co.za; Library Sq., Wilderness Rd., Claremont; Hauptgerichte 120 R; ⊗Mo–Fr 12–15 & Mo–Sa

18–23 Uhr; ☑Claremont) Dieses geräumige, stilvolle Restaurant mit Fotos von Leuten an den roten Wänden, die es sich schmecken lassen, serviert als Auftakt Antipasti und Salat, bevor es dann zu leckerer Pasta und anderen Hauptgerichten übergeht – kein Wunder, dass die Leute auf den Fotos glücklich aussehen.

Jonkershuis
KAPMALAIISCH €€

(Karte S.102; ☎021-794 6255; www.jonkershuis constantia.co.za; Groot Constantia Rd., Constantia; Hauptgerichte 90–198 R; ⊗Mo–Sa 9–21, So bis 17 Uhr; ☑) Dieses zwanglose, auf dem Weingut Groot Constantia (S.97) gelegene Restaurant im Stil einer Brasserie verfügt über einen gemütlichen, von Weinlaub beschatteten Hof mit Blick auf das Herrenhaus. Das perfekte Ambiente, um bei einem oder zwei Gläschen der örtlichen Weine kapmalaiische Gerichte (ein Probierteller kostet 198 R) oder Räucherfleisch zu genießen oder eines der traditionellen Desserts wie Milk Tart und Malva Pudding zu vernaschen.

The Eatery
GRILL €€

(Karte S.99; ☎021-003 4505; www.eaterywood firedgrill.co.za; Belvedere Sq., Ecke Belvedere & Keurboom Rds., Claremont; Hauptgerichte 100–180 R; ⊗9–22 Uhr; ☑; ☑Claremont) Das Lokal in einem kleinen Einkaufszentrum ist auf Steaks vom Holzgrill, Burger und Milchshakes spezialisiert. Es lockt alle, von Studenten bis hin zu Familien, an und ist bei Kindern wegen seines überdachten Klettergerüsts auf der Veranda einfach der Renner.

★ Greenhouse
INTERNATIONAL €€€

(Karte S.102; ☎021-795 6226; www.greenhouse restaurant.co.za; The Cellars-Hohenort Hotel, 93 Brommersvlei Rd., Constantia; Probiermenüs 1200 R; ⊗Di–Sa 6–21.30, Fr & Sa zusätzlich 12–14 Uhr; ☑) Die kulinarischen Fantasien von Chefkoch Peter Tempelhoff laufen in diesem eleganten Restaurant, das eines der Spitzenlokale des Kaps ist, heiß. Feinste einheimische Erzeugnisse und Rezepte, von kapmalaiischem Oktopus bis hin zu Outeniqua-Springbock, kommen in das zwölfgängige Probiermenü. Das ist nur etwas für echte Gourmets. Die Desserts werden auf versteinertem madagassischem Holz serviert, um die Speisenden an den Kreislauf von Leben und Tod zu erinnern.

Das Greenhouse bietet zudem die Kocherfahrung „chef for the day", bei der

Gäste eine Schicht in der Küche mithelfen und anschließend zu Mittag oder zu Abend essen können.

⭐ La Colombe   FUSIONSKÜCHE €€€
(Karte S.102; ☎021-794 2390; www.lacolombe. co.za; Silvermist Estate, Constantia Nek; Probiermenüs 780–1280 R, mit passenden Weinen 1530–2180 R; ☺12.30–14 & & 19–21.30 Uhr) Koch Scot Kirton ist ein Veteran aus Gordon Ramsays Küche, gekonnt kombiniert er französische und asiatische Techniken und Aromen. So kommen hier etwa Wachtelbrust in Kokos und Miso oder Karoo-Lammlende bolognese auf den Tisch. Die kühle Eleganz des Ambientes und der sympathische Service könnten besser nicht sein.

Foxcroft   FUSIONSKÜCHE €€€
(Karte S.102; ☎021-202 3304; www.foxcroft. co.za; High Constantia Centre, Groot Constantia Rd., Constantia; Probiermenüs 435 R; ☺12–14 & 18–20.30 Uhr) Mit seiner saisonabhängigen Speisekarte mit Gerichten wie langsam gegartem Lamm mit Nesseln und Whiskysenf stellt das Foxcroft eine leckere Ergänzung der feinen Restaurantszene der Southern Suburbs dar. Gäste können sich im minimalistischen Innenraum das viergängige Probiermenü schmecken lassen oder – an sonnigen Tagen – Tapas auf der Terrasse. Diese grenzt zwar an den Parkplatz, aber die Aussicht auf die Berge ist trotzdem herrlich.

Das Gebäck der dazugehörige Bäckerei (von 8–16 Uhr geöffnet) gehört zum besten in ganz Kapstadt, es wird jeden Morgen frisch gebacken.

✖ Simon's Town & Southern Peninsula

Auf der Halbinsel gibt es nicht die Bandbreite an Restaurants wie anderswo in Kapstadt, aber einige idyllische Lokale am Wasser, die sich für ein leichtes Mittagessen eignen. In Kalk Bay gibt's viele Cafés mit toller Atmosphäre und gute Restaurants. Auch Muizenberg und Simon's Town bieten jede Menge guter Optionen. Südlich von Simon's Town, an der Straße nach Cape Point, versorgen Restaurants unterschiedlicher Qualität die Teilnehmer von Bustouren. Auf der anderen Seite der Halbinsel bilden Noordhoek Farm Village (S.195) und Imhoff Farm (S.113) rustikale, familienfreundliche Komplexe mit Cafés,

Delis und Restaurants. Auf der Imhoff Farm, in Blue Bird Garage (S.189) und Cape Point Vineyards (S.113) finden wöchentlich Lebensmittelmärkte statt.

Hub Cafe   INTERNATIONAL €
(☎071 342 5210; www.facebook.com/pg/thehub cafescarborough; Ecke Main Rd. & Watsonia Ln., Scarborough; Hauptgerichte 95 R; ☺Mi–Fr 12–20.30, Sa ab 9, So 9–15.30 Uhr) Wer im tiefen Süden auf der Suche nach etwas zu essen ist, ist in Scarboroughs Lieblingstreffpunkt genau richtig. Hier ist man auf Pizza spezialisiert, die nach einheimischen Surf Breaks benannt ist, sowie auf Frühstück und Gerichte wie Steak oder Fish and Chips im Bierteig.

Free Range Coffee Shop   CAFÉ €
(☎021-783 4545; http://imhofffarm.co.za; Kommetjie Rd., Kommetjie; Hauptgerichte 70 R; ☺8–16.30 Uhr) Das Free Range verkauft Quiches, Pies, Burger, Wraps und andere nahrhafte Mittagssnacks. Auch großartige Kuchen. Es liegt hinter einem Farmshop, mit Tischen, die einen Ausblick auf die Wiese der Imhoff Farm (S.113) bieten.

Blue Bird Cafe   BURGER €
(Karte S.106; ☎063 206 6911; www.bluebirdcafe. co.za; 39 Albertyn Rd., Muizenberg; Hauptgerichte 80 R; ☺Sa–Do 16–21 Uhr; ☝; ☒False Bay) In diesem unkonventionellen Lokal können Gäste unter bunten Lichterketten unprätentiöse Gerichte wie Burger, asiatische Rippchen, Pizza und knusprige Chicken Wings genießen. Eine vegane Speisekarte gibt es auch. Das Café befindet sich im selben Flugzeughangar aus den 1940ern wie der freitags stattfindende Blue Bird Garage Food & Goods Market (S.189).

Salty Sea Dog   FISH & CHIPS €
(Karte S.110; ☎021-786 1918; saltydog@telkom sa.net; 2 Wharf St., Simon's Town; Gerichte 70 R; ☺Mo–Sa 8.30–21, So bis 16.30 Uhr) Das Sea Dog ist immer voller Tagesausflügler aus Kapstadt, die sich an Fish and Chips laben (der Seehecht ist hervorragend) und danach an ebenso leckeren Milchshakes. Das Lokal ist lässig, hat eine Schankkonzession und sowohl einen Außen- als auch einen Innenbereich. Eine Reservierung ist empfehlenswert.

Bob's Bagel Cafe   BÄCKEREI €
(Karte S.106; ☎083 280 0012; 6 Rouxville Rd., Kalk Bay; Bagels ab 25 R; ☺Di–So 7.45–16, Mo bis 14 Uhr; ☝; ☒Kalk Bay) Wer Bagels liebt, ist

im Bob's genau richtig. Sie werden hier alle frisch gebacken und natur oder als Sandwich verkauft, zusammen mit gutem Kaffee und anderem Gebäck oder Bio-Eis. Von den Bänken an der Straße aus lässt sich der Spielplatz für Kleinkinder gegenüber gut im Blick halten.

Empire Cafe   CAFÉ €
(Karte S.106; 021-788 1250; www.empirecafe. co.za; 11 York Rd., Muizenberg; Hauptgerichte 80 R; Mo–Do & Sa 7–16, Fr bis 21, So 8–16 Uhr; ; Muizenberg) Das Lieblingscafé der einheimischen Surfer ist super für ein deftiges Frühstück aus mexikanischen *huevos rancheros* oder pochierten Eiern auf Butternut-Rösti, dazu Tribe-Kaffee. Zum Mittagessen gibt's alles Mögliche von Burgern bis Pasta. An den Wänden hängen Werke einheimischer Künstler, und an der Decke baumelt ein beeindruckender Kronleuchter.

★Salt   TAPAS €€
(Karte S.106; 021-788 3992; 136 Main Rd., Kalk Bay; Hauptgerichte 100 R; 7–21.30 Uhr; Kalk Bay) Der gastronomische Ansatz des Salt ist ebenso cool wie False Bay selbst; hier gibt es Hauptgerichte wie Gulasch vom wilden Kudu, aber das Beste sind die kleinen Gerichte (45 R) wie mit Wasabi bestäubte Kalamari oder Bratwurst mit hausgemachtem Kimchi. In den Meeresfrüchtegerichten steckt das, was im Hafen erhältlich ist, normalerweise *yellowfish*, eine Barbenart; wenn möglich, empfiehlt es sich, die Ceviche vom *angelfish* (Brachsenmakrele) zu bestellen.

Das Dekor aus Schmiedeeisen, Regalen aus Rohren, schwarzen Tafeln als Speisekarten und großen Fenstern zum Hafen hin ergänzt hübsch den schwarz-weiß gefliesten Boden des Originalgebäudes. Sanfte Musik wie *Kings of Convenience* aus den Lautsprechern und das frisch gezapfte Craft-Bier sorgen für einen unvergesslichen Abend. Reservierungen sind nicht möglich, daher lieber früh herkommen.

★Foodbarn   INTERNATIONAL €€
(021-789 1390; www.thefoodbarn.co.za; Ecke Main Rd. & Village Ln.; Hauptgerichte 180 R; tgl. 12–14.30, Di–Sa zusätzlich 19–21.30 Uhr;) In Meisterkoch Franck Dangereuxs Restaurant in der entspannten Umgebung des Noordhoek Farm Village (S.195) gibt's rustikale, köstliche Bistro-Gerichte und dazu passende Weinvorschläge. Das sepa-

rate, von Büchern gesäumte Deli-Bäckerei-Café (Hauptgerichte 35–145 R) mit Tapasbar (Di–Sa 18–21 Uhr; kleine Gerichte 50 R) ist genauso gut und bietet frisch gebackene Leckereien und andere lokale Speisen und Getränke.

Das Café ist täglich von 8 bis 16.30 Uhr geöffnet; das Deli Dienstag bis Samstag 8 bis 21 Uhr und Sonntag und Montag bis 17 Uhr.

★Blue Water Cafe   INTERNATIONAL €€
(021-783 4545; www.imhofffarm.co.za; Kommetjie Rd., Kommetjie; Hauptgerichte 100 R; Mi–Sa 9–21 Uhr, Di bis 16, So bis 18 Uhr;) Ein herrlicher Ort, um Frühstück, einfache, aber gute Mittagsgerichte wie Pizza, Pasta, Meeresfrüchte und Gourmet-Salat oder ein Craft-Bier bei überwältigender Aussicht zu genießen. Die Veranda des historischen Anwesens im Herzen der Imhoff Farm (S.113) gibt auf den Noordhoek Beach und Chapman's Peak hinaus. Der Service ist gut; es gibt einen Garten, ein Klettergerüst und nebenan den Higgeldy Piggeldy Farmyard.

★Olympia Cafe & Deli   BÄCKEREI €€
(Karte S.106; 021-788 6396; http://olympia cafe.co.za; 134 Main Rd., Kalk Bay; Hauptgerichte 90–180 R; 7–21 Uhr; Kalk Bay) Das Olympia setzt immer noch Maßstäbe, wenn es um Cafés mit entspanntem, rustikalem Ambiente direkt am Meer geht. Brot und Gebäck sind hier hausgemacht, das Frühstück ist spitze, und die mediterran angehauchten Mittagsgerichte sind einfach köstlich – insbesondere die riesigen Schüsseln voller Miesmuscheln. Freitag- und samstagabends gibt's Livejazz.

★Lighthouse Cafe   INTERNATIONAL €€
(Karte S.110; 021-786 9000; www.thelight housecafe.co.za; 90 St Georges St., Simon's Town; Hauptgerichte 70–140 R; So–Di 8.30–16, Mi–Sa bis 22 Uhr; Simon's Town) Das Lighthouse ist ein schickes Café à la Beachcomber mit einer großen Auswahl an Gerichten mit Fisch und Meeresfrüchten – von Muscheln-und-Chorizo-Pasta bis hin zu Jamie Olivers Fish and Chips im Bierteig. Aber es gibt hier auch Burger, Pizza oder einen der Vorspeisenteller.

Two Oceans Restaurant   MEERESFRÜCHTE €€
(Karte S.112; 021-780 9200; www.two-oceans. co.za; Cape of Good Hope; Hauptgerichte ab 145 R; 9–11 & 12–16.30 Uhr) Das Two Oceans verköstigt die Teilnehmer von Bustouren,

die auf dem Weg vom Parkplatz am Cape Point zur Seilbahn zum alten Leuchtturm sind, aber wem eine lebhafte, hektische Umgebung nichts ausmacht, ist hier gut aufgehoben. Die Aussicht auf False Bay ist fantastisch, und es gibt eine gute Auswahl an Frühstück, Sushi und Meeresfrüchten. Natürlich am besten im Voraus reservieren.

Cucina Labia

INTERNATIONAL €€

(Karte S.106; ☑021-788 6062; www.casalabia. co.za; 192 Main Rd., Muizenberg; Hauptgerichte 115–195 R; ☺Di–Fr 10–16, Sa & So ab und Fr zusätzlich 18–22 Uhr; ☑; ⊠Muizenberg) Das herrliche Café in einer italienisch beeinflussten Villa mit Kulturzentrum, der Casa Labia (S.109) in Muizenberg, serviert Brunch, italienische Küche, Nachmittagstee und – am Wochenende – köstliches Frühstück und Klaviermusik zum Mittagessen (13–16 Uhr). Einige der Zutaten stammen sogar aus dem dazugehörigen Garten.

Live Bait

MEERESFRÜCHTE €€

(Karte S.106; ☑021-788 5755; www.livebait.co.za; Kalk Bay Harbour, Kalk Bay; Hauptgerichte 75–180 R; ☺12–23 Uhr; ⊠Kalk Bay) Das quirlige Fischrestaurant wie an der Ägäis liegt in unmittelbarer Nähe der krachenden Wellen und des Hafenbetriebs von Kalk Bay und ist eines der besten Lokale für zwanglose Gaumenfreuden, die als Fisch oder Meeresfrüchte auf den Teller kommen. Die Bandbreite reicht von Sushi bis zu Muscheln von der Westküste. Eine weitere Filiale befindet sich in Muizenberg.

Zum selben Unternehmen gehören das schicke Restaurant **Harbour House** im oberen Stock und die Imbissbude **Lucky Fish & Chips** ganz in der Nähe.

Cape Farmhouse Restaurant

INTERNATIONAL €€

(Karte S.112; ☑021-780 1246; www.capefarm house.com; Ecke M65 & M66, Redhill; Hauptgerichte 100 R; ☺Do–So 9–17 Uhr; ⊠⚒) ✐ Das 250 Jahre alte Farmhaus mit rustikaler Kulisse serviert alles Mögliche vom Frühstück bis zum Filetsteak, wobei so viele Zutaten wie möglich aus dem Biogarten vor Ort stammen.

Es liegt neben interessanten Handwerksständen und einem Spielplatz. Im Sommer gibt's sonntags von 14 bis 20 Uhr Livemusik im Restaurant (Tickets 100 R); weitere Informationen dazu stehen auf der Website.

✗ Cape Flats & Northern Suburbs

Wer auf ein schickes Abendessen aus ist, geht nicht unbedingt in die Cape Flats, aber es gibt auch dort ein paar kleine Restaurants, wo man traditionelle Xhosa-Küche oder *braai* (Grillfleisch) probieren kann, was in den Townships oft *shisa nyama* genannt wird. Am besten vorher anrufen und sich erkundigen, ob die Restaurants geöffnet sind, weil sie sich oft nicht an die angegebenen Geschäftszeiten halten.

In den Northern Suburbs finden sich die besten Restaurants auf den Weingütern des Durbanville Wine Valley, aber auch an der Küste gibt's ein paar angenehme Lokale mit guter Aussicht. Das Eden an der Bay Mall (S.117) bietet Cafés mit Blick über Bloubergstrand.

Cafe Blouberg

CAFÉ €

(☑021-554 4462; http://cafe-blouberg.co.za; 20 Stadler Rd., Bloubergstrand; Hauptgerichte 65–105 R; ☺8–17 Uhr; ☎; ⊠Bokkombaai) Am südlichen Ende des Bloubergstrand befindet sich dieses herrliche Café in einem weiß getünchten Cottage am Meer. Seine Theke ist beladen mit einer verlockenden Auswahl an Kuchen und Backwaren. Auf der Speisekarte steht ganztägiges Frühstück mit Elementen von pochierten Eiern bis hin zu Tortillas. Zum Mittagessen gibt's Salate, Sandwiches und Quiche.

Spinach King

BÄCKEREI €

(☑073 892 5907; www.spinachking.co.za; Khayelitsha Mall, abzweigend von Walter Sisulu Rd., Khayelitsha; Snacks 20 R; ☺9–18 Uhr; ☑; ⊠Khayelitsha) Lufefe Nomjana heißt der Jungunternehmer, der hinter diesem sehr grünen Unternehmen steckt, das Brot und Muffins mit Spinat bäckt. Es bietet eine willkommene Atempause von den Fast-Food-Läden der Khayelitsha Mall und dem Grillfleisch, das für die Townships charakteristisch ist.

Millstone

CAFÉ €

(Karte S.116; ☑021-447 8226; www.facebook. com/MillstoneFarmstall; Oude Molen Eco Village, Alexandra Rd., Pinelands; Hauptgerichte 60 R; ☺Di–Sa 8–17, So & Mo bis 15 Uhr; ☑⚒; ⊠Pinelands) Das rustikale Café mit Farmstand ist auf Bio-Lebensmittel, handgemachte Perlen, Konserven und Marmeladen spezialisiert. Kinder lieben das Baumhaus im Garten und das Ponyreiten nebenan.

Zwischen November und Januar findet hier sonntags zwischen 10 und 15 Uhr ein Markt statt.

Eziko
AFRIKANISCH €

(Karte S.116; ☐021-694 0434; www.ezikorestaurant.co.za; Ecke King Langalibalele Ave. & Jungle Walk, Langa; Hauptgerichte 65 R; ⊙Mo–Sa 9–15.30 Uhr; ☐Langa) Das Eziko bietet einfaches, gutes Essen in angenehmer Atmosphäre. Besonders empfehlenswert ist das gebratene Hähnchen. Abenteuerlustige können auch die „köstlichen" Kutteln probieren. Die Gerichte werden mit Beilagen wie *samp* (einer Mais-Bohnen-Mischung), *pap*, Brot und Gemüse serviert. Vorher anrufen, um die Öffnungszeiten abzuchecken oder im Rahmen einer Maboneng-Tour (S.128) dort einzukehren. Das Eziko bietet auch Kochkurse an.

Clifford & Sandra's
AFRIKANISCH €

(Abzweigend von Ntlazane Rd., Khayelitsha; Gerichte 30 R; ⊙8–18.30 Uhr; ☐Khayelitsha) Auf dem Markt neben dem Bahnhof Khayelitsha herumfragen, um diese Bude zu finden, in der es leckere und hervorragende traditionelle Speisen gibt. Clifford gießt seinen Gästen Wasser über die Hände, bevor sie sie für Rinderschmorbraten, knuspriges gebratenes Huhn und *pap* benutzen (Besteck gibt's hier keines).

Groova Park
BRAAI €

(Ntutyana St., Khayelitsha; Gerichte 50–100 R; ⊙11–22 Uhr; ☐Makabeni) Schild gibt es keines, aber der Metzger- und *braai*-(Grill-)Laden ist trotzdem leicht zu erkennen an den vielen Autos, die am Wochenende an den Nachmittagen hier parken – und an den glücklichen Kunden, die sich das Grillfleisch schmecken lassen.

Nomzamo
BRAAI €

(Karte S.116; ☐021-695 4520; King Langalibalele Ave., Langa; Gerichte 75–120 R; ⊙9–19 Uhr; ☐Langa) Der blitzblanke Metzgerladen hat eine zwanglosere, friedliche Atmosphäre, da er keinen Alkohol verkauft. Das Fleisch – Rind, Lamm, Schwein, Wurst und Hähnchenflügel – ist einfach spitzenmäßig. Beilagen wie Brot, Salat usw. sollten vorher bestellt werden.

★Hog House Brewing Co.
GRILL €€

(Karte S.116; ☐021-810 4545; http://hhbc.co.za; Unit 4 Technosquare, 42 Morningside Rd., Ndabeni; Gerichte 100–150 R; ⊙Mo–Sa 17–21 Uhr; ☐) Der Standort könnte zweifelhafter nicht sein – das Grillrestaurant liegt in einem Business-Park in einem Industriegebiet der Stadt – aber hier ist immer viel los. Zu den Kreationen des Kochs PJ Vadas gehört Räucherfleisch, das so zart ist, dass es sich mit dem Löffel schneiden lässt. Die vegetarischen Beilagen sind genauso beeindruckend – noch nie haben Blumenkohl und Aubergine so gut geschmeckt. Das Ganze mit Bieren aus der dazugehörigen Kleinbrauerei hinunterspülen. Fleischgerichte werden pro 100 g berechnet.

★4Roomed eKasi Culture
AFRIKANISCH €€

(☐076 157 3177; https://4roomedekasiculture.com; A605 Makabeni Rd., Khayelitsha; 3-Gänge-Menüs 165–230 R; ⊙Fr–So 12–15.30 & 18–20.30 Uhr; ☎) Mehr Gourmet geht nicht in Khayelitsha – hier kocht die bezaubernde Abigail Mbalo, eine autodidaktische Köchin und ehemalige Teilnehmerin der südafrikanischen Kochshow *MasterChef*. Zu erwarten ist afrikanisches Essen mit originellem Einschlag: köstliche Wedges aus *pap*, vermischt mit Butternut-Kürbis und Muskatnuss, ein üppiges Lammcurry und Red Velvet Cake mit Roter Beete.

Der weiß getünchte Hof ist sehr reizvoll, an einer Wand sind alte Badewannen aufgereiht, in denen Gemüse und Kräuter für die Küche wachsen. Außerdem hat Abigail einen Food-Truck, mit dem sie für Gruppen von mindestens zehn Personen ein fünfgängiges Festmahl zaubern kann. Alkohol kann man selbst mitbringen.

★Maestro's on the Beach
INTERNATIONAL €€

(Karte S.116; ☐021-551 4992; www.maestros.co.za; Bridge Rd., Milnerton; Hauptgerichte 70–200 R; ⊙Mo–Fr 10–23, Sa & So ab 9 Uhr; ☐Woodbridge) In diesem Lokal gibt es den ganzen Tag warme Küche, es hat eine großartige Lage am Strand mit überwältigender Aussicht auf den Tafelberg. Die umfassende Speisekarte enthält jede Menge Meeresfrüchte, Steaks, Pizza und Nudelgerichte. Das Restaurant liegt neben dem Milnerton Golf Club (S.124), Eingang über den Parkplatz des Clubs.

★Mzansi
AFRIKANISCH €€

(Karte S.116; ☐073 754 8502; www.mzansi45.co.za; 45 Harlem Ave., Langa; Büfett 190 R; ⊙12–22 Uhr; ☐Langa) Das Mzansi ist nicht nur eine kulinarische, sondern auch eine kulturelle Erfahrung und deshalb bei Reisenden sehr beliebt. Essen gibt's am Büfett, auch einige traditionelle Gerichte, einschließlich jeder Menge *pap* (Maisbrei). Gastwirtin Mama Nomonde verleiht mit den Geschichten aus ihrem Leben in den Cape Flats allem eine persönliche Note und eine Marimba-Band sorgt für Livemusik. Vorher reservieren.

Moyo
AFRIKANISCH €€

(☎021-286 0662; www.moyo.co.za; Shop 50, Eden on the Bay Mall, Bloubergstrand; Hauptgerichte 95–190 R; ⊙Mo 12–22, Di–Fr ab 11, Sa & So ab 8.30 Uhr; 🚌Big Bay) Lokale Fleischgerichte mit Strauß oder Wild aus der Halbwüste Karoo stehen auf der Speisekarte in diesem lustigen Restaurant mit afrikanischem Thema, aber auch traditionelle südafrikanische Gerichte werden serviert. Wer möchte, kann sich das Gesicht bemalen lassen und die Füße in ein kühlendes Planschbecken unter dem Tisch hängen, der wie ein Surfbrett geformt ist. Draußen gibt's spektakuläre Ausblicke auf den Strand und den Tafelberg.

Lelapa
AFRIKANISCH €€

(Karte S.116; ☎021-694 2681; www.lelapa.co.za; 49 Harlem Ave., Langa; Büfett ab 190 R; ⊙11–15 & 17–21 Uhr; 🅿; 🚌Langa) Sheila Mahloane und ihre Tochter Monica sind so erfolgreich mit ihrem köstlichen afrikanischen Büfett (das auch jede Menge vegetarische Gerichte umfasst), dass sie auch den Nachbarladen übernommen und inzwischen auch große Gruppen verköstigen können. Wie bei allen Township-Restaurants ist es sinnvoll, vorher anzurufen, damit man den Weg nicht umsonst zurücklegt.

Ausgehen & Nachtleben

Nicht umsonst war Kapstadt früher als die „Taverne der Sieben Meere" bekannt. In unzähligen Bars und Kneipen, teils mit atemberaubender Aussicht auf den Strand oder die Berge, lassen sich Cocktails, edle Weine oder Craft-Biere schlürfen, und wer richtig abtanzen möchte, findet bestimmt einen passenden Club.

Das pulsierendste Nachtleben, um die Einheimischen beim Feiern zu erleben – oder beim *jol*, wie man hier sagt –, findet mittwochs, freitags und samstags statt. Aber Kapstadt bietet mehr als nur Gelegenheiten zum Trinken und Tanzen. Auch Kabarett und Comedy gehören dazu, und Livemusik mit allem von Jazz bis Rap ist sehr populär. Dazu kommen Hybrid Events (eine Verbindung aus Social Media und Event) wie die First Thursdays (S.184) und

Tuning the Vine (☎083 357 4069; www. tuningthevine.co.za; Eintritt online/vor Ort 200/ 220 R; 2. Mi jeden Monats ⊙17.30–20.30 Uhr).

🍷 City Bowl, Foreshore, Bo-Kaap & De Waterkant

⭐Orphanage
COCKTAILBAR

(Karte S.70; ☎021-424 2004; www.theorphanage.co.za; Ecke Orphanage St. & Bree St., City Bowl; Mo–Do & Sa ⊙16–2 Uhr, Fr bis 3 Uhr; 🚌Upper Loop, Upper Long) Im nach der nahe gelegenen Gasse benannten „Waisenhaus" kreieren die Bartender verführerische Zauberdrinks mit Namen wie Knicker-Dropper Glory, Dollymop und Daylight Daisy. Die Zutaten sind äußerst vielfältig und reichen von Erdnussbutter bis hin zu Kumquat-Kompott und „Goldfischen"! Es ist dunkel, edel und stylish, unter den Bäumen an der Bree Street gibt's weitere Sitzgelegenheiten. Was noch besser ist: Ein Teil ihrer Erlöse geht an das Waisenhaus in Athlone – auf diese Art gönnt man sich ein paar Cocktails mehr mit reinem Gewissen.

⭐Lady Bonin's Tea Bar
TEEHAUS

(Karte S.70; ☎021-422 0536; http://ladybonins tea.com; 213 Long St., City Bowl; Mo–Fr ⊙9–17 Uhr, Sa 9.30–14.30 Uhr; 🚌Upper Loop, Upper Long) Eine bezaubernd dekorierte, erholsame Teestube, in der man biologisch und nachhaltig angebaute Teesorten aus Kleinanbau, Frucht- und Kräutertees und veganes Feingebäck probieren kann. Vorne werden all die Teemischungen auch verkauft; durch einen mit Weinreben umrankten Hinterhof geht es dann in die Gaststube.

⭐Openwine
WEINBAR

(Karte S.70; ☎021-422 0800; http://openwineza. co.za; 72 Wale St., City Bowl; Mo–Fr ⊙12–22 Uhr, Sa ab 17 Uhr; 🚌Church, Longmarket) Hier lautet die Devise „wine first, food second" (Wein zuerst, dann das Essen). Die Speisekarte ist übersichtlich, dafür aber warten über 200 verschiedene Weine auf – hauptsächlich kommen sie aus der Region Western Cape (Westkap). Auf dem „drinkable blackboard" stehen die offenen Weine des Tages auf einer Schiefertafel angeschrieben; drinnen oder draußen lässt es sich hier schön sitzen und ein Tropfen oder zwei genießen!

Beerhouse
BAR

(Karte S.70; ☎021-424 3370; www.beerhouse.co. za; 223 Long St., City Bowl; ⊙11–2 Uhr; 🚌Upper

SCHWULEN- & LESBENSZENE IN KAPSTADT

Die LGBT-freundlichste Stadt Afrikas ist ein Topziel für schwule, lesbische, bi- und transsexuelle Reisende. In Waterkant, dem Schwulenbezirk, sind alle willkommen – von schicken Transen bis zu muskulösen Lederkerlen.

Mit der Schließung der altbewährten Amsterdam Action Bar in De Waterkant hat 2017 wohl eine Trendwende eingesetzt. Das Schwulenflair des Stadtbezirks ist nach wie vor intakt, jedoch ist hier weniger los als in Jahren zuvor. Zu den Bars und Kneipen, wo sich das Umschauen lohnt, zählen: **Beefcakes** (Karte S. 74; ☎021-425 9019; www.beefcakes. co.za; 40 Somerset Rd., De Waterkant; Burger 55–85; ⊕19–0 Uhr; ⍾Gallow's Hill), eine Burgerbar mit Zeltcharakter, dienstags gibt's Bitchy Bingo; an anderen Abenden eine Bühnenshow mit Transen wie Mary Scary und Princess Pop; die seit jeher beliebte **Crew Bar** (Karte S. 74; ☎021-461 4920; www.facebook.com/CrewBarCapeTown; 30 Napier St., De Waterkant; Fr nach 22 Uhr und Sa mit Gedeckaufpreis 50 R; So–Do ⊕19–2 Uhr, Fr & Sa bis 4 Uhr; ⍾Alfred), die wegen ihrer DJs und attraktiver, knapp bekleideter Tänzer ein gemischtes Publikum anzieht, die sich dort in Shorts und Glitzerklamotten präsentieren; **Beaulah** (Karte S. 74; ☎021-418 5244; 28 Somerset Rd., De Waterkant; Gedeck 50 R; Fr & Sa ⊕21–4 Uhr; ⍾Alfred), eine gesellige Bar mit Tanzfläche, mit enthusiastischen Jungs und Mädels, die immer bereitwillig zum Popsound des DJs herumzappeln; **Bar Code** (Karte S. 74; ☎076 469 1825; https://versatbar.wixsite.com/barcode; 18 Cobern St., De Waterkant; Mi–Sa Gedeckaufpreis nach 23 Uhr 70 R; ⊕16–2 Uhr; ⍾Alfred), wo von Mittwoch bis Samstag nach 23 Uhr die Türen verschlossen werden und die Jalousien runtergehen, denn die Gäste strippen dort splitterfasernackt oder ziehen sich bis auf die Unterwäsche aus.

Pink Panther 2 (Karte S. 74; www.facebook.com/ThePinkPantherSocialClub; 120 Strand St., City Bowl; Gedeck 50–150 R; Fr & Sa ⊕20–4 Uhr) ist eine neue LGBT-freundliche Tanz-Location am südlichsten Rand von De Waterkant, während das **Alexander Bar & Café** (S. 180) näher an der City Bowl ist; Letzteres ist gleichzeitig Bar und Showbühne; die glamouröse Kabarettbühne **Gate69 Kapstadt** (Karte S. 70; ☎021-035 1627; http://gate69.co.za; 87 Bree St., City Bowl; Dinner & Show ab 450 R; ⍾Strand), hier bestimmt die platinblonde, 2,13 Meter große Transe Cathy Specific die Szene. Im Ticketpreis enthalten sind Tapas und eine Show.

In dem alten District Six/East City gibt es eine weitere Tanz-Location, nämlich das **Babylon** (Karte S. 80; 44 Constitution St., East City; Gedeck 50 R; Fr & Sa ⊕8–16 Uhr; ⍾Lower Buitenkant). Die Stimmung ist lässig und freundlich, mit vornehm, in grauem Samt gepolsterten Nischen, Oben-ohne-Publikum hinter den Bartresen und einem Mainstream-DJ. Vom breiten Balkon aus hat man einen Panoramablick auf den Tafelberg.

Im **Pienk Piesang** (☎081 249 5604; www.facebook.com/HeSheLangarm; 50 R), zu Deutsch „Rosarote Banane", treffen im Rahmen von gemischtgeschlechtlichen Events Camp-Szene auf Afrikaans-Kultur. Bei diesen Zusammenkünften wirbeln Schwule und Lesben im *langarm*-Tanzstil, einem lokalen Gesellschaftstanz, zu Country- und Western-Musik herum. Die Events finden unregelmäßig und in verschiedenen Locations der Northern Suburbs statt; siehe Facebook-Seite.

Die Kapstädter Lesben-Community feiert nach wie vor im Rahmen von MISS-Events (Make It Sexy Sisters; www.facebook.com/MISSmakeitsexysisters) und den Unofficial Pink Parties (www.facebook.com/pinkpartyza). Andersgepolte sind aber auch jederzeit willkommen.

Wer Lust hat, mit Schwulen und schwulenfreundlichen Leuten in der Mother City zu wandern, sollte sich im Cape Town Gay Hiking Club (www.facebook.com/groups/6068816435) umschauen.

Neueröffnungen und Events stehen auch auf GayCapeTown4u.com (www.gaycapetown4u.com) und in der Zeitung *Pink Tongue*, die alle drei Monate neu aufgelegt wird und Neues aus der lokalen LGBT-Szene und Events kommentiert. Das **Triangle Project** (☎081 257 6693; https://triangle.org.za; 2nd fl., Leadership House, Ecke Burg St. & Shortmarket St., City Bowl; ⍾Mowbray) ist die führende lokale Hilfsorganisation für Schwule. Hier findet man Rechtsbeistand und ein breiteres Bildungsangebot.

Unbedingt in den Terminkalender müssen auch die zwei großen LGBT-Events von Kapstadt: **Cape Town Pride** (www.capetownpride.org; ⊙Feb.–März) und die große Tanz-und Kostümparty **MCQP** (Mother City Queer Project; ☎021-461 4920; https://mcqp.co.za; ⊙Dez.).

Loop, Upper Long) Bei 99 Sorten von in- und ausländischem Ale und einigen weiteren südafrikanischen Zapfbieren werden Bierfans in dieser freundlichen und geräumigen Bar im Herzen der Long Street wohl denken, sie seien bereits im Himmel. Vom Balkon aus lässt sich wunderbar das Treiben auf der Straße beobachten.

Honest Chocolate Café   BAR

(Karte S.70; ☏076 765 8306; http://honestcho colate.co.za; 64a Wale St., City Bowl; Mo–Fr ☺9–18 Uhr, Sa 21 Uhr, So bis 16 Uhr; 🚉Dorp, Leeuwen) Im Zuge einer erfolgreichen Crowdfunding-Kampagne startete Honest Chocolate diese Hommage an dunkle Schokolade in flüssiger, fester, Eis- und Kuchenform. Hier ist mit veganen und glutenfreien Varianten ein Schokoladentraum wahr geworden.

Wer sehen möchte, wie diese Süßwaren von Hand hergestellt werden, sollte mal bei Woodstock Exchange (S.176) vorbeischauen.

Upstairs on Bree   BAR

(Karte S.70; ☏021-422 4147, 083 417 3624; http://upstairsonbree.co.za; 103 Bree St., City Bowl; 🚉Church, Longmarket) Meist ist diese loftähnliche Bar, die sich augenscheinlich an New York orientiert, im Rahmen von First-Thursday-Events geöffnet (S.172); dann legen nach dem Event Gast-DJs auf. Auch finden hier verschiedenste Special-Partys, Produktlancierungen und Musiknächte statt (siehe Vorankündigungen auf Facebook-Seite).

Montag bis Freitag von 11 bis 17 Uhr ist die Bar als Café geöffnet und serviert frische, vegane Buddha-Bols (70–80 R) zum Gleich-dort-Essen oder in Ökoschachteln zum Mitnehmen.

Outrage of Modesty   COCKTAILBAR

(Karte S.70; https://anoutrage.com; 88 Shortmarket St., City Bowl; Do–Sa ☺18–1 Uhr; 🚉Church, Longmarket) Das Besondere an dieser Cocktailbar ohne Schild und im Speakeasy-Stil ist die Auswahl an Sackleinen-Beutelchen für eine Geruchsprobe; der bestellte Cocktail wird dann mit der gewählten Variante aromatisiert. Die Cocktailkarte ändert sich von Saison zu Saison wie auch die Kunst, die auf engstem Raum hier präsentiert wird.

Die Bar firmiert unter derselben Adresse wie der Shortmarket Club (S.149), sie hat jedoch einen separaten Eingang. Zum Speiselokal nebenan führt eine Durchgangstür.

Ka Pa Tée   TEEHAUS

(Karte S.70; ☏072 329 4443; www.facebook. com/Kapateecpt; 7 Church St., City Bowl; Mo–Fr ☺7–16.30 Uhr, Sa 9–14 Uhr; 🚉Groote Kerk) Ziemlich stylish, um sich bei verschiedensten Bio-Teemischungen des Hauses neu zu beleben; dazu werden hübsche Törtchen und allerlei Süßes gereicht. Schön verpackte (lose) Teeblätter gibt es auch zum Mitnehmen. Außerdem lässt sich hier gut und gerne nach kleinen kunsthandwerklichen Objekten stöbern.

House of H   DACHTERRASSENBAR

(Karte S.70; ☏076 699 6146; www.houseofh. co.za; 112 Loop St., City Bowl; Mi–Sa ☺16–4 Uhr) Im Erdgeschoss befinden sich ein Café und ein Restaurant, der große Anziehungspunkt aber ist eine der unprätentiösesten Bars über den Dächern von Kapstadt. Auf einer großen Terrasse, die sich über das ganze Gebäude zieht, stehen Holzpaletten mit großen Kissen, auf denen es sich gut chillt – mit Blick auf eine Graffiti-Wand.

The Vue   LOUNGE

(Karte S.74; ☏021-418 3065; www.the-vue.com; 15. OG, 40 Chiappini St., De Waterkant; ☺6.45-0 Uhr; 🚉Old Fire Station) Die Dachterrassenbar mit Restaurant und Loungebereich bietet Hammer-Ausblicke auf die Stadt, die Berge und den Hafen. Exhibitionistisch veranlagte Gäste sollten ihr Bade-Outfit mitbringen, denn es gibt auch einen kleinen Plansch-Pool zum Entspannen. Das Speiseangebot reicht von Frühstücksbüfetts (195 R) bis zu Tapas (50–90 R).

Harvest   CAFÉ

(Karte S.70; ☏079 448 1618; www.facebook. com/harvestcafect; 102 Wale St., Bo-Kaap; Mo–Sa ☺7.30–16.30 Uhr, So bis 13 Uhr.) Dieser Feinkostladen mit modern-stylishem Café im Herzen von Bo-Kaap bietet zum Kaffee oder frisch gepressten Saft eine Dachterrasse mit atemberaubenden Ausblicken zum Tafelberg und Lion's Head. Früh morgens finden hier auch Yogakurse statt.

14 Stories   COCKTAILBAR

(Karte S.74; ☏021-492 9999; www.tsogosun. com; 23 Buitengracht St., City Bowl; ☺16–23 Uhr; 🕾; 🚉Strand) Die Dachterrassenbar im 14. Stock des **SunSquare Cape Town City Bowl Hotel** (Karte S.74; ☏021-492 9999; www.tsogosun.com; 23 Buitengracht St., City Bowl; Zi. ab 2130 R; P✳🕾🖾; 🚉Strand) ist eine von mehreren in dieser Zone, die bei einem Sundowner herrliche Ausblicke auf den Tafelberg, den Signal Hill und die Foreshore bietet.

Nitro Brew CAFÉ
(Karte S.70; ☑078 455 7955; http://nitro brewbev.co; 130 Bree St., City Bowl; Mo–Fr ☺6.30–16.30 Uhr, Sa 8.30–14 Uhr; ☎; ☒Dorp, Leeuwen) In diesem kleinen, in seiner Einfachheit stylishen Café gibt's Cold-Brew-Kaffee aus dem Zapfhahn. Der Stickstoff lässt den Kaffee wie einen Schoppen Guinness-Bier aussehen und verleiht ihm eine glatte, samtige Textur. Daneben gibt's auch Kombucha-Aromen aus dem Zapfhahn – alles selbst gebraut! Auf der Speisekarte stehen Salate, Sandwiches und ein paar herzhaftere Gerichte.

Localli CAFÉ
(Karte S.70; ☑021-422 2647; 136 St. George's Mall, City Bowl; Mo–Fr ☺7–18 Uhr; ☒Groote Kerk) Die Spezialität dieses winzigen Straßencafés sind Mille-Crêpe-Cakes (45 R), blätterteigartige Kuchen aus 20 Schichten hauchdünnem Pfannkuchenteig mit aromatischer Cremefüllung. Am authentischsten schmeckt die Rooibos-Masala-Variante. Alles, was hier kredenzt und serviert wird, stammt aus Südafrika – auch der Tee mit ganzen Blättern und der ausgezeichnete Kaffee, der in KwaZulu-Natal angebaut wird.

Gin Bar COCKTAILBAR
(Karte S.70; www.theginbar.co.za; 64a Wale St., City Bowl; Mo–Do ☺17–2 Uhr, Fr & Sa 15–2 Uhr; ☒Dorp, Leeuwen) In einem Innenhof versteckt, der früher einmal als Leichenhalle benutzt wurde (jetzt im Obergeschoss desselben Gebäudes), ist diese kleine Geheimbar der perfekte Ort, um auf den Geschmack selbst gebrannter Spirituosen zu kommen, die Kapstadts aufblühende Gin-Szene bestimmen. Zur Auswahl stehen vier professionell gemixte Cocktails des Hauses, die man im Patio schlürfen kann.

Zugänglich ist die Bar über das Honest Chocolate Café (S.168).

I Love My Laundry CAFÉ
(Karte S.70; ☑074 992 1481; http://ilovemylaund ry.co.za; 59 Buitengracht St., City Bowl; ☺7–19 Uhr; ☎; ☒Church, Longmarket) Dies ist zwar hauptsächlich ein Waschsalon, der sich hinter einer Geschäftsfront mit kunterbuntem Kunsthandwerk und Wein versteckt, aber zugleich ist dieser Laden auch

noch eine Café-Bar, ein Geschenkeladen und ein Weinkeller.

Die Gäste kommen auf ein Glas Wein oder einen Kaffee, dazu einen Teller mit gedämpften koreanischen Teigtaschen, dem Hauptangebot an Essen.

Hard Pressed Café CAFÉ
(Karte S.74; www.hardpressed.co.za; 4 Bree St., Foreshore; Mo–Fr ☺7.30–17.30 Uhr, Sa 9.30–14.30 Uhr; ☒Lower Loop, Lower Long) Dieses coole In-Café unten im Portside, dem neuesten und zugleich höchsten Gebäude Kapstadts, lässt die Konkurrenz durch seinen hervorragenden Kaffee und den köstlichen Kokosnuss-Dattel-Kuchen aufmerken. Verkauft (und spielt) auch alte LPs.

La Parada BAR
(Karte S.70; ☑021-426 0330; http://laparada. co.za; 107 Bree St., City Bowl; Mo–Sa ☺12–22 Uhr, So bis 21 Uhr; ☒Church, Longmarket) Scharen von Gästen stehen in und vor dieser geräumigen und echt spanisch aussehenden Bar, die cerveza (Bier) und Tapas bietet – gleich, an welchem Wochentag. Es gibt auch noch Ableger in Camps Bay und Constantia Nek.

Orchard on Long SAFTBAR
(Karte S.70; ☑021-424 3781; www.orchardon long.co.za; 211 Long St., City Bowl; Mo–Fr ☺9–17 Uhr, Sa 9.30–14 Uhr ; ☎; ☒Dorp, Leeuwen) Angesichts des frischen Obsts und Gemüses in der Long Street Parade gehen einem fast die Augen über. Hier gibt's supergesunde Fruchtsäfte und Smoothies. Zum Probieren zu empfehlen: Dr Ozzy's Lemonade mit einem pfeffrigen Kick oder Fine Lady, der den Teint verbessern soll. Die Wraps, Sandwiches und Salate sind auch alle vegetarisch.

House of Machines BAR
(Karte S.70; ☑021-426 1400; www.thehouseof machines.com; 84 Shortmarket St., City Bowl; ☺7–1 Uhr Mo–Fr, Sa 9–2 Uhr; ☒Church, Mid-Long) Mit ihrer Kombination aus Motorradwerkstatt, Boutique und Livemusik-/DJ-Club ist dies eine Hommage an die USA. Dazu passend gibt's leckere, originelle Bourbon-Cocktails, importierte US-Craft-Biere und Kaffee von Evil Twin aus New York City.

Twankey Bar COCKTAILBAR
(Karte S.70; ☑021-819 2000; www.tajhotels.com; Taj Hotel, Ecke Adderley St. & Wale St., City Bowl; Mo–Fr ☺7–23 Uhr, Sa 14 Uhr–0 Uhr; ☒Groote

Kerk) Zur Erklärung für diejenigen, die sich in der britischen Theaterlandschaft nicht so gut auskennen: Die elegante und kein bisschen schräge Bar ist nach Widow Twankey benannt, einer berühmten Figur des britischen Theaters. Gleichzeitig ist das auch der Spitzname der Schäferinnenstatue an der Ecke des Gebäudes. Die Cocktails sind gut, und dazu gibt's fangfrische Austern und andere leckere Bar-Snacks.

Tjing Tjing BAR
(Karte S.70; ☑021-422 4920; www.tjingtjing.co.za; 165 Longmarket St., City Bowl; Di–Fr ⏱16-2 Uhr, Sa 18.30–2 Uhr; ☎; ▣Church, Longmarket) Diese edle Dachterrassenbar ist eine stilvolle Location zum Cocktail- und Weintrinken. Das scheunenähnliche Interieur: offene Holzbalken, eine Tokio-Fotowand und eine scharlachrot lackierte Bar. Das Restaurant **Tjing Tjing Tori** serviert Tapas mit japanischem Einschlag und einer modernen Note (nicht immer so gelungen!).

Bean There KAFFEE
(Karte S.70; ☑087 943 2228; www.beanthere.co.za; 58 Wale St., City Bowl; Mo–Fr ⏱7.30-16 Uhr, Sa 9–14 Uhr; ▣Dorp, Leeuwen) Das Angebot dieses schicken Cafés beschränkt sich fast nur auf Fair-Trade-Kaffees aus allen Teilen Afrikas sowie ein paar leckere süße Snacks. Es ist aber sehr geräumig, und das Ambiente ist trotz der hohen Koffeindosis total entspannt.

Origin KAFFEE
(Karte S.74; ☑021-421 1000; http://originroasting.co.za/v3; 28 Hudson St., De Waterkant; Mo–Fr ⏱7-17 Uhr, Sa 8–15 Uhr, So 8–14 Uhr; ☎; ▣Alfred) Der Kaffee schmeckt hier köstlich, und die nach traditionellem Rezept hergestellten Bagels sind ein echter Gaumenschmaus. Hier werden professionelle Baristas und private Interessenten an solchen Fertigkeiten ausgebildet. Ein dreistündiger Barista-Kurs kostet 600 R.

Waiting Room BAR
(Karte S.70; ☑021-422 4536; www.facebook.com/WaitingRoomCT; 273 Long St., City Bowl; Fr & Sa Gedeck 50–70 R; Mo–Sa ⏱19 Uhr–2 Uhr; ▣Upper Loop, Upper Long) Diese hippe Retro-Bar mit DJs, die groovige Musik auflegen, ist über eine schmale Treppe neben der Royale Eatery zu erreichen. Noch ein Stück weiter oben befindet sich die Dachterrasse: ein perfekter „Warteraum", um das glitzernde Lichtermeer von Kapstadt bei Nacht zu bestaunen.

Fireman's Arms PUB
(Karte S.74; ☑021-419 1513; http://firemans arms.co.za; Ecke Buitengracht St. & Mechau St., De Waterkant; Mo–Sa ⏱11–1 Uhr; ▣Alfred) Das Fireman's gibt's schon seit 1906, und es ist inzwischen eine echte Kapstädter Institution. Drinnen hängen Flaggen aus Südafrika und Rhodesien neben einer Sammlung von Feuerwehrhelmen und alten Krawatten. Rugbyspiele werden auf einem Großbildfernseher live übertragen, die Pizza hier schmeckt wirklich lecker, und ein, zwei lässige Bier gehen immer. Donnerstagabends gibt's das Pub-Quiz.

31 CLUB
(Karte S.70; ☑021-421 0581; http://thirty onecpt.co.za; 31. OG, ABSA Bldg., 2 Riebeeck St., Foreshore; Gedeck 50 R; Fr–Sa ⏱22–4 Uhr; ▣Adderley) Der nach dem Stockwerk in luftiger Höhe benannte glitzernde Club befindet sich tatsächlich im 31. Stock und bietet einen beeindruckenden Blick über die Stadt, der sich bei einer Verschnaufpause vom Tanzen genießen lässt.

Yours Truly CAFÉ
(Karte S.70; ☑021-422 3788; http://yourstruly cafe.co.za; 175 Long St., City Bowl; Mo–Fr ⏱6-16 Uhr; ▣Dorp, Leeuwen) Inspirierende Sprüche in verschiedenen Schwarz-Weiß-Fonts zieren die Wände dieses süßen Cafés, aus dem inzwischen eine ganze Café-Kette entstanden ist. Eigentlich keine Location, in der ein langer Aufenthalt unvermeidbar ist, denn es gibt eine Durchreiche zur Straße – die Sandwiches und Backwaren schmecken hier aber so gut, dass man gerne länger verweilt.

🍴 East City, District Six, Woodstock & Observatory

⭐ **Truth** KAFFEE
(Karte S.80; ☑021-200 0440; www.truthcoffee.com; 36 Buitenkant St., East City; Mo–Do ⏱7-18 Uhr, Fr & Sa 8–0 Uhr, So 8–14 Uhr; ☎; ▣Lower Buitenkant) Diese „Steampunk-Rösterei und Kaffeebar", wie sie sich selbst bezeichnet, mit Decken aus gepresstem Dosenblech, nackten Glühbirnen und Metallarbeiten im Stile eines verrückten Erfinders ist ein beeindruckender Ort, um auf schicke Einheimische zu treffen. Neben Kaffee, Craft-Bieren, Backwaren (auch frische Croissants!) und verschiedenen Sandwiches stehen hier auch Burger und Hotdogs auf der Speisekarte.

★ **Espressolab Microroasters** KAFFEE
(Karte S. 80; ☎021-447 0845; www.espressolab
microroasters.com; Old Biscuit Mill, 375 Albert
Rd., Woodstock; Mo–Fr ⏰8–16 Uhr, Sa bis 14 Uhr;
🚊Kent) Über den Rand einer duftenden
Tasse Kaffee passionierten Kaffeeröstern
und Baristas bei der Arbeit zusehen. Die
Bohnen, die aus Single-Origin-Farmen,
Plantagen und Kooperativen aus der gan-
zen Welt stammen, werden – wie edle
Weine – mit Gütesiegel gekennzeichnet.

Zu den erfindungsreichen Kaffeege-
tränken zählen u. a. ein Vitamin-C-Espres-
so mit frisch gepresstem Ingwer, Honig
und Zitrone und eine erfrischende Limo
mit Cascara, ein Zucker, der aus Kaffee-
bohnenhülsen gewonnen wird.

★ **Brewers Co-op** CRAFT-BIER
(Karte S. 80; ☎061 533 6699; www.facebook.
com/BrewersCoopCPT; 135 Albert Rd., Woodstock;
Mo–Fr ⏰13–22 Uhr) Sechzehn Manufaktur-
brauer dürfen in dieser Co-op-Bar ihre
Handwerkskunst präsentieren. Sich durch
die verschiedenen IPAs, goldgelb und som-
merlich schimmernden Biere zu kämpfen
(Lager- und Pilsener-Freunde werden feststellen, dass es hiervon eine größere Auswahl gibt), kann sehr unterhaltsam sein.
Die Happy Hour geht von 16.30 bis 18 Uhr.

Auf der Facebook-Seite stehen noch
mehr Details zu Meet-a-brewer-Events
(„Triff einen Brauer"). In demselben bunten Gebäude befinden sich ein mexikani-
sches Lokal und eine Pizzeria.

Woodstock Gin Company BRENNEREI
(Karte S. 80; ☎021-821 8208; www.woodstock
ginco.co.za; 399 Albert Rd., Woodstock; Mo–Fr
⏰9–18 Uhr, Sa bis 16 Uhr; 🚊Kent) Die limitierten Premium-Gins dieser Brennerei sind es
wert, durchprobiert zu werden. Der „wein-
basierte" Gin enthält Buchu- (eine endemische *fynbos*-Art), Zitrus- und Lavendelaro-
men; der „bierbasierte" hat ein malziges
Profil und der High-Tea-Gin hat eine Rooi-
bos- und Honigbusch-Note im Nachgeschmack. Als Kennenlerngetränk gibt es
ein Tonic des Hauses.

Touch of Madness PUB
(Karte S. 79; ☎021-447 4650; http://atouchof
madness.webflow.io; 12 Nuttall Rd., Observatory;
Hauptgerichte 55–70 R; Di–Sa ⏰12–22 Uhr, So
bis 18 Uhr; ☎; 🚊Observatory) Diese schon
lange bestehende Bar mit Restaurant hat
inzwischen einen neuen Pächter, verströmt
aber immer noch eklektisches Arthouse-

Ambiente. Es gibt eine gute Auswahl an
Craft-Bieren vom Zapfhahn und verschie-
denste Events, von DJ-Nächten bis hin zu
Poetry Slams und der monatlichen LGBT
Unofficial Pink Party (www.facebook.com/
pg/pinkpartyza).

Die Speisekarte bietet Frühlingsrollen,
Mezze, Tacos, Burger und Bunny Chow
(Curry-Brötchen – ein Lieblings-Snack aus
Durban).

Hope on Hopkins BRENNEREI
(Karte S. 80; ☎021-447 1950; www.hopeonhop
kins.co.za; 7 Hopkins St., Salt River; Sa ⏰12–
17 Uhr; 🚊Upper Salt River) Während gerade
ganz Südafrika von der Boutique-Gin-Wel-
le erfasst wird, ist das Hope on Hopkins
nach wie vor eine der fortschrittlichsten
Mikro-Brennereien des Landes. Die Brennerei befindet sich in einem stillgelegten
Speicherhaus in einem Stadtteil, der noch
auf seine Aufwertung wartet – es ist eine
richtig authentische Stammkneipe für
Einheimische. Im geselligen Verkostungsraum hat man die ganze Brennerei im
Überblick und kann auf entspannte Art
alle möglichen Gins durchprobieren – einfach mal nach den letzten Spezialversio-
nen fragen.

Gelegenheit zum Verkosten gibt es nicht
nur samstags, sondern auch jeden ersten
Mittwoch im Monat. Dann nämlich findet
eine weitergehende Führung durch die
Brennerei statt. Unbedingt vorab buchen!

Saint James KAFFEE
(Karte S. 79; ☎079 761 8627; www.facebook.
com/SaintJamescafeOBZ; 43 Station Rd., Observatory; Mo–Fr ⏰7.30–17 Uhr, Sa & So
8–15.30 Uhr; ☎; 🚊Observatory) Als starker
Kandidat für das hippste Café in „Obs"
serviert das Saint James seinen eigenen
Java-Blend in allen möglichen Abwand-
lungen, und das in Räumlichkeiten mit
coolem Design und üppigem Blätter-
werk; es fungiert auch als Galerie für
südafrikanische Fotokünstler.

Woodstock Brewery BRAUEREI
(Karte S. 80; ☎021-447 0953; www.woodstock
brewery.co.za; 252 Albert Rd., Woodstock; Schenke Di–Do ⏰12–19 Uhr, Fr bis 20 Uhr, Sa 10–15 Uhr;
Restaurant Mo–Sa 10–22 Uhr; 🚊Kent) In der
Schenke im Erdgeschoss können acht sai-
sonale Biere des Hauses für 30 Rand verkostet werden. Wer die Biere lieber zum
Essen trinken will, kann im Obergeschoss
im Restaurant einkehren – dort werden die
üblichen Burger, Steaks und Ähnliches

serviert. Alles läuft sehr routiniert und professionell ab!

Hidden Leaf
BAR

(Karte S.80; ☏021-447 4868; www.hiddenleaf. co.za; 77 Roodebloem Rd., Woodstock; Di–Sa ⊙11.30–23 Uhr; ⎙Balfour) Die Ausblicke auf den Tafelberg und den Devil's Peak von diesem attraktiven Bar-Restaurant (sehr Woodstock-mäßig!) mit seinem bepflanzten Rundumbalkon sind schwer zu toppen. Auch gibt es hier einige interessante Cocktails, Craft-Biere, Weine sowie köstliches hausgemachtes Grapefruit-Bier mit wenig Alkohol.

Der Küchenchef und die Bedienungen gehen mit den Gästen auch persönlich die Tageskarte (auf der Schiefertafel!) durch; darauf stehen einige Gerichte mit einem fast schon ein wenig überzogenen Aromen-Durcheinander.

Drawing Room Café
CAFÉ

(Karte S.116; ☏082 672 0515; http://thedrawing roomcafe.co.za; 87 Station Rd., Observatory; Mo–Fr ⊙8–16 Uhr, Sa 9–15 Uhr; ☏; ⎙Observatory) Das ziemliche coole Café kredenzt nicht nur hausgerösteten Deluxe-Kaffee, es gibt auch verschiedene Snacks (inklusive ganztägige Auswahl an veganen Frühstücksvarianten). Die Räumlichkeiten dienen auch als Galerie und Künstlertreffpunkt. Auf der Facebook-Seite werden Abend-Events mit Jazz oder Ethno-Musik vorangekündigt.

Das Café nimmt am Art Thursday (S.184) teil.

Taproom
MIKROBRAUEREI

(Karte S.80; ☏021-200 5818; www.devilspeak brewing.co.za; 95 Durham Ave., Salt River; Hauptgerichte 50–90 R; Mo–Sa ⊙11–22 Uhr, So 12–17 Uhr; ⎙Upper Salt River) Die Devil's Peak Brewing Company macht mit das beste Craft-Bier Südafrikas. Schankraum und Restaurant bieten einen Panoramablick auf Devil's Peak. Das Essen ist eher herzhaft (Burger und Brathähnchen) und als Gegengewicht zur himmlischen Auswahl an Zapfbieren gedacht. Hier gibt's auch im Fass gereifte Biere und Experimentelles aus dem Zapfhahn.

Ukhamba Beerworx
MIKROBRAUEREI

(Karte S.80; ☏072 757 6427; www.ukhamba beerworx.co.za; The Palms, 145 Sir Lowry Rd., Woodstock; Fr ⊙16–0 Uhr, Sa 10–19 Uhr, So 11–21 Uhr; ⎙District Six) In einer der vielen neuen Boutiquebrauereien Woodstocks kreiert der Brauer Lethu Tshabangu Ales

mit so geistreichen Namen wie PA State Capture und das dunkle IPA Pursuit of Happiness. Utgwala, das Saisonbier mit Sorghum-Hirse, sollte man auch mal probiert haben.

Flat Mountain
KAFFEE

(Karte S.80; ☏074 115 8441; www.flatmountain roasters.co.za; 101 Sir Lowry Rd., Woodstock; Mo–Fr ⊙6–15 Uhr, Sa 9–13 Uhr; ⎙District Six) Diese Kaffeekünstler haben sich auf Blends spezialisiert, darunter eine Biomischung und ein entkoffeinierter Kaffee mit Vollaroma. Die Lage ist praktisch für alle, die bei einem Bummel durch die Galerien in der Nähe einen Koffein-Kick brauchen.

Haas
CAFÉ

(Karte S.80; ☏021-461 1812; http://haascollec tive.com; 19 Buitenkant St., East City; Mo–Fr ⊙7–17 Uhr, Sa & So 8–15 Uhr; ☏; ⎙Lower Buitenkant) Der Weg hierher lohnt sich eher wegen der Boutique mit ihrem künstlerischen Design, wo man feinen Kaffee schlürfen, loungen und mit dem Laptop arbeiten kann als wegen des Essens. Das ist zwar okay, aber nichts Herausragendes.

Field Office
CAFÉ

(Karte S.80; ☏021-447 2771; www.fieldoffice.co. za; Woodstock Exchange, 66 Albert St., Woodstock; Mo–Fr ⊙7.30–16.30 Uhr, Sa 9–14 Uhr; ⎙Woodstock) Dieses coole Café eignet sich für eine kleine Auszeit, um die Gedanken bei einer guten Tasse Kaffee zu ordnen. Außerdem bietet sie dem Möbel- und Leuchtendesigner Pedersen & Lennard (www.pedersen lennard.co.za) Ausstellungsfläche.

Rosetta Roastery
CAFÉ

(Karte S.80; ☏021-447 4099; www.rosettaroas tery.com; Woodstock Exchange, 66 Albert Rd., Woodstock; Mo–Fr ⊙8–16 Uhr, Sa 9–13 Uhr; ⎙Woodstock) Versteckt in einem Hof des Woodstock Exchange liegt dieses kleine Café, das Single-Origin-Kaffees aus der ganzen Welt anbietet, die jeweils nur aus einer einzigen Plantage stammen. Jede Sorte wird anders geröstet, damit ihre typischen Aromen optimal zur Geltung kommen. Kein Wunder, dass dieses Café zu einem der 25 Cafés erkoren wurde, die man unbedingt einmal in seinem Leben besucht haben sollte.

SurfaRosa
BAR

(Karte S.80; ☏076 070 4474; https://thefirmct. co.za/surfarosa; 61 Harrington St., East City; Di–Sa ⊙15–2 Uhr; ⎙Lower Buitenkant) „Too drunk to punk" (zu betrunken, um mies zu sein) – besser könnte das Motto nicht passen für diese über-stylishe Surfer-Bar, wo die Musik laut und jede Menge los ist.

Im unteren Bereich desselben Gebäudes befinden sich die gehobene, vornehme Cocktailbar und Livejazz-Bühne Harringtons (S. 182) und der Tanzclub **District**.

Tribe Woodstock CAFÉ
(Karte S. 80; ☎ 021-448 3362; www.tribecoffee. co.za; Woodstock Foundry, 160 Albert Rd., Woodstock; Mo–Sa ⌚ 7–16 Uhr, So 9–14 Uhr; ⬚ Woodstock) Woodstocks zentrale Einrichtungen für die Kreativen wären nicht komplett ohne eine Manufaktur-Kaffeerösterei mit Café vor Ort, und die Woodstock Foundary bildet dabei keine Ausnahme. Hier übernimmt das Tribe diese Aufgabe mit einem angenehmen Café in einem ruhigen Innenhof.

Stardust BAR
(Karte S. 80; ☎ 021-462 7777; www.stardustcape town.com; 118 Sir Lowry Rd., Woodstock; Di–Sa ⌚ 17–2 Uhr; ⬚ District Six) Diese kitschigen, aber unglaublich beliebten „Theaterdinner" werden von Gruppen besucht, die kommen, um *tagine* (160–180 R) und andere Gerichte zu genießen, während sie den Bedienungen – alles professionelle Sänger und Sängerinnen – lauschen, die immer wieder mal auf die Bühne hüpfen, um ein Lied zu schmettern. Es gibt hier eine geräumige Bar für Gäste, die nichts essen, sondern nur die Show sehen möchten (ab ca. 20 Uhr).

🍷 Gardens & Umgebung

⭐Mount Nelson Lounge LOUNGE
(Karte S. 88; ☎ 021-483 1948; www.belmond.com; Belmond Mount Nelson Hotel, 76 Orange St., Gardens; Nachmittagstee 365 R; ⌚ 13 Uhr oder 15.30 Uhr; ☎ ⬚ Government Ave.) Der Nachmittagstee in der Lounge oder bei Schönwetter im „Nellie"-Park ist ein reines Vergnügen! Zweimal am Tag spielt Pianomusik im Hintergrund, um den (mit Rosenblüten aromatisierten) Qualitätstee des Hauses mit einer feinen Auswahl an Kuchen, Feingebäck und Leckerbissen zu begleiten.

⭐Chalk & Cork WEINBAR
(Karte S. 84; ☎ 021-422 5822; www.chalkand cork.co.za; 51 Kloof St., Gardens; Tapas 25–90 R, Pizza 95–110 R; Mo–Sa ⌚ 11–22.30 Uhr, So bis 18 Uhr; ⬚ Lower Kloof) Diese schöne Weinbar mit Restaurant hat einen angenehmen Hof zur Kloof Street. Auf der Speisekarte des Chalk & Cork ist zwar die ganze Palette von Frühstücksoptionen bis hin zu Tapas und Platten für mehrere Personen vertreten, aber wer nur ein Glas Wein trinken will, ist auch willkommen. Es gibt viele offene Weine, die von den besten Weingütern der Region stammen.

⭐Yours Truly Café & Bar BAR
(Karte S. 84; ☎ 021-426 2587; http://yourstruly cafe.co.za; 73 Kloof St., Gardens; ⌚ 6–23 Uhr; ⬚ Ludwig's Garden) In dieser Bar ist von frühmorgens bis spätabends etwas los. Traveller mischen sich mit coolen Kapstädtern, die hier den vorzüglichen Kaffee, das Craft-Bier, Gourmet-Sandwiches, Pizza mit dünnem Teig und die gelegentlichen DJ-Events schätzen.

Publik WEINBAR
(Karte S. 70; www.publik.co.za; 11D Kloof Nek Rd, Gardens; Mo–Fr ⌚ 16–23 Uhr, Sa 12–18 Uhr; ⬚ Church, Longmarket) Die Inhaber dieser lässigen, unprätentiösen Bar wissen, wie man unentdeckte Juwelen der Wein- und Gin-Szene der Kapregion ausgräbt. Zu probieren gibt's Tropfen aus nachhaltigem Weinbau, interessante und ungewöhnliche Rebsorten und seltene Jahrgänge.

Tiger's Milk BAR
(Karte S. 84; ☎ 021-286 2209; http://tigersmilk. co.za/kloof-street; 55 Kloof St., Gardens; ⌚ 12–0 Uhr; ⬚ Lower Kloof) Diese Tiger's-Milk-Filiale mit Eingängen in der Kloof Street und in der Rheede Street und einem großen Innenhof dazwischen erweist sich als eines der besten. An der Wand prangt Picassos *Guernica* – eine ironisierende Metapher für die Alkohologie, die hier stattfinden kann, je länger der Abend sich hinzieht.

The Sorrows BAR
(Karte S. 84; ☎ 021-422 3655; https://thesor rows.co.za; 16 Kloof Nek Rd., Tamboerskloof; Mo ⌚ 7–16 Uhr, Di–Sa bis 23 Uhr, So bis 11 Uhr) Auf einer Seite dieser Café-Bar gibt es *libations* (engl. für Trankopfer) – so der Trendsetter-Jargon für alles, was von Espresso bis zu einem Glas Wein reicht –, auf der anderen Seite *victual* (engl. für Viktualien bzw. Essen), z. B. Karoo-Lammkoteletts und Käsekuchen mit gesalzener Erdnussbutter. Es sind interessante Räumlichkeiten mit nostalgischem Flair – eine gute Ergänzung zur Ausgehszene von Koof Nek.

Cause Effect
COCKTAILBAR

(Karte S.84; ☑071 096 2995; www.facebook. com/CauseEffectBar/; 2a Park Rd., Gardens; Di-Sa ⊙16–2 Uhr; ⓘLower Kloof) Als stylisher Neuzugang in Kapstadts wachsender Cocktailbar-Szene hat sich das Cause Effect auf Brandy spezialisiert – hier finden sich 60 verschiedene, ausschließlich südafrikanische Sorten. Die Spirituose gibt es in klassischer Form, wie etwa als Sazarac und Sidecar mit Schuss, sowie fantasievoll zubereitet mit hausgemachtem Wermut.

Deluxe Coffeeworks
KAFFEE

(Karte S.84; ☑072 569 9579; www.deluxecoffee works.co.za; 171a Buitenkant St., Gardens; Mo–Fr ⊙7–17 Uhr, Sa & So 9–14 Uhr; ⓘGardens) Kaffeerösterei und elegant-schlichtes Café zugleich, wo man ihren hoch angesehenen Kaffee probieren kann – serviert von schön tätowierten, bärtigen Baristas. In der Church Street im City Bowl gibt es auch eine kleine Filiale.

Power & the Glory/Black Ram
BAR

(Karte S.84; ☑021-422 2108; www.facebook.com/ The-Power-and-the-Glory-129092450488495; 13b Kloof Nek Rd., Tamboerskloof; Mo–Sa ⊙8–0 Uhr; ⓘLudwig's Garden) Der Kaffee und das Essen (Hotdogs im Laugenbrötchen, knusprige Pasteten und andere Manufaktur-Leckerbissen) sind einwandfrei, aber dass die Trendsetter abends in Scharen herbeiströmen, besonders von Donnerstag bis Samstag, liegt an der rauchiggemütlichen Atmosphäre der Bar.

Perseverance Tavern
PUB

(Karte S.84; ☑021-461 2440; http://perseverance tavern.co.za; 83 Buitenkant St., Gardens; ⊙12–22 Uhr; ⓘRoeland) Dieser gastliche denkmalgeschützte Pub, der schon seit 1808 existiert und liebevoll „Persies" genannt wird, gehörte einst Cecil Rhodes. Es gibt Zapfbiere, und die Bistrogerichte schmecken hier ebenfalls anständig.

Van Hunks
BAR

(Karte S.84; ☑021-422 5422; http://vanhunks. co.za; Ecke Kloof & Upper Union St., Gardens; Mo–Fr ⊙10–1 Uhr, Sa & So ab 11.30 Uhr; ⓘBelle Ombre) Von der Veranda dieses Lokals lässt sich beim Blick auf den Gipfel über den Mythos von Van Hunks nachsinnen, der den Teufel oben auf dem Berg zu einem Rauchwettbewerb herausgefordert hat; zudem ein hervorragender Platz, um das Treiben auf der Kloof Street zu beobachten.

The Vic
BAR

(Karte S.84; ☑072 192 2518; www.facebook. com/theviconkloof; 84 Kloof St., Gardens; Mo–Sa ⊙12–1 Uhr, So bis 21 Uhr; ⓘWelgemeend) In dieser geräumigen Bar gibt es Craft-Biere vom Zapfhahn, Holzofenpizza und jeden Mittwoch, manchmal auch an Wochenenden, ab ca. 20 Uhr Livemusik (siehe Facebook-Seite). Die Bar befindet sich in einem alten Haus in der Kloof Street. Man kann auch draußen sitzen.

Asoka
BAR

(Karte S.84; ☑021-422 0909; www.asoka.za. com; 68 Kloof St., Gardens; ⓘLudwig's Garden) Mitten in dieser groovigen Asia-Bar mit Zen-Ambiente wächst ein Baum! Der Name wird übrigens wie „aschoka" ausgesprochen. Livejazz gibt's dort inzwischen regelmäßig dienstags ab 20 Uhr. An den anderen Abenden legen DJs chilligen Sound auf, der für hier genau richtig ist.

🍷 Green Point & Waterfront

★ Bascule
BAR

(Karte S.86; ☑021-410 7082; www.basculebar. com; Cape Grace Hotel, West Quay Rd., V&A Waterfront; ⊙9–1 Uhr; ⓘNobel Square) Mehr als 480 Whiskysorten werden in der kosmopolitischen Bar des Grace ausgeschenkt, und es sind immer noch ein paar Schluck vom 50-jährigen Glenfiddich (pro Schlückchen nur 18 000 R) übrig. Es werden Whisky-Verkostungen (ab 395 R) angeboten, bei denen man verschiedene Sorten mit ein paar Häppchen dazu probieren kann. Die Außentische Richtung Yachthafen sind ein angenehmer Ort für einen Drink und leckere Tapas.

★ Shift
KAFFEE

(Karte S.86; ☑021-433 2450; 47 Main Rd., Green Point; Mo–Sa ⊙6.30–18 Uhr, So 7–15 Uhr; ☎; ⓘUpper Portswood) Mit seinem schicken Industrielook, einer gemütlichen Bücherecke und einem großen Vorhof unter freiem Himmel ist dies eines der einladendsten Cafés der Gegend. Der Inhaber Luigi Vigliotti bemüht sich eifrig um seine Gäste. Er hat einige interessante charakteristische Getränke entwickelt, so etwa Hashtag, bei dem Espresso, Vanilleeis und Oreo-Cookies eine Symbiose eingehen.

Life Grand Café
CAFÉ

(Karte S.86; ☑021-205 1902; www.life.za.com/ home/lifegrandcafe; Old Pierhead, V&A Waterfront; ⊙7.30–23 Uhr; ⓘNobel Square) Das

Essen hier ist mittelmäßig, aber die Drinks schmecken gut in diesem stilvollen Tagescafé, das alles bietet, vom Frühstückskaffee mit Croissants bis zum Absacker am Abend. Ein schönes Lokal, um zu rasten, und für ein Erfrischungsgetränk mit herrlichem Blick auf die geräuschvolle Waterfront.

Tobago's Bar & Terrace COCKTAILBAR
(Karte S.86; ☑021-441 3414; www.radissonblu. com/en/hotel-capetown/bars; Radisson Blu Hotel Waterfront, Beach Rd., Granger Bay; ⊙18.30–22.30 Uhr; ◻Granger Bay) Durch das Hotel geht es zur geräumigen Bar im Außenbereich mit Toplage zur Table Bay. Zum Sonnenuntergang schmeckt der Cocktail gleich noch einmal so gut, und zum Abschluss lässt es sich wunderbar am Pier entlangschlendern.

Sotano BAR
(Karte S.86; ☑021-433 1757; www.sotano.co.za; 121 Beach Rd., Mouille Point; ⊙19–23 Uhr; ◻Three Anchor Bay) Mit ihrer entspannten Atmosphäre und einer großen Veranda zur Mouille-Point-Promenade ist dies die perfekte Location für einen Sundowner-Drink oder einen Kaffee mit süßem Teilchen und Meerblick. Freitags von 19 bis 21 Uhr und sonntags von 16 bis 19 Uhr gibt's Livemusik.

Shimmy Beach Club CLUB
(☑021-200 7778; www.shimmybeachclub.com; 12 South Arm Rd., V&A Waterfront; Gedeckzuschlag bei Events 250 R; Mo-Sa ⊙11–4 Uhr, So bis 2 Uhr; ◻Waterfront Silo) Hinter den stinkenden Fischfabriken liegt dieser glitzernde Mega-Club mit Restaurant, der um einen künstlichen Strand mit verglastem Pool angelegt ist. Es überrascht wohl kaum, dass es hier Poolpartys mit knapp bekleideten Tänzern und Tänzerinnen gibt, die den Shimmy zu den Grooves von Top-DJs tanzen. Auch die Electro-Jazzband Goldfish hat hier den ganzen Sommer über ihre festen Auftritte (unbedingt reservieren!).

Vista Bar & Lounge COCKTAILBAR
(Karte S.86; ☑021-421 5888; www.oneandonly resorts.com; One&Only Cape Town, Dock Rd., V&A Waterfront; ⊙6.30–3 Uhr; ◻Aquarium) Die Bar des Luxushotels bietet ein vornehmes Ambiente in Kombination mit einem perfekten Ausblick auf den Tafelberg. Alkohol wird erst ab 11 Uhr ausgeschenkt, und sie bietet ein stilvolles Ambiente für den Nachmittagstee (295 R;

14.30–17.30 Uhr) oder einen kreativen Cocktail, darunter Klassiker mit südafrikanischem Kick.

Grand Africa Café & Beach BAR
(Karte S.86; ☑021-425 0551; www.grandafrica. com; Haul Rd., V&A Waterfront; ⊙12–23 Uhr; ◻Somerset Hospital) Um den Privatstrand für diese superhippe Restaurantbar in einem ehemaligen Lagerhaus aufzuschütten, wurde extra Sand herangeschafft. Kapstädter treffen sich hier gern am Wochenende, eher um das entspannte Ambiente als das mittelmäßige Essen zu genießen. Später am Abend heizen DJs ein.

Belthazar WEINBAR
(Karte S.86; ☑021-421 3753; www.belthazar. co.za; Shop 153, Victoria Wharf, V&A Waterfront; ⊙12–23 Uhr; ◻Breakwater) Mit dem Anspruch, das weltgrößte Weinbar zu sein, bietet Belthazar 600 verschiedene südafrikanische Weine, etwa 250 davon sind als offene Weine erhältlich. Das dazugehörige Restaurant hat sich auf erstklassiges Karan-Rind spezialisiert, aber es gibt auch reichlich Seafood-Gerichte.

Mitchell's Scottish Ale House PUB
(Karte S.86; ☑021-418 5074; www.mitchells-ale house.com; Ecke East Pier & Dock Rd., V&A Waterfront; ⊙10–2 Uhr; ◻Nobel Square) Bloß keine falschen Allüren: Wer durch die Tür zu Südafrikas ältester Kleinbrauerei (1983 in Kysna gegründet) tritt, kann verschiedenste frisch gebraute Biere trinken und günstig essen. Achtung: Das altbewährte „Old Wobbly" haut ordentlich rein (7% Alkohol).

Von Sea Point bis Hout Bay

★ Leopard Bar COCKTAILBAR
(☑021-437 9000; www.12apostleshotel.com; Twelve Apostles Hotel & Spa, Victoria Rd., Oudekraal; 7–2 Uhr; ☎; ◻Oudekraal) Mit einem erstklassigen Ausblick über den Atlantik ist die Bar des Twelve Apostles Hotel (S.141) der ideale Ort, um der Plebs in der Camps Bay für einen stilvollen Cocktail zu entkommen – oder besser noch für einen köstlich dekadenten High Tea (295 R; 10–16 Uhr).

★ Dunes BAR
(Karte S.94; ☑021-790 1876; www.dunesrestau rant.co.za; 1 Beach Rd., Hout Bay; ⊙9–23 Uhr; ◻; ◻Hout Bay) Näher am Strand geht's nicht, denn der Vorhof liegt praktisch direkt am Strand. Oben von der Terrasse

oder vom Gastraum des Bar-Restaurants aus ist der Ausblick über die Hout Bay großartig, dazu bestellt man sich Sushi, Fingerfood und Bistrogerichte von Pizza bis Seafood, alles in ordentlicher Qualität; außerdem gibt's eine sichere Spielecke für Kinder.

★ Bungalow — BAR

(Karte S. 96; ☎ 021-438 2018; www.thebungalow. co.za; Glen Country Club, 3 Victoria Rd., Clifton; ⏰ 12–2 Uhr; 🚌 Maiden's Cove) Dieses Restaurant mit Loungebar und europäischem Chic ist ein großartiger Ort für ein ausgiebiges Mittagessen, ein Craft-Bier an einem chilligen Nachmittag oder für Mojitos und Martinis als Begleiter zum Sonnenuntergang am Fuß der Bergkette der Twelve Apostles. Danach kann man es sich auf einer Liege unter einer aufgeblähten weißen Markise gemütlich machen oder mit den Füßen kurz in den winzigen Pool neben der Bar eintauchen. Abends sorgen DJs für Clubatmosphäre. Reservierung wird empfohlen.

La Belle — CAFÉ

(Karte S. 96; ☎ 021-437 1278; www.labellecampsbay.co.za; 201 The Promenade, Camps Bay; ⏰ 8–23 Uhr; 🚌 Whale Rock) Diese Schönheit ist tatsächlich eine der schönsten Optionen unter den Restaurants von Camps Bay; zudem geht es hier deutlich entspannter und weniger prätentiös zu als in den benachbarten Lokalen. Hier gibt's eine gute Auswahl an Teespezialitäten, Smoothies, Shakes und eine schöne Auswahl an Cocktails – von Gin-Sprizz bis Whisky Sours – dazu herrlich verlockendes Gebäck, Kuchen und andere leichte Mahlzeiten.

Ta Da! — CAFÉ

(Karte S. 94; ☎ 021-790 8132; its.ta.da.4@gmail. com; 37 Victoria Rd., Hout Bay; ⏰ 8–17 Uhr; 📞; 🚌 Lower Victoria) In dieser Café-Bar und Crêperie gibt's ein paar angenehme, schattige Sitzplätze im Freien und einen einladenden Gastraum, einschließlich Lounge, in der gelegentlich Filme gezeigt werden und oft Livemusik gespielt wird. Ein beliebter Treffpunkt zum Chillen wegen des guten Kaffees, des Frühstücksangebots, der Burger und der Crêpes – süß oder herzhaft – alle schmecken gut!

Dizzy's Restaurant & Pub — PUB

(Karte S. 96; ☎ 021-438 2686; www.dizzys.co.za; 41 The Drive, Camps Bay; ⏰ 12–2 Uhr; 🚌 Whale Rock) In diesem geselligen Pub im britischen Stil mit einer guten Auswahl an Craft-Bieren und Bistrogerichten wird abends häufig ein Unterhaltungsprogramm geboten, mit Karaoke am Dienstag, Livemusik freitag- und samstagabends (Gedeckzuschlag ca. 40 R) sowie einem Bier-Pong-Turnier am Sonntag um 20 Uhr (ebenfalls 40 R Gedeckzuschlag). Etwas vom Strand entfernt, ist es ein entspannter Platz für einen Kaffee oder ein Bier unter Einheimischen.

Mynt Café — BAR

(Karte S. 96; 31 Victoria Rd., Camps Bay; ⏰ 8–23 Uhr; 🚌 Camps Bay) Am nördlichen Ende der Ansammlung von Lokalen in der Camps Bay bietet dieses Lokal Kaffee, Cocktails und leichte Mahlzeiten (100 R) mit Strandblick – und es ist einen Tick lässiger als die typischen Trend-Cafés der Ausgehmeile (mit dröhnendem DJ-Sound).

🍷 Southern Suburbs

★ Banana Jam — CRAFT-BIER

(Karte S. 102; ☎ 021-674 0186; www.bananajam cafe.co.za; 157 2nd Ave., Harfield Village, Kenilworth; Di–Sa ⏰ 11–23 Uhr, So bis 22 Uhr; 📞; 🚌 Kenilworth) Für echte Bierliebhaber ist diese karibische Kombi aus Restaurant und geselliger Bar geradezu ein Schlaraffenland: Es gibt über 30 Zapfbiere aus den besten lokalen Mikrobrauereien (einschließlich hauseigenem Craft-Bier) oder Flaschenbiere von den besten Biermanufakturen der Region, u.a. Ales von Jack Black, Devil's Peak und CBC. Die Cocktail-Happy-Hour geht täglich von 17 bis 18 Uhr.

★ Martini Bar — COCKTAILBAR

(Karte S. 102; ☎ 021-794 2137; www.thecellars-hohenorthotel.com; 93 Brommerslvei Rd., Constantia; ⏰ 11–22.30 Uhr; 📞) Die 200 Cocktails umfassende Karte stellt einen vor die Qual der Wahl (wir empfehlen den Liz McGrath Rose Martini, der mit Rosenblütenblättern aus den berühmten Hotelgärten garniert wird). Die Tee-Lounge des Cellars-Hohenort Hotels mit ihrem herrlichen Farbkonzept aus Pink, Zitronengelb, Burgunderrot und Aquamarin hat sich auf Martinis spezialisiert, darunter die Sorte mit dem süß-scharfen Aroma aus weißer Schokolade und Chili, mit vielen weiteren Cocktails im Angebot sowie Single-Origin-Kaffees und Constantia-Weinen. Hier trifft man sich zum High Tea (225 R pro Person) oder zieht sich in einen anderen Teil der Hotelanlage zurück, wo Pfauen herumstolzieren.

★ Forester's Arms PUB
(Karte S.99; ☎021-689 5949; www.forries.co.za; 52 Newlands Ave., Newlands; Mo–Sa☻11–23 Uhr, So 9–22 Uhr; ☕; ☐Newlands) Der sehr englische Pub „Forries" besteht seit über 150 Jahren. Die Atmosphäre ist gesellig, und es gibt eine reiche Auswahl an Zapfbieren (aus Großbrauereien und Manufakturen), gute Bistrogerichte wie Holzofenpizza und einen sehr angenehmen Biergarten mit einem Spielbereich für Kinder.

Salt Yard BAR
(Karte S.116; ☎021-685 0307; www.facebook.com/pg/thesaltyardSA; 74 Klipfontein Rd., Mowbray; Mo–Do ☻9–23 Uhr, Fr–So bis 1 Uhr; ☕; ☐Mowbray) Mit Surfboards und Wandschmuck aus recycelten Objekten verströmt diese Bar mitten im Universitätsviertel unterhalb des Tafelbergs trotzdem Strandbar-Ästhetik. Auf der Karte stehen Cocktails, Steaks und Seafood; hier spielt regelmäßig Livemusik, und das gemischte Publikum besteht aus Studenten und Kapstädtern.

Jack Black's Brewery BRAUEREI
(Karte S.102; ☎021-286 1220; www.jackblackbeer.com; 10 Brigid Rd., Diep River; Mi–Fr ☻10–22 Uhr, Sa bis 16 Uhr; ☕; ☐Diep River) Als einer der Pioniere der südafrikanischen Craft-Bier-Kultur ist die Jack-Black-Brauerei ein hallenartiges Brauhaus mit Bierzelttischen. An Platz mangelt es hier nicht, und es können auch Führungen organisiert werden. Ansonsten einfach ein Degustationstablett mit Pilsner, Pale Ale, IPA und Flagship-Lagerbier schnappen, um einmal alles durchzuprobieren. Auf der Speisekarte stehen Wurstplatten, verlockende Salate und ausgezeichnete Pommes frites.

Hier finden auch regelmäßig besondere Events statt, u. a. die Food Truck Fridays, Performance-Abende für jedermann und ein Pub-Quiz.

Twigs with Beans CAFÉ
(Karte S.102; ☎021-674 1193; www.twigswithbeans.co.za; 48 2nd Ave., Harfield Village; Sa & So ☻7–17 Uhr, Sa & So 8–14.30 Uhr; ☕; ☐Kenilworth) Dieses Viertel im Herzen des histo-

rischen Harfield Village zieht junge Berufstätige, Freiberufler, Jogger und Hundeausführer aus der näheren Umgebung an. Die Wände ziert südafrikanische Kunst, und auf einer sonnigen Terrasse mit Blick auf die 2nd Avenue werden Truth-Kaffee, frisch gepresste Säfte, Muffins, Frühstücksteller und leichte Mittagsgerichte (50–70 R) serviert. Auch die Schoko-Brownies schmecken gut!

Zhivago CLUB
(Karte S.99; ☎083 784 1644; www.zhivago.co.za; 103 Main Rd., Claremont; Do & Sa ☻21–4 Uhr; ☐Claremont) Wer spät am Abend in den Southern Suburbs noch Lust auf Party und Tanzen mit einer jungen, feierwütigen Gemeinde hat, der ist hier (im alten Tiger Tiger) genau richtig. Zum Auftakt werden Hits aus den 1990ern aufgelegt, danach wird zu Pop und House der Nullerjahre getanzt; die Liebe der Südafrikaner zu „Jägermeister"-Shots lässt sich hier entdecken. Der Eintritt kostet normalerweise unter 100 R (Preisschwankungen vorbehalten).

Bitte beachten, dass es einen Dresscode gibt, also keine Shorts, Jogginganzüge, Strandsandalen, Unterhemden, Kapuzenpullis oder Mützen – schicke Outfits sind ein Muss! Jugendschutz für Mädels unter 18 Jahren und Jungs unter 19.

Barristers PUB
(Karte S.99; ☎021-671 7907; www.barristersgrill.co.za; Ecke Kildare Rd. & Main St., Newlands;

⊙11–23 Uhr; ☎; ℝNewlands) Der bei Einheimischen beliebte Pub besteht aus mehreren gemütlichen Gasträumen. Alle sind originell im Stil einer Westernkneipe dekoriert. An kühlen Abenden locken hier außerdem die warmen Gerichte. Täglich gibt es günstige Mittagsgerichte (65 R), und hin und wieder wird auch Livemusik gespielt.

Caffe Verdi BAR

(Karte S.102; ☎021-762 0849; www.caffe-verdi. co.za; 21 Wolfe St., Wynberg Village; Mo–Sa ⊙9–0 Uhr, So 11–19 Uhr; ℝWynberg) In einem 110 Jahre alten Haus befindet sich dieses Café-Bar mit hübschem Innenhof. Hier lässt es sich nach Erkundungstouren durch Chelsea Village (wie der Spitzname für Wynberg Village lautet) bei einem Drink gut entspannen. Fußballspiele werden im Caffe Verdi auf großer Leinwand live übertragen.

🍷 Simon's Town & Southern Peninsula

⭐ Tiger's Milk BAR

(Karte S.106; ☎021-788 1860; www.tigersmilk. co.za; Ecke Beach Rd. & Sidmouth Rd., Muizenberg; ⊙11–2 Uhr; ☎; ℝMuizenberg) Dieses Bar-Restaurant, dessen Fensterfront wie bei einem Hangar vom Boden bis zur Decke reicht, bietet einen Panoramablick über den Muizenberg-Strand. Zwar hat das Restaurant auch tagsüber geöffnet (gute Pizzas und Steaks), jedoch ist es eher eine Sundowner-Location und ein Nachtlokal – angefangen bei dem langen Bartresen über Barhocker bis hin zu unverputzten Backsteinwänden mit originellem Dekor inklusive Motorrad.

Striped Horse Bar & Grill BAR

(Karte S.106; ☎021-788 2979; www.facebook.com/ TheStripedHorse; 12–14 York Rd., Muizenberg; Mo–Sa ⊙12–1 Uhr, So bis 21 Uhr; ℝMuizenberg) In dieser kunterbunt dekorierten Bar werden Craft-Biere aus Paarl – die mit dem „gestreiften Pferd" – gezapft und Burger auf Brettchen serviert. Regelmäßige Livemusik macht das Ganze noch grooviger.

Cape to Cuba BAR

(Karte S.106; ☎021-788 1566; www.capetocuba. com; 165 Main Rd., Kalk Bay; ⊙9–0 Uhr; ℝKalk Bay) Jede Stadt hat eine kleine Havanna-Ecke, und diese Bar ist eine von denen, die in und um Kapstadt Cocktails und Revolution in einem propagieren. Diesen

„Genossen" hat es schon immer gegeben, jedoch besteht seine jüngste Inkarnation aus einer falschen Strandbar mit Sandboden und Hollywoodschaukeln, während das Restaurant mit Antiquitäten und Latino-Accessoires vollgestopft ist. Es ist ein beliebter Treffpunkt an Freitag- und Samstagabenden.

Jeden Sonntag im Sommer spielt Livemusik (16–19 Uhr, 20 R).

Brass Bell BAR

(Karte S.106; ☎021-788 5455; www.brassbell. co.za; Kalk Bay Station, Main Rd., Kalk Bay; ⊙11.30–22 Uhr; ℝKalk Bay) Durch den Tunnel neben den Bahngleisen führt der Weg zu dieser lokalen Institution, die von Meereswellen der False Bay umspült wird. An sonnigen Tagen gibt es kaum bessere Plätze, um auf einen Drink vorbeizuschauen und direkt am Meer zu speisen (Hauptgerichte 100 R). Davor oder danach lockt ein Bad in den angrenzenden Gezeitentümpeln.

Beach Road Bar BAR

(☎021-789 1783; Ecke Beach Rd. & Pine St., Noordhoek; Di–So ⊙12–23 Uhr, Mo ab 16.30 Uhr) Nach einem Ausflug in der Gegend, beispielsweise den Chapman's Peak Drive (S.122) entlang, ist diese Bar über dem Red Herring Restaurant ein prima Ort für ein Craft-Bier oder eine Pizza. Die Terrasse bietet herrliche Ausblicke auf den Strand; gelegentlich spielt auch Livemusik, und in der Bar gibt es Manufakturbiere von der lokalen **Aegir Project Brewery** (www.aegirprojectbrewery.com).

🍷 Cape Flats & Northern Suburbs

⭐ Blue Peter BAR

(☎021-554 1956; www.bluepeter.co.za; Popham St., Bloubergstrand; ⊙12–23 Uhr; ℝDe Mist) In dem beliebten Dauerbrenner schnappen sich die Gäste ein Bier (13 verschiedene Zapfbiere), bestellen eine Pizza und setzen sich an einen Holztisch im Freien draußen, um den klassischen Blick auf den Tafelberg und Robben Island zu genießen. Freitags, samstags und sonntags spielt nachmittags Livemusik. Die Bar ist auch ein Hotel.

Devil's Peak Brewing Company BRAUEREI

(Karte S.116; ☎021-001 4290; www.devilspeak brewing.co.za; 166 Gunners Circle, Epping 1; Mo–Mi ⊙8–19 Uhr, Do& Fr bis 2 Uhr; ☎) Eine der innovativsten Brauereien Südafrikas ist auf dieses riesige Grundstück außerhalb der Stadt umgezogen. In einer großen Gewerbezone gelegen, wirkt sie etwas ungewöhnlich, aber einmal im Schankraum mit Restaurant-Ambiente angelangt, ist die Umgebung schnell vergessen. Neben dem Kernsortiment gibt es experimentelle Zapfbiere und eine kleine Speisekarte, auf der auch ein Trüffel-Mac'n'Cheese und ein legendärer Cheeseburger stehen.

Kostenlose Führungen (Mo–Fr 11.30–16 Uhr) bieten einen Einblick in die Brauerei und Afrofunk – ein Raum, in dem das Bier in Fässern reift und wo Brauer mit den Ale-Aromen experimentieren (von säuerlich bis holzig).

Siki's Kofee Kafe · KAFFEE
(☏082 369 8229; 7 Ntaba St., Village 1 South, Khayelitsha; Mo–Fr ⊗7–17 Uhr, Sa 8.30–15 Uhr; ☎; 🚇Khayelitsha) Siki Dibela, zuvor in der Cafékette Vida e Caffè angestellt, ist der Kopf und Barista hinter diesem coolen Township-Café. In einer umgebauten Garage verkauft er seine eigene Kaffeemischung, Muffins und Plätzchen. Eine Lounge, ein Internetcafé und ein angrenzendes Restaurant sind bereits in Planung. Dort wird mit Sikis Mama eine erfahrene Köchin die Küche managen.

Rands Cape Town · CLUB
(☏071 742 4322; www.facebook.com/RandsCPT; Makabeni Rd., Village 1 North, Khayelitsha; Mo–Fr ⊗10–21 Uhr, Sa bis 24 Uhr, So bis 23 Uhr) Zwar handelt es sich hier um ein BBQ-Lokal wie in einer richtigen Township (vor die Bestellung von Chicken Wings, Grillwürstchen oder Steaks haben die Götter das Schlangestehen gesetzt), aber eigentlich ist es vor allem etwas für ein Bier oder ein Glas Wein und das Tanzen mit Einheimischen zu eigenwilligem DJ-Sound. An einem sonnigen Tag geht's hier richtig rund.

Devil's Peak De Oude · CRAFT-BIER
(www.devilspeakbrewing.co.za/de-oude; 1 Pandoer St., Bellville; Di–Sa ⊗8–23 Uhr, So bis 18 Uhr; 🚇Oosterzee) Die Devil's-Peak-Brauerei hat De Oude Welgemoed, ein 350 Jahre altes holländisches Anwesen am Kap, in drei Bereiche untergliedert – in die **Alpha Beer Hall**, den **Manor** und das **Bistro.** Alpha ist die beste Wahl für eine lässige Einkehr auf ein Bier und hochwertige Bistrokost, mit zehn Craft-Bieren vom Zapfhahn und einer Speisekarte mit kalten Platten und Burgern (Hauptgerichte 100 R).

Beim Manor liegt der Schwerpunkt auf Essen. Die Speisekarte ist ähnlich, aber umfangreicher, und es fließen sechs Craft-Biere aus dem Zapfhahn, das Bistro hingegen ist eine Pizzeria.

Kaffa Hoist · CAFÉ
(Karte S.116; ☏071 120 6345; www.facebook.com/kaffahoist; Guga S'thebe Arts & Cultural Centre, Ecke King Langalibalele Ave. & Church St., Langa; ⊗7–19 Uhr) Der fröhliche Besitzer Chris Bangira des hinter dem Kulturzentrum (S.117) versteckten Freiluftcafés schenkt selbst gebrautes Ingwerbier aus und kredenzt Kräutertees und eine Reihe von Heißgetränken ohne Koffein. Leichte Mahlzeiten gibt es auch, und eine Rösterei ist geplant. Von Juni bis November sind die Öffnungszeiten verkürzt.

Kefu's · BAR
(☏082 353 9742; www.facebook.com/pg/kefusjp; 39-41 Mthawelanga St., Ilitha Park, Khayelitsha; Mo–Do ⊗10–0 Uhr, Fr & Sa bis 2 Uhr; 🚇Khayelitsha) Ms Kefuoe Sedia hat es weit gebracht, seit sie 1990 eine Kneipe mit sechs Plätzen in ihrem Wohnzimmer eröffnete. In dem schicken Pub über zwei Ebenen mit 140 Sitzen und sanft-jazziger Hintergrundmusik wird auch Essen serviert. Auf der Facebook-Seite stehen alle kommenden Abend-Events (manchmal mit Gedeckzuschlag von ca. 50 R). Montags bis donnerstags sollte angefragt werden, ob geöffnet ist.

Department of Coffee · CAFÉ
(☏078 086 0093; www.facebook.com/Department-of-coffee-455306021156615; 158 Ntlazani St., Khayelitsha; Mo–Fr ⊗6–18 Uhr, Sa 8–15 Uhr; 🚇Khayelitsha) Manufakturkaffee in Khayelitsha – auch wenn er in einem Kiosk mit wenig einladenden, vergitterten Fenstern und zu unvorhersehbaren Öffnungszeiten serviert wird. Ganz in der Nähe stehen draußen ein paar Tische und Stühle, wo man seinen Kaffee schlürfen und Muffins naschen kann.

Galaxy · CLUB
(☏021-637 9027, 082 650 2756; College Rd., Rylands Estate; Fr & Sa ⊗21–4 Uhr) Im legendären, inzwischen 40 Jahre alten Tanzclub in den Cape Flats tanzen überwiegend schwarze und farbige Gäste zu R&B, Hip-Hop und Livebands. Frauen müssen oft keinen Eintritt zahlen. Der Gedeckzuschlag kostet bis zu 100 R, jedoch ist es vor 23 Uhr in der Regel günstiger.

Der schicke Livemusikbühne **West End** befindet sich im selben Gebäude.

☆ Unterhaltung

Rapper und Comedians, die eine Mischung aus Afrikaans und Englisch sprechen, A-cappella-Chöre aus den Townships und Straßenmusiker an der Waterfront, Theater auf der Straße und in alten Kirchen sowie Aufführungen in Vorortwohnzimmern – Kapstadt verblüfft mit einem abwechslungsreichen Unterhaltungsangebot, wobei Livemusik das absolute Highlight der Stadt ist.

☆ City Bowl, Foreshore, Bo-Kaap & De Waterkant

★ Alexander Bar & Café
THEATER

(Karte S. 70; ☎021-300 1088; www.alexander bar.co.za; 76 Strand St., City Bowl; Mo–Sa☺Bar 11–1 Uhr; ◻Strand) Theaterautor Nicholas Spagnoletti und Software-Entwickler Edward van Kuik bilden das geniale Duo hinter diesem witzigen, exzentrischen Lokal in einem grandiosen denkmalgeschützten Gebäude. Unten ist eine sehr beliebte LGBT-freundliche Bar, während sich im Obergeschoss ein Studiotheater mit vielfältigem Spielplan, Musikaufführungen und Vorträgen befindet. Die antiquierten Tischtelefone in der Bar dienen dazu, mit anderen Gästen zu plaudern und eine Bestellung aufzugeben. Die regelmäßigen Quiz-Abende am Mittwoch sind ein einziges Gejohle und eine tolle Möglichkeit, Kapstädter zu treffen.

★ Café Roux
LIVEMUSIK

(Karte S. 70; ☎061 339 4438; www.caferouxses sions.co.za; 74 Shortmarket St., City Bowl; Tickets 100–150 R; ☺18–0 Uhr; ◻Church, Longmarket) Endlich hat die City Bowl mit dem Café Roux (das in Nordhoek schon länger gut lief) die lang ersehnte Livemusikbühne bekommen. Sänger und Bands wechseln meist jeden Abend, und die Tribüne (alle Plätze sind im Voraus buchbar!) bietet garantiert freien Blick auf die Bühne.

Wer hier auch essen möchte, sollte vor Showbeginn (normalerweise ab 20.30 Uhr) eintreffen.

Cape Philharmonic Orchestra
KLASSIK

(CPO; Karte S. 70; ☎021-410 9809; www.cpo.org. za; Old City Hall, Darling St., City Bowl; Tickets 160–230 R; ◻Darling) Das alte Rathaus von Kapstadt ist die Heimat des Cape Philharmonic Orchestra (CPO). Der Konzertsaal an der Rückseite des Gebäudes besitzt eine sehr gute Akustik und wird deshalb auch gern von einheimischen Chören genutzt. Der Eingang ist in der Corporation Street. Konzerte finden ganzjährig statt (siehe Spielplan online).

Piano Bar
LIVEMUSIK

(Karte S. 74; http://thepianobar.co.za; 47 Napier St., De Waterkant; Fr & Sa Gedeck 50 R; Mo–Sa ☺12.30–0 Uhr, So bis 23 Uhr; ◻Alfred) Diese schicke Musikrevue-Bar mit Restaurant direkt im Herzen von De Waterkant hat sich mit ihren täglichen Auftritten verschiedener Künstler einen Namen bei einem breiten Publikum gemacht. Hier treten jeden Abend verschiedene Künstler (darunter Starpianisten) auf, die ab ca. 20 Uhr in die Tasten greifen.

OnPointe Dance Studios
TANZ

(Karte S. 70; ☎061 198 6355, 021-422 3368; www.onpointedancestudio.wordpress.com; 5. OG, 112 Loop St., City Bowl; Tickets 100 R, Kurse ab 150 R; ☎; ◻Dorp, Leeuwen) Theo Ndindwa und Tanya Arshamian wollen durch das Tanzen das Leben von Kindern in den Townships verändern. An jedem ersten Donnerstag des Monats organisiert dieses Studio, in dem die Kurse stattfinden, den **Art in the City with iKapa Dance.** Damit bietet es Besuchern eine wunderbare Chance, eine ganze Reihe südafrikanischer Tanzensembles zu sehen und ihren Auftritten in einer sehr entspannten Umgebung beizuwohnen.

Crypt Jazz Restaurant
JAZZ

(Karte S. 70; ☎079 683 4658; www.thecrypt jazz.com; 1 Wale St., City Bowl; Gedeck 100 R; Di–Sa ☺19–0 Uhr; ◻Groote Kerk) Dieses Restaurant in der St. George's Cathedral, das sich im Gewölbe der Krypta befindet, hat eine Karte mit Gerichten von allen Kontinenten. Besonders interessant ist es jedoch wegen seiner Jazzkonzerte. Die Konzerte starten um ca. 20 Uhr und dauern fast den ganzen Abend. Hier treten auch sehr renommierte Künstler auf, bei manchen Konzerten sollte man unbedingt vorab buchen.

Cape Town International Convention Centre
KONZERTBÜHNE

(CTICC; Karte S. 74; ☎021-410 5000; www.cticc. co.za; 1 Lower Long St., Foreshore; ◻Convention Centre) Seit seiner Eröffnung 2003 hat das CTICC noch so gut wie nie pausiert. Sein jährlicher Veranstaltungskalender ist gespickt mit Musikaufführungen, Ausstellungen, Konferenzen und anderen Events

ZUSCHAUERSPORT

Kapstädter sind begeisterte Sportfans – einem Fußball-, Rugby- oder Kricketspiel beizuwohnen, sei wärmstens empfohlen!

Fußball

Gemessen an den Zuschauerzahlen ist Fußball (von den Einheimischen auch *diski* genannt) der angesagteste Sport am Kap. Die Stadt ist mit zwei Vereinen in der Premier Soccerleague (www.psl.co.za) vertreten: Cape Town City (http://capetowncityfc.co.za) und Ajax Cape Town (www.ajaxct.com). Heiß begehrt sind die Karten (ab 60 R) für Spiele gegen die besten Teams des Landes, die Kaizer Chiefs und die Orlando Pirates, beide aus Johannesburg. Die Saison dauert von August bis Mai; gespielt wird im Cape Town Stadium (S.87) oder im **Athlone Stadium** (☎021-637 6607; Cross Blvd., Athlone; ☒Athlone).

Kricket

Die Kapstädter haben eine Schwäche für Kricket, und auf dem **Newlands Cricket Ground** (Karte S.99; ☎021-657 2003; www.newlandscricket.com; 146 Campground Rd., Newlands; ☒Newlands) werden sämtliche Spitzenspiele ausgetragen. Kricket war die erste der ursprünglich den Weißen vorbehaltenen Sportarten, die die Rassentrennung aufhob. In den Townships wurden Förderprogramme eingerichtet, die sich inzwischen ausgezahlt haben: Thami Tsolekile aus Langa etwa schaffte es als Wicket-Keeper bis in die Nationalmannschaft und absolvierte zwei Testspiele für Südafrika. Leider wurden sie 2016 vom Verband Cricket South Africa wegen Verstoßes gegen das Antikorruptionsgesetz ausgeschlossen. Die Cape Cobras (www.wpca.org.za) sind das Kapstädter Team (www.wpca.org.za).

Rugby

Rugby (Union, nicht League) ist der traditionelle Sport der Afrikaander. Spiele finden im **Newlands Rugby Stadium** (Karte S.99; ☎021-659 4600; www.wprugby.com; Boundary Rd., Newlands; ☒Newlands) statt; die wichtigsten davon sind die Begegnungen des Super-14-Turniers, bei dem von Ende Februar bis Ende Mai Teams aus Südafrika, Australien und Neuseeland gegeneinander antreten.

wie dem Cape Town International Jazz Festival (S.130) und Design Indaba (S.129).

Artscape THEATER
(Karte S.74; ☎021-410 9800; www.artscape.co.za; 1–10 DF Malan St., Foreshore; ☒Civic Centre) Der aus drei Sälen unterschiedlicher Größe bestehende Komplex ist das wichtigste Kulturzentrum der Stadt – egal, ob es um Theater, klassische Musik, Ballett, Oper oder Kabarett geht. Es bietet das komplette Programm. Das sonst öde Viertel ist abends für Fußgänger nicht besonders sicher. Es gibt aber eine Menge bewachte Parkplätze.

⭐ East City, District Six, Woodstock & Observatory

Fugard Theatre THEATER
(Karte S.80; ☎021-461 4554; www.thefugard.com; Caledon St., District Six; ☒Lower Buiten-

kant) Das äußerst eindrucksvolle Kunstzentrum trägt seinen Namen zu Ehren von Athol Fugard, dem berühmtesten lebenden Dramatiker Südafrikas. Die ehemalige Congregational Church Hall wurde geschickt so umgebaut, dass hier jetzt zwei Bühnen untergebracht sind. Die größere dient auch als *bioscope* (Modewort für ein Digitalkino, das erstklassige Tanz- und Opernaufführungen zeigt).

Harringtons JAZZ
(Karte S.80; ☎021-461 2276; www.facebook.com/harringtonsct; 61b Harrington St., District Six; Gedeck 100 R; Mi & Do ⊙17–2 Uhr, Fr & Sa 16 Uhr; ☒Lower Buitenkant) Donnerstagabends spielen in dieser vornehmen Cocktail-Loungebar Jazzbands. An anderen Abenden legen DJs Partysound auf.

Obviouzly Armchair LIVEMUSIK
(Karte S.79; ☎021-460 0458; http://obviouzlyarmchair.com; 135 Lower Main Rd., Observatory; Mo–Mi ⊙17–2 Uhr, Do 12–2 Uhr-So; ☒Observatory)

STADTVIERTEL IM ÜBERBLICK UNTERHALTUNG

LIVEMUSIK-GUIDE

Indoor-Bühnen

Studio 7 Sessions (S. 183), House of Machines (S. 169), **Mercury Live** (www.facebook.com/MercuryLive) und beide Ableger von Café Roux (S. 184) sind echte Garanten für coole, aufstrebende Bands. Jazzliebhaber sollten sich zu den Lunch Jam Sessions im **Kloof St House** (Karte S. 84; ☎021-423 4413; www.kloofstreethouse.co.za; 30 Kloof St., Gardens; Hauptgerichte 95-175 R; Mo ⏰5-23 Uhr, Di–So 12–23 Uhr; 🚇Lower Kloof) einfinden; die Inhaber betreiben auch Asoka (S. 174) mit Jam Sessions an Dienstagabenden. Montags lohnt sich ein Besuch im **HQ** (www.hqrestaurant.co.za) am Heritage Square (hier wird aber nicht immer Jazz gespielt), und donnerstags liegt man mit **Harringtons** (www.facebook.com/harringtonsct) nicht falsch. Hier wird ein Mix aus Livejazz gespielt; danach legt ein DJ beste südafrikanische Funk-, Soul- und House-Musik auf. Die größeren Bühnen wie Artscape (S. 181), City Hall (S. 73), Grandwest Casino (S. 184) und das Baxter Theatre (S. 183) sind auch zu beachten; hier werden nämlich oft genreübergreifende Musikproduktionen geboten.

Outdoor-Bühnen

Im Sommer nicht die Konzerte im **Kirstenbosch National Botanical Garden** (S. 96) verpassen. Auch nach einer Fahrt von 45 Minuten aus der Stadt ist das **Paul Cluver Forest Amphitheatre** (S. 232) in Elgin wirklich hübsch und mal eine ganz andere Umgebung, um ein Konzert zu erleben. Auch auf anderen Weingütern finden Veranstaltungen im Freien statt, die ihre eigenen Picknickkonzerte in Constantia, Stellenbosch und Durbanville veranstalten. Der Steinbruch **Hillcrest** (S. 114) in Durbanville ist im Sommer eine tolle Livemusik-Location. Wer nach Noordhoek, Kalk Bay und Scarborough fährt, findet dort jede Menge Restaurants mit tollem Outdoorbereich, wo oft ausgezeichnete südafrikanische Künstler auftreten – es lohnt sich, stadtauswärts zu fahren!

Künstler, die man sehen sollte

Die Folksängerin Paige Mac sollte man unbedingt einmal erlebt haben; sodann die Electrojazz-Combo GoodLuck, die international bekannten Livebands Black Coffee, Goldfish und Jeremy Loops, Matthew Mole aus Jo'burg, Majozi aus Durban, das Indie-Pop-Trio Beatenberg; die Jazzmusiker Lee Thomson und Jason Reolon; den Blues-König Dan Patlansky, wenn er gerade in Kapstadt ist; die Rockrebellen The Swee Resistance sowie die Trip-Hop-Band Astrafunk und die Space Cats.

Meist wird hier freitagabends Live-Akustikrock gespielt; daneben sind oft Livemusik und andere Events wie etwa Kabarett, Laienauftritte („offenes Mikrofon") und Kinoabende geboten. Die Atmosphäre ist lässig und chillig; also kein besonderes Outfit erforderlich.

☆ Gardens & Umgebung

Labia   KINO
(Karte S. 84; ☎021-424 5927; www.thelabia.co.za; 68 Orange St., Gardens; Kinokarten 50 R; 🚇Michaelis) Dieses Kino für Fans des Independent Films ist einer der Schätze Kapstadts und wurde nach dem alten italienischen Botschafter und Philanthropen Graf Labia benannt. Die Reihe African Screen ist eine der seltenen Gelegenheiten, Filme aus heimischer Produktion zu sehen; es gibt vier Kinosäle. Näheres auf der Website.

☆ Green Point & Waterfront

Galileo Open Air Cinema   KINO
(Karte S. 86; www.thegalileo.co.za/waterfront.html; Croquet Lawn, abzweigend von Portswood Rd., V&A Waterfront; Kinokarten 100 R, Leihgebühr Decke/Stuhl 10/20 R; ⏰Nov.–April; 🚇Nobel Square) Von November bis April wird dieses Open-Air-Kino auf dem Croquet-Rasen neben dem Dock House Hotel (S. 139) aufgebaut, um Klassiker und Blockbuster zu zeigen. Eigene Stühle und Decken mitbringen geht leider nicht. Man kann sie nur beim Veranstalter mieten.

Galileo führt auch an anderen Standorten Filme vor, u. a. in Kirstenbosch und in verschiedenen Weingütern. Das aktuelle Programm gibt's online.

Market Square Amphitheatre LIVEMUSIK
(Karte S. 86; www.waterfront.co.za/events/overview; abzweigend von Dock Rd., V&A Waterfront; 🚇Nobel Square) Der Market Square an der Waterfront ist wie ein Amphitheater und bietet viel kostenlose Unterhaltung, etwa Straßenmusiker und Tänzer. Neben der Großleinwand, auf der Videos laufen, dient das Amphitheater als Plattform für Nachwuchskünstler, und samstags und sonntags von 17 bis 18 Uhr werden Liveauftritte veranstaltet.

Cape Town Comedy Club KABARETT
(Karte S. 86; ☎021-418 8880; www.capetowncomedy.com; Pump House, Dock Rd., V&A Waterfront; Karten ab 60 R; ⏰18–22 Uhr, Shows 20.30 Uhr; 🚇Nobel Square) Dieser altbewährte Comedy Club mit den besten Kabarettisten des Landes hat hier im alten Pump House („Pumpenhaus") neben dem Robinson Dry Dock seine Heimat gefunden. Um den Humor des Moderators Kurt Schoonraad und anderer Künstler verstehen zu können, sind keine Afrikaans-Kenntnisse nötig.

⭐ Sea Point bis Hout Bay

★ Theatre on the Bay THEATER
(Karte S. 96; ☎021-438 3301; www.theatreonthebay.co.za; 1 Link St., Camps Bay; 🚇Lower Camps Bay) Eine tolle Bühne für unbeschwerte Unterhaltung, sei es eine Komödie oder rein klassisches Musical.

Wer vorher noch schnell etwas essen möchte, findet hier das schicke **Theater-Bistro Sidedish** (http://dishfood.co.za/side-dish).

> ℹ️ **ONLINE ENTERTAINMENT GUIDES**
>
> **Cape Town Magazine** (www.capetownmagazine.co.za)
>
> **Inside Guide** (https://insideguide.co.za)
>
> **IOL** (www.iol.co.za/entertainment/whats-on/cape-town)
>
> **More Than Food** (www.morethanfood.co.za)
>
> **The Next 48 Hours** (http://48hours.co.za)

Studio 7 Sessions LIVEMUSIK
(Karte S. 92; www.studio7sessions.com; 213 High Level Rd., Sea Point; 🚇Rhine) Seit 2010 finden überall in der Stadt und Umgebung Liveauftritte auf einzigartigen, ungewöhnlichen Bühnen statt. Die Veranstalter mischen in ihrem Programm vielversprechende Nachwuchskünstler mit inspirierenden Keynote-Speaker mit Vorträgen aus verschiedenen Bereichen, um Geist und Seele anzusprechen. Dazu zählen auch die entspannte und persönliche Sea-Point-Wohnzimmeratmosphäre des Gründers Patrick Craig sowie Büchereien, Dachterrassen, Parks und Strände.

In der Regel werden nicht mehr als 40 bis 350 Karten (online) verkauft. Bei Interesse einfach auf Facebook nachsehen, denn diese Location ist ein tolles Ziel für wahre Musikliebhaber und inspirierende Gespräche.

⭐ Southern Suburbs

★ Baxter Theatre Centre THEATER
(Karte S. 99; ☎021-685 7880; www.baxter.co.za; Main Rd., Rondebosch; Karten 100–380 R; 🚇Rosebank) Seit den 1970er-Jahren ist das Baxter der Mittelpunkt der Kapstädter Theaterszene. Es besteht aus drei Auditorien: das Haupttheater mit 674 Sitzplätzen, die Konzerthalle und die Studiobühne. Aufgeführt wird dort alles von Kabarett bis zu Kinder- und Jugendtheater bis hin zu Klassik und afrikanischen Tanzshows.

Alma Café LIVEMUSIK
(Karte S. 99; ☎021-685 7377; www.almacafe.co.za; 20 Alma Rd., Rosebank; Mi ⏰6–22 Uhr, Do 11–16 Uhr, Fr & Sa 6–23 Uhr, So 5–22 Uhr; 🚇Rosebank) Diese gemütliche Location, in der es auch Essen und Getränke gibt, hat meist Livemusik auf dem Programm, mittwochs (kostenlos) und an Wochenenden (mit Gedeckzuschlag 170–190 R; Reservierung erforderlich). Auf der Facebook-Seite werden kommende Events angekündigt.

Maynardville Open-Air Theatre THEATER
(Karte S. 102; ☎083 915 8000; www.facebook.com/maynardvilleopenairtheatre; Ecke Church St. & Wolfe St., Wynberg; 🚇Wynberg) Ein Sommer in Kapstadt ohne eine Shakespeare-Aufführung im Open-Air-Theater Maynardville ist einfach undenkbar. Aber bitte nicht Decke, Kissen und Schirm vergessen, denn das Wetter kann ganz schön ungemütlich sein, was auch für die Sitze

STADTVIERTEL IM ÜBERBLICK SHOPPEN

KUNST AM DONNERSTAG

First Thursdays (www.first-thursdays.co.za; Feb.–Dez. ☺17–21 Uhr, 1. Do im Monat) ist ein beliebtes monatliches Event, das sich auf Galerien und Designläden in der Church Street und Bree Street konzentriert – eine gute Gelegenheit, in die lokale Kunstszene reinzuschnuppern, sowie eine Streetparty zum Herumstreifen.

In Observatory gibt es das Ganze in kleinerem Maßstab im Rahmen des **Art Thursday** (www.facebook.com/ARThursdaysInObz; Observatory), immer am zweiten Donnerstag im Monat. Bei AHEM! Art Collective (S. 78) liegt ein Teilnehmerflyer auf.

gilt! Die alljährliche Theatersaison geht von Ende Januar bis Ende Februar; die Kartenpreise liegen zwischen 108 und 180 R. Zu anderen Jahreszeiten finden hier auch Tanz- und Theateraufführungen sowie Jazzkonzerte statt.

☆ Simon's Town & Southern Peninsula

Kalk Bay Theatre   THEATER
(Karte S. 106; ☎021-788 7257; www.kalkbaytheatre.co.za; 52 Main Rd., Kalk Bay; ⬛Kalk Bay) Das Theater in einer ehemaligen Kirche ist eine der vielen Bühnen, die in intimer Atmosphäre Shows inklusive Dinner anbieten. Es ist aber auch möglich, die Aufführungen zu besuchen, ohne ein Essen zu bestellen. Hier präsentieren sich südafrikanische Nachwuchstalente mit oft knappen, unterhaltsamen Auftritten.

Nach der Vorstellung kann man einige der Schauspieler oft noch oben in der Bar antreffen.

Masque Theatre   THEATER
(Karte S. 106; ☎021-788 1898; www.masquetheatre.co.za; 37 Main Rd., Muizenberg; ⬛False Bay) Der Spielplan dieses kleinen Theaters (171 Plätze) wechselt ziemlich häufig. Es bietet eine breite Palette von Politkabarett, Livemusik und Ballett bis hin zu Musikrevuen und ernsteren Stücken.

Café Roux   LIVEMUSIK
(☎021-789 2538; www.caferouxsessions.co.za; Noordhoek Farm Village, Ecke Main Rd. & Village Lane, Noordhoek; tgl. ☺8.30–17 Uhr, plus Mi–Sa 6–23 Uhr) Eine der besten Livemusik- und Kabarettbühnen auf der Halbinsel und ein tolles Café zum Vorglühen. Die Karten kosten normalerweise ca. 100 R; mehr Infos dazu auf www.caferouxsessions.co.za. In der Shortmarket Street 74 (Stadtzentrum) befindet sich eine weitere Café-Roux-Bühne.

☆ Cape Flats & Northern Suburbs

Grandwest Casino   CASINO
(Karte S. 116; ☎021-505 7777; www.suninternational.com/grandwest; 1 Jakes Gerwel Dr., Goodwood; ☺24 Uhr; ♿; ⬛Goodwood) Auch für Nichtzocker bieten sich im Grandwest vielfältige Möglichkeiten zum Zeitvertreib. Dazu gehören beispielsweise ein Kino mit sechs Sälen, zahlreiche Restaurants, ein Food Court, eine Olympia-Eishalle, Spielbereiche für Kinder, eine Bowlingbahn und regelmäßig Konzerte mit großen internationalen Sängern und Bands. Das Casino liegt 15 km östlich des Stadtzentrums.

🔒 Shoppen

Am besten einen leeren Koffer mitbringen, der wahrscheinlich bei der Abreise gut mit „Beute" gefüllt sein wird. Kapstadt bietet eine unwiderstehliche Vielfalt an Produkten, darunter traditionelles afrikanisches Kunsthandwerk, Keramik, Mode, edle Weine und moderne Kunst. Außerdem gibt's Antiquitäten und Kuriositäten aus ganz Afrika – allerdings befinden sich zwischen den Originalen auch zahlreiche Fälschungen.

🔒 City Bowl, Foreshore, Bo-Kaap & De Waterkant

★Africa Nova   KUNSTHANDWERK
(Karte S. 74; ☎021-425 5123; www.africanova.co.za; Cape Quarter, 72 Waterkant St., De Waterkant; ☺10–17.30 Uhr; ⬛Alfred) Der Laden hat eines der interessantesten Angebote an schicken, begehrten afrikanischen Textilien und authentischem Kunsthandwerk: Stoffe mit Kartoffeldruck von Frauen aus Hout Bay, handgefertigte Filzkissen von Ronan Jordaan, die wie Riesenkieselsteine aussehen, und eine herrliche Palette an hochwertiger Keramik und feinem Schmuck.

In der Watershed (S. 193) an der Waterfront gibt es noch eine kleinere Filiale.

★ **Stable** DESIGN
(Karte S. 70; ☎ 021-426 5922; www.stable.org.za; 65 Loop St., City Bowl; Mo–Fr 🕙9–17 Uhr, Sa 10–13 Uhr; 🚇Strand) Ein One-Stop-Shop für eine ganze Vielfalt südafrikanischer Designerprodukte, u. a. sehr viel Praktisches und Tragbares wie Kleiderhaken, Kühlschrankmagneten, Krawatten aus dünnem Leder und Schmuck. Wer sein Interieur auffrischen will, findet hier auch größere Möbelstücke wie etwa Stühle oder Sofas sowie Kunst für die Wände.

★ **Chandler House** KUNSTHANDWERK
(Karte S. 70; ☎ 021-424 4810; www.chandler house.co.za; 53 Church St., City Bowl; Di–Fr 🕙10–17 Uhr, Sa bis 14 Uhr; 🚇Church, Longmarket) Michael Chandler stellt seine originellen Keramik-Haushaltswaren und Dekostücke in dieser ausgewogenen Sammlung fantasievoller lokaler Kunst und Kunsthandwerk aus, darunter befinden sich Kissen, Stoffe mit Printmuster und verspielte Designerstücke. Er hat auch ein geschultes Auge für Kunst, was sich am Wandschmuck und in einem kleinen Galeriebereich bemerkbar macht.

★ **Monkeybiz** KUNSTHANDWERK
(Karte S. 70; ☎ 021-426 0145; www.monkeybiz.co.za; 61 Wale St., Bo-Kaap; Mo–Do 🕙9–17 Uhr, Fr bis 16 Uhr, Sa 9.30–13 Uhr; 🚇Church, Longmarket) Verkaufsschlager des ungemein erfolgreichen Handelsunternehmens Monkeybiz sind farbenprächtige, von Township-Frauen hergestellte Perlenarbeiten. Ihre Produkte sind weltweit zu finden, aber hier vor Ort ist die Auswahl am größten. Der Gewinn fließt zurück in soziale Projekte wie Suppenküchen und einen Begräbnisfonds für Künstler und deren Familien.

★ **Rialheim** KUNSTHANDWERK
(Karte S. 70; ☎ 021-422 2928; www.rialheim.co.za; 117 Long St., City Bowl; Mo–Fr 🕙9–17 Uhr, Sa bis 15 Uhr; 🚇Church, Longmarket) Der Ton für diese kunstvollen Objekte kommt aus Südafrika und wird im Werk, das seinen Sitz in Robertson (Stadt in der Provinz Westkap) hat, zu stilvoller, meist einfarbiger Keramik verarbeitet. Die Palette reicht von Tellern, Krügen und Bechern bis hin zu Dekostücken wie Hunden oder Widderköpfen. Im Obergeschoss befindet sich die Walter Battiss Gallery (https://walter battiss.co.za) – sie hat die Genehmigung zum Nachdruck der Bilder dieses bedeutenden südafrikanischen Künstlers.

Mami Wata SPORT & AKTIVITÄTEN
(Karte S. 70; www.mamiwata.surf; 81 Rose St., Bo-Kaap; Mo–Fr 🕙9–17 Uhr, Sa 9–13 Uhr; 🚇Church, Longmarket) Über dem Eingang zu diesem Surfboard- und Fashion-Store ragt eine große, gelbe Banane zum Gruße hervor. All die bunten Produkte werden in Südafrika entworfen und produziert. Afrikanischen Kaffee schlürfen, Rostin' Recors LPs lauschen und sich dabei auf einer großen Landkarte 133 Surfspots rund um Afrika anschauen.

Eclectica Contemporary KUNST
(Karte S. 70; ☎ 021-422 4145; www.eclecticacon temporary.co.za; 69 Burg St., City Bowl; Longmarket, Church) Diese Verkaufsgalerie macht ihrem Namen alle Ehre. Das Kunstspektrum, das hier geboten wird, gibt sich modern bis eklektisch. Die Kuratoren haben ein geschultes Auge für lokale Talente, und es gibt jede Menge Drucke zu erschwinglichen Preisen sowie auffallende Gemälde zu erwerben.

Mali South Clothing MODE & ACCESSOIRES
(Karte S. 70; ☎ 021-426 1519; www.malisouthclo thing.com; 96 Long St., City Bowl; Mo–Sa 🕙7–20 Uhr, So 9–18 Uhr) In der Long Street gibt es eine ganze Reihe Maßschneidereien, die Prêt-à-porter-Ware oder Kleidung nach Maß aus farbenprächtigen afrikanischen Stoffen zum Kauf anbieten. Mali South bietet eine verblüffende Auswahl an gemusterten Stoffen, die zu Anzügen, Hemden, Kleidern, Röcken usw. verarbeitet sind – auch sonntags geöffnet.

Mungo HAUSHALTSWAREN
(Karte S. 70; ☎ 021-201 2374; www.mungo.co.za; 78 Hout St., City Bowl; Mo–Fr 🕙9–17 Uhr, Sa bis 14 Uhr; 🚇Strand) Mungo ist so etwas wie der Kapstädter Einzelhandelsaußenposten für dieses Textilbusiness aus Plettenberg Bay. Dort wird ein breites Sortiment an Haushaltstextilien entworfen und produziert, wie etwa Handtücher und Bettwäsche mit feinen, erdigen Farben und Mustern. Im Untergeschoss befindet sich eine kleine Ausstellung zur Webtechnik.

Bo-op MODE & ACCESSOIRES
(Karte S. 70; www.facebook.com/BoOpCollective; 102 Wale St., Bo-Kaap; Mo–Fr 🕙9–17 Uhr, Sa bis 15 Uhr; 🚇Church, Longmarket) In dem bunt

STADTVIERTEL IM ÜBERBLICK SHOPPEN

gestalteten Laden mit Mondrian-Werken als Wandmalerei sind 14 Kapstädter Designermarken vertreten, u. a. Sonnenbrillen von Ballo, Taschen von Sealand aus recycelten Materialien und Schuhe von Grandt Mason Schuhe. Der Eckladen befindet sich in bester Lage mitten in Bo-Kaap.

Real + Simple
MODE & ACCESSOIRES

(Karte S. 70; www.realandsimpledenim.com; 69 Shortmarket St., City Bowl; Mo–Fr ⊙10–19 Uhr, Sa bis 13 Uhr) Angefangen hat alles auf dem Neighbourgoods Market (wo sie samstags auch immer noch verkaufen). Die Macher dieser lokalen Denim-Jeans- und T-Shirt-Marke haben seither aber auch einen Concept Store im Stadtzentrum aufgemacht. Sie teilen sich die Räumlichkeiten mit der Marke Proper (Shirts und Jacken) – ein Gebrauchslook, der ihre Auswahl an Stoffen ergänzt.

Wild Olive
KOSMETIK

(Karte S. 70; ☑021-422 2777; www.wildolive.eu; 29 Pepper St., City Bowl; Mo–Fr ⊙10–18 Uhr; 🚌 Dorp, Leeuwen) Olivenöl und andere lokal beschaffte Bio-Inhaltsstoffe werden für die hochwertigen Bade-, Body- und Parfümerieartikel verwendet, darunter Duftkerzen, die in dieser schicken Manufaktur-Apotheke ausgestellt werden.

Unknown Union
MODE & ACCESSOIRES

(Karte S. 70; ☑021-422 2166; www.facebook. com/Unknownunion; 44 Bloem St., City Bowl; Mo–Sa ⊙9–19 Uhr; 🚌 Upper Loop, Upper Long) Der Showroom und das Atelier für diese Streetwear-Marke (mit Unisex-Kollektion) aus Kapstadt sind eine freundliche, farbenfrohe und ansprechende Location zum Stöbern nach coolen Mode-Statements, aber auch nach etwas lässigeren Klamotten. In ihrer Kollektion werden u. a. südafrikanische *shweshwe*-Stoffe und Basotho-Wolle verwendet.

Espadril
SCHUHE

(Karte S. 70; www.espadril.co.za; 100 Bree St., City Bowl; Mo–Fr ⊙9–17 Uhr; 🚌 Church, Longmarket) Hinter dem kreativen Espadrillen-Team stehen zwei junge Spanierinnen. Es gibt bereits vorgefertigte Modelle, die Kunden können mit einer Auswahl an vorrätigen Stoffen und Wildledervarianten aber auch ihr eigenes Design bestimmen.

Samstags sind sie auch mit einem Stand auf dem Neighbourgoods Market (S. 189) vertreten.

Cape Gallery
KUNST

(Karte S. 70; ☑021-423 5309; www.capegallery. co.za; 60 Church St., City Bowl; Mo–Fr ⊙9.30–17 Uhr, Sa 10–14 Uhr; 🚌 Church, Longmarket) Bis oben hin voll mit Werken einheimischer Künstler in verschiedenen Preisklassen. Hier Ausschau halten nach den witzigen, bunten Werken von David Kuijers sowie nach Puppen und Keramik.

Alexandra Höjer Atelier
MODE & ACCESSOIRES

(Karte S. 70; ☑021-424 1674; www.alexandrahojer.com; 156 Bree St., City Bowl; Mo–Fr ⊙10–17 Uhr, Sa bis 14 Uhr; 🚌 Upper Loop, Upper Long). Die schwedische Immigrantin und Designerin Alexandra Höjer hat hier ihr Atelier. Im vorderen Bereich befindet sich eine Boutique mit ihrer schicken Herren- und Damenkleidung aus Leinen, Denim, Baumwolle und Leder. Die auf alt getrimmten T-Shirts liegen ordentlich in Kisten verpackt, die mit Andenken ihres Rock-'n'-Roll-Dads dekoriert sind. Ihr Vater arbeitet mit ihr beim Entwurf der Herrenkollektion zusammen.

Missibaba & Kirsten Goss
ACCESSOIRES, SCHMUCK

(Karte S. 70; www.missibaba.com; 229 Bree St., City Bowl; ⊙10–18 Uhr Mo–Fr, Sa bis 14 Uhr; 🚌 Upper Loop, Upper Long) Hier teilen sich zwei Modegeschäfte die Räumlichkeiten: einerseits Missibaba, die Marke der kapstädtischen Designerin Chloe Townsend, die bunte Taschen, Gürtel und weitere Accessoires von Hand fertigt, einige Handwerkerleistungen kommen auch aus den Townships; und andererseits die Schmuckdesignerin Kirsten Goss (www.kirstengoss.com), die sich für ihre vergoldeten Sterlingsilber-Stücke von Südafrika inspirieren lässt.

Ma Se Kinners
KINDER, SPIELZEUG

(Karte S. 70; ☑083 982 1748; www.masekinners. co.za; 1b-c Church St., City Bowl; Mo–Fr ⊙8–19 Uhr, Sa bis 16 Uhr; 🚌 Groote Kerk) Der Name bedeutet übersetzt „Mutters Kinder", ist zugleich aber auch ein Slang-Ausdruck für „Wie geht's?". Das attraktive Geschäft führt hochwertige, lokal hergestellte Kinder- und Damenkleidung, weiches Spielzeug sowie Keramik, Kunst. Außerdem sind andere Sachen für Erwachsene und ihre eigene Palette an Körper- und Reinigungscremes im Sortiment.

Olive Green Cat
SCHMUCK

(Karte S. 70; ☑021-424 1101; www.olivegreencat. com; 76 Church St., City Bowl; Mo–Fr ⊙9.30–

17 Uhr; Church, Longmarket) Im Atelier von Philippa Green und Ida Elsje sind die Arbeiten der beiden talentierten jungen Schmuckdesignerinnen zu bewundern, die bereits international Aufmerksamkeit erregt haben. Typisch für Green sind klobige Acryl-Armreife mit von Hand aufgebrachten Mustern und Schriftzügen. Elsje hat sich auf feine Ohrringe und Halsketten spezialisiert. Zusammen entwerfen sie die bemerkenswerte Diamantschmuck-Kollektion Nunc.

What If The World   KUNST

(Karte S.70; 021-447 2376; www.whatifthe world.com; 16 Buiten St., City Bowl; Di–Fr 9.30–17 Uhr, Sa bis 14 Uhr) Dieser Galerie gebührt der Ruhm, der kapstädtischen Kreativität einen Tritt in den Hintern gegeben bzw. sie in den Schatten gestellt zu haben. Einfach mal vorbeischauen, um den widerspenstigen Geist junger südafrikanischer Kunst zu wittern.

Skinny La Minx   KUNSTHANDWERK

(Karte S.70; 021-424 6290; www.skinnylaminx. com; 201 Bree St., City Bowl; Mo–Fr 10–17 Uhr, Sa bis 14 Uhr; Upper Loop, Upper Long) Die Entwürfe von Heather Moore, auf Baumwolle oder eine Baumwoll-Leinen-Mischung aufgedruckt, sind auch in verschiedenen anderen Geschäften zu finden, aber hier gibt's das gesamte Sortiment als Kissen, Tischläufer, Lampenschirme, Taschen und Ähnliches, außerdem die Stoffe als Meterware.

Klûk & CGDT   MODE & ACCESSOIRES

(Karte S.74; 083 377 7780; http://klukcgdt. com; 43-45 Bree St., City Bowl; Mo–Fr 9–17 Uhr, Sa bis 14 Uhr; Lower Loop, Lower Long) Dies ist sowohl der Showroom als auch das Atelier von Malcolm Klûk (der bei John Galliano in die Lehre ging) und Christiaan Gabriel du Toit. Es darf mit Haute Couture zu ebensolchen Preisen, aber auch mit ein paar erschwinglicheren Prêt-à-porter-Stücken gerechnet werden.

Lucky Fish   KLEIDUNG, KUNSTHANDWERK

(Karte S.70; 084 380 0090; 43 Long St., City Bowl; Mo–Do 8–18.30 Uhr, Fr 8–19 Uhr, Sa 9–19 Uhr; Church, Mid-Long) Ein echt fetziger, kleiner Laden mit einem tollen Angebot lokal gefertigter Souvenirs, mit T-Shirts der eigenen Hausmarke und CDs mit afrikanischer Musik.

Merchants on Long   MODE, GESCHENKE

(Karte S.70; 021-422 2828; www.merchants onlong.com; 34 Long St., City Bowl; Mo–Fr 10–

18 Uhr, Sa bis 14 Uhr; Church, Mid-Long) Dieser „afrikanische Salon-Store" in einem der ansehnlicheren Gebäude der Long Street mit einer Jugendstil-Fassade aus Terrakotta ist eine Fashion-Galerie mit topmodischem Design von Mode bis Schreibwaren und Düften von Karen Frazer (frazerparfum.com) – aus allen Teilen des Kontinents.

Avoova   KUNSTHANDWERK

(Karte S.70; 021-422 1620; http://avoova.com/ za; 97 Bree St., City Bowl; 9–17 Uhr Mo–Fr, Sa bis 13 Uhr; Church, Longmarket) In diesem Laden gibt es die wunderschönen Accessoires von Avoova – jedes der mit Straußeneischale verzierten Stücke ist ein Unikat. Außerdem gibt's hier Massai-Perlenschmuck aus Kenia und weitere sorgfältig ausgewählte kunsthandwerkliche Objekte.

Cape Quarter   EINKAUFSZENTRUM

(Karte S.74; 021-421 1111; www.capequarter.co. za; 27 Somerset Rd., Green Point; Mo–Fr 9–18 Uhr, Sa 9–16 Uhr, So 10–16 Uhr; Alfred) Nachdem die seit 20 Jahren bestehenden, ursprünglichen Räumlichkeiten einer größeren Renovierung unterzogen wurden, ist das Cape Quarter in den neueren, größeren Block umgezogen, in den auch eine schicke Filiale des Supermarkts **Spar** (Karte S.74; 021-418 0360; http://sparcapequarter.co.za; Cape Quarter, 27 Somerset Rd., Green Point; Mo–Sa 7–21 Uhr, So 8–21 Uhr) eingebettet ist – äußerst praktisch für Selbstversorger, die sich in einem der luxuriösen Penthouse-Apartments des Komplexes einquartiert haben.

Baraka   GESCHENKE & SOUVENIRS

(Karte S.74; 021-425 8883; www.barakashop. co.za; Shop 35, Cape Quarter, Dixon St., De Waterkant; Mo–Sa 9–18 Uhr, So 10–14 Uhr; Alfred) Baraka bedeutet „Segen" auf Arabisch, und Mitinhaber Gavin Terblanche hat ein besonderes Auge dafür, was als Geschenk bzw. Interieur-Blickfang funktioniert. Angeboten werden beispielsweise handgefertigte Tagebücher und Fotoalben mit Lederumschlag, die in seiner eigenen Firma Worlds of Wonder (www.worldsofwonder. co.za) entstehen.

Carole Nevin   HAUSHALTSWAREN

(Karte S.70; 021-422 1615; www.carolenevin. com; 52 Burg St., City Bowl; 8–17 Uhr, Sa 8.30–14 Uhr; Church, Longmarket) Caroles von Hand bedruckte und bemalte Stoffe können hier als Meterware oder als fertig genähte Artikel wie Tischdecken,

Kissenhüllen, Geschirrtücher und Ähnliches gekauft werden. Auch sind hier verschiedenste lokal gefertigte Kunsthandwerksobjekte erhältlich.

In Victoria Wharf (S. 193) befindet sich eine weitere Filiale.

Tribal Trends KUNSTHANDWERK
(Karte S. 70; ☎021-423 8007; http://tribaltrends.business.site; Winchester House, 72–74 Long St., City Bowl; Mo–Fr ⊙9–17 Uhr, Sa bis 14 Uhr; ⊟Church, Longmarket) Alles, was afrikanisch, Stammeskunst oder Kunsthandwerk ist, gibt's in diesem Laden, farblich sortiert. Einheimische Künstler, die hier ihre Perlenarbeiten und Schmuck verkaufen, werden gefördert.

AVA Gallery KUNST
(Karte S. 70; ☎021-424 7436; www.ava.co.za; 35 Church St., City Bowl; Mo–Fr h10–17 Uhr, Sa bis 13 Uhr; ⊟Church, Longmarket) Im Ausstellungsraum der gemeinnützigen Association for Visual Arts (AVA) sind sehr interessante Arbeiten südafrikanischer Künstler zu sehen. Unter anderem gibt's hier signierte Werke des berühmten einheimischen Comiczeichners Zapiro.

Clarke's Bookshop BÜCHER
(Karte S. 70; ☎021-423 5739; www.clarkesbooks.co.za; 199 Long St., City Bowl; Mo–Fr ⊙9–17 Uhr, Sa 9.30–13 Uhr; ⊟Dorp, Leeuwen) Am besten viel Zeit mitbringen für die beste Auswahl an Büchern zu Südafrika und zum gesamten Kontinent. Im Obergeschoss befindet sich eine tolle Secondhand-Abteilung, und was es hier nicht gibt, ist sehr wahrscheinlich auch nirgendwo sonst in den vielen Buchläden an der Long Street zu finden (auch wenn Stöbern natürlich nicht schaden kann).

Mememe MODE & ACCESSOIRES
(Karte S. 70; ☎021-424 0001; www.mememe.co.za; 117a Long St., City Bowl; Mo–Fr ⊙9.30–17.30 Uhr, Sa 9–15 Uhr; ⊟Church, Longmarket) Mememe ist ein Pionier unter den hippen Boutiquen, die an der Long Street florieren. Der Laden wurde bereits im Jahr 2001 von der preisgekrönten Bildhauerin und Modeschöpferin Doreen Southwood eröffnet.

Pan African Market KUNSTHANDWERK
(Karte S. 70; 76 Long St., City Bowl; Mo–Sa ⊙8.30–17.30 Uhr; ⊟Church, Longmarket) Hier entfaltet sich ein Mikrokosmos des Kontinents mit einem überwältigenden Angebot an Kunst und Kunsthandwerk (es darf

ruhig auch gefeilscht werden!). Im obersten Stockwerk befinden sich auch eine Kunstgalerie und der Verlag Chimurenga (www.chimurenga.co.za), der die panafrikanische Zeitung *Chronic* und weitere Publikationen herausgibt.

Prins & Prins SCHMUCK
(Karte S. 70; ☎021-422 0148; www.prinsandprins.com; 66 Loop St., City Bowl; Mo–Fr ⊙9–17 Uhr, Sa bis 13 Uhr; ⊟Church, Mid-Long) Das alte Hugenottenhaus bietet den passenden Rahmen für einen Laden, der Südafrikas tragbaren mineralischen Reichtum präsentiert.

🔒 East City, District Six, Woodstock & Observatory

★Streetwires KUNSTHANDWERK
(Karte S. 80; www.streetwires.co.za; Maxton Centre, 354 Albert Rd., Woodstock; Mo–Fr ⊙8–17 Uhr, Sa 9–14 Uhr; ⊟Salt River) Hier lautet die Devise: „Wir bauen alles, was man sich aus Draht vorstellen kann!" Besucher dieses sozialen Projektes zur Bereitstellung nachhaltiger Arbeitsplätze können zuschauen, wie die Drahtbildner ans Werk gehen. Die Auswahl ist riesig. Es gibt (funktionierende) Radios oder Kerzenhalter, lebensgroße Tierfiguren, aber auch kunstvollere Objekte wie die aus der Kollektion Nguni Cow (Kuhfiguren).

★Woodstock Exchange EINKAUFSZENTRUM
(Karte S. 80; ☎021-486 5999; www.woodstockexchange.co.za; 66 Albert Rd., Woodstock; Mo–Fr ⊙8–17 Uhr, Sa bis 14 Uhr ; ⊟Woodstock) Nicht nur schön essen und ausgehen, sondern auch nach Lust und Laune shoppen, u. a. in der Boutique Kingdom, die Mode und Accessoires mit Innenarchitektur verbindet; zudem trendige Brillen von Ballo aus recyceltem Papier und ausgeschnittenem Holz.

Im Exchange gibt's eine ganze Menge an Läden, darunter die Werkstatt und den Showroom von Grandt Mason Originals (Karte S. 80; ☎072 258 0002; https://grandtmason.com; Shop 13, Woodstock Exchange, 66 Albert Rd., Woodstock; ⊟Woodstock), der mit luxuriösen Stoffen und Farbmusterbüchern Schuh-Unikate herstellt, Lederwaren von Chapel (Karte S. 80; ☎061 426 4270; https://chapelgoods.co.za; Woodstock Exchange, 66 Albert Rd., Woodstock; ⊟Woodstock) und den Werksladen von Honest Chocolate (S. 168).

★Old Biscuit Mill EINKAUFSZENTRUM
(Karte S. 80; ☎021-447 8194; www.theoldbiscuitmill.co.za; 373–375 Albert Rd., Woodstock;

KAPSTÄDTER MÄRKTE

Zu dem traditionellen Blumenmarkt auf dem **Trafalgar Place** (Karte S. 70; abzweigend von der Adderley St., City Bowl; ⊙7–18 Uhr; 🚇Groote Kerk) und den Trödel- und Antiquitätenhändlern auf dem Milnerton Flea Market (S. 197) gesellt sich ein buntes Angebot von trendigen Manufakturlebensmitteln sowie Designer- und Kunsthandwerk. Zudem findet hier jeden Donnerstagabend der Weinmarkt Cape Point Vineyards (S. 113) statt, der ganze Menschenscharen anzieht.

Neighbourgoods Market (Karte S. 80; www.neighbourgoodsmarket.co.za; Old Biscuit Mill, 373–375 Albert Rd., Woodstock; Sa ⊙9–15 Uhr; 🚇Kent) Es handelt sich um den ersten und nach wie vor besten der Kunsthandwerksmärkte, die inzwischen überall am Kap Mode geworden sind. Essen und Getränke gibt's auf dem Hauptgelände, wo man Lebensmittel und Feinkost kaufen oder einfach nur bestaunen kann, und in der separaten Ecke mit Designerwaren lockt ein verführerisches Angebot an lokalen Textilien und Accessoires. Wer kein Gedränge mag, sollte früh kommen.

OZCF Market Day (Karte S. 86; www.ozcf.co.za/market-day; Granger Bay Rd., Granger Bay, V&A Waterfront; Sa ⊙9–14 Uhr; 🚇Upper Orange) Hier werden jeden Samstag neben vielen anderen essbaren Souvenirs frische Erzeugnisse der Oranjezicht City Farm (S. 83) und anderer südafrikanischer Farmen verkauft. Es ist ein tolles Ereignis – eines der besten seiner Art in Kapstadt – mit vielen Imbiss- und Getränkeständen zum Brunchen, einem DJ und einer geselligen Atmosphäre.

Bay Harbour Market (Karte S. 94; www.bayharbour.co.za; 31 Harbour Rd., Hout Bay; Fr ⊙5–21 Uhr, Sa & So 9.30–16 Uhr; 🚇Atlantic Skipper) Diese fantasievoll gestaltete Markthalle am äußersten westlichen Ende des Hafens ist einer der besten Märkte von Kapstadt. Es gibt mehrere Stände mit Kleidung und Kunsthandwerk sowie sehr verführerisches Essen und Getränke. Livemusik trägt in der ehemaligen Fischfabrik zu einer entspannten, partyähnlichen Atmosphäre bei.

Blue Bird Garage Food & Goods Market (Karte S. 106; ☎082 920 4285; www.bluebirdgarage.co.za; 39 Albertyn Rd., Muizenberg; Fr ⊙4–22 Uhr; 🚇False Bay) Dieser hippe Markt für Lebensmittel und Kunsthandwerk ist in einem Hangar aus den 1940er-Jahren untergebracht, der einst Stützpunkt des ersten Luftpostdienstes der südlichen Hemisphäre und in den 1950er-Jahren eine Autowerkstatt war. Ein toller Ort zum Kaufen und Schlemmen, besonders wenn nebenher Livemusik spielt.

City Bowl Market (Karte S. 84; ☎083 676 6104; www.citybowlmarket.co.za; 14 Hope St., Gardens; Do ⊙16.30–20.30 Uhr; 🚇Roodehek) Der in einem hübschen alten Gebäude mit einer geräumigen Markthalle und Außenbereichen im Innenhof stattfindende Markt verkauft hauptsächlich Lebensmittel und Getränke, darunter auch frisch zubereitete Salate, Schweinebraten-Sandwiches, Craft-Biere, Wein und Fruchtsäfte. Es gibt auch ein kleines Angebot an Kleidung.

EarthFair Food Market (Karte S. 70; www.earthfairmarket.co.za; St. Georges Mall, City Bowl; Do ⊙11–15 Uhr) Dieser Wochenmarkt mit Snacks zum Mitnehmen ist beim Bürovolk sehr beliebt. Der Markt findet am südlichen Ende der St. Georges Mall statt; dazu gehören auch einige Kunsthandwerksstände und Secondhand-Buchverkäufer.

Mo–Fr⊙10–16 Uhr, Sa 9–14 Uhr; 🚇Kent) Die ehemalige Keksfabrik beherbergt eine Reihe erstklassiger Kunst-, Kunsthandwerks-, Mode- und Designgeschäfte sowie Lokale zum schön Essen und Ausgehen. Besonders beliebt sind **Clementina Keramik** (Karte S. 80; ☎021-447 1398; http://clementina.co.za; Old Biscuit Mill, 373–375 Albert Rd., Woodstock; Mo–Fr⊙9–17 Uhr, Sa bis 15 Uhr; 🚇Kent) und **Imiso Keramik** (Karte S. 80; ☎021-447 2627; www.imisoKeramik.co.za; Old Biscuit Mill, 373–375 Albert Rd., Woodstock; 🚇Kent); der Schokoladenshop **Cocofair** (Karte S. 80; ☎021-447 7355; www.cocoafair.com; Old Biscuit Mill, 373–375 Albert Rd, Woodstock; Mo–Fr ⊙8.30–17 Uhr, Sa bis 15 Uhr, So 10–15 Uhr; 🚇Kent), wo von der Kakaobohne bis zur fertigen Schokolade alles bio ist. **Mü & Me** (Karte S. 80; ☎021-447 1413; Old Biscuit Mill, 373–375 Albert Rd., Woodstock;

Mo–Fr ☺9–16 Uhr, Sa bis 14 Uhr; 🚇Kent) hat entzückende Motive auf Grußkarten, Geschenkpapier, Schreibwaren und Kinder-T-Shirts. Außerdem handelt es sich um eine Location des überaus erfolgreichen Neighbourgoods Market.

★ Book Lounge BÜCHER
(Karte S.80; ☎021-462 2425; www.booklounge. co.za; 71 Roeland St., East City; Mo–Fr ☺9.30-19.30 Uhr, Sa 8.30–18 Uhr, So 10–16 Uhr; 🚇Roeland) Dieser Buchladen ist dank der großartigen Titelauswahl, der gemütlichen Sessel, eines einfachen Cafés und des vollen Veranstaltungsprogramms das Zentrum der Kapstädter Literaturszene. Hier finden bis zu drei Lesungen oder Buchvorstellungen pro Woche statt, zu denen meist Gratisgetränke und Knabbereien angeboten werden. Lesungen speziell für Kinder gibt es an den Wochenenden.

One of a Kind MODE & ACCESSOIRES
(Karte S.80; ☎078 818 2327; www.navaapparel. com; 137 Sir Lowry Rd., Woodstock; Mo–Fr ☺9–17 Uhr; 🚇District Six) In der Boutique kann man über Alwyns handgefertigte Lederschuhe und tolle Stoffe plaudern. Einige seiner modischen Teile und Accessoires sowie lokale Kunst und Feinkost werden hier präsentiert. Ein kleines Café und eine Saftbar gehören ebenfalls zum bunten Mix dazu.

Welkin Supply Store MODE & ACCESSOIRES
(Karte S.80; www.facebook.com/WelkinSupply Store; 133 Sir Lowry Rd., Woodstock; Mo–Fr ☺9.30–15.30 Uhr; 🚇District Six) Frontier Provisions, so heißt das südafrikanische Herrenmode-Label in dem einen Bereich der Boutique, Gray Dawn ist die Marke der Damenabteilung – beides im Vintage-Look mit moderner Note und in verschiedensten Erdtönen, Leinen und Stilen zum täglichen Tragen.

Threads Project MODE & ACCESSOIRES
(Karte S.80; ☎021-447 0722; http://threadspro ject.co.za; 349 Albert Rd., Woodstock; Mo–Sa ☺9–17 Uhr; 🚇Kent) Hier sind wie in einer kleinen Fashion-Abteilung eines Kaufhauses verschiedenste Damen- und Herrenmarken erhältlich – ein guter Ort zum Stöbern nach farbenfrohen, lokal entworfenen T-Shirts, Hemden, Bademode und Kleidern sowie Accessoires.

Black Chillie Style KLEIDUNG
(Karte S.79; ☎021-447 3020; 98 Lower Main Rd., Observatory; Mo–Fr ☺9–18 Uhr, Sa bis 12 Uhr; 🚇Observatory) Dieser Stoffe-Laden fertigt alle Arten von Kleidung nach Maß – von Anzügen und Hemden bis zu Schuhen und Taschen. Das Gewebe-Sortiment besteht aus hochwertigen holländischen Baumwollprints mit verblüffenden westafrikanischen Mustern. Hosen gibt es für 600 R, Hemden für 700 R und eine Jacke für 2500 R. Der Meterpreis für den Stoff selbst beträgt 100 R.

Woodstock Cycleworks SPORT & AKTIVITÄTEN
(Karte S.80; ☎021-461 5634; www.woodstock cycleworks.com; 14 Searle St., Woodstock; Mo–Fr ☺9–18 Uhr, Sa 9.30–13 Uhr; 🚇District Six) Ein Abstecher zu diesem umgebauten Lagerhauskomplex lohnt sich, selbst wenn ein Fahrrad nach Maß nicht das Objekt der Begierde sein sollte. Der Laden verkauft auch modische, in der Region gefertigte Fahrradtops, künstlerisch angehauchte T-Shirts und Drucke und beherbergt das Le Jeune Café (benannt nach einer südafrikanischen Fahrradmarke). Im Hof werden natürlich gegerbte Tierhäute für die Lederwaren von **Stockton Goods** (Karte S.80; ☎021-461 0107; www.stocktongoods.com; 14 Searle St., Woodstock; Mo–Fr ☺9–17 Uhr; 🚇District Six) verarbeitet. Eine Seitenwand des Gebäudes ist mit einem Fahrradthema von Freddy Sam bemalt.

SMAC KUNST
(Karte S.80; ☎021-461 1029; https://smacgal lery.com; the Palms, 145 Sir Lowry Rd., Woodstock; Mo–Fr ☺9–17 Uhr, Sa bis 15 Uhr; 🚇District Six) SMAC hat sich auf Kunstwerke aus den 1960ern bis 1980ern spezialisiert. Die SMAC-Galerie belegt mehrere Räumlichkeiten in The Palms, wo ein paar weitere Kunst- und Interior-Design-Händler und Galerien zu finden sind.

Woodstock Co-op EINKAUFSZENTRUM
(Karte S.80; http://woodstockcoop.co.za; 357–363 Albert Rd., Woodstock; Mo–Sa ☺9–17 Uhr; 🚇Kent) Diese Kooperative bietet eine provisorische Ansammlung von Startups, Geschäftsideen und etablierten Einzelhändlern, die ein attraktives Warensortiment verhökern, u. a. Accessoires sowie altes und neues Interior Design. Am bedeutendsten ist das **Attic**, das sich auf Retro-Sammlerstücke und anderen Haushaltskram spezialisiert hat.

Interessant ist es auch bei **Ashley Heather** (http://ashleyheather.co.za), die aus dem Metall recycelter Platinen Schmuck herstellt.

Vamp   HAUSHALTSWAREN
(Karte S. 80; www.vampfurniture.co.za; 368c Albert Rd., Woodstock; Mo–Fr ⊙9.30–16.30 Uhr, Sa 8.30–15 Uhr; ⧉Kent) Weitere Einrichtungsabenteuer nach Kapstädter Art gibt's in diesem Laden, der in einem versteckten Winkel der Albert Road liegt. Neben Retro-Koffern, Globen sowie moderner Kunst und Kunsthandwerk kann man unter Umständen auch original gerahmte Tretchikoff-Drucke entdecken.

Salt Circle Arcade   EINKAUFSZENTRUM
(Karte S. 80; 374 Albert Rd., Salt River; ⧉Kent) Viele Läden laden hier zum Stöbern ein, so auch der antiquarische Buchladen Blank Books, dessen Besitzer den lokalen Blog www.ilovewoodstock schreibt, und Isabel Sippel Studio, wo Kunstdrucke und gefärbte Baumwoll- und Leinenstoffe vom Designer in Kissenhüllen, Servietten und Wandbehänge veredelt werden. Im zentralen Innenhof stehen einige Food Trucks.

Recreate   HAUSHALTSWAREN
(Karte S. 80; ☑021-447 0007; https://recreatesa. com; 6 Stowe St., Salt River; Mo–Do ⊙9–16 Uhr, Fr & Sa bis 15 Uhr; ⧉Kent) Hier sind fantasievolle Kreationen (beispielsweise wiederverwendete Möbel und Leuchten) von Katie Thompson erhältlich – darunter Stühle aus Koffern, Stehlampen aus Geschirr und Kühlschrankmagneten aus Computertastaturen.

Woodhead's   MODE & ACCESSOIRES
(Karte S. 80; ☑021-261 7185; www.woodheads. co.za; 29 Caledon St., East City; Mo–Fr ⊙8–17 Uhr, Sa 8.30–13 Uhr; ⧉Lower Buitenkant) Diese kompetenten Fachhändler, die das Ledergewerbe bereits seit 1867 betreiben, verkaufen Tierhäute, und zwar alles von Kuh über Büffel und Antilope bis hin zu Zebra. Sie haben auch in der Region gefertigte Stiefel, Taschen und Gürtel aus echtem Leder auf Lager. Springbock-Felle gibt's für ungefähr 450 R, während ein Zebrafell dann schon ca. 20 000 R inklusive Mehrwertsteuer kostet. Zebrafelle (und Fleisch) sind Nebenprodukte der obligatorischen Keulung zur Gesunderhaltung der Tierpopulationen.

Mnandi Textiles & Design   KLEIDUNG
(Karte S. 79; ☑021-447 6814; 90 Station Rd., Observatory; Mo–Fr ⊙9–17.30 Uhr, Sa bis 14 Uhr; ⧉Observatory) Mnandi verkauft Tuch aus ganz Afrika, darunter den lokalen Baumwollstoff *shweshwe,* der mit allem von Tieren bis zu traditionellen afrikanischen Mustern bedruckt ist. Man kann sich auch Kleidung nach Maß schneidern lassen und viele süße Geschenke finden, wie entzückende Puppen von Xhosa-Frauen sowie Desmond-Tutu-Puppen aus Zuka-Stoff.

🔒 Gardens & Umgebung

★ **Handmade by Me**   HAUSHALTSWAREN
(Karte S. 88; www.handmadebyme.co.za; 21 De Lorentz St., Tamboerskloof; Di–Fr ⊙11–17 Uhr, Sa 9.30–13 Uhr; ⧉Welgemeend) Hinter den farbenprächtigen floralen und abstrakten Designs steht die Künstlerin Sera Holland. Ihre Stoffmuster zieren Kissenhüllen, Servietten, Tischläufer und andere Produkte in diesem süßen Laden, der auch Blumen und Pflanzen verkauft.

★ **Stefania Morland**   MODE & ACCESSOIRES
(Karte S. 88; ☑021-422 2609; www.stefaniamor land.com; 153A Kloof St., Gardens; Mo–Fr ⊙9–17 Uhr, Sa bis 14 Uhr; ⧉Welgemeend) Wunderschöne Abendkleider und legere Streetwear aus Seide, Leinen, Spitze und anderen Naturfasern verführen Modefans in diesem schicken Showroom mit Atelier.

★ **Ashanti**   HAUSHALTSWAREN
(Karte S. 84; ☑021-461 0367; www.ashantide sign.com; 77 Kloof St., Gardens; ⊙8–17 Uhr Mo–Fr, Sa 10–15 Uhr; ⧉District Six) Körbe, Matten, Lampenschirme, kleine und große Kissen und Taschen sind nur einige der zahlreichen, aus ganz Afrika stammenden Produkte in allen Regenbogenfarben, die in diesem tollen Manufaktur-Design-Shop zum Verkauf stehen. Die T-Shirt-Hausmarke besteht aus Stofffetzen, die normalerweise auf der Müllhalde gelandet wären. Hier ist praktisch jedes Stück ein Unikat. Die Stoffe sind auch als Meterware erhältlich.

LIM   HAUSHALTSWAREN
(Karte S. 84; ☑021-423 1200; www.lim.co.za; 86a Kloof St., Gardens; Mo–Fr ⊙9–17 Uhr, Sa 9.15–13.15 Uhr; ⧉Welgemeend) Auch wenn der Name als Abkürzung für „less is more" steht, ist dieses Geschäft für Inneneinrichtung so erfolgreich, dass die Erweiterung der Verkaufsfläche sogar das Ausweichen ins Nachbarhaus erforderlich machte. Hier können Einrichtungsfans stylishe, minimalistische Haushaltsartikel, Wohndeko oder auch Modeaccessoires aus Wildleder bestaunen.

Bluecollarwhitecollar
MODE & ACCESSOIRES

(Karte S.84; ☎021-422 1593; www.bluecollar whitecollar.co.za; Lifestyles on Kloof, 50 Kloof St., Gardens; Mo–Fr ⏱9–17 Uhr, Sa 9–16 Uhr; 🚇Lower Kloof) Diese südafrikanische Marke hat eine sagenhafte Auswahl an Hemden und Blusen in schönen Passformen – von formell (white collar) und informell (blue collar) sowie T-Shirts und Shorts.

Roastin' Records
MUSIK

(Karte S.88; ☎073 129 6799; http://roastinre cords.com; 28 Wandel St., Gardens; Mo–Fr ⏱8–18 Uhr, Sa bis 14 Uhr) Vinyl-Junkies kommen hier in diesem Minikaufhaus eines südafrikanischen Schallplattenverlags voll auf ihre Kosten – hier sind CDs und sogar ein paar Lo-Fi-Kassetten erhältlich. Beim Durchstöbern des Angebots kann man die Songs hören und einen Kaffee bestellen.

Erf 81 Market
MARKT

(Karte S.84; www.facebook.com/tyisanabanye; Ecke Leeuwenvoet & Military Rd., Tamboerskloof; So ⏱10–14 Uhr; 🚇Lower Kloof) Dieser kleine Markt ist eines der lohnenden gemeinnützigen Projekte für urbane Landwirtschaft, das ohne Pacht auf städtischem Grund in Bestlage existiert. Die Lebensmittelsicherheitsaktivisten Tyisa Nabanye (Xhosa für „andere nähren") sind von den Townships in dieses ehemalige Militärgelände gezogen, haben einen Schuppen aufgeräumt und einen Marktgarten mit spektakulärem Blick auf den Tafelberg gepflanzt. Für den Markt und den Garten der Straße immer weiter bergauf folgen.

AKJP Collective
MODE & ACCESSOIRES

(Karte S.84; ☎021-424 5502; www.adriaankuiters. com; 73 Kloof St., Gardens; Mo–Fr ⏱10–18 Uhr, Sa bis 16 Uhr; 🚇Ludwig's Garden) Aus einer Idee von Designer Keith Henning und Jody Paulsen geboren, bietet diese stylishe Boutique Kleidung wie Hemden, Shorts und Hosen der Marke Adriaan Kuiters sowie Accessoires wie Leinen- und Ledertaschen und Gürtel. Andere Modelabels sind hier ebenfalls vertreten, u.a. Take Care, Drotsky und die Duftserie House of Gozdawa.

Mr & Mrs
MODE, HAUSHALTSWAREN

(Karte S.84; ☎021-424 4387; www.mrandmrs. co.za; 98 Kloof St., Gardens; Mo–Fr ⏱9–18 Uhr, Sa bis 16 Uhr; 🚇Welgemeend) Ein geschmackvolles Sortiment an Bekleidung, Geschenk- und Haushaltsartikeln von südafrikanischen und internationalen Designern. Die Auswahl lässt erkennen, dass die Besitzer Indonesien, Argentinien und Indien bereist haben.

Lifestyles on Kloof
MALL

(Karte S.84; www.lifestyleonkloof.co.za; 50 Kloof St., Gardens; Mo–Fr ⏱9–19 Uhr, Sa bis 17 Uhr, So 10–15 Uhr; 🚇Lower Kloof) In diesem kleinen, praktischen Einkaufszentrum sind verschiedene Esslokale, Modeboutiquen, der Supermarkt Woolworths und im Obergeschoss Reformkostläden und Drogerien wie beispielsweise **Wellness Warehouse** untergebracht.

Ebenfalls vertreten sind Filialen des Weinhändlers **Wine Concepts** (Karte S.84; ☎021-426 4401; http://wineconcepts.co.za; Lifestyles on Kloof, 50 Kloof St., Gardens; Mo–Fr ⏱9–19 Uhr, Sa bis 17 Uhr; 🚇Lower Kloof) und das Modelabel Bluecollarwhitecollar.

Gardens Centre
MALL

(Karte S.84; ☎021-465 1842; www.gardensshop pencentre.co.za; Ecke Mill St. & Buitenkant St., Gardens; Mo–Fr ⏱9–19 Uhr, Sa bis 19 Uhr, So bis 14 Uhr; 🚇Gardens) Ein praktisches, gut sortiertes Einkaufszentrum, das alle Grundbedürfnisse abdeckt; mit guten Cafés, Buchhandlungen, Supermärkten wie Pick 'n' Pay und Woolworths, einem Reisebüro sowie einem Cape Union Mart, wo es Camping- und Outdoorausrüstung gibt.

Mabu Vinyl
BÜCHER, MUSIK

(Karte S.84; ☎021-423 7635; www.mabuvinyl. co.za; 2 Rheede St., Gardens; Mo–Sa ⏱9–20 Uhr, So 11–15 Uhr; 🚇Lower Kloof) In diesem renommierten Laden gibt's neue und gebrauchte LPs, CDs, DVDs, Comics und Bücher zu kaufen, zu verkaufen und zu tauschen. Der Laden kommt übrigens im preisgekrönten Dokumentarfilm *Searching for Sugarman* vor. Hier sind auch Independent-CDs südafrikanischer Künstler erhältlich.

🚩 Green Point & Waterfront

★ Guild
KUNSTHANDWERK

(Karte S.86; ☎021-461 2856; www.southernguild. co.za; Shop 5b, Silo 5, South Arm Rd., V&A Waterfront; Mo–Fr ⏱9–18 Uhr, Sa 10–14 Uhr; 🚇Waterfront Silo) Trevyn und Julian McGowan haben ein Geschäft aufgebaut, in dem sie die Rosinen der südafrikanischen Designergemeinde herauspicken und diese der Welt in ihren jährlichen Kollektionen vorstellen. Der 2017 eröffnete Laden ist ihr permanentes Schaufenster und damit ein

Must-go, um aufstrebende Talente zu entdecken und unglaubliche, unverwechselbare Stücke zu kaufen.

Wer erschwinglichere Ware sucht, sollte einmal die gemeinsame Geschenke-Abteilung von Guild und Wallpaper durchstöbern. Die Firma hat sich mit südafrikanischen Designern wie Wola Nani zusammengetan, um ihre eigene Produktreihe zu kreieren.

⭐ **Watershed**   EINKAUFSZENTRUM
(Karte S.86; www.waterfront.co.za/shop/water shed; Dock Rd., V&A Waterfront; ⏱10–18 Uhr; 🚇Nobel Square) Dies ist einer der besten Orte, um in Kapstadt nach Souvenirs zu schauen. In dem einfallsreich gestalteten Shoppingcenter sind über 150 Einzelhändler und Pächter vertreten, die die Spitzenmarken für Mode, Kunst, Kunsthandwerk und Design aus Kapstadt und Südafrika versammeln – hier gibt's etwas für jedes Portemonnaie. Im Obergeschoss befindet sich eine Ausstellungsfläche, und ein Wellness-Institut bietet ganzheitliche Produkte und Massagen.

Viele Boutiquen und Kunsthandwerksläden, die auch andernorts in der Stadt zu finden sind, haben hier eine Verkaufsstelle. Aber es gibt auch einzigartige Stände wie den von **Township Guitars** (www.townshipguitars.com), die richtige E-Gitarren aus Öldosen, Holz und Fischerdraht herstellen und verkaufen.

⭐ **Out of this World**   KUNSTHANDWERK
(Karte S.86; ☎021-434 3540; www.outofthis world.co.za; 1 Braemar Rd., Green Point; Mo–Fr ⏱8.30–16.30 Uhr) In diesem Interior-Design-Kaufhaus, das randvoll ist mit Schätzen aus Afrika und Asien, treffen Buddhafiguren auf nigerianische Stammeskronen. Hier im Innenhofgarten befindet sich das angenehme Café **Stranger's Club** zum Einkehren zu einem ruhigen Tässchen Kaffee und einem Snack.

Filialen gibt es in Victoria Wharf und in Camps Bay (Promenaden-Komplex).

Donald Greig Gallery & Foundry   KUNST
(Karte S.86; ☎021-418 0003; www.donaldgreig. co.za; 1 Coode Cr., Hafen Kapstadt; Mo–Fr ⏱9.30–17.30 Uhr, Sa bis 13 Uhr; 🚇Waterfront Silo) Die auffallenden lebensgroßen Bronzeskulpturen von Donald Greig zieren so manches öffentliche und private Anwesen rund um das Western Cape. In dieser Gießerei, die sich in einem alten Zolllagerhaus aus dem

19. Jh. befindet, kann man bei der Arbeit zusehen und auch kleine Stücke erwerben, die problemlos in den Koffer passen.

Victoria Wharf   EINKAUFSZENTRUM
(Karte S.86; ☎021-408 7500; www.waterfront.co. za; Breakwater Blvd., V&A Waterfront; ⏱9–21 Uhr; 🚇Breakwater) Alle großen Namen des südafrikanischen Einzelhandels, darunter Woolworths, CNA, Pick 'n' Pay, Exclusive Books und Musica sowie internationale Luxusmarken sind in dieser einladenden Mall vertreten, einer der besten in Kapstadt.

Everard Read   KUNST
(Karte S.86; ☎021-418 4527; www.everard-read-capetown.co.za; 3 Portswood Rd., V&A Waterfront; Mo–Fr ⏱9–18 Uhr, Sa bis 16 Uhr; 🚇Nobel Square) In dieser gehobenen Galerie lässt sich auch Werken einiger der führenden zeitgenössischen Künstler Südafrikas stöbern. Die ausgestellten Werke sind verkäuflich, darunter Gemälde von John Meyer und Lione Smit, Medienmix von Velaphi Mzimba und Skulpturen von Brett Murray und Angus Taylor.

Cape Union Mart
Adventure Centre   SPORT & AKTIVITÄTEN
(Karte S.86; ☎021-425 4559; www.capeunion mart.co.za; Quay 4, V&A Waterfront; ⏱9–21 Uhr; 🚇Nobel Square) Dieses kleine Kaufhaus ist voller Rucksäcke, Stiefel, Kleidung und praktisch allem, was für ein Outdoorabenteuer nützlich sein könnte, sei es eine Wanderung auf den Tafelberg oder eine Safari von Kapstadt nach Kairo. Es gibt auch eine kleinere Filiale in der Victoria Wharf sowie in den Einkaufszentren Gardens Centre (S.192) und in den Malls am Cavendish Square (S.195).

Shimansky   SCHMUCK
(Karte S.86; ☎021-421 2788; www.shimansky. co.za; 1. OG, Clock Tower Centre, V&A Waterfront; ⏱9–21 Uhr; 🚇Nobel Square) Diamanten sind ein Synonym für Südafrika, und hier gibt es eine ganze Menge davon, verarbeitet in einem vielfältigen Schmuckangebot. Es gibt darüber hinaus ein kleines Museum und eine Werkstatt für einen Blick auf die Herstellung der Klunker.

🔶 Sea Point bis Hout Bay

⭐ **Ethno Bongo**   SCHMUCK
(Karte S.94; ☎021-791 0757; www.andbanana. com; Harvest Centre, Harbour Rd., Hout Bay; Mo–Fr ⏱10–17.30 Uhr, Sa & So 16 Uhr; 🚇Military)

Auch wenn die Verwendung des Namen Dolce & Banana für seinen Perlenschmuck durch eine Unterlassungserklärung unterbunden sein dürfte, tut das dem Betrieb dieses schon lange bestehenden Ladens keinen Abbruch. Hier wird handgefertigte, witzige Mode verkauft. Das Angebot umfasst auch Wohnaccessoires aus Alt- und Treibholz.

★ Hout Bay Lions Craft Market   MARKT
(Karte S.94; Baviaanskloof Rd., Hout Bay; So ⊙10–15 Uhr; ▣Military) Die Stände auf diesem kleinen Markt auf dem Dorfplatz zu durchstöbern, der ein Sponsoring-Event des Lions Club von Hout Bay ist, ist keine schlechte Art, an einem Sonntag ein Stündchen oder zwei zu vertrödeln. Verkauft wird von Einheimischen produziertes Kunsthandwerk, darunter beeindruckende Perlenstickerei, bunt bedruckte Kleidung und süße Perlhühner aus Kiefernzapfen.

Mojo Market   MARKT
(Karte S.92; www.mojomarket.co.za; 30 Regent Rd., Sea Point; Läden ⊙10–18 Uhr, Essensstände 7–22 Uhr) In diesem pulsierenden Markt mit 45 Läden und 25 Essensständen und einem Frischware-Bereich ist von modernem afrikanischen Kunsthandwerk bis zu Mode alles vertreten; in den Shopping-Pausen sorgen Leckerbissen wie Masala Dosas (südindische Pfannkuchen, meist als Frühstück) und Bowls für kleine Gaumenfreuden.

Livemusik (werktags um 19 Uhr, Sa 12.30, 16 und 19.30 Uhr und So 12.30 Uhr) lockt speziell am Freitagabend Einheimische an, die hier ihr Bier trinken. Zu anderen Zeiten wie etwa sonntagvormittags können einige Händler für Unordnung sorgen; deshalb besser woanders hingehen.

T-Bag Designs   KUNSTHANDWERK
(Karte S.94; ☏021-790 0887; www.tbagdesigns. co.za; Klein Kronendal, 144 Main Rd., Hout Bay; Mo–Fr ⊙9–16.30 Uhr; ▣Imizamo Yethu) Hier kommen recycelte Teebeutel zu Glanz und Gloria: Aus ihnen entsteht ein attraktives Sortiment an Grußkarten und Briefpapier sowie anderen hochwertigen Papierprodukten. Ein sinnvolles Projekt, das Bewohnern des benachbarten Townships Imizamo Yethu Arbeit bietet. T-Bag Designs betreibt auch einen Stand im Watershed (S.193) im Werft- und Hafenviertel V&A Waterfront.

Shipwreck Shop   ANTIQUITÄTEN
(Karte S.94; ☏021-790 1100; www.marinerswharf. com; Mariner's Wharf, Harbour Rd., Hout Bay; ⊙9–17.30 Uhr; ▣Northshore) Diese Schatztruhe sollten all diejenigen besuchen, die hinter Jeglichem her sind, was mit Schiffen zu tun hat. Ob Scrimshaw (Miniatur-Ritz- und Gravurtechnik in Elfenbein), Seekarten oder Modelle: Mehr als 20 000 Stücke maritimer Memorabilien warten in dem Laden darauf, entdeckt und mitgenommen zu werden.

Iziko Lo Lwazi   KUNSTHANDWERK
(Karte S.94; ☏021-790 2273; www.izikoll.co.za; Hout Bay Community Centre, 1 Baviaanskloof Rd., Hout Bay; ⊙8.30–16 Uhr; ▣Military) ✎ Angefangen hat alles mit einem Alphabetisierungsprogramm für Erwachsene, danach hat es sich zum Kunsthandwerkskollektiv weiterentwickelt. Hier entstehen kreative Perlenarbeiten, Recycling-Papierprodukte und Schreibwaren. Für Letzteres werden u.a. Seegras, Schilf, Kukuruz, Rooibos-Teeblätter und auch Pferdeäpfel verarbeitet.

🔒 Southern Suburbs

★ Montebello Design Centre   KUNSTHANDWERK
(Karte S.99; ☏021-685 6445; www.montebello. co.za; 31 Newlands Ave., Newlands; Mo–Sa ⊙9–16 Uhr, So bis 15 Uhr; 🖬; ▣Newlands) Dieses Förderprojekt hat bereits einigen talentierten Kunsthandwerkern und Designern den Weg geebnet. Auf dem Gelände im Grünen liegen die Künstlerateliers rund um den zentralen Kunsthandwerksladen verstreut. Hier gibt's eine tolle Auswahl an Geschenkartikeln, von Kissen von Irma Stern bis hin zu Handtaschen aus alten Autoreifen.

Es gibt auch eine Gärtnerei, das exzellente Café Gardener's Cottage (S.160) und einen Hofladen.

Balu Legacy Boutique   MODE & ACCESSOIRES
(Karte S.99; www.balu.co.za; 9 Cavendish Pl., abzweigend von Cavendish St., Claremont; Mo–Fr ⊙9–17 Uhr, Sa bis 14 Uhr; ▣Claremont) Die Entwürfe von Balu Nivison mit Originaldruckstoffen werden verführerisch in dieser schicken Boutique in einem der denkmalgeschützten Cottages hinter dem Cavendish Square präsentiert. Hier gibt's auch ein Café und eine Saftbar sowie ein Sortiment an ätherischen Ölen und vieles mehr – und dazu ein paar Sachen für Männer von Balus Sohn Benjamin.

Cavendish Square
MALL

(Karte S. 99; ☎021-657 5600; www.cavendish.co.za; Dreyer St., Claremont; Mo–Sa ⏰9–19 Uhr, So 10–17 Uhr; 🚂Claremont) Im Mittelpunkt der Shopping-Szene von Claremont steht diese Mall der gehobenen Klasse mit Outlets vieler Top-Modedesigner aus dem In- und Ausland; daneben gibt es Supermärkte, Kaufhäuser, Restaurants und ein Ster-Kinekor-**Multiplexkino** www.sterkinekor.com).

Constantia Village
EINKAUFSZENTRUM

(Karte S. 102; ☎021-794 5065; www.constantiavillage.co.za; Ecke Constantia Main Rd. & Spaanschemat River Rd., Constantia; Mo–Fr ⏰9–18 Uhr, Sa bis 17 Uhr, So bis 14 Uhr) Das größte Einkaufszentrum in der Umgebung umfasst alle Basics und bietet noch einiges mehr, mit ein paar Supermärkten und vielen anderen Läden, darunter auch ein Exclusive-Books-Buchladen und zahlreiche Modeboutiquen.

Kirstenbosch Craft Market
KUNSTHANDWERK

(Karte S. 102; ☎074 333 2170; Ecke Kirstenbosch Dr & Rhodes Ave., Newlands; letzter So des Monats ⏰9–15 Uhr; 🚻; 🚂Kirstenbosch) Dieser große, monatlich stattfindende Kunsthandwerksmarkt außerhalb der Kirstenbosch Botanical Gardens (S. 96) bietet eine riesige Auswahl. Meist werden Kreditkarten akzeptiert; bezahlt wird in einem der Steinhäuschen vor Ort.

YDE
MODE & ACCESSOIRES

(Karte S. 99; ☎081 171 0811; www.yde.co.za; F66, Cavendish Square, Dreyer St., Claremont; Mo–Sa ⏰9–19 Uhr, So 10–17 Uhr; 🚂Claremont) YDE steht für „Young Designers Emporium". Hier ist es zwar ein bisschen chaotisch, aber meistens findet sich ein bezahlbares, cooles Teil. Die Streetwear und Accessoires für Damen und Herren entwerfen südafrikanische Designer.

🔒 Simon's Town & Southern Peninsula

⭐Kalk Bay Modern
KUNSTHANDWERK

(Karte S. 106; ☎021-788 6571; www.kalkbaymodern.co.za; 136 Main Rd., Kalk Bay; ⏰9.30–17 Uhr; 🚂Kalk Bay) 🌿 Die wunderbare Galerie bietet eine kunterbunte, attraktive Auswahl an Kunst und Kunsthandwerk. Oft finden hier Ausstellungen südafrikanischer und regionaler Künstler statt. Bemerkenswert ist die Art-I-San-Kollektion mit bedruckten Stoffen nach Entwürfen von San-Künstlern in Namibia und Angola.

Francoise V
FOTOKUNST

(☎021-783 0153; www.francoisev.co.za; Imhoff Farm, Kommetjie Rd, Kommetjie; ⏰9–17 Uhr) Diese Galerie verkauft grandiose Landschaftsfotografien (mit Wildtieren in der Savanne). Das alles gibt es in Schwarz-Weiß, Sepia und zarten Blau- und Grüntönen, während Bilder von Elefanten und Affenbrotbäumen über dem kühlen Terrakottaboden prangen. Kleinere Nachdrucke gibt es schon für ca. 700 R; es lohnt sich, hier nach einem stilvollen Souvenir zu suchen.

Noordhoek Farm Village
EINKAUFSZENTRUM

(☎021-789 2654; www.thefarmvillage.co.za; Ecke Main Rd. & Village Lane, Noordhoek; ⏰9–17 Uhr; 🚻) Dieser begrünte Komplex mit dem ländlichen Charme einer holländischen Farm am Kap ist ein angenehmer Ort, um Geschenke und Souvenirs zu kaufen, die von afrikanischem Kunsthandwerk bis zu südafrikanischer Mode reichen. Außerdem sind hier Restaurants und ein Kinderspielplatz zu finden, und jeden Mittwoch findet ein **Fressmarkt** (16 bis 20 Uhr) statt.

Blue Planet Fine Art
KUNST

(Karte S. 106; ☎021-788 3154; www.facebook.com/BluePlanetFineArt; 25 Main Rd., Muizenberg; Mo–Sa ⏰10–17 Uhr; 🚂False Bay) Hier herrscht eher das Flair eines Kunstateliers als das einer sterilen Galerie. Blue Planet ist die Seaside-Sammlung von Koos de Wet und Anastasia Sarantinou, bietet aber auch einen breiteren Einblick in die Muizenberg-Kunstszene. Es gibt eine interessante und attraktive Auswahl an Werken, von abstrakter Kunst bis hin zu Popart, und zwar von südafrikanischen Künstlern, die wohl nur hier vertreten sind.

Studio Art Gallery
KUNST

(☎083 310 3220; www.studioartgallery.co.za; Kommetjie Rd., Kommetjie; ⏰9–17 Uhr) Eine von mehreren Galerien in der Imhoff Farm (S. 113), wo in einer ehemaligen Schmiede aus dem Jahr 1743 auch die Kapstädter Künstler Marc Alexander und Donna McKellar ihre Ölgemälde und Drucke ausstellen. McKellar hat ihren Schwerpunkt auf südafrikanischen Landschaften, Alexander malt meist Wildtiere; hier sind auch noch andere südafrikanische Künstler vertreten.

Sobeit Studio KUNSTHANDWERK
(Karte S.106; ☑021-788 9007; www.sobeitstudio.
com; 51 Main Rd., Muizenberg; Mo–Sa ⊘8–
17 Uhr; ⊠False Bay) Der chaotische Laden im
oberen Stock eines Art-déco-Gebäudes in
Türkis und Rosa ist ein moderner Kurio-
sitätenladen von verrückten Kreativen, wie
Wachskünstlern, Grafik- und Möbeldesig-
nern und Schmuckherstellern. Zu den eigenwilligen Souvenirs gehören auch Toten-
schädelkerzen oder eine Keramikbüste von
Mao Zedong.

Pottershop KERAMIK
(Karte S.106; ☑021-788 7030; 6 Rouxville Rd., Kalk
Bay; ⊘9.30–16.30 Uhr; ⊠Kalk Bay) Hier werden
hübsche Arbeiten einheimischer Töpfer angeboten, darunter auch Ausschussware wie
handbemalte Teller und Tassen vom Potter's
Workshop (www.pottersworkshop.co.za)
angeboten – deren Macken sind oft so klein,
dass man sie kaum bemerkt. In denselben
Räumlichkeiten befindet sich auch Bob's
Bagel Café (S.162).

Redhill Pottery KERAMIK
(Karte S.112; ☑021-780 9297; www.redhillpottery
cape.co.za; Kilfinan Farm, Scarborough; Di–Fr
⊘8–17 Uhr, Sa & So ab 10 Uhr) Spezialist für
Keramiken in grellbunten afrikanischen
Farben, die mit ihrer Glasur alten Email-
le-Waren nachempfunden sind. Es ist auch
möglich, selbst zu töpfern und sein Werk
später abzuholen (oder nach Hause senden
zu lassen). Die Töpferei befindet sich in einem bewaldeten Tal zwischen Simon's
Town und Scarborough.

Catacombes MODE & ACCESSOIRES
(Karte S.106; ☑021-788 8889; www.facebook.
com/pages/Catacombes-Kalkbay/12757088
7056; 71 Main Rd., Kalk Bay; ⊘9–17 Uhr; ⊠Kalk
Bay) Diese Boutique bietet alles, was der
aktuelle Bohemien-Look hergibt: jede
Menge hübsche Kleider, Einzelteile und
Accessoires. Alles lokal gefertigte Stücke
mit originellen Printmustern; einige Mus-
ter sind dem mexikanischen Tag der Toten
nachempfunden, andere sind floral. Kunsthandwerkliche Objekte sind hier ebenfalls
erhältlich.

Larij Works KUNSTHANDWERK
(Karte S.110; ☑083 977 9182; www.larijworks.
com; 112 St. George's St., Simon's Town; ⊘10–
16 Uhr; ⊠Simon's Town) Zeitgenössische maritime Kunst und Deko-Gegenstände sowie
Nachtwäsche aus Baumwolle bis hin zu
gehäkelten Matrosenkäppchen für Babys

verkauft die Galerie in der oberen Etage. Besonders schön sind die Matten aus geflochtenen Seilen. In allem hier spiegelt sich das
Seefahrtserbe von Simon's Town wider.

Gina's Studio KUNSTHANDWERK
(Karte S.106; ☑084 558 5268; www.journeyinstit
ches.co.za; 38 Palmer Rd., Muizenberg; Mi–Fr
⊘10–16 Uhr, Sa bis 14 Uhr; ⊠Muizenberg) Die ge-
bürtige Österreicherin Gina Niederhumer
stellt die originellen Sachen, mit denen ihre
kleine Boutique nur so vollgestopft ist,
selbst her, von gehäkelten Schmuckstücken
und Bio-Lebkuchen bis hin zu Patchworkta-
schen und gemusterten Steppdecken.

Kalk Bay Books BÜCHER
(Karte S.106; ☑021-788 2266; www.kalkbay
books.co.za; 124 Main Rd., Kalk Bay; ⊘9–17 Uhr;
⊠Kalk Bay) In diesem seit 2006 fest etablierten Buchladen treffen sich die Leserat-
ten der Südlichen Halbinsel. Die Website
kündigt Buchvorstellungen, Lesungen,
Buchbesprechungen und Literaturwork-
shops an.

Artvark KUNSTHANDWERK
(Karte S.106; ☑021-788 5584; www.artvark.org;
48 Main Rd., Kalk Bay; ⊘9–17 Uhr; ⊠Kalk Bay)
In der Galerie für zeitgenössische Volks-
kunst gibt es hübsche Souvenirs. Die breite
Palette umfasst interessante kunsthandwerkliche Objekte einheimischer Künstler,
darunter Gemälde, Keramik, Kunstobjekte
aus Draht, Holzschnitzereien und Schmuck.

Quagga Rare Books & Art BÜCHER
(Karte S.106; ☑021-788 2752; www.quagga
books.co.za; 86 Main Rd., Kalk Bay; Mo–Sa ⊘9–
17 Uhr, So ab 10 Uhr; ⊠Kalk Bay) An dem attraktiven Buchladen kommt jemand, der
sich für alte Ausgaben und antiquarische
Bücher interessiert, kaum vorbei. Daneben
gibt es südafrikanische Kunst sowie Drucke und Landkarten.

Red Rock Tribal KUNSTHANDWERK
(Karte S.112; ☑082 269 1020; www.redrocktribal.
co.za; Cape Farm House, Ecke M65 & M66, Redhill;
Do–So ⊘10–17 Uhr) Diese im Inneren der
Halbinsel versteckte, originale Schatzkiste
mit Kunsthandwerk und Objekten afrikanischer Stammeskultur, von Blechdosen-
Flugzeugen aus KwaZulu Natal bis hin zu
altem äthiopischem Silber und koptischen
Kreuzen, wurde von den Inhabern Steven
und Juliette zusammengetragen. Gegenüber steht ein riesiges Metallzebra, das
extra als Werbeobjekt geschaffen wurde.

Cape Flats & Northern Suburbs

Century City Natural Goods Market MARKT

(Karte S.116; ☑ 021-552 6889; http://events.centurycity.co.za; Central Park, Century City; letzter So im Monat ⊙ 9–14 Uhr; ☒; ☐ Central Park) Am letzten Sonntag im Monat findet im Park gegenüber von Intaka Island (S.117) dieser fest etablierte Markt statt – mit jeder Menge Möglichkeiten zum Essen und Unterhaltungsangeboten für Kinder. Weiter zur Insel fahren, um lokale Künstler im Eco-Centre kennenzulernen.

Milnerton Flea Market MARKT

(Karte S.116; www.milnertonfleamarket.co.za; Marine Drive (R27), Paarden Eiland; Sa ⊙ 8–14 Uhr, So bis 15 Uhr; ☐ Zoarvlei) Unter dem Ramsch und Trödel auf einem Parkplatz-Flohmarkt am Rand der Table Bay lohnt sich die Schnäppchenjagd nach Vintage- und Sammlerstücken, die entweder im Kofferraum oder vor den Autos präsentiert werden. Der Blick auf den Tafelberg ist dabei ebenso faszinierend wie die Charaktere, denen man hier begegnet. Der Markt hat seine Anfänge in Milnerton genommen und findet mittlerweile im benachbarten Paarden Eiland statt.

Canal Walk EINKAUFSZENTRUM

(Karte S.116; ☑ 021-529 9699; www.canalwalk. co.za; Century Blvd., Century City; ⊙ 9–21 Uhr; ☎ ☒; ☐ Canal Walk North) Bei über 400 Läden, etwa 50 oder mehr Restaurants, 18 Kinoleinwänden und 8000 Parkplätzen bezweifelt wohl kaum jemand, dass es sich bei dem nachgemachten Palazzo um eine der größten Malls des afrikanischen Kontinents handelt. Zum Unterhaltungsprogramm für Kinder gehört auch der Canal-Walk-Express-Zug.

ℹ Praktische Informationen

BOTSCHAFTEN UND KONSULATE

Die meisten Auslandsbotschaften befinden sich in Johannesburg oder Pretoria, ein paar Länder haben aber auch Konsulate in Kapstadt. Die meisten sind montags bis freitags von 9 bis 16 Uhr geöffnet.

Deutschland (☑ 021-405 3000; www.southafrica. diplo.de; Roeland Park, e-tv Bldg., 4 Stirling St., District Six; ☐ Lower Long, Lower Loop)
Österreich (☑ 21-430 5133; South Africa Protea Hotel Sea Point Arthurs Rd., Sea Point 8005 Cape Town South Africa)

Schweiz (☑ 021-418 3665; 26. OG, 1 Thibault Sq., City Bowl)

ERMÄSSIGUNGSKARTEN

iVenture Card (www.iventurecard.com/sg/cape-town) Ersparnisse bis zu 50 % bei Attraktionen rund um Kapstadt, u. a. geführte Touren, Kreuzfahrten und Seilbahnfahrten.
Go Cards Cape Town City Pass (www.gocards. co.za) Als Tageskarten erhältlich (gültig für 1, 2, 3 oder 7 Tage) oder als Explorer Pass für 4, 6 oder 8 Attraktionen, gültig für 90 Tage ab Ersteinsatz. Nur für Touristen rentabel, die das voll ausschöpfen.

INTERNETZUGANG

WLAN ist in Hotels und Hostels sowie in den meisten Cafés, einigen Restaurants und touristischen Hotspots verfügbar und meist gratis (einfach nur nach dem Zugangscode fragen). Die Verbindung kann aber langsam und ungesichert sein. Mancherorts ist das Datenvolumen zum Herunterladen auch begrenzt.

NOTFÄLLE & VORWAHLEN

Landesvorwahl	☑ 27
Internationale Vorwahl	☑ 00
Notruf (Festnetz/Mobil)	☑ 107/112
Nationalpark Tafelberg	☑ 086 110 6417
Seenotrettungsdienst	☑ 021-449 3500

POST

Postfilialen gibt es in ganz Kapstadt; auf www. sapo.co.za. kann man schnell nach der nächstgelegenen suchen.

TOURISTENINFORMATION

Im Hauptsitz von **Cape Town Tourism** (Karte S.70; ☑ 086 132 2223, 021-487 6800; www. capetown.travel; Pinnacle Bldg., Ecke Castle St. & Burg St., City Bowl; Mo–Fr ⊙ 7–18 Uhr, Sa 8.30–14 Uhr, So 9–13 Uhr; ☐ Church, Mid-Long) werden Unterkünfte, geführte Touren und Mietwagen gebucht. Es gibt zudem Informationsmaterial zu Nationalparks und Naturschutzgebieten.

Es gibt mehrere weitere Niederlassungen in der Stadt:

Simon's Town Visitor Information Centre (Karte S.110; ☑ 021-786 8440; Jubilee Sq., Simon's Town; Mo–Fr ⊙ 8–17 Uhr, Sa & So 9–13 Uhr; ☐ Simon's Town)
V&A Waterfront Visitor Information Centre (Karte S.86; ☑ 021-408 7600; 280 Dock Rd., V&A Waterfront; ⊙ 9–18 Uhr; ☐ Nobel Square)
Kirstenbosch Visitor Information Centre (Karte S.102; ☑ 021-762 0687; www.capetown. travel; Gate 1, Kirstenbosch National Botanical Garden, Rhodes Dr., Newlands; ⊙ 8–17 Uhr)

❶ An- & Weiterreise

AUTO & MOTORRAD

Die Hauptverkehrsrouten nach Kapstadt sind:
N1 ab Johannesburg via Karoo (Halbwüsten-landschaft) und Cape Winelands,
N2 von der Garden Route und Overberg via Somerset West und Flughafen Kapstadt,
N7 von der Westküste und Namibia her.

BUS

Endbahnhof der Fernbusse ist der **Bahnhof Kapstadt**, wo auch die Fahrkartenbüros für die folgenden Busgesellschaften sind, alle täglich geöffnet von 6 bis 18.30 Uhr.

Greyhound (☎ 021-418 4326, Reservierungen 083 915 9000; www.greyhound.co.za; Bahnhof Kapstadt; ⏰ 6–18.30 Uhr)

Intercape (☎ 021-380 4400; www.intercape. co.za)

Translux (☎ 021-449 6209, 086 158 9282; www.translux.co.za; Bahnhof Kapstadt; ⏰ 6–18.30 Uhr)

Baz Bus (☎ 021-422 5202, SMS-Buchungen 076 427 3003; www.bazbus.com) bietet Hop-on-hop-off-Tarife und Verbindungen von Haus zu Haus zwischen Kapstadt und Johannesburg/Pretoria über die nördlichen Drakensberge, Durban und die Garden Route.

FLUGZEUG

Cape Town International Airport (CPT; Karte S. 50; ☎ 021-937 1200; www.airports.co.za) Der Flughafen liegt 22 km östlich des Stadtzentrums. In der Ankunftshalle befindet sich eine Touristeninformation.

Es gibt viele internationale Direktflüge nach Kapstadt. Inlandsflüge sind günstiger im Internet zu buchen und zu bezahlen (statt über einen südafrikanischen Reiseveranstalter).

ZUG

Endbahnhof der Fernzüge ist der **Bahnhof Kapstadt** in der Heerengracht in der City Bowl. Der Zug **Shosholoza Meyl** (☎ 086 000 8888; 011-774 4555; www.shosholozameyl.co.za) verkehrt mittwochs, freitags und sonntags zwischen Kapstadt und Johannesburg (Jo'burg) via Kimberley und bietet komfortable Schlaf- und Speisewagen. Luxuriöser ist es aber an Bord des **Blue Train** (☎ 012-334 8459; www.bluetrain.co.za) und des **Rovos Rail** (☎ 012-315 8242; www.rovos.co.za).

❶ Unterwegs vor Ort

AUTO

Kapstadt hat ein hervorragend ausgebautes Straßenverkehrsnetz. Die Stoßzeiten sind ca. zwischen 7 und 9 bzw. zwischen 16.30 und 18.30 Uhr.

Zu den Autovermietungen gehören u. a.:

Around About Cars (☎ 021-422 4022; www.aroundaboutcars.com; 20 Bloem St., City Bowl; Mo–Fr ⏰ 7.30–19 Uhr, Sa bis 16 Uhr, So 8–13 Uhr; 🚇 Upper Long, Upper Loop) Freundliche Agentur mit freundlichem Service, einer der besten unabhängigen Anbieter in ganz Kapstadt; mit Preisen ab 140 R pro Tag.

Avis (☎ 021-424 1177; www.avis.co.za; 123 Strand St., City Bowl; Mo–Fr ⏰ 7–19 Uhr, Sa & So 8–15 Uhr; 🚇 Strand)

Hertz (☎ 021-410 6800; www.hertz.co.za; 40 Loop St., City Bowl; Mo–Fr ⏰ 7–18 Uhr, Sa & So 8–16 Uhr; 🚇 Strand)

Status Luxury Vehicles (☎ 086 110 0108; www.slv.co.za) Wer auf Luxus steht, miete sich hier einen Bentley oder ein sportliches Cabrio wie etwa den Porsche Boxter S Cab (6550 R pro Tag) für eine großspurige Spritztour.

Solche Mietwagen gibt es ab 140 R pro Tag (für einen Hyundai i10) bis ca. 5000 R für ein Porsche-Cabrio. Im Normaltarif sind in der Regel 100 bis 200 km pro Tag enthalten. Wer sich nur auf der Halbinsel aufhält, kommt damit zurecht, aber wer einige Ausflüge in die Winelands, nach Overberg oder an die Westküste vorhat, ist mit unbegrenzter Kilometeranzahl besser dran.

Bei Preisangaben aufpassen, dass die Umsatzsteuer immer inklusive ist, denn 14 % mehr machen einen großen Unterschied aus!

Parken

Montags bis samstags zur Geschäftszeit ist das Parken an bestimmten Orten im Stadtzentrum auf eine Stunde begrenzt. Autofahrer wenden sich an einen der Parkplatzwächter, hier „Parking Marshal" genannt (an ihren leuchtend gelben Sicherheitswesten zu erkennen), der gleich die Gebühr für die erste halbe Stunde im Voraus kassiert (etwa 5 R).

Gibt es keinen amtlichen Parkplatzwächter, lässt sich auf der Straße fast immer jemand finden, der für ein kleines Trinkgeld (um die 5 R) auf das Auto aufpasst. Parkplatzgebühren abseits der Straße sind unterschiedlich, betragen aber meist 10 R pro Stunde.

BUS

Die Pendelbuslinien von **MyCiTi** (☎ 0800 656 463; www.myciti.org.za) fahren täglich von 5 bis 22 Uhr (und am häufigsten zwischen 8 und 17 Uhr). Hauptstrecken sind derzeit vom Stadtzentrum bis nach Gardens und zur Waterfront hinaus; entlang der Atlantikküste bis nach Camps Bay und Hout Bay; über die Kloof Nek Road nach Tamboerskloof mit Shuttle-Service zur Seilbahn; nach Woodstock und Salt River; nach Blouberg und zum Table View sowie in die Township Khayelitsha und zum Flughafen.

Die Fahrpreise werden auf Basis einer vorausbezahlten myconnect-Karte beglichen (für einen Grundpreis von 35 R, der nicht erstattungsfähig ist). Diese Karte mit aufgeladenem Guthaben ist an MyCiTi-Bahnhofskiosken und in teilnehmenden Einzelhandelsgeschäften erhältlich. Möglich ist auch der Erwerb einer Einzelfahrkarte für eine einfache Fahrt (30 oder 100 R vom/zum Flughafen). Zusätzlich wird eine Bankgebühr von 2,5 % des gespeicherten Wertes fällig (mind. 1,50 R); z. B. beträgt dann das Guthaben auf einer Karte für 200 R nur noch 195 R. Die von der Staatsbank herausgegebene ABSA-Karte kann im Verbund mit MasterCard auch für Kleinstbeträge und Einkäufe in Geschäften verwendet werden.

Je nach Tageszeit gelten unterschiedliche Preise; in den Hauptverkehrszeiten, Montag bis Freitag von 6.45 bis 8 Uhr und 16.15 bis 17 Uhr, liegen sie höher. Die Preise hängen auch davon ab, ob man die MyCiTi-Mover-Pauschalkarte aufgeladen hat (mit gespeicherten Werten zwischen 50 und 1000 R); dadurch können sich die Normaltarife um 30 % verringern.

Für kürzere Fahrten unter 5 km (z. B. vom Civic Centre bis Gardens oder zur Waterfront) liegen die Normaltarife bei 13,90/9,10 R (innerhalb/außerhalb der Stoßzeiten), vom Stadtzentrum zum Table View jeweils 17,50/11,70 R; vom Stadtzentrum zum Flughafen jeweils 98,80/90,40 R; vom Stadtzentrum nach Hout Bay jeweils 17,50/ 11,0 R.

Die relativ alten Busse von **Golden Arrow** (☎0800 656 463; www.gabs.co.za) fahren vom Golden Acre Bus Terminal ab, die meisten verkehren nur bis zum frühen Abend. Am praktischsten sind sie für Fahrten zu den Cape Flats, in die nördlichen Vororte und auch durch die südlichen Vororte bis nach Wynberg (16 R).

FAHRRAD

Die Kaphalbinsel lässt sich wunderbar mit dem Fahrrad erkunden, wenn einem die vielen Hügel und weiten Entfernungen zwischen den Sehenswürdigkeiten nichts ausmachen. Die Fahrradwege sind ein Vermächtnis der Fußballweltmeisterschaft; ein recht guter Radweg führt nordwärts aus der Stadt Richtung Table View, ein anderer verläuft neben dem Fan Walk vom Bahnhof Kapstadt nach Green Point. Es sind allerdings fast 70 km vom Zentrum zum Cape Point. Leider dürfen Fahrräder nicht in Vorortzügen mitgenommen werden.

Bei den Touristeninformationen liegen kostenlose Radwegepläne aus (die *Cape Town Green Cycle Map*); auch zum Herunterladen auf www.capetowngreenmap.co.za/cyclemap.

Auf **Critical Mass Cape Town** (www.facebook.com/CriticalMassCapeTown) werden immer die monatlichen Vollmondtouren angekündigt; von Green Point, den Granger Bay

Boulevard entlang und dann über Mouille Point und Three Anchor Bay bis in die Long Street.

Verleih

Anbieter von Leihrädern gibt es in Kapstadt vielerorts, wie etwa:

&Bikes (☎021-823 8790; www.andbikes.co.za; 32 Loop St., Foreshore; 150/250 R halbtags/ganztags; Mo–Fr ⏰7.30–17 Uhr, Sa 8–13 Uhr)

Awol Tours (S.129) Leihräder für 200/300 R halbtags/ganztags

Bike & Saddle (☎021-813 6433; www.bikeandsaddle.com; 950/1380 R halber/ganzer Tag)

Cape Town Cycle Hire (☎084 400 1604, 021-434 1270; www.capetowncyclehire.co.za; ab 300 R pro Tag) stellt Fahrräder für die Nutzung innerhalb der City Bowl und holt sie dort auch kostenlos ab; gilt ebenso entlang der Atlantikküste bis nach Llandudno.

Downhill Adventures (Karte S.84; ☎021-422 0388; www.downhilladventures.com; Ecke Orange St. & Kloof St., Gardens; Mo–Fr ⏰8–17 Uhr, Sa bis 13 Uhr; 🚏Upper Loop, Upper Long)

Up Cycles (☎076 135 2223; www.upcycles.co.za; 70/200/250 R pro Std., halb-/ganztags); mit Abhol- und Bringstellen innerhalb **City Bowl** (☎074 100 9161; www.upcycles.co.za; Breakaway Café, 50 Waterkant St., Foreshore; ab 70/250 pro Std./Tag; Mo–Fr ⏰6–17 Uhr; 🚏Strand), **Silo District** (www.upcycles.co.za; Silo 5, Silo Square, V&A Waterfront; 70/250 pro Std./Tag; ⏰8.30–19 Uhr; 🚏Nobel Square) an der Waterfront, **Sea Point Pavilion** (S.124) und **Camps Bay**. (S.93)

VOM/ZUM FLUGHAFEN

MyCiTi-Busse (S.198) Die Busse fahren von 4.45 bis 22.15 Uhr alle 30 Minuten zum Stadtzentrum und an die Waterfront. Eine einfache Strecke kostet 100 Rand; wer die myconnect-Karte benutzt (nicht erstattungsfähiger Grundpreis 35 Rand), zahlt zwischen 90,40 und 98,80 Rand, je nachdem, ob gerade Stoßzeiten sind oder nicht.

Backpacker Bus (☎082 809 9185; www.backpackerbus.co.za) Flughafentransfer ab 220 R pro Person und Abholung vom Hostel bzw. Hotel (im Voraus buchen!).

Alle größeren Autovermietungen haben einen Schalter am Flughafen. Die Fahrt über die N2 ins Stadtzentrum dauert in der Regel 15 bis 20 Minuten, während der Hauptverkehrszeit (7–9 und 16.30–18.30 Uhr) kann es aber bis zu einer Stunde dauern.

Eine Taxifahrt kostet ca. 250 Rand (kein Sammeltaxi!).

METRO

Cape Metro Rail (☑0800 656 463; http://capetowntrains.freeblog.site) sind ein günstiges und möglicherweise auch praktisches Verkehrsmittel, um sich vor Ort fortzubewegen; allerdings fahren werktags nach 18 Uhr und samstags nach 12 Uhr nur noch wenige (oder gar keine) Züge. Über 100 Wagen sind seit Oktober 2015 Brandstiftung oder Vandalismus zum Opfer gefallen, was sich auf die Pünktlichkeit und Zuverlässigkeit der Metro auswirkt.

Der Unterschied zwischen 1. Klasse (Metro Plus) und 2. Klasse („Holzklasse") im Hinblick auf Preis und Komfort ist geringfügig. Die für Besucher wichtigste Strecke ist die nach Simon's Town, die durch Observatory und hinter dem Tafelberg entlang durch gutbürgerliche Vororte wie Newlands bis nach Muizenberg und zur False-Bay-Küste fährt. Die Züge fahren montags bis freitags regelmäßig von 6 bis 21 Uhr, in der Hauptverkehrszeit von 6 bis 9 Uhr bzw. 15 bis 18 Uhr sogar alle 15 Minuten.

Auf allen Strecken ist es zu Stoßzeiten am sichersten, d. h. wenn die Wagen voll sind, aber dann können sie auch gefährlich überfüllt sein.

MOTORRÄDER & ROLLER

Für Motorräder und Roller gibt es folgende Verleihe:

Cape Sidecar Adventures (Karte S. 92; ☑021-434 9855; www.sidecars.co.za; 1 Dickens Rd., Salt River; 2100/3850 R für 2-/4-stündige Tour) Hier gibt's auch einen Chauffeur zu mieten, der einen in einem der hauseigenen Oldtimer herumkutschiert, z. B. in einem CJ750-Beiwagengespann, der in der Zeit vor dem Zweiten Weltkrieg für die chinesische Armee hergestellt wurde – nach anspruchsvollen BMW-Spezifikationen.

Harley Davidson Kapstadt (☑021-401 4260; www.harley-davidson-capetown.com; Harbour Edge Bldg., 2 Hospital St, De Waterkant; Mo–Fr ☺8–17.30 Uhr, Sa 8.30–13 Uhr; ▣Alfred)

Scoot Dr (☑021-418 5995; www.scootdr.com; Castle Mews, 16 Newmarket St., Foreshore; Mo–Fr ☺8–17 Uhr, Sa bis 13 Uhr; ▣Strand) vermietet Vespa- und Yamaha-Roller.

TAXI

Nachts ist es empfehlenswert, ein Taxi zu nehmen, ob allein oder als Gruppe. Die Gebühren liegen bei etwa 10 R pro Kilometer. Das Taxiunternehmen Uber ist sehr beliebt und auch zuverlässig.

Excite Taxis (☑021-448 4444; www.excitetaxis.co.za)

Marine Taxi (☑0861 434 0434, 021-447 0384; www.marinetaxis.co.za)

Rikkis (☑021-447 3559, 086 174 5547; www.rikkis.co.za)

Telecab (☑021-788 2717, 082 222 0282) Für Fahrten von Simon's Town nach Boulders und Cape Point.

Sammeltaxi

Der größte Taxistand befindet sich in der oberen Ebene des Bahnhofs Kapstadt und ist über eine Fußgängerpassage im Golden Acre Centre oder über Treppen in der Strand Street zu erreichen. Er ist gut organisiert, und die richtige Reihe ist leicht zu finden. Ansonsten Sammeltaxi einfach am Straßenrand herbeiwinken und den Fahrer fragen, wohin er gerade fährt.

Rund um Kapstadt

Gut essen

➜ La Petite Colombe (S. 221)

➜ Die Strandloper (S. 244)

➜ Karoux (S. 233)

➜ Boschendal in Oude Bank (S. 215)

Schön übernachten

➜ Grootbos Private Nature Reserve (S. 239)

➜ Oudebosch Eco Cabins (S. 234)

➜ Pat Busch Mountain Reserve (S. 231)

➜ Banghoek Place (S. 214)

Auf nach Kapstadt!

Von Kapstadt aus bieten sich viele ein- und mehrtägige Touren in die Umgebung an. Im Nordosten erhebt sich die prachtvolle Bergkette um Stellenbosch, Franschhoek und Paarl mit einem idealen Mikroklima für den Weinanbau: In dieser Region werden seit über 300 Jahren die Spitzenweine Südafrikas angebaut.

Alle Straßen in Richtung Overberg sind ein Genuss für den Fahrer. Die N2 zum Sir Lowry's Pass führt durch das Elgin Valley, die atemberaubende Route 44 folgt der Küste bis nach Hermanus – einem Hotspot, um Wale zu beobachten. Eine Alternative für Walbeobachter sind die weniger überlaufenen Orte Gansbaai, Arniston und das wunderbare De-Hoop-Naturreservat. In Richtung Garden Route geht's auf der ebenso großartigen Route 62 ins Landesinnere.

Im Norden wartet die vom Wind gepeitschte Westküste mit friedlichen, weiß getünchten Fischerdörfern, kunstsinnigen Landstädtchen, unverbauten Stränden, einer Lagune und Feuchtgebieten, in denen es von Vögeln wimmelt.

Reisezeit
Stellenbosch

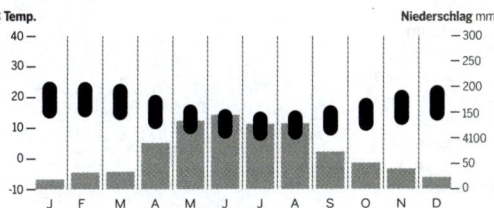

Feb., März & Nov. Perfekte Temperaturen: nicht zu heiß zum Wandern, aber immer noch Badewetter.

Juni–Aug. Die Whale-Watching-Saison; an der Westküste blühen die Blumen.

Dez. & Jan. Die Besucher werden mehr, die Preise höher – heiße Tage und jede Menge Festivals.

Rund um Kapstadt – Highlights

1 Stellenbosch (S. 208) Eine elegante Stadt mit Kolonialarchitektur, guten Museen und zahlreichen Weingütern erkunden.

2 Franschhoek (S. 217) In diesem Gourmetparadies unter vielen exzellenten Restaurants wählen.

3 Paarl (S. 223) Über die alte kapholländische Architektur und die Weingüter in der größten Stadt des Winelands staunen.

4 Robertson (S. 230) Etwas weiter bis ins Breede River Valley fahren und einer kaum überlaufenen Weinroute folgen.

5 Hermanus (S. 233) Den Klippenweg entlanglaufen oder in einem Kajak neben den Walen paddeln.

6 Stanford (S. 240) Fantastisches Essen in einem abseits gelegenen Bilderbuchstädtchen am Ufer des Klein River genießen.

7 Darling (S. 241) Eine einzigartige Drag-Show sehen, Wein trinken und in die Kunstszene eintauchen.

8 Langebaan (S. 243) Bei Meeresfrüchten die phänomenalen Sonnenuntergänge bestaunen und in einem Kurs in der Lagune das Kite-Surfen lernen.

9 Route 62 (S. 204) Auf der Straße von Robertson nach Oudtshoorn für Weinproben anhalten, auf Felsen klettern und in heißen Quellen relaxen.

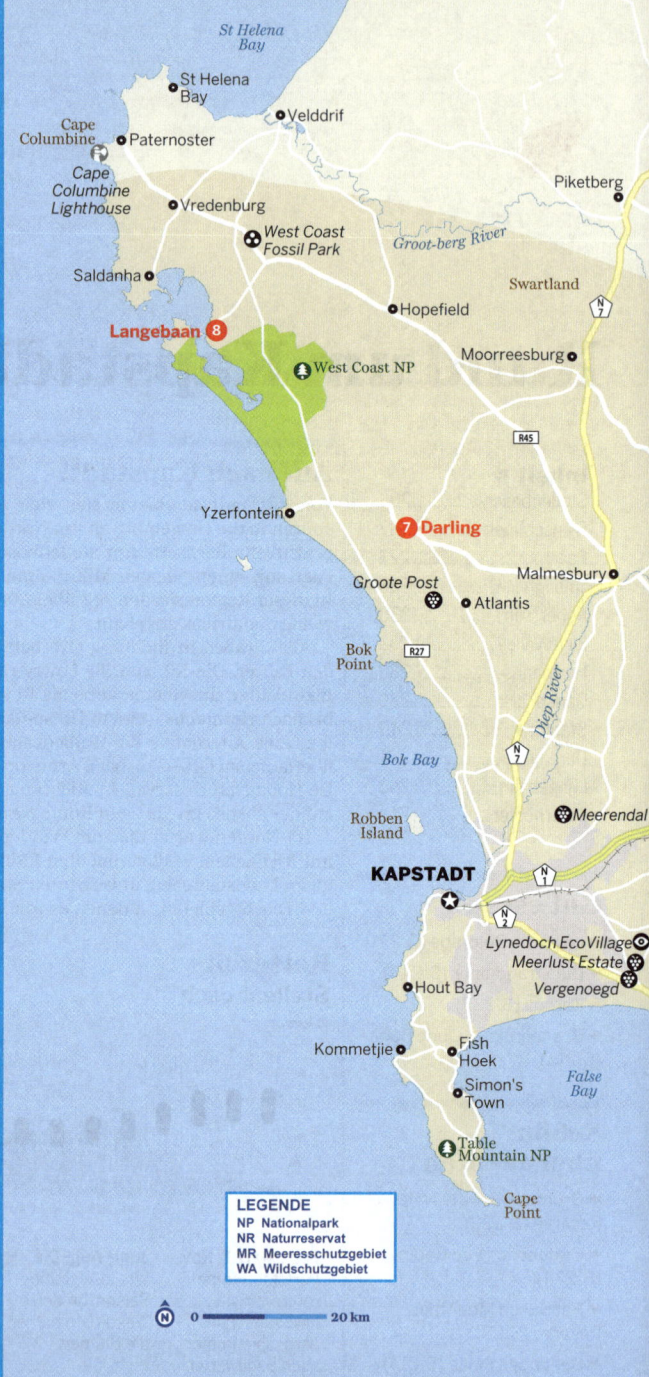

LEGENDE
NP Nationalpark
NR Naturreservat
MR Meeresschutzgebiet
WA Wildschutzgebiet

0 ——— 20 km

N7

Olifants River

Grootrivier

Ongeluks River

Groot River

R44 Porterville

Beaverlac NR

R303

WESTKAP

Doring River

Groot Winterhoek WA

Groot Winterhoek (2078 m) ▲

Oakhurst Olives

Saronsberg Cellar

Twee Jonge Gezellen

Gydo Pass

R46

Touws River

N1 Touwsrivier

Gouda

Tulbagh

Ceres

Wolseley

Mitchell's Pass

Bergrivier

R44

Hermon

De Doorns

Hex River

R318

Bainskloof Pass

Wellington

Worcester

R44

Paarl

3

Nederburg Wines

N1

R60

Graham Beck

Robertson

4

Marbin Olives

Montagu

Breede River

Springfield

Viljoensdrift

R62

Ashton

Excelsior

Route 62

9

R62

Vrolijkheid NR

Van Loveren

Bonnievale

Van Ryn Brandy Cellar

Chamonix

Franschhoek

2

Haute Cabrière

The Overberg

McGregor

Tanagra Private Cellar

Stellenbosch

1

Blaauwklippen

Jonkershoek NR

Boesmanskloof Trail

Spier

R44

Hottentots Holland NR

Genadendal

Die Galg

Somerset West

Greyton

Greyton McGregor Trail

Sanderend River

Vergelegen

Waterkloof

Groenlandberg NR

Strand

Sir Lowry's Pass

Green Mountain Trail

Gordon's Bay

Grabouw

N2

Steenbras NR

Paul Cluver Wines

Caledon

Sout River

319

R44

Kogelberg NR

Betty's Bay

Kleinmond

La Vierge

Creation

Stanford Hills

Cape Hangklip Nature Reserve

Stony Point

Bouchard Finlayson

Newton Johnson

Fernkloof NR

R316

Hermanus

5

Klein River Cheese Farm

Stanford

6

Walker Bay

Bredasdorp

Danger Point

Gansbaai

Elim

Danger Point Lighthouse

NORDKAP

ROAD TRIP AUF DER ROUTE 62

Auf dem Weg nach Osten zur Garden Route ist die Route 62 eine fantastische Alternative zum Hin- und Rückweg auf der N2. Die Strecke beginnt in Robertson (S. 230), wo man als Vorspiel der eigentlichen Fahrt für einen oder zwei Tage reiten, eine Raftingtour unternehmen oder die diversen Weingüter besuchen kann.

❶ Cogmanskloof

Etwa 15 km hinter Robertson liegt das leicht chaotische Städtchen Ashton mit einem ansehnlichen Weinkeller. Viel zu sehen gibt's hier nicht, aber hinter Ash-ton wird die Landschaft in der Nähe der Langeberg-Range immer schöner.

Die Straße windet sich in Serpentinen Richtung Cogmanskloof (Cogmans-Schlucht) nach oben. Ein Schild weist auf das **Old English Fort** hin, das 1899 im Vorfeld des

3 bis 4 Tage 260 km

Bekannt für ... Essen & Trinken

September–November Das grüne Frühjahr genießen

• •

Zweiten Burenkriegs erbaut wurde. Es liegt oberhalb der Straße und ist beim Passieren eines Torbogens in den Bergen, der Montagu ankündigt, einen Blick wert.

② Montagu

Die Straßen des schönen Montagu werden von 24 restaurierten Nationaldenkmälern gesäumt, einige in bester Art-déco-Architektur. Die Stadt hat einiges zu bieten, etwa die heißen Quellen von **Avalon Springs** (☎023-614 1150; www.avalonsprings.co.za; Uitvlucht St.; Mo–Fr 55 R, Sa & So 100 R; ☻8–20 Uhr; 🚶), Spazierwege und **Felsklettern** (☎082 696 4067; www.montaguclimbing.com; 45 Mount St.; 2 Std. Klettern/Abseilen 750/400 R).

Zu den sehr guten Unterkünften zählen die gehobene Pension **7 Church Street** (☎023-614 1186; www.7churchstreet.co.za; 7 Church St.; DZ mit Frühstück ab 1500 R; 🅿✳🛜✉) und der hübsch gelegene **Montagu Caravan Park** (☎082 920 7863; www.montagucaravanpark.co.za; 4 Middel St.; Camping 100 R, Chalet für 4 Pers. ab 800 R; 🅿). Im **Barn on 62** (☎082 824 2995; 60 Long St.; Hauptgerichte 50–80 R; ☻Di–So 8.30–16 Uhr; 🅿🚶) wird Mittagessen oder ein Stück Kuchen zum besten Kaffee Montagus angeboten; derweil beschäftigen sich die Kinder auf dem Spielplatz im schattigen Garten.

Hinter Montagu führt die gerade Straße zwischen Obstgärten hindurch. Dieser Abschnitt ist zwar der langweiligste der Tour, aber nach etwa 50 km folgt das Weingut **Joubert-Tradauw** (☎028-125 0086; www.joubert-tradauw.com; Weinprobe 30 R; ☻Mo–Fr 9–17, Sa 10–14 Uhr; 🅿) – ideal für eine kurze Pause, um einen Happen zu essen und den Wein zu probieren. Eine Flasche R62-Rotwein hält die Erinnerung an die Tour wach. Danach sind es noch 12 km bis Barrydale.

③ Barrydale

Barrydale ist eine der am meisten unterschätzten Perlen an der Route 62. Abseits der Hauptstraße warten stilvolle Unterkünfte, kleine Galerien und kuriose, unkonventionelle Restaurants. Das **Sanbona Wildlife Reserve** (☎021-010 0028; www.sanbona.com; DZ inkl. Essen und Exkursionen zu den Wildtieren ab 11 900 R; 🚶), 18 km westlich der Stadt, hat Wanderungen, Vogelbeobachtung und Begegnungen mit den „Big Five" zu bieten.

Von der Straße aus wirkt der **Barrydale Cellar** (☎028-572 1012; www.barrydalewines.co.za; 1 Van Riebeeck St.; Weinprobe 30 R; ☻Verkostungsraum Mo–Fr 9–17, Sa 9–15 Uhr; Pizzeria Di–So 11.30–17 Uhr; 🅿🚶) wie ein charakterloses Industriegebäude, aber der Verkostungsraum und das Restaurant zum Fluss hin sind wirklich hübsch. Die Kellerei ist vor allem für ihren Brandy berühmt, aber es gibt auch Weinproben oder Bier aus der Kleinbrauerei vor Ort. Für Kinder gibt's einen Spielplatz im Haus, und die Pizzen werden im Holzofen gemacht (Hauptgerichte 75–90 R).

④ Ronnies Sex Shop

Das weiß getünchte Haus rechts der Straße, ca. 27 km östlich von Barrydale, mit der verblichenen Beschriftung ist nicht zu verfehlen. Das **Ronnies** (☎028-572 1153; www.ronniessexshop.co.za; ⏲8.30–21 Uhr) ist einer der bekanntesten Stopps auf der Route 62. Alles begann mit einem einfachen Laden – der Besitzer pinselte „Ronnies Shop" auf die Fassade, um Kunden anzulocken. Ein Witzbold unter seinen Kumpels schrieb „Sex" dazu und schlug vor, den Laden in eine Bar zu verwandeln. Heute ist es eine schmuddelige Biker-Bar, und die meisten Gäste bleiben gerade lange genug, um ein Foto zu schießen: Die Wände sind mit BHs und Slips dekoriert. Das warme Wasser des Spas in der Nähe wird direkt aus unterirdischen Quellen hochgepumpt.

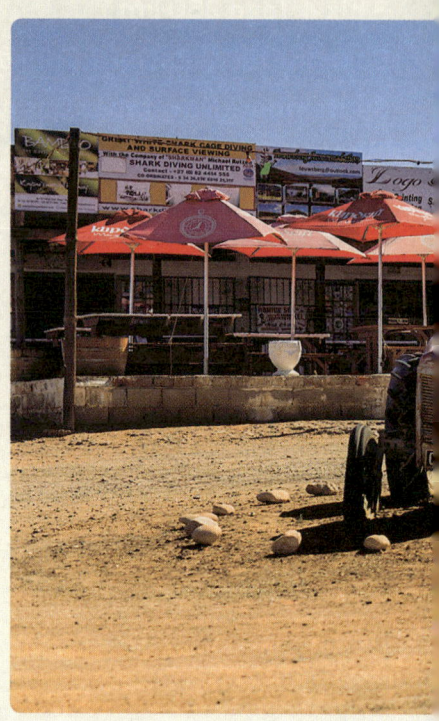

⑤ Huisrivier Pass

Die typische, strauchförmige Trockenvegetation der Kleinen Karoo verändert sich kaum. Erst hinter Ladismith, einem netten Städtchen mit Bauernhöfen und der kleinen Farmsiedlung Zoar, steigt das Gelände plötzlich an. Die Straße führt zum Huisrivier Pass und auf 13 km über zwei Flüsse, Hügel und durch Täler. Dies ist der schönste Abschnitt der Fahrt, also Zeit zum Anhalten einplanen und den Ausblick genießen.

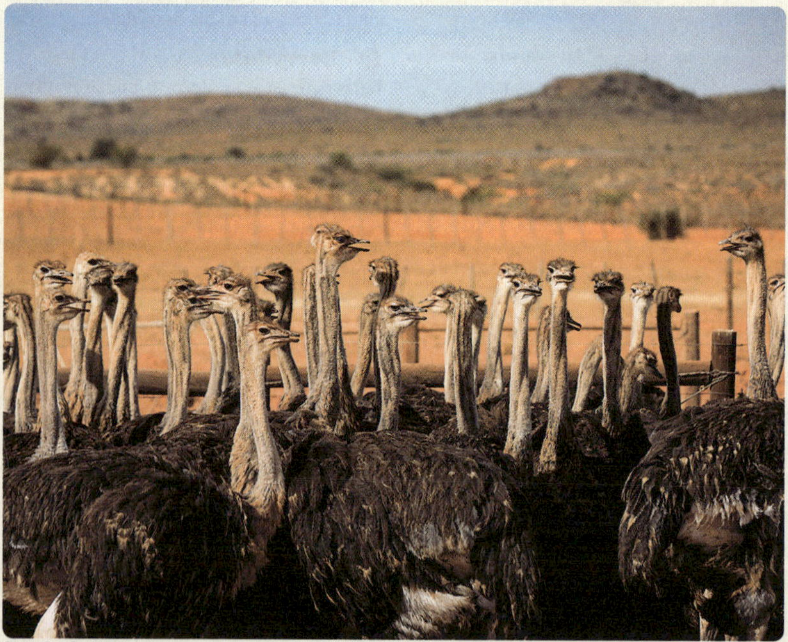

ETIENNE JEANNERET/GETTY IMAGES ©

Strauße, Oudtshoorn

Ronnies Sex Shop (S. 206)

⑥ Calitzdorp

Auf der anderen Seite des Passes liegt Calitzdorp, das für seine Weine nach Portweinart bekannt ist. Die Hauptstraße ist stressig, doch nach dem Abbiegen rechts in die Van Riebeek Street folgt ein Straßenlabyrinth mit hübschen alten Häusern. Einige Weingüter sind zu Fuß erreichbar, wie **Boplaas** (☏044-213 3326; www.boplaas.co.za; Saayman St.; Weinprobe 30 R; ⌚Mo–Fr 9–17, Sa 9–15, So 10–14 Uhr; Ⓟ) und **De Krans** (☏044-213 3314; www.dekrans. co.za; Station Rd.; Weinprobe 30 R; ⌚9–16.30 Uhr, Bistro Di geschlossen; Ⓟ). Dort die Dessertweine kosten oder bei **Porto Deli** (☏044-213 3007; Calitz St., Ecke Voortrekker St.; Hauptgerichte 85–180 R; ⌚11–15.30 & 18–21 Uhr) die Gerichte schlemmen, die von der Küche Portugals oder Mosambiks inspiriert sind. Wer danach nicht mehr fahren mag, übernachtet im **Port-Wine Guest House** (☏044-213 3131; www. portwine.net; 7 Queen St.; DZ mit Frühstück 900 R; ❋🛜❄), einem wunderschönen Kap-Cottage.

⑦ Oudtshoorn

Oudtshoorn, dessen Betriebe bis in viktorianische Zeiten zurückgehen, nennt sich gerne selbst „Straußen-Hauptstadt der Welt". In der Stadt 55 km östlich von Calitzdorp kann man die Vögel in mehreren Straußenfarmen betrachten und etwas über ihre Nutzung erfahren. In der Nähe liegen auch die imposanten **Cango Caves** (☏044-272 7410; www.cangocaves.co.za; Erw./Kind 110/65 R; ⌚9–16 Uhr; Ⓟ), das interessante **CP Nel Museum** (☏044-272 7306; www.cpnelmuseum.co.za; 3 Baron van Rheede St.; Erw./Kind 25/5 R; ⌚Mo–Fr 8–17, Sa 9–13 Uhr) mit Schaukästen über Strauße und die Geschichte der Karoo sowie das beliebte **Meerkat Adventures** (☏084 772 9678; www.meer katadventures.co.za; pro Person 600 R) mit neugierigen Erdmännchen, die sich bei Sonnenaufgang in der Morgensonne aufwärmen.

Gute Unterkünfte sind das Hostel **Karoo Soul Travel Lodge** (☏044-272 0330; www.karoo soul.com; 1 Adderley St.; B 160 R, DZ mit Gemeinschaftsbad 480 R; Ⓟ🛜❄) und die stylishe **La Pension** (☏044-279 2445; www.lapension.co.za; 169 Church St.; EZ/DZ mit Frühstück ab 800/1200 R; Ⓟ❋🛜❄). Beim Essen im **Jemima's** (☏044-272 0808; www.jemimas.com; 94 Baron van Rheede St.; Hauptgerichte 75–200 R; ⌚11–23 Uhr) vergisst man das nahe Ende des Trips. Danach geht es weiter auf die N12, die Oudtshoorn mit der Garden Route verbindet.

DIE WINELANDS

Oberhalb von Kapstadt in Richtung Landesinnere beginnt das Boland („Hochland"). Es ist eine hervorragende Weinregion, die zu Recht die bekannteste in Südafrika ist.

Die Winelands wurden in der zweiten Hälfte des 17. Jhs. kolonisiert, als die Holländer Stellenbosch gründeten und französische Hugenotten sich in Franschhoek ansiedelten. Beide Städte sind heute stolz auf ihre innovativen jungen Küchenchefs, die vielfach in den Weingütern arbeiten und die Region zum Zentrum der neuen südafrikanischen Küche gemacht haben. Zusammen mit Paarl bilden die beiden Städte zwar das Zentrum der Winelands, aber es gibt eine Reihe weiterer lohnenswerter Weinregionen. Das hübsche Tulbagh mit vielen historischen Gebäuden ist bekannt für die MCC (Méthode Cap Classique – Schaumweinherstellung nach der Champagner-Methode). Robertsons verstreute Weingüter hingegen zeichnen sich durch unprätentiöse, familienfreundliche Weingüter aus.

Stellenbosch

📞 021 / 155 000 EW.

Stellenbosch ist vor allem anderen eine berühmte Weinstadt. Im Umland bauen Hunderte von Weingütern Reben an, und viele davon erzeugen Weine von Weltklasse. Natürlich stehen eine Tour durch

---

ABSEITS DER ÜBLICHEN PFADE

ÖKODORF LYNEDOCH

Das **Lynedoch EcoVillage** (📞 021-881 3196; www.sustainabilityinstitute.net) 🌿 entstand auf Initiative des Sustainability Institute. Es ist ein ökologisch durchgeplanter Ort mit sozial gemischter Bevölkerung, der sich völlig selbst versorgt. Man kann das Dorf besichtigen und etwas über die Projekte der Gemeinde erfahren oder an einem der kurzen Kurse teilnehmen, in denen Themen wie nachhaltige Entwicklung und sichere Nahrungsmittel behandelt werden. Ein Café nutzt Produkte aus dem Gemeinschaftsgarten; einfache Unterkünfte sind ebenfalls vorhanden (Doppelzimmer ab 500 R).

---

die Weingüter mit Weinproben und der Besuch der erstklassigen Restaurants im Zentrum des Besuchs, aber es gibt auch sonst noch eine ganze Menge zu sehen.

Stellenbosch ist eine elegante, historische Stadt mit stattlichen Bauten im kapholländischen, georgianischen und viktorianischen Stil, die an gepflegten Eichenalleen liegen. Die Stadt hat zahlreiche interessante Museen, gute Hotels und dazu eine tolle Auswahl an Bars, Clubs und Restaurants. In der Universitätsstadt treffen sich eher Einheimische, Studenten, Kapstädter und Touristen.

Simon van der Stel, damals Gouverneur des Kaps, hat die Stadt 1679 an den Ufern des Eerste-Flusses gegründet. Stellenbosch war und ist berühmt für seine fruchtbaren Böden, die sich optimal für den Anbau von Gemüse und Wein eignen. Die Produkte wurden an die Schiffe verkauft, die am Kap anlegten.

◉ Sehenswertes

Die Stadt

Stellenbosch University Botanical Garden   PARK
(Karte S. 210; 📞 021-808 3054; www.sun.ac.za/botanicalgarden; Ecke Neethling & Van Riebeeck Sts.; 10 R; ⏰ 8–17 Uhr) Der großartige Garten mitten in der Stadt ist ein Geheimtipp und lohnt einen Besuch. Es gibt Themengärten, wie den Bonsaigarten, ein tropisches Gewächshaus sowie zahlreiche einheimische Pflanzen. Selbst wer sich nicht für Pflanzen interessiert, dürfte sich über ruhige Wege und einen angenehmen Teegarten freuen. Als Stärkung gibt es dort Kaffee, Kuchen oder ein leichtes Lunch (Hauptgerichte 55–130 R).

Village Museum   MUSEUM
(Karte S. 210; 📞 021-887 2937; www.stelmus.co.za; 18 Ryneveld St.; Erw./Kind 35/15 R; ⏰ ganzjährig Mo–Sa 9–17, April–Aug. So 10–13, Sept.–März 10–16 Uhr) Das unbedingt sehenswerte Museum besteht aus einer Gruppe sorgfältig restaurierter Häuser mit historischer Einrichtung, die aus der Zeit von 1709 bis 1850 stammen. Die Mitarbeiter in den Häusern sind in der Mode der Zeit gekleidet und erzählen Anekdoten aus der Geschichte der Gebäude. Zum Komplex gehören auch hübsche Gärten, und am Haupteingang gibt es eine kleine Ausstellung.

HELDERBERG

In der Region Helderberg, einem Ableger der Stellenbosch-Weinstraße, liegen etwa 30 Weingüter. Zu Füßen des Helderberg-Gebirges in der Nähe von Somerset West liegen hier einige der ältesten Gutshäuser des Landes.

Wenn die Zeit reicht, lohnt sich der Besuch des **Helderberg Nature Reserve** (☑ 021-851 4060; www.helderbergnaturereserve.co.za; Verster Ave., Somerset West; Erw./Kind 20/10 R, pro Fahrzeug 15 R; ⏱ Nov.–März 7.30–19, April–Okt. 7.30–17.30 Uhr; Ⓟ). Auf mehreren kurzen Tagesrouten sind meist Meeresschildkröten, Buntböcke und reichlich *fynbos* („Feinbusch"; bestehend hauptsächlich aus heimischen Proteazeen und Heidekrautgewächsen) zu sehen.

Willem, der Sohn von Simon van der Stel, pflanzte hier um 1700 die ersten Weinstöcke. **Vergelegen** (☑ 021-847 2100; www.vergelegen.co.za; Lourensford Rd., Somerset West; Erw./Kind 10/5 R, Weinproben ab 30 R, Führungen 50 R; ⏱ 9–17 Uhr, Gartenführung 10, Kellerführung 11 & 15 Uhr; Ⓟ ⓜ). Die Gebäude und eleganten Gärten mit atemberaubendem Bergblick verströmen das Flair eines Herrensitzes. Man kann die Gärten oder die Weinkeller besichtigen oder einfach nur vier Weine des Hauses probieren. Eine Kostprobe des Vorzeige-Rotweins des Hauses Vergelegen kostet 10 R extra. Gegen den Hunger helfen zwei Restaurants.

Das im Bistro-Stil gehaltene **Stables** (Hauptgerichte 80–165 R, 9–17 Uhr) bietet Ausblick auf den Rosengarten; auf die Kinder wartet ein supercooler Spielplatz. Etwas gehobenere Küche serviert das **Camphors** (3 Gänge 395 R, Mi–So 12–15, Fr & Sa 18.30–21 Uhr). Auch Picknickkörbe (pro Pers. 255 R; nur Nov.–April) sind erhältlich – dafür und für das Camphors ist eine Reservierung erforderlich.

Die fantastisch moderne Architektur des Weinguts **Waterkloof** (☑ 021-858 1292; www.waterkloofwines.co.za; Sir Lowry's Pass Village Rd., Somerset West; Weinproben ab 40 R; ⏱ Mo-Sa 10–17, So 11–17 Uhr; Ⓟ) steht in spannendem Kontrast zu den bekannten kapholländischen Gebäuden der älteren Anwesen. Das Weingut hat sich auf biologischdynamische Weine und umweltfreundlichen Anbau spezialisiert. Auf der zweistündigen Führung (10 & 16.30 Uhr, 710 R inkl. einem zweigängigen Mittags-/Abendmenü) durch das Anwesen erfährt man mehr. Ausritte (750 R) sind ebenfalls im Angebot, und wem das Geld locker sitzt, der kann sich von Kapstadt aus mit dem Hubschrauber einfliegen lassen (11 250 R pro Person inkl. 6-Gänge-Menü). Das Restaurant gehört zu den besten in den Winelands; Reservierung wird empfohlen.

University Museum
MUSEUM

(Karte S. 210; 52 Ryneveld St.; Spende erwünscht; ⏱ Mo 10–16.30, Di–Sa 9–16.30 Uhr) Dieses herrliche Gebäude im flämischen Renaissance-Stil beherbergt eine interessante und bunte Sammlung hiesiger Kunst, eine Reihe anthropologischer Schätze aus Afrika sowie Exponate aus der südafrikanischen Kultur und Geschichte.

Jonkershoek Nature Reserve
NATURSCHUTZGEBIET

(☑ 021-866 1560; www.capenature.co.za; Jonkershoek Rd.; Erw./Kind 40/20 R; ⏱ 7.30–16 Uhr) Das kleine Naturschutzgebiet liegt 8 km südöstlich der Stadt inmitten großer Nutzholzpflanzungen. Es gibt eine 10 km lange Panoramaroute für Autofahrten sowie Wanderwege mit Strecken von 5 bis 18 km. Eine Wanderkarte ist am Eingang zu bekommen.

Braak
PARK

(Karte S. 210; Town Sq.) An der nördlichen Seite des grasbewachsenen Braak (Stadtplatz) steht die 1852 erbaute neugotische Kirche **St. Mary's on the Braak** (Karte S. 210; ☑ 021-887 6912; Braak; ⏱ Mo–Fr nach Vereinbarung 9–16 Uhr) ⓖⓡⓐⓣⓘⓢ. Westlich der Kirche befindet sich das **VOC Kruithuis** (Pulvermagazin; Karte S. 210; Market St.; Erw./Kind 5/2 R; ⏱ Sept.–Mai, Mo–Fr 9–14 Uhr), das 1777 erbaut wurde, um Waffen und Schießpulver zu lagern – heute beherbergt es ein kleines Militärmuseum. In der nordwestlichen Ecke des Platzes steht das **Fick House** als ein schönes Beispiel für den kapholländischen Baustil des späten 18 Jhs.

Toy & Miniature Museum
MUSEUM

(Karte S. 210; ☑ 021-882 8861; Rhenish Parsonage, 42 Market St.; Erw./Kind 15/5 R; ⏱ Mo–Fr

Stellenbosch

Stellenbosch

9–16.30, Sa 9–14 Uhr; 📷) Das entzückende Museum zeigt eine bemerkenswerte Sammlung detailgetreuer Spielzeuge, die von Modelleisenbahnen bis zu Puppenhäusern reichen. Kinder werden vor allem die Modelleisenbahn lieben, die sich nach Einwurf von 5 R in Bewegung setzt.

Weingüter rund um Stellenbosch

In der Umgebung von Stellenbosch gibt es zahlreiche gute Weingüter. Die kostenlose Broschüre *Stellenbosch and Its Wine Routes* bei der Touristeninformation von Stellenbosch (S. 217) zählt sie auf.

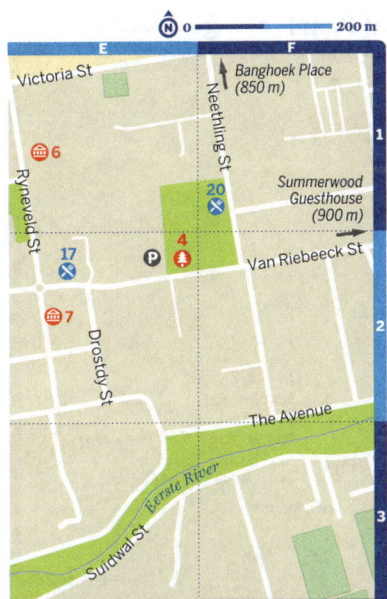

Villiera
WEINGUT

(Karte S. 212; 021-865 2002; www.villiera.com; Weinproben 30 R; Mo–Fr 9–17, Sa 9–15 Uhr; P) Villiera produziert mehrere exzellente Schaumweine nach der Méthode Cap Classique und einen hochklassifizierten und preisgünstigen Shiraz. Es gibt auch großartige zweistündige Safaritouren (Erw./Kind 220/110 R) mit sachkundigen Führern zu den verschiedenen Antilopen-, Zebra- und Vogelarten auf dem Gutsgelände – danach geht's dann weiter zur Weinprobe. Die Safaris müssen im Voraus gebucht werden.

Bergkelder
WEINGUT

(Karte S. 210; 021-809 8025; www.fleurducap. co.za/die-bergkelder; George Blake St.; Weinproben 65 R; Mo–Fr 9–17, Sa 9–14 Uhr; P) Für Weinliebhaber ohne Fahrzeug ist die Kellerei ideal, da sie in kurzer Gehentfernung vom Stadtzentrum liegt. Nach der einstündigen Führung (60 R) gibt es bei Kerzenschein eine stimmungsvolle Weinprobe im Keller. Führungen finden Montag bis Freitag um 10, 11, 14 und 15 Uhr statt und Samstag um 10, 11 und 12 Uhr. Auch Kombi-Verkostungen von Wein und dazu passenden Salzen sind im Angebot (110 R). Für alle Aktivitäten ist eine Reservierung erforderlich.

Delaire Graff Estate
WEINGUT

(Karte S. 212; 021-885 8160; www.delaire. co.za; Helshoogte Pass; Weinproben ab 65 R; Weinproben 10–17 Uhr; P) Der Ausblick von diesem „Weingut im Himmel" ist schlichtweg atemberaubend. Daran angeschlossen sind ein prächtiges Hotel mit Wellnessbereich sowie zwei Gourmet-Restaurants; das **Indochine** (Hauptgerichte 225–410 R) hat sich auf pan-asiatische Küche spezialisiert.

In der Diamant-Boutique dürfen Kunstliebhaber das Originalbild *Chinese Girl* von Vladimir Tretchikoff bewundern.

Tokara
WEINGUT

(Karte S. 212; 021-808 5900; www.tokara.co.za; Route 310; Weinproben 75–100 R; 10–17.30 Uhr; P) Tokara ist nicht nur für seine exzellenten Weine – besonders Chardonnay und Sauvignon Blanc –, sondern auch für sein Nobelrestaurant (Hauptgerichte 210–260 R; Reservierung empfohlen), seine Kunstsammlung und mondäne Ausstattung bekannt.

Im Sommer werden die aufwendigen Gerichte draußen serviert – Bergblick inklusive. Im Winter locken ein Gläschen edle

★ Spier
WEINGUT

(021-809 1100; www.spier.co.za; Route 310; Weinproben ab 40 R; Mo–Mi 9–17, Do–Sa 9–18, So 11–18 Uhr; P) Spier produziert exzellenten Shiraz, Cabernet sowie verschiedene Rotwein-Cuvées. Ein Besuch auf diesem großen Weingut dreht sich jedoch weniger um Wein als vielmehr um die Freizeitaktivitäten. Es gibt hier Raubvogelvorstellungen (Erw./Kind 75/65 R), Segway-Touren durch die Weingärten, drei Restaurants und Picknicks auf dem schönen Gelände. In den Sommermonaten finden zusätzliche Events statt, wie Freiluftkinovorstellungen und Liveauftritte von Künstlern.

★ Warwick Estate
WEINGUT

(Karte S. 212; 021-884 4410; www.warwick wine.com; Weinproben 50 R, Weinsafari 80 R; 9–17 Uhr; P) Warwicks Rotweine sind legendär, besonders die Bordeaux-Cuvées. Das Weingut bietet eine informative „Big Five"-Weinsafari durch die Weingärten (zu den wichtigsten Rebsorten, nicht Großtieren) mit Picknick auf den herrlichen Rasenanlagen an (550 R für zwei Personen). Ein ausgedehntes Picknick gibt's nur nach Voranmeldung, wer einfach aufkreuzt, muss mit einer Käseplatte vorliebnehmen.

Weinregionen Stellenbosch und Paarl

Weinregionen Stellenbosch und Paarl

Spätlese (Dessertwein) oder ein Pot Still Brandy (25 R) am Kamin. Ein fantastisches Deli mit Skulpturengalerie hat einfachere Mittagsgerichte (Hauptgerichte 110–150 R) auf der Karte, und das auf dem Gut hergestellte Olivenöl kann gekostet werden.

Hartenberg Estate WEINGUT
(Karte S. 212; ☎021-865 2541; www.hartenberg estate.com; Bottelary Rd.; Weinproben 40 R; ☺ Okt.–April, Mai–Sept. So geschlossen, Mo–Fr 9–17, Sa 9–16, So 10–16 Uhr; P ⛟) Dank des

überaus günstigen Mikroklimas in dieser Region produziert das Weingut Hartenberg hervorragende Rotweine, besonders empfehlenswert sind die Sorten Cabernet, Merlot und Shiraz.

Das Weingut bietet seinen Gästen darüber hinaus zur Mittagszeit leichte Gerichte im Hof (Hauptgerichte 70–130 R) und von Oktober bis April köstliche Gourmet-Picknicks (Erw./Kind 230/90 R), die idyllisch auf der Wiese unter den Bäumen genossen werden (hierfür ist eine

Vorbestellung erforderlich). Kinder können sich auf dem Spielplatz mit Trampolin und Klettergeräten austoben.

Vergenoegd   WEINGUT

(☎021-843 3248; www.vergenoegd.co.za; Baden Powell Dr.; Weinproben 50 R; ⊙Mo–Sa 8–17, So 10–16 Uhr; 🚻) Neben den Weinproben gibt's hier Interessantes für Kinder zu erleben, wie die Begegnung mit den Enten, die den Weinberg umweltfreundlich schädlingsfrei halten. Erwachsene dürfen ihre eigene Tee-, Kaffee-, Wein- und Olivenölmischung zusammenstellen (jeweils 250 R). Das Picknick (Erw./Kind 450/125 R) kann auf dem Rasen oder in der alten Scheune genossen werden, und jeden Sonntag findet ein beliebter Markt mit Essen, Kunsthandwerk und einem Spielplatz für Kinder statt.

Van Ryn Brandy Cellar   WEINGUT

(☎021-881 3875; www.vanryn.co.za; abzweigend von der Route 310; Proben 55–90 R, Tour & Proben 75–115 R; ⊙Okt.–April, Mai–Sept. So geschlossen, Mo–Fr 9–17.30, Sa 9–15.30, So 11–15.30 Uhr) Diese Brennerei bietet erstklassige Führungen an, bei denen Besucher die Herstellung von Weinfässern miterleben und zum Abschluss den Brandy ihrer Wahl kosten dürfen. Möglich ist auch eine Kombi-Verkostung von Brandy mit Schokolade und Brandy-Cocktails.

Marianne Wines   WEINGUT

(Karte S.212; ☎021-875 5040; www.marianne wines.com; Route 44; Weinproben 60 R; ⊙11–18 Uhr) Marianne liegt am Ende einer holprigen Piste; die Gäste genießen ihren Wein in einem lichtdurchfluteten Raum und auf einem Balkon mit Panoramablick. Zum Wein gibt's passenden *biltong* (95 R) oder ausgewählte Süßigkeiten (65 R). Weinkenner sollten sich für die Vertikalverkostung (200 R) entscheiden, bei der vier Jahrgänge des berühmten roten Floreal serviert werden (dieser Cuvée ist das Flaggschiff des Weingutes). Wer sich immer noch nicht losreißen kann, schließt den Besuch im Restaurant ab oder übernachtet im Weingut.

Meerlust Estate   WEINGUT

(☎021-843 3587; www.meerlust.com; Route 310; Weinproben 30 R; ⊙Mo–Fr 9–17, Sa 10–14 Uhr) Hannes Myburgh führt das historische Weingut, das aus dem 1756 stammt, in achter Generation. Berühmt ist es vor allem für seinen Claret, den Rubicon.

Meerlust ist deutlich ruhiger als viele andere Weingüter – dafür ohne Restaurant oder Zusatzangebote.

Besucher sollten sich die Probierstube mit der Plakatsammlung des Besitzers und der Geschichte des Weinguts nicht entgehen lassen.

Blaauwklippen   WEINGUT

(☎021-880 0133; www.blaauwklippen.com; Route 44; Weinproben 79 R; ⊙10–17 Uhr, Kellerbesichtigung 11 & 14 Uhr; 🅿🚻) Das rustikale, 300 Jahre alte Gut mit mehreren prächtigen kapholländischen Gebäuden ist für seine hervorragenden Rotweine bekannt, besonders für den Cabernet Sauvignon und den Zinfandel. Es hat eine kombinierte Wein- und Schokoladenverkostung (135 R) und Mittagsgerichte (Hauptgerichte 75–135 R) im Angebot. Sonntags findet ein beliebter Markt mit Essen, Kunsthandwerk und Kutschfahrten durch das Anwesen statt.

🏃 Aktivitäten & Touren

★Bikes 'n Wines   TOUREN

(☎021-823 8790; www.bikesnwines.com; Touren ab 795 R) Ein äußerst empfehlenswertes Unternehmen, das sich die CO_2-Reduktion auf die Fahne geschrieben hat. Es bietet Fahrradtouren auf Strecken zwischen 9 und 21 km zu drei bis vier Weingütern in Stellenbosch an. Im Programm enthalten sind außerdem Stadttouren durch Kapstadt und auch in weniger besuchte Weinanbaugebiete wie Elgin, Wellington und Hermanus.

Adventure Shop   FAHRRADFAHREN

(Karte S.210; ☎021-882 8112; www.adventure shop.co.za; Ecke Dorp & Market Sts.; pro Std./Tag 80/250 R) Eine gute Alternative für alle, die sich ein Fahrrad leihen, aber nicht an einer Tour teilnehmen möchten. Im Angebot sind aber auch zahlreiche andere Trips und Aktivitäten.

Vine Hopper   TOUREN

(Karte S.210; ☎021-882 8112; www.vinehopper. co.za; Ecke Dorp & Market Sts.; 1-/2-Tagespass 300/540 R) Der Hopper ist ein Hop-on-hop-off-Bus auf drei Routen, an denen jeweils fünf oder sechs Weingüter liegen. Der Bus startet siebenmal täglich am Stellenbosch Tourism (S. 217) – dort und an der Niederlassung von Hopper's an der Ecke Dorp und Market Streets gibt's auch die Tickets.

Geführter Spaziergang SPAZIERGANG
(Karte S.210; 021-883 3584; 36 Market St.; 140 R; Mo–Fr 11 & 15, Sa & So 9.30 Uhr) Nach Weinproben satt wird es Zeit für die vielen historischen Gebäude der Stadt. Die 90-minütigen geführten Spaziergänge starten am Stellenbosch Tourism. Die Geisterwanderungen am Abend müssen vorbestellt werden.

Easy Rider Wine Tours TOUR
(Karte S.210; 021-886 4651; www.winetour.co.za; 12 Market St.) Zuverlässiger Anbieter, der im Stumble Inn seinen Sitz hat; die Tagestour mit Mittagessen und allen Weinproben kostet 650 R und ist ihren Preis wert.

Festivals & Events

Stellenbosch Wine Festival WEIN
(www.stellenboschwinefestival.co.za; Feb.) Die Besucher des Weinfests Ende Februar dürfen Weine aus über 60 Weingütern probieren; im Angebot sind auch öffentliche Vorträge und Weintutorien, Livemusik und Spaß für Kinder.

Schlafen

★ Banghoek Place HOSTEL €
(Karte S.212; 021-887 0048; www.banghoek. co.za; 193 Banghoek Rd.; B/Zi. mit Frühstück 200/700 R;) Dieses hippe Vorstadthostel ist eine ruhige, preiswerte Alternative abseits des Stadtzentrums. Im Freizeitraum stehen ein Satelliten-TV und ein Billardtisch, und im Garten gibt es einen schönen Swimmingpool.

Bertha's Guest Flats APARTMENTS €
(Karte S.210; 021-887 4113; www.berthas guestflats.com; 16 Helderberg St.; Apt. ab 720 R;) Die Unterkunft ist trotz der etwas kitschigen Ausstattung wegen der zentralen Lage unschlagbar. Jedes Apartment – mit gut ausgestatteter Küche und Satelliten-TV – bietet Platz für vier Personen, und es gibt einen Gemeinschaftsgarten. Buchbar nur ab mindestens drei Nächten.

Ikhaya Backpackers HOSTEL €
(Karte S.210; 021-883 8550; www.stellen boschbackpackers.co.za; 56 Bird St.; B 165 R, DZ mit Gemeinschaftsbad 460 R;) Die Unterkunft liegt in Gehweite zu den beliebten Bars der Stadt. Es handelt sich um umgewandelte Apartments, sodass sich jeder Schlafraum mit dem benachbarten Doppelzimmer Küche und Bad teilen.

Stumble Inn HOSTEL €
(Karte S.210; 021-887 4049; www.stumbleinn backpackers.co.za; 12 Market St.; Campingstellplatz 120 R, B 180 R, DZ mit Gemeinschaftsbad 500 R;) Obwohl es mit den Jahren etwas ruhiger geworden ist, handelt es sich beim Stumble Inn noch immer um das Top-Party-Hostel von Stellenbosch. Das Hostel besteht aus zwei alten Häusern; das zweite Gebäude abseits der Bar ist ruhiger. Die angebotenen Weintouren sind empfehlenswert.

Summerwood Guesthouse PENSION €€
(021-887 4112; www.summerwood.co.za; 28 Jonkershoek Rd.; EZ/DZ mit Frühstück ab 1750/2400 R;) Diese elegante Pension liegt am östlichen Stadtrand direkt an einem kleinen Naturschutzgebiet. Die makellosen Zimmer sind hell und geräumig und hervorragend ausgestattet. Zwischen April und September sinken die Preise enorm.

Stellenbosch Hotel HISTORISCHES HOTEL €€
(Karte S.210; 021-887 3644; www.stellenbosch hotel.co.za; 162 Dorp St., Ecke Andringa St.; EZ/DZ mit Frühstück ab 1290/1490 R;) Das komfortable, ländliche Hotel hat unterschiedliche Zimmer, darunter einige für Selbstversorger, andere mit Himmelbett. Im Gebäudeteil aus dem Jahr 1743 befindet sich das Stellenbosch Kitchen (Hauptgerichte ab 110–190 R), ideal, um einen Drink zu schlürfen und die Leute zu beobachten.

Oude Werf Hotel HISTORISCHES HOTEL €€
(Karte S.210; 021-887 4608; www.oudewerf hotel.co.za; 30 Church St.; Zi. mit Frühstück ab 2400 R;) Ein ansprechendes, nostalgisches Hotel, erbaut im Jahr 1802, das eine Komplettsanierung hinter sich hat. Die Deluxe-Zimmer sind mit Antiquitäten und Messingbetten ausgestattet, die Superior- und Luxus-Zimmer dagegen sind hell und modern.

Lanzerac Hotel & Spa LUXUSHOTEL €€€
(021-887 1132; www.lanzerac.co.za; Lanzerac Rd., Jonkershoek Valley;) Das opulente Anwesen mit Wahnsinnsblick auf die Berge besteht aus einem 300 Jahre alten Herrenhaus und einem Weingut inmitten einer Rasenlandschaft. Eine der Suiten verfügt sogar über einen privaten Pool. Das Hotel wurde Mitte 2017 bei einem Brand verwüstet und wird erst Oktober 2018 wieder öffnen.

 Essen

Im Stadtzentrum von Stellenbosch gibt es einige ausgezeichnete Restaurants und viele gemütliche Cafés. Viele der besten Restaurants sind direkt in den Weingütern zu finden. Ein Essen dort zählt zu den kulinarischen Highlights (nicht vergessen, den Tisch vorzubestellen).

★ Boschendal at Oude Bank BÄCKEREI €
(Karte S.210; ☏021-870 4287; www.facebook. com/boschendalatoudebank/; Ecke Church & Bird Sts.; Hauptgerichte 75–120 R; ⊙Mo–Fr 7–17, Sa & So 8–17 Uhr; ☎) Beliebte Bäckerei und Bistro, wirbt mit Zutaten aus lokaler Produktion. Auf der Karte stehen Salate, Sandwiches und Teller nach Mezze-Art, dazu frische Kuchen, Gebäck und Craft-Bier aus heimischen Brauereien. Einige Tische stehen draußen; der Innenraum erinnert mit vielen Sitzplätzen und einigen Ständen an eine Markthalle.

Root 44 Market MARKT €
(☏021-881 3052; www.root44.co.za; Audacia Winery, Route 44; Gerichte 40–90 R; ⊙Sa & So 10–16 Uhr; Ⓟⓐ) Ein großer Markt (teilweise überdacht) mit frischen Produkten, massenhaft Kunstgewerbe und Kleidung, dazu offene Weine, Craft-Bier vom Fass und zahlreiche Stände, die Essen anbieten – vom Phat Thai über Burger bis hin zu leckeren Kuchen.

Slow Market MARKT €
(☏021-886 8514; www.slowmarket.co.za; Oude Libertas Rd., Oude Libertas; ⊙❄☀Sa 9–14 Uhr; Ⓟ) Der ursprüngliche Bauernmarkt in Stellenbosch mit heimischen Produkten und Kunsthandwerk.

Katjiepiering Restaurant CAFÉ €
(Karte S.210; Van Riebeeck St.; Hauptgerichte 50–120 R; ⊙9–17 Uhr) Das reizende Lokal liegt, umgeben von exotischen Pflanzen, versteckt in einer Ecke des Botanischen Gartens (S.208) und lockt mit Kaffee, Kuchen und leichtem Mittagsimbiss; auf der Karte stehen außerdem einige traditionelle Gerichte.

96 Winery Road INTERNATIONAL €€
(☏021-842 2020; www.96wineryroad.co.za; Zandberg Farm, Winery Rd.; Hauptgerichte 135–225 R; ⊙Mo–Sa 12–22, So 12–15.30 Uhr; Ⓟ) Das alteingesessene Restaurant abseits der Route 44 zwischen Stellenbosch und Somerset West ist bekannt für sein trocken gereiftes Rindfleisch. Auf der Karte stehen viele Fleisch-, aber auch zwei Alibi-Gerichte für Vegetarier.

Wijnhuis ITALIENISCH €€
(Karte S.210; ☏021-887 5844; www.wijnhuis. co.za; Ecke Andringa & Church Sts.; Hauptgerichte 120–220 R; ⊙9–23 Uhr) Neben interessanten Gerichten findet sich auf der Karte auch eine umfangreiche Weinliste mit über 500 Einträgen. Etwa 20 davon werden offen verkauft; Weinproben sind möglich (50 R).

Decameron ITALIENISCH €€
(Karte S.210; ☏021-883 3331; 50 Plein St.; Hauptgerichte 85–165 R; ⊙Mo–Sa 12–21.30 Uhr) Dieser Italiener ist eine feste Größe in der kulinarischen Szene Stellenboschs; die Gäste sitzen in einem schattigen Innenhof am Botanischen Garten.

★ Rust en Vrede FUSIONSKÜCHE €€€
(☏021-881 3757; www.rustenvrede.com; Annandale Rd.; 4-Gänge-Menü 720 R, 6-Gänge-Menü mit/ ohne Wein 1450/850 R; ⊙Di–Sa 18.30–23 Uhr) Dieses trendige Restaurant serviert überraschende Kombinationen, wie Wan-Tan mit Kaninchenschenkel oder Rote-Bete-Schokoladen-Fondants; Tisch vorbestellen.

Jardine FUSIONSKÜCHE €€€
(Karte S.210; ☏021-886-5020; www.restaurant jardine.co.za; 1 Andringa St.; Mittagessen 160–220 R, 3-/6-Gänge Abendessen 380/580 R; ⊙Mi–Sa 12–14 & 18.30–20 Uhr) George Jardine, der gefeierte Küchenchef des beliebten Restaurants Jordan, hat dieses kleine und sehr spezielle Lokal 2016 eröffnet. Im Zentrum seiner Küche stehen lokale Produkte, die zu einfachen, aber außerordentlich leckeren Gerichten verarbeitet werden; Tisch vorbestellen.

Jordan BISTRO, BÄCKEREI €€€
(☏021-881 3612; www.jordanwines.com; Stellenbosch Kloof Rd.; Bäckerei 90–135 R, 3-Gänge-Menü 425 R; ⊙Bäckerei 8–16 Uhr, Restaurant Do–Sa 12–14 & 18.30–22.30; So–Mi 12–14 Uhr; Ⓟ) Das angesehene Jordan liegt etwas abseits, doch der Umweg in dieses Restaurant in einem Weingut lohnt sich. Auf der Karte stehen köstliche, hochwertige, einfallsreiche Gerichte; wer mehr auf bodenständig steht, findet in der Bäckerei Salate und Käseplatten mit frisch gebackenem Brot.

Overture Restaurant FUSIONSKÜCHE €€€
(☏021-880 2721; https://bertusbasson.com; Hidden Valley Wine Estate, abzweigend von

Annandale Rd.; 3-/6-Gänge-Menü 510/735 R; ⏰tgl. 12–15, Do-Sa 19–23 Uhr) In dem modernen Weingut mit Restaurant hat sich der Fernsehkoch Bertus Basson auf lokale Produkte der Jahreszeit spezialisiert, die er mit großer Perfektion zubereitet und mit Weinen des Hidden Valley serviert.

Helena's   SÜDAFRIKANISCH €€€

(Karte S.210; ☎021-883 3132; www.helenas restaurant.co.za; Coopmanhuijs Boutique Hotel, 33 Church St.; Hauptgerichte 135–295 R; ⏰12.30–15 & 18–21.30 Uhr) Ein gemütliches, bezauberndes Restaurant in einem Boutiquehotel. Die Speisekarte ist kurz, enthält aber einige traditionelle Gerichte und jede Menge Leckereien mit Produkten aus der Gegend – das Pilzrisotto ist großartig; nur mit Reservierung.

Ausgehen & Nachtleben

Stellenboschs Nachtleben wird durch die Studentenszene bestimmt, doch es gibt auch noblere Optionen. Im Stadtzentrum ist es nachts sicher, es spricht also nichts gegen einen Kneipenbummel – für Gäste des Stumble Inn (S.214) lässt sich eine Tour organisieren.

⭐Craft Wheat & Hops   CRAFT-BIER

(Karte S.210; ☎021-882 8069; www.craftstellen bosch.co.za; Andringa St.; ⏰11–22 Uhr) Im Angebot sind ein Dutzend lokale Craft-Biere vom Fass und viele mehr als Flaschenbier. Es gibt außerdem eine ganz ordentliche Weinkarte und eine tolle Auswahl an Branntweinen. Wem die Entscheidung zu schwer fällt, bestellt eine Bierprobe (65 R) oder eine Ginauswahl (60 R). Belegte Brote und Burger (60–110 R) schaffen die nötige Grundlage.

Brampton Wine Studio   WEINBAR

(Karte S.210; ☎021-883 9097; www.brampton. co.za; 11 Church St.; ⏰10–21 Uhr) In diesem trendigen Straßencafé dürfen Gäste auf die Tische kritzeln, während sie Shiraz trinken. Hier finden auch die Weinproben des Weinguts Brampton statt. Sandwiches, Wraps und Käseplatten (60–130 R) sind den ganzen Tag über zu haben.

Mystic Boer   BAR

(Karte S.210; ☎021-886 8870; www.diemystic boer.co.za; 3 Victoria St.; ⏰Mo-Sa 11–2, So 11–24 Uhr) Die flippige Bar ist eine Institution in Stellenbosch. Es gibt regelmäßig Livemusik und ganz annehmbare Kneipengerichte.

Trumpet Tree   PUB

(Karte S.210; ☎021-883 8379; www.thetrumpet tree.com; Dorp St.; ⏰11–23 Uhr) Der Pub ist gleichermaßen bei Einheimischen und Studenten beliebt. Im schattigen Biergarten des Trumpet Tree lässt sich während der langen Happy Hour (Mo–Fr 14–17 Uhr) an einer Pizza knabbern und dazu Craft-Bier trinken.

De Akker   PUB

(Karte S.210; ☎063 797 3257; 90 Dorp St.; ⏰Mo-Sa 11–2, So 11–23 Uhr) Stellenboschs zweitältester Pub zieht eher die älteren Semester an; es gibt günstige Kneipengerichte, eine große Auswahl an Craft-Bieren, Livemusik und Tische im Freien.

Bohemia   BAR

(Karte S.210; ☎021-882 8375; Ecke Victoria & Andringa St.; ⏰Mo-Sa 11–14, So 11–24 Uhr) Die sehr entspannte Bar ist ein Treffpunkt für Studenten. Sie serviert auch Mittagessen – die Pizza lohnt sich. Es gibt häufig Livemusik und regelmäßig Spezialdrinks.

Nu Bar   CLUB

(Karte S.210; ☎021-886 8998; www.nubar.co.za; 51 Plein St.; ⏰Mo-Sa 21–2 Uhr) Hinter der langen Bar gibt's eine kleine Tanzfläche, die von DJs mit Dance- und House-Musik beschallt wird.

Unterhaltung

Oude Libertas
Amphitheatre   DARSTELLENDE KUNST

(www.oudelibertas.co.za; Oude Libertas Rd.) Von November bis März finden Theater-, Musik- und Tanzaufführungen unter freiem Himmel statt.

🛍 Shoppen

Oom Samie se Winkel   GESCHENKE & SOUVENIRS

(Uncle Sammy's Shop; Karte S.210; ☎021-887 0797; 84 Dorp St.; ⏰Mo–Fr 8.30–18, Sa & So 9–17 Uhr) Den Laden gab es schon in Stellenbosch, bevor es Stellenbosch überhaupt gab. Ein hemmungslos touristischer Gemischtwarenladen, aber wegen seines schrägen Angebots von Scherzartikelkram bis hin zu afrikanischem Kunsthandwerk und regionalen Nahrungsmitteln dennoch einen Besuch wert.

Kunsthandwerksmarkt   MARKT

(Karte S.210; Braak; ⏰Mo-Sa 9–17 Uhr) Auf dem kleinen Markt im Freien lässt es sich wunderbar um afrikanische Schnitzereien, Gemälde und Modeschmuck feilschen.

ℹ Praktische Informationen

Internetcafés sind eine aussterbende Rasse, dafür haben so gut wie alle Cafés und Bars in Stellenbosch kostenloses WLAN. Es ist zwar noch nicht gelungen, die ganze Stadt mit WLAN-Hotspots zu überziehen, aber Orte mit kostenlosem WLAN sind leicht zu finden.

Post (Karte S. 210; ☑ 021-883 2233; Ecke Bird & Plein Sts.)

Stellenbosch Tourism (Karte S. 210; ☑ 021-883 3584; www.stellenbosch.travel; 36 Market St.; ⊕ Mo–Fr 8–17, Sa 9–14, So 9–13 Uhr; ☎) Die Angestellten sind extrem hilfsbereit. Hier gibt's die Broschüre *Historical Stellenbosch on Foot* (10 R) mit einer Karte (Rundgang durch die Stadt) und Informationen über viele historische Gebäude (auch in Deutsch und Französisch).

ℹ An- & Weiterreise

Die Fernbusse sind für die vergleichsweise kurze Strecke bis Kapstadt ziemlich teuer und können nicht im Voraus gebucht werden.

Minibus-Sammeltaxis (Ecke Bird & Merriman Sts.) nach Paarl (etwa 50 R, 45 Min.) fahren von der Haltestelle auf der Bird Street ab.

Die Metro braucht für die 46 km lange Strecke von Stellenbosch nach Kapstadt etwa eine Stunde (1. Kl./Economy 19,50/13 R). Zur eigenen Sicherheit besser nur in der Tagesmitte fahren.

ℹ Unterwegs vor Ort

Stellenbosch lässt sich bestens zu Fuß oder, da es vorwiegend eben ist, auch mit dem Fahrrad erkunden. Fahrräder verleiht der **Adventure Shop** (S. 213). **Tuk Tuk Stellies** (☑ 076 011 3016; www.tuktukstellies.co.za) bietet kurze Stadtrundfahrten mit dem Tuk-Tuk an (auch Weintouren).

Franschhoek

☑ 021 / 17 500 EW.

Vor über 300 Jahren siedelten sich französische Hugenotten in dem Tal an und pflanzten die mitgebrachten Reben an. Seither werden in dieser Stadt des Winelands die französischen Wurzeln gepflegt – im Juli können die Besucher hier den Gedenktag zum Sturm auf die Bastille miterleben. Franschhoek bezeichnet sich selbst als gastronomische Hauptstadt des Landes; in der Tat kann die Entscheidung für eines der Restaurants zur Herausforderung werden. Mit seinen Galerien, Weingütern und stylishen Pensionen gehört das Städtchen zu den schönsten Orten am Kap.

◉ Sehenswertes

Einige der Weingüter sind zwar zu Fuß vom Stadtzentrum aus erreichbar, aber ohne einen fahrbaren Untersatz lässt sich die eigentliche Fülle der Weine Franschhoeks kaum würdigen.

★ La Motte   WEINGUT

(Karte S. 212; ☑ 021-876 8000; www.la-motte.com; Main Rd.; Weinproben 50 R; ⊕ Mo–Sa 9–17 Uhr) Das große Anwesen gleich westlich von Franschhoek beschäftigt locker einen ganzen Tag lang. Neben den Verkostungen der hervorragenden Shiraz-Weine gibt es auch Mittag- und Abendessen mit passendem Wein im Restaurant Pierneef à la Motte (S. 222). Das Restaurant ist nach dem südafrikanischen Künstler Jacob Hendrik Pierneef benannt, dessen Werke im hauseigenen Museum ausgestellt sind.

Es ist auch der Startpunkt für Geschichtswanderungen (50 R) über das Anwesen, die eine Besichtigung von vier Nationaldenkmälern und eine Vorführung in einer Mühle mit anschließender Brot-Kostprobe einschließt (Mi 10 Uhr; nur nach Voranmeldung). Wer sich den Bauch zu vollgeschlagen hat, kann ein paar Kalorien auf dem 5 km langen Rundweg abwandern, der am Weingut beginnt.

★ Boschendal   WEINGUT

(Karte S. 212; ☑ 021-870 4210; www.boschendal.com; Groot Drakenstein, Route 310; Weinproben ab 45 R, Kellerbesichtigung 50 R, Tour durch die Weinberge 80 R; ⊕ 9–17.30 Uhr) Charakteristisches Winelands-Weingut mit wunderbarer Architektur, Essen und Wein. Bei den Verkostungen werden Schaumwein, Brandy oder Wein mit Schokolade angeboten. Die ausgezeichneten Führungen durch das Weingut und den Keller müssen im Voraus gebucht werden.

Auch was das Essen angeht, hat Boschendal einiges zu bieten: Das Angebot reicht von Sandwiches und Kuchen im Farmshop & Deli bis zum Mittagessen im Bistro mit Produkten aus dem Hof im Restaurant „The Werf". Sonntags wird im Gutshaus von 1795 ein üppiges Mittagsbüfett (Erw./Kind 325/160 R) aufgetischt; den Picknickkorb für zwei (480 R; nur nach Vorbestellung), der unter Sonnenschirmen auf dem Rasen verspeist wird, gibt's von September bis Mai. Wer sich seinen Appetit erst erarbeiten muss, schwingt sich aufs Mountainbike und startet ab der Farm auf den Trail.

Franschhoek

Franschhoek

Grande Provence   WEINGUT
(☎021-876 8600; www.grandeprovence.co.za;
Main Rd.; Weinproben ab 40 R, Kellerbesichtigung 40 R; ⊙10–19, Kellerbesichtigung Mo–Fr
11 & 15 Uhr) Ein sehr schön umgebautes
Gutshaus aus dem 18. Jh., in dem sich ein
stilvolles Restaurant und eine großartige
Galerie mit zeitgenössischer südafrikanischer Kunst befinden. Es gibt ein großes
Verkostungsangebot, darunter Wein mit
Canapés (120 R), mit Nougat (70 R) und
eine Traubensaftverkostung für Kinder
(20 R). Wer mag, kann sich seinen eigenen Cuvée zusammenstellen (350 R). Das
Weingut liegt in Gehentfernung vom
Stadtzentrum.

Franschhoek Motor Museum   MUSEUM
(Karte S.212; ☎021-874 9002; www.fmm.co.
za; L'Ormarins, Route 45; Erw./Kind 80/40 R;

⏱ Mo–Fr 10–17, Sa & So 10–16 Uhr) Wer Weinflaschen über hat, sollte sich diese großartige Sammlung 80 klassischer Autos in neuwertigem Zustand ansehen. Die Palette reicht von einem 1903er Ford Modell A bis zu einem Formel-1-McLaren (1998). Das Museum ist dem Weingut Anthonij Rupert angeschlossen, das über zwei Verkostungsräume verfügt; durch das spektakuläre Anwesen führen Wanderwege. Das Museum kann nur nach Voranmeldung besichtigt werden.

Leopard's Leap WEINGUT

(Karte S. 212; ☎021-876 8002; www.leopardsleap.co.za; Route 45; Weinproben ab 25 R; ⏱Di–Sa 9–17, So 11–17 Uhr; 🅿🍴) In der hellen, scheunenartigen Probierstube stehen überall gemütliche Sofas herum – die Kostproben entweder dorthin mitnehmen oder das Ganze an der Bar etwas formeller angehen. Auf den großen Grünflächen gibt es ein Klettergerüst für Kinder, und auch die Rotisserie (Mittwoch bis Sonntag, 11.30–15 Uhr) ist bei Familien sehr beliebt. Das Essen wird nach Gewicht bezahlt; pro Person ist mit rund 150 R zu rechnen. Einmal im Monat finden Kochkurse statt – unbedingt im Voraus buchen.

Haute Cabrière WEINGUT

(☎021-876 8500; www.cabriere.co.za; Franschhoek Pass Rd.; Weinproben ab 55 R, Kellerführungen 85 R; ⏱Mo–Sa 10–18, So 10–16 Uhr, Kellerführungen Mo–Sa 11 Uhr; 🅿) Das Weingut ist für die Produktion von Schaumweinen nach der Méthode Cap Classique (MCC; nach der Champagner-Methode) bekannt, stellt aber auch exzellente Weiß- und Rotweine sowie einen Brandy her. Bei der empfehlenswerten Führung durch den Weinkeller wird die *sabrage* demonstriert: Dabei wird der Schaumwein mit einem Schwert entkorkt.

Solms-Delta WEINGUT

(Karte S. 212; ☎021-874 3937; www.solms-delta.co.za; Delta Rd., abzweigend von der Route 45; Weinproben ab 25 R, Touren 50 R; ⏱So & Mo 9–17, Di–Sa 9–18 Uhr; 🅿) Auf diesem hervorragenden Weingut gibt's nicht nur Wein zu probieren und zu kaufen, sondern es werden auch verschiedene kulturelle Führungen angeboten. Das Museum ist der Geschichte des Kaps gewidmet und erzählt die Geschichte des Solms-Delta aus dem Blickwinkel der Gutsarbeiter im Wechsel der Jahre. Kulinarisch interessierte Gäste lesen lieber die Speisekarte

im Fyndraai-Restaurant (S. 221), dessen Gerichte von den heimischen Küchen der verschiedenen Kulturen am Kap inspiriert sind. Die Kräuter stammen aus dem hauseigenen Garten. Oder ein Picknick (Erw./Kind 235/75 R) neben dem zauberhaften Uferweg genießen.

Mont Rochelle WEINGUT

(☎021-876 2770; www.montrochelle.co.za; Dassenberg Rd.; Weinproben ab 45 R; ⏱10–19 Uhr; 🅿) Das Weingut wurde 2014 zusammen mit dem gleichnamigen, piekfeinen Hotel (S. 221) von Richard Branson aufgekauft. Zur Weinprobe wird ein Trio von Canapés (140 R) gereicht, aber es gibt auch Mittagessen (Hauptgerichte 95–245 R) mit tollem Blick auf die Stadt und die Berge dahinter. An Wochentagen beginnt um 11 Uhr eine kostenlose Führung durch den Weinkeller.

Ceramics Gallery GALERIE

(☎021-876 4304; www.davidwalters.co.za; 24 Dirkie Uys St.; ⏱10–17 Uhr) Franschhoek hat viele schöne Galerien zu bieten, vor allem entlang der Huguenot Street. In dieser Keramikwerkstatt/-galerie gestattet David Walters, einer der angesehensten Keramikkünstler Südafrikas, ihm bei der Arbeit zuzusehen. Seine Galerie ist in dem wundervoll restaurierten Haus des ersten Lehrers von Franschhoek untergebracht. Neben Walters Arbeiten sind auch Werke anderer Künstler ausgestellt.

Chamonix WEINGUT

(☎021-876 8426; www.chamonix.co.za; Uitkyk St.; Weinproben ab 60 R, Wildsafaris 700 R; ⏱9.30–16 Uhr) Als Probierstube dieses kleinen Weinguts, in der auch eine Auswahl von Grappa zur Verkostung angeboten wird, dient eine umgebaute Schmiede. Die Wildsafaris zu Gnus, Zebras und verschiedenen Antilopenarten sind mit einer Weinprobe in den Weinbergen verbunden (die Safaris müssen vorgebucht werden). Das Restaurant Racine (S. 221) mit einer herrlichen Terrasse über einem Fluss ist zu Fuß von der Stadt aus erreichbar – allerdings erst nach einem Anstieg.

Huguenot Memorial Museum MUSEUM

(☎021-876 2532; www.museum.co.za; Lambrecht St.; Erw./Kind 20/5 R; ⏱Mo–Sa 9–17, So 14–17 Uhr) Das Museum widmet sich Südafrikas Hugenotten und bewahrt die Stammbäume ihrer Nachkommen. Hinter dem Hauptkomplex befindet sich ein nettes

Café. Davor steht das 1948 eröffnete **Huguenot Monument** (🕙9–17 Uhr) GRATIS und im **Annex** (🕙Mo–Sa 9–17, So 14–17 Uhr; im Eintritt enthalten) auf der gegenüberliegenden Straßenseite werden Exponate zu den Themen Burenkrieg und Naturgeschichte gezeigt.

🏃 Aktivitäten & Geführte Touren

Franschhoek Cycles FAHRRADFAHREN
(📞021-876 4956; www.franschhoekcycles.co.za; 2 Main Rd.; halber/ganzer Tag 250/350 R) Fahrradverleih; die Mitarbeiter organisieren aber gern auch geführte Fahrradtouren zu den Weingütern der Umgebung – die Preise richten sich nach der Route und der Zahl der Teilnehmer.

Franschhoek Wine Tram TOUR
(📞021-300 0338; www.winetram.co.za; 32 Huguenot Rd.; Erw./Kind 220/90 R) Eine amüsante Alternative zu den üblichen Touren durch die Winelands. Die Bahn hat auf der kurzen Strecke nur zwei feste Haltestellen an Weingütern. Ansonsten springen die Fahrgäste durch die offenen Seiten auf (oder ab). Es gibt vier Routen, die jeweils bis zu sieben Weingüter passieren. Eine Reservierung wird empfohlen, und die Kleidung sollte an den ziemlich kühlen Fahrtwind angepasst sein.

Paradise Stables REITEN
(📞021-876 2160; www.paradisestables.co.za; pro Std. 300 R; 🕙Ausritte Mo–Sa 7.30, 8.45, 13.15 & 17.45 Uhr) Neben den einstündigen Ausritten in die Umgebung von Franschhoek gibt es auch vierstündige Reitausflüge zu zwei nahe gelegenen Weingütern (950 R inkl. Weinproben).

🛏 Schlafen

Otter's Bend Lodge HOSTEL €
(📞021-876 3200; www.ottersbendlodge.co.za; Dassenberg Rd.; Campingstellplatz 220 R, B/DZ R220/600 R; 🅿🛜🖥) Eine reizvolle Budgetunterkunft in einem Ort, in dem es sonst kaum bezahlbare Unterkünfte gibt. Einfache Doppelzimmer öffnen sich auf eine von Pappeln beschattete Gemeinschaftsterrasse, und auf dem Rasen ist Platz für einige Zelte. Eine der beiden Hütten für vier Personen (880 R) mit Kitchenette ist barrierefrei für Rollstühle. Die Lodge liegt etwa eine Viertelstunde zu Fuß von der Stadt entfernt in der Nähe eines Weinguts.

⭐**Reeden Lodge** FERIENHÄUSER €€
(📞021-876 3174; www.reedenlodge.co.za; Anne Marie St.; Hütte ab 1000 R; 🅿🛜🖥) Die gut ausgestatteten Selbstversorger-Ferienhäuser für bis zu zehn Personen auf einem Farmgelände zehn Minuten zu Fuß von der Stadt sind eine günstige Alternative für Familien. Eltern wird die Ruhe gefallen, und Kinder lieben die Schafe, das Baumhaus und den vielen Platz.

Chamonix Guest Cottages FERIENHÄUSER €€
(📞021-876 8406; www.chamonix.co.za; Uitkyk St.; DZ ab 2100 R) Mehrere Ferienhäuser und Hütten für Selbstversorger auf einem Weingut mit Wildschutzgebiet. Die Stadt ist zu Fuß erreichbar, der Weg zurück führt allerdings längere Zeit bergauf.

La Cabrière Country House PENSION €€
(📞021-876 4780; www.lacabriere.co.za; Park Lane; EZ/DZ mit Frühstück ab 2100/2850 R; 🅿❄🛜🖥) Die aufwendig dekorierten Zimmer in dieser Boutiquepension haben Fußbodenheizung und einen beeindruckenden Ausblick auf die Berge. In Fußwegentfernung zur Stadt.

La Fontaine PENSION €€
(📞087 095 2017; www.lafontainefranschhoek.co.za; 21 Dirkie Uys St.; EZ/DZ ab 1375/1950 R; ❄🛜🖥) Die stilvoll eingerichtete, sehr freundliche Familienpension hat 14 geräumige Zimmer mit Holzfußböden und Blick auf die Berge.

Le Ballon Rouge PENSION €€
(📞021-876 2651; www.ballonrouge.co.za; 7 Reservoir East St.; EZ/DZ mit Frühstück ab 1000/1200 R; ❄🛜🖥) Eine kleine, freundliche Pension mit Zimmern von guter Qualität und stylishen Suiten mit tollem Bad.

Akademie Street BOUTIQUEHOTEL €€€
(📞082 517 0405; www.aka.co.za; 5 Akademie St.; Zi. mit Frühstück 5500 R; 🅿🛜🖥) Wer vorhat, in Südafrika sein Budget zu sprengen, hat hier in Franschhoek gute Chancen. In den opulenten Zimmern dieses ruhigen Hotels lässt sich sein Geld stilvoll verprassen. Teile des Gebäudes stammen noch aus dem Jahr 1860; dazu passen schwere Himmelbetten und einige Antiquitäten. Alles in allem hat das Hotel aber ein modernes Flair.

Le Quartier Français BOUTIQUEHOTEL €€€
(📞021-876 2151; www.lqf.co.za; Ecke Wilhelmina & Berg Sts.; Zi. mit Frühstück ab 7500 R; 🅿❄🛜🖥) Die großen Zimmer dieses

opulenten Hotels sind um einen grünen Innenhof mit Pool angeordnet und sind mit offenem Kamin, riesigen Betten und edlem Dekor ausgestattet. Wem das Geld noch lockerer sitzt, bucht eine der Suiten (ab 12 500 R) mit privatem Pool.

Mont Rochelle Hotel
BOUTIQUEHOTEL €€€
(☑Reservierungen 011-325 4405; www.mont rochelle.co.za; Dassenberg Rd.; EZ/DZ mit Frühstück ab 4950/6600 R; ✳🛜🏊) Der Milliardär Richard Branson hat 2014 dieses Hotel mitsamt dem dazu gehörenden Weingut und Restaurant gekauft. Es bietet Luxus mit Goldrand und prachtvolle Ausblicke über das Tal.

Essen

Franschhoek ist klein genug, um bei einem Spaziergang ein passendes Restaurant zu erschnuppern. Einige davon sind so bekannt, dass es ratsam ist, einen Tisch vorzubestellen.

De Villiers Chocolate Cafe
NACHTISCH €
(☑021-874 1060; www.dvchocolate.com; Heritage Sq., 9 Huguenot Rd.; Gebäck ab 30 R; ☺9–17.30 Uhr) In den Kuchen, dem Gebäck und der Eiscreme wird nur Schokolade von einem einzigen Chocolatier aus Paarl verarbeitet. Auch der Kaffee ist großartig. Für die Unentschlossenen gibt es eine Eis- oder Kaffeeverkostung (55 R).

Franschhoek Market
MARKT €
(☑082 786 7927; 29 Huguenot Rd.; Hauptgerichte 40–70 R; ☺Sa 9–14 Uhr; 🚸) Der Markt auf dem Kirchengelände hat das Flair eines echten Bauernmarktes. Zur Auswahl stehen Kunsthandwerk, leichte Gerichte oder die Zutaten für ein tolles Picknick.

Marigold
INDISCH €€
(☑021-876 8970; www.marigoldfranschhoek. com; Heritage Sq., 9 Huguenot Rd.; Hauptgerichte 80–150 R; ☺12–14.30 & 18–21 Uhr; 🍽) Wer nach französischer Hochküche mal wieder Lust auf Abwechslung hat – das Marigold serviert in einem modernen Speisesaal elegante nordindische Küche.

Reuben's
FUSIONSKÜCHE €€
(☑021-876 3772; www.reubens.co.za; 2 Daniel Hugo St.; Hauptgerichte 175–235 R; ☺Mi–Mo 12–15 & 18–21 Uhr) Franschhoeks beliebtester Sohn ist der Promikoch Reuben Riffel, der in seinem lichtdurchfluteten Restaurant an einer Seitenstraße der Hauptstraße Fusionsküche mit asiatischem Ein-

schlag anbietet. Im Sommer eine Schale mit Poke schnappen und sie auf der großen Terrasse genießen. Neben den Weinen der gepflegten Weinkarte sind Biere aus einer nahen Kleinbrauerei erhältlich.

Lust Bistro & Bakery
BISTRO €€
(Karte S.212; ☑021-874 1456; www.lustbistro. com; Ecke Simondium Rd. & Route 45; Hauptgerichte 85–160 R; ☺Mo–Sa 7.30–17, So 8–16 Uhr) Dieses herrlich schnörkellose Lokal auf dem Weingut At Vrede en Lust liegt in einer Gegend, die für ihre Haute Cuisine bekannt ist. Schwerpunkt hier sind Salate, Sandwiches und Pizza mit selbst zusammengestelltem Belag. Auf einer Tafel sind die Tagesgerichte aufgeführt, darunter einige asiatische Angebote. Sonntags gibt es einen Brunch (Erw./Kind 195/99 R), der einen lange beschäftigen kann – Reservierung erforderlich.

Fyndraai Restaurant
SÜDAFRIKANISCH €€
(Karte S.212; ☑021-874 3937; www.solms-delta. com; Delta Rd., abzweigend von der Route 45; Hauptgerichte 140–185 R; ☺10–17 Uhr; 🍽) Die Gerichte sind von den Küchen der Kulturen am Kap inspiriert; die Kräuter stammen aus dem eigenen Garten. Das praktische Glossar auf der Karte stellt einige der traditionellen Speisen genauer vor.

French Connection
INTERNATIONAL €€
(☑021-876 4056; www.frenchconnection.co.za; 48 Huguenot Rd.; Hauptgerichte 165–220 R; ☺12–15 & 18.30–21 Uhr) Bistrogerichte ohne Schnickschnack, in denen das langjährige, beliebte Lokal nur frische Zutaten verarbeitet.

Racine
BISTRO €€
(☑021-876 8426; www.chamonix.co.za; Uitkyk St.; Hauptgerichte 100–185 R; ☺tgl. 12–15, Fr & Sa 7–21.30 Uhr) Eines der Restaurants von Promikoch Reuben Riffel; auf der kleinen Karte des Racine stehen ziemlich mächtige Gerichte, die auf einem hübschen Deck über dem Fluss genossen werden.

⭐La Petite Colombe
FUSIONSKÜCHE €€€
(☑021-202 3395; www.lapetitecolombe.com; Le Quartier Français, Huguenot Rd.; 7-Gänge-Menü mit/ohne Wein 750/395 R) Ein luftiger Ableger des preisgekrönten Restaurants in Kapstadt. Das von der französischen Küche inspirierte Menü wird entweder mit sieben oder mit zwölf Gängen serviert; auf Wunsch zu jedem Gang mit dem passenden Wein.

Foliage
FUSIONSKÜCHE €€€

(☎021-876 2328; http://foliage.co.za; 11 Huguenot Rd.; Hauptgerichte 175–265 R; ⊗Mo–Sa 12–14 & 19–21 Uhr) Der Chefkoch und Besitzer Chris Erasmus war mit diesem sehr beliebten Restaurant Vorreiter der Wildkräuterküche am Kap. Zu dekadentem geröstetem Schwertfisch und geschmorter Kudukeule gibt's Zutaten vom Waldboden, wie Brunnenkresse, Löwenzahn und Wildpilze. Das Restaurants ist mit Arbeiten der Künstlerin Alisha (Chris' Frau) dekoriert; Tisch vorbestellen.

Pierneef à la Motte
SÜDAFRIKANISCH €€€

(Karte S.212; ☎021-876 8800; www.la-motte. com; Main Rd.; Hauptgerichte 185–240 R; ⊗Di–So 11.30–15, Do–Sa 19–22 Uhr) Das elegante Restaurant ist nach dem südafrikanischen Künstler Jacob Hendrik Pierneef benannt, dessen Werke im hauseigenen Museum ausgestellt sind. Die Küche pflegt die modern interpretierte, traditionelle Kochkunst. In vielen Gerichten werden daher einheimische Zutaten wie Hirse, Springbock-Rooibos und *waterblommetjies* (Zweijährige Wasserähre) verarbeitet.

Ryan's Kitchen
FUSIONSKÜCHE €€€

(☎021-876 4598; www.ryanskitchen.co.za; Place Vendome, Huguenot Rd.; Hauptgerichte 170–260 R, 4-Gänge-Menü mit/ohne Wein 740/540 R; ⊗Mo–Sa 12.30–14.30 & 18.30–21.30 Uhr) Dieses bei Einheimischen sehr beliebte und von Urlaubern empfohlene alteingesessene Restaurant kombiniert südafrikanische Zutaten mit gehobenen Zubereitungstechniken. Die Köche lassen sich bei der Zubereitung komplizierter Gerichte, wie Wolfsbarsch mit Algen-Sojabrühe, in der offenen Küche zusehen. Die Speisekarte wechselt alle zwei Wochen.

Haute Cabrière Cellar
FUSIONSKÜCHE €€€

(☎021-876 3688; www.cabriere.co.za; Franschhoek Pass Rd.; 3-Gänge-Menü 370 R; ⊗tgl. 12–14.30, Mo–Sa 18–21 Uhr) Wer bei dieser von Frankreich inspirierten Küche aufs Ganze gehen möchte, bestellt das 5-Gänge-Menü mit passendem Wein (595 R). Angeboten werden auch Weinproben (ab 55 R) und eine Führung durch den Weinkeller (11 Uhr) mit der Demonstration der *sabrage* – dem Köpfen einer Schaumweinflasche mit dem Schwert.

La Petite Ferme
SÜDAFRIKANISCH €€€

(☎021-876 3016; www.lapetiteferme.co.za; Franschhoek Pass Rd.; Hauptgerichte 155–280 R; ⊗tgl. 12–15.30, Fr & Sa 18.30–21 Uhr;) Dieses moderne Restaurant mit überwältigendem Ausblick über das Franschhoek-Tal schwört auf seine lokalen Zutaten. Empfehlenswert sind das Straußensteak mit *biltong* oder Karoo-Lamm in Harissa-Kruste. Wer sich noch nicht trennen mag, kann in einigen luxuriösen Zimmern übernachten.

Ausgehen & Nachtleben

Tuk Tuk Microbrewery
KLEINBRAUEREI

(☎021-492 2207; www.tuktukbrew.com; 14 Huguenot Rd.; ⊗11–22 Uhr) Drei Biere werden frisch aus dem Fass gezapft, dazu kommen regelmäßig nach neuem Rezept gebraute Sorten – am besten nachfragen. Angeboten werden auch Biere der Cape Brewing Company in Paarl. Das Essen ist eine frische Brise im Mittagsangebot von Franschhoek – leichte Gerichte wie Tamales, Chicken Wings und Tacos.

Hoek
KAFFEE

(☎079 451 3019; Daniel Hugo St.; ⊗Mo–Sa 7–15, So 8–15 Uhr) Wenn sich im Sommer Touristen auf der Hauptstraße Franschhoeks drängen, weichen Einheimische in die Lokale der Seitenstraßen aus, wie in diesen winzigen Coffee Shop. Es gibt zwar etwas Gebäck und Plätzchen, aber letztlich dreht sich alles um den Kaffee – eine Tasse mit der Hausmischung schnappen und auf der Terrasse genießen.

Shoppen

Huguenot Fine Chocolates
SCHOKOLADE

(☎021-876 4096; www.huguenotchocolates.com; 62 Huguenot Rd.; ⊗Mo–Fr 8–17.30, Sa & So 9–17.30 Uhr) Ein Förderprogramm half den beiden einheimischen Besitzern der Schokoladenmanufaktur auf die Sprünge, und heute schwärmen die Leute von ihrem Konfekt. Täglich gibt es Einblicke in die Schokoladenherstellung sowie Verkostungen (40 R) um 11 und 15 Uhr – unbedingt im Voraus buchen.

❶ Praktische Informationen

Franschhoek Wine Valley Tourism (☎021-876 2861; www.franschhoek.org.za; 62 Huguenot Rd.; ⊗Mo–Fr 8–17, Sa 9–17, So 9–16 Uhr) In der Info gibt's eine Karte mit den schönsten Spaziergängen in der Umgebung (40 R) und die Erlaubnis (40 R) für Wanderungen im Mont Rochelle Nature Reserve; selbstverständlich werden auch Unterkünfte vermittelt.

Post (☎021-876 2342; 21 Huguenot Rd.)

ℹ️ An- & Weiterreise

Franschhoek liegt 32 km östlich von Stellenbosch und 32 km südlich von Paarl und ist am besten mit dem eigenen Wagen zu erreichen. Manche Besucher kommen auch mit dem Fahrrad von Stellenbosch, aber die gewundenen Straßen sind tückisch. Eine Alternative sind **Sammeltaxis** (Huguenot Rd.) ab Stellenbosch (25 R) oder dem Bahnhof Paarl (28 R). Wer lieber allein im Taxis fährt, ruft **Call a Cab** (☏ 082 256 6784) an.

Paarl

☏ 021 / 112 000 EW.

Das von Bergen und Weingütern umgebene Paarl am Berg River ist die größte Stadt des Winelands. Viele Traveller, die nach Stellenbosch und Franschhoek wollen, lassen die Stadt links liegen. Dabei hat sie einen ganz eigenen Charme, wie interessante kapholländische Architektur und elegante Gehöfte, viele Unterkünfte und einige vernünftige Restaurants.

Die Hauptstraße ist mit 11 km zu lang für einen ruhigen Spaziergang, aber im Umkreis des Bahnhofs liegen ein paar Weingüter, die zu Fuß erreichbar sind.

◎ Sehenswertes

◉ Die Stadt

Drakenstein Correctional Centre　HISTORISCHE STÄTTE
(Karte S. 212) Als Nelson Mandela am 11. Februar 1990 nach über 27 Jahren Gefangenschaft endlich freigelassen wurde, verließ er nicht Robben Island, sondern das Drakenstein. In dem Gefängnis, das damals noch Victor Verster hieß, verbrachte Mandela die letzten zwei Jahre seiner Gefangenschaft im Häuschen des Wärters, wo er das Ende der Apartheid aushandelte. Es ist noch heute ein Gefängnis, daher gibt es keine Führungen, aber die prächtige Statue davor zeigt Mandela mit erhobener Viva-Faust.

Afrikaans Language Museum　MUSEUM
(Karte S. 224; ☏ 021-872 3441; www.taalmuseum.co.za; 11 Pastorie Ave.; Erw./Kind 20/5 R; ☺ Mo–Fr 9–16 Uhr) Paarl gilt als Ursprungsort des Afrikaans, mit dem sich dieses äußerst informative Museum befasst. Es zeigt auch mittels einer Multimediaausstellung, wie insgesamt drei Kontinente zur Bildung dieser Sprache beitrugen. Mit dem Kom-

biticket für das Taal-Denkmal ist der Eintritt billiger.

Taal-Denkmal　DENKMAL
(Karte S. 212; ☏ 021-863 0543; www.taalmuseum.co.za; Erw./Kind 30/10 R; ☺ April–Nov. 8–17, Dez.–März 8–20 Uhr) Das irgendwie phallische Taal-Denkmal steht im Paarl Mountain Nature Reserve. Die gigantische Nadel feiert die Sprache (*taal* bedeutet „Sprache" auf Afrikaans). An klaren Tagen bieten sich fantastische Ausblicke bis nach Kapstadt. Es gibt ein Restaurant und einen Trödelladen. In Vollmondnächten treffen sich die Einheimischen hier zu einem Picknick. Das Denkmal ist 3 km von der Hauptstraße entfernt; den Hinweisschildern ab der Flambeau Street folgen.

Paarl Mountain Nature Reserve　NATURSCHUTZGEBIET
(pro Fahrzeug 52 R, pro Person 17 R; ☺ 7–19 Uhr) Die drei riesigen Granitkuppen, die dieses Naturschutzgebiet dominieren, schimmern nach Regenfällen wie Perlen – daher der Name „Paarl". Im Schutzgebiet gibt es Berg-*fynbos* (wortwörtlich „Feinbusch"; bestehend hauptsächlich aus Proteazeen und Heidekrautgewächsen), einen angelegten Wildblumengarten – wunderbar geeignet für ein Picknick – und zahlreiche Wanderwege mit tollen Aussichten über das Drakensteintal. Am Haupteingang werden Wanderkarten verkauft. An klaren Tagen bieten sich herrliche Ausblicke bis nach Kapstadt.

Das Naturschutzgebiet ist über den Jan Phillips Mountain Drive zu erreichen; von dort sind es noch etwa 6 km auf einer kurvenreichen Schotterstraße bis zum Picknickplatz Meulwater.

Paarl Museum　MUSEUM
(Karte S. 224; ☏ 021-872 2651; 303 Main St.; 10 R; ☺ Mo–Fr 9–16, Sa 9–13 Uhr) Das Museum ist in der alten Oude Pastorie (altes Pfarrhaus) aus dem Jahr 1714 untergebracht. Es bietet neben einer interessanten Sammlung kapholländischer Antiquitäten und diverser Hinterlassenschaften der Hugenotten und frühen Afrikaander auch eine Einführung in die Geschichte von Paarl.

◉ Weingüter rund um Paarl

⭐ Avondale　WEINGUT
(Karte S. 212; ☏ 021-863 1976; www.avondalewine.co.za; Lustigan Rd., Klein Drakenstein;

Paarl

Weinproben 70 R, Ökotour 300 R; ⊙10–16 Uhr; Ⓟ) Dieses ruhig gelegene Weingut ist in einem alten, edlen Gehöft untergebracht und produziert köstliche Ökoweine. Eine Weinprobe dauert hier etwa eine Stunde, aber es ist auch möglich, eine zweistündige Ökosafari zu buchen. Die Teilnehmer werden auf der Ladefläche eines Traktors durch das Weingut kutschiert und beenden die Tour mit einer Weinprobe. Das Restaurant **Faber** (Hauptgerichte 160–220 R) gehört zu den besten des Winelands. Auf der Karte stehen beispielsweise gebratene Springbocklende, getrüffelter Porree und ein Pudding aus Sauerteigbrot und Butter.

In der **Garden Bar**, die Freitagabend geöffnet hat, geht es nicht so formell zu; es gibt Weine und Gerichte aus der Küche des Faber.

★ Spice Route   WEINGUT
(Karte S. 212; ☎ 021-863 5200; www.spiceroute. co.za; Suid-Agter-Paarl Rd.; Weinproben ab 40 R; ⊙9–17 Uhr; Ⓟ🚶) Spice Route ist für seine komplexen Rotweine bekannt, besonders für den charakteristischen Syrah. Außer Wein hat das Gut aber noch einiges mehr zu bieten, wie beispielsweise Glasbläservorführungen, kombinierte Wein- und Fleischverkostung (85 R), einen Chocolatier (Verkostung mit Anleitung 35 R), eine Grappadestillerie, eine hervorragende Kleinbrauerei (Verkostung 35 R) und eine Pizzeria (Hauptgerichte 70–150 R). Die Krönung ist das angegliederte gehobene Restaurant unter dem gefeierten Küchenchef Bertus Basson (Hauptgerichte 140–215 R).

Fairview WEINGUT

(Karte S. 212; ☎021-863 2450; www.fairview. co.za; Suid-Agter-Paarl Rd.; Weinproben & Käseverkostung 40 R; ⏱9–17 Uhr; 🅿🚻) Da das enorm beliebte Fairview etwa 6 km südlich von Paarl an der Route 101 liegt, ist es unmöglich, den Wein in Ruhe und Frieden zu genießen. Dennoch lohnt der Besuch, denn bei einer Probe werden sechs Weine und ein breites Käseangebot gereicht (Käse allein kostet 20 R). Das angesehene Restaurant (Hauptgerichte 90–180 R) bietet Frühstück und Mittagessen an.

Fairview ist berühmt für seine Ziegen; an Wochenenden findet sogar ein Ziegen-Yoga statt – vor dem Ausbreiten der Yogamatte auf Ziegenköttel zu achten!

KWV Emporium WEINGUT

(Karte S. 224; ☎021-863 3803; www.kwvwine emporium.co.za; Kohler St.; Weinproben 40–65 R, Kellereiführungen 55 R; ⏱Mo–Sa 9–16.30, So 10–17 Uhr, Führungen durch den Weinkeller 10, 10.30 & 14.15 Uhr; 🅿) Das Weingut liegt nur einen kurzen Fußweg vom Bahnhof entfernt. Die 1918 gegründete Weinkooperative ist vor allem für ihre preisgekrönten Südweine und Brandys bekannt. Es bietet Führungen durch den Weinkeller, unterschiedliche Verkostungen, wie Schokolade mit Brandy, *biltong* mit Wein, Schaumwein mit Käsekuchen und Tee mit Schokolade.

KWV Sensorium WEINGUT

(Karte S. 224; ☎021-807 3094; www.kwv.co.za; 57 Main St.; Kunst & Weinproben 55 R; ⏱Mo–Fr 9–16.30, Sa 9–13 Uhr) Wer glaubt, schon alle möglichen Verkostungsvariationen zu kennen, wird hier durch die Kombination von Kunst der Region und Wein überrascht. Der Eintritt in die Galerie ist frei, es macht aber auch Spaß, die Kunst während einer Weinprobe zu betrachten. Weiterhin können eine kombinierte Schokolade- und Brandyverkostung und eine Pinotage-Führung gebucht werden. Das beste Geschmackserlebnis bieten aber die Verkostungen im KWV Emporium auf der anderen Seite der Eisenbahnschienen.

Anura WEINGUT

(Karte S. 212; ☎021-875 5360; www.anura.co.za; abzweigend von Simondium Rd., Klapmuts; Weinproben & Käseverkostung 60 R; ⏱9–17 Uhr; 🅿) Feinschmecker können hier viel Zeit verbringen. Es gibt Käse aus eigener Herstellung, im Deli lässt sich ein Teller mit Räucherfleisch für ein Picknick ergattern. Oder statt Trauben auf Getreide setzen und ein Bier aus der Kleinbrauerei am Teich kippen. Was den Wein angeht, ist Anura vor allem für seinen Syrah und Malbec bekannt.

Backsberg WEINGUT

(Karte S. 212; ☎021-875 5141; www.backsberg. co.za; Weinproben ab 30 R; ⏱Mo–Fr 8.30–17, Sa 9.30–16.30, So 10.30–16.30 Uhr; 🚻) 🌶 Backsberg ist wegen der verlässlichen Qualität der Weine und der üppigen Mittagspicknicks ein Publikumsmagnet. Für das sonntägliche gegrillte Lamm am Spieß (*braai*; 295 R) oder ein Picknick auf dem Gelände (180 R) ist eine Reservierung erforderlich. Bei den Weinproben werden Wein mit Schokolade oder Wein mit Käse greicht; die Gäste dürfen ihren eigenen Cuvée mischen.

Glen Carlou WEINGUT

(Karte S. 212; ☎021-875 5528; www.glencarlou. co.za; Simondium Rd., Klapmuts; Weinproben 25–35 R; ⏱Mo–Fr 9–17, Sa & So 10–16 Uhr; 🅿) Vom Verkostungsraum südlich der N1 bietet sich ein weiter Blick auf den Tortoise Hill. Zum Mittagessen (3-Gänge-Menü, 295 R) werden ein vollmundiger Chardonnay oder der renommierte Bordeauxverschnitt Grand Classique gereicht. Auch eine Kunstgalerie mit wechselnden Ausstellungen ist vorhanden.

Nederburg Wines WEINGUT

(☎021-862 3104; www.nederburg.co.za; Weinproben ab 60 R, Kellerführungen mit Weinprobe 60 R; ⏱Mo–Fr 9–17, Sa & So 10–16 Uhr, Führung Mo–Fr 10.30 & 15, Sa & So 11 Uhr; 🅿🚻) Eines der bekanntesten Weingüter Südafrikas, ein großes, aber professionelles und offenes Unternehmen mit einer breiten Palette an Weinen. Neben den unterschiedlichen Weinproben wird für Kinder eine kombinierte Traubensaftverkostung mit Snacks veranstaltet. Ein kleines Museum erzählt die Geschichte von Nederburg; gegen den Mittagshunger hilft das elegante Restaurant.

🏃 Aktivitäten

Wineland Ballooning BALLONRUNDFAHRTEN

(Karte S. 224; ☎021-863 3192; www.kapinfo. com; 64 Main St.; pro Person 3900 R) Langschläfer verpassen die unvergesslichen Eindrücke einer Fahrt im Heißluftballon über die Winelands, denn diese beginnen schon am frühen Morgen. Die Ballons

NICHT VERSÄUMEN

BABYLONSTOREN

Die 2,5 km² große **Wein- und Obstfarm** (Karte S. 212; ☎021-863 3852; www.babylon storen.com; Simondium Rd., Klapmuts; Eintritt 10 R, Verkostungen 30 R; ☻9–17 Uhr; ℗) erstreckt sich am Nordhang des Simonsbergs zwischen Klapmuts und Paarl. Das Highlight des Guts ist ein 800 m² großer, kunstvoll gestalteter Garten, inspiriert von den Company's Gardens in Kapstadt und einfach umwerfend. Hier wachsen Nutz- und Heilpflanzen, es gibt Teiche voller Lotosblüten, Quittenspaliere, Hühnerställe und einen Irrgarten aus Opuntien. Für die Führungen durch den Garten (10 Uhr) sollte man sich im Voraus anmelden.

Noch besser ist eine Übernachtung in einem der superschicken Gästezimmer (Einzel-/Doppelzimmer ab 4200/5700 R) in den alten Arbeiterhäuschen. Wenn die Tagesbesucher weg sind, hat man den Garten für sich allein, vom Wellnessbereich und Pool in einem der alten Speicherbecken der Farm gar nicht zu reden.

Für ein Mittagessen im hübschen **Gewächshaus** (Hauptgerichte 75–100 R), das sich tief im Garten versteckt, ist keine Reservierung nötig, für das Restaurant **Babel** (Hauptgerichte 100–280 R) dagegen sehr wohl. Es serviert köstliche Gerichte mit Erzeugnissen aus dem Garten und süffige Weine, die das Gut seit jüngster Zeit wieder herstellt. Der neue Weinkeller ist der Inbegriff zeitgenössischen Designs mit interessanten Ausstellungen zur Weinherstellung. Kellerführungen mit Weinprobe (35 R) finden jeweils zur vollen Stunde statt. Im Angebot der Farm sind auch frisch gebackenes Brot und vor Ort geräuchertes Fleisch für ein Picknick.

starten bei gutem Wetter zwischen November und April.

🛏 Schlafen

Da Paarl nicht so überlaufen ist wie Stellenbosch und Franschhoek, gibt es hier echte Schnäppchen. Die Pensionen liegen an den Vorstadtstraßen, die von der Main Street abzweigen; ein paar teure, vornehmere Optionen etwas weiter außerhalb.

Oak Tree Lodge   PENSION €
(Karte S. 224; ☎021-863 2631; www.oaktree lodge.co.za; 32 Main St.; EZ/DZ mit Frühstück ab 720/980 R; ℗❄☎≋) Das alte Haus hat gemütliche, gut ausgestattete Zimmer, einige mit Balkon. Die größeren Zimmer zum Garten sind von der Hauptstraße abgewandt und ruhiger. Das Haus liegt sehr günstig, Restaurants, Weingüter und der Bahnhof sind zu Fuß erreichbar.

Berg River Resort   CAMPINGPLATZ €
(Karte S. 212; ☎021-007 1852; www.bergriver resort.co.za; Rte. 45; Stellplätze ab 330 R, Hütten ab 940 R; ℗≋) Ein attraktiver Campingplatz am Berg River, 5 km von Paarl an der Route 45 Richtung Franschhoek, mit einfachen Hütten (für zwei Personen). Zur Anlage gehören Kanus, Trampoline und ein Café. In den Schulferien wird der Platz sehr voll, und die Preise steigen dramatisch an.

★**Cascade Country Manor**   BOUTIQUEHOTEL €€
(☎021-868 0227; www.cascademanor.co.za; Waterval Rd.; Zi. mit Frühstück ab 2190 R; ℗❄☎≋) Versteckt an einer unbefestigten Straße 10 km östlich des Ortskerns. Fühlt sich wie meilenweit ab vom Schuss an, obwohl die Fahrt zurück zum Ort ziemlich kurz ist. Die Zimmer entsprechen den Erwartungen, der Wow-Effekt ergibt sich durch das wunderschöne Gelände mit riesigen Rasenflächen, einem großen Pool, Olivenhainen und einem hübschen Wasserfall nur einen kleinen Fußmarsch entfernt. Im Angebot sind auch Olivenverkostung und hervorragende Abendessen.

Cape Valley Manor   PENSION €€
(☎021-872 4545; www.capevalleymanor.co.za; Plein St.; EZ/DZ mit Frühstück ab 900/1200 R; ℗☎≋) Das Cape Valley liegt in einer ruhigen Nebenstraße nicht weit von der Main Street und hat vier individuell ausgestattete Zimmer und einen reizenden Garten – ein wunderbarer Ort, um eine von einer Weinprobe mitgebrachte Flasche zu entkorken.

Under Oaks   PENSION €€
(☎021-869 8535; http://underoaks.co.za; Noord-Agter-Paarl Rd., Northern Paarl; EZ/DZ 1150/1440 R; ℗@☎) Under Oaks in einem friedlichen Weingut, 3 km nördlich vom Stadtzentrum Paarls, hat geräumige Zimmer in

gedeckten Farben. Auf dem Gelände sind Weinproben möglich, und es gibt eine rustikale Pizzeria – mit sehr schönem Blick auf die Berge.

Ingonyama Tented Camp ZELTLAGER €€

(Karte S. 212; ☐ 021-863 3290; www.lionrescue. org.za; Drakenstein Lion Park, Route 101; B im Zelt 1500 R; P) Hier geht's nicht um die einfachen Zelte mit zwei Einzelbetten und eigenem Bad, sondern um die Lage. Das Zeltlager liegt im Drakenstein Lion Park, einem Refugium für misshandelte Löwen und Schimpansen, die in Gefangenschaft geboren wurden. Abends wird ein traditionelles *braai* (Grill) veranstaltet, und nach dem Aufstehen ist ein Spaziergang zwischen Löwen möglich.

Grande Roche Hotel LUXUSHOTEL €€€

(Karte S. 224; ☐ 021-863 5100; www.grande roche.com; Plantasie St.; Suite mit Frühstück ab 3270 R; P✻🛜🏊) Ein superluxuriöses Hotel in einem Herrenhaus im kapholländischen Stil mit prachtvollem Ausblick auf die Berge, geheiztem Pool und dem ausgezeichneten Bosman's Restaurant (S. 227). Paarls Hauptstraße ist locker zu Fuß erreichbar.

✖ Essen

Die meisten Weingüter betreiben auch exzellente Restaurants oder bieten zu Mittag Picknickpakete an; auch in der Stadt gibt es einige gute Speiselokale.

★ Tea Under the Trees BISTRO €

(☐ 072 871 9103; www.teaunderthetrees.co.za; Main St., Northern Paarl; Hauptgerichte 40–55 R; ⊙ Okt.–April Mo–Fr 9–16 Uhr; P) Der einzige Nachteil dieses großartigen Teegartens 4 km nördlich des Stadtzentrums ist die Tatsache, dass er nur das halbe Jahr über geöffnet ist. Die Teestube befindet sich auf einer Bio-Obstfarm. Es sitzt sich einfach herrlich unter jahrhundertealten Eichen bei einem Tässchen Tee, einem Imbiss oder einem Stück hausgemachten Kuchen. Es gibt keine überdachten Sitzplätze; da es samstags voll werden kann, rechtzeitig reservieren.

★ Glen Carlou INTERNATIONAL €€

(Karte S. 212; ☐ 021-875 5528; www.glencarlou. co.za; Hauptgerichte 150–190 R; ⊙ 11–15 Uhr) Das Essen in diesem edlen Weingut kann locker mit dem fantastischen Ausblick mithalten, der sich den Gästen hier bietet. Zu Gerichten wie dem in der Pfanne gebratenen Wolfsbarsch, Parmesan-Mousse oder Lammschulter mit Kalbsbries werden passende Weine empfohlen. Auf der Karte steht auch ein festes 3-Gänge-Menü (295 R); an Wochenenden besser einen Tisch vorbestellen.

Blacksmith's Kitchen BISTRO €€

(☐ 021-870 1867; www.pearlmountain.co.za; Pearl Mountain Winery, Bo Lang St.; Hauptgerichte 65–195 R; ⊙ Di–Sa 11.30–21.30, So 11.30–16 Uhr; P) Hier an Tischen unter den Bäumen einfache Gerichte wie Pizza aus dem Holzofen oder gebratenen Schweinebauch genießen – mit Blick auf Weinberge, Stadt und die Berge dahinter.

Terra Mare FUSIONSKÜCHE €€

(Karte S. 224; ☐ 021-863 4805; 90a Main St.; Hauptgerichte 130–200 R; ⊙ Mo–Sa 12–22 Uhr; P) Überschaubare, aber überragende Speisekarte mit asiatischen, italienischen oder südafrikanischen Gerichten. Drinnen kann es wegen der Nähe zur geschäftigen Main Street etwas laut werden, aber zur Rückseite hin gibt es einen bezaubernden Garten mit Blick auf das Paarl Mountain Nature Reserve (S. 223).

Noop FUSIONSKÜCHE €€

(Karte S. 224; ☐ 021-863 3925; www.noop.co.za; 127 Main St.; Hauptgerichte 135–225 R; ⊙ Mo–Sa 11–23 Uhr) Das Restaurant mit Weinbar wird von Einheimischen im gesamten Winelands empfohlen. Auf der Speisekarte stehen moderne, erlesene Gerichte, wie langsam gebratener Lammnacken, gebratene Ente und Risotto mit Wildpilzen. Unbedingt den südafrikanischen Dessertteller mit Malva-Pudding (ein traditioneller, klebriger Sponge-Pudding mit Zitrusfrüchten) und Blätterteig-Milk-Tart versuchen. Für das Abendessen wird eine Reservierung empfohlen.

Bosman's Restaurant INTERNATIONAL €€€

(Karte S. 224; ☐ 021-863 5100; www.grande roche.com; Plantasie St.; 3 Gänge 525 R; ⊙ 12–14 & 19–23 Uhr) Das elegante Restaurant im Grande Roche Hotel ist eines von Paarls Top-Restaurants. Auf der Karte stehen mehrgängige Gourmet-Menüs am Abend und zu Mittag einfache Bistro-Kost (Hauptgerichte 175–240 R); Reservierung unbedingt empfohlen.

ℹ Praktische Informationen

Paarl Tourism (Karte S. 224; ☐ 021-872 4842; www.paarlonline.com; 216 Main St.; ⊙ Mo–Fr

8.30–17, Sa & So 10–13 Uhr) Hier gibt's hervorragendes Infomaterial über die gesamte Region.

Post (Karte S. 224; ☎021-872 5791; Lady Grey St.)

❶ An- & Weiterreise

BUS

Da alle großen Fernbuslinien durch Paarl fahren, lässt sich die Stadt leicht in die Reiseroute integrieren. Die Busstrecke zwischen Kapstadt und Paarl ist unverhältnismäßig teuer. Es ist billiger, bis Paarl mit der Eisenbahn und von dort weiter mit dem Bus zu fahren.

Die **Haltestelle für die Fernbusse** (Karte S. 224) ist gegenüber der Shell-Tankstelle auf der Main Street bei der Einfahrt in die Stadt auf der N1.

ZUG

Die Metro-Züge zwischen Kapstadt und Paarl verkehren stündlich (1./Economy Klasse 19,50/13 R, 1¼ Std.), am Wochenende seltener. Aus Sicherheitsgründen die Zugreise auf die Geschäftszeiten legen.

Für die Zugfahrt von Paarl nach Stellenbosch einen Zug nach Kapstadt nehmen und in Muldersvlei umsteigen.

❶ Unterwegs vor Ort

Ohne eigenes Fahrzeug in Paarl von A nach B gelangen? Zu Fuß, mit dem Fahrrad oder mit dem Taxi (**Paarl Taxis**, ☎ 021-872 5671; www.paarltaxisandtours.co.za).

Tulbagh
☎ 023 / 9000 EW.

Das 1699 gegründete Tulbagh vor dem dramatischen Hintergrund der Witzenberg-Kette ist eine hübsche Stadt mit historischen Gebäuden und tollen Unterkünften und Restaurants. Die von Bäumen gesäumte Church Street ist das fast perfekte Beispiel einer kapholländischen Straße des 18. und 19. Jhs. Die groß angelegte Restaurierung nach dem schweren Zerstörungen beim Erdbeben von 1969 hat sich gelohnt.

◎ Sehenswertes & Aktivitäten

Die **Church Street** ist definitiv eine der schönsten Straßen des Westkaps – ein Morgenspaziergang von Haus zu Haus ist daher ein wirklich gelungener Einstieg in den Tag. Viele der Gebäude sind Nationaldenkmäler und berichten auf Informationstafeln über ihre Geschichte. Auch

der **Stadtgarten** am Nordende der Stadt lohnt den Besuch. Die Region ist außerdem für ihre Weine bekannt, vor allem Schaumweine.

Oakhurst Olives FARM
(☎023-230 0842; www.oakhurstolives.co.za; Lemoendrif Farm, Waveren Rd.; Verkostungen 20 R; ◷Mo–Fr 9–16, Sa 9–14 Uhr; P) Im fantastischen, luftigen Verkostungsraum zu Füßen der Winterhoek-Berge lässt sich gut eine Stunde lang abhängen. Die Verkostung beginnt mit einer fachmännischen Einführung in die Olivenindustrie und den Produktionsprozess, im Anschluss an die Theorie kommt das Beste: das Probieren der verschiedenen Oliven, Öle und Tapenaden; die letzte Verkostungseinführung beginnt 30 Minuten vor Ende der Geschäftszeit.

Twee Jonge Gezellen WEINGUT
(☎023-230 0680; www.tweejongegezellen.co.za; Waveren Rd.; Kostenose Weinproben; ◷Mo–Sa 10–16 Uhr, Führungen durch den Weinkeller 11 Uhr; P) Nach dem Umbau ist das traditionsreiche Weingut wieder ein großartiger Ort, um einen Nachmittag lang Schaumwein zu schlürfen. Die Weinproben finden ohne Schnickschnack in einem edlen Verkostungsraum oder auf einer Terrasse im Garten statt. Bei Führungen wird erläutert, wie Schaumwein nach der Méthode Cap Classique hergestellt wird.

Saronsberg Cellar WEINGUT
(www.saronsberg.com; Waveren Rd.; Weinproben 80 R; ◷Mo–Fr 8.30–17, Sa 10–14, So 10–13 Uhr) An Rotweinen der Spitzenklasse nippen und dabei moderne Kunstwerke an den Wänden des schicken Weinkellers genießen, 6 km nördlich der Stadt.

Oude Kerk Volksmuseum MUSEUM
(Old Church Folk Museum; 4 Church St.; Erw./Kind 15/5 R; ◷Mo–Fr 9–17, Sa 9–15, So 11–15 Uhr) Dieses Museum, das sich über vier Gebäude erstreckt, lohnt den Besuch. Haus Nr. 4 ist ein guter Anfang: Es demonstriert in einer Fotoausstellung die Geschichte der Church Street, auch das Erdbeben und den Wiederaufbau. Dann folgen die wunderschöne Oude Kerk (1743) und Haus Nr. 14 mit viktorianischer Einrichtung. Die Tour endet in der Nr. 22, einem rekonstruierten Wohnhaus des 18. Jhs.

Maker's Mark GALERIE
(☎023-230 0048; http://makersmark.co.za; 42 Church St.; ◷Mi–So 10–16 Uhr) Die Ende

ABSEITS DER ÜBLICHEN PFADE

WELLINGTON

Das ruhige und ziemlich hübsche Städtchen liegt 15 km nördlich von Paarl. Wie in anderen Orten der Region sind die Weingüter das größte Plus des Ortes. Sie sind allerdings in der Regel nicht so touristisch aufgemotzt wie die in Paarl. Das **Tourism Bureau** (☏021-864 1378; www.wellington.co.za; 104 Main Rd.; ⊙Mo–Fr 9–17, Sa & So 10–13 Uhr) hat eine Liste der lokalen Weingüter und Informationen über den **Wellington Wine Walk** auf Lager. Hochprozentiger als Wein sind die Produkte der **Jorgensen's Distillery** (☏021-864 1777; www.jd7.co.za; Regent St.; ⊙nach Vereinbarung) – Gin, Brandy und Absinth.

Wer schon in der Gegend ist, darf keinesfalls den **Bainskloof Pass** verpassen, der zu den spektakulärsten von Südafrika zählt. Er wurde zwischen 1848 und 1852 von dem legendären Passbaumeister Thomas Bain angelegt und im Unterschied zu den übrigen Pässen des Landes nie asphaltiert, sondern im Originalzustand belassen.

Vom Pass gehen mehrere Wanderwege ab, wie der 8 km lange **Bobbejaans River Walk** zu einem Wasserfall, der am Eerste Tol beginnt; eine Erlaubnis (Erw./Kind 40/20 R) stellt das Touristenbüro aus.

2017 eröffnete Galerie zeigt Wechselausstellungen mit nationalen und internationalen Künstlern; 2018 sollen dazu eine Wein-Austern-Bar und eine Gin-und-Zigarren-Lounge eröffnen.

Detour Bike Shop　　FAHRRADFAHREN
(☏084 052 4102; www.detourcycles.co.za; Fahrradverleih halber/ganzer Tag 150/250 R; ⊙Mo–Fr 8–17.30, Sa 8–13 Uhr) Der Detour Bike Shop verleiht nicht nur Fahrräder, sondern bietet auch geführte Radtouren in die nahen Weingüter an (pro Person 750 R).

🛏 Schlafen

⭐**Vindoux Guest Farm**　　HÜTTEN €€
(☏023-230 0635; www.vindoux.com; Waveren Rd.; B mit Frühstück 1950 R; 🅿❄🛜🏊) Diese luxuriösen Baumhäuser punkten mit eigenen Wellnessbädern und dem Blick auf Zebras, Gnus und Springböcke in einem kleinen Wildgehege. Auf Leihfahrrädern durch die Weinberge radeln und sich dann bei einer *fynbos*-Aromatherapie-Massage im Spa wieder fit machen lassen (480 R). Es gibt auch einfachere Hütten (850 R für zwei Personen).

Cape Dutch Quarter　　PENSION €€
(☏079 051 2059; www.cdq.co.za; 33 Van der Stel St.; Zi. ab 1100 R; ❄🛜🏊) Im Angebot sind einfache Apartments (650 R für zwei Personen) aber auch luxuriösere Häuser für Selbstversorger (1600 R für vier Personen) und schicke Doppelzimmer mit Himmelbetten. Der Besitzer kennt die Gegend wie seine Westentasche und organisiert Karten und Genehmigungen für Wanderungen und Mountainbiketouren. Die meisten Unterkünfte liegen in der Church Street, die Rezeption ist aber auf der Van der Stel Street.

De Oude Herberg　　HISTORISCHES HOTEL €€
(☏023-230 0260; www.deoudeherberg.co.za; 6 Church St.; EZ/DZ mit Frühstück 865/1130 R; ❄🛜🏊) Die freundliche Unterkunft wird bereits seit 1885 als Pension geführt. Sie ist mit Möbeln im Country-Stil ausgestattet und hat eine hüsche Terrasse. Das Hotel hat nur vier Zimmer – also unbedingt reservieren.

Rijk's Country House　　BOUTIQUEHOTEL €€
(☏023-230 1006; www.rijkscountryhouse.co.za; Van der Stel St.; Zi. mit Frühstück 1550 R; 🅿❄🛜🏊) Im Rijk's, 2 km nördlich des Stadtzentrums, werden Übernachtungen in angenehmen Hütten mit Strohdächern geboten – in einem herrlichen Weingut mit makellos gepflegtem Rasen. Das Hotel organisiert Touren und Weinproben im Weingut und hat ein gutes Restaurant (Hauptgerichte 95–170 R) im Hauptgebäude.

🍴 Essen

⭐**Olive Terrace**　　INTERNATIONAL €€
(www.tulbaghhotel.co.za; 22 Van der Stel St.; Hauptgerichte 75–150 R; ⊙7–22 Uhr) Dieses Restaurant im Tulbagh Hotel serviert neben vielen anderen auch vegetarische Gerichte. Die schattige Terrasse ist ein echter Pluspunkt in der Sommerhitze.

Readers Restaurant　　SÜDAFRIKANISCH €€
(☏023-230 0087; 12 Church St.; Hauptgerichte 105–155 R; ⊙Mi–Mo 9–22 Uhr) Auf der regelmäßig wechselnden Speisekarte stehen stets auch einige traditionelle südafrikanische

Gerichte und viele lokalen Zutaten. Der angeschlossene Souvenirladen voller Katzensammelstücke hat eindeutig die Liebhaber der Samtpfoten im Fokus.

Things I Love
CAFÉ €€

(☑023-230 1742; 61 Van de Stel St.; Hauptgerichte 70–140 R; ◷Mo–Sa 9–19, So 9–17 Uhr; ☎) Das freundliche Café serviert neben ordentlichem Kaffee ein Sammelsurium von kleinen Gerichten. Es gibt Tische auf der Vorder-*stoep*, aber die schattige Terrasse nach hinten raus ist viel ruhiger. Im Laden werden Kunsthandwerk, Kleidung und Lebensmittel verkauft.

❶ Praktische Informationen

Tulbagh Tourism (☑023-230 1348; www.tulbaghtourism.co.za; 4 Church St.; ◷Mo–Fr 9–17, Sa 9–15, So 10–15 Uhr) Die hilfreichen Mitarbeiter verteilen Informationsmaterial und Karten der Region, darunter auch über die Tulbagh Wine Route.

❶ An- & Weiterreise

Tulbagh ist nicht ans öffentliche Verkehrsnetz angeschlossen. Der Ort liegt 121 km nordöstlich von Kapstadt und ist über die N1 und Route 44 über Wellington erreichbar – insgesamt etwa drei Stunden Fahrt.

Robertson

☑023 / 22 000 EW.

Das prosperierende Robertson liegt in einem Tal zwischen den Langeberg- und Riviersonderend-Bergen, im Zentrum eines der größten Weinanbaugebiete Südafrikas. Die exzellente Weinstraße berührt die Nachbargemeinden Ashton, Bonnievale und McGregor und hat mehr Outdooraktivitäten zu bieten als jede andere Stadt an der Route 62: in den Bergen wandern, eine Raftingtour mitmachen oder reiten – die Stadt ist berühmt für ihre Gestüte.

⊙ Sehenswertes & Aktivitäten

★ Viljoensdrift
WEINGUT

(☑023-615 1017; www.viljoensdrift.co.za; kostenlose Weinproben; ◷Mo–Fr 10–17, Sa 10–16 Uhr; ☐☰) Viljoensdrift ist vor allem an Wochenenden eines der beliebtesten Weingüter von Robertson. Wie wär's beispielsweise mit einem Picknick vom Deli und einer Flasche aus der Kellerei als Verpflegung während eines einstündigen Bootsausflugs auf dem Breede River (Erw./Kind 70/20 R)? Die Boote fahren ab 12 Uhr stündlich ab. Eine Reservierung ist erforderlich.

Excelsior
WEINGUT

(☑023-615 1980; www.excelsior.co.za; abzweigend von der Route 317; kostenlose Weinproben; ◷Mo–Fr 10–16, Sa 10–15 Uhr; ☐☰) Die Weinproben finden auf einer Holzterrasse mit Blick auf einen Stausee statt – ein herrliches Fleckchen. Die echte Attraktion ist das „Misch deinen eigenen Wein"-Erlebnis. Besucher dürfen drei Weine nach ihrem eigenen Gusto zusammenmischen und bekommen dann eine Flasche ihrer Kreation samt eigenem Etikett (70 R). Das Restaurant hat *roosterbrood*-Sandwiches (traditionelles Brot, das über Holzkohle geröstet wird) im Angebot.

Marbin Olives
FARM

(☑073 840 8228; www.marbin.co.za; abzweigend von Klaasvoogds East Rd.; Verkostung 50 R; ◷Mo–Sa 9–16 Uhr) Traveller sind verrückt nach den Verkostungen von Oliven, Balsamico und Olivenöl, die das Familienunternehmen mit fachmännischer Anleitung veranstaltet. Den atemberaubenden Blick auf die Langeberg-Berge gibt's umsonst. Reservierung wird empfohlen.

Graham Beck
WEINGUT

(☑023-626 1214; www.grahambeckwines.com; Weinproben ab 75 R; ◷Mo–Fr 9–17, Sa & So 10–16 Uhr; ☐) Verkostet werden hier Schaumweine von Weltklasse in einem bemerkenswert modernen Gebäude mit riesigen Glasfronten. Das Weingut wirkt nach all den kapholländischen Anwesen wie eine frische Brise.

Springfield
WEINGUT

(☑023-626 3661; www.springfieldestate.com; Route 317; kostenlose Weinproben; ◷Mo–Fr 8–17, Sa 9–15 Uhr) Einige der Weine hier sind ungefiltert – der Whole Berry mit unzerstoßenen Beeren lohnt sich wegen des ungewöhnlichen Geschmacks. Wer seinen Picknickkorb mitbringt, kann sein Mittagessen auf dem idyllischen Anwesen mit Blick auf einen See genießen. Auf Anfrage werden Führungen durch den Weinkeller veranstaltet.

Van Loveren
WEINGUT

(☑023-615 1505; www.vanloveren.co.za; Weinproben 55 R; ◷Mo–Fr 8.30–17, Sa 9.30–15.30, So 11–15 Uhr; das Bistro ist Di geschlossen; ☐☰) Van Loveren hat sich auf bezahlbare

Weine spezialisiert; die Weinproben werden in Kombination mit Käse, Schokolade und Wurst angeboten; Kinder dürfen Traubensaft testen (35 R). Jeder Baum im tropischen Garten erzählt eine Geschichte – an der Rezeption gibt's Broschüren, oder an einer Führung teilnehmen (45 R). Im Angebot sind auch Führungen durch den Weinkeller. Das zwanglose Bistro (Hauptgerichte 65–130 R) serviert ausgezeichnete Burger und Pizzen.

Nerina Guest Farm REITEN

(☑082 744 2580; www.nerinaguestfarm.com; Goree Rd.; einstündige Ritte 200 R) Die alteingesessene Farm veranstaltet einstündige Ritte am Breede River oder durch die Weinberge; wer mag, kann anschließend mit den Pferden schwimmen gehen (50 R). Auch längere Ritte sind möglich (nach Vereinbarung).

Festivals & Events

In Robertson finden mehrere Weinfeste statt, darunter das **Hands on Harvest** im Februar, das **Wacky Wine Weekend** (☑023-626 3167; www.wackywineweekend.com) Ende Mai/Anfang Juni und das **Wine on the River Festival** (☑023-626 3167; www.wineonriver.com) Ende Oktober. Da zu diesen Zeiten die Unterkünfte in der Stadt knapp werden, muss die Unterkunft frühzeitig gebucht werden.

Schlafen

★ Pat Busch Mountain Reserve HÜTTE €

(☑023-626 2033; www.patbusch.co.za; Bergendal Rd., Klaasvoogds West; Hütte für 4 Personen ab 600 R; P🗗🛜🗙) Die gut ausgestatteten Hütten stehen 15 km nordöstlich von Robertson abseits der Route 44 am Rand eines Naturschutzgebietes. Wanderungen, Mountainbiketouren, Angeln und Vogelbeobachtung sind möglich. Für die Luxus-Camper stehen ein paar Glampingzelte (für zwei Personen 1490 R) bereit, die von Africamps betrieben werden. Die Zelte haben zwei Schlafzimmer, Bad, gut ausgestattete Küche und einen Spitzenblick auf die Langeberg-Berge.

Robertson Backpackers HOSTEL €

(☑023-626 1280; www.robertsonbackpackers. co.za; 4 Dordrecht Ave.; Zeltplatz 100 R, B/EZ/DZ mit Gemeinschaftsbad 160/350/420 R, DZ 520 R; P🗗🛜🗙) Für Backpacker stehen geräumige Schlafsäle und im Garten hübsche Doppelzimmer mit Bad zur Verfü-

gung. Es gibt einen großen, grasbewachsenen Hinterhof, eine Shisha-Lounge, und die Angestellten organisieren Ausflüge zu Weingütern oder andere Aktivitäten; auch einen halbtägigen Rafting-Trip auf dem Breede River (550 R).

Gubas De Hoek PENSION €€

(☑023-626 6218; www.gubas-dehoek.com; 45 Reitz St.; EZ/DZ ab 720/1160 R; 🛜🗙) 🖉 Die gemütliche Pension mit ihren gut ausgestatteten Zimmern und den familienfreundlichen Einheiten für Selbstversorger (1200 R) wird von Lesern sehr empfohlen. Der Eigentümer, Gunther Huerttlen, ist Koch und verpflegt seine Gäste am Abend (3 Gänge 360 R). Außerdem gibt es eine gemeinsame Küche für Selbstversorger für die Zubereitung kleiner Mahlzeiten. Die Eigentümer arbeiten daran, ihren gesamten Strom selbst zu produzieren.

Ballinderry PENSION €€

(☑023-626 5365; www.ballinderryguesthouse. com; 8 Le Roux St.; EZ/DZ mit Frühstück ab 1100/1500 R; P🗗🛜🗙) Die Gastgeber, Luc und Hilde, halten die farbenfrohe Boutiquepension tadellos in Schuss. Es gibt ein Champagnerfrühstück und auf Wunsch auch hervorragendes Abendessen, Verständigung ist möglich auf Niederländisch, Französisch und Deutsch. Tipp: Nach einem Zimmer zum Garten raus fragen.

Essen

An viele Weingüter ist ein Restaurant angeschlossen, dennoch bleibt Robertson mit seinen kulinarischen Angeboten noch etwas hinter Stellenbosch und Franschhoek zurück.

★ Strictly Coffee CAFÉ €

(☑023-626 6691; www.strictlycoffee.co.za; 5 Voortrekker St.; Hauptgerichte 70–90 R; ⊙Mo–Fr 7–17.30, Sa 9–14 Uhr; 🛜) Neben anregendem, direkt vor Ort selbst geröstetem Kaffee gibt es hier verschiedene Kuchen, leckere Salate und Sandwiches mit unglaublich frischen Zutaten. Die Einheimischen schwärmen von den Eiern Benedict zum Frühstück.

@ Four Cousins INTERNATIONAL €€

(☑023-615 1505; www.fourcousins.co.za; 3 Kromhout St.; Hauptgerichte 80–160 R; ⊙Mo–Sa 8.30–21.30, So 8.30–17 Uhr; P🛜🏠) Hier fühlt sich jeder Gast bestens aufgehoben –

im Angebot sind Weinproben, eine Klein-brauerei, Süßigkeiten für Kinder und ein tolles Klettergerüst. Die üppige Speisekarte bietet alles Mögliche von Salaten und Wraps bis zu Pizzen, Burgern und Steaks.

Bourbon Street INTERNATIONAL €€
(☎023-626 5934; www.bourbonst.co.za; 22 Voortrekker St.; Hauptgerichte 70–170 R; ⊗Mo–Sa 11–22, So 11–17 Uhr; ☎) Dieses Restaurant, dessen Stil an New Orleans erinnert, ist ein Langzeitfavorit bei den Einheimischen und beliebt bei Besuchern. Auf der Karte steht eine breite Palette von Gerichten, von Jambalaya und Rippchen „Southern-Style" bis zum Thai-Curry und herzhafter Platte mit Wildfleisch. Mit dem reichhaltigen Angebot an Craft-Bieren und einer ordentlichen Cocktailkarte ist es auch abends zum Ausgehen interessant.

❶ Praktische Informationen

Robertson Tourism Bureau (☎023-626 4437; www.robertsontourism.co.za; ⊗Mo–Fr 8–17, Sa 9–14, So 10–14 Uhr) Freundliche Anlaufstelle für Informationen über die Weinregion und die Route 62.

❶ An- & Weiterreise

Translux (☎086 158 9282; www.translux.co.za) Busse halten gegenüber dem Polizeirevier an der Voortrekker Street Es gibt Linien nach Knysna (250 R, 5 Std.), Kapstadt (240 R, 2 Std., tgl.) und Port Elizabeth (390 R, 9 Std., tgl.).
Die Sammeltaxis (Voortrekker St.) nach und von Bellville in den nördlichen Vorstädten von Kapstadt (95 R, 1½ Std.) halten ebenfalls gegenüber dem Polizeirevier.

OVERBERG

Die Region Overberg („über dem Berg") liegt im Osten der Hottentots-Holland-Berge. Die sanft gewellten Weizenfelder grenzen an den Breede River, die Küste und die Gipfel von drei Gebirgsketten.

Alle Straßen nach Overberg sind attraktiv: Die N2 windet sich zum Sir Lowry's Pass hinauf, wo sich prachtvolle Ausblicke öffnen, und führt wieder abwärts ins hübsche Elgin Valley mit Weingütern und dem großartigen Hottentots Holland Nature Reserve.

Die Route 44 kurvt auf Meereshöhe an der Küste entlang um das Hangklip-Kap und passiert auf dem Weg nach Hermanus das Kogelberg Nature Reserve. Diese atemberaubende Fahrt die Küste entlang kann locker mit dem Chapman's Peak Drive in Kapstadt mithalten – und sie kostet keine Maut.

Elgin Valley

Das grüne, dünn besiedelte Elgin Valley ist für seine Apfelplantagen bekannt und steht nur bei wenigen Travellern auf der Liste. Daher sind seine Weingüter (vorzugsweise mit Sauvignon Blanc, Chardonnay und Pinot Noir), Wanderwege und andere Outdooraktivitäten erfreulich wenig besucht. Eine Ausnahme bildet die sehr beliebte Canopy Tour, die im Voraus gebucht werden muss. Das Tal mit der Hauptstadt **Grabouw** ist als Tagestour von Kapstadt leicht zu erreichen.

◎ Sehenswertes & Aktivitäten

Hottentots Holland Nature Reserve NATURSCHUTZGEBIET
(☎028-841 4301; www.capenature.co.za; Erw./Kind 40/20 R; ⊗7–17 Uhr) Das bergige, bewaldete Naturschutzgebiet erstreckt sich von Jonkershoek im Westen bis Villiersdorp im Osten und umschließt den Theewaterskloof Dam. Es gibt Tages- und mehrtägige Wanderungen, Mountainbike-Routen und *kloofing*-(Canyoning-)Strecken. Die wichtigste Attraktion ist jedoch die **Canopy Tour** (☎021-300 0501; www.canopytour.co.za; pro Person 895 R), eine Seilrutsche, auf der man über die Baumwipfel gleitet.

Paul Cluver Wines WEINGUT
(☎021-844 0605; www.cluver.com; N2, Grabouw; Weinproben 40 R; ⊗Mo–Fr 9–17, Sa & So 10–14 Uhr) Ein lohnender Zwischenstopp auf der Elgin-Weinstraße. Geboten werden gute Weine, ein Restaurant im Country-Stil und Mountainbike-Strecken (Gebühr 80 R).

Green Mountain Trail WANDERN
(☎028-284 9827; www.greenmountaintrail.co.za; EZ/DZ mit Vollpension 13 520/19 350 R) Eine viertägige, 57 km lange Luxuswanderung durch die Berge, bei der das Gepäck voraustransportiert wird, was eine unbeschwerte und relativ komfortable Wanderung ermöglicht – mit Picknicks auf weißer Tischdecke und mit erlesenen Weinen. Am Ende des Tages warten prächtige Landgüter für die Nacht.

MCGREGOR

Nur 20 km südlich von Robertson am Ende einer Straße ins Nirgendwo liegt die hübsche Ortschaft McGregor, die nur mit eigenem Fahrzeug erreichbar ist. Hauptanreiz für einen Besuch, außer der ruhigen, friedlichen Atmosphäre, ist der spektakuläre **Boesmanskloof Trail** (Greyton McGregor Trail; www.capenature.co.za; Tageskarte Erw./Kind 40/20 R), eine 14 km lange Wanderung durch die Riviersonderend-Berge nach Greyton. Wer nicht den ganzen Tag lang wandern will, kann auch eine kürzere Route zu einem Wasserfall einschlagen.

Das Restaurant **Karoux** (☏023-625 1421; www.karoux.co.za; 42 Voortrekker St.; Hauptgerichte 90–160 R; ⏲Mi–Sa 18–22, So 12–15 Uhr) in der Stadt gehört zur absoluten Spitzenklasse. Außerhalb der Stadt liegen einige verstreute Weingüter. Der **Tanagra Private Cellar** (☏023-625 1780; www.tanagra-wines.co.za; kostenlose Weinproben; ⏲nach Vereinbarung) ist einen Versuch wert. Das Weingut produziert mehrere Rotweine und einen guten Grappa.

McGregor Backpackers (☏023-004 0018; www.mcgregorbackpackers.co.za; 34 Bree St.; B/EZ/DZ 200/300/550 R; Pℹ) fällt schon eher in die Kategorie Budget-Pension statt einer Backpacker-Unterkunft. Die freundlich dekorierten Zimmer mit eigenem Bad liegen um einen schönen, verwilderten Garten herum; es gibt eine Gemeinschaftsküche, einen Aufenthaltsraum und eine Grillfläche. Wem McGregor immer noch zu laut ist, der enscheidet sich für die luxuriöse **Lord's Guest Lodge** (☏023-625 1881; www.lordsguest lodge.co.za; EZ-/DZ-Hütte mit Frühstück 1000/1450 R; Pℹ✆) 13 km nördlich der Stadt. Die Steinhütten mit Strohdach stehen auf einem Hügel und bieten atemberaubende Ausblicke über die Landschaft.

✗ Essen & Ausgehen

★ Hickory Shack
BARBECUE €€

(☏021-300 1396; www.hickoryshack.co.za; N2; Hauptgerichte 70–165 R; ⏲Di–Fr & So 9–17, Sa 9–21 Uhr; Pℹ) Diese Räucherkammer hat es in kurzer Zeit geschafft, sich eine große Fangemeinde zu erwerben. Sie liebt das schonend gegarte und perfekt gewürzte Fleisch und die Beilagen im Texasstil, wie Maissalat, gebackene Bohnen und Cole-Slaw-Salat. Dazu gibt's Craft-Bier vom Fass und verschiedene Cider aus dem Elgin Valley.

Peregrine Farm Stall
ESSEN & TRINKEN

(☏021-848 9011; www.peregrinefarmstall.co.za; N2; ⏲7.30–18 Uhr; ℹ) Die Einheimischen versorgen sich hier mit ofenfrischer Pastete und frisch gepresstem Apfelsaft, bevor sie irgendwo hinfahren. Außer dem Stand gibt's ein Café (Hauptgerichte 60–120 R), das exzellente Zitronen-Baisertorte serviert, und mehrere Läden und Attraktionen, wie den Verkostungsraum für Everson's Cider (Proben 42 R).

ℹ An- & Weiterreise

Das Tal beginnt am Sir Lowry's Pass in den Hottentots-Holland-Bergen östlich von Somerset West.

DMJ Transport (☏021-419 4368; www.dmj transport.com) Die Busse halten auf der Garden-Route-Strecke von Kapstadt (150 R, 1½ Std., tgl.) zum Ostkap in Grabouw.

Hermanus
☏028 / 10 500 EW.

Hermanus gilt als der weltweit beste Ort, um Wale von Land aus zu beobachten. In der Zeit von Juni bis Dezember wird die Bucht zum Schwimmbecken für zahlreiche Südliche Glattwale (Südkaper). Dann verwandelt sich der eigentlich kleine Fischerort in eine große, hektische Stadt mit exzellenten Unterkünften, Restaurants und Läden.

Die Stadt zieht sich entlang einer langen Hauptstraße hin, doch das Zentrum ist zu Fuß leicht erreichbar. Der Wanderweg am Kliff ist Spitzenklasse, und in den Hügeln um die Stadt finden sich sowohl weitere schöne Wanderwege als auch Weingüter mit tollen Weinproben. Das **Hermanus Whale Festival** (www. whalefestival.co.za) findet alljährlich im September statt. Dann und während der Schulferien im Dezember und Januar ist die Stadt überfüllt. Mit nur 122 km von Kapstadt eignet sich Hermanus auch für eine Tagestour.

ROUTE 44 NACH HERMANUS

Wer etwas mehr Zeit hat, sollte die spektakuläre Küstenstraße nach Hermanus nehmen, auf der die Fahrt nur eine halbe Stunde länger dauert (plus natürlich die Zeit, die es fürs Anhalten, Fotografieren und Bestaunen der Aussicht braucht). Die Route 44 zweigt in Strand von der N2 ab und führt ab Gordon's Bay dicht an der Küste entlang. Die Küstenstraße heißt hier Clarence Drive und ist eine tolle und mautfreie Alternative zum Chapman's Peak Drive in Kapstadt. Genügend Zeit für Stopps zum Fotografieren der schönen Aussicht einplanen. Zwischen Juni und Dezember lassen sich in der False Bay oft Wale blicken.

Unterwegs lohnen sich einige Zwischenstopps, wie das **Kogelberg Nature Reserve** (☎ 087 288 0499; www.capenature.co.za; Route 44; Erw./Kind 40/20 R; ⏱ 7.30–19 Uhr), ein Naturschutzgebiet mit einer ungeheuer reichhaltigen Artenvielfalt, darunter über 1880 Pflanzenarten. Hier locken Tageswanderungen und auch Mountainbike-Strecken; alle Aktivitäten müssen im Voraus gebucht werden. Übernachtungen sind in den **Oudebosch Eco Cabins** (☎ central reservations 021-483 0190; www.capenature.co.za; DZ-Hütten ab 1170 R; 🅿 ✿) 🌿 möglich, sehr angenehmen, gut ausgestatteten Hütten – sie sind begehrt, also unbedingt im Voraus buchen.

Ein absolutes Muss ist das **Stony Point Nature Reserve** (☎ 028-272 9829; www.capenature.co.za; abzweigend von Wallers Rd.; Erw./Kind 20/10 R; ⏱ 8–16.30 Uhr; 🅿). Es ist viel ruhiger als die wahnsinnig beliebte Kolonie Boulders Beach auf der anderen Seite der False Bay, und man kann die kleinen Pinguine viel ungestörter beobachten.

Hinter Betty's Bay lohnt ein kurzer Besuch in den **Harold Porter National Botanical Gardens** (☎ 028-272 9311; www.sanbi.org; Erw/Kind 25/10 R; ⏱ Mo–FR 8–16.30, Sa & So 8–17 Uhr; 🅿). Naturlehrpfade führen zu einheimischen Pflanzen, und am Eingang befinden sich eine Teestube und jede Menge Picknickplätze.

An dem wilden, wunderschönen Strand des hübschen **Kleinmonds** lassen sich ein entspannter Nachmittag verbringen, frische Meeresfrüchte essen oder durch die Läden streifen. Das Städtchen ist längst nicht so kommerziell wie Hermanus und ein ausgezeichneter Ort, um Wale zu beobachten, auf den verlässlichen Wellen zu surfen oder prima Wanderungen zu machen.

🧭 Sehenswertes

Fernkloof Nature Reserve NATURSCHUTZGEBIET (☎ 028-313 0819; www.fernkloof.com; Fir Ave.; ⏱ 7–19 Uhr) GRATIS Das 15 km² große Naturschutzgebiet ist ein Paradies für *fynbos*-Freunde (wörtlich „Feinbusch" – Sträucher mit schmalen, nadelförmigen Blättern). Es gibt ein insgesamt 60 km langes Wegenetz für jedes Fitnessniveau, und der Blick über das Meer ist atemberaubend. Eine Wanderkarte für das Gebiet ist an der Touristeninformation zu bekommen. Geführte Touren werden ebenfalls angeboten, sie müssen aber im Voraus gebucht werden.

Old Harbour HISTORISCHE STÄTTE
Der Hafen, der an den Klippen vor dem Stadtzentrum klebt, ist das Herz von Hermanus. Hier gibt es drei Museen: das **Old Harbour Museum** (☎ 028-312 1475; www.old-harbour-museum.co.za; Marine Dr.; Erw./Kind 20/5 R; ⏱ Mo–Sa 9–16.30, So 12–16 Uhr),

das **Whale House Museum** (Market Sq.; Erw./Kind 20/5 R; ⏱ Mo–Sa 9–16.30, So 12–16 Uhr) und das **Photographic Museum** (Market Sq.; Erw./Kind 20/5 R; ⏱ Mo–Sa 9–16.30, So 12–16 Uhr). Auf dem Market Square findet ein ständiger Kunsthandwerksmarkt statt.

🏃 Aktivitäten

Hermanus ist zwar bekannt dafür, dass sich hier vom Land aus Wale beobachten lassen, aber es werden auch Bootstouren angeboten. Die Annäherung an die Wale auf dem Wasser ist streng reguliert, und die Boote müssen mindestens 50 m Abstand zu den Tieren halten.

⭐ **Cliff Path Walking Trail** WANDERN
GRATIS Vom New Harbour, 2 km westlich der Stadt gelegen, schlängelt sich der Panoramaweg, der auf ganzer Länge zugänglich ist, über insgesamt ·10 km am Meer entlang bis zur Mündung des Klein River. Dieser Wanderweg ist definitiv das Schönste, was Hermanus zu bieten hat,

Wale hin oder her. Unterwegs passiert er den Grotto Beach, den beliebtesten Strand, außerdem den Aussichtspunkt Kwaaiwater, wo die Sicht auf Wale besonders gut ist, und die Strände Langbaai und Voelklip. Die Touristeninformation hält eine Broschüre mit weiteren Infos zum Wanderweg bereit.

Walker Bay Adventures — WASSERSPORT

(☎082 739 0159; www.walkerbayadventures. co.za; Old Harbour; Kajakfahren 400 R, Whale Watching vom Boot aus Erw./Kind 800/380 R) Wale vom Kajak aus auf dem Meer zu beobachten, ist ein atemberaubendes, wenn auch mitunter nervenaufreibendes Erlebnis. Darüber hinaus werden noch Aktivitäten wie Sandboarding, Reiten und Bootsausflüge angeboten.

Southern Right Charters — BOOTSTOUREN

(☎082 353 0550; www.southernrightcharters. co.za; 2 Std., Erw./Kind 800/380 R) Ein offiziell zugelassener Bootsbetreiber, der vom New Harbour aus zur Walbeobachtung ins Meer sticht.

🛏 Schlafen

Hermanus Backpackers — HOSTEL €

(☎028-312 4293; www.hermanusbackpackers. co.za; 26 Flower St.; B 170 R, DZ 490 R, mit Gemeinschaftsbad 440 R; P🛜🏊) Eine tolle Herberge mit peppiger Einrichtung, guter Ausstattung und kenntnisreichen Mitarbeitern, die gern bei der Freizeitplanung behilflich sind. Das einfache Frühstücksbüfett ist inklusive, und es gibt auch Abendessen. Hier geht es ziemlich relaxt zu, und im Anbau um die Ecke ist es sogar noch ruhiger.

Zoete Inval Travellers Lodge — HOSTEL €

(☎028-312 1242; www.zoeteinval.co.za; 23 Main Rd.; B ab 200 R, DZ 650 R, mit Gemeinschaftsbad 550 R; P🛜) 🍽 Eine Budgetunterkunft mit hübsch möblierten Zimmern in der Vorstadt; das Hostel ist ruhig und gut ausgestattet (mit Wellnessbad).

⭐ Potting Shed — PENSION €€

(☎028-312 1712; www.thepottingshedaccommo dation.co.za; 28 Albertyn St.; DZ mit Frühstück ab 1100 R; P🛜🏊) Freundliche Pension mit bezauberndem persönlichem Touch, etwa selbst gebackenen Begrüßungskeksen. Die gepflegten Zimmer sind komfortabel, hell und fantasievoll eingerichtet. Es gibt noch ein geräumiges Loftstudio, und die Eigentümer vermieten auch einige Ferienwohnungen für Selbstversorger (4 Pers. 1450 R), die näher am Meer liegen.

Baleia de Hermanus — PENSION €€

(☎028-312 2513; www.baleia.co.za; 57 Main Rd.; EZ/DZ mit Frühstück 630/1100 R; P🛜🏊) Die schicken, bequemen Zimmer sind um einen Pool herum angeordnet. Die freundliche, einladende Pension wird vom Besitzer selbst geführt.

Hermanus Esplanade — APARTMENTS €€

(☎028-312 3610; www.hermanusesplanade.com; 63 Marine Dr.; Apt. mit Meerblick 800 R) Bei unserem letzten Besuch hatte das Windsor Hotel die Apartments mit Meerblick übernommen und unterzog sie einer längst fälligen Generalüberholung.

Marine — LUXUSHOTEL €€€

(☎028-313 1000; www.themarinehotel.co.za; Marine Dr.; Zi. mit Frühstück ab 4700 R; P❄🛜🏊) Die nobelste Unterkunft der Stadt liegt direkt am Meer, Gelände und Ausstattung sind makellos gepflegt; man hat zwei Restaurants mit Blick aufs Meer. Das Pavilion (S. 237) öffnet nur zum Frühstück, während das Origins (S. 237) Gourmet-Menüs mit Schwerpunkt Meeresfrüchte anbietet.

Auberge Burgundy — PENSION €€€

(☎028-313 1201; www.auberge.co.za; 16 Harbour Rd.; EZ/DZ mit Frühstück ab 1080/1440 R; P🛜🏊) Diese herrliche Pension im Stil einer provençalischen Villa liegt mitten in der Stadt. Viele Zimmer haben Meerblick, und die Preise steigen in der Hauptsaison nicht an.

Harbour House Hotel — HOTEL €€€

(☎028-312 1799; www.harbourhousehotel.co.za; 22 Harbour Rd.; EZ/DZ mit Frühstück ab 1100/ 1380 R; P❄🛜🏊) Ein paar der hellen, modernen Zimmer in diesem entzückenden Hotel sind mit einer Kochnische ausgestattet; alle haben einen Balkon oder Terrasse. Der Meerblick vom Infinity-Pool ist phänomenal.

Windsor Hotel — HOTEL €€€

(☎028-312 3727; www.windsorhotel.co.za; 49 Marine Dr.; EZ/DZ mit Frühstück 950/1150 R, mit Meerblick 1450/1650 R; P🛜) In diesem altgedienten Hotel ist es möglich, in einem Zimmer mit Meerblick während der Walsaison die großen Meeressäuger vom Bett aus zu beobachten. Die Zimmer könnten eine Renovierung vertragen, zeugen aber immer noch von den viktorianischen

Hermanus

The map shows streets including Dolphin St, Impala St, Duiker St, Main Rd, Bird St, Harmony St, Magnolia, Aberdeen St, Spence St, Patterson St, Long St, Myrtle St, Church St, Flower St, Albertyn St, Fourie St, Bird La, Plein St, Westcliff St, Park La, De Goede St, Southern Right Charters (1,75 km); Gecko Bar (1,8 km), Cliff Path Walking Trail, Ficks Pool, Walker Bay, ATLANTIK. Numbered markers: 14, 12, 7, 9, 17, 15, 13, 4.

Wurzeln des Hotels. Es gibt auch große Apartments mit Meerblick (für vier Personen 2100 R).

✕ Essen

Eatery
CAFÉ €

(☎028-313 2970; Long St. Arcade, Long St.; Hauptgerichte 55–95 R; ⏰Mo–Fr 7–16, Sa 7–13 Uhr; 🕾) Einheimische schätzen das Café, das versteckt in einer Nebenstraße liegt, wegen des exzellenten Kaffees und der frischen Salate; außerdem werden Sandwiches und selbst gebackene, leckere Kuchen serviert.

Bistro at Just Pure
CAFÉ €€

(☎028-313 0060; www.justpurebistro.co.za; Ecke Marine Dr. & Park Lane; Hauptgerichte 65–115 R; ⏰Mo–Fr 8.30–16, Sa & So 8.30–15 Uhr; 🕾) 🍃 In diesem Bistro am Meer dreht sich alles um frische, lokale Bioprodukte. Der berühmte Käsekuchen schmeckt auf der Terrasse, von wo aus sich Wale beobachten lassen. Von Oktober bis Februar wird auch Abendessen angeboten. Der angrenzende Laden verkauft Naturkosmetik.

Burgundy Restaurant
MEERESFRÜCHTE €€

(☎028-312 2800; www.burgundyrestaurant.co.za; Marine Dr.; Hauptgerichte 95–240 R; ⏰8–21 Uhr) Das langjährige Restaurant geht immer noch gut; es ist bei Einheimischen wie Touristen gleichermaßen beliebt – sowohl wegen des fantastischen Meerblicks als auch des Essens. Die Meeresfrüchte sind das Zugpferd, aber auch Vegetarier und Fleischesser werden bestens bedient.

Fisherman's Cottage
MEERESFRÜCHTE €€

(☎028-312 3642; www.fishermanscottage. co.za; Lemm's Corner; Hauptgerichte 105–270 R; ⏰Fr–So 12–15, Mo–Sa 18–21.30 Uhr) In dem strohgedeckten Haus aus den 1860er-Jahren dreht sich alles um Meeresfrüchte. Unter der Dekoration aus Fischernetzen

Hermanus

werden aber auch Steaks und traditionelle Gerichte serviert.

★ Pear Tree   FUSIONSKÜCHE **€€€**
(☎028-313 1224; http://peartree-hermanus.co.za; 2 Godfrey Cottages, Village Sq.; Hauptgerichte 110–180 R; ⊙11–23 Uhr) Das Pear Tree gehört zu den Spitzenrestaurants des Ortes. Es ist mit nackten Ziegelsteinen und Weinflaschen ganz im Stil einer Bodega dekoriert. Auf der kleinen Speisekarte stehen Köstlichkeiten wie Tagliatelle mit Pulled-Lamm und Trüffelöl, geschmorter Schweinebauch und *naartjie*-Malva-Pudding (ein traditioneller, klebriger Sponge-Pudding mit Zitrusfrüchten) mit rosa Pfefferkörnern; Tisch vorbestellen.

Origins   MEERESFRÜCHTE **€€€**
(☎028-313 1000; www.themarine.co.za; Marine Dr.; Hauptgerichte 135–250 R; ⊙12–14.30 & 19–21.30 Uhr; ℗) Das Restaurant im vornehmen Marine (S. 235) Hotel hat sich auf perfekt zubereitete Meeresfrüchte spezialisiert, dazu gibt's einige Fleischgerichte und köstliche Desserts.

Pavilion   FRÜHSTÜCK **€€€**
(☎028-313 1000; www.themarinehotel.co.za; Marine Dr.; Frühstück 180 R; ⊙7–10.30 Uhr) Das Frühstücksrestaurant im Marine (S. 235) Hotel bietet ein besonderes Frühstückserlebnis mit Blick aufs Meer; unbedingt den Croissant French Toast mit Ahornsirup und Bacon probieren – und dann am Büfett weitermachen.

 Ausgehen & Nachtleben

Bientang's Cave   BAR
(☎028-312 3454; www.bientangscave.com; Marine Dr.; ⊙11.30–20 Uhr) In dieser Höhle lebten bis zum Ende des 19. Jhs. die letzten Strandlopers (indigene Küstenbewohner). Das Ambiente ist bemerkenswert; es lohnt sich, auf einen Drink reinzuschauen. Der Zugang ist nur über eine steile Treppe an der Klippe möglich.

INSIDERWISSEN

WEIN GENIESSEN RUND UM HERMANUS

Die Gegend ist vor allem für Wale bekannt, doch es gibt auch einige hervorragende Weingüter gleich außerhalb von Hermanus. Das **Hemel-en-Aarde-Tal** (Himmel und Erde) beginnt 5 km westlich der Stadt und windet sich dann 15 km lang nordwärts.

Erklärt sich keiner aus der Gruppe als Fahrer bereit, bietet sich als Transportmittel ein **Tuk-Tuk-Transporter** (S. 238) an, der die Fahrten zwischen drei Weingütern, einen Halt zum Mittagessen und die Rückkehr zur Unterkunft übernimmt (pro Person 275 R).

Eine Alternative wäre eine Fahrt zu den Weingütern mit dem Quad von **SA Forest Adventures** (☑ in Kapstadt 021-795 0225; www.saforestadventures.co.za; Fahrten ab 350 R; pro Person 650 R).

Wie bei den anderen Weingütern der Region ist auch bei **Newton Johnson** (☑ 021-200 2148; www.newtonjohnson.com; Weinproben ab 50 R; ⊙ Mo–Fr 9–16, Sa 10–14, Restaurant Mi–So 12–15 Uhr) der Pinot Noir die wichtigste Rebsorte, doch der eigentliche Star des Weingutes ist das überragend gute Restaurant (Hauptgerichte 150–200 R). Es bereitet einfache Gerichte perfekt zu, wie gebratene Schweinelende mit dicken Bohnen.

Creation (☑ 028-212 1107; www.creationwines.com; Hemel en Aarde Rd.; Weinproben 50 R; ⊙ 10–17 Uhr; P 🎠) ist bekannt für seine kreativen Kombinationen mit Wein, etwa mit einem überragenden Brunch (495 R), aber auch mit Teekombinationen (435 R), während sich Kinder eher über eine Saft-Probe (115 R) freuen. Das Restaurant listet die Metzger, Bäcker, Käsemacher und andere Produzenten auf, die Zutaten für die Gerichte liefern. Das Weingut liegt 20 km von Hermanus entfernt an der Hemel-en-Aarde Road; Kombinationsverkostungen nur nach Vorbestellung.

Das pittoreske Weingut **Bouchard Finlayson** (☑ 028-312 3515; www.bouchardfinlayson. co.za; Route 320; Weinproben 40 R; ⊙ Mo–Fr 9–17, Sa 10–13 Uhr; P) ist vor allem für seinen überragenden Pinot Noir berühmt. Auf dem Anwesen kann man auf bequemen Wegen durch den *fynbos* gehen.

Das hypermoderne **La Vierge** (☑ 028-313 0130; www.lavierge.co.za; Hemel-en-Aarde Rd.; Weinproben 50 R; ⊙ Di–So 10–17 Uhr) bietet Weinproben und Mittagessen (Hauptgerichte 120–185 R) in einem Dekor aus grellem Pink und Glas.

Gecko Bar
BAR

(☑ 028-312 4665; New Harbour; ⊙ 11–2 Uhr) Der Meeresblick entschädigt für die etwas schäbige Ausstattung. Auf der Speisekarte stehen Sushi und Pizza (Hauptgerichte 55–115 R), es gibt regionales Bier vom Fass, Sport auf großem TV-Bildschirm und am Wochenende Livemusik.

Mock Turtle
BAR

(☑ 083 639 1222; Village Sq., Marine Dr.; ⊙ Mo–Do 12–21, Fr & Sa 12–2 Uhr) Eine relaxte Bar mit guten Cocktails, in der an den meisten Abenden ein DJ auflegt – der ideale Ort, um den Sonnenuntergang mit einem Bier zu genießen.

ⓘ Praktische Informationen

Internet City (Waterkant Bldg., Main Rd.; pro Std. 40 R; ⊙ Mo–Fr 8–17, Sa 8.30–15 Uhr)

Post (☑ 028-312 1500; 93 Main Rd.)

Hermanus Tourism (☑ 028-313 1602; www. hermanustourism.info; Market Sq.; ⊙ Mo–Fr 9–17, Sa 9–16, So 10–14 Uhr) ist zwar nicht das Hauptbüro der Touristeninfo, liegt aber viel günstiger. Die Angestellten sind außerordentlich hilfsbereit.

Das größere **Tourism Office** (☑ 028-312 2629; www.hermanustourism.info; Old Station Bldg., Mitchell St.; ⊙ Mo–Fr 8–17, Sa 9–16, So 10–14 Uhr) liegt nördlich der Stadt und vermittelt Unterkünfte.

ⓘ An- & Weiterreise

Bernardus Tours (☑ 028-316 1093; www.bernardustransfershermanus.co.za) bietet Fahrten nach Gansbaai (450 R, 30 Min.) und Kapstadt (1000 R, 1½ Std.) an. Die Preise gelten je Fahrzeug (bis zu drei Fahrgäste).

Die Hostels betreiben einen Shuttleservice (einfache Fahrt ab 100 R, 30 Min.) zur **Baz Bus** (S. 198) Haltestelle in Botrivier, 50 km westlich der Stadt. Von Bellville (90 R, 2 Std.) in den nördlichen Vororten von Kapstadt fahren Sammeltaxis ab.

ⓘ Unterwegs vor Ort

Das Stadtzentrum von Hermanus ist überschaubar, doch wer in den Vororten wohnt, kommt mit den praktischen **Tuk-Tuk-Transportern**

(☎ 084 688 5885; www.hermanustaxi.com) preiswert überallhin. Der Durchschnittspreis beträgt 40 R für zwei Personen.

Gansbaai

📞 028 / 11 600 EW.

Wer Lust auf die abgelegene Natur von Overberg hat, ist an der unverbauten Küste von Gansbaai genau richtig. In den letzten Jahren hat der Tourismus wegen des Käfigtauchens zu den Haien zugenommen, aber die meisten Besucher kommen immer noch auf einen Tagesausflug von Kapstadt vorbei.

Das nahe Dorf **De Kelders** (an der Straße von Gansbaai nach Hermanus) ist eine gute Wahl für Walbeobachtung ohne Trubel. Die Boote zu den Haien fahren im Hafen von Kleinbaai ab.

🎯 Sehenswertes

⭐ Walker Bay Nature Reserve   NATURSCHUTZGEBIET

(☎ 028-314 0062; www.capenature.co.za; Erw./Kind 40/20 R; ⏰ 7–19 Uhr) Das Naturschutzgebiet an der Küste ist über hervorragende Wanderwege erschlossen und ein Paradies für Vogelbeobachter. Das Highlight ist allerdings nicht der Meerblick, sondern die eindrucksvollen **Klipgat Caves**, wo Archäologen Artefakte der Khoisan entdeckt haben. Informative Tafeln in den Höhlen informieren über die Zusammenhänge. Das Schutzgebiet besteht aus zwei Abschnitten – die meisten Besucher bleiben im Abschnitt nördlich von De Kelders. Das Schutzgebiet ist auch von Stanford und Uilenkraalsmond zugänglich, südlich von Gansbaai.

Danger Point Lighthouse   LEUCHTTURM

(☎ 028-384 0530; Lighthouse.Tourism@transnet.net; Erw./Kind 16/8 R; ⏰ Mo–Fr 10–15 Uhr; 🅿) Der 1895 erbaute Leuchtturm steht auf einem hübschen Grundstück; hier gibt's Informationen zum Wrack der 1852 gesunkenen HMS *Birkenhead*. Den Besuch am besten telefonisch anmelden, denn die Öffnungszeiten werden nicht immer eingehalten. Auf dem Gelände steht ein einfaches Cottage für Selbstversorger (vier Personen ab 900 R).

🛏 Schlafen

Gansbaai Backpackers   HOSTEL €

(☎ 083 626 4150; www.gansbaybackpackers.com; 6 Strand St.; B 180 R, DZ 500 R, DZ mit Gemeinschaftsbad 450 R; 🅿🛜) Das effiziente und freundliche Hostel nahe am Hafen ist eine gemütliche Budgetunterkunft. Es gibt kleine Studios im Garten mit TV und einfacher Küche (DZ 500 R). Die Angestellten vermitteln Abenteuer-Aktivitäten in der Umgebung.

Aire del Mar   PENSION €€

(☎ 028-384 2848; www.airedelmar.co.za; 77 Van Dyk St., Kleinbaai; EZ/DZ mit Frühstück 765/1275 R; 🅿🛜) Eine freundliche Pension mit guten Preisangeboten, darunter einfache Einheiten für Selbstversorger (für zwei Personen 950 R). Von den Zimmern bietet sich ein weiter Blick übers Meer bis nach Dyer Island.

⭐ Grootbos Private Nature Reserve   LODGE €€€

(☎ 028-384 8008; www.grootbos.com; Route 43; EZ/DZ mit Vollpension 9600/12 800 R; 🅿❄🛜📶) 🍽 Diese erstklassige Luxusunterkunft in einem 25 km² großen Naturschutzgebiet bietet Ausritte, Wanderungen, Exkursionen in die Umgebung und hervorragende Mahlzeiten an – alles im Preis inbegriffen. Jede der frei stehenden Hütten hat eine Dusche draußen auf der Terrasse. Die Grootbos Foundation unterstützt mehrere Umwelt- und Sozialprogramme; nach dem Progressive Tourism Package fragen.

🍴 Essen

⭐ Coffee on the Rocks   CAFÉ €€

(☎ 028-384 2017; http://coffee-on-the-rocks.com; 81 Cliff St., De Kelders; Hauptgerichte 50–110 R; ⏰ Mi–So 10–17 Uhr; 📞) Die Brote werden täglich frisch vor Ort gebacken; auch alles andere wird selbst zubereitet. Von der Terrasse mit Blick aufs Meer lassen sich bei Sandwich, Salat oder einem Kaffee in der Saison Wale beobachten.

Blue Goose   SÜDAFRIKANISCH €€

(☎ 079 310 1770; 12 Franken St.; Hauptgerichte 90–155 R; ⏰ Di–So 10–15, tgl. 17.30–22 Uhr) Das Lokal in einer alten Fischerhütte ist bei den Einheimischen sehr beliebt. Auf der Karte stehen lokale Produkte der Jahreszeit. Obwohl es vor allem wegen der Meeresfrüchte geschätzt wird, ist auch die Lammhüfte nicht zu verachten.

Great White House   MEERESFRÜCHTE €€

(☎ 028-384 3273; www.thegreatwhitehouse.co.za; 5 Geelbek St., Kleinbaai; Hauptgerichte 60–180 R; ⏰ Mi–Mo 8–22, Di 8–17 Uhr) Das vielfältige Lokal tischt vorwiegend frische

Meeresfrüchte auf (auch die schwer zu findenden Abalone), verkauft aber auch Kleidung und Kuriositäten, hilft Touristen und vermietet außerdem noch angenehme Hütten mit Strohdach (EZ/DZ mit Frühstück 570/1000 R).

❶ Praktische Informationen

Gansbaai Tourism (☎ 028-384 1439; www.gansbaaiinfo.com; Main Rd., Great White Junction; ☺ Mo–Fr 9–17, Sa 9–16, So 10–14 Uhr) Die Angestellten vermitteln Aktivitäten und Unterkünfte.

❶ An- & Weiterreise

Die öffentlichen Verkehrmittel nach Gansbaai verkehren nur sporadisch und unzuverlässig. Am besten ist noch **Bernardus Tours** (S. 238) mit Shuttlebussen nach Hermanus (450 R, 30 Min.) und Kapstadt (1400 R, 2 Std.).

Stanford

☎ 028 / 4800 EW.

Dieses Bilderbuchdorf am Ufer des Klein Rivers zieht an Wochenenden verständlicherweise viele Kapstädter an. In der Umgebung liegen eine Handvoll nicht überlaufener Weingüter und Stanford selbst bietet Touren auf dem Fluss, Kajaks zum Mieten, einige gute Restaurants oder einen Brauereibesuch.

◉ Sehenswertes

★ Stanford Hills   WEINGUT
(☎028-341 0841; www.stanfordhills.co.za; abzweigend von der Route 43; Weinproben 40 R; ☺8.30–17 Uhr; P🐕) Unbedingt probieren: den Jacksons Pinotage – ein erlesenes Beispiel einer typisch südafrikanischen Traubensorte. Es gibt reizende Unterkünfte für Selbstversorger (Hütte ab 1100 R), Luxus-Camping (EZ/DZ Luxuszelt 1290/1490 R) sowie ein familienfreundliches Restaurant mit herzhaften Gerichten (Hauptgerichte 95–120 R), die auf einer Kreidetafel angeschrieben werden. Der Ausblick ist fantastisch.

Robert Stanford Estate   WEINGUT
(☎028-341 0647; www.robertstanfordestate.co.za; Route 43; kostenlose Weinproben; ☺Do–Mo 9–16 Uhr) Gute Weißweine, vor allem der Sauvignon Blanc. Es gibt auch eine kleine Brennerei, die Grappa und *mampoer* („Mondschein") produziert, sowie ein hübsches Restaurant im Country-Stil, das mittags geöffnet hat.

Klein River Cheese Farm   FARM
(☎028-341 0693; www.kleinrivercheese.co.za; Route 326; ☺Mo–Sa 9–16 Uhr; P🐕) Der Käse

---

HAIKÄFIGTAUCHEN

Im Umfeld des Hafens von Kleinbaai haben sich mehrere Veranstalter niedergelassen, die Tauchgänge im Haikäfig anbieten, wie **Marine Dynamics** (☎079 930 9694; www.sharkwatchsa.com; 5 Geelbek St., Kleinbaai; Erw./Kind 1900/1100 R) und **White Shark Projects** (☎076-245 5880; www.whitesharkprojects.co.za; 16 Geelbek St., Kleinbaai; Tauchgänge 1800 R), beide mit einem Fair-Trade-Zertifikat.

Das Tauchen im Haikäfig ist sehr umstritten. Kritiker werfen den Veranstaltern vor, dass *chumming* (Haie mit Blut und Innereien von Fischen anlocken) die Haie darauf konditioniert, Boote und Menschen mit Futter zu assoziieren. Danach wären die vermehrten Haiangriffe auf Schwimmer und Surfer eine Folge dieses Verhaltens. Andererseits haben die Veranstalter viele Unterstützer, sogar Meeresbiologen und einige Umweltschützer. Sie argumentieren, dass Menschen, die im Käfig zu den Haien getaucht sind, Ängste abbauen und dazu betragen, das miese Image dieser Fische – seit dem Film „Der weiße Hai" (1975) – zu verbessern.

Sobald sich die Haie nähern, atmen die Teilnehmer in Taucheranzügen mit Schnorchel tief ein, tauchen unter und erleben die Weißen Haie Auge in Auge. Da ohne Atemgeräte getaucht wird, ist keine Taucherausbildung erforderlich; die beste Sicht herrscht zwischen Mai und September.

Wer diese Konfrontation mit einem wilden Tier erleben möchte, sollte sich für einen lizenzierten Anbieter entscheiden, der gegen alle Risiken versichert ist. Wer nichts für Tauchen im Käfig übrig hat, wählt Veranstalter wie **Simon's Town Boat Company** (Karte S. 110; ☎083 257 7760; www.boatcompany.co.za; Town Pier; 🚉Simon's Town), der Bootsfahrten zur Seal Island anbietet, wo Haie Pinguine und Robben jagen.

von dieser Farm erweist sich zunehmend als Renner – der gereifte Gruyère ist besonders gut. Besucher können Käse kosten und kaufen oder, was noch besser ist, sich einen Picknickkorb zusammenstellen und sich anschließend auf dem Anwesen zum Schlemmen niederlassen. Kinder kommen im Streichelzoo und auf dem Spielplatz auf ihre Kosten.

Birkenhead Brewery BRAUEREI
(☎028-341 0013; www.walkerbayestate.com; Route 326; Führung & Verkostung 80 R; ⊙Mi–Fr 10–17, Führung 10 & 15 Uhr; Ⓟ🐾) Birkenhead ist eine der ältesten Kleinbrauereien des Landes und landschaftlich eine der schönsten – der Blick auf die Klein River Mountains ist herrlich. Im Sommer auf dem Rasen durch die Probengläser nippen, im Winter am offenen Kamin einen tiefen Schluck aus einem Glas English Bitter Bier nehmen. Die Brauerei liegt kurz hinter der Stadt auf der Route 326 Richtung Bredasdorp.

 Aktivitäten

River Rat BOOTSFAHRT
(☎083 310 0952; www.riverratstanford.word press.com; pro Person 150 R; ⊙nach Vereinbarung) Gebucht wird eine dreistündige Bootsfahrt auf dem Klein River; zum *braai* an Bord bringt jeder sein eigenes Fleisch mit. Außerdem werden Kajaks vermietet (pro Tag 100 R).

African Queen BOOTSFAHRT
(☎082 732 1284; www.africanqueenstanford. co.za; Du Toit St.; pro Person 160 R; ⊙Sept.–Mai 9, 12, 15 & 18 Uhr) Dreistündige Bootsfahrten auf dem Klein River; bei einer Anlegestelle unterwegs können die Gäste im Fluss schwimmen oder an Deck grillen. Alkohol und Essen bringt jeder selbst mit; nur nach Voranmeldung.

✖ **Essen**

Marianna's BISTRO €€
(☎028-341 0272; 12 Du Toit St.; Hauptgerichte 120–145 R; ⊙❄✖ & So 12–14 Uhr; 🖋) Dieses preisgekrönte, vielseitige Lokal serviert eine Mischung aus traditionellen und modernen Speisen, die zu einem Großteil mit Produkten aus dem hauseigenen Garten zubereitet werden. Eine Reservierung ist unbedingt erforderlich. Falls alle Einzeltische besetzt sind, muss man sich möglicherweise einen größeren Tisch mit anderen Gästen teilen; keine Kinder unter zehn Jahren.

Havercroft's BISTRO €€€
(☎028-341 0603; Route 43; Hauptgerichte 140–165 R; ⊙Do–So 12–14.30 Uhr; Ⓟ) Die Gerichte des Ehepaars Brydon und Innes werden hoch gelobt. Die kleine Karte ist originell und raffiniert und setzt auf jede Menge Produkte aus der Region. Besonders empfehlenswert ist das Sonntagsessen. Eine Reservierung ist erforderlich; keine Kinder unter zwölf Jahren. Das Havercroft's liegt auf einem Bauernhof an der Route 43 von Hermanus aus nach Stanford.

ℹ **Praktische Informationen**

Tourist Office (☎028-341 0340; www.stan fordinfo.co.za; 18 Queen Victoria St.; ⊙Mo–Fr 8.30–16.30, Sa 9–16, So 9–13 Uhr)

ℹ **An- & Weiterreise**

Die 25 km lange Strecke von Hermanus nach Stanford führt über die landschaftlich schöne Route 43. Sammeltaxis nach und von Hermanus fahren in unregelmäßigen Abständen (20 R, 30 Min.).

WESTKÜSTE

Darling
☎022 / 1100 EW.

Darling ist ein ruhiges Landstädtchen und schon lange bekannt als die Heimat des Schauspielers und Satirikers Pieter-Dirk Uys - besser bekannt als sein Alter Ego Evita Bezuidenhout. In den letzten Jahren sind allerdings weitere Gründe für einen Besuch hinzugekommen, und Darling wurde zu einem Mekka für Gourmets.

In den alteingesessenen Weingütern sind die Weinproben deutlich relaxter als in vielen der hektischen Anwesen in den Winelands. Außerdem ist die Gegend bekannt für Oliven. Die äußerst beliebte Brauerei am Rand von Darling spielt eine gewichtige Rolle im kulinarischen Aufstieg der Stadt.

◉ **Sehenswertes**

Darling Brewery BRAUEREI
(☎079 182 9001; www.darlingbrew.co.za; 48 Caledon St.; Verkostung ab 10 R; ⊙Di–Do 9–17, Fr & Sa 10–21, So 10–16 Uhr; Ⓟ🐾) In Darling steht eine der bekanntesten Brauereien des Landes. Unter den zahlreichen Biersorten ist auch das erste CO_2-neutrale Bier Afrikas. In dem heiteren Verkostungsraum lässt sich ein bestimmtes oder gleich alle Biere testen – mit Blick auf die Brauerei. Das Restaurant

(Hauptgerichte 60–160 R) serviert gehobene Barhäppchen mit Zutaten, die direkt von den Erzeugerhöfen um Darling stammen.

Groote Post · WEINGUT
(☏022-492 2825; www.grootepost.com; kostenlose Weinproben, 2-stündige Safariausflüge Erw./Kind 170/75 R; ⏱10–16 Uhr; P 🛗) Von allen Weingütern in und um Darling hat das Groote Post das umfangreichste Angebot: Safariausflüge, Naturwanderungen (auf eigene Faust), ein erstklassiges Restaurant und natürlich kostenlose Weinproben der exzellenten Chardonnays und Sauvignon Blancs. Zu erreichen ist das Gut nach 7 km über eine unbefestigte Straße, die von der Route 307 abzweigt. Ein Tisch im Restaurant und die Safaris müssen vorab reserviert werden.

🛏 Schlafen & Essen

Darling Lodge · PENSION €€
(☏022-492 3062; www.darlinglodge.co.za; 22 Pastorie St.; EZ/DZ mit Frühstück 850/980 R; 🛜🖥) Die Darling Lodge ist eine elegante und fantasievoll eingerichtete Pension. Die Zimmer sind nach lokalen Künstlern benannt, deren Werke jeweils die Wände schmücken; zum Relaxen bietet sich der hübsche Garten an.

Chicory Cheese · CAFÉ €€
(☏076 975 6197; www.chicorycheese.co.za; 5 Long St.; Hauptgerichte 80–105 R; ⏱Mo–Fr 8.30–16, Sa 8–14 Uhr; 🛜) In diesem sehr entspannten Café sollte man sich einfach einen Stuhl schnappen und einen frisch gepressten Saft genießen. Auf der Speisekarte stehen Wraps, Sandwiches, Pfannkuchen und ein paar kalorienlastige Salate. In dem gut ausgestatteten Deli werden außerdem alle Zutaten für ein Picknick angeboten.

Hilda's Kitchen · BISTRO €€
(☏022-492 2825; www.grootepost.com; Groote Post Winery; Hauptgerichte 110–150 R; ⏱Mi–So 12–14) Der wohl edelste Ort, um in Darling Essen zu gehen – das Menü ändert sich regelmäßig, ist aber immer auf die Weine von Groote Post abgestimmt.

Marmalade Cat · CAFÉ €€
(☏022-492 2515; www.marmaladecat.co.za; 19 Main Rd.; Hauptgerichte 60–115 R; ⏱tgl. 7–16.30, Fr 18–21 Uhr; 🛜) Das Richtige für Kaffee am Nachmittag oder Frühstück den ganzen Tag. Serviert werden auch Sandwiches, köstliche Käse und selbst gemachte Süßigkeiten. Zum Pizzaabend am Freitag ist eine Vorbestellung erforderlich.

☆ Unterhaltung

★ Evita se Perron · KABARETT
(☏022-492 2851; www.evita.co.za; Old Darling Station, 8 Arcadia St.; Tickets 165 R, Essen am Büfett 135 R; ⏱❋🖥 14 & 19, So 14 Uhr) Das einzigartige, südafrikanische Kabarett mit Pieter-Dirk Uys als sein Alter Ego Evita Bezuidenhout streift so ziemlich alles Südafrikanische, von Politik über Geschichte bis zur Ökologie. Nichts wird geschont, auch nicht die rassistische Vergangenheit des Landes. Die Shows sind zwar mit etwas Afrikaans durchsetzt, aber überwiegend auf Englisch und immer urkomisch und tiefschürfend. Die Zuschauer der Show dürfen sich am Büfett bedienen.

Auch ohne den Besuch der Show lohnt sich eine Besichtigung des Komplexes. Es gibt einen Skulpturengarten mit politischem Thema und einige faszinierende Apartheid-Devotionalien. Das wunderbar kitschige **Restaurant** (Hauptgerichte 45–65 R; ⏱Di–So 10–16 Uhr) serviert traditionelle Afrikaander-Gerichte. Uys gründete auch den Darling Trust (www.thedarlingtrust.org), der die Gemeinden in Swartland mittels Schulungen und Gesundheitsprojekten zur Selbsthilfe anleitet. Der **A en C Shop** im selben Komplex verkauft Perlenarbeiten, Kleidung, Drahtskulpturen und Gemälde.

Shoppen

Darling Sweet · ESSEN
(☏083 235 4002; www.darlingsweet.co.za; 7a Long St.; ⏱Mo–Sa 8–17, So 10–14 Uhr) Darling Sweets hat sich auf handgemachte Toffees spezialisiert und ist ein beliebter Neuzugang der kulinarischen Szene. Die Gäste dürfen zusehen, wie die Toffees hergestellt werden, und sich anschließend mit einer kostenlosen Probe vom Geschmack überzeugen – danach werden die Favoriten eingekauft. Darling legt Wert auf lokale Produkte, auch Rotwein und Schokolade, Eiskraut und Vogelaugenchili.

ℹ Praktische Informationen

Tourist Information (☏022-492 3361; www.darlingtourism.co.za; Ecke Hill & Pastorie Sts.; ⏱Mo–Do 9–13 & 14–16, Fr 14–15.30, Sa & So 10–15 Uhr) Im Museum.

ℹ An- & Weiterreise

Darling liegt 90 km nördlich von Kapstadt an der Panoramastraße Route 27. **Golden Arrow** (S. 199) bietet einen Busservice an, der Kapstadt um 17 Uhr verlässt; die Busse in die Gegenrichtung fahren um 5 Uhr in Darling ab. Zu anderen Zeiten fahren die **MyCiTi** (S. 198) Busse (36 R, 1½ Std.) am Civic Centre in Kapstadt nach Atlantis; von dort ein Sammeltaxi (20 R, 30 Min.) nach Darling nehmen und am Taxistand in Atlantis nicht den Kopf verlieren.

Langebaan

📞 022 / 8300 EW.

Dank der herrlichen Lage an der Langebaan-Lagune ist dieser Ort am Meer ein beliebter Urlaubsort der Südafrikaner. Da er sich sehr weit hinzieht, hat man aber dennoch seine Ruhe. Langebaan ist ein bekannter Wassersportort, vor allem für Kite- und Windsurfen auf der Lagune. Die Sonnenuntergänge über der Lagune sind sensationell, und die Strände – der beste ist der **Langebaan-Strand** – sind bei Schwimmern beliebt. Außerdem ist die Stadt ein guter Ausgangspunkt, um den West Coast National Park (S. 245) zu erleben.

◉ Sehenswertes & Aktivitäten

★ West Coast Fossil Park   ARCHÄOLOGISCHE STÄTTE

(📞 022-766 1606; www.fossilpark.org.za; geführte Tour 80/50 R, nur Eintritt 35/25 R; ⊙ Mo–Fr 8–16, Sa & So 10–13 Uhr; 🅿) Im herausragenden Fossilienpark an der Route 45, etwa 16 km außerhalb von Langebaan, sind der erste Bär, der südlich der Sahara entdeckt wurde, löwengroße Säbelzahnkatzen, dreizehige Pferde und Kurzhalsgiraffen ausgestellt. Die faszinierenden Touren beginnen jede volle Stunde von 10 bis 15 Uhr (am Wochenende bis 13 Uhr) und führen zu den Ausgrabungsstätten, die zu den reichsten Fossilienstätten der Welt zählen. Im Park gibt's auch Mountainbike- und Wanderwege sowie ein Café. Das neue Ausstellungszentrum wurde durch die nationale Lotterie finanziert.

Cape Sports Center   WASSERSPORT

(📞 022-772 1114; www.capesport.co.za; 98 Main Rd.) Langebaan ist ein wahres Wassersportmekka, besonders für Wind- und Kitesurfer. Das freundliche Cape Sports Center hat Kitesurf-Kurse (dreitägige Kurse ab 3950 R) und Windsurf-Lektionen (2 Std. 900 R) im Angebot und verleiht außerdem Surfboards, Stand-up-Paddle Boards und Kajaks (320/395/395 R pro Tag).

🛏 Schlafen & Essen

★ Friday Island   B&B €€

(📞 022-772 2506; www.fridayisland.co.za; Main Rd.; EZ/DZ 600/880 R; 🛜) Dieses beliebte B&B direkt am Wasser zeichnet sich durch fröhliche Angestellte und freundliche Zimmer aus. Am besten nach einem der meerseitigen Zimmer auf zwei Ebenen fragen (EZ/DZ 900/1380 R), von denen jedes mit eigener Terrasse aufwartet. Das beliebte Restaurant (Hauptgerichte 75–80 R) serviert Meeresfrüchte, Burger, Steaks und ein Frühstück, das die Reisekasse schont.

Farmhouse Hotel   HOTEL €€

(📞 022-772 2062; www.thefarmhousehotel.com; 5 Egret St.; Zi. mit Frühstück ab 1100 R; 🅿❄🛜🏊) Das älteste Hotel von Langebaan steht auf einem Hügel und bietet daher einen hübschen Ausblick über die Bucht. Seine großen Zimmer mit offenem Kamin sind im Country-Stil eingerichtet. Die Preise im Restaurant sind annehmbar (Hauptgerichte 95–190 R), und das Angebot auf der Speisekarte ist abwechslungsreich. Das Hotel betreibt auch ein paar Hütten für Selbstversorger (www.kitequarters.co.za) – die Hauptzielgruppe sind Kitesurfer.

ABSEITS DER ÜBLICHEN PFADE

DE HOOP NATURE RESERVE

Das 340 km² große **De Hoop Nature Reserve** (📞 028-542 1114; www.capenature.co.za; Erw./Kind 40/20 R; ⊙ 7–18 Uhr) reicht 5 km weit ins Meer hinaus. Vor seiner prachtvollen Küste mit langen, unberührten Stränden und riesigen Dünen sammeln sich die Südkaper, um ihre Kälber zur Welt zu bringen und aufzuziehen. An Land finden sich außerordentlich gut erhaltener *fynbos* (Feinbusch) und bedrohte Tierarten, wie das Kap-Bergzebra und der Buntbock. Außerdem lebt im Park eine artenreiche Vogelwelt, darunter eine Brutkolonie der seltenen Kapgeier. Als Unterkünfte stehen Campingplätze, einfache Hütten aber auch Luxuszimmer bereit.

ABSEITS DER ÜBLICHEN PFADE

!KHWA TTU

Das **!Khwa ttu** (☎022-492 2998; www.khwattu.org; Route 27; Touren 195 R; ⏰9–17, Touren 10 & 14 Uhr; P) ist ein Kulturzentrum im Westkap, das ausschließlich den San gehört und von ihnen verwaltet wird. Den Kern bildet ein 8,5 km² großes Naturschutzgebiet im angestammten Gebiet der San. Die Touren bestehen aus einer Wanderung zum Kennenlernen der San-Kultur sowie einer Jeep-Safari zu Antilopen, Zebras und Straußen. Im Schutzgebiet gibt es Wander- und Radfahrwege sowie einen Laden, der hochwertige Arbeiten von San-Künstlern verkauft. Bei der letzten Recherche war ein Museum in Arbeit.

Es gibt ein Restaurant mit Frühstücks- und Mittagsangeboten und mehrere Unterkünfte, darunter ein einfaches Camp im Busch (pro Person 325 R) und eine Pension (Doppelzimmer 1760 R). !Khwa ttu liegt an der Route 27, 70 km nördlich von Kapstadt.

Club Mykonos   INTERNATIONAL €€
(☎080 022 6770; www.clubmykonos.co.za; Mykonos Access Rd.; Hauptgerichte 60–190 R; P⎈) Vielleicht ist dieses pseudomediterrane Resort mit griechischem Touch nicht unbedingt die erste Wahl, um zu übernachten, aber für den Abend ist es einfach großartig: Es gibt acht schöne Restaurants, dazu zahlreiche Bars sowie ein Casino – und das alles auch für Nicht-Gäste. Vier der Restaurants haben einen sagenhaften Meerblick.

⭐ Die Strandloper   MEERESFRÜCHTE €€€
(☎022-772 2490; www.strandloper.com; Büfett 310 R; ⏰Dez.–Jan. Fr–So 12–16, & 18–22, Feb.–Nov. Fr 18–22 Uhr) Hier gibt's Westküste pur: ein 10-Gänge-Menü mit gegrilltem Fisch und Meeresfrüchten am Strand. Dazu wird frisches Brot gereicht, *moerkoffie* (frisch gemahlener Kaffee) ohne Ende und ein lokaler Schnulzensänger, der mit seiner Gitarre von Tisch zu Tisch zieht, machen den Abend perfekt. Eigene Getränke dürfen mitgebracht werden (kein Korkgeld). Oder man gönnt sich einen Drink an der rustikalen Bar – von dort ist der Meerblick sensationell. Unbedingt vorbestellen.

🍷 Ausgehen & Nachtleben

Black Eagle   KLEINBRAUEREI
(☎022-772 0594; http://bebc.co.za; Suffren St.; ⏰Fr & Sa 11–18 Uhr) Wer am Wochenende in der Stadt ist, schließt sich am besten den Einheimischen an und geht auf ein paar Biere in diese winzige Brauerei. Man kann Biere probieren (10 R) oder bestellt sich gleich ein Glas Weskus Brekfis Witbier oder ein Moedersmelk Stout. Es empfiehlt sich, mit einer leckeren Käse- und Fleisch-

platte (180 R) für eine ordentliche Grundlage zu sorgen.

Ginja Beanz   KAFFEE
(☎022-772 2221; www.ginjabeanz.co.za; Waterfront Sq., Bree St.; ⏰Mo–Fr 8–16, Sa 9–15 Uhr) Hier wird der sagenhafte Kaffee von Wings ausgeschenkt, Langebaans einzig wahrer Kaffeerösterei. Der Black Insomnia ist der stärkste Kaffee der Welt.

ℹ️ Praktische Informationen

Tourist Information Centre (☎ 022-772 1515; www.visitwestcoast.co.za; 120 Oostewal Rd.; ⏰Mo–Fr 9–17, Sa & So 9–14 Uhr)

ℹ️ An- & Weiterreise

Langebaan liegt nördlich von Kapstadt und ist mit dem Auto in 1½ Stunden zu erreichen. **Sammeltaxis** (Oostewal Rd.) starten am Parkplatz des OK Marts nach Kapstadt (110 R, 2 Std.). **Elwierda** (☎ 021-557 9002; www.elwierda. co.za) betreibt eine regelmäßige Buslinie nach Kapstadt (130 R, 2–3 Std.); einen Tag vorher buchen.

Paternoster
☎ 022 / 2000 EW.

Noch bis vor einigen Jahren war Paternoster das letzte traditionelle Fischerdorf an der Westküste und bestand aus kaum mehr als ein paar einfachen, weiß getünchten Häusern vor dem blauen Meer. Heute haben hingegen reiche Kapstädter hier ihre Zweitwohnsitze, und das ruhige Meer vor dem weiten, oft leeren Strand zieht Touristen an.

Die zahlreichen Straßenhändler, die hier Krebse (*kreef*) verkaufen, besser

NICHT VERSÄUMEN

WEST COAST NATIONAL PARK

Dieser 310 km² große **Park** (☎022-772 2144; www.sanparks.org; Erw./Kind 80/40 R, Aug. & Sept. 170/85 R; ⊙7–19 Uhr) liegt 120 km nördlich von Kapstadt und 7 km südlich von Langebaan. Sein Hauptanziehungspunkt ist die Langebaan-Lagune, deren kristallklares Wasser ein Paradies für Schwimmer und Segler ist. Außerdem zieht der Park Vogelliebhaber an, die in den Feuchtgebieten die wichtigen Seevogelkolonien beobachten können. Im Sommer fliegen Scharen von Watvögeln ein; besonders stark vertreten ist der Sichelstrandläufer. Von August bis September ist der Nationalpark für seine **Wildblumenblüte** berühmt – dann verdoppeln sich die Eintrittspreise und kann es recht überlaufen sein.

Neben den weißen Sandstränden und dem türkisfarbenen Wasser des Ozeans und der Lagune ist der größte Reiz des Parks, dass er den Rest des Jahres kaum besucht ist. Unter der Woche (und außerhalb der Schulferien) teilt man sich die Wege hier oft nur mit Zebras, Straußen und gelegentlich auch schon mal einer gemütlich umherschlendernden Pantherschildkröte.

Zum Übernachten stehen fünf Hütten zur Verfügung, die dem Park gehören (ab 1380 R pro Hütte). Die schönste ist das **Jo Anne's Beach Cottage** (www.sanparks. org; Hütte ab 1380 R; ℙ). Empfehlenswert sind auch **Duinepos** (☎022-707 9900; www. duinepos.co.za; EZ-/DZ-Hütte 700/1025 R; ℙ🖳) mit hellen, modern und gut eingerichteten Chalets im Herz des Parks und **Kraal Luxury Houseboats** (☎076 017 4788; www.kraal baailuxuryhouseboats.com; Kraalbaai; Boot für 6 Person 2530 R) mit dauerhaft verankerten Hausbooten in der hübschen Kraalbaai (für 6 und 24 Personen). Beide Boote haben eine Küche und Grillgelegenheiten.

Das einzige Restaurant im Park ist das **Geelbek** (☎072 698 6343; Hauptgerichte 95–165 R; ⊙9–17 Uhr; ℙ). Es ist aber auch eine gute Idee, ein Picknick mitzubringen und in der unberührten Umgebung zu genießen. Das Einkaufen muss vorher in Langebaan erledigt werden – im Park gibt es keinen Laden.

links liegen lassen, denn sie bieten eine als bedroht geltende Tierart an.

⊙ Sehenswertes & Aktivitäten

Cape Columbine Lighthouse LEUCHTTURM
(☎021-449 2400; www.transnetnationalports authority.net; Cape Columbine Nature Reserve; Erw./Kind 16/8 R; ⊙Mo–Fr 10–15 Uhr; ℙ) Der kleine, 1936 erbaute Leuchtturm lohnt einen kurzen Zwischenstopp; in einer einfachen Hütte kann übernachtet werden (2 Pers. ab 650 R).

Cape Columbine Nature Reserve NATURSCHUTZGEBIET
(☎022-752 2718; Erw./Kind 21/14 R; ⊙7–19 Uhr) Dieses windige, aber wunderschöne Schutzgebiet liegt 3 km südlich von Paternoster neben einer zerfurchten Schotterpiste. Es gibt Campingplätze mit einfacher Ausstattung, wie Tieties Bay (Stellplatz 167 R). Man kann auf den Leuchtturm klettern oder in den renovierten Hütten der Leuchtturmwärter übernachten (2 Pers. ab 650 R).

Geco Adventures KAJAKFAHREN
(☎082 584 1907; www.gecoadvantures.co.za; pro Person 200 R) Stundenlange Kajaktouren durch das ruhige, aber kalte Wasser zu Pinguinen und Seevögeln.

🛏 Schlafen & Essen

Paternoster Lodge PENSION €€
(☎022-752 2023; www.paternosterlodge.co.za; EZ/DZ mit Frühstück 950/1340 R; ℙ🕿) Eine angenehme Pension mit sieben einfachen Zimmern, alle mit Meerblick, zu einem günstigen Preis. Dazu kommt ein luftiges Restaurant (Hauptgerichte 95–190 R), das den ganzen Tag geöffnet hat. Vom Sonnendeck aus können die Fischer beobachtet werden, wie sie ihren Fang anlanden.

Sea Shack HÜTTEN €€
(☎079 820 6824; www.seashack.co.za; Cape Columbine Nature Reserve; Hütte 750 R; ℙ) Die hellen Hütten sind gerade groß genug für ein Doppelbett; dazu gibt's einen gemeinsamen Waschraum und ein fröhliches Bar-Restaurant. Sea Shack liegt direkt am Meer im Cape Columbine Nature Reserve;

der Eintritt in den Park ist im Preis für die Hütten enthalten.

Abalone House PENSION €€€
(☑022-752 2044; www.abalonehouse.co.za; 3 Kriedoring St.; DZ ab 6000 R; ❋☎🖥) Die Zimmer dieser Fünf-Sterne-Pension sind künstlerisch angehaucht. Auf dem Dach steht ein Whirlpool, und es gibt ein Tauchbecken und einen Wellnessbereich. Das Restaurant (Hauptgerichte 145–210 R) steht auch Nicht-Gästen offen; es gehört zu der kleinen Kette von noblen Lokalen, die der lokale VIP, Küchenchef Reuben Riffel, eröffnet hat.

Voorstrandt Restaurant MEERESFRÜCHTE €€
(☑022-752 2038; www.voorstrandt.com; Strandloperweg; Hauptgerichte 75–185 R; ◔11–21 Uhr; 🅿) Besser geht's wirklich nicht – vom Tisch direkt in den Sand. Das Restaurant hat sich auf Meeresfrüchte spezialisiert, ist aber auch ein cooler Ort, um bei einem Bier den Sonnenuntergang zu genießen.

ℹ Praktische Informationen

Das **Tourist Information Office** (☑022-752 2323; www.visitwestcoast.co.za; Fish Market, Seeduiker St.; ◔Mo–Do 9–17, Fr–So 9–14 Uhr) ist am Fischmarkt.

ℹ An- & Weiterreise

An der Ecke St. Augustine Road und Mosselbank Street fahren die Minibus-Sammeltaxis nach Vredenburg (25 R) ab. Von dort geht's mit dem Bus nach Kapstadt.

Die Garden Route

Gut essen

➜ Ile de Pain (S. 265)

➜ 101 Meade (S. 256)

➜ Serendipity (S. 258)

➜ Nguni (S. 271)

Schön übernachten

➜ Views Boutique Hotel (S. 258)

➜ Point Village Hotel (S. 254)

➜ French Lodge International (S. 256)

➜ Turbine Hotel & Spa (S. 265)

➜ Hog Hollow (S. 270)

Auf zur Garden Route!

Der überwältigenden Schönheit der Natur auf der Garden Route kann sich niemand entziehen. Von Mossel Bay im Westen bis zum Storms River im Osten sind es nur knapp über 200 km, aber die abwechslungsreiche Topografie, die Vegetation, die Wildtiere und Möglichkeiten für Outdoor-aktivitäten sind beeindruckend. Die gesamte Küste wird von hervorragenden Stränden gesäumt, und die Brandung macht sie zu Surfrevieren von Weltklasse. Im Landesinneren gibt's malerische Lagunen und Seen, sanfte Hügel und schließlich die Berge der Outeniqua- und Tsitsikamma-Kette, die die Garden Route von der ariden Kleinen Karoo abgrenzen.

Knysna ist der touristische Dreh- und Angelpunkt der Garden Route; auch das hübsche Plettenberg Bay ist einen Halt wert. Der Tsitsikamma-Abschnitt des Garden-Route-Nationalparks ist zu Recht für seine Natur und mehrtägige Wanderungen bekannt – der Otter Trail endet in Nature's Valley. Freiluftfanatiker fühlen sich bei den zahlreichen sich bietenden Möglichkeiten wie im siebten Himmel.

Reisezeit
Knysna

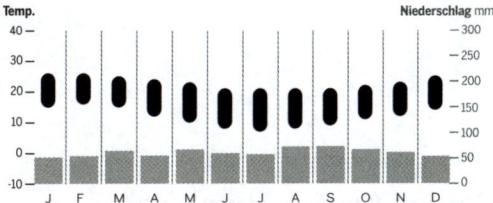

Feb., März & Nov. Ideale Temperaturen: nicht zu heiß zum Wandern, aber warm genug für den Strand.

Juni–Aug. Die Whale-Watching-Saison beginnt; Wildblumenblüte.

Dez. & Jan. Preise und die Zahl der Besucher steigen an. Heiße Tage und Festivals satt.

Swartberg Pass

Cango Caves

Meiringspoort Pass

De Rust

Stompdrifdam

R62

Oudtshoorn

Olifants River

Dysseldorp

Kammanassie River

R328

Outeniqua Pass

Montagu Pass

Blanco

Eight Bells Mountain Inn

Outeniqua Travel Lodge

George

Ebb & Flow Rest Camp

Outeniqua Trail

Barrington

Botlierskop Private Game Reserve

Great Brak River

Fancourt Hotel

Wilderness

Garden Route National Park (Wilderness Section)

Little Brak River

Surfari Caravan Park

Herolds Bay

Views Boutique Hotel

Interlaken

Sedgefield

Hartenbos River

Little Brak River

Makarios

Victoria Bay

Mvubu Bush Camp

Hartenbos

Mossel Bay

Goukamma Nature Reserve

Mossel Bay

De Bakke Santos Caravan Park

Dana Bay

Cape St Blaize

Vis Bay

INDISCHER OZEAN

Oystercatcher Trail

Gouritsmond

Garden Route – Highlights

1 Mossel Bay (S. 252) Mit gut gewachstem Board ab zu den Surfspots und auch Zeit für andere Aktivitäten einplanen, wie Käfigtauchen zu den Haien und Küstenwanderungen.

2 George (S. 255) Die größte Stadt an der Garden Route mit attraktiven, alten Gebäuden, Weltklasse-Golfplätzen und überragenden Fahrten durchs Gebirge erkunden.

3 Wilderness (S. 257) Über stürmische Strände schlendern und mit dem Kajak in den Lagunen paddeln.

Traka River

Olifants River

Baviaanskloof WA

Baviaanskloof River

Kouga River

Uniondale

R62

Keurbooms River

Misgund

R62

Joubertina

Outeniqua Hiking Trail

Prince Alfred's Pass

Knysna River

Keurbooms River Nature Reserve

Garden Route NP (Tsitsikamma Section)

Goukamma River

Homtini Pass

Garden Route NP (Knysna Lakes Section)

R340

Hog Hollow

The Crags

N2

Storms River Mouth Rest Camp

Rheenendal

Elephant Day Walks

Garden of Eden

Nature's Valley

Dolphin Trail & Otter Trail

Riverdeck

R339

Belvidere

Knysna

Abalone Beach House

Fish Eagle Loft

Brenton-on-Sea

Noetzie

Harkerville Coastal Trail

N2

Plettenberg Bay

Learn to Surf Plett

Buffalo Bay

The Heads

Harkerville Forest

Fountain Shack

Otter's Rest Lodge

Periwinkle Guest Lodge

Robberg Nature & Marine Reserve

N 0 ——————— 20 km

LEGENDE
NP Nationalpark
NR Naturreservat
MR Meeresschutzgebiet

4 **Knysna** (S. 260) Zu Fuß oder mit dem Fahrrad die Wälder und die Lagune mit dem Boot durchstreifen.

5 **Plettenberg Bay** (S. 267) In einem der Top-Orte für Touristen die grünen Berge, den weißen Sand und das glasklare, blaue Wasser bewundern.

6 **Nature's Valley** (S. 271) Den Tsitsikamma-Abschnitt des Garden-Route-National-parks durchwandern.

SURFEN ENTLANG DER GARDEN ROUTE

MOSSEL BAY

Der beste Surfspot von Mossel Bay (S. 252) ist der Outer Pool (links vom Gezeitenbecken) – ein großartiger Riff- und Pointbreak. Daneben gibt es auch noch den Inner Pool mit Softwaves, rechts vom Gezeitenbecken. An anderen Stellen schlagen gute Rechtswellen in einem großen Swell (= Dünung) hoch, die sogenannten Ding Dangs, die bei Ebbe am besten sind, besonders bei südwestlichem oder östlichem Wind. Es ist etwas mühsam, auf dem Brett hinauszupaddeln, aber die Rechtswelle ist besser als die Linkswelle. Surfen geht auch am Grootbrak und Kleinbrak, aber noch besser ist die Herolds Bay.

HEROLDS BAY

Herolds Bay, ein herrlicher Strand mit ordentlicher Dünung, liegt 16 km südwestlich von George. Meist ist es dort ruhig, nur an Wochenenden im Sommer wird es etwas voller. Wenn die Dünung stimmt, rollt eine Linkswelle an den Strand, was ungewöhnlich ist, da dies bei Nordwestwind geschieht.

Golfer dürfen sich im **Oubaai** (☏044-851 1234; www.oubaaigolf.co.za; Herolds Bay Rd.; Platzgebühr 800 R) austoben, einem opulenten Golf-Resort mit Blick aufs Meer vom Green sowie weiteren Annehmlichkeiten, wie schickem Hotel und Wellnessbereich.

Makarios (☏044-872 9019; www.makarioson sea.co.za; 4 Gericke's Cnr.; Apt. ab 1260 R) bietet Luxusapartments am Meer (ausgestattet für Selbstversorger) und nur einen Steinwurf vom Strand entfernt. Während der Schulferien steigen die Preise an und alles ist Monate im Voraus ausgebucht.

Dutton's Cove (☏044-851 0155; www.duttons cove.co.za; 21 Rooidraai Rd.; Hauptgerichte 70–180 R; ☉Mo-Sa 10–21, So 10–16 Uhr; ℗) hoch über dem Strand ist für ein Mittagessen sehr beliebt. Auf der Speisekarte stehen viele Meeresfrüchte, auch mehrere gemischte Platten.

VICTORIA BAY

Die winzige, malerische Victoria Bay liegt zu Füßen eines steilen Kliffs, etwa 8 km südlich von George. Sie gehört zu den Top-Surfspots am Westkap mit den beständigsten Breaks der Küste. Perfekt sind sie bei einem Swell von ein bis zwei Metern und wenn dann eine super Rechtswelle tosend hereinbricht. Dazu kommt ein Gezeitentümpel, der sicher für Kinder ist – kein Wunder, dass der Ort an langen Wochenenden und in den Schulferien total überlaufen ist.

Die meisten Apartments an der Promenade stehen zur Vermietung; Preise und Buchungen auf www.vicbay.com. Im **Caravan Park** (☏044-889 0081; www.victoriabaycaravan park.co.za; Stellplatz ab 330 R) lässt sich sehr

RICHARD DU TOIT/GETTY IMAGES ©

Große Tümmler, Herolds Bay

Jenseits von Cape Agulhas ist das wärmere Wasser des Indischen Ozeans zu spüren: Man kann im Sommer in Boardshorts oder kurzem Wetsuit surfen gehen. Im Winter wäre es ohne kompletten Neoprenanzug zu kalt.

DEYAN DENCHEV/SHUTTERSTOCK ©

Surfer in Victoria Bay

gut zelten. Vielleicht kann man vom **Surfari** (☎044-889 0113; www.vicbaysurfari.co.za; B/EZ/ DZ 220/350/800 R; P🛜) das Meer noch nicht riechen, aber das Hostel wird sehr empfohlen. Der Familienbetrieb für Backpacker hat helle, schön dekorierte Zimmer mit atemberaubendem Blick auf den Küstenwald und das Meer dahinter. Im enormen Aufenthaltsraum ist Platz für eine Bar, großes TV und ein Poolbillard. Die Besitzer vermieten auch Surfboards (300 R pro Tag). Es gibt nur ein Restaurant am Meer, das Fische mit Fritten, Burger und Pizza serviert. Weder Herolds Bay noch Victoria Bay sind mit öffentlichen Verkehrsmitteln erreichbar. Ohne eigenes Fahrzeug bleibt nur ein Taxi von George aus.

BUFFALO BAY

Die Buffalo Bay (Büffelbucht, S. 259) ein Stück weiter an einem Ende des Brenton

Beach hat eine weitere Rechtswelle zu bieten; am Nordende gibt es einige gute Peaks, aber Vorsicht vor den Haien.

PLETTENBERG BAY

Weiter nach Plettenberg Bay (S. 267): Die Robberg-Halbinsel ist tabu, da dort eine Robbenkolonie lebt. Aber der Badestrand von Robberg Beach (wo die Rettungsschwimmer stationiert sind) hat manchmal ganz gute Wellen, wenn die Dünung nicht zu stark ist. Am Central Beach gibt es eine der bekanntesten Wellen, die Wedge, die perfekt für Goofy-Footer (rechter Fuß vorn) ist. Am Lookout Beach mit seinen Sandbänken kann der Point Break recht gut werden, aber die Erosion ist stark fortgeschritten, sodass der Strand langsam verschwindet. Vorsicht vor Rückströmungen, besonders wenn keine Rettungsschwimmer am Strand sind.

Mossel Bay

☎ 044 / 30 000 EW.

Mossel Bay ist mit seinen krassen Surf-spots, ein paar tollen Stränden, massen-haft Outdooraktivitäten – von Küstenwan-derungen bis Sprüngen aus dem Flugzeug – und einer guten Auswahl an Unterkünf-ten ein exzellentes Ziel für unabhängige Traveller und jedes Budget.

Auf den ersten Blick ist die Stadt die hässliche Schwester der Garden Route. Bis in die 1980er-Jahre war der Ort enorm be-liebt, doch dann wurden die größte Ölraf-finerie der Welt und die davon abhängigen Industriekomplexe gebaut – die Stadt ver-kam und stürzte touristisch ins Bodenlose. Wer jedoch die wenig einladende Zugangs-straße hinter sich bringt, landet in einer fröhlichen Stadt, die an sonnigen Tagen viele Möglichkeiten bietet.

Zahlreiche Aktivitäten kreisen um The Point, eine Landzunge mit nostalgischem Charme. Dort gibt es Eisbuden, einen Caravanpark und Minigolf; außerdem lässt es sich im Meer hervorragend surfen.

◉ Sehenswertes

⭐ **Dias Museum Complex**　　　MUSEUM
(☎ 044-691 1067; www.diasmuseum.co.za; Mar-ket St.; Erw./Kind 20/5 R; ⊗ Mo–Fr 9–16.45, Sa & So 9–15.45 Uhr; 🅿🚻) Das hervorragende Museum stellt die Bedeutung heraus, die Mossel Bay schon früh für die europäi-schen Seeleute hatte. Der Name bezieht sich auf den portugiesischen Entdecker Bartholomeu Dias des 15. Jhs. Im Muse-um sind der „Postbaum" (S. 254), wo sich die Seeleute Nachrichten hinterließen, der Getreidespeicher der Niederländischen Ostindien-Kompanie (Vereenigde Oost-Indische Compagnie) von 1786, ein kleines

Mossel Bay

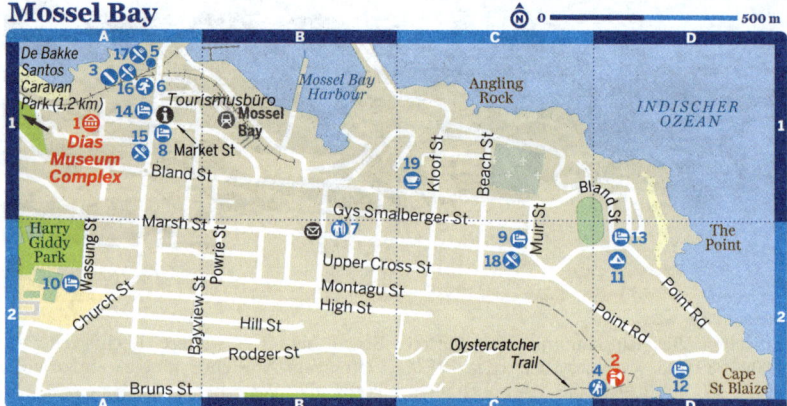

Aquarium und ein Heimatmuseum zu sehen. Das Highlight des Komplexes ist eine Replik der Karavelle, mit der Dias 1488 in See gestochen war.

Ihre geringe Größe macht deutlich, wie außerordentlich Geschick und Mut der ersten Entdecker waren. Die Replik wurde in Portugal gebaut und 1988 zum Gedenken an den 500. Jahrestag von Dias' Reise nach Mossel Bay gesegelt. Die Besichtigung des Schiffes kostet extra (Erw./Kind 20/5 R).

Botlierskop Private Game Reserve
WILDRESERVAT

(☑ 044-696 6055; www.botlierskop.co.za; Little Brak River; P) In dem Wildreservat leben viele verschiedene Wildtiere wie Löwen, Elefanten, Nashörner, Büffel und Giraffen. Tagesausflügler können an diversen Aktivitäten teilnehmen, z. B. an dreistündigen Autosafaris (Erw./Kind 450/225 R) oder Ausritten (pro Std. 310 R). Das Reservat liegt etwa 20 km nordöstlich von Mossel Bay an der N2 (abzweigend von Little Brak River und dann den Schildern nach Sorgfontein folgen); nur bei Buchung im Voraus.

Cape St Blaize Lighthouse
LEUCHTTURM

(☑ 044-690 3015; lighthouse.tourism@transnet. net; The Point; Erw./Kind 20/10 R; ⊙ Mo–Fr 10–15 Uhr) Vom Leuchtturm aus bieten sich herrliche Ausblicke. Da die Öffnungszeiten nicht immer eingehalten werden, vorher anrufen, ob er geöffnet hat. Zu Füßen des Leuchtturms ist ein Café geplant.

Aktivitäten

Der touristische Slogan Mossel Bays lautet „Do stuff" („Mach dein Ding"), und tatsächlich ist die Stadt prallvoll mit möglichen Aktivitäten wie Surfen, Skydiven, Wandern und Bootfahren.

Oystercatcher Trail
WANDERN

(☑ 044-699 1204; www.oystercatchertrail. co.za; pro Person Selbstversorger/Vollpension 6200/7450 R) Wanderer schaffen den überwältigend schönen Küstenwanderweg in fünf Tagen. Der 48 km lange Weg folgt der Küstenlinie von Mossel Bay über Cape St. Blaize bis zum Gourits River, wo der bedrohte Klippen-Austernfischer lebt. Man kann sich selbst versorgen oder die Tour mit Vollpension buchen; im Preis sind Unterkünfte und Guides enthalten.

Waves School of Surfing
SURFEN

(☑ 078 297 3999; www.wavesschoolofsurfing.com; 47 Marsh St.; 1½-stündige Lektion 300 R) Mossel Bay gehört zu den besten Surfspots der Garden Route; hier können Anfänger die Grundtechniken lernen. Ein Mietboard kostet 150 R pro Tag.

Skydive Mossel Bay
ABENTEUERSPORT

(☑ 082 824 8599; www.skydivemosselbay.com; Mossel Bay Airfield, 69 Rooikat St., Aalwyndal; ab 2800 R) Zum Skydiven im Tandem springt man aus 3000 m Höhe ab und landet, wenn Wetter und Gezeiten mitspielen, am Diaz-Strand.

Electrodive
TAUCHEN

(☑ 082 561 1259; www.electrodive.co.za; Mossel Bay Harbour; PADI-Open-Water-Kurs 4980 R, Tauchen vom Boot 610 R, Ausrüstung wird gestellt) Beim Tauchen in der Mossel Bay bekommt man Korallen, Fische und andere Meerestiere vor die Taucherbrille, auch wenn die Sichtbarkeit nicht perfekt ist – es ist eben kein Tropengewässer.

White Shark Africa
TAUCHEN

(☑ 044-691 3796; www.whitesharkafrica.com; 7 Church St.; Erw./Kind 1750/1050 R) Halbtägiges Käfigtauchen zu den weißen Haien; inklusive Frühstück, Mittagessen, Getränken und Snacks.

Seven Seas
BOOTSTOUREN

(☑ 079 251 1326; www.se7enseas.co.za; Mossel Bay Harbour; Erw./Kind 150/80 R) Im Angebot sind Touren zur Seal Island (etwa eine Std.), einer Robbenkolonie mit 3000 Tieren, sowie kurze Fahrten mit dem Speedboot (ab 200 R).

🖐 Geführte Touren

Point of Human Origins
KULTUR

(☑ 079 640 0004; www.humanorigin.co.za; Tour 450 R) Unter der Leitung eines Archäologieprofessors führt diese faszinierende, vierstündige Wanderung u. a. zu den Pinnacle Point Caves, in denen 162 000 Jahre alte Spuren frühen menschlichen Lebens entdeckt wurden. Ein lokaler Guide verlangt für einen 90-minütigen Crashkurs durch die Höhlen 350 R.

Romonza
BOOTSTOUREN

(☑ 082 701 9031; www.romonzaboattrips.co.za; Mossel Bay Harbour; Bootstour, 1 Std. 170 R) Der Anbieter organisiert regelmäßig Bootsausflüge zur Robbenkolonie sowie zu den Vögeln und Delfinen, die sich im Gewässer um Seal Island tummeln. Von Juli bis Oktober bietet Romonza auch Walbeobachtungstouren an (Erw./Kind 730/430 R, 2½ Std.).

INSIDERWISSEN

DER POSTBAUM

Die portugiesischen Forschungsreisenden Bartholomeu Dias und Vasco da Gama landeten im späten 15. Jh. als erste Europäer in der Bucht. Sie erwies sich als nützliche Zwischenstation für Schiffe, die Trinkwasser aufnahmen und Handel mit den indigenen Khoekhoen trieben. Ein großer Milkwood-Baum neben der Quelle wurde als „Briefkasten" benutzt. Hier hinterließen Seeleute, die weiter Richtung Osten segelten, ihre Post. Sie wurde von Schiffen mitgenommen, die nach Hause fuhren.

Quelle und Baum existieren noch immer und können im **Dias Museum Complex** (S. 252) besichtigt werden. Briefe, die in den Briefkasten im Museum eingeworfen werden, bekommen eine spezielle Briefmarke.

🛏 Schlafen

De Bakke Santos Caravan Park
CAMPINGPLATZ, HÜTTEN €

(☎076 058 7153; www.debakkesantos.co.za; Santos Beach; Camping-Stellplatz ab 190 R, Hütte ab 550 R; [P]) Neben mehr als 300 Stellplätzen – viele mit Meeresblick – gibt es gut ausgestattete Hütten (beim letzten Besuch wurden sie gerade renoviert). An Wochenenden und während der Schulferien ziehen die Preise etwas an.

Mossel Bay Backpackers
HOSTEL €

(☎044-691 3182; www.mosselbaybackpackers.co.za; 1 Marsh St.; B 180 R, DZ 580 R, DZ mit Gemeinschaftsbad 380 R; 🛜🖥) Diese gut geführte und alteingesessene Backpackerunterkunft besteht aus zwei Abschnitten: Die Zimmer im Backpacker-Flügel haben ein Gemeinschaftsbad, im gehobeneren Flügel gibt's neben den Schlafsälen auch Zimmer mit eigenem Bad. Zum Angebot gehört sogar eine Flitterwochen-Suite mit Wellnessbad (890 R). Die Angestellten organisieren Surfen, Bootstouren und andere Wassersportarten.

Park House Lodge & Travel Centre
HOSTEL €

(☎044-691 1937; www.park-house.co.za; 121 High St.; Camping 110 R, B 170 R, EZ/DZ 385/640 R, mit Gemeinschaftsbad 290/480 R; 🛜) Das Hostel residiert in einem vornehmen alten Sandsteinhaus neben dem Park. Es ist freundlich, schick dekoriert und hat einen herrlichen Garten. Das Frühstück kostet 55 R; die Angestellten organisieren Aktivitäten.

Mile Crunchers
HOSTEL €

(☎044-690 4462; 7 Church St.; B 160 R, DZ mit Gemeinschaftsbad 400 R; 🛜) Das freundliche Hostel liegt günstig; Hafen, Museum und viele Restaurants sind nur einen kurzen Fußweg entfernt. Die Einrichtung ist spartanisch, aber die Schlafsäle und Doppelzimmer sind sauber und bequem; im Aufenthaltsraum steht ein Poolbillardtisch. Im Preis ist ein Frühstück zum Selbermachen enthalten.

Point Caravan Park
CAMPINGPLATZ €

(☎044-690 3501; Point Rd.; Stellplatz ab 160 R) Der Caravanpark und Campingplatz hat eine hervorragende Lage – Restaurants, Bars und Surfspots am Point sind alle fußläufig. Die Stellplätze am Meer sind etwas teurer, doch die Mehrausgabe lohnt sich. Im Dezember und Januar verdreifachen sich die Preise.

★ Point Village Hotel
HOTEL €€

(☎044-690 3156; www.pointvillagehotel.co.za; 5 Point Rd.; EZ/DZ 600/1100 R; [P]🛜) Der skurrile Fake-Leuchtturm an der Fassade des extrem preisbewussten Hotels lässt bereits erahnen, was sich dahinter verbirgt: fröhlich-flippige, helle Zimmer und ein freundlicher Service. Die Zimmer haben Kochnischen, manche auch einen Balkon. Außerdem gibt es Ferienwohnungen mit zwei bis drei Schlafzimmern und schönem Ausblick aufs Meer (ab 1800 R).

Protea Hotel Mossel Bay
HOTEL €€€

(☎044-691 3738; www.oldposttree.co.za; Ecke Market & Church Sts.; EZ/DZ ab 1235/1530 R; [P]❄🛜🏊) Das exklusive Hotel in einem alten Postgebäude gehört zur Protea-Kette. Auf der umfangreichen Speisekarte des Restaurants (Café Gannet, S. 255) stehen Meeresfrüchte, Fleischgerichte und Pizzen.

Eight Bells Mountain Inn
LODGE €€€

(☎044-631 0000; www.eightbells.co.za; Route 328; EZ/DZ ab 1010/1610 R; [P]🛜🏊) Diese Unterkunft im Landhausstil in herrlicher Gebirgslage unterhalb des Robinson Pass verströmt den Charme der Alten Welt. Auf dem großen Gelände ist Platz für Tennis- und Squashplätze, Reitwege, Kinderspielplätze und Wanderwege. Als Unterkunft stehen unterschiedliche Zimmer zur Verfügung; die Rondavels (Rundhütten mit kegelförmigen Dächern) sind super. Während der Schulferien ziehen die Preise mächtig an. Die Lodge liegt 35 km nördlich von Mossel Bay an der Route 328 nach Oudtshoorn (50 km).

Point Hotel HOTEL €€€
(📞 044-691 3512; www.pointhotel.co.za; Point Rd.; EZ/DZ mit Halbpension 2200/2500 R; 🅿 🛜) Dieses moderne Hotel besticht durch seine atemberaubende Lage direkt über den Felsen von The Point. Das Essen im Restaurant ist ordentlich (Hauptgerichte 60–120 R), und die geräumigen Zimmer bieten Balkon und Meerblick – am schönsten sind aber die Ausblicke in den südwärts ausgerichteten Zimmern. Es gibt kein Schwimmbecken, aber die Gezeitentümpel warten ganz in der Nähe.

Essen

Mossel Bay Oyster Bar MEERESFRÜCHTE €
(📞 044-333 0202; www.mosselbayoysterbar.co.za; Mossel Bay Harbour; Sushi 40–50 R; ⏱9.30–21 Uhr) Die Bar direkt am Meer ist einer der besten Orte für einen Sundowner. Neben Sushi und Austern steht auch eine Reihe von Cocktails auf der Karte (40–60 R).

Carola Ann's CAFÉ €
(📞 044-690 3477; www.carolaann.com; 12 Church St.; Hauptgerichte 60–95 R; ⏱Mo–Fr 8–17, Sa 8–14 Uhr) Das Café in der Nähe des Museums (S. 252) serviert ein raffiniertes Frühstück, köstliches, gesundes Mittagessen und nicht ganz so gesunde Kuchen. Die Schokoladenkekse sind super für unterwegs.

⭐ Kaai 4 BRAAI €€
(📞 044-691 0056; www.kaai4.co.za; Mossel Bay Harbour; Hauptgerichte 60–100 R; ⏱10–22 Uhr) In dem unprätentiösen Meeresfrüchtelokal sitzt man an Picknicktischen am Strand mit fantastischem Meerblick an einer der schönsten Stellen von Mossel Bay. Die meisten Gerichte, unter anderem Eintöpfe, Burger, boerewors („Bauernwurst") und einige Meeresfrüchte, werden über großen Feuerstellen zubereitet; dazu schmeckt frisches Bier vom Fass aus heimischen Brauereien.

Route 57 SÜDAFRIKANISCH €€
(📞 044-691 0057; www.route57.co.za; 12 Marsh St.; Hauptgerichte 90–190 R; ⏱Di–So 11–22 Uhr) Das elegante Restaurant in einem jahrhundertealten Haus ist eine der piekfeinen Optionen in Mossel Bay. Der Meeresfrüchte-Eintopf (potjie) oder das Filetsteak mit Markknochen ist seinen Preis wert; Tischvorbestellung ist empfehlenswert.

Café Gannet INTERNATIONAL €€
(📞 044-691 3738; www.cafegannet.co.za; Market St.; Hauptgerichte 115–225 R; ⏱7–22 Uhr; 🅿) Das helle Bistro gehört zum Protea Hotel (S. 254); auf der umfangreichen Speisekarte stehen Meeresfrüchte, Steaks, Sushi und Pizza.

🍷 Ausgehen & Nachtleben

⭐ Blue Shed Coffee Roastery CAFÉ
(📞 044-691 0037; www.blueshedroasters.co.za; 33 Bland St.; ⏱6.30–20 Uhr; 🛜) In diesem flippigen Café mit originellem Dekor und tollen Ausblicken aufs Meer gibt es herrlichen Kaffee und leckere hausgemachte Kuchen. An diesem wunderbaren Fleckchen könnte man stundenlang abhängen und sich vom nostalgischen Schallplattensound aus der Jukebox einlullen lassen.

ℹ Praktische Informationen

Post (📞 044-691 1308; 55 Marsh St.)

Tourism Bureau (📞 044-691 2202; www.visit mosselbay.co.za; Market St.; ⏱Mo–Fr 8–18, Sa & So 9–16 Uhr) Die sehr freundlichen Angestellten helfen bei der Buchung von Unterkünften. Es gibt eine detaillierte Broschüre mit einem Spaziergang durch das historische Mossel Bay.

ℹ An- & Weiterreise

Mossel Bay liegt abseits des Highways und wird von den Fernbussen nicht direkt angefahren. Die Passagiere müssen 8 km vor der Stadt an der Shell-Tankstelle Voorbaai aussteigen. Viele Hostels holen ihre Gäste ab (auf Anfrage), und an der Tankstelle warten oft private Taxis (80 R) auf die Busfahrgäste, die weitermüssen. **Smith Taxis** (📞 072 924 5977), am Tag auch Sammeltaxis (12 R), fahren in die Stadt. **Baz Bus** (S. 198) setzt Fahrgäste in der Stadt ab.

Auf dem Weg von Kapstadt nach Port Elizabeth halten hier alle großen Busgesellschaften. Intercape fährt von Mossel Bay nach Knysna (230 R, 1½ Std.), Plettenberg Bay (260 R, 2½ Std.) und Kapstadt (410 R, 6 Std.).

George
📞 044 / 114 000 EW.

Das 1811 gegründete George ist zwar die größte Stadt auf der Garden Route, aber kaum mehr als Handelszentrum und Transportdrehscheibe. In dieser 8 km von der Küste entfernten Stadt stehen ein paar attraktive Gebäude, darunter die winzige St. Mark's Cathedral und die eindrucksvollere Dutch Reformed Mother Church. Die meisten Gäste kommen aber wegen der meisterschaftstauglichen Golfplätze.

DIE GARDEN ROUTE GEORGE

MONTAGU & OUTENIQUA PASS

Der Montagu Pass ist eine ruhige, unbefestigte Straße, die sich durch die Berge nördlich von George schlängelt. Der 1847 eröffnete Pass ist zum Nationaldenkmal erklärt worden. Zurück geht es über den asphaltierten Outeniqua Pass, wo die Ausblicke sogar noch besser sind.

Wer nicht selbst fahren möchte, kann den **Outeniqua Power Van** (S. 256) nehmen, einen Triebwagen, der vom Outeniqua Transport Museum in 2½ Stunden ins Outeniqua-Gebirge fährt. Es ist auch möglich, sein Fahrrad mitzunehmen und den Montagu Pass hinunterzubrettern.

◉ Sehenswertes & Aktivitäten

Outeniqua Transport Museum   MUSEUM
(☏044-801 8289; www.outeniquachootjoe.co.za/museum.htm; 2 Mission St.; Erw./Kind 20/10 R; ☺Mo–Fr 8–17, Sa 8–14 Uhr; P) Das Museum ist der Start- und Endbahnhof für die idyllischen Fahrten mit dem Outeniqua Power Van (S. 256). Ein Besuch lohnt sich aber nicht nur für Eisenbahnfans. Ein Dutzend Lokomotiven und 15 Waggons sowie zahlreiche detailgetreue Modelle haben hier ihr museales Zuhause gefunden; darunter befindet sich auch ein Waggon, der in den 1940er-Jahren von der britischen Königsfamilie genutzt wurde. Außerdem wartet eine eindrucksvolle Sammlung von Autos auf die Besucher.

George Museum   MUSEUM
(☏044-873 5343; Courtenay St.; Spende erwünscht; ☺Mo–Fr 9–16.30, Sa 9–12.30 Uhr) Das Museum präsentiert jede Menge Ausstellungsstücke, die aus der Zeit stammen, als George noch das Zentrum der indigenen Holzwirtschaft war.

Links at Fancourt   GOLF
(☏044-804 0844; www.fancourt.co.za; 18 Löcher ab 950 R) Der von Gary Player angelegte Golfplatz ist einer der elitärsten und berühmtesten Golfplätze Südafrikas. Zwischen September und März verdoppelt sich die Platzgebühr.

☞ Touren

★Outeniqua Power Van   TOUR
(☏082 490 5627; Outeniqua Transport Museum, 2 Mission St.; Erw./Kind 150/130 R; ☺Mo–Sa) Die Fahrt mit diesem Triebwagen ist tatsächlich eines der Highlights von George. Die Fahrt beginnt am Outeniqua Transport Museum und führt dann mit einem kurzen Picknickstopp 2½ Stunden lang durch das Outeniqua-Gebirge. Die Abfahrtszeiten wechseln; Buchung ist nur über SMS möglich.

🛏 Schlafen

Outeniqua Travel Lodge   HOSTEL €
(☏082 316 7720; www.outeniqualodge.co.za; 19 Montagu St.; EZ/DZ 430/580 R; P🛜❄) Das Hostel, das 6 km vom Stadtzentrum entfernt in einem ruhigen Wohngebiet liegt, ist eine gute Budgetunterkunft (Zimmer mit Bad). Die Angestellten organisieren auch Aktivitäten.

★French Lodge International   PENSION €€
(☏044-874 0345; www.frenchlodge.co.za; 29 York St.; EZ/DZ mit Frühstück ab 750/900 R; P❄@❄) Die Zimmer dieser Pension im Stadtzentrum sind in luxuriösen Rondavels (Rundhütten mit kegelförmigem Strohdach) untergebracht, die um einen Pool stehen. Sie haben Satelliten-TV und Bäder mit Whirlpool.

Fancourt Hotel   LUXUSHOTEL €€€
(☏044-804 0000; www.fancourt.co.za; Montagu St., Blanco; EZ/DZ mit Frühstück ab 2580/3440 R; P❄🛜❄) Das Hotel bietet Top-Luxus mit drei 18-Loch-Golfplätzen von Gary Player, einem Wellnessbereich und vier Restaurants. Fancourt liegt etwa 6 km außerhalb der Stadtmitte.

✕ Essen & Ausgehen

★101 Meade   FUSIONSKÜCHE €€
(☏044-874 0343; www.101meade.co.za; 101 Meade St.; Hauptgerichte 80–210 R; ☺Mo–Sa 7–21.30, So 9–21 Uhr; ☎) Wer ohne frisch gebackenes Brot und guten Kaffee nicht in den Tag starten kann, ist hier genau richtig. Dazu gibt's am Mittag raffinierte Tapas-Teller zum Teilen und abends handfestere Gerichte, wie geschmorter Springbockschenkel oder Lammcurry Durban. Die ausge-

zeichnete Küche in Kombination mit der minimalistischen Ausstattung machen das 101 Mead zu Georges Top-Restaurant.

Old Townhouse
STEAK €€
(☑ 044-874 3663; Market St.; Hauptgerichte 75–200 R; ⊙ Mo–Fr 11.30–17 & 18–22, Sa 18–22 Uhr) Das alteingesessene Restaurant ist in einem alten Gebäude (1848) der ehemaligen Stadtverwaltung untergebracht. Es ist berühmt für seine exzellenten Steaks und die wechselnden Wildgerichte. Als Dessert gibt's die leckere selbst gemachte Eiscreme.

Robertson Brewery
BRAUEREI
(www.robertsonbrewery.com; 1 Memoriam St.; Verkostung 35 R, leichte Gerichte 75–100 R; ⊙ Mo–Sa 10–22 Uhr) Da es nicht viel gibt, was einen in George halten könnte, ist diese Familien-Kleinbrauerei eine willkommene Abwechslung. Man probiert sich durch die acht hier gebrauten Biere und stärkt sich an einfachen Kneipengerichten – dazu läuft klassischer Rock 'n' Roll.

ℹ️ Praktische Informationen

CapeNature (☑ 044-802 5300; www.cape nature.co.za; York St.)
George Tourism (☑ 044-801 9299; www. georgetourism.org.za; 124 York St.; ⊙ Mo–Fr 7.45–16.30, Sa 9–13 Uhr) Teilt Informationsmaterial für George und Umgebung aus.

ℹ️ An- & Weiterreise

Kulula (☑ 086-158 5852; www.kulula.com), **Airlink** (☑ 086-160 6606; www.flyairlink. com) und **SA Express** (☑ 086-172 9227; www. flyexpress.aero) fliegen den George Airport an; er liegt 9 km südwestlich der Stadt.
Greyhound (☑ Auskünfte 24 Std. 011-611 8000, Reservierungen 087-352 0352; www. greyhound.co.za) Busse halten an der Caltex-Tankstelle auf der York Street, während **Translux** (S. 232) und **Intercape** (S. 198) den Hauptbahnhof am Ende der Hibernia Street ansteuern. Intercape fährt nach Knysna (310 R, 1½ Std., 2-mal tgl.), Plettenberg Bay (330 R, 2 Std.) und Kapstadt (440 R, 7 Std., 2-mal tgl.).
Baz Bus (S. 198) setzt die Passagiere in der Stadt ab.

Wilderness
☑ 044 / 6200 EW.
Der Name verrät alles: dichte, alte Wälder und steile Hänge, die sich bis zu einer wunderschönen Küste mit kilometerlangen Sandstränden und anrollenden Wellen herabziehen, außerdem vogelreiche Fluss-

mündungen und geschützte Lagunen. Das alles hat Wilderness sehr beliebt gemacht, ohne dass die Tourismusfolgen unangenehm auffallen: Die Massen von Ferienhäusern fügen sich in die grünen Hügel ein, und das Stadtzentrum ist kompakt und unauffällig. Allerdings seien Strandliebhaber gewarnt: Wegen des starken Brandungsrückstroms ist Schwimmen keine gute Idee. Der einzige andere Nachteil ist die zerstreute Lage; die großen Entfernungen machen das Leben ohne Fahrzeug ein wenig komplizierter.

🔘 Sehenswertes

Garden Route National Park (Section Wilderness)
NATIONALPARK
(☑ 044-877 1197; www.sanparks.org; Erw./Kind 130/65 R; ⊙ 7–18 Uhr) Der ehemalige Wilderness National Park wurde zusammen mit den Nationalparks Knysna Forests und Tsitsikamma in den weitläufigen und auf mehrere Gebiete verstreuten Garden Route National Park eingegliedert. Der Park besteht aus einer einzigartigen Seenplatte mit Flüssen, Feuchtgebieten und Mündungsgebieten, die für das Überleben vieler Arten wichtig sind. Durch den Nationalpark führen mehrere Naturwanderpfade aller Schwierigkeitsgrade zu den Seen, zum Strand und durch Urwald.

Der **Kingfisher Trail** ist eine Tageswanderung durch das Gebiet. Ein Teilstück führt auf einem Holzbohlenweg über den Gezeitenabschnitt des Touws River. Das Seengebiet ist ideal für Angler, Kanufahrer, Windsurfer und Segler. Kanus (250 R pro Tag) vermietet **Eden Adventures** (☑ 044-877 0179; www.eden.co.za; Fairy Knowe Hotel, 1 Dumbleton Rd.), das auch Abseilen (600 R), *kloofing* (Canyoning; 600 R) und Touren durch die Region im Angebot hat.

Im Park gibt es nur einen Campingplatz: Das ausgedehnte **Ebb & Flow Rest Camp** (Stellplatz ab 200 R, DZ im Rondavel ab 480 R, mit Gemeinschaftsbad 425 R). Am Fluss gibt es Zeltplätze und verschiedene Hütten für Selbstversorger, Chalets und Rondavels (Rundhütten mit kegelförmigen Dächern).

🛏️ Schlafen

Wilderness Beach House Backpackers
HOSTEL €
(☑ 044-877 0549; www.wildernessbeachhouse. com; Wilderness Beach; DZ ab 550 R, B/DZ mit Gemeinschaftsbad 180/450 R; P 🛜) Das luftige Hostel südwestlich der Stadt punktet

mit Wahnsinnsblick aufs Meer, einfachen Zimmern, einer *lapa* (runder Platz mit Feuerstelle), einer Bar und einem Café, das Frühstück und Abendessen serviert. Wer auf ein Bett im Schlafsaal aus ist, sollte nach dem Saal im Obergeschoss fragen – er hat einen Balkon zum Meer hin.

Fairy Knowe Backpackers
HOSTEL €

(☎044-877 1285; www.wildernessbackpackers.com; Dumbleton Rd.; Camping 120 R, EZ/DZ 400/600 R, B/EZ/DZ mit Gemeinschaftsbad 160/250/400 R; P🛜) Das seit Langem etablierte Farmhaus aus dem 19. Jh. liegt direkt am Touws River auf einem Grundstück, auf dem Bäume Schatten spenden. Die Bar ist in einem anderen Gebäude ein Stück weit entfernt untergebracht, Ruhestörung bei Nacht ist also nicht zu befürchten. Das Activity Centre bietet Kajakfahrten, Abseilen, Ausritte und Paragliden an. Durch den Ort fahren und der Straße 2 km weit bis zur Abzweigung nach Fairy Knowe folgen.

Interlaken
PENSION €€

(☎044-877 1374; www.interlaken.co.za; 713 North St.; EZ/DZ mit Frühstück ab 1100/1200 R; P🛜🚭) Begeisterte Kritiken von zahlreichen Lesern, denen wir nur zustimmen können: Die gut geführte und sehr freundliche Pension bietet einen herrlichen Lagunenblick. Auf Wunsch gibt es auch ein leckeres Abendessen.

★Views Boutique Hotel
BOUTIQUEHOTEL €€€

(☎044-877 8000; www.viewshotel.co.za; South St.; EZ/DZ mit Meerblick und Frühstück 3715/4800 R; P❄🛜🚭) Dieses Hotel nutzt seine atemberaubende Lage optimal aus – helle, moderne Zimmer mit großen Glasfronten, die direkt auf den herrlichen Strand blicken. Wer es sich leisten kann, sollte den Mehrpreis für die Zimmer mit Meerblick anlegen. Andererseits sind auch die Zimmer mit Blick aufs Gebirge fantastisch (und kosten nur die Hälfte). Das Hotel hat einen Dachterrassenpool, Wellnessbereich und eine Treppe, die direkt zum Sandstrand führt.

✖ Essen & Ausgehen

Beejuice
CAFÉ €

(☎044-877 0608; www.beejuicecafe.co.za; Sands Rd.; leichte Gerichte 50–120 R; ⏲Mo–Sa 8.30–21, So 8.30–16 Uhr; P🚭) Hier fahren keine Züge mehr ab, der alte Bahnhof wird von einem hübschen Café genutzt, das Salate und Sandwiches anbietet. Abends werden hier traditionelle südafrikanische Gerichte serviert.

Zucchini
EUROPÄISCH €€

(☎044-882 1240; www.zucchini.co.za; Timberlake Organic Village, N2; Hauptgerichte 90–195 R; ⏲So–Mi 9–17, Do–Sa 9–21 Uhr; P🚭♿) 🍃 Das wunderbare, stilvoll eingerichtete Restaurant serviert Bioprodukte aus eigenem Anbau, Fleisch aus Freilandhaltung und eine große Auswahl an vegetarischen Speisen. Angeschlossen sind auch eine Kaffeerösterei und in dem Komplex weitere Läden und ein Spielplatz für Kinder.

★Serendipity
SÜDAFRIKANISCH €€€

(☎044-877 0433; www.serendipitywilderness.com; Freesia Ave.; 5-Gänge-Menü 495 R; ⏲Mo–Sa 18.30–21.30 Uhr; P) Lonely Planet Leser und Einheimische empfehlen das elegante Restaurant mit einer Terrasse an der Lagune. Die südafrikanisch inspirierte Speisekarte wechselt monatlich, enthält aber stets originelle Versionen alter Klassiker, wie eine karamellisierte Kardamom-Milk-Tart. Das feinste Speiselokal vor Ort, nur mit Reservierung.

Girl's Restaurant
INTERNATIONAL €€€

(☎044-877 1648; www.thegirls.co.za; 1 George Rd.; Hauptgerichte 110–285 R; ⏲Di–So 19–21.30 Uhr; P🛜) Von Weitem macht das Lokal neben einer Tankstelle nicht viel her, aber das Girl's bekommt begeisterte Kritiken. Das Rehfilet und die frischen Garnelen mit zunehmend schärferen Saucen sind immer einen Versuch wert.

Blind Pig
CRAFTBIER

(☎083 640 5403; Palms Garden Sq., Owen Grant St.; ⏲Di–Do 13–20, Fr & Sa 12–24, So 11–19 Uhr; ♿) In der winzigen Bar gibt's Craft-Biere aus dem ganzen Land; dazu gehört eine ebenfalls winzige Brauerei. Bier und Kneipensnacks genießt man am besten auf einer schattigen Terrasse.

Shoppen

Timberlake Organic Village
KUNSTHANDWERK

(www.timberlakeorganic.co.za; N2; ⏲9–17 Uhr; ♿) Zu dem zwischen Wilderness und Sedgefield abseits der N2 gelgenen Komplex gehören das angenehme Zucchini (S. 258) und mehrere Geschäfte, die frische Produkte, hochwertige Lebensmittel und Kunsthandwerk anbieten. Zum Ausgleich kann man Quad fahren oder eine Seilrutsche abwärtssausen.

ℹ Praktische Informationen

Wilderness Tourism Bureau (☎044-877 0045; George Rd.; ⊙ Mo–Fr 7.45–16.30, Sa 9–13 Uhr) Direkt hinter den Restaurants nach der Einfahrt in den Ort (rechte Straßenseite).

ℹ An- & Weiterreise

Die Fernbusse halten an der Caltex-Tankstelle an der Straße nach Kapstadt (300 R, 7½ Std.) und Plettenberg Bay (180 R, 1¼ Std.).

Buffalo Bay
☎ 044 / 71 EW.

Buffalo Bay ist ein herrlicher Ort mit einem beinahe verlassenen Surfstrand, dem Goukamma Nature Reserve und nur einer winzigen Enklave mit Ferienhäusern. Das ist schon alles, aber was braucht man mehr? Buffel's Bay liegt 17 km westlich von Knysna und wird auf Schildern als Buffel's Bay oder auch Buffelsbaai angekündigt.

◉ Sehenswertes

Goukamma Nature Reserve NATURSCHUTZGEBIET
(☎044-383 0042; www.capenature.co.za; Erw./Kind 40/20 R; ⊙8–18 Uhr) Das Naturschutzgebiet ist von der Straße nach Buffalo Bay aus zu erreichen. Es schützt 14 km Felsenküste mit Sandsteinklippen, von Küsten-*fynbos* bewachsene und bewaldete Dünen sowie den **Groenvlei**, einen großen Süßwassersee. Zum Schutzgebiet gehört auch ein Meeresabschnitt von 1,8 km, wo sich häufig Delfine, in der Saison auch Wale sehen lassen. Nach schweren Schäden bei der Feuersbrunst von 2017 war Goukamma bis Mitte 2018 geschlossen.

Wanderer finden Tagestouren von zweistündigen Waldspaziergängen bis zu einem 15 km langen Trail durch die Sanddünen. Die Zugangserlaubnis wird an der Rezeption des Parks ausgestellt. Für Kanufahrer und Angler bieten sich großartige Möglichkeiten; Kanus kann man ausleihen (30 R pro Tag).

🛏 Schlafen & Essen

Der Ort hat nur eine Handvoll Optionen: **Buffelsbaai Waterfront** (☎044-383 0038; Walker Dr.; Hauptgerichte 80–130 R; ⊙9–17 Uhr; Ⓟ) in der Stadt und Riverdeck am Flussufer, das Pizzen anbietet.

CapeNature (☎021-483 0190; www.capenature.co.za) vermietet in der ganzen Stadt

ABSTECHER

SEDGEFIELD-BAUERNMARKT

Der **Wild Oats Community Farmers Market** (☎082-376 5020; www.wildoatsmarket.co.za; N2, Sedgefield; ⊙ ❄ ▣ 7.30–12 Uhr; ♿), der seit über zehn Jahren stattfindet, ist eine Institution auf der Garden Route. Aus dem Vollen können nur die Frühaufsteher schöpfen: Pasteten, *biltong*, Käse, Kuchen, Brot, Bier, Bonbons – alles von kleinen Erzeugern aus der näheren Umgebung. Der Markt befindet sich in einer Nebenstraße an der N2, 1,5 km östlich vom Ortszentrum von Sedgefield.

Hütten, Cottages und Chalets. Buffelsbaai Waterfront vermietet Apartments und Häuser. Das Feuer von 2017 hat die Unterkünfte im Schutzgebiet stark beschädigt; sie wurden bei unserem letzten Besuch wiederaufgebaut.

Riverdeck HÜTTEN €
(☎078 134 5873; www.riverdeckaccommodation.co.za; Buffalo Bay Rd.; Camping 80 R, DZ 600 R, mit Gemeinschaftsbad 300 R; Ⓟ) Diese Backpacker-Unterkunft abseits der N2, am Ufer des Goukamma-Flusses, vermietet Safarizelte und einfache Hütten, aber auch Zimmer mit Bad und Cottages für vier Personen (ab 1400 R). Es gibt einen einfachen Wellnessbereich und ein Restaurant im Freien (von 8–19 Uhr geöffnet), das traditionelle Gerichte und Pizzen aus dem Holzbackofen anbietet. Man kann Kanus oder Waterbikes mieten oder auf Anfrage Ausritte buchen.

Fish Eagle Loft APARTMENT €€
(www.capenature.co.za; DZ ab 820 R) Ein stilvoll eingerichtetes Loft mit Wahnsinnsausblick aufs Meer. Nach Schäden bei dem Feuer von 2017 im Goukamma Nature Reserve war das Loft bis Mitte 2018 geschlossen.

Mvubu Bush Camp COTTAGE €€
(www.capenature.co.za; Cottage für 4 Pers. ab 950 R) Mvubu ist ein großes hölzernes Chalet zwischen Milkwood-Bäumen mit Blick auf den Groenvlei-See. Es hat zwei Zimmer für vier Personen und eine große Terrasse – die Kanubenutzung ist im Preis inbegriffen.

Buffelsbaai Waterfront APARTMENT €€
(☎044-383 0038; www.buffelsbaai.co.za; Walker Dr.; Apt. ab 850 R) Alles in einem: Unterkunft,

Essen und Infos über die Region. Die Gäste schlafen in Apartments und Häusern überall in der Stadt. Eine Vorbestellung ist sicherer, als auf gut Glück aufzukreuzen. Das riesige Gebäude hinter dem Strand ist nicht zu verfehlen.

Otter's Rest Lodge
COTTAGE €€
(www.capenature.co.za; Cottage ab 1000 R) Abgeschlossenes Haus mit zwei Doppelschlafzimmern. Das Haus ist modern ausgestattet, und die offene Küche grenzt an eine Terrasse mit *braai* (Grill).

❶ An- & Weiterreise

Buffalo Bay liegt 8 km abseits der N2 und ist nur mit eigenem Fahrzeug zu erreichen – öffentliche Verkehrsmittel Fehlanzeige.

Knysna

🎵 044 / 51 000 EW.

Das von alten Wäldern umgebene Knysna an einer ausgesprochen schönen Lagune dürfte die bekannteste Stadt an der Garden Route sein. Früher war die Stadt ein Zentrum der Holzindustrie; sie lieferte Gelbholz- und Stinkholzbäume für die Eisenbahn, Schiffe und Bauindustrie. Noch heute gibt es Läden, die sich auf Holzarbeiten und traditionelle Möbelherstellung spezialisiert haben. Die Lagune ist beliebt bei Seglern, und viele Anbieter veranstalten Bootstouren.

Eine ruhige Lage, Aufgeschlossenheit gegenüber Künstlern und Schwulen, viele ausgezeichnete Unterkünfte, Restaurants, Bars und zahlreiche Aktivitäten – es läuft gut für Knysna. Wem jedoch der Sinn nach mehr Ruhe und Ursprünglichkeit steht, sollte sich vor allem während der Hochsaison anderswo umsehen.

Der katastrophale Brand im Juni 2017 zerstörte mehr als 1000 Häuser und hinterließ eine verwüstete Landschaft. Bis sich der Wald erholt hat, werden Jahrzehnte vergehen, doch die Stadt nahm schon ein paar Wochen nach dem Brand wieder Touristen auf.

🔴 Sehenswertes

Knysna Lagoon
PARK
(Karte S.262) GRATIS Die Lagune öffnet sich zwischen zwei Sandsteinklippen zum Meer, den Heads, die einst von der britischen Royal Navy zur gefährlichsten Hafeneinfahrt der Welt erklärt wurden. Von der östlichen Klippe und dem **Featherbed Nature Reserve** (Karte S.266; www.knysna featherbed.com) auf der westlichen Klippe bieten sich schöne Ausblicke.

Am besten lässt sich die Lagune auf einer Bootsfahrt genießen. Die Featherbed Company (S.263) fährt mit mehreren Booten hinaus.

Die Lagune von Knysna wird zwar von SANParks (S.267) verwaltet, ist aber weder Nationalpark noch Wildschutzgebiet. Große Teile sind in Privatbesitz, und die Lagune wird von der Industrie und als Erholungsgebiet genutzt. Der geschützte Anteil beginnt östlich von Buffalo Bay und folgt der Küstenlinie bis zur Mündung des Noetzie-Flusses.

Belvidere
DORF
(Karte S.266) Das 10 km von Knysna entfernte Belvidere ist so ursprünglich wie unheimlich – im positiven Sinne. Jedenfalls lohnt sich ein kurzer Abstecher dorthin, um die wunderschöne **Belvidere-Kirche** (Karte S.266) im neonormannischen Stil zu sehen, die in den 1850er-Jahren von heimwehkranken englischen Auswanderern erbaut wurde. Etwas weiter folgt das Featherbed Nature Reserve (S.260) und an der Meerseite Brenton-on-Sea.

Garden of Eden
WALD
(Erw./Kind 40/20 R; ⊙8–18 Uhr) Im Wald wurden herrliche Picknickplätze, kurze Waldspaziergänge und ein 800 m langer rollstuhlgerechter Pfad angelegt.

Mitchell's Brewery
BRAUEREI
(Karte S.262; 🎵044-382 4685; www.mitchells brewing.com; 10 New St.; Verkostung 75 R, Führung mit Verkostung 150 R; ⊙Di & Mi 11–17, Do–Sa 11–22 Uhr, Führungen Mo–Sa 12.30 & 14.30 Uhr; Ⓟ) Die älteste Kleinbrauerei Südafrikas ist in neue, helle Räumlichkeiten am Rand der Lagune umgezogen. Man kann sich entweder einer Führung anschließen oder sich in den Biergarten zurückziehen und Biere im englischen Stil verkosten. Gegen den Hunger helfen einfache Kneipengerichte (65–110 R); die Führungen müssen vorab gebucht werden.

Millwood House
MUSEUM
(Karte S.262; Queen St.; Spende erwünscht; ⊙Mo–Fr 9.30–16.30, Sa 9.60–12.30 Uhr) Das Millwood House ist ein kleiner Museumskomplex zur Geschichte Knysnas. Er besteht aus urigen Gebäuden aus der Zeit des Holzwirtschaftsbooms, der das Schwer-

punktthema des Museums bildet. Es beschäftigt sich aber auch mit der Beteiligung Knysnas am Zweiten Burenkrieg und mit dem Stadtgründer George Rex.

Noetzie
STRAND

Der kleine Ort Noetzie mit Ferienhäusern im Pseudoburgenstil ist über eine Abzweigung an der N2 10 km östlich von Knysna zu erreichen. Es gibt dort einen schönen Surfstrand (weitläufig, aber gefährlich) und eine geschützte Lagune in einer bewaldeten Schlucht. Der Weg vom Parkplatz zum Strand ist steil.

Old Gaol Museum
MUSEUM

(Karte S.262; ☎044-302 6320; Ecke Main & Queen Sts.; ☻Mo–Fr 9–16, Sa 9–12 Uhr) GRATIS
Bei den häufigen Niederschlägen in der Region ist dieses Museum eine gute Abwechslung an Regentagen. Das Museum mit einer Galerie für heimische Kunst, Infos über die Elefanten von Knysna und einem kommunalen Kunstprojekt ist in einem Gebäude aus der Mitte des 19. Jhs. untergebracht (dem ehemaligen Gefängnis).

Aktivitäten

Elephant Day Walks
WANDERN

(Erw./Kind 68/34 R) Bei den Elephant Day Walks handelt es sich um mehrere Wanderungen im Wald von Diepwalle, wo man (vielleicht) auf Spuren der legendären Waldelefanten von Knysna stoßen kann. Ein paar sollen immer noch hier leben, sie machen sich aber sehr rar und wurden Anfang 2016 zum letzten Mal fotografiert.

Outeniqua Trail
WANDERN

(☎044-302 5606; Erw./Kind pro Tag 134/67 R) Der Outeniqua Trail ist 108 km lang und nimmt eine Woche Zeit in Anspruch; allerdings kann man sich auch auf Teilabschnitte von zwei oder drei Tagen beschränken. In den Gebühren für den Trail sind die Unterkünfte in einfachen Hütten enthalten; eigenes Bettzeug mitbringen.

Ocean Odyssey
WASSERSPORT

(Karte S.262; ☎044-382 0321; www.oceanodyssey.co.za; Thesen's Island; Bootsfahrt Erw./Kind 710/510 R) Ocean Odyssey bietet Bootstouren (1½ Std.) auf der Lagune (S.239) an, verleiht Boards zum Stand-up-Paddeln (pro Std. 180 R) und veranstaltet Sonnenuntergangstrips auf einer Yacht (ab 900 R). Zwischen Juni und November kommen auch Whale-Watching-Trips dazu (Erw./Kind 900/700 R).

ABSEITS DER ÜBLICHEN PFADE

KNYSNAS RASTAFARI-GEMEINDE

Knysna beherbergt Südafrikas größte Rastafari-Gemeinde **Judah Square**. Diese Gemeinde in einem Township kann man in Begleitung des leidenschaftlichen Urgesteins **Brother Zeb** (☎076 649 1034; www.judahsquare.co.za; geführte Touren ab 100 R) kennenlernen. Einfach unvergesslich, der Typ!

Oyster Tour
BOOTSFAHRTEN

(Karte S.262; ☎082 892 0469; www.knysnacharters.com; Mole am Quay 4, Thesen's Island; Erw./Kind 570/160 R; ☻15 Uhr) Jeder Südafrikaner denkt bei Knysna sofort an eines: Austern. Auf einer 90-minütigen Bootsfahrt durch die Lagune erfahren die Teilnehmer alles über die Austernzucht, können wilde und Austern aus einer Austernfarm probieren und schließlich mit einem Schluck Wein hinunterspülen.

Turbine Water Club
OUTDOOR

(Karte S.262; ☎044-302 5751; Sawtooth Lane, Thesen's Island) Die möglichen Outdooraktivitäten sind Fahrradfahren (Leihrad für einen halben Tag 180 R), Angelausflüge (650 R), Kajakfahren (180 R) und Bootsfahrten (1 Std., 250 R).

Scootours
ABENTEUERSPORT

(Karte S.262; ☎079 148 3751; http://scootours.co.za; Touren 450 R) Abenteuerliche Fahrt durch den Wald von Knysna auf Monsterscootern – Tretroller (ohne Motor) mit klobigen Reifen, die mit jedem Gelände fertigwerden. Die geführte Tour dauert zwei Stunden; der Transfer in den Wald von Thesen's Island ist im Preis inbegriffen.

Knysna Kayak Hire
KAJAKFAHREN

(Karte S.262; ☎082 892 0469; www.knysnacharters.com; pro Std. 100 R) Friedlicher kann man die Lagune (S.260) nicht erkunden, solange man sich von den Heads fernhält! Die Buchung wird online vorgenommen; die Kajaks gibt's beim Whet Restaurant auf Thesen's Island.

Trip Out
WASSERSPORT

(☎083-306 3587; www.tripout.co.za; 2 Std. Surfkurs 400 R) Die Surferkurse für Einsteiger finden im nahe gelegenen Buffalo Bay statt, und geschnorchelt wird um die

Knysna

N 0 ⸺⸺⸺⸺⸺ 200 m

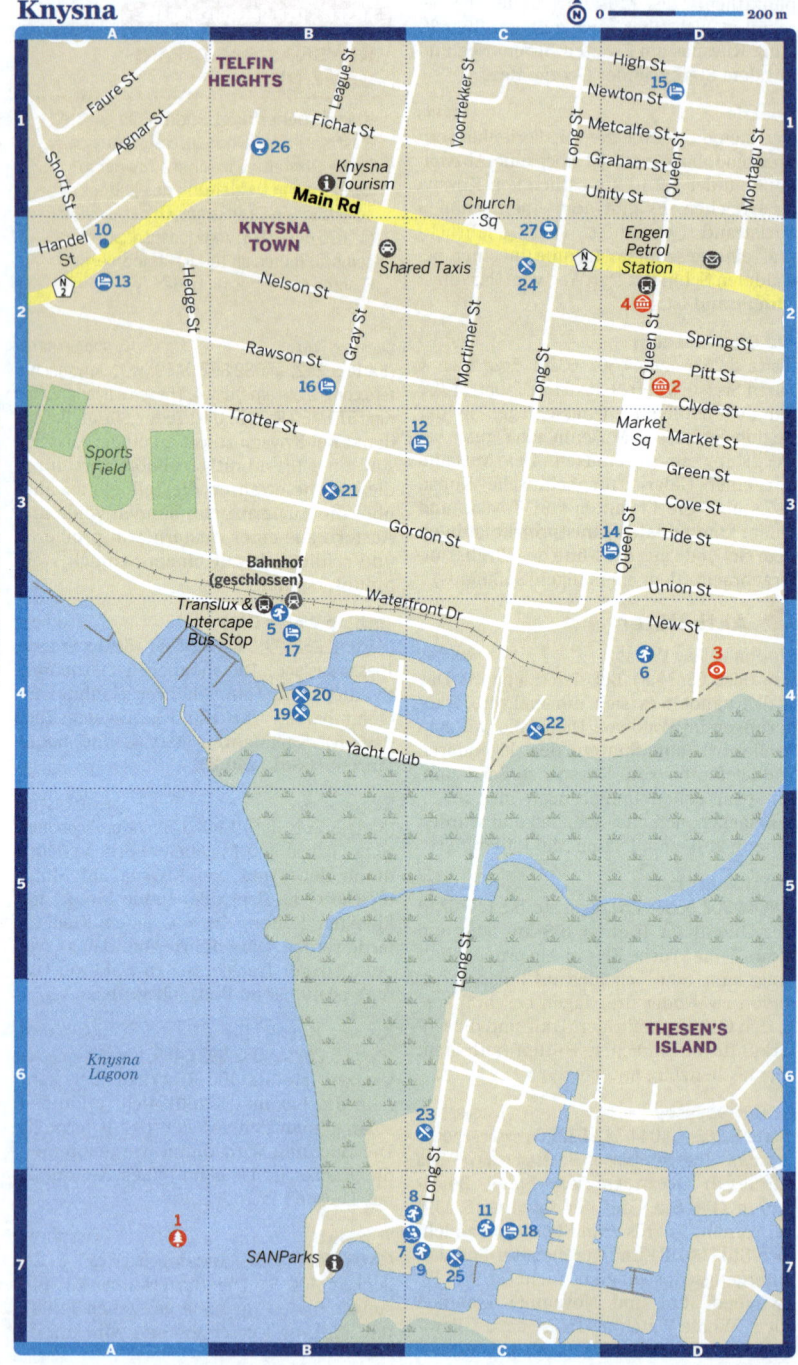

TELFIN
HEIGHTS

Faure St

Agnar St

League St

Fichat St

Voortrekker St

High St

Newton St

15

Long St

Metcalfe St

Graham St

Unity St

Queen St

Montagu St

Short St

26

Knysna
Tourism

Main Rd

Church
Sq

27

Engen
Petrol
Station

Handel
St

10

KNYSNA
TOWN

Nelson St

Shared Taxis

24

N2

4

13

Hedge St

Gray St

Mortimer St

Long St

Queen St

Spring St

Pitt St

2

Clyde St

Rawson St

16

Market
Sq

Market St

Trotter St

12

Green St

Sports
Field

21

Gordon St

Cove St

Tide St

14

Queen St

Bahnhof
(geschlossen)

Waterfront Dr

Union St

Translux &
Intercape
Bus Stop

5

17

New St

6

3

20

19

22

Yacht Club

Long St

THESEN'S
ISLAND

Knysna
Lagoon

23

8

11

18

1

SANParks

7

9

25

Long St

Knysna

DIE GARDEN ROUTE KNYSNA

Heads (350 R); im Angebot sind außerdem Bootsfahrten und halbtägige *kloofing*-Trips (Canyoning; 650 R).

Knysna Cycle Works   FAHRRADFAHREN
(Karte S.262; ☎044-382 5153; www.knysna cycles.co.za; Waterfront Park, Queen St.; pro Tag 250 R; ◷Mo–Fr 8.30–17, Sa 9–13 Uhr) Gut eingeführte Agentur, die Mountainbikes verleiht und Karten der Trails in der Umgebung führt.

Go Vertical   ABENTEUERSPORT
(☎082-731 4696; www.govertical.co.za) Geführte Kajak- und Kanutouren, Canyoning und Wandern entlang der Garden Route.

Featherbed Company   BOOTSFAHRTEN
(Karten S.262; ☎044-382 1693; www.knysna featherbed.com; Remembrance Ave., Parallelstraße des Waterfront Dr.; Bootsfahrten Erw./Kind ab 140/75 R; ◷8–17 Uhr) Veranstaltet mehrere Bootstouren, von kurzen Fahrten mit der Fähre zu den Heads bis zur Katamaran-Fahrt in den Sonnenuntergang (Erw./Kind 730/375 R). Die beliebteste Fahrt an Bord der *John Benn* dauert 90 Minuten (Abfahrt 12.30 & 17 Uhr; Erw./Kind 190/90 R).
Die Fahrten zum Featherbed Nature Reserve (S.260) sind seit dem Großfeuer im Juni 2017 gestrichen. Es ist allerdings geplant, die Fahrten wieder aufzunehmen; den letzten Stand der Dinge rechtzeitig telefonisch erfragen.

Harkerville Coastal Trail   WANDERN
(pro Person 256 R) Die anspruchsvolle Wanderung über 20 km dauert zwei Tage. Sie folgt einem Rundweg durch den Wald von Harkerville und dann einer schwierigen Passage an der Küste entlang. Unterkünfte sind einfache, im Preis inbegriffene Hütten. Die Naturschutzgebühr wird separat abgerechnet (32 R pro Tag). Buchungen über SANParks (S.267).

👉 Geführte Touren

Das Touristenbüro führt eine aktuelle Liste der zahlreichen Veranstalter, die Touren in die Townships anbieten. Knysna Tourism (S.267) hält auch die Broschüre Living Local für Traveller bereit, die eine Nacht in den Townships verbringen möchten.

⭐ Emzini Tours   KULTUR
(☎044-382 1087; www.emzinitours.co.za; Erw./Kind 400/150 R; ◷Mo–Sa 10 & 14 Uhr) Im Rahmen kommunaler Projekte bietet Emzini dreistündige Township-Touren unter der persönlichen Leitung einer Einheimischen namens Ella an. Die geführten Touren können je nach Interessensschwerpunkt individuell zugeschnitten werden; in der Regel enden die Rundgänge mit einer Teerunde bei Ella zu Hause – inklusive Trommeleinlage und Gruppengelächter, wenn sich die Besucher mit den Schnalzlauten der Xhosa-Sprache abmühen. Weitere Angebote beinhalten eine Musik- und Trommelerfahrung sowie die Zubereitung eines Mittagessens, bei dem die Gäste selbst Hand anlegen (das Essen kostet 120 R extra). Bei der Buchung wird ein Treffpunkt ausgemacht (oder man wird im Hotel abgeholt).

Peggy's Tours
KULTUR

(Karte S. 262; ☎044-382 1283; www.peggysart. co.za; 66 Main St.; geführte Touren 400 R) Die lokale Künstlerin Peggy Dlephu leitet Führungen durch die Townships, wo sie mehrere Kunstprojekte mit Schulkindern gestartet hat. Die Touren beginnen an Peggys Galerie im Stadtzentrum.

Festivals & Events

Pink Loerie Festival
SCHWULE & LESBEN

(www.pinkloerie.co.za; ☺Ende Mai) Alljährlich feiert Knysna Ende Mai seine Schwulen- und Lesbenfreundlichkeit mit einem farbenfrohen Mardi Gras.

Oyster Festival
ESSEN & TRINKEN

(www.oysterfestival.co.za; ☺Ende Juni/Anfang Juli) Als Hommage an die Austern bieten die Restaurants der Stadt Spezialmenüs mit Austern an, es finden Livekonzerte und Sportveranstaltungen statt, darunter auch der Knysna Marathon.

Schlafen

Jembjo's Knysna Lodge
HOSTEL €

(Karte S. 262; ☎044-382 2658; www.jembjos knysnalodge.co.za; 4 Queen St.; B 170 R, EZ/DZ 550/600 R, EZ/DZ mit Gemeinschaftsbad 450/ 500 R; P☎) Das kleine, freundliche Hostel wird von zwei ehemaligen Fernfahrern geleitet. Es gibt jede Menge Informationen über die Region und Mountainbikes zum Ausleihen (20 R pro Std.); das selbst zubereitete Frühstück ist ebenfalls im Preis inbegriffen.

Inyathi Guest Lodge
CHALET €

(Karte S. 262; ☎044-382 7768; www.inyathiguest lodge.co.za; 38 Trotter St.; Chalet ab 600 R; ☎) Die Lodge ist umgezogen und wurde völlig renoviert – die fröhlichen Besitzer und das geschmackvolle afrikanische Design sind geblieben. Die Gäste (Selbstversorger) schlafen in Chalets, jedes mit eigenem Garten. Wer nicht gerne in Backpackerunterkünften übernachtet, findet hier eine gute Budget-Option.

Island Vibe
HOSTEL €

(Karte S. 262; ☎044-382 1728; www.islandvibe. co.za; 67 Main St.; B 170 R, DZ 600 R, mit Gemeinschaftsbad 550 R; ☎☎) Das flippige Hostel hat tolle Gemeinschaftsräume, gut gelaunte Mitarbeiter und hübsch ausgestattete Zimmer. Hinzu kommen eine lebhafte Bar und ein kleines Schwimmbecken auf der Terrasse.

Woodbourne Resort
CAMPING €

(Karte S. 266; ☎044-384 0316; www.woodbourne knysna.com; George Rex Dr.; Stellplatz 250 R, Hütte 650 R; ☎) Ein weitläufiger, schattiger Campingplatz und einfache Hütten mit Fernseher. Der ruhige Platz liegt etwas außerhalb der Stadt – den Hinweisschildern zu den Heads folgen. Zwischen Mitte Dezember und Mitte Januar verdoppeln sich die Preise.

Knysna Backpackers
HOSTEL €

(Karte S. 262; ☎044-382 2554; www.knysna backpackers.co.za; 42 Queen St.; B 200 R, DZ 695 R, mit Gemeinschaftsbad 495 R; ☎) In

---

WANDER- & MOUNTAINBIKE-TRAILS

Das Waldgebiet der Knysna Forests, heute Teil des Garden Route National Park (Abschnitt Knysna Lakes), ist ideal für Wanderer jeden Niveaus. Am einfachsten ist der **Garden of Eden** (S. 260) zu erwandern, wo es hübsche Picknickplätze mitten im Wald gibt (auch für Rollstuhlfahrer geeignet). Ähnlich gut begehbar ist der **Millwood Gold Mine Walk**, während die **Elephant Day Walks** (S. 261) in Diepwalle unterschiedliche Schwierigkeitsgrade aufweisen.

Eine größere Herausforderung ist der **Harkerville Coastal Trail** (S. 263), eine zweitägige Wanderung, die zum beliebten Outeniqua Trail führt. Der Harkerville Coastal Trail wurde stark von dem Brand im Jahr 2017 in Mitleidenschaft gezogen und war bei unserem letzten Besuch gesperrt; die Parkverwaltung arbeitet daran, die Strecke wieder begehbar zu machen.

Der 108 km lange **Outeniqua Trail** (S. 261) nimmt eine Woche Zeit in Anspruch; allerdings kann man sich auf Abschnitte von zwei oder drei Tagen beschränken. In der Tagesgebühr (Erw./Kind 134/67 R) ist die Unterbringung in einfachen Hütten enthalten (Bettzeug mitbringen). Erlaubnis, Karten und zusätzliche Informationen gibt es bei SANParks (S. 267). Außerdem gibt es hier jede Menge Mountainbiketrails. Leihräder und Kartenmaterial sind über Knysna Cycle Works (S. 263) erhältlich.

diesem großen viktorianischen Haus ein paar Häuserblocks oberhalb der Main Street gibt es überwiegend Doppelzimmer. Es ist ein ziemlich ruhiger Familienbetrieb.

Brenton Cottages CHALET €€
(Karte S. 266; ☑044-381 0082; www.brentonon sea.net; 242 CR Swart Dr., Brenton-on-Sea; Hütten für 2 Pers. 990 R, Chalets für 6 Pers. 1680 R; P❄🛜🏊) An der Meerseite der Lagune (S. 260) fallen die Hügel nach Brenton-on-Sea hin ab – und geben den Blick auf einen herrlichen, 8 km langen Strand frei. Die Chalets sind mit Küchen, die Hütten nur mit einer Kochnische ausgestattet – viele haben Meerblick. Auf dem englischen Rasen sind mehrere *braai* (Grillplätze) eingerichtet.

Im Dezember und Januar ziehen die Preise stark an.

★ Turbine Hotel & Spa BOUTIQUEHOTEL €€€
(Karte S. 262; ☑044-302 5746; www.turbine hotel.co.za; Sawtooth Lane, Thesen's Island; EZ/DZ mit Frühstück ab 1900/2840 P; P❄🛜🏊) Das ehemalige Kraftwerk wurde zu einem Boutiquehotel mit cleverem Design umgestaltet und wurde zu einer der coolsten Unterkünfte von Knysna. Dabei sind Elemente des Kraftwerks geschickt in die Zimmer und Gemeinschaftsräume integriert. Die Lage ist toll, denn Cafés und Restaurants liegen in Gehentfernung. Ein paar Zimmer warten außerdem mit prachtvollem Blick auf die Lagune auf.

★ Under Milkwood HÜTTEN €€€
(Karte S. 266; ☑044-384 0745; www.milkwood. co.za; George Rex Dr.; EZ/DZ Hütten ab 950/ 1460 R; P📧🛜) Die Selbstversorger-Blockhütten liegen schön eingebettet in der Landschaft direkt an der Küste der Knysna-Lagune (S. 239). Jede Hütte hat eine eigene Terrasse und einen *braai*-Platz. Es gibt zwar kein Schwimmbecken, dafür aber einen kleinen Strand. Die Hütten direkt am Wasser und teurer, und im Dezember schießen die Preise in die Höhe.

Belvidere Manor HOTEL €€€
(Karte S. 266; ☑044-387 1055; www.belvidere.co.za; Duthie Dr.; EZ/DZ mit Frühstück 1330/2220 R; P🛜🏊) Die Luxus-Cottages – einige mit Blick auf die Lagune – dieses extrem ruhigen Hotels sind um einen makellosen Rasen angeordnet. Im historischen Hauptgebäude sind ein Restaurant (Hauptgerichte 85–170 R) mit regionalen und internationalen Gerichten sowie ein stimmungsvolles Pub untergebracht, das auch Nicht-Gästen offensteht.

Protea Hotel Knysna Quays HOTEL €€€
(Karte S. 262; ☑044-382 5005; www.protea.mar riott.com; Waterfront Dr.; EZ/DZ 1520/1920 R; ❄🛜🏊) Ein stylishes Hotel mit geschmackvoll eingerichteten Zimmern, einem einladenden, geheizten Schwimmbecken und alles nur einen Sprung weit weg von den Einkaufsmöglichkeiten und Restaurants am Wasser; nach einem Zimmer mit Blick auf die Lagune fragen.

Knysna Log Inn HOTEL €€€
(Karte S. 262; ☑044-382 5835; www.log-inn. co.za; 16 Gray St.; EZ/DZ mit Frühstück 1540/ 2160 R; ❄🛜🏊) Angeblich ist dieses Hotel die größte Blockhauskonstruktion der Südhalbkugel. Die Zimmer, einige mit Balkon, sind komfortabel, und es gibt ein tolles Schwimmbecken im Garten.

Essen

★ Ile de Pain CAFÉ, BÄCKEREI €€
(Karte S. 262; ☑044-302 5705; www.iledepain. co.za; Thesen's Island; Hauptgerichte 55–115 R; 🕐Di–Sa 8–15 Uhr; 🛜) Einheimische wie auch Touristen fahren total auf dieses Café mit Bäckerei ab, denn dort gibt es eine hervorragende Auswahl an Frühstücksvariationen, jede Menge frische Salate und kreative Mittags-Specials – auch Vegetarier kommen hier nicht zu kurz. Da die Tische nicht vorbestellt werden können, ist an Wochenenden oder in der Hauptsaison mit Warteschlangen zu rechnen.

Freshline Fisheries FISCHE €€
(Karte S. 262; ☑044-382 3131; www.freshline fisheries.co.za; Long St., Railway Siding Dockyard; Hauptgerichte 70–170 R; 🕐Mo–Sa 11.30–20 Uhr; P) Die Rechnung kann überraschend hoch ausfallen, da die Beilagen separat berechnet werden – das Risiko lohnt aber unbedingt wegen der tollen Meeresfrüchte, die hier serviert werden. Das Lokal ist einfach: Tische auf einer sandigen Terrasse, allerdings doch mit so viel Charakter, dass der Parkplatz gleich daneben kaum stört. Alkohol darf man selbst mitbringen (es wird kein Korkgeld verlangt).

Chatters Bistro PIZZA €€
(Karte S. 262; ☑044-382 0203; www.chattersbis tro.co.za; 9a Gray St.; Hauptgerichte 60–130 R; 🕐Di–Sa 12–22 Uhr) Während andere Restaurants in Knysna kommen und gehen, hält sich diese Pizzeria schon ziemlich lange.

Rund um Knysna

Auf der Karte in Chatters Bistro stehen Burger, Pasta und ein paar Salate, die besonders gut schmecken, wenn sie in dem angenehmen Garten genossen werden.

Olive Tree BISTRO €€
(Karte S.262; ☏044-382 5867; 21 Main St.; Hauptgerichte 100–170 R; ⏱Mo–Sa 9–21 Uhr) Der romantisch gelegene „Olivenbaum" gehört zu den eher exklusiven Restaurants. Das Tagesmenü auf der Tafel wechselt regelmäßig; Reservierung ist ratsam.

Sirocco INTERNATIONAL €€
(Karte S.262; ☏044-382 4874; www.sirocco. co.za; Main Rd., Thesen's Island; Hauptgerichte 60–150 R; ⏱11–22 Uhr) Innen ist es ein stilvolles Restaurant, das Sushi, Steaks und Meeresfrüchte serviert, draußen präsentiert es sich als lässige Bar, die Holzofenpizza und die gesamte Palette Mitchell-Bier bietet. Auch die Cocktailkarte kann sich sehen lassen.

East Head Café INTERNATIONAL €€
(Karte S.266; ☏044-384 0933; www.eastheadcafe.co.za; 25 George Rex Dr., Eastern Head; Hauptgerichte 75–145 R; ⏱8–15 Uhr; P🅿🛜) Von der Terrasse im Freien blickt man auf Lagune und Meer und bestellt sich eines der vielen Fisch- und Meeresfrüchtege-

Rund um Knysna

richte, es gibt auch ein paar vegetarische Optionen. Das Café ist sehr beliebt; da Reservierungen nicht akzeptiert werden, bilden sich in der Hochsaison manchmal Warteschlangen.

34 South INTERNATIONAL €€
(Karte S.262; ☏044-382 7331; www.34south. biz; Knysna Waterfront; Hauptgerichte 70–170 R; ⏱8.30–22 Uhr) An Tischen im Freien mit Blick aufs Wasser werden gute Sushi, Delikatessen und üppige Meeresfrüchteplatten serviert – ein angenehmes Lokal für den Mittag. Die Weinauswahl gehört zu den besten der Stadt.

VON KNYSNA NACH PLETTENBERG BAY

Von der N2 zwischen Knysna und Plettenberg Bay zweigen nach Norden und Süden mehrere interessante Abstecher ab.

Die Route 339 von Knysna nach Avontuur steigt in der Outeniqua-Kette bis zum herrlichen **Prince Alfred's Pass** an, den manche für schöner halten als den Swartberg Pass. Allerdings ist beim schlechten Zustand der Straße nur langsames Fahren möglich, und an einigen Stellen ist die Passstraße, die auf über 1000 m ansteigt, sehr steil. Von oben bieten sich dafür weite Ausblicke nach Norden, ehe die Straße über Kehren wieder ins Langkloof Valley hinabführt.

Etwa 10 km östlich von Knysna zweigt eine Straße von der N2 nach **Noetzie** ab, einem skurrilen, kleinen Ort mit Ferienhäusern im Stil von Burgen. Der hübsche Strand ist weitläufig, aber gefährlich; eine geschützte Lagune zieht sich durch eine bewaldete Schlucht. Der Weg vom Parkplatz zum Strand ist steil.

Caffe Mario ITALIENISCH €€
(Karte S.262; ☎044-382 7250; Knysna Waterfront; Hauptgerichte 65–195 R; ☺8–21.30 Uhr; 🖥) Das Café an der Waterfront ist ideal für ein Frühstück oder einen Nachmittagskaffee mit Kuchen; gegen den Hunger gibt's auch Pizza und Pasta.

 Ausgehen & Nachtleben

Am einfachsten ist es, über die Main Street zu schlendern und die Bars zu checken – viele öffnen nur in der Saison. Mitchell's (S.260), die Kleinbrauerei der Stadt, ist die älteste in Südafrika.

King's PUB
(Karte S.262; ☎044-382 6641; Pledge Sq., Main St.; ☺Mo–Sa 11–2, So 11–23 Uhr) Der etwas schäbige Pub serviert Bier vom Fass; es gibt Poolbillardtische.

Vinyl CLUB
(Karte S.262; ☎044-382 0386; Main St.; ☺19–2 Uhr) Knysnas Topadresse für Nachtschwärmer; die Stimmung ist entspannt, es gibt eine Galerie zum Abhängen und Musik vom DJ – keine Livebands.

ⓘ Praktische Informationen

Auf der Main Street gibt es ein paar Internetcafés; Internetzugang etwa 50 R pro Std. Die meisten Cafés haben kostenloses WLAN, das aber nicht sehr verlässlich ist.
Knysna Tourism (Karte S.262; ☎044-382 5510; www.visitknysna.co.za; 40 Main St.; ☺ganzjährig Mo–Fr 8–17, Sa 8.30–13 Uhr, im Dez., Jan. & Juli zus. So 9–13 Uhr) Eine hervorragende Adresse mit bestens informierten Angestellten.
SANParks (Karte S.262; ☎044-302 5600; www.sanparks.org; Long St., Thesen's Island; ☺Mo–Fr 7.30–16 Uhr)

Post (Karte S.262; ☎044-382 1211; 6 Main St.)

ⓘ An- & Weiterreise

BUS

Translux und Intercape halten an der **Waterfront** (Karte S.262; Waterfront) und **Greyhound** (S.257) an der **Engen-Tankstelle** (Karte S.262; Main St.); **Baz Bus** (S.198) setzt die Fahrgäste an den Hostels ab. Für Fahrten zu anderen Städten an der Garden Route sind Sammeltaxis am besten; die großen Buslinien verlangen für Kurzstrecken unverhältnismäßig hohe Preise.

Intercape fährt unter anderem George (240 R, 45 Min.), Mossel Bay (240 R, 1½ Std.) und Kapstadt (370 R, 8 Std.) an.

TAXI

Sammeltaxis fahren ab dem **Taxistand** (Karte S.262; Ecke Main & Gray Sts.) an der Ecke Main und Gray Street nach Plettenberg Bay (20 R, 30 Min., tgl.) und Kapstadt (270 R, 7½ Std., tgl.) ab. Für private Taxis **Eagle Cabs** (☎076 797 3110) anrufen.

Plettenberg Bay

☎044 / 6500 EW.

Plettenberg Bay – oder kurz „Plett" – ist Urlaubsstadt durch und durch: Berge, weißer Sand und glasklares Wasser machen es zu einem der beliebtesten Ferienorte Südafrikas. Manchmal kann es zwar hektisch werden, doch die Stadt bleibt sehr entspannt und freundlich – und es gibt exzellente Hostels. Vor allem im Osten ist die Landschaft überwältigend, hier wachsen mit die schönsten Küsten- und Urwälder Südafrikas.

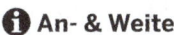 **DIE GARDEN ROUTE** PLETTENBERG BAY

DIE GARDEN ROUTE PLETTENBERG BAY

⊙ Sehenswertes

Monkeyland
WILDRESERVAT

(☎044-534 8906; www.monkeyland.co.za; The Crags; 1-stündige Tour Erw./Kind 210/105 R; ⊙8–17 Uhr) Diese äußerst beliebte Einrichtung hilft bei der Auswilderung von Affen, die vorher in Zoos oder bei Privatleuten lebten. Die hier angebotene Wandersafari durch dichten Wald und über eine 128 m lange Seilbrücke ist Spitzenklasse. Ein Kombiticket mit Birds of Eden kostet 320/160 R pro Erw./Kind.

Bramon
WEINGUT

(☎044-534 8007; www.bramonwines.co.za; N2; Weinproben je Wein 10 R; ⊙11–17 Uhr) Das erste Weingut der Region wurde 2000 gegründet und ist vor allem für seinen Schaumwein bekannt. Das Restaurant liegt versteckt zwischen den Weinreben; auf der Karte stehen kleine Gerichte im Mezze-Stil (Teller 35–90 R). Das Brot wird auf Bestellung gebacken, und alle Weine werden offen angeboten.

Keurbooms River Nature Reserve
NATURSCHUTZGEBIET

(☎044-533 2125; www.capenature.co.za; Erw./Kind 40/20 R; ⊙8–18 Uhr) Das Schutzgebiet am Fluss ist ein Paradies für Schwimmer, Angler und Paddler sowie ideal für ein Picknick. Leihkanus kosten 135 R pro Tag, und man kann mit einer Fähre (S. 268) den Fluss hinabfahren.

Birds of Eden
VOGELSCHUTZGEBIET

(☎044-534 8906; www.birdsofeden.co.za; The Crags; Erw./Kind 210/105 R; ⊙8–17 Uhr) Eines der größten Freiflugvogelgehege der Welt mit einer 2 ha großen Kuppel über dem Wald, in dem 280 Vogelarten leben. Kombitickets mit Monkeyland kosten 320/160 R pro Erw./Kind.

🏃 Aktivitäten

Plett hat mehr zu bieten als Abhängen am Strand oder Wandern auf der Robberg-Halbinsel: Albergo for Backpackers organisiert alles Mögliche, von Wandern über Reiten und Surfen bis zu Bungeespringen, Blackwater-Tubing oder Skydiven, häufig mit Preisnachlässen.

Africanyon
ABENTEUERSPORT

(☎044-534 8055; www.africanyon.com; Forest Hall Rd., The Crags; 2-stündige Tour 550 R) Traveller sind begeistert von dem Canyoning: Schwimmen durch Felstümpel, Gleiten über natürliche Wasserrutschen und Abseilen durch einen Wasserfall. Wer noch mehr Adrenalin braucht, bucht die 4-stündige Tour (750 R). Trockener geht's beim Abseilen (400 R) über eine 50 m hohe Felswand zu.

Keurbooms River Ferries
BOOTSFAHRTEN

(☎083 254 3551; www.ferry.co.za; N2; Erw./Kind 180/90 R) Eine friedliche Flussfahrt auf dem Keurbooms mit Pausen zum Schwimmen und einem Picknick an einem kleinen Uferstrand. Die Fähren legen im Keurbooms River Nature Reserve (S. 268) ab, sodass der Eintritt in den Park dazukommt.

Learn to Surf Plett
SURFEN

(☎082 436 6410; www.learntosurfplett.co.za; 2-stünd. Kurs in der Gruppe; Ausrüstung wird gestellt 400 R) Ein alteingesessener Surferanstalter, der auch Lektionen im Stand-up-Paddeln gibt (pro Std. 100 R) und Ausrüstungen verleiht.

Ocean Safaris
BOOTSFAHRTEN

(☎082 784 5729; www.oceansafaris.co.za; Milkwood Centre, Hopwood St.; Walbeobachtung Erw./Kind 750/450 R) Bootstouren (2 Std.) zu den Südkapern und Buckelwalen. Die Boote legen von Juli bis Dezember um 9.30, 12 und 14.30 Uhr ab. Die Bootsfahrten zu den Delfinen finden ganzjährig statt (Erw./Kind 500/250 R).

Sky Dive Plettenberg Bay
ABENTEUERSPORT

(☎082 905 7440; www.skydiveplett.com; Plettenberg Airport; Tandemsprung ab 2600 R) Zwar ist die Aussicht bei jedem Sprung eindrucksvoll, aber das Skydiven über der Küste der Garden Route ist nicht zu toppen. Dieser empfohlene Veranstalter punktet mit über zehnjähriger Erfahrung im Skydiven.

👉 Geführte Touren

Ocean Blue Adventures
BOOTSFAHRTEN

(☎044-533 5083; www.oceanadventures.co.za; Milkwood Centre, Hopwood St.; Delfin-/Walbeobachtung 500/750 R) Die Boote starten mit 30 Personen, je nach Jahreszeit, zu den Walen und Delfinen. Kinder bezahlen nur die Hälfte.

Plett Wine Tours
WEIN

(☎081 270 0658; www.plettwinetours.com; Halbtagestour 750 R) Diese geführte Tour macht in drei Weingütern entlang der Garden Route halt; ein Mittagessen ist im Preis inbegriffen.

Plettenberg Bay

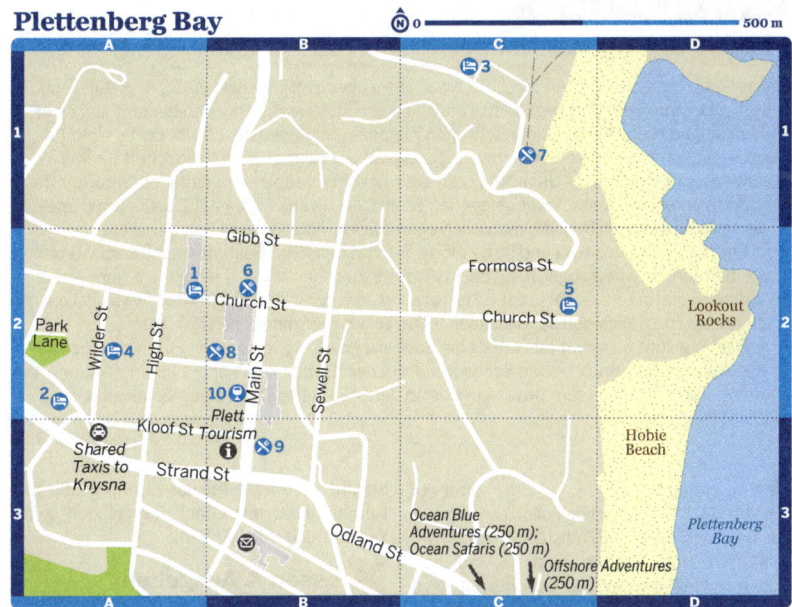

DIE GARDEN ROUTE PLETTENBERG BAY

🛏 Schlafen

Abalone Beach House HOSTEL €
(☎044-535 9602; www.abalonebeachhouse.co.za;
13 Milkwood Glen, Keurboomstrand; DZ 700 R, mit
Gemeinschaftsbad 600 R; 🅿🛜) Das extrem
freundliche Hostel liegt nur zwei Gehminuten von einem herrlichen Strand entfernt;
Bodyboards sind umsonst. Zu erreichen ist
das Haus von der N2 über die ausgeschil-
derte Abzweigung nach Keurboomstrand
(etwa 6 km östlich von Plett), dann in die
Milkwood Glen abbiegen. Achtung: Nur
mit eigenem Fahrzeug zu erreichen.

Nothando Backpackers Hostel HOSTEL €
(☎044-533 0220; www.nothando.com; 5 Wilder
St.; B 180 R, DZ 550 R, mit Gemeinschaftsbad
480 R; 🅿🛜) Das hervorragende Hostel ist
inhabergeführt, und das macht sich auch
deutlich bemerkbar. Es gibt eine tolle Bar
mit Satelliten-TV, auf dem weitläufigen Gelände finden Gäste dennoch ihre Ruhe. Die
Qualität der Zimmer ist mit einer Budget-
pension vergleichbar.

Albergo for Backpackers HOSTEL €
(☎044-533 4434; www.albergo.co.za; 8 Church
St.; Camping 90 R, B 160 R, DZ mit Gemeinschaftsbad 450 R; 🅿🛜) Das gut geführte,
freundliche Albergo kann praktisch jede
Aktivität in der Gegend organisieren; die

Plettenberg Bay

Bodyboards sind umsonst. Der Schlafsaal
im Obergeschoss hat riesige Fenster und
einen geräumigen Balkon.

Amakaya Backpackers HOSTEL €
(☎044-533 4010; www.amakaya.co.za; 15 Park
Lane; B 160, DZ 600 R, mit Gemeinschaftsbad
450 R; 🅿🛜) Man trifft sich an der Bar und
auf der Terrasse mit Blick auf die Tsitsikamma Mountains. Es gibt zwei „private Schlafsäle" – eigentlich ein Doppelzimmer mit zwei
Betten – in denen zwei Zusammenreisende
preiswerter wohnen können (zum gleichen
Preis wie normale Betten im Schlafsaal).

ROBBERG NATURE & MARINE RESERVE

Das **Schutzgebiet** (☎044-533 2125; www.capenature.co.za; Erw./Kind 40/20 R; ⊘Mai–Sept. 8–18, Okt.–April 7–20 Uhr) liegt 8 km südöstlich von Plettenberg Bay und besteht aus einer 4 km langen Halbinsel mit einer schroffen Klippen- und Felsküste. Es gibt dort drei Rundwege mit zunehmend hohem Schwierigkeitsgrad, allerdings ist die Landschaft überall sehr felsig und nichts für Ungeübte oder Leute mit Knieproblemen! Einfache Unterkünfte finden sich an der spektakulär gelegenen **Fountain Shack** (☎044-802 5300; www.capenature.co.za; 4 Pers. 920 R), die man nach einer zweistündigen Wanderung erreicht.

Man kann die Halbinsel und ihre Kolonie Südafrikanischer Seebären auch vom Wasser aus betrachten; es ist sogar möglich, ins Wasser zu gehen und auf neugierige Robben zu hoffen. Bootstouren veranstaltet **Offshore Adventures** (☎082 829 0809; www.offshoreadventures.co.za; Hopwood St.; Bootstour 400 R, Schwimmen mit Robben 700 R).

Der Weg zum Reservat führt über die Robberg Road, die von der Piesang Valles Road abzweigt; weiterfahren, bis die Schilder auftauchen. Es gibt keine öffentlichen Verkehrsmittel. Die Fahrt mit einem privaten Taxis ab der Stadtmitte Plettenberg Bay kostet etwa 100 R (einfache Fahrt).

★ **Hog Hollow**　　　　　LODGE €€€
(☎044-534 8879; www.hog-hollow.com; Askop Rd., The Crags; EZ/DZ mit Frühstück 2700/3975 R; P✳🛜🏊) Hog Hollow liegt 18 km östlich von Plett an der N2. Geschlafen wird hier mit Blick auf den Wald in tollen Wohneinheiten, die mit afrikanischer Kunst dekoriert sind. Zu jeder luxuriösen Einheit gehören eine private Holzterrasse und Hängematte. Monkeyland (S. 268) ist von hier aus zu Fuß erreichbar; wem danach der Weg zurück zu schwer fällt, wird von den Angestellten abgeholt.

Plettenberg　　　　　LUXUSHOTEL €€€
(☎044-533 2030; www.theplettenberghotel.com; 40 Church St.; Zi. mit Frühstück ab 4300 R; P✳🛜🏊) Das Fünf-Sterne-Hotel auf einer Felszunge mit atemberaubenden Ausblicken ist pure Dekadenz: fantastische Zimmer, ein Wellnessbereich und ein Spitzenrestaurant (Hauptgerichte 150–250 R).

Milkwood Manor　　　　　HOTEL €€€
(☎044-533 0420; www.milkwoodmanor.co.za; Salmack Rd., Lookout Beach; Zi. mit Frühstück ab 1400 R; P🛜) Die Zimmer in diesem Hotel, in bemerkenswerter Lage direkt am Strand mit Blick auf die Lagune, haben definitiv Strandflair. Es gibt ein hauseigenes Restaurant (Hauptgerichte 110–200 R), und die Gäste dürfen die Kajaks kostenlos benutzen.

Periwinkle Guest Lodge　　　　　PENSION €€€
(☎044-533 1345; www.periwinkle.co.za; 75 Beachy Head Dr.; EZ/DZ mit Frühstück ab 2145/2860 R; P🛜) Die freundliche Pension direkt am

Strand vermietet luftige Zimmer, alle mit tollem Blick; mit Glück lassen sich sogar Wale und Delfine sehen.

✖ Essen & Ausgehen

Le Fournil de Plett　　　　　CAFÉ €
(☎044-533 1390; Lookout Centre, Church St.; Hauptgerichte 60–115 R; ⊘Mo–Fr 8–17, Sa 8–16, So 8–13 Uhr; 🛜) Im hübschen Innenhof oder auf dem Balkon dieses Cafés mit Blick auf Pletts Hauptstraße schmecken der Kaffee und das frische Gebäck besonderes gut. Auf der kleinen Mittagskarte stehen vor allem Salate und Sandwiches.

Ristorante Enrico　　　　　MEERESFRÜCHTE €€
(☎044-535 9818; www.enricorestaurant.co.za; Main Beach, Keurboomstrand; Hauptgerichte 90–170 R; ⊘Di–So 12–22 Uhr; P) Lonely Planet Leser empfehlen Enrico als das beste Restaurant für Fisch und Meeresfrüchte in Plett (eigentlich liegt es etwas außerhalb direkt am Strand). Wenn es das Wetter zulässt, fährt Enrico jeden Morgen mit dem eigenen Boot aufs Meer hinaus; nach Vorbestellung darf man auch mitfahren und den fangfrischen Fisch anschließend im Restaurant genießen.

Table　　　　　ITALIENISCH €€
(☎044-533 3024; www.thetable.co.za; 9 Main St.; Hauptgerichte 60–115 R; ⊘Mo–Sa 12–23, So 12–18 Uhr; 👶) Ein trendiges, minimalistisch eingerichtetes Lokal, das Pizza, Meeresfrüchte und sehr leckere Lammschenkel serviert. Für die Kinder gibt's einen Spielbereich drinnen, und freitags spielt Livemusik.

Lookout Deck — MEERESFRÜCHTE €€
(☎044-533 1379; www.lookout.co.za; Hill St., Lookout Beach; Hauptgerichte 90–185 R; ⊙9–21 Uhr) Die Terrasse mit Blick auf den Strand ist ein toller Ort, um sich einfache Gerichte schmecken zu lassen, manchmal sogar mit springenden Delfinen als Zugabe.

⭐**Nguni** — STEAKHAUS €€€
(☎044-533 6710; www.nguni-restaurant.co.za; 6 Crescent St; Hauptgerichte 135–225 R; ⊙Mo-Fr 11–22, Sa 18–22 Uhr) Das Steakhaus liegt etwas versteckt in einem ruhigen Innenhof. Es gehört zu den exklusivsten Restaurants in ganz Plett. Seine Spezialität ist trocken gereiftes Rindfleisch, dazu die üblichen südafrikanischen Lieblingsgerichte, wie Straußenfleisch, Springbock und etwas aus dem Rahmen fallende Traditionsgerichte, wie eine vegetarische Version von *bobotie* (Curryauflauf, überbacken mit geschlagenem Ei). Vorab reservieren.

Flashbacks — BAR
(☎044-533 4714; Marine Bldg., Main St.; ⊙Mo-Sa 12–2, So 17–2 Uhr) Gut eingeführte Bar im Zentrum der Stadt, am frühen Abend mit Sport auf großem TV-Bildschirm; später übernehmen DJs, die Pop- und Tanzmusik auflegen.

Shoppen

Old Nick Village — KUNSTHANDWERK
(☎044-533 1395; www.oldnickvillage.co.za; N2; ⊙9–17 Uhr) Die kleine Siedlung 3 km östlich der Stadt wird von Künstlern bewohnt und hat Besuchern außerdem ein Webereimuseum, Antiquitäten und ein Restaurant zu bieten.

❶ Praktische Informationen

Im Melville's Corner Shopping Centre gibt's ein **Internetcafé** (Melville's Corner Shopping Centre, Main St.; pro Std. 60 R; ⊙Mo–Fr 8–17, Sa 9–13 Uhr). Die meisten Cafés auf der Main Street haben kostenloses WLAN.

Plett Tourism (☎044-533 4065; www.pletttourism.co.za; Melville's Corner Shopping Centre, Main St.; ⊙Mo–Fr 9–17, Sa 9–13 Uhr) Massenhaft nützliche Informationen über Unterkünfte und Spaziergänge in den Hügeln und Schutzgebieten der Umgebung.

Post (☎044-533 1215; 30 Main St.)

❶ An- & Weiterreise

Alle wichtigen Buslinien halten an der Shell-Ultra-City-Tankstelle auf der N2; **Baz Bus** (S.198) fährt bis in die Stadt. **Intercape** (S.198) fährt von Plett aus unter anderem nach George (230 R, 1 Std.) und Kapstadt (470 R, 8 Std.).

Nach Knysna sind **Sammeltaxis** (Kloof St., nahe der Ecke High St.; 20 R, 30 Min.) besser. Fern-Sammeltaxis halten an der Shell-Ultra-City-Tankstelle.

Nature's Valley

Nature's Valley liegt in dichten Gelbholzwäldern an einem prachtvollen Strand und einer Lagune im 650 km² großen Tsitsikamma-Abschnitt des **Garden Route National Park** (☎042-281 1607; www.sanparks.org; Erw./Kind 216/108 R; ⊙Tor offen 6–21 Uhr) zwischen Plettenberg Bay und Humansdorp; dazu gehört ein Meeresschutzgebiet vor der 80 km langen Küstenlinie. Eine 77 m lange Hängebrücke spannt sich über den Mündungsbereich des Storm-Flusses in der Nähe des Storm-River-Camps (nicht zu verwechseln mit dem Dorf Storms River im östlichen Kap). Mehrere Wanderwege durchqueren Farndickichte, Lilien, Orchideen, Küsten- und Berg-*fynbos* sowie Gelbholz- und Milkwood-Wälder. Jahrtausendealte Sandstein- und Quarzgesteine bilden die Hänge der Schluchten und säumen die felsige Küste. Im Meer sind Südkaper und Delfine zu sehen.

Im Park leben die namensgebenden Kap-Otter, nach denen auch der 46 km lange Otter Trail benannt ist (eine mehrtägige Wanderung). Außerdem kommen Paviane, Affen, kleine Antilopen und kleine, pelzige Schliefer vor. Unter der artenreichen Vogelwelt findet sich auch der bedrohte Klippen-Austernfischer. Im Nature's Valley endet der Otter Trail und geht in den 60 km langen Tsitsikamma Mountain Trail über. In diesem Teil des Parks sind eine ganze Reihe kürzerer Wanderungen möglich.

Aktivitäten

Otter Trail — WANDERN
(☎in Pretoria 012-426 5111; www.sanparks.org; pro Person 1200 R) Der 45 km lange Otter Trail gehört zu den beliebtesten Wanderwegen Südafrikas; er zieht sich die Küste von der Mündung des Storms River Mouth bis Nature's Valley. Während der fünftägigen Tour mit vier Übernachtungen werden mehrere Flüsse überquert; sie berührt auch großartige Küstenabschnitte. Wegen der teilweise steilen Auf- und Abstiege ist eine gute körperliche Fitness Voraussetzung.

Übernachtet wird in Schutzhütten mit Matratzen (6 Betten, kein Bettzeug); sie sind mit Regenwassertanks, *braais* (Grill) und Brennholz ausgestattet. Camping ist nicht gestattet.

Der Trail muss mindestens neun Monate im Voraus gebucht werden (wer seine Termine flexibel einrichten kann, kommt mit sechs Monaten aus). Da häufig Leute absagen, lohnt sich die Nachfrage immer, vor allem bei Gruppen von nur zwei bis drei Personen. Einzelwandern ist im Prinzip gestattet; man muss sich aber einer Gruppe anschließen.

Tsitsikamma Mountain Trail WANDERN

(☎042-281 1712; www.mtoecotourism.co.za; pro Nacht 155 R) Dieser 62 km lange Trail von Nature's Valley bis zum Storms River führt im Inland durch Wälder und Berge. Für die Gesamtstrecke sind sechs Tage vorgesehen, man kann aber auch zwei, drei, vier oder fünf Tage wandern, da zu jeder Schutzhütte Zugangsstraßen führen. Man kann sein Gepäck transportieren lassen, außerdem Tageswanderungen (50 R) und Mountainbiketrails buchen.

Bloukrans Bridge Bungee BUNGEESPRINGEN

(☎042-281 1458; www.faceadrenalin.com; Bungeesprung 990 R; ⊗8.30–16.45 Uhr) Die Brücke ist mit 216 m einer der höchsten und spektakulärsten Bungeesprünge der Welt. Wem ein Sprung aus dieser Höhe nicht geheuer ist, kann für 150 R auch nur unterhalb der Brücke bis zur Absprungstelle entlanglaufen. Die Location liegt 21 km westlich von Storms River direkt unter der N2.

Das Pendeln nach dem Sprung, kopfunter am Seil, bis man wieder hochgezogen wird, ist unerwartet beängstigend, und wird auch noch durch Fotos und Videos dokumentiert, wenn man das möchte. Wer sich nicht traut, lässt einfach die anderen von der Brücke springen und schaut von der sicheren Terrasse auf die Klippen oder dem treffend benannten Cliffhanger Bar-Restaurant zu.

Dolphin Trail WANDERN

(☎042-280 3588; www.dolphintrail.co.za; EZ/DZ 7080/11 800 R) Diese zweitägige Tour ist für gut betuchte Wanderer gedacht, die keine Lust haben, ihren Rucksack selbst zu schleppen oder in Hütten zu übernachten. Der 17 km lange Trail führt vom **Storms River Mouth Rest Camp** (☎042-281 1607; www.sanparks.org; Campingstellplatz ab 370 R, Hütte/Cottage/Chalet ab 600/1100/1200 R;

P🔊) zum **Misty Mountain** (☎042-280 3699; www.mistymountainreserve.co.za; EZ/DZ/FZ ab 1395/1860/2200 R; P🔊🛏) und dann weiter zu den **Fernery Lodge & Chalets** (☎042-280 3588; www.forestferns.co.za/Fernery; EZ/DZ mit Frühstück ab 1800/2600 R; P🔊🛏) für die letzte Nacht. Gebucht wird über die Website, mindestens ein Jahr im Voraus (ungelogen!).

Das Gepäck wird mit Autos zum nächsten Stopp gebracht; im Preis sind Unterkünfte für drei Nächte, alle Mahlzeiten und die Fahrt im Geländewagen zurück zum Storms River Mouth enthalten.

Untouched Adventures ABENTEUERSPORT

(☎073 130 0689; www.untouchedadventures.com; Trips mit Kajak & Luftmatratze 450 R, Gerätetauchen 600 R, geführter Schnorcheltrip 400 R; ⊗8.30–18 Uhr) Dieser anerkannte Veranstalter hat einen beliebten, 3-stündigen Trip mit Kajak und Luftmatratze im Storms River im Angebot; außerdem Gerätetauchen und Schnorchelausflüge mit Guide ins Meeresschutzgebiet des Nationalparks (die Trips sind wetterabhängig). Der Sitz ist nahe am Strand im Storms River Mouth Rest Camp.

🛏 Schlafen

Oberhalb des Dorfes befinden sich ein paar Unterkünfte – Hinweisschilder an der Route 102, die bei Kurland Village von der N2 abzweigt und sich über 9 km bis Nature's Valley hinzieht. Einige B&Bs und Unterkünfte für Selbstversorger befinden sich auch im Dorf; kein Hotel. Auf der Website von Nature's Valley Properties (www.naturesvalleyproperties.co.za/accommodation) sind die Unterkünfte für Selbstversorger aufgelistet.

Nature's Valley Guesthouse & Hikers Haven PENSION €

(☎044-531 6805; www.hikershaven.co.za; 411 St. Patrick's Ave.; EZ/DZ mit Frühstück 490/960 R, B mit Gemeinschaftsbad 380 R; ⊗im Dez. geschlossen; P🔊) Das Ziegelhaus mit Strohdach hat einen großen Rasen, eine Küche für Selbstversorger, Aufenthaltsraum und kleine, saubere Zimmer mit Bädern, die bessere Zeiten gesehen haben. Es gibt Transportmöglichkeiten zum Start des Otter Trail (480 R für bis zu 4 Pers.).

Nature's Valley Rest Camp ZELTPLATZ €

(☎044-531 6700; www.sanparks.org; Stellplatz 205 R, Chalet 1120 R, Hütte mit Gemeinschaftsbad

550 R) Der Zeltplatz im Nationalpark liegt sehr hübsch am Ufer des Flusses östlich der Stadt, etwa 2 km vom Strand entfernt. Es gibt dort saubere Bäder, Gemeinschafts-küchen und Waschmaschinen. Wegen der lästigen Primaten muss darauf geachtet werden, die Verpflegung immer sicher zu verstauen. Zusätzlich zur Unterkunft fällt täglich die Schutzgebühr für den Park an (Erw./Kind 96/48 R).

Rocky Road   HOSTEL **€**

(☏044-534 8148; www.rockyroadbackpackers. com; Loredo South; B 190 R, EZ/DZ im Safarizelt 240/480 R, EZ/DZ Hütte 270/540 R; P🛜) Ro-cky Road hat den Charme einer verzauber-ten Waldlichtung. Am Rand des Urwaldes stehen Schaukelstühle, ein Whirlpool mit Kesselheizung und ausgefallene Badezim-mer. Geschlafen wird in zwei Schlafsälen, bequemen Safarizelten und Hütten mit Bad. Frühstück und Abendessen auf An-frage. Das Hostel ist von der Route 102 ausgeschildert und liegt etwa 1 km von der N2 entfernt.

Tranquility B&B   B&B **€€**

(☏044-531 6663; www.tranquilitylodge.co.za; 130 St. Michael's Ave.; EZ mit Frühstück 650–750 R, DZ mit Frühstück 1300–1500 R; 🛜❄) Das Plätschern einer Quelle und die to-sende Brandung bilden den Soundtrack des Tranquility. Es hat sieben saubere Zimmer mit Möbeln im Strandhausstil, afrikanischer Kunst und Surf-Flair. Für Gäste sind die Kajaks für die Lagune kos-tenlos, und es gibt einen Nachlass auf den Bungeesprung von der Bloukrans Bridge.

 Essen

**Nature's Valley
Trading Store**   KNEIPENESSEN **€€**

(☏044-531 6835; 135 St. Michael's Ave.; Haupt-gerichte 60–125 R; ⊙9–19.30 Uhr; 🛜) Das einzige Lokal im Dorf, das Burger, Salate, Steaks und Meeresfrüchte anbietet, liegt nur einen Steinwurf vom Strand weg (ohne Meerblick). Die angrenzenden Läden ver-kaufen einfache Lebensmittel; dazu gibt's Infos über den Ort und Broschüren.

Nature's Way Farm Stall   CAFÉ **€**

(☏044-534 8849; Route 102; Snacks 35–40 R; ⊙9–17 Uhr; 🛜) Der reizende Laden an der Straße gehört zu einem Milchbauernhof und hat leichtes Frühstück und Mittagessen, Tapas, Kuchen, Kaffee und belegte Brote mit lokalen Produkten im Angebot, darun-ter Käse, Marmelade und Obst. Außerdem vermieten sie voll ausgestattete Cottages.

ⓘ Praktische Informationen

Nature's Valley Trust (☏ 044-531 6820; www.naturesvalleytrust.co.za; 388 Lagoon Dr.; ⊙Mo–Fr 8–16 Uhr) Zu finden an der Einfahrt ins Dorf.

ⓘ An- & Weiterreise

Mzansi Experience (☏ 021-001 0651; www. mzansi.travel) hält in The Crags (in der Nähe von Nature's Valley) auf der Strecke von Kap-stadt nach Hogsback. Auch **Baz Bus** (S.198) hält in The Crags auf der Strecke zwischen Kapstadt und Port Elizabeth. Die übrigen Busgesellschaften stoppen in Plettenberg Bay; dort holen die Unterkünfte von Nature's Valley ihre Gäste ab (vorher anmelden).

Kapstadt verstehen

Kapstadt aktuell

In letzter Zeit hatte die „Mutterstadt" Südafrikas an vielen Fronten gegen Probleme zu kämpfen. Die Umgebung wird regelmäßig von Bränden heimgesucht, die sich durch die Nationalparks fressen oder die Townships bedrohen. Die Stadt leidet unter einer katastrophalen Dürre, der öffentliche Nahverkehr steht kurz vor dem Kollaps, die Kriminalität steigt an und es gibt Studentenunruhen auf dem Campus der Universität.

Top-Bücher

What Will People Say? (Rehana Rossouw, 2015) Der lustige und emotional bewegende Debütroman spielt im Jahr 1986 in der unter Kriminalität leidenden farbigen Gemeinschaft von Hanover Park in den Cape Flats. **Sunset Claws** (Brent Meersman, 2017) Kapstadt ist der Schauplatz dieser epischen Trilogie über den Weg Südafrikas von der Apartheid zur Demokratie – gesehen durch die Augen verschiedener, lebensnah gezeichneter Protagonisten. **Gang Town** (Don Pinnock, 2016) Das preisgekrönte Buch eines investigativen Journalisten, das sich mit dem Bandenwesen in Kapstadt auseinandersetzt.

Top-Filme

Black Butterflies (2011) Filmbiografie über die Afrikaans-Dichterin Ingrid Jonkers (großartig dargestellt von Carice van Houten), die in den 1950er- und 60er-Jahren in Kapstadt spielt. **Sea Point Days** (2008; www.seapoint days.co.za) Dokumentarfilm von Francois Verster über den namensgebenden Stadtteil und seine Promenade als multikultureller Scheideweg. **Love the One You Love** (2014) Die wichtigsten Charaktere in Jenna Bass' Debütfilm, der in Kapstadt spielt, sind eine Telefonsex-Hostess, ein Hundeführer und ein IT-Berater.

Wasserknappheit

Wegen der anhaltenden Dürre war die Stadt gezwungen, den Wasserverbrauch pro Person und Tag auf 50 Liter einzuschränken. Wasserverschwender werden bestraft, die Stadt musste die öffentlichen Schwimmbäder schließen, Autowaschen ist verboten und die Bürger werden dazu angehalten, Wasser zu sparen – nur zwei Minuten lang duschen, Toilettenspülung mit Brauchwasser und nur dann, falls nötig.

Zur Zeit der Recherche wurde der Tag Null – dann sind die Wasserspeicher der Stadt nur noch zu 13 % gefüllt, die Leitungen werden gesperrt und die Menschen müssen für Wasser an öffentlichen Zapfstellen anstehen – auf Juli 2018 festgesetzt. Entsalzungsanlagen sind übergangsweise in Betrieb, und es gibt Pläne, eine permanente Anlage im Hafen zu installieren, die 50 Mio. Liter Wasser täglich entsalzen soll. Nähere Informationen und Hinweise, wie auch Traveller Wasser sparen können, unter www.capetown.gov.za/thinkwater.

Ärger mit der Bahn

In der Region Kapstadt fahren bis zu 700 000 Pendler mit der Metrorail zur Arbeit. Allerdings leidet das Verkehrsnetz unter maroden Schienenfahrzeugen, Verspätungen sind die Regel und es gibt praktisch keine Sicherheit. Seit Januar 2017 wurden mindestens 28 Waggons von wütenden Fahrgästen in Brand gesetzt. Metrorail hat nur 58 Züge im Einsatz, doch um den Fahrplan einzuhalten, wären mindesten 84 erforderlich. Man braucht kein Rechenkünstler zu sein, um sich vorzustellen, wieso die Züge völlig überfüllt sind und mit großer Verspätung fahren.

Ende Oktober 2017 wurde beschlossen, dass die Stadtverwaltung das Management der Metrorail von der nationalen Passenger Rail Agency of South

Africa (Prasa) übernimmt. Dieser Plan wird sich allerdings erst nach länger andauernden Verhandlungen in die Tat umsetzen lassen. Weiterhin muss es der Stadt gelingen, die wichtigsten Anlagen von der Prasa zu übernehmen *und* eine größere Summe ins Verkehrsnetz zu investieren – und die dafür erforderlichen Mittel fehlen.

Der gefährlichste Ort in Südafrika

Der Sicherheitsreport (State of Urban Safety Report) für Südafrika von 2017 belegt, was viele Bewohner längst vermutet hatten: Die „Mutterstadt" hat die höchste Raub- und Mordrate sowie die höchste Zahl an Eigentumsdelikten im ganzen Land. Neben Nelson Mandela Bay in der Provinz Ostkap liegt Kapstadt bei den Morden an der Spitze. Das ist eine direkte Folge der gewalttätigen Gang-Kriminalität in den Cape Flats.

Allerdings ist die Situation komplizierter und die Wahrheit vielschichtiger. Vororte wie etwa Camps Bay und Claremont gehören zu den sichersten Orten nicht nur in Südafrika, sondern weltweit. Über viele Jahre gab es in diesen Vororten keinen einzigen Mord. Im Unterschied dazu wurden 2016 in Khayelitsha 161 Morde begangen; Nyanga verzeichnete im gleichen Zeitraum 279 Morde, 351 Sexualdelikte und 1053 tätliche Angriffe und ist damit der gefährlichste Ort des Landes.

Wer die Kriminalitätsstatistiken genauer analysiert, wird feststellen, dass in der Regel keine ahnungslosen Touristen zu Mordopfern werden, sondern dass die Verbrechen im Rahmen interner Konflikte unter Familienmitgliedern oder in Drogenbanden geschehen.

Rhodes Must Fall (und die Gebühren)

Die Protestbewegung „Rhodes Must Fall" (Rhodes muss weg) begann in der Universität von Kapstadt (UCT) und breitete sich von dort im ganzen Land aus – Ableger gibt es sogar in den heiligen Hallen von Oxford (Großbritannien). Die UCT steht auf Land, das Cecil Rhodes der Stadt hinterlassen hat. Seit 1934 erinnert eine Bronzestatue auf dem Campus der Universität an Rhodes. Die jahrzehntelange Forderung, das Denkmal zu entfernen, erlebte im März 2015 einen Höhepunkt, als Studenten vor der Statue demonstrierten – einen Monat später war sie weg.

Damit war der Protest aber nicht beendet, sondern richtete sich auf die eigentlichen Ziele: Rassismus und die steigenden Studiengebühren, die den Zugang zur Ausbildung erschweren. Als im Oktober 2015 die Verwaltungsgebäude der UCT besetzt wurden und es zu Unruhen kam, wurde die Polizei gerufen und verhaftete 25 Studenten. Der Protest weitete sich auf die Cape Peninsula University of Technology aus. Als deren Campus geschlossen wurde, marschierten die Studenten

EINWOHNER: **3,74 MILLIONEN**

FLÄCHE: **2445 KM²**

BEVÖLKERUNGSWACHS-TUMSRATE: **2,57%**

ARBEITSLOSIGKEIT: **23,9%**

VON FRAUEN GEFÜHRTE HAUSHALTE: **38,2%**

Religionszugehörigkeit
(% der Einwohner)

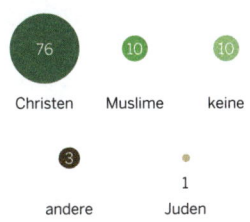

| Christen | Muslime | keine |
| 76 | 10 | 10 |

| andere | Juden |
| 3 | 1 |

Gäbe es nur 100 Kapstädter, würden …

als Muttersprache
36 Afrikaans sprechen
30 Xhosa sprechen
28 Englisch sprechen
6 andere Sprachen sprechen

Einwohner pro km²

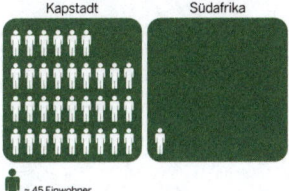

Kapstadt   Südafrika

≈ 45 Einwohner

zum Parlament, und wieder kam es zu einem Polizei-einsatz. Schließlich erklärte sich die Landesregierung bereit, eine Untersuchungskommission einzurichten, um auszuloten, ob eine kostenlose Hochschulausbildung möglich wäre – das Untersuchungsergebnis fiel negativ aus.

Als Helen Zille, die Premierministerin der Westkap-Provinz, im März 2017 über die positiven Aspekte des Kolonialismus twitterte, wurde sie des Rassismus beschuldigt und man warf ihr vor, die afrikanische Geschichte grundsätzlich misszuverstehen. Zille entschuldigte sich später und trat vom Vorsitz der Demokratischen Allianz zurück. Dieser Fall ist ein weiteres Beispiel dafür, wie sensibel die Nation auf solche Angelegenheiten reagiert.

Geschichte

Bevor die Europäer im 15. Jh. eintrafen, lebten schon seit Jahrtausenden Menschen am Kap. Die niederländische Herrschaft dauerte fast 200 Jahre, bis 1814 die Briten die Macht ergriffen und damit viele Afrikaander (Buren) veranlassten, landeinwärts zu ziehen. Später, während der Apartheid, übernahmen diese jedoch wieder die Macht. Im Jahr 1990 wurde Nelson Mandela 75 km von Kapstadt entfernt auf freien Fuß gesetzt, womit der Grundstein für ein demokratisches Südafrika gelegt war.

Die Völker der Khoikhoi und San

Südafrika erhebt den Anspruch, die Wiege der Menschheit zu sein. Die Entdeckung von 117 000 Jahre alten versteinerten Fußabdrücken an der Langebaan Lagoon (nördlich von Kapstadt) veranlasste einen Forscher zu der Vermutung, dass „Eva" (der erste Mensch bzw. die gemeinsame Vorfahrin von uns allen) hier gelebt habe.

Wissenschaftler sind sich noch nicht darüber im Klaren, ob die frühesten bekannten Einwohner Südafrikas – die San – direkte Abkommen der Urbevölkerung sind oder ob sie nach Äonen von Jahren der Wanderung in diese Gegend zurückkehrten, etwa 40 000 bis 25 000 Jahre vor unserer Zeit. Jahrhundertelang, vielleicht auch für Jahrtausende, lebten die San und die Khoikhoi, ein weiteres altes Volk Südafrikas, miteinander und vermischten sich, sodass eine klare Abgrenzung kaum möglich ist, daher auch die kombinierte Bezeichnung Khoisan.

Kulturell und physisch entwickelten sich die Khoisan anders als die anderen Urvölker Afrikas. Aber vielleicht kamen sie mit Bantu sprechenden Hirtenstämmen in Kontakt, als sie, ergänzend zur Jagd und zum Sammeln von Nahrung, ebenfalls Hirten wurden und Rinder und Schafe züchteten. Es gibt Beweise dafür, dass vor 2000 Jahren Khoisan am Kap der Guten Hoffnung lebten.

Die ersten Europäer

Die Portugiesen waren die ersten Europäer, die das Kap nachweislich sichteten. Sie segelten hier vorbei, als sie auf der Suche nach einem Seeweg nach Indien (und zu dessen Gewürzen) waren.

Das Land, das sie hier vorfanden, bot den Portugiesen wenig mehr als frisches Wasser, da die Handelsversuche mit den Khoisan oft in Gewaltausbrüchen endeten. Ohnehin machten Ende des 16. Jhs. englische und

ZEITACHSE	ca. 40 000 v. Chr.	1488 n. Chr.	1510
	Prähistorische Müllhaufen – voller Muscheln, Knochen und Bruchstücke von Steinwerkzeugen und Töpferwaren – deuten darauf hin, dass Vorfahren der Khoikhoi und der San am Kap lebten.	Bartolomeu Dias, der als erster Europäer das Kap umsegelt, nennt es Cabo da Boa Esperança (Kap der Guten Hoffnung). Andere bevorzugen den Namen Cabo das Tormentas (Kap der Stürme).	Die Khoisan schlagen zurück, als portugiesische Soldaten versuchen, zwei von ihnen zu entführen. Kapitän de Almeida und 50 seiner Leute werden getötet.

niederländische Händler den Portugiesen Konkurrenz, und bald nutzten Schiffe das Kap regelmäßig als Zwischenstopp. Im Jahr 1647 erlitt das niederländische Schiff *Haarlem* in der Table Bay Schiffbruch, die Mannschaft baute ein Fort und blieb über ein Jahr, bevor sie gerettet wurde.

Nach diesem Ereignis erkannten die Direktoren der Niederländischen Ostindien-Kompanie (Vereenigde Oost-Indische Compagnie, VOC) den Wert einer ständigen Siedlung am Kap. Sie hatten überhaupt nicht im Sinn, das Land zu kolonisieren, sondern wollten ganz einfach eine sichere Basis aufbauen, wo Schiffe Schutz finden und sich mit frischen Nahrungsmitteln versorgen konnten.

Ankunft der Niederländer

Die Aufgabe, die VOC-Niederlassung aufzubauen, fiel Jan van Riebeeck (1619–1677) zu, Kapkommandant von 1652 bis 1662. Die Niederländer wurden von den Khoisan nicht mit offenen Armen empfangen, und immer wieder kam es zu Feindseligkeiten. Die Ureinwohner, deren Zahl sich auf 4000 bis 8000 Menschen belaufen haben soll, hatten kaum eine Chance gegen die Waffen, aber auch die Krankheiten der Europäer.

Da die Khoisan unkooperativ blieben, litt die Kapsiedlung bald unter chronischem Arbeitskräftemangel. Ab 1657 entließ van Riebeeck VOC-Angestellte. Er gestattete ihnen die unabhängige Landbewirtschaftung, setzte so die Kolonisierung Südafrikas in Gang und hob damit auch die Buren aus der Taufe. Im Folgejahr begann er, aus Westafrika, Madagaskar, Indien, Ceylon, Malaysia und Indonesien Sklaven zu importieren. Als der Sklavenhandel 1807 zu einem Ende kam, waren etwa 60 000 Sklaven zum Kap gebracht worden. Sie alle bildeten die Grundlage für den am Kap typischen und einzigartigen Mix aus Kulturen und Ethnien.

Die Siedlung wächst

Die Kolonisierung provozierte eine Reihe von Kriegen zwischen den Niederländern und den Khoisan weiter im Landesinnern, die den gut bewaffneten Europäern jedoch nicht gewachsen waren. Die Niederländer gestatteten zudem 1688 etwa 200 Hugenotten, französischen Calvinisten auf der Flucht vor religiöser Verfolgung, sich am Kap niederzulassen.

Es gab nur wenige Frauen in der Kolonie, und so wurden weibliche Sklaven und Khoisan-Frauen für Arbeit und Sex rücksichtslos ausgebeutet. Bald vermischten sich auch die Sklaven mit den Khoisan. Die Kinder dieser Verbindungen waren die Vorfahren der heutigen sogenannten farbigen Bevölkerung.

Unter der nahezu totalen Kontrolle der VOC bot Kaapstad (der niederländische Name für Kapstadt) einen komfortablen europäischen Lebensstil für eine wachsende Anzahl von Handwerkern und Unternehmern, die ihre Dienste den Schiffen und deren Besatzungen anboten.

1647	1652	1660	1679
Die Mannschaft eines schiffbrüchigen niederländischen Schiffes errichtet ein Fort an der Table Bay – Vorbote einer ständigen niederländischen Siedlung am Kap.	Jan van Riebeeck, von der Niederländischen Ostindien-Kompanie (VOC) mit der Gründung eines Versorgungsstützpunkts auf dem Weg nach Indien beauftragt, trifft am 6. April ein.	Van Riebeeck pflanzt eine Hecke aus wilden Mandelbäumen, um seine Europäersiedlung vor den Khoisan zu schützen – ein Teil davon ist noch in den Kirstenbosch National Botanical Garden erhalten.	Simon van der Stel, Sohn eines VOC-Beamten und einer befreiten indischen Sklavin, trifft am Kap als Kommandeur ein. Zwei Jahre später wird er zum Gouverneur ernannt.

Mitte des 18. Jhs. lebten an die 3000 Menschen in dem zügellosen Hafen, der jedem Seefahrer, der zwischen Europa und dem Osten reiste, als „Taverne der Meere" bekannt war.

Die Briten ergreifen die Macht

Im Laufe des 18. Jhs. bröckelte die Weltmacht der Niederländer unter der Bedrohung des British Empire. Zwischen 1795 und 1806 war das Kap ein Spielball zwischen den beiden Kolonialmächten, auch die Franzosen waren kurz in das Machtspiel involviert.

Noch bevor die Kolonie am 13. August 1814 offiziell der britischen Krone übergeben wurde, hatten die Briten den Sklavenhandel abgeschafft. Im Jahr 1828 wurde den verbleibenden Khoisan ausdrücklich der Schutz durch das Gesetz zugesichert. Diese Ereignisse verstimmten die Afrikaander und führten zu einer Massenmigration von der Kapkolonie landeinwärts, die als der Große Treck in die Geschichte Südafrikas eingehen sollte.

Obwohl sie die Sklaverei abschafften, verabschiedeten die Briten neue Gesetze, die den Grundstein für eine ausbeuterische Arbeitsordnung legten, die sich letztendlich kaum von der Sklaverei unterschied. Tausende von enteigneten Schwarzen suchten Arbeit in der Kolonie. Sich dort aber ohne Ausweis oder Arbeit aufzuhalten, wurde zu einem Verbrechen erklärt. Ebenso galt es als ein Verbrechen, einen Job zu kündigen.

Wirtschaftsboom am Kap

Mit dem Freihandel gedieh Kapstadts Wirtschaft. Im Jahr 1854 wurde in Kapstadt ein repräsentatives Parlament gebildet, aber zum Schrecken der niederländischen und englischen Landwirte im Norden und Osten bestanden die britische Regierung und die Liberalen vom Kap auf einer ethnisch gemischten Wählerschaft (wenngleich mit finanziellen Auflagen, die die meisten Schwarzen und Farbigen ausschlossen).

Die Eröffnung des Suezkanals 1869 ließ den Schiffsverkehr am Kap dramatisch abnehmen, aber die Entdeckung von Diamanten und Gold im Zentrum Südafrikas in den 1870er- und 1880er-Jahren half Kapstadt, seinen Status als wichtigster Hafen des Landes aufrechtzuerhalten. Einwanderer strömten in die Stadt, und die Bevölkerung stieg von 33 000 im Jahr 1875 auf über 100 000 Menschen an der Wende zum 21. Jh. an.

Burenkrieg

Nach dem Großen Treck gründeten die Buren mehrere unabhängige Republiken, die größten waren der Oranje-Freistaat (die heutige Provinz Free State) und der Transvaal (heute die Northern Province, Gauteng und Mpumalanga). Als die weltweit ergiebigste Goldader im Transvaal gefunden wurde (daneben entstand ein Dorf namens Johannesburg),

1699	1795	1806	1808
Van der Stel tritt in den Ruhestand, um sich um sein Gut Constantia zu kümmern, die Wiege des Weinanbaus am Kap. Sein Sohn Willem Adriaan wird sein Nachfolger.	Nach der siegreichen Schlacht von Muizenberg übernehmen die Briten die Kontrolle am Kap. Acht Jahre später bringt der Vertrag von Amiens die Niederländer zurück an die Macht.	Im Verlauf der Napoleonischen Kriege kehren die Briten zurück. Mit ihrem endgültigen Sieg in der Schlacht von Blouberg erobern sie das Kap für die britische Krone.	Die neue Regierung führt den Freihandel ein und schafft im Land den Sklavenhandel ab. Dennoch revoltieren Sklaven bei Malmersbury und Tygerberg und marschieren nach Kapstadt.

passte es den Briten nicht, dass die Buren diesen Reichtum unter ihrer Kontrolle hatten, was 1899 zum Krieg führte. Die Buren waren zahlenmäßig unterlegen, aber ihre Zähigkeit und ihre Landeskenntnis führten dazu, dass sich der Krieg hinzog, bis 1902 die Briten schließlich siegten.

Kapstadt war nicht direkt in die Kämpfe verwickelt, aber es spielte eine Schlüsselrolle als Landungs- und Versorgungshafen für die halbe Million Soldaten, die für Großbritannien kämpften.

Südafrikanische Union

Nach dem Krieg unternahmen die Briten Schritte in Richtung Aussöhnung und schoben die Vereinigung der vier südafrikanischen Provinzen – der Republiken Kapprovinz (bis 1910 Kapkolonie), Natal, Oranje-Freistaat und Transvaal – zur Südafrikanischen Union an. Im Jahr 1910 wurde das Vereinigungsgesetz schließlich unterzeichnet. Auf dieser neuen staatsrechtlichen Grundlage war die Union immer noch britisches Hoheitsgebiet, stand jedoch unter lokaler Selbstverwaltung. Am Kap erhielten Schwarze und Farbige ein eingeschränktes Wahlrecht (bei dem nur Weiße Mitglieder des Landesparlaments werden konnten und wahlberechtigte Schwarze oder Farbige nur etwa 7% ausmachten), in anderen Provinzen hatten sie jedoch gar keine Stimme.

An der Spitze der ersten Regierung der neuen Union stand General Louis Botha mit General Jan Smuts als Stellvertreter an seiner Seite. In der City Bowl sind Statuen der beiden Staatsmänner zu finden. Ihre Südafrikanische Staatspartei (bekannt als Südafrikanische Partei oder SAP) verfolgte eine allgemein probritische Linie der Weißen Einheit.

Im Schatten der Apartheid

Im Vergleich zur englischsprachigen Minderheit, die das Kapital und die Industrie des Landes kontrollierten, waren die Afrikaander ökono-

In der ersten Hälfte des 19. Jhs., vor der Eröffnung des Suezkanals, machten britische Offiziere, die in Indien stationiert waren, Urlaub am Kap.

WER SIND DIE BUREN?

Südafrikas Afrikaans-Bevölkerung hat ihre Wurzeln in den ersten europäischen, insbesondere niederländischen Kapsiedlern. Die unabhängigeren von ihnen entfernten sich bald vom strikten Regime der Niederländischen Ostindien-Kompanie (Vereenigde Oost-Indische Compagnie) und zogen aufs Land. Sie waren die ersten Treckburen (wörtlich „umherziehende Bauern"), später kurz als Buren bezeichnet.

Die kompromisslos unabhängigen und von der Viehzucht lebenden Buren unterschieden sich nicht groß von den Khoisan, mit denen es bei der Kolonisierung des Landesinneren zu Konflikten kam. Viele Buren konnten nicht lesen und hatten außer der Bibel keine anderen Informationsquellen. Von den Europäern abgeschnitten, entwickelten sie eine eigene Kultur und Sprache, das Afrikaans, abgeleitet vom Jargon ihrer Sklaven.

1814	1834	1835	1849
Die Kapkolonie wird formal den Briten übertragen und ist damit nach Sierra Leone das zweite Besitztum des Empires in Afrika. Englisch ersetzt Afrikaans als offizielle Sprache.	Die nunmehr freigelassenen Sklaven Kapstadts gründen ihr eigenes Stadtviertel, das Bo-Kaap. Im selben Jahr wird auch Kapstadts Parlament gegründet.	Der Unmut der Afrikaander über die britische Herrschaft führt zum Großen Treck; um die 10000 Familien machen sich auf, um ihren eigenen Staat zu gründen, und erschließen dabei das Landesinnere.	Damit das Kap keine Strafkolonie wird, verbietet Gouverneur Sir Harry Smith 282 britischen Gefangenen, das Schiff Neptune zu verlassen, und zwingt sie zur Weiterfahrt nach Tasmanien.

misch und sozial benachteiligt. Dies führte zusammen mit der Verbitterung über den verlorenen Krieg und der Tatsache, dass Afrikaander mit „Farbigen" um schlecht bezahlte Jobs konkurrieren mussten, zu einem extremen Nationalismus der Afrikaander und 1914 zur Gründung der National Party (NP) als deren Interessenvertretung. Die NP vertrat eine Politik der Unabhängigkeit von Großbritannien und der getrennten Fortentwicklung der beiden weißen Bevölkerungsgruppen.

Im Jahr 1948 kam die National Party (NP) mit dem Apartheidsgedanken an die Macht (wörtlich bedeutet Apartheid etwa „das Getrenntsein"). Nicht-Weiße durften nicht wählen, Mischehen wurden verboten, sexuelle Begegnungen zwischen verschiedenen Ethnien für illegal erklärt, und jede Person wurde nach Rasse klassifiziert. Der Group Areas Act wies jeder ethnischen Gruppe bestimmte Wohngebiete zu, und der Separate Amenities Act legte getrennte öffentliche Einrichtungen fest: getrennte Strände, Busse, Toiletten, Schulen und Parkbänke. Schwarze mussten ständig ihre Ausweise bei sich tragen, und es war ihnen verboten, ohne spezielle Genehmigung bestimmte Orte zu besuchen oder dort zu leben.

Erfundene Homelands

Im Jahr 1951 wurde ein System von sogenannten „Homelands" (Heimatländern) eingesetzt. Damit wuchs der Anteil von verfügbarem Land für Schwarze ganz sacht auf 13 % an. Zu dieser Zeit bestand die Bevölkerung zu etwa 75 % aus Schwarzen. Der Gedanke hinter den Homelands war, dass alle Gruppen von Schwarzen ein traditionell angestammtes Gebiet hätten, in das sie ursprünglich gehörten – und in dem sie nun bleiben sollten. Im Gebiet um Kapstadt galt die Regel, dass Farbige gegenüber Schwarzen bevorzugt werden mussten. Es durfte also kein Schwarzer einen Job bekommen, bevor nicht bewiesen war, dass es keinen Farbigen gab, der dafür geeignet war.

Der Plan ignorierte die große Zahl von Schwarzen, die nie in ihren „Heimatländern" gelebt hatten. Millionen Menschen, die seit Generationen in völlig anderen Gebieten gelebt hatten, wurden in öde, wirtschaftlich unproduktive Gegenden ohne Infrastruktur abgeschoben.

Die Homelands wurden als selbstverwaltete Staaten betrachtet, und es war geplant, dass aus ihnen unabhängige Länder werden sollten. Vier der zehn Homelands waren bereits nominell unabhängig, als die Apartheid abgeschafft wurde (obwohl die UN sie nicht als unabhängig anerkannten), und ihre Oberhäupter behielten ihre Macht mithilfe des Militärs.

Das weiße Südafrika war derweil von billigen schwarzen Arbeitskräften abhängig, um die florierende Wirtschaft zu sichern. Deswegen wurde zahlreichen schwarzen „Gastarbeitern" die Rückkehr ins Land erlaubt. Wenn schwarze Personen aber keinen Ausweis und keinen Job

Die Niederländische Reformierte Kirche rechtfertigte die Apartheid mit religiösen Gründen. Sie behaupteten, Rassentrennung sei gottgewollt: Das Volk (sprich: die Afrikaander) habe eine heilige Mission, die Reinheit der weißen Rasse in ihrem gelobten Land zu bewahren.

Nur einige Monate nach seiner Eröffnung 1899 wurde das Mount Nelson Hotel während des Burenkriegs unter der Befehlsgewalt von Lord Roberts und Lord Kitchener zum Hauptquartier der britischen Armee umfunktioniert. Winston Churchill gewann das Hotel zurück und ließ von hier aus Pressemitteilungen verschicken, nachdem er einem Gefangenenlager der Buren entkommen war.

1869	1890	1899	1902
Die Entdeckung des weltgrößten Diamantenvorkommens in Kimberley und später des ebenfalls weltgrößten Goldvorkommens im Transvaal lässt Kapstadts Wirtschaft boomen.	Der Minenmagnat Cecil Rhodes, Gründer von De Beers, wird zwei Jahrzehnte nach seiner Ankunft in Kapstadt im Alter von 37 Jahren der erste Premierminister der Kolonie.	Lord Kitchener nennt den Feldzug der Briten zur Machtgewinnung über die Burenrepubliken einen „Kaffeekränzchen-Krieg". Aber die Burenkriege werden drei Jahre lang unerbittlich ausgefochten.	Die Beulenpest gelangt mit einem Schiff aus Argentinien nach Kapstadt – für die Regierung ein Vorwand zur Rassentrennung; 6000 Schwarze werden in die Cape Flats abgeschoben.

hatten, kamen sie ins Gefängnis oder wurden zurück in ihre Home-lands geschickt. Auf diese Weise wurden zahllose schwarze Gemein-schaften und Familien auseinandergerissen, und verständlicherweise zog es auch Menschen ohne Arbeit in Städte wie Kapstadt, um ihren Ehepartnern oder Eltern nahe zu sein.

NELSON MANDELA

Nelson Mandela, wurde am 18. Juli 1918 als Sohn eines Häuptlings der Xhosa im Dorf Mveso am Mbashe River geboren. Nach seinem Studium an der Universität Fort Hare (Ostkap) brach er nach Johannesburg auf, wo er bald begann, sich politisch zu engagie-ren. Er schloss sein Jurastudium ab und gründete mit seinem Freund Oliver Tambo die erste schwarze Anwaltskanzlei Südafrikas.

Im Jahr 1944 bildete Mandela mit Tambo und Walter Sisulu als engste Verbündete die ANC-Jugendliga. Während der 1950er-Jahre stand Mandela im Vordergrund der ANC-Kam-pagnen für zivilen Ungehorsam, was 1952 zu seiner Verhaftung führte. Es kam zum Prozess, und er wurde freigesprochen. Nachdem infolge des Sharpeville-Massakers ein ANC-Verbot verhängt worden war, operierte Mandela als Anführer des militärischen Arms des ANC, dem Umkhonkto we Sizwe (dt. „Speer der Nation") aus dem Untergrund weiter. 1964 wurde ge-gen Mandela wegen Sabotage und des Anfachens einer Revolution Anklage erhoben. Seine Verteidigungsrede im berühmten Rivonia-Prozess erhielt die Aufmerksamkeit einer breiten Öffentlichkeit. Trotz hervorragender Argumentation in eigener Sache wurde er zu lebenslan-ger Haft verurteilt. Die ersten 18 Jahre seiner Haftstrafe büßte er in dem berühmt-berüch-tigten Gefängnis Robben Island ab, später wurde er auf das Festland verlegt.

Während seiner gesamten Haftzeit beharrte Mandela auf seiner kompromisslosen Verweigerung, seine politischen Überzeugungen im Tausch gegen die Freiheit aufzuge-ben; denn nur ein freier Mann war seiner Auffassung nach auch verhandlungsfähig. Kurz nach seiner Entlassung im Februar 1990 wurde Mandela 1991 zum Präsidenten des ANC gewählt. 1993 wurde Mandela zusammen mit F. W. de Klerk der Friedensnobelpreis verlie-hen, und gleich im darauffolgenden Jahr wurde er im Zuge der ersten freien Wahlen zum Präsidenten Südafrikas gewählt. In seiner viel zitierten Rede nach dem Wahlsieg unter dem Titel „Endlich frei!" richtete er den Fokus der Nation auf die Zukunft aus, indem er erklärte: „Jetzt ist die Zeit, alte Wunden zu heilen und ein neues Südafrika aufzubauen!"

1997 trat Mandela bzw. Madiba, wie sein traditioneller Xhosa-Name lautet, von seinem ANC-Präsidentenamt zurück, wurde jedoch weiterhin als „Elder Statesman" verehrt. Am 5. Dezember 2013 starb Nelson Mandela im Alter von 95 Jahren an einer Atemwegsinfek-tion. Südafrika trauerte öffentlich um den Mann, der so viel für sein Land gegeben hatte. Der Präsident Jacob Zuma sagte: „Unsere Nation hat ihren größten Sohn verloren. Nichts kann unser Gefühl eines schweren und dauerhaften Verlust mindern." Die Welt trauerte mit Südafrika um einen Menschen, der durch seine moralische Autorität so viele inspiriert hatte. Zu seiner Trauerfeier kamen einflussreiche Personen aus der ganzen Welt zusammen – es war eines der größten Treffen von Führungspersönlichkeiten und hohen Politikern überhaupt.

März 1902	1910	1914	1923
Rhodes stirbt in Muizenberg; die Stadt erbt sein riesiges An-wesen, auf dem die Uni-versity of Cape Town und der Kirstenbosch National Botanical Garden entstehen.	Die britischen Kolonien und die alten Burenrepu-bliken werden in der Südafrikanischen Union zusammen-geführt. Kapstadt wird Parlamentssitz.	Die anhaltende Bitterkeit über den Burenkrieg und die Abneigung der Afrika-ander, mit Schwarzen und Farbigen um schlecht bezahlte Jobs zu konkurrieren, führt zur Gründung der National Party.	Der Black Urban Areas Act verbietet Schwar-zen, Kapstadts Innen-stadt zu betreten. Drei Jahre später wird die gefängnisartige Sied-lung Langa zur ersten geplanten Township für Schwarze.

Weil aber keine neuen Wohnhäuser für Schwarze gebaut wurden, schossen in den sandigen Ebenen östlich von Kapstadt illegale Hüttensiedlungen wie Pilze aus dem Boden. Die Regierung machte die Baracken mit Bulldozern dem Erdboden gleich, und die Bewohner wurden in die Homelands vertrieben. Nach einigen Wochen standen an derselben Stelle wieder neue Hütten.

Mandela im Gefängnis

Im Jahr 1960 organisierten der African National Congress (ANC) und der Pan-Africanist Congress (PAC) Märsche gegen die verhassten Passgesetze. Diese zwangen Schwarze und Farbige dazu, Ausweise mit sich zu führen, die ihnen den Aufenthalt in bestimmten Gebieten erlaubten. In Langa und Nyanga in den Cape Flats tötete die Polizei fünf Demonstranten. Die Massaker von Sharpeville in Gauteng ereigneten sich zur gleichen Zeit und führten zum Verbot von ANC und PAC.

Die Reaktion war ein Haftbefehl für Nelson Mandela und andere Anführer des ANC. Mitte 1963 wurde Mandela gefangen genommen und im Prozess zu lebenslänglicher Haft auf Robben Island verurteilt.

Jahrzehntelang versuchte die Regierung, Barackensiedlungen wie Crossroads auszumerzen, in denen sich der schwarze Widerstand gegen das Apartheidsregime konzentrierte. Gewalttätige Räumungen und Ermordungen zeigten keine Wirkung. Die Regierung war gezwungen, die unabänderliche Sachlage zu akzeptieren, und begann, die Lebensbedingungen zu verbessern. Seither haben sich riesige Townships in den Cape Flats ausgebreitet. Niemand weiß genau, wie viele Menschen dort leben, aber schätzungsweise sind es 1,5 Millionen.

Die Farbigen

Die Teile-und-herrsche-Taktik des Apartheidsregimes, die darin bestand, Farbige Schwarzen vorzuziehen, schürte die Feindseligkeit, die auch heute noch zwischen diesen Gruppen am Kap zu spüren ist. Doch litten auch Farbige unter der Apartheid, etwa die Bewohner des Armenviertels in der Innenstadt, dem District Six, der 1966 zum weißen Gebiet erklärt wurde.

50 000 Menschen, darunter ganze Familien, die fünf Generationen hier gelebt hatten, wurden nach und nach in die öden Außenbezirke der Cape Flats wie Athlone, Mitchell's Plain und Atlantis abgeschoben. Freunde, Nachbarn und Verwandte wurden getrennt. Bulldozer rissen der Stadt mit dem Vielvölkermix das Herz heraus, und in den Townships schlossen sich deprimierte, desillusionierte Jugendliche zunehmend Gangs an und wurden kriminell.

Die muslimische Farbigengemeinde des Bo-Kaap am nordöstlichen Rand von Signal Hill hatte mehr Glück. Der Bezirk mit Kapstadts

Mehr über Mandela

Der lange Weg zur Freiheit (Nelson Mandela)

Nelson Mandela (authorisierte Biografie von Anthony Sampson)

The Long Walk of Nelson Mandela (www.pbs.org/wgbh/pages/frontline/shows/mandela)

Nelson Mandela Foundation (www.nelsonmandela.org)

1939	**1940**	**1948**	**1951**
Die Felsspitze der Halbinsel wird als Cape of Good Hope Nature Reserve unter Naturschutz gestellt. 60 Jahre später wird ein weiterer Nationalpark auf der Kaphalbinsel geschaffen.	Kapstadts Pier von 1925 wird für ein Landgewinnungsprojekt abgerissen, durch das sich die Stadt 2 km vom Stadtteil Strand in die Table Bay erstreckt. Der Stadtteil Foreshore entsteht.	Die National Party kommt an die Regierung. Farbigen wird am Kap das Stimmrecht entzogen (Schwarze durften seit 1910 nicht wählen), und die Apartheid beginnt.	Die Regierung verabschiedet im Rahmen ihrer Politik der Rassentrennung ein Gesetz zur Schaffung von „Homelands" für die schwarze Bevölkerung.

erster Moschee (die Owal Mosque in der Dorp Street stammt aus dem Jahr 1798) war einst als Malay Quarter (Malaienviertel) bekannt: Hier lebten viele der importierten Sklaven aus den ersten Tagen der Kapkolonie mit ihren Besitzern.

Im Jahr 1952 wurde das gesamte Viertel Bo-Kaap unter den Bestimmungen des Group Areas Act zum Farbigengebiet erklärt. Es kam zu Zwangsräumungen, aber die Einwohner des Viertels rückten näher zusammen. Auf diese Weise entschieden sie den Kampf um ihre Häuser erfolgreich für sich. Viele davon wurden in den 1960er-Jahren unter Denkmalschutz gestellt und entgingen dadurch den Bulldozern.

Der Weg zur Demokratie

Im Jahr 1982 wurde Nelson Mandela mit anderen Anführern des ANC von Robben Island nach Kapstadt ins Pollsmoor-Gefängnis verlegt (1986 suchten dann hochrangige Politiker heimlich das Gespräch mit ihnen). Zeitgleich wurden die Razzien des Militärs in den Townships noch unerbittlicher.

Anfang 1990 begann Präsident F. W. de Klerk damit, diskriminierende Gesetze aufzuheben, und der ANC, PAC sowie die Kommunistische Partei wurden legalisiert. Am 11. Februar 1990 sah die Welt zu, wie eine lebende Legende das Victor-Vester-Gefängnis nahe Paarl verließ. Später am selben Tag hielt Nelson Mandela seine erste öffentliche Rede, seit er 27 Jahre zuvor inhaftiert worden war, und die Zuhörer drängten sich auf dem völlig überfüllten Grand Parade in Kapstadt, um sie zu hören. Seither wurden praktisch alle Vorschriften des alten Apartheidsregimes außer Kraft gesetzt. Ende 1991 nahm die Convention for a Democratic South Africa (Codesa) Verhandlungen zur Bildung einer multiethnischen Übergangsregierung und einer neuen Verfassung auf, die allen ethnischen Gruppen politische Rechte garantierte. Zwei Jahre später wurde ein Kompromiss erreicht und ein Wahltermin festgelegt. Der Frust über die Wartezeit führte in dieser Zeit zu Ausbrüchen politischer Gewalt im ganzen Land, mitunter von der Polizei und der Armee ausgelöst.

Trotzdem verlief die 1994 abgehaltene Wahl erstaunlich friedlich. Der ANC bekam insgesamt 62,7% der Stimmen. Die Mehrheit der farbigen Bevölkerung in Westkap wählte hingegen die NP als Provinzregierung. Anscheinend war ihnen das bereits bekannte Übel lieber als der ANC.

Wahrheits- und Versöhnungskommission

Eine der ersten Amtshandlungen der neuen ANC-Regierung war es, die Wahrheits- & Versöhnungskommission (Truth & Reconciliation Commission, TRC) einzusetzen, um die Verbrechen aus der Ära der Apartheid öffentlich zu machen. Diese Institution handelte nach Erz-

Das Sunday Times Heritage Project (http://sthp.saha.org.za) ist ein Internetforum, das sich für die Zusammenarbeit zwischen der *Sunday Times* und dem Unabhängigen Südafrikanischen Menschenrechtsarchiv (SAHO: South African History Online) engagiert. Dazu gehört eine detaillierte Übersichtskarte, die zahlreiche Geschichten prominenter südafrikanischer Aktivisten des 20. Jahrhunderts aufgreift.

1964	1966	1976	1982
Nach dem Rivonia-Prozess entgehen Nelson Mandela, Walter Sisulu und andere der Todesstrafe. Sie werden jedoch zu lebenslanger Haft auf Robben Island in der Table Bay verurteilt.	Der District Six wird zum „weißen Gebiet" erklärt. 50 000 Menschen, deren Familien hier über Generationen hinweg gelebt haben, werden in die Cape Flats umgesiedelt.	Schüler in Langa, Nyanga und Gugulethu demonstrieren gegen die zwangsweise Einführung von Afrikaans als Unterrichtssprache. 128 Menschen werden getötet und 400 verletzt.	Mandela und andere führende ANC-Mitglieder werden von Robben Island ins Pollsmoor-Gefängnis in Tokai verlegt, was diskrete Kontakte zwischen ihnen und der National Party ermöglicht.

bischof Desmond Tutus Wahlspruch: „Ohne Vergebung gibt es keine Zukunft, aber ohne Geständnis kann es keine Vergebung geben." Zahllose Geschichten von furchtbarer Brutalität und Ungerechtigkeit hörte die Kommission während ihres dreijährigen Bestehens und half damit einzelnen Personen wie auch Gemeinden, ihre quälende Vergangenheit aufzuarbeiten.

Die TRC ermöglichte es den Opfern, ihre Geschichten zu erzählen, und Straftätern, ihre Schuld zu gestehen. Straferlass wurde jenen gewährt, die alles gestanden. Personen, die nicht vor der Kommission erschienen, wurden strafrechtlich verfolgt, wenn ihre Schuld bewiesen werden konnte. Obwohl einige Soldaten, die Polizei und „normale" Bürger ihre Vergehen eingestanden haben, ist es unwahrscheinlich, dass diejenigen, die die Befehle gaben und die Politik bestimmten, jemals antreten werden (auch der frühere Präsident P. W. Botha gehört zu denen, die nicht erschienen sind). Beweismaterial gegen sie zu sammeln, hat sich als außerordentlich schwierig erwiesen.

Mehr über die TRC ist nachzulesen im preisgekrönten Bericht *Country of My Skull* der Journalistin und Dichterin Antjie Krog.

Aufstieg, Fall und Wiederaufstieg von Pagad

Das Regierungsvakuum zwischen Mandelas Haftentlassung und der Wahl einer demokratischen Regierung versetzte Kapstadt in eine wackelige soziale Lage. In den frühen 1990er-Jahren wurden Drogen und Kriminalität zu einem solchen Problem, dass die Gemeinden die Sache

DESMOND TUTU

Nur wenige Persönlichkeiten in Südafrikas Kampf gegen Apartheid sind weltweit so präsent und allgemein geschätzt wie Desmond Mpilo Tutu, der ehemalige Anglikanische Erzbischof von Kapstadt, heute im Ruhestand. Tutu, geboren 1931 in Klerksdorp, Transvaal (heute Nordwestprovinz) wurde nach seinen bescheidenen Anfängen zum international anerkannten Aktivisten. Während der Apartheid-Ära war Tutu ein vehementer Befürworter wirtschaftlicher Boykotts und internationaler Sanktionen gegen Südafrika. Nach dem Niedergang des Apartheidsregimes führte Tutu den Vorsitz der Südafrikanischen Wahrheits- und Versöhnungskommission, eine Erfahrung, die er in seiner Zeitchronik *No Future Without Forgiveness* (dt. „Keine Zukunft ohne Vergebung") beschreibt.

Gestern wie heute ist Tutu ein unermüdlicher moralischer Botschafter der südafrikanischen Sache. Seit jeher ist er ein freimütiger Kritiker der ANC-Regierung und liest ihr in puncto Armutsbekämpfung, Korruption und Aids-Krise die Leviten. Neben dem Friedensnobelpreis wurden Tutu auch der Gandhi-Friedenspreis sowie zahlreiche andere Auszeichnungen verliehen. Der Begriff „Regenbogennation", den er für das Südafrika nach der Apartheid-Ära geprägt hat, wird in der Regel mit Tutu in Verbindung gebracht.

1986	1989	1990	1994
Etwa 70 000 Menschen werden aus ihren Häusern vertrieben und Hunderte getötet, als die Regierung versucht, die illegalen Siedlungen Nyanga und Crossroads in den Cape Flats zu räumen.	Präsident P. W. Botha erleidet einen Schlaganfall. Nachfolger wird F. W. de Klerk, der die Geheimverhandlungen fortsetzt, die zur Legalisierung von ANC, PAC und Kommunistischer Partei führen.	Mandela wird aus dem Victor-Verster-Gefängnis in Paarl entlassen und hält vom Balkon des Rathauses von Kapstadt seine erste öffentliche Rede seit 27 Jahren.	Nach demokratischen Wahlen löst Nelson Mandela F. W. de Klerk mit den Worten „Jetzt ist die Zeit, alte Wunden zu heilen und ein neues Südafrika aufzubauen" als Präsident ab.

in die eigene Hand nahmen. Im Jahr 1995 entstand die Initiative „People against Gangsterism and Drugs" (Pagad), ein Ableger der islamischen Organisation Qibla. Die Gruppe verstand sich als Beschützer der Farbigen gegen korrupte Polizisten und Drogenbosse, die es zuließen, dass Gangs die Townships der Farbigen kontrollierten.

Zunächst tolerierte die Polizei Pagad, aber die Bürgerwehrtaktiken erwiesen sich 1996 mit dem grauenhaften (im Fernsehen ausgestrahlten) Tod des Verbrechers Rashaad Staggie als vollkommen inakzeptabel. Ein Lynchmob setzte den Kriminellen erst in Brand und schoss dann wiederholt auf den Sterbenden. Andere Anführer von Gangs wurden getötet, aber die Sorge der Kapstädter erreichte ihren Höhepunkt, als überall in der Stadt Bomben hochgingen, von denen einige vermutlich von radikalen Pagad-Mitglieder gelegt wurden. Der schlimmste Vorfall ereignete sich 1998, als eine Explosion an der Waterfront eine Frau tötete und 27 Menschen verletzte. Im September 2000 wurde der vorsitzende Richter in einem Verfahren gegen Pagad-Mitglieder aus einem vorbeifahrenden Auto heraus erschossen.

Der Pagad-Anführer Abdus Salaam Ebrahim wurde 2002 für seine Gewalttaten zu sieben Jahren Haft verurteilt. Die Verantwortlichen für die Bombenanschläge in Kapstadt wurden jedoch nie überführt. Die muslimische Bürgerwehr Pagad wurde für eine gewisse Zeit von der Regierung zur Terrororganisation erklärt. 2009 jedoch startete die Vereinigung als „neue Pagad" eine Comeback-Offensive, ging aber immer noch mit den gleichen Methoden vor wie die alte (kriminelle) Vorgängervereinigung. In einem Akt der Selbstjustiz fiel ein Trupp bei verdächtigen Drogendealern zu Hause ein und forderte sie auf, ihre Aktivitäten einzustellen. 2013 wurden gegen Ebrahim mehrere Mordanklagen erhoben. Nach dem Massaker an drei Tansaniern (angeblich Drogendealer) in Kapstadt war er verhaftet worden.

Mehr zur Geschichte

Südafrika: Geschichte und Gegenwart (Christoph Marx)

Südafrika: Ein Länderporträt (Johannes Dieterich)

Cape Lives of the Eighteenth Century (Karel Schoeman)

Allianzen entstehen

Im Jahr 1999, zwei Jahre nachdem Nelson Mandela von seinem Posten als ANC-Präsident zurückgetreten und von seinem Vertreter Thabo Mbeki abgelöst worden war, fanden in Südafrika die zweiten freien Wahlen statt. Landesweit gewann der ANC an Stimmen und kam bis auf einen Sitz an die Zweidrittelmehrheit heran, die er zur Änderung der Verfassung benötigt hätte. Ein zwischen der alten NP (neu aufgelegt als New National Party, kurz NNP) und der Democratic Party (DP) für die Gründung der Democratic Alliance (DA) geschlossener Pakt brachte diesen aber in Westkap den Sieg, sowohl bei den Provinz- als auch bei den großstädtischen Wahlen.

Im Jahr 2002 verschob sich die politische Landschaft massiv, als die NNP mit dem ANC fusionierte. Das führte dazu, dass der ANC auch in

1998	2002	2004	2008
Nach drei Jahren emotional schmerzlicher Aussagen verkündet die Wahrheits- & Versöhnungskommission in Kapstadt ihren Urteilsspruch und verurteilt beide Seiten des Freiheitskampfs.	Die Kapstädter wählen ihre erste schwarze Bürgermeisterin, Nomaindia Mfeketo. Die New National Party (NNP) verlässt die Democratic Party (DP), um sich mit dem ANC zusammenzutun.	Ebrahiem Murat, 87, und Dan Mdzabela, 82, beziehen ihr neues Heim im District Six. Sie wollen sich wie Tausende von Rückkehrern im einst abgerissenen Viertel ein neues Leben aufbauen.	Afrikanische Immigranten sind das Ziel ausländerfeindlicher Gewalttätigkeiten in den Townships des Kaps. Über 40 Menschen werden getötet und 30000 aus ihren Häusern vertrieben.

ZILLE & DE LILLE

Helen Zille und Patricia de Lille stehen seit mehr als 10 Jahren an der Spitze der Kapstädter Politik. Zille war ab 2006 für drei Jahre Bürgermeisterin von Kapstadt. Im Mai 2009 wurde sie zur Premierministerin der Provinz Westkap gewählt. Sie war darüber hinaus ab 2007 die Vorsitzende der offiziellen Oppositionspartei auf Landesebene, der Democratic Alliance (DA), ein Amt, das sie 2015 an den charismatischen Mmusi Maimane verlor. Die in Johannesburg geborene Zille (eine Großnichte des Berliners Heinrich Zille) begann 1974 ihre Karriere als Journalistin. In dieser Zeit deckte sie die Umstände um den Tod des Freiheitskämpfers Steve Biko in Polizeigewahrsam auf. Als Bürgermeisterin und Provinzpremier hat sie die Bürger mit ihrem nüchternen und pragmatischen Regierungsstil beeindruckt (und manchmal zur Weißglut gebracht) und furchtlos heikle Probleme wie Drogen und Bandenwesen, Teenagerschwangerschaften und die Vorbeugung gegen HIV/Aids-Übertragung in Angriff genommen. 2017 führte ein fragwürdiger Tweet über Kolonialismus zu einer Beschädigung ihrer Reputation. Auch die Führung der DA distanzierte sich daraufhin von ihr.

De Lille war im Laufe ihrer politischen Karriere nicht weniger hitzig und kontrovers. Sie begann als Gewerkschaftsvertreterin in ihrer Heimatstadt Beaufort West und war schließlich zeitweilige Vorsitzende der Independent Democrats (ID) und Aktivistin für die Aufdeckung eines dubiosen Waffenhandels, der der Führung des ANC noch immer anhängt. Die ID schlossen sich 2010 mit der DA zusammen. Im Jahr 2011 wurde de Lille zur Bürgermeisterkandidatin ernannt und im selben Jahr in das Amt gewählt. Eine Zeit lang zeichnete sich ab, dass de Lille bei der nächsten Wahl 2019 Helen Zille am Ende ihrer zweiten Amtszeit ins Amt der Premierministerin der Provinz Westkap folgen würde, doch inzwischen deutet sich eher eine Nominierung des Provinzvorsitzenden der BA an, Bonginkosi Madikizela.

Kapstadt die Oberhand gewann und die Stadt mit Nomaindia Mfeketo erstmals eine Schwarze als Bürgermeisterin bekam. Zwei Jahre danach verzeichnete der ANC bei den Landes- und Provinzwahlen gleichermaßen Triumphe, und Ebrahim Rasool – ein praktizierender Muslim, dessen Familie aus dem District Six vertrieben worden war, als er zehn Jahre alt war – wurde Ministerpräsident von Westkap.

Es war völlig klar, dass die meisten Stimmen aus den Cape Flats kamen, daher schwor der vom ANC geführte Stadtrat, das Los der Township-Bewohner zu verbessern. Maßnahmen sollten eine optimierte Infrastruktur in den „wilden" Siedlungen und mehr Investitionen in sozialen Wohnungsbau sein, etwa das N2 Gateway Project. Projekte zur Stadterneuerung wurden auch für Mitchells Plain angekündigt, einen der sozial benachteiligten Stadtteile der Farbigen, der wie viele Cape-Flat-Siedlungen vom mörderischen Drogenhandel gezeichnet ist. Als besonders tödlich hat sich die rasante Zunahme der Methamphetaminsucht erwiesen, ein Stoff, der vor Ort als „tik" bekannt ist.

2010	2013	2014	2016
Fußballfieber ergreift Kapstadt. Über 60 000 Zuschauer verfolgen die Spiele der WM im neuen Cape Town Stadium, dazu kommen Hunderttausende auf den Straßen.	Die „Mutterstadt" vereint die Nation in der Trauer um den Tod Nelson Mandelas; hier ist Madibas Gesicht zu sehen, mit Laserlicht großflächig auf den Tafelberg projiziert.	Als Weltdesignhauptstadt plant und realisiert Kapstadt Projekte nach dem Motto „Lebe Design, verändere das Leben" und erweitert das Streckennetz der MyCiTi-Buslinien.	Wegen landesweiter Proteste von Studenten gegen die Anhebung der Studiengebühren finden an der Universität Kapstadt keine Lehrveranstaltungen statt.

Fremdenhass & Fußball

Korruptionsvorwürfe und immer wiederkehrende Stromausfälle durch das überlastete Atomkraftwerk Koeberg führten dazu, dass der ANC die Kommunalwahl in Kapstadt im März 2006 knapp verlor. Helen Zille von der Democratic Alliance (DA) wurde daraufhin Bürgermeisterin. Im Juli 2008 übernahm Lynne Brown das Amt der Premierministerin der Provinz Westkap von Ebrahim Rasool, dessen Ansehen durch seine Rolle beim Verkauf der Victoria & Albert Waterfront und des Somerset Hospital beschmutzt worden war. Angesichts der harten wirtschaftlichen, sozialen und gesundheitlichen Probleme hatte dieser politische Zirkus für die ärmsten Kapstädter wenig Bedeutung. Im Mai 2008 kochte der Unmut in den Townships über, angefacht von Spitzenpreisen für Nahrungsmittel und Benzin. Es kam zu einer Serie furchtbarer fremdenfeindlicher Übergriffe auf die schutzlosesten Mitglieder der Gesellschaft – Einwanderer sowie politische und Kriegsflüchtlinge. Als etwa 30 000 Menschen in Panik flohen, versammelte sich die große Mehrheit der Kapstädter, um ihnen zu helfen.

Trotz der Kontroversen um Lage und Kosten des neuen Cape Town Stadium schlossen sich die verschiedenen Lager der Stadt zusammen, um die FIFA-Weltmeisterschaft 2010 auszurichten. Das Ereignis wurde als großer Erfolg bewertet. Aber angesichts der weltweiten Rezession und der sozialen Probleme fragten sich manche Kapstädter, ob das Geld nicht besser hätte ausgegeben werden können.

Die Wahlen von 2014 & 2016

Vor den National- und Provinzwahlen 2014 herrschte landauf, landab große Enttäuschung über die gescheiterte Innenpolitik und die Machtlosigkeit gegenüber Korruption, Kriminalität und der problematischen Grundversorgung ärmerer Gemeinden; all dies nährte den Wunsch nach Wandel. Ein Nutznießer der kritischen Lage war der politische Unruhestifter Julius Malema, Parteichef der „Ökonomischen Freiheitskämpfer" (Economic Freedom Fighters, kurz EFF). Auf nationaler Ebene gewann der Afrikanische Nationalkongress (ANC) ohne Not mit 62,1 % (gegenüber 65,9 % in 2009), während die Demokratische Allianz (DA) mit 22,2 % hoffnungslos hinterherhinkte. Hingegen blieb die DA in der Provinz Westkap mit einer Stimmenmehrheit von 59,4 % gegenüber dem ANC (nur 32,9 %) weiter an der Macht. Bei den Kommunalwahlen von 2016 konnte die DA in einigen Hochburgen des ANC erhebliche Gewinne verzeichnen, unter anderem in Tshewane (Pretoria), Johannesburg und Nelson Mandela Bay (Port Elisabeth), und bestehende Mehrheiten in Kapstadt und in der Provinz Westkap halten.

Menschen & Kulturen

Kapstadt besitzt eine völlig andere Völkermischung als das restliche Südafrika. Von den 3,7 Millionen Einwohnern des Großstadtgebiets sind mehr als die Hälfte Farbige. Schwarze machen etwa ein Drittel aus, der Rest setzt sich aus Weißen und anderen Volksgruppen zusammen. Doch das ist erst der Ausgangspunkt für den vielfältigen Mix an Kulturen, die hier zusammenleben.

Ethnische Gruppen

Obwohl vielen Menschen die alten Rassenbezeichnungen der Apartheid – „weiß", „schwarz", „farbig" und „indisch" – übel aufstoßen und sie sich von den darin implizierten Klischees distanzieren wollen, werden diese Bezeichnungen in Südafrika tatsächlich noch gemeinhin verwendet, meist völlig ohne Groll oder Verbitterung.

Die ethnische Zusammensetzung der Afrikaander lässt sich nur schwer bestimmen, besteht aber schätzungsweise aus 40 % Niederländern, 40 % Deutschen, 7,5 % Franzosen, 7,5 % Briten und 5 % anderen Ursprungs. Einige Historiker sind der Meinung, dass zu diesen 5 % ein signifikanter Anteil Schwarzer und Farbiger gehört.

Farbige

Farbige, manchmal auch Cape-Coloureds oder Kapmalaien genannt, sind alteingesessene Südafrikaner. Viele ihrer Vorfahren wurden als Sklaven in die noch junge Kapkolonie verschleppt, andere waren politische Gefangene oder Vertriebene aus Niederländisch-Indien. Sklaven kamen auch aus Indien und anderen Teilen Afrikas, doch ihre Lingua franca war Malaiisch (zu der Zeit eine wichtige Handelssprache), daher die Bezeichnung Kapmalaien.

Viele Farbige sind praktizierende Muslime. Die kapmuslimische Kultur hat über Jahrhunderte überlebt und auch den schlimmsten Übergriffen durch die Apartheid standgehalten. Den Sklaven, die mit den Niederländern ins Landesinnere zogen und von denen viele dabei ihre Religion und kulturellen Wurzeln einbüßten, erging es viel schlimmer. Dennoch sind praktisch alle Farbigen der Provinzen Westkap und Nordkap heute durch das Afrikaans miteinander verbunden, jene einzigartige Sprache, die sich vor mehr als 300 Jahren durch den Austausch zwischen den Sklaven und den Niederländern entwickelte.

Der Cape Town Minstrel Carnival

Die in der Öffentlichkeit sichtbarste nichtreligiöse Ausdrucksform der Kultur der Farbigen ist heutzutage der ausgelassene Cape Town Minstrel Carnival. Diese Parade, auf Afrikaans auch Kaapse Klopse genannt, ist ein lautes, fröhliches und chaotisches Spektakel mit Tanztruppen aus oft über 1000 Mitgliedern in Kostümen aus Satin, Pailletten und Glitzer in praktisch allen Regenbogenfarben.

Das Fest stammt aus der frühen Kolonialzeit, als die Sklaven am Tag nach Neujahr einen Tag frei bekamen. Doch seine heutige Form verdankt der Karneval dem Besuch amerikanischer Minstrelmusiker im späten 19. Jh. – daher die Gesichtsbemalung, die bunten Kostüme und die derben Gesänge und Tanzchoreografien. Die große Mehrheit der Teilnehmer stammt aus der Gemeinschaft der Farbigen.

Obwohl der Karneval fester Bestandteil des Veranstaltungskalenders von Kapstadt ist, blickt er auf eine Geschichte voller Kontroversen zurück. So gab es Probleme bei der Finanzierung, Konflikte zwischen rivalisierenden Karnevalsorganisationen und sogar Vorwürfe krimineller Verstrickungen. Er war auch immer schon eine Art Machtdemonstration der Farbigen: Weiße, die sich in der Zeit der Apartheid die Parade anschauten, mussten damit rechnen, das Gesicht mit Schuhcreme geschwärzt zu bekommen. Auch heute noch bekommt man das Gefühl, als kämen die Gemeinden aus den Cape Flats, um die Stadt einzunehmen.

Viele Südafrikaner verstehen sich selbst stolz als Schwarze, Weiße oder Farbige – es gibt beispielsweise schwarze Südafrikaner, die sich lieber als Schwarze bezeichnen denn als Südafrikaner oder Afrikaner (was der vom African National Congress bevorzugte Ausdruck für alle Menschen ist, die einen afrikanischen, indischen oder gemischtrassigen Ursprung haben).

Schwarze

Obwohl die meisten Schwarzen in Kapstadt zum Volk der Xhosa gehören, das aus der Provinz Ostkap stammt, sind sie nicht die einzige Gruppe in der Stadt. Die Wirtschaft von Kapstadt hat Menschen aus ganz Südafrika und auch viele Einwanderer aus anderen Teilen des Kontinents hierhergelockt – viele Parkplatzwächter, Händler auf den diversen Handwerksmärkten der Stadt sowie Kellner in den Restaurants stammen aus Simbabwe, Nigeria, Mosambik und weiteren afrikanischen Ländern.

Die Kultur der Xhosa ist vielfältig und besteht aus vielen Klansystemen und Untergruppen. Die Gemeinde der Schwarzen ist auch wirtschaftlich und kulturell unterteilt, so gibt es z. B. in Knysna eine Rastafari-Gemeinde.

Weiße

Bei den Weißen gibt es hier sehr spezifische kulturelle Unterschiede, je nachdem, ob es sich um Nachfahren der Buren oder der Briten und anderer späterer Einwanderer aus Europa handelt. Die geografische Isolation und oftmals gewollte kulturelle Abschottung der Buren im

INITIATIONSRITEN

Reifezeremonien für Männer im Alter von 16 bis Anfang 20 sind unverändert Bestandteil des traditionellen Lebens schwarzer Afrikaner (und farbiger Muslime, bei denen Jungen im Teenageralter – wenn auch ohne großes Ritual – beschnitten werden). Die Initiationen finden meist am Jahresende und im Juni statt, wo sie mit Schulferien sowie Fest- und Feiertagen zusammenfallen.

Am Ostkap gingen junge Xhosa-Männer früher in eine entlegene Gegend in den Bergen zur Ukwaluka – der Initiationsschule, wo sie beschnitten wurden, in Zelten lebten und ihre Männerrolle innerhalb der Stammesgesellschaft erlernten. Einige kehren auch heute noch für die Zeremonie ans Ostkap zurück, doch nicht jeder will das oder kann es sich leisten, weshalb in den Wastelands um die Townships herum ähnliche Initiationsstätten in behelfsmäßigen Zelten errichtet werden.

Früher dauerten die Initiationen monatelang, heutzutage jedoch nur noch allerhöchstens einen Monat. Die Kandidaten rasieren sich alle Haare, legen ihre Kleidung ab, tragen nur eine Decke und bemalen sich das Gesicht mit weißer Tonerde, bevor sie beschnitten werden. Sie erhalten einen Stab, der den traditionellen Jagdstock symbolisiert. Diesen benutzen sie während der Dauer ihrer Initiation, um anderen die Hand zu schütteln. Nach der Beschneidung, während die Wunde verheilt, essen die Initiierten etwa eine Woche lang nur sehr wenig und trinken gar nichts. Frauen dürfen sich den Initiationsstätten nicht nähern.

Initiationen sind teuer: etwa 8000 R, hauptsächlich für die Kosten der Tiere (typischerweise Schafe oder Ziegen), die für die verschiedenen Festmahle der Zeremonie geschlachtet werden müssen. Am Ende der Initiation werden sämtliche verwendeten Gegenstände, auch die alten Kleidungsstücke, zusammen mit der Schlafhütte des Kandidaten verbrannt, und der Junge ist ein Mann geworden. Frischgebackene Männer sind in den Townships und in Kapstadts Innenstadt an den schicken Klamotten zu erkennen, meist tragen sie eine Sportjacke und eine Kappe.

Kulturelle Apartheid gibt es noch immer in Südafrika. In gewisser Weise ersetzt finanzieller Status heute die Rassendiskriminierung; die meisten Besucher haben also automatisch einen hohen Status. Es gibt aber immer noch viele Menschen, die eine bestimmte Hautfarbe mit einer bestimmten Geisteshaltung verbinden. Einige wenige verbinden damit Minderwertigkeit.

Das ständige Bewusstsein der Rassenzugehörigkeit, selbst wenn es nicht zu Problemen führt, ist eine nervige Begleiterscheinung bei Südafrikareisen, egal welche Hautfarbe man hat. Rassendiskriminierung ist verboten, aber es ist unwahrscheinlich, dass die überarbeitete und unzureichend ausgestattete Polizei Beschwerden viel Aufmerksamkeit schenken wird. Tourismusbehörden sind da wahrscheinlich etwas empfänglicher. Wer an einem der von uns erwähnten Orte Rassismus erlebt, sollte es uns wissen lassen.

Afrikaner

Wer afrikanische Wurzeln hat, kann immer noch rassistisches Verhalten einiger Weißer und Farbiger erleben. Mit einer engen Verbundenheit mit schwarzen Südafrikanern ist auch nicht zu rechnen. Die einheimischen Völker Südafrikas bilden sehr unterschiedliche und bisweilen feindliche kulturelle Gruppen.

Inder

Auch wenn Inder während der Apartheid von den Weißen diskriminiert wurden, sahen Schwarze in ihnen Kollaborateure. Wer also indischer Abstammung ist, könnte auf unterschwellige Feindseligkeiten von Schwarzen und Weißen treffen.

Asiaten

Ostasiaten waren ein Problem für das Apartheidsregime – Japanern wurde ein Status als „Ehrenweiße" zuerkannt, aber Chinesen galten als Farbige. Grobe Stereotypisierung und kulturelle Ignoranz sind wahrscheinlich die größten zu erwartenden Unannehmlichkeiten.

Laufe der Jahrhunderte hat ein einzigartiges Volk entstehen lassen, das oft als „weißer Stamm Afrikas" bezeichnet wird.

Das Afrikaans ist die einzige germanische Sprache, die sich außerhalb von Europa entwickelt hat, und zentraler Bestandteil der Identität der Afrikaander, hat aber gleichzeitig dazu beigetragen, ihre Isolation von der Außenwelt zu verstärken. Afrikaans ist wesentlich präsenter in den nördlichen Vorstädten von Kapstadt und in den ländlichen Orten am Kap, vor allem rund um Stellenbosch mit seiner berühmten Afrikaans-Universität.

Die meisten anderen weißen Kapstädter sind britischer Abstammung. Als langjähriger Sitz der britischen Machthaber ist Kapstadt nicht so stark von den Afrikaandern beeinflusst wie andere Landesteile. Die liberalen Weißen Kapstadts wurden während der Apartheid von den konservativeren Weißen mit großem Argwohn beäugt.

Religion

Islam

Der Islam kam mit den Sklaven, die von den Niederländern aus Vorderindien und Indonesien ans Kap gebracht wurden. Obwohl die Religion bis 1804 in der Kolonie nicht öffentlich praktiziert werden konnte, entwickelte sich aufgrund einflussreicher und charismatischer politischer und religiöser Figuren unter den Sklaven ein großer Zusammenhalt in der kapmuslimischen Gemeinschaft. Einer dieser politischen Dissidenten war der Imam Abdullah Ibn Qadi Abdus Salaam aus Tidore (heute in Indonesien), gemeinhin als Tuan Guru bekannt, der 1780

Die progressive **Open Mosque** (Karte S. 102; www.theopen mosque.co.za) predigt aufgeklärten, egalitären und gebildeten Islam. Sie organisiert auch religionsübergreifende Events, die Muslime, Christen und Juden zusammenbringen.

Ubuntu lässt sich am besten als „Menschlichkeit gegenüber anderen" übersetzen und ist eins der Kernprinzipien des traditionellen Lebens in Südafrika. In den Townships kann man es oft erleben, obwohl oder vielleicht gerade weil die Menschen so wenig besitzen und einander unterstützen müssen.

nach Robben Island ins Exil geschickt und 13 Jahre später in Kapstadt begnadigt wurde. Vier Jahre später half er bei der Gründung der ersten Moschee der Stadt, der Owal Mosque in Bo-Kaap, wodurch dieser Stadtteil zum Zentrum der islamischen Gemeinde Kapstadts wurde – und noch heute ist.

Tuan Gurus Grab ist eines von etwa 20 *kramats* (Gräber muslimischer Heiliger), die Kapstadt umgeben und auf Minipilgerreisen von Gläubigen aufgesucht werden. Weitere *kramats* gibt es auf Robben Island (das von Sayed Abdurahman Matura), auf dem Signal Hill (das von Scheich Mohammed Hassen Ghaibie Shah und das von Tuan Kaape-ti-low), am Tor des Weinguts Klein Contantia (das von Scheich Abdurahman Matebe Shah) und in Oudekraal (das von Scheich Noorul Mubeen und möglicherweise von seiner Frau oder einem seiner Anhänger). Eine vollständige Liste gibt es auf www. capemazaarsociety.com.

Kapstadt hat es geschafft, sich nicht in den gewalttätigen islamischen Fundamentalismus hineinziehen zu lassen. Man begegnet in Bo-Kaap vielen freundlichen Gesichtern und kann im hiesigen Museum mehr über diese Gemeinde erfahren. Auch in Simon's Town lebte eine beträchtliche muslimische Gemeinde, bis sie Ende der 1960er-Jahre im Rahmen des Group Areas Act vertrieben wurde. Über ihre Geschichte informiert das Heritage Museum in Simon's Town.

Christentum

Afrikaander sind sehr religiös, und ihr christlicher Fundamentalismus, der aus dem Calvinismus des 17. Jhs. entstand, ist noch heute sehr einflussreich. Verstädterte Afrikaander der Mittelklasse sind meist gemäßigter. Die meisten Weißen britischer Abstammung sind Anglikaner, und diese Religion ist neben anderen Formen des Christentums auch in Teilen der schwarzen und farbigen Gemeinden sehr beliebt.

Geisteranbetung

Elemente der traditionellen spirituellen Kulturen Afrikas sind noch immer lebendig und verleihen den Townships ein unverwechselbar afrikanisches Flair. So begleiten auch heute noch alte Rituale und Bräuche die einschneidenden Punkte im Leben, wie Geburt, Erreichen der Volljährigkeit und Heirat.

Läden für Kräutermedizin sind beliebt und *sangomas* (traditionelle Heiler, meistens Frauen) sind bei den verschiedensten Krankheiten die erste Anlaufstelle. Einige *sangomas* können die Menschen sogar mit ihren Vorfahren in Verbindung bringen, die im Leben vieler schwarzer Kapstädter eine große Rolle spielen. Dem Glauben nach wachen die Vorfahren über ihre Sippschaft und fungieren als Vermittler zwischen dieser Welt und der Geisterwelt. So wenden sich die Menschen mit Problemen und Bitten an ihre Vorfahren und schlachten ihnen zu Ehren ein Tier, das über offenem Feuer geröstet wird, da man glaubt, die Vorfahren essen den Rauch.

Judentum

In Kapstadt lebt die älteste jüdische Gemeinde Südafrikas. Obwohl die Niederländische Ostindien-Kompanie (Vereenigde Oost-Indische Companie, VOC) nur protestantische Siedler am Kap zuließ, gibt es Aufzeichnungen, dass in Kapstadt bereits 1669 Juden zum Christentum konvertierten. Nach der Machtübernahme der Briten erhöhte sich die Zahl jüdischer Immigranten, die überwiegend aus England und Deutschland kamen. Die erste Gemeinde wurde 1841 gegründet, und 1863 öffnete die erste Synagoge ihre Tore (heute Teil des South African Jewish Museum).

DAS LEBEN IN DEN HÜTTEN

Hütten, die offiziell unter der Bezeichnung „informelle Siedlungen" laufen, sind die Art von Unterkünften, die man typischerweise mit den Townships verknüpft. Schätzungsweise 20 % der Township-Bewohner leben in Hütten. Sie sind aus verschiedensten Materialien, wie alten Packkisten, zusammengeschustert und (unter anderem) mit Seiten aus alten Zeitschriften und Etiketten von alten Konservendosen dekoriert. Design und Bauweise einer Hütte hängen von den finanziellen Mitteln des Eigentümers ab und davon, wie lange er sie schon bewohnt. Bei einer Fahrt durch die Townships fallen viele vorgefertigte Hütten ins Auge, die zum Verkauf stehen. Dies ist ein solides Geschäft, da stetig Menschen vom Land in die Townships ziehen – und auch, weil durch die häufigen Feuer, denen zahlreiche Hütten zum Opfer fallen, immer wieder Bedarf an neuen Unterkünften besteht.

Zwischen 1880 und 1930 strömten immer mehr Juden ins Land. Schätzungsweise 15 000 Familien emigrierten nach Südafrika, hauptsächlich aus Litauen, Lettland, Polen und Weißrussland. Die Juden trugen in diesem Zeitraum erheblich zum Gemeinwesen und Kulturleben der Stadt bei. Max Michaelis etwa stiftete seine Kunstsammlung der Stadt, und Hyman Liberman wurde 1905 der erste jüdische Bürgermeister Kapstadts, im selben Jahr, als die Einsegnung der Great Synagogue stattfand.

Die jüdische Bevölkerung Kapstadts sank von 25 000 Menschen 1969 (die zweitgrößte nach Johannesburg) auf rund 16 000 heute. Sea Point ist der am stärksten jüdisch geprägte Stadtteil.

Das Leben in den Townships

Die überwiegende Mehrheit der Kapstädter – schätzungsweise 2,4 Millionen allein in Khayelitsha – lebt in sogenannten Townships. Die meisten dieser Gebiete liegen in den windgepeitschten, sandigen Cape Flats und wurden während der Apartheid als Wohnsiedlungen für schwarze und farbige Südafrikaner abgegrenzt. Größtenteils sind sie das auch heute noch. Armut und die damit verbundenen Missstände sind zwar in den Townships tief verwurzelt, doch die Situation ist bei Weitem nicht überall trostlos.

Die Entstehung der Townships

Die älteste geplante Township Südafrikas ist das im Jahr 1927 gegründete Langa. Heute leben hier 250 000 Menschen – ebenso viele wie im Stadtkern, aber zusammengepfercht auf einer 48-mal kleineren Gesamtfläche.

Zu Anfang bestand Langa ebenso wie auch die anderen frühen Townships wie Nyanga hauptsächlich aus Wohnheimen (einfachen Wohneinheiten für jeweils 16 Männer mit einer Dusche, einer Toilette und einer kleinen Küche für alle) sowie 30 m² großen Reihenhausunterkünften. Diese Häuser, ursprünglich vor dem Zweiten Weltkrieg für Arbeitsmigranten erbaut, waren nur notdürftig zusammengeschustert und überfüllt.

Nach Abschaffung der Passgesetze (denen zufolge niemand ohne Job außerhalb der Homelands die Siedlungen verlassen durfte) holten die meisten Männer ihre Familien zu sich. Die Bevölkerung der ursprünglichen Townships schoss in die Höhe, was schließlich zur Gründung von Gugulethu, Crossroads, Philippi und Khayelitsha führte. Auch anderswo am Kap finden sich kleinere schwarze Townships wie Imizamo Yethu in Hout Bay und Masiphumelele im Süden zwischen Noordhoek und Kommetjie.

Der Dokumentarfilm *Noma* (2016) des spanischen Regisseurs Pablo Pinedo Bóveda zeichnet das Leben des Hüttenbewohners Nomaliphathwe Gwele nach, der versucht, sich in Philippi eine Existenz aufzubauen.

Farbige Townships

Nicht nur schwarze Südafrikaner wurden vor und während der Apartheid in die Cape Flats verbannt. Auch die farbigen Einwohner Kapstadts mussten Zwangsräumungen über sich ergehen lassen wie die berüchtigte gewaltsame Räumung von District Six im Stadtzentrum. Die hohen Verbrechens- und Armutsquoten in vielen Randbezirken der Stadt wie in Mitchell's Plain und Hanover Park sind eine Folge dieser Zwangsräumungen.

Eine Generation nach dem Ende der Apartheid ist die ursprüngliche Trennung nach Rassen in diesen Townships noch weitgehend intakt – Schwarze leben in Langa, das angrenzende Bonteheuwel ist überwiegend farbig. Tragisch: So unterschiedlich die Township-Gemeinden auch sind, sie alle haben dieselben tief verwurzelten Probleme wie hohe Kriminalität, schlechte Infrastruktur und Mangel an sozialen Einrichtungen im Vergleich zu den wohlhabenderen Außenbezirken der Stadt.

Khayelitsha: uMlungu in a Township (Steve Otter, 2007) ist ein anschaulicher Bericht eines weißen Südafrikaners, der lange in Khayelitsha lebte.

Die Townships heute

Seit 1994 ist die südafrikanische Regierung bemüht, richtige Häuser in den Townships zu bauen. Zunächst im Rahmen des Reconstruction and Development Programme (RDP; Programm für Wiederaufbau und Entwicklung), und derzeit durch das Breaking New Ground Programm (BNG; etwa „Neue Wege gehen"-Programm) werden ehemaligen Barackenbewohnern sehr einfache, kostenlose Häuser zur Verfügung gestellt. Diese „Streichholzschachtel"-Häuser sind im Schnitt 28 m² groß und im Grunde nichts weiter als vier Betonblockmauern mit Wellblechdach. Sie sind weder isoliert noch haben sie Zimmerdecken oder fließendes Heißwasser.

Für Geringverdienerfamilien mit einem Einkommen von nur 3000 bis 15 000 R pro Monat werden auch sogenannte „Gap Housing"-Unterkünfte in den Townships errichtet. Diese subventionierten Häuser sind in der Regel qualitativ besser sind als BNG-Häuser und sollen von ihren Bewohnern im Laufe der Zeit gekauft werden.

Doch nicht jeder in den Townships lebt in Armut. Es gibt ziemlich mittelständische Gegenden in Gugulethu, Langa und Khayelitsha mit großzügigen Bungalows und Villen mit hohem Wohnstandard. Die Verbesserung der Einkommenssituation und die staatlichen Investitionen spiegeln sich an Orten wie Gugulethu Square wider, einem glänzenden Einkaufszentrum, das auch in Camps Bay nicht fehl am Platz wirken würde, sowie an schicken öffentlichen Gebäudekomplexen wie dem Khayelitsha District Hospital, dem Isivivana Centre und dem Guga S'Thebe Arts & Cultural Centre in Langa.

Während seiner 13 Jahre auf Robben Island schrieb Tuan Guru angeblich drei Exemplare des Korans aus dem Gedächtnis nieder. Er ist auf dem Friedhof Tana Baru in Bo-Kaap begraben.

Architektur

Vom Castle of Good Hope aus dem 17. Jh. bis zu den Türmen des 21. Jhs., die sich auf Foreshore erheben, ist Kapstadts vielfältige Architektur äußerst sehenswert. Vieles blieb hier erhalten und kann bei einer Tour zu Fuß oder mit dem Fahrrad durch Kapstadts Innenstadt und Umgebung besichtigt werden.

Kapholländischer Kolonialstil

Als im Jahr 1652 die niederländischen Kolonisten eintrafen, brachten sie ihre europäischen Architekturkonzepte mit, mussten sich aber an örtliche Gegebenheiten und verfügbare Materialien anpassen. Für den Bau des Castle of Good Hope von 1666 bis 1679 wurde Stein vom Tafelberg benutzt. Die ersten Kapstädter Häuser waren Zweckbauten, wie das strohgedeckte und weiß getünchte Posthuys von 1673 in Muizenberg.

Im Jahr 1692 entstand das erste Gutshaus Groot Constantia des Gouverneurs Simon van der Stel, dem weitere prachtvolle Anwesen weiter landeinwärts in den Winelands folgten. Die extravagante Fassade des Koopmans-de Wet House aus dem 18. Jh. in der Strand Street stammt wohl von Louis Thibault, der als leitender Ingenieur der Niederländischen Ostindien-Kompanie (Vereenigde Oost-Indische Compagnie, VOC) in jener Zeit für die Bauausführung der meisten öffentlichen Gebäude Kapstadts zuständig war. Thibault war auch an dem hübschen Rust en Vreugd beteiligt: Das 1778 fertiggestellte Haus zeichnet sich zum einen durch das grazile Rokoko-Oberlicht über dem Haupteingang und zum anderen durch seine Doppelbalkons mit Säulenvorbau aus.

Natürlich lebte nicht jeder auf großem Fuß. Das Bo-Kaap in der Innenstadt vermittelt einen Eindruck davon, wie Kapstadt im 18. Jh. für Normalbürger aussah. Auffällig sind Flachdächer anstelle von Giebeln und das Fehlen von Fensterläden – alles Ergebnisse von Bauvorschriften der VOC.

Britischer Kolonialstil

Als die Briten im frühen 19. Jh. die Macht übernahmen, spiegelte sich das auch in der Architektur wider. Der britische Gouverneur Lord Charles Somerset hatte während seiner Amtszeit von 1814 bis 1826 den größten Einfluss. Er befahl die Umgestaltung des Tuynhuis – ursprünglich ein Gästehaus, später eine Sommerresidenz für niederländische Gouverneure am Kap –, um es dem Regency-Stil mit Veranden und Vorgärten anzupassen, und benannte es um in Government House.

Als das britische Weltreich im späten 19. Jh. seinen Zenit erreicht hatte, florierte Kapstadt, und es wurden eine Menge monumentaler Bauten errichtet, 1880 das Gebäude der Standard Bank mit Giebeldreieck, Kuppel und hohen Säulen, die Houses of Parliament und die byzantinisch beeinflusste Old Synagogue von 1862. Die benachbarte neoägyptisch gestaltete Great Synagogue stammt von 1905. In der

Architekturbücher

Hidden Cape Town
(Paul Duncan and Alain Proust)

Cape Town: Architecture & Design
(Pascale Lauber)

Cape Dutch Houses & Other Old Favourites
(Phillida Brooke Simons)

In Foreshore am Ende der Bree Street steht der 142 m hohe Portside Tower von 2014. Mit seinen 42 Stockwerken ist er das höchste Gebäude in Kapstadt. Das Hochhaus ist entworfen von DHK und Lewis Karol Architects und wurde als erstes Hochaus Südafrikas mit dem Grünen Stern ausgezeichnet.

SIR HERBERT BAKER

Wie sein Förderer Cecil Rhodes war auch Herbert Baker (1862–1946) ein ambitionierter junger Engländer, der sich in Südafrika einen Namen machte. Baker traf 1892 in Kapstadt ein, wurde ein Jahr später Rhodes vorgestellt und erhielt den Auftrag, Groote Schuur, das Haus des Premierministers an den Hängen des Tafelbergs, umzubauen. Damit führte er einen neuen Stil ein, der als Cape Dutch Revival (etwa: neukapholländischer Stil) bekannt wurde.

Viele Aufträge folgten – Kapstadt ist praktisch übersät mit Gebäuden, die Baker entwarf. Zu ihnen gehören kleine Wohnhäuser in Muizenberg, wo Baker eine Weile lebte, die St. George's Cathedral und die First National Bank in der Adderley Street. Im Jahr 1900 schickte Rhodes Baker nach Italien, Griechenland und Ägypten. Dort sollte er die klassische Architektur studieren, um später ebensolche Bauten in Südafrika zu entwerfen. Zwei Jahre später war Rhodes jedoch tot, und Baker entwarf sein Denkmal.

Long Street ist das viktorianische Kapstadt in seiner attraktivsten Form zu sehen, mit schmiedeeisernen Balkons und unterschiedlichen Fassaden von Läden und Gebäuden.

Während eines weiteren Baubooms in den 1920er- und 1930er-Jahren entstanden im Stadtzentrum viele schöne Art-déco-Gebäude. Zu den besten Beispielen gehören die Bauten um den Greenmarket Square und das schöne Mutual-Heights-Gebäude von 1939, der erste Wolkenkratzer des afrikanischen Kontinents, der mit Friesen und Fresken mit südafrikanischen Motiven geschmückt ist.

Die Zeit der Apartheid

Die Apartheidgesetze bezeichneten Kapstadt als eine Stadt überwiegend für Farbige, mit der Folge, dass die Regierung keine größeren Bauprojekte mehr förderte (das blockierte jahrzehntelang die Bebauung von Foreshore). Die Kommunalbehörden setzten den Group Areas Act um, indem sie Gebiete wie District Six zerstörten und Green Point (inklusive De Waterkant) zu einem ausschließlich Weißen vorbehaltenen Gebiet erklärten.

Die besten modernen Gebäude

Guga S'Thebe Arts & Cultural Centre (2000)

Cape Town Stadium (2010)

Zeitz MOCAA Museum (2017)

Zu den Beispielen der Rationalismus-Architektur jener Zeit gehören das Kulturzentrum Artscape und das angrenzende Civic Centre in Foreshore. Beide lassen den Betonwahn erkennen, der so typisch für die internationale Moderne war. Das Baxter Theatre, ein Werk des Architekten Jack Barnett, ist architektonisch ansprechender. Er versah das flache Dach mit orangefarbenen Fiberglasdeckenleuchten, die nachts märchenhaft leuchten.

Während der Apartheid wurden die Townships baulich nicht weiterentwickelt, doch der enorme Einfallsreichtum der Bewohner ist bemerkenswerter. Ein Besuch der Townships offenbart bunt bemalte Hütten mit Wandbildern, Häuser und Kirchen aus Frachtkisten sowie kreative Bauten jüngeren Datums wie das Guga S'Thebe Arts & Cultural Centre in Langa.

Architektur heute

Das Ende der Apartheid fiel mit der Sanierung der Victoria & Alfred Waterfront Anfang der 1990er-Jahre zusammen. Zu den neueren Bauten der Waterfront gehören der Nelson Mandela Gateway und der Clock Tower Precinct, 2001 als neue Ablegestelle nach Robben Island erbaut, sowie der protzige Millionärstummelplatz V&A Marina mit etwa 600 Apartments und 200 Anlegeplätzen für Boote, außerdem das neue, von den Heatherwick Studios entworfene Kunstmuseum Zeitz MOCAA, in dessen Bau alte Getreidesilos integriert wurden.

Der jüngste Immobilienboom schuf die Voraussetzung für ein paar interessante neue Wohnhäuser und den Umbau alter Bürogebäude in Apartments, wie das Mutual-Heights-Gebäude, die drei alten Gebäude am Mandela Rhodes Place und das angrenzende Hotel Taj Cape Town, die alle auf sorgsame Art originale Bausubstanz mit neuen Türmen verbinden. Das 2003 eröffnete Cape Town International Convention Centre (CTICC) mit seinem schiffsartigen Bug und dem gepflegten Hotel aus Glas und Stahl erntete viel Beifall und beförderte die City Bowl näher ans Ufer, von dem sie jahrzehntelang abgeschnitten war. Ein Erweiterungsbau zum Kongresszentrum CTICC wurde gerade vollendet, und für die Stadtviertel Foreshore und City Bowl sind weitere Hochhäuser im Bau oder in Planung.

Kunst & Kultur

Kapstadts ethnische Vielfalt und die großen Unterschiede zwischen den Lebenswelten der Einwohner bieten einen fruchtbaren Boden für Kunst und Kultur. Musik, besonders Jazz, ist eine pulsierende Konstante in der Stadt. Es gibt ein überraschend breites Spektrum an Bühnenkunst und eine Menge kreativer Autoren, die die weniger bekannten Winkel des urbanen Daseins beleuchten.

Darstellende Kunst

Die Kunstgeschichte des Kaps reicht bis auf die indigenen San zurück, die ihre Spuren als Felsmalereien und kunstvolle Felsgravierungen in der Landschaft hinterließen.

In der South African National Gallery (S. 81) hängen Gemälde des schwarzen Künstlers Gerard Sekoto, dessen Werke die Lebendigkeit des District Six widerspiegeln, und von Peter Clarke, einem profilierten Drucker, Dichter und Maler aus Simon's Town. Irma Sterns vom deutschen Expressionismus inspirierte Werke hängen im Irma Stern Museum (S. 98) und in der Casa Labia (S. 190) in Muizenberg.

Zu den hiesigen Künstlern von internationalem Rang gehört Conrad Botes, der erstmals mit seinem bizarren Kultcomic *Bitterkomix* in Erscheinung trat, den er zusammen mit Anton Kannemeyer herausgibt. Botes' farbenfrohe Zeichnungen, die ebenso schön wie erschreckend sind, wurden mittlerweile auf diversen hochrangigen Ausstellungen in New York, Großbritannien, Italien und auf der Havanna Biennale von 2006 gezeigt.

DER MALER DES VOLKES

Vladimir Tretchikoff (1913–2006) ließ sich zu seinen Porträts von den Gesichtern jeglicher ethnischer Herkunft inspirieren, die überall in Kapstadt zu sehen sind. Das berühmteste seiner Porträts ist wohl das Chinese Girl – ein geradezu hypnotisch wirkendes Bild einer asiatischen Schönheit mit blauem Gesicht und roten Lippen, die sofort als Mona Lisa erkennbar wird.

Die Ereignisse, die Tretchikoff – geboren in Petropawlowsk im heutigen Kasachstan – über Harbin, Shanghai, Singapur und Indonesien kurz nach dem Zweiten Weltkrieg nach Kapstadt führten, sind abenteuerlich. Entgegen allen Erwartungen und weitgehend ohne Unterstützung der etablierten Künstlerkreise Kapstadts machte Tretchikoff mit der weltweiten Vermarktung seiner Kunstdrucke ein Vermögen; die stolzen 252 Ausstellungen, die der versierte Geschäftsmann und Selbstpromoter organisierte, wurden von über 2 Millionen Menschen besucht.

Aber erst im Jahr 2011 fand in der South African National Gallery in Kapstadt eine größere Retrospektive seines Werks mit zahlreichen seiner Ölgemälde statt. Das Buch zur Ausstellung, *Tretchikoff: The People's Painter*, ist eine sehr gute Einführung in das Werk des Künstlers.

Natasha Mercorio, Tretchikoffs Enkelin, hat auch den Tretchikoff Trust (www.vladimir tretchikoff.com) gegründet, der kreativen Jungkünstlern bei der Verwirklichung ihrer Träume helfen will. Finanziert wird das Projekt durch einen Anteil der Verkaufserlöse von neuen Tretchikoff-Drucken, die in vielen Läden und Märkten offiziell unter dem Markennamen Tretchikoff angeboten werden (auch auf dem Mojo Market (S. 194) in Sea Point).

Weitere interessante Künstler Kapstadts sind der Maler Ndikhumbule Ngqinambi, Willie Bester mit eindringlichen Mixed-Media-Kreationen über das Leben in den Townships und der eher konventionelle John Kramer (www.johnkramer.net), dessen Bilder die heitere Stimmung der südafrikanischen Landschaft einfangen. Ein Shootingstar der Szene ist Zanele Muholi, eine stolze, bekennende Lesbe, die mit Fotos, Videos und Installationen verblüffende Effekte erzielt. Ihre Arbeiten sind bei Stevenson (S. 78; ihr Galerist) und im Zeitz MOCAA Museum (S. 66) zu sehen.

Musik

Jazz

Kapstadt hat einige größere Jazztalente hervorgebracht, wie den Singer-Songwriter Jonathan Butler und die Saxofonisten Robbie Jansen und Winston „Mankunku" Ngozi. Die Stadt war so wichtig für die Entwicklung des Jazz, dass ein Subgenre namens Cape Jazz entstand. Der Stil ist improvisatorisch und nutzt Instrumente, die bei Straßenparaden typisch sind, etwa die Trommeln und Trompeten, die beim **Cape Town Minstrel Carnival** (www.facebook.com/capetownminstrelca; ☺ Jan. & Feb.) gespielt werden.

Der Dienstälteste der Szene ist der Pianist Abdullah Ibrahim. Er wurde 1934 als Adolph Johannes Brand im District Six geboren, trat erstmals mit 15 Jahren unter dem Namen Dollar Brand auf und gründete die Jazz Epistles mit dem legendären Hugh Masekela. 1962 zog er nach Zürich, wo Duke Ellington ihn entdeckte. Ellington organisierte für ihn Aufnahmen bei Reprise Records und sponserte seinen Auftritt beim Newport Jazz Festival 1965. Brand trat 1968 zum Islam über und nahm den Namen Abdullah Ibrahim an. Im Jahr 1974 nahm er das bahnbrechende Album *Manenberg* mit dem Saxofonisten Basil Coetzee auf. Er tritt noch gelegentlich in Kapstadt auf.

Goema-Jazz erhält seinen Rhythmus durch die *goema*-Trommeln. Bekannt gemacht wurde er von Musikern wie Mac McKenzie und Hilton Schilder. Weitere angesehene Künstler Kapstadts sind die Gitarristen Jimmy Dludlu und Reza Khota, der Pianist Paul Hamner und die Sängerin Judith Sephuma.

Dance, Rock & Pop

Nur wenige Afro-Fusion-Gruppen hatten so viel Erfolg wie die multiethnische siebenköpfige Band Freshlyground (www.freshlyground.com), die ein großes Publikum anzieht, wenn sie in ihrer Heimatstadt auftritt. Ihr Song „Waka Waka", eine Zusammenarbeit mit der kolumbianischen Sängerin Shakira, war die offizielle Hymne der FIFA-Weltmeisterschaft 2010; auf ihrem 2013 veröffentlichten Album *Take me to the Dance* arbeitete die Band mit Steve Berlin von Los Lobos zusammen.

David Poole und Dominic Peters sind das Duo Goldfish (www.goldfishlive.com). Sie schlagen eine Brücke zwischen Jazz und elektronischem Dance-Sound. Bei ihren Liveauftritten kommen Sampler, Groovebox, Keyboards, Vocoder, Kontrabass, Flöte und Saxofon zum Einsatz. Dominics Bruder Ben Peters ist Mitglied der Gruppe Goodluck (www.goodlucklive.com), die mit einem ähnlichen Sound ebenfalls viele Fans hat.

Techno, Trance, Hip-Hop, Jungle und Rap sind extrem beliebt. Der Afrikaans-Rapper Jack Parow (www.jackparow.com) ist die Kapstädter Antwort auf die landesweite Rap-Sensation Die Antwoord (www.dieantwoord.com). Beide Acts verkörpern die Subkultur „Zef", einen White-Trash-Stil mit jeder Menge übertriebenem Bling-Bling, Tattoos

Kunst im Internet

Artthrob (www.artthrob.co.za) Die besten Darstellungen moderner südafrikanischer Kunst (mit jeder Menge aktueller Nachrichten)

ArtSouthAfrica (www.artsouthafrica.com) – Magazin über die lokale Kunstszene

Art Meets (www.artmeetsapp.com) Eine App mit Neuigkeiten über Kunstausstellungen, Events und Künstlerateliers in und um Kapstadt

und Ähnlichem. Ebenso klasse ist *kwaito*, eine Mixtur aus *mbaqanga* (Musikstil, der Zulu-Tradition mit modernen Einflüssen verbindet), Jive, Hip-Hop, House und Ragga. Die Musik des heimischen Megastars Brenda Fassie (1964–2004) lehnt sich stark an *kwaito* an. Hörenswert sind Hits wie „Weekend Special" und „Too Late For Mamma". Die in Langa geborene Fassie, die vom *Time Magazine* als „Madonna der Townships" bezeichnet wurde, hatte während ihres kurzen Lebens massive Drogenprobleme.

Zu den vielen Indie-Rockbands und -sängern, die in der Stadt auftreten, gehören Arno Carstens (https://arnocarstensmusic.wordpress.com), der ehemalige Leadsänger der legendären Springbok Nude Girls, die irrwitzige One-Man-Band Jeremy Loops (www.jeremyloops.com) sowie die 13-köpfige Ska-, Reggae-, Hip-Hop-, Dance- und Tausendsassa-Band The Rudimentals (www.facebook.com/rudimentals), die Folk-Sängerin Paige Mac (www.paigemac.com) und der international bekannte DJ und Produzent Black Coffee.

Unbequeme Künstler

Als die Riesenskulptur einer RayBan-Brille mit dem Titel *Perceiving Freedom* (dt. „Freiheit wahrnehmen") von Michael Elion 2014 Vandalismus zum Opfer fiel, machte der Künstler öffentlich, dass er um sein Leben fürchtete. Mit seinem provokativen Kunstwerk an der Sea-Point-Promenade hatte sich Elion in die lange Liste Kapstädter Künstler eingereiht, die das Establishment und/oder die Öffentlichkeit in Aufruhr versetzt hatten.

Unter dem Apartheidsregime war die Zensur von Kunst gang und gäbe, und auch in den letzten Jahren ging vonseiten der Regierung eine unschöne Tendenz zur Zensur kritischer Werke aus. Der Kapstädter Cartoonist Zapiro (www.zapiro.com) wurde zweimal hintereinander wegen Diffamierung des Staatspräsidenten Jacob Zuma angeklagt (beide Anklagen wurden schließlich fallen gelassen). Zuma und der ANC nahmen auch am *The Spear* (dt. Der Speer) von Brett Murray (www.brettmurray.co. za) Anstoß, als dieses Werk 2012 in der Goodman Gallery in Johannesburg ausgestellt wurde. Dieses provokative Porträt von Zuma wurde später von zwei Übeltätern in aller Öffentlichkeit verunstaltet. Murrays Skulptur *Africa* vor dem Einkaufszentrum St. George's Mall gewann 1998 den ersten Preis im Kapstädter Skulpturenwettbewerb, doch auch diese Auszeichnung war sehr umstritten.

Literatur

Aus Kapstadt stammen mehrere international hoch angesehene Autoren, darunter der Nobelpreisträger J. M. Coetzee (der erste Teil seines mit dem Booker-Preis ausgezeichneten Romans *Schande* spielt in Kapstadt), der Englischprofessor an der University of Cape Town André Brink und der für den Man-Booker-Preis vorgeschlagene Damon Galgut.

Der farbigen Bevölkerung im District Six entstammen die namhaften Autoren Alex La Guma (1925–1985) und Richard Rive (1931–1989). La Guma verfasste unter anderem *And a Threefold Cord,* das Armut, Elend und Einsamkeit eines Lebens in den Slums schildert, und *A Walk in the Night* mit Kurzgeschichten, die im District Six spielen. Rives Buch *Buckingham Palace, District Six* ist eine Sammlung besinnlicher und sensibler Geschichten.

Rehana Rossouws Debütroman *What Will People Say?* (2015) ist eine Darstellung der gegenwärtigen Diskriminierung Farbiger in den Cape Flats, die Lob ebenso wie Nominierungen für Preise gesammelt hat. Auch ihr Folgeroman *New Times* (2017) spielt in Kapstadt während

Kunst im öffentlichen Raum

....

Africa von Brett Murray

....

The Knot von Edoardo Villa

....

Nobel Square von Claudette Schreuders

....

Open House von Jacques Coetzer

der zweiten Präsidentschaft von Nelson Mandela. Ebenfalls lesenswert ist *The Yearning*, der Debütroman der vielversprechenden jungen Autorin Mohale Mashigo.

Sindiwe Magona wuchs in den 1940er- und 1950er-Jahren in Gugulethu auf. Die frühen Erfahrungen der angriffslustigen Schriftstellerin werden in ihren autobiografischen Werken *To My Children's Children* (1990) und *Forced to Grow* (1992) verarbeitet. *Beauty's Gift* (2008) befasst sich schonungslos mit Aids unter den Schwarzen und im Speziellen mit den Folgen für fünf Frauen, die sich der Treue ihrer Partner sicher glaubten.

Die realen, unfassbaren Verbrechen am Kap sind eine reiche Inspirationsquelle für eine ganze Reihe von Krimiautoren wie Mike Nicol, Deon Meyer, Margie Orford, Sarah Lotz und Andrew Brown.

Kino

Kapstadt ist ein wichtiges Zentrum der südafrikanischen Filmindustrie und zunehmend auch für internationale Produktionen. Die Stadt ist ein Magnet für viele begabte Filmschaffende, und oft sind hier Filmcrews bei Dreharbeiten an Originalschauplätzen zu sehen. In den Cape Town Film Studios (www.capetownfilmstudios.co.za) am Stadtrand wurden mehrere größere Hollywood-Produktionen gedreht, darunter der in Kapstadt spielende Thriller *Safe House* mit Denzel Washington und Ryan Reynolds.

Oliver Hermanus drehte nach seinem Erstlingsfilm *Shirley Adams* (2009) – ein düsteres Drama im Stil von Ken Loach, der in Mitchell's Plaine in den Cape Flats spielt – den Film *Skoonheid (Beauty)*. Es war der erste Film auf Afrikaans, der je auf dem Filmfestival in Cannes (2011) aufgeführt wurde und dort die Queer Palm gewann. Sein dritter Film *Endless River* hatte 2015 bei den Filmfestspielen von Venedig Premiere. Weitere neue südafrikanische Filme mit Schauplatz Kapstadt sind *Long Street* unter der Regie von Revel Fox, dessen Frau und Tochter die Hauptrollen spielen, und der charmante *Visa/Vie* unter der Regie von Elan Ganmaker.

Der australische Film *Long Night's Journey into Day* war bei der Oscar-Verleihung 2001 als bester Dokumentarfilm nominiert. Der sehr bewegende Film hatte im Jahr zuvor den Großen Preis beim Sundance Film Festival gewonnen. Er erzählt von vier Hearings vor der Wahrheits- und Versöhnungskommission, unter anderem die Geschichte der weißen Amerikanerin Amy Biehl, die 1993 in den Cape Flats ermordet wurde. *U-Carmen eKhayelitsha,* der beim International Filmfestival von Berlin 2005 den Goldenen Bären gewann, basiert auf Bizets Oper Carmen und wurde ausschließlich in Khayelitsha gedreht.

Labia's African Screen und das Isivivana Centre's Bertha Movie House zeigen regelmäßig afrikanische Filme. In den Multiplex-Kinos laufen die üblichen südafrikanischen Schinken. Die besten Chancen auf aktuelle südafrikanische Filme hat man sonst bei mehreren Filmfestivals in der Stadt.

Theater & Darstellende Künste

Kapstadts lebendige und vielfältige Theaterszene bietet ein breites Spektrum von großen Musicals und Soloauftritten bis zu kritischen Dramen, die das moderne Südafrika thematisieren, und intimen Dichterlesungen. Aus der Stadt stammen einige namhafte Schauspieler, wie der in Sea Point geborene Sir Anthony Sher, der gelegentlich für Auftritte in die Stadt zurückkehrt.

Zu den international bekannten Theaterensembles gehören die Handspring Puppet Company (www.handspringpuppet.co.za), deren unglaublich lebensechte Kreationen das Herzstück der bejubelten Produktion *War Horse* (dt. Gefährten) des UK National Theatre bildet, sowie Brett Baileys Third World Bunfight (www.thirdworldbunfight.co.za), die darauf spezialisiert ist, mit schwarzen Schauspielern afrikanische Geschichten zu inszenieren – ihre nachdenklich stimmende Show *Exhibit B* sorgte 2014 für Kontroversen in ganz Europa.

Songwriter und Regisseur David Kramer (www.davidkramer.co.za) und der Musiker Taliep Peterson (1950–2006) arbeiteten gemeinsam an den beiden Musicals *District Six* und *Poison*, bevor sie mit ihrer Jazzhommage *Kat and the Kings* den großen Knüller landeten. Das Stück wurde 1999 in London mit Preisen überhäuft und am Broadway mit Standing Ovations gefeiert. Ihre gemeinsame Arbeit *Goema* feiert die Tradition von Volksliedern auf Afrikaans und spürt gleichzeitig dem Beitrag der Sklaven und ihrer Nachfahren zur Entwicklung Kapstadts nach. Anfang 2015 feierte Kramers neues Musical *Orpheus in Africa* Premiere; es handelt vom Impresario Orpheus McAdoo und seinen afro-amerikanischen Jubilee Singers, die Südafrika in den 1890er-Jahren besuchten.

Natur & Umwelt

Kapstadt ist geprägt von der überwältigenden Natur des Umlands. Die als Unesco-Welterbe anerkannte Cape Floristic Region (CFR) gilt mit ihren etwa 9600 Pflanzenarten – das sind mehr als dreimal so viele Pflanzen pro Quadratkilometer wie an jedem Ort in Südamerika – als das artenreichste und zugleich kleinste der weltweit sechs offiziellen Florenreiche.

Geografie

Das flache Plateau des Tafelbergs ist rund 60 Mio. Jahre alt, wenngleich der Berg als Ganzes sich schon vor 250 Mio. Jahren zu bilden begann. Damit ist er der älteste Berg der Welt. Zum Vergleich: Die Alpen kommen auf gerade einmal 32 Mio. und der Himalaja auf 40 Mio. Jahre. Durch Witterungseinflüsse entstand im Laufe der Zeit die heutige charakteristische Form des Gipfels.

Der Berg und die Halbinsel sind von drei Gesteinsarten geprägt. Am ältesten ist der 540 Mio. Jahre alte Malmesbury-Schiefer – zu finden in der City Bowl, an der Küste von Sea Point, am Signal Hill und an den unteren Hängen von Devil's Peak. Am zweitältesten ist der Granitstein, der den Tafelberg, Lion's Head und die Felsbrocken von Clifton und Boulders Beach prägt. Zur dritten Gruppe gehört der Tafelberg-Sandstein, eine Mischung aus Sandstein und Quarzit.

> Allein der Tafelberg und die Halbinsel beheimaten 2285 Pflanzenarten. Hinzu kommen noch 100 wirbellose Tiere und zwei Wirbeltierarten, die es sonst nirgends auf der Welt gibt.

Flora

Fynbos (der Name kommt aus dem Niederländischen und bedeutet „Feinbusch") gedeiht auf dem stickstoffarmen Boden des Kaps; es wird angenommen, dass die dünnen, ledrigen Blätter die Pflanzen vor natürlichen Feinden schützen. Es sind hauptsächlich die drei *fynbos*-Gattungen Protea (Silberbaumgewächse, zu denen auch Südafrikas Nationalsymbol zählt, die Königsprotea), Erika (Heidekrautgewächse) sowie Restio (Riedgras) anzutreffen. *Fynbos*-Blumen wie Gladiolen, Freesien und Gänseblümchen wurden auch in andere Teile der Welt exportiert.

Am Signal Hill und an den unteren Hängen des Devil's Peak wachsen *renosterbos* („Nashornbusch"), der hauptsächlich aus grauen, heidekrautartigen Sträuchern besteht, sowie massenhaft Gräser und Geophyten. In den kühlen, wasserreichen Schluchten am Osthang des Tafelbergs gibt es kleine Waldgebiete, wie zum Beispiel der Orange Kloof, für den pro Tag maximal zwölf Eintrittsberechtigungen erteilt werden.

Über 1730 *fynbos*-Pflanzen sind stark gefährdet oder vom Aussterben bedroht; von einigen gibt es nur noch eine Handvoll. Viele *fynbos*-Pflanzen werden durch Feuer zum Wachsen und Blühen angeregt, doch nicht in die Jahreszeit passende Feuer oder Brände können schwere Schäden hervorrufen. Zudem brennen die Feuer aufgrund gebietsfremder Pflanzen, wie z.B. Kiefern und Akazien, weitaus länger und heftiger – darüber hinaus ist der enorme Wasserbedarf dieser Pflanzen eine zusätzliche Gefahr. Die Parkverwaltung bemüht sich um die Wiederherstellung betroffener Flächen, und es gibt Aufklärungsprogramme

Lesestoff

Südafrika. Am Kap der Guten Hoffnung (Dirk Bleyer, Jürgen Kurzhals)

Wild About Cape Town (Duncan Butchart)

How the Cape Got Its Shape (fold-out map and chart by Map Studio)

DIE ENTSTEHUNG DES TABLE MOUNTAIN NATIONAL PARK

Der spätere Premierminister General Jan Smuts – ein passionierter Wanderer – startete in den 1920er-Jahren einen öffentlichen Aufruf, um den Tafelberg unter Schutz zu stellen. Heute ist dort oben ein Weg nach ihm benannt. 1939 entstand das erste Naturreservat am Kap der Guten Hoffnung. Allerdings hatte der Minenmagnat und südafrikanische Politiker Cecil Rhodes bereits zuvor einen kleinen Teil seines riesigen Vermögens genutzt, um Teile des östlichen Tafelbergs zu kaufen. Er vermachte das Land, zu dem Kirstenbosch und die Cecilia Estate bis Constantia Nek zählen, testamentarisch der Allgemeinheit.

Die Van-Zyl-Kommission sträubte sich zwar in den 1950ern dagegen, den Park einer einzigen Parkbehörde zu unterstellen, doch 1958 wurde alles Land am Tafelberg oberhalb von 152 m zum Naturdenkmal erklärt. Die Stadt Kapstadt schuf schließlich 1963 das Table Mountain Nature Reserve und 1965 das Silvermine Nature Reserve.

Erst 1998 wurde der einheitliche Cape Peninsula National Park Realität. Im Jahr 2004 wurde er in Table Mountain National Park umbenannt.

zur Feuerprävention in nahen Gemeinden und Townships. Seit einigen Jahren werden eingeschleppte Pflanzen im Nationalpark systematisch eliminiert, was bislang auf etwa 85 % der Fläche gelang.

Fauna

Das Tier, das am häufigsten mit dem Tafelberg in Verbindung gebracht wird, ist der Klippschliefer, auch Klippdachs genannt. Trotz der Ähnlichkeit mit dicken Hamstern sind diese kleinen Pelztiere überraschenderweise entfernt mit den Elefanten verwandt. Klippschliefer sind oft beim Sonnenbad auf den Felsen nahe der oberen Seilbahnstation zu sehen.

Neben dem Damwild, das die unteren Berghänge des Tafelbergs beim Rhodes Memorial bevölkert, lebt hier auch ein Tier, das schon als ausgestorben galt: das Quagga. Früher glaubte man, dass das nur teilweise gestreifte Zebra eine eigene Tierart sei. Doch DNA-Analysen eines ausgestopften Quagga im Kapstädter South African Museum zeigten, dass es sich um eine Unterart des weitverbreiteten Steppenzebras handelt. Ein 1987 gestartetes Rückzüchtungsprogramm hat die Quaggas erfolgreich wieder „auferstehen" lassen. Zu den Säugetieren am Kap der Guten Hoffnung gehören außerdem Antilopenarten, Kap-Bergzebras und eine Gruppe von Bärenpavianen.

Der berühmteste Vogel am Kap ist der Brillenpinguin, der wie ein Esel krächzt. Um die 2100 Exemplare dieser freundlichen Pinguine leben am Boulders Beach, eine weitere kleine Kolonie gibt es auf Robben Island.

Unterwasserwelt

In den Gewässern rund um die Kaphalbinsel sind viele Meereslebewesen beheimatet: Südliche Glattwale und Buckelwale, Delfine, Kap-Pelzrobben sowie Unechte Karettschildkröten und Lederschildkröten gehören dazu. Einen Meeresbewohner, den man vielleicht nicht so gerne antreffen möchte – außer in sicherem Abstand von einem Tauchkäfig aus oder an Bord eines Schiffs – ist der Weiße Hai.

Um die bedrohte Meeresfauna zu schützen, wie etwa Abalone-Muscheln und Westküsten-Hummer, deren Populationen bis vor Kurzem in den Gewässern rund um das Kap noch eine richtige Blütezeit erlebten, schuf der Table Mountain National Park 2004 eine geschützte Meereszone auf einer Gesamtfläche von etwa 1000 Quadratkilometern, die sich von Moullie Point bis Muizenberg erstreckt. Zu dieser Marine Protected Area gehören sechs Gebiete, in denen Fischen verboten ist beziehungsweise keine natürlichen Ressourcen für die Rohstoffindustrie abgebaut werden dürfen.

Lizenzen für erste Farmen am Cape Point wurden in den 1780er-Jahren vergeben, aber erst mit der Fertigstellung der Küstenstraße von Simon's Town im Jahr 1915 wurde das Gebiet tatsächlich zugänglich.

Cape Point ist nicht genau der Schnittpunkt, an dem die warmen Meeresströmungen des Indischen Ozeans auf den kalten Atlantik treffen; tatsächlich verlagert sich diese Stelle ständig entlang der Südwestküste zwischen Cape Point und Cape Agulhas.

Praktische Informationen

Allgemeine Informationen

Barrierefreies Reisen

➡ Südafrika gehört zu den besten Zielen des Kontinents für Reisende mit Behinderungen. Das Angebot an Diensten speziell für Menschen mit Bewegungs- oder Seheinschränkungen wird ständig größer.

➡ Vielerorts ist man auf Urlauber mit Behinderungen eingerichtet.

➡ Mehrere Gärten und Naturreservate haben mit Brailleschrift beschilderte Wanderpfade für Menschen mit Sehbehinderung.

➡ Rollstuhlgerechte Wege gibt es in vielen Parks und Attraktionen, und in manchen werden auch Aktivitäten für Reisende mit Behinderungen organisiert.

➡ Die großen Autovermietungen haben auch Fahrzeuge mit Handsteuerung im Angebot.

➡ Lonely Planet stellt unter http://lptravel.to/Acces sibleTravel das englischsprachige Handbuch *Acces-sible Travel* kostenlos zum Download zur Verfügung.

Ermäßigungen

Es gibt verschiedene **Wild Cards** (www.wildcard. co.za), die ein Jahr lang unbegrenzten Zugang zu den Nationalparks von Südafrika bieten. Ausländische Besucher benötigen die „All Parks Cluster"-Karte (Einzelperson/Paar/Familie 2430/3800/4545 R). Einwohner von Südafrika und Kapstadt haben die Wahl zwischen der SANPark Cluster Card (Einzelperson/Paar/ Familie 540/880/1055 R), die nur die Nationalparks abdeckt, und der All Parks Cluster Card (Einzelperson/Paar/ Familie 565/930/1140 R), die noch die Cape-Nature-Reservate mit einschließt. Die Karten sind in den Informationszentren der Parks erhältlich.

Feiertage

An Feiertagen sind Behörden, Banken, Büros sowie Postämter und auch einige Museen geschlossen. Gesetzliche Feiertage in Südafrika sind:

Neujahr 1. Januar

Tag der Menschenrechte 21. März

Ostern (Karfreitag/Ostermontag) März/April

Tag der Familie 13. April

Tag der Verfassung (Freiheitstag) 27. April

Tag der Arbeit 1. Mai

Tag der Jugend 16. Juni

Frauentag 9. August

Heritage Day (Tag des Kulturerbes) 24. September

Day of Reconciliation (Versöhnungstag) 16. Dezember

1. Weihnachtsfeiertag 25. Dezember

2. Weihnachtsfeiertag (Day of Goodwill) 26. Dezember

Fotografieren

➡ Kameras, Speicherkarten, Filme und Zubehör sind in allen größeren Städten Südafrikas zu bekommen.

➡ Auf keinen Fall Soldaten, Polizei, Flughäfen, Verteidigungsanlagen, Grenzposten und Regierungsgebäude fotografieren!

➡ Man sollte immer um Erlaubnis fragen, bevor man jemanden fotografiert, besonders in Stammesdörfern.

➡ Eine gute Anlaufstelle für Kamera und Fotoausrüs-

ONLINEBUCHUNG

Weitere Unterkunftsbewertungen der Autoren von Lonely Planet unter http://lonelyplanet.com/hotels/. Dort gibt es unabhängige Bewertungen sowie Empfehlungen für die besten Unterkünfte. Das Allerbeste: Onlinebuchungen sind auch möglich.

tung in Kapstadt ist **Orms** (www.ormsdirect.co.za).

➡ Ideen und Tipps gibt's auch im *Lonely Planet's Guide to Travel Photography*.

Frauen unterwegs

Viele südafrikanische Männer, gleich welcher Hautfarbe, haben eine sehr altmodische Einstellung zu Frauen. Man sollte sich sexistisches Verhalten trotzdem nicht gefallen lassen.

Sexuelle Übergriffe und Gewalt gegen Frauen sind in Südafrika keine Seltenheit, vor allem in den Townships und ärmeren ländlichen Gegenden. Das Infektionsrisiko aufgrund der HIV-/Aids-Epidemie erschwert das Problem. Manche Vergewaltigungsopfer konnten ihren Angreifer überreden, ein Kondom zu benutzen, und sich so wenigstens vor einer Infizierung schützen.

Die meisten Touristinnen müssen sich nur mit Bevormundung und anzüglichem Verhalten herumschlagen, doch es hat auch schon Vergewaltigungsfälle gegeben. Daher sollten Frauen nachts oder in einsamen Gegenden nie allein unterwegs sein, immer ein ordentliches Taxi nehmen und sich bei Touren in entlegene Gebiete, wo sie allein an einer bestimmten Stelle oder in einer Unterkunft wären, immer einer Gruppe anschließen.

Freiwilligen- arbeit

Gute Anlaufstellen sind Greater Good SA (www. greatergoodsa.co.za) und For Good (www.forgood.co.za), die Informationen zu vielen südafrikanischen Hilfsorganisationen und Entwicklungsprojekten haben.

Greenpop (www.greenpop.org) ist ein preisgekröntes, gemeinnütziges Unternehmen, das bereits über 80 000 einheimische Bäume und Obstbäume an

Schulen, in Städten, Hofgemeinschaften und Wäldern in ganz Südafrika und darüber hinaus angepflanzt hat. Es sucht immer Freiwillige für seine diversen Programme.

Uthando (☎021-683 8523; www.uthandosa.org; R912) ist ein Touristikunternehmen, das zahlreiche Hilfsprojekte unterstützt und immer weiß, wo Freiwillige benötigt werden.

Volunteer Centre (www.volcent. co.za) ist ein gemeinnütziges Unternehmen mit Sitz in Kapstadt, das ebenfalls Freiwilligenstellen in verschiedenen Gemeinden und Projekten vermitteln kann.

Geld

➡ Die Währungseinheit von Südafrika ist der Rand (R), der in 100 Cent unterteilt ist. Banknoten gibt es zu 10, 20, 50, 100 und 200 Rand, Münzen zu 1, 2 und 5 Rand sowie zu 5, 10, 20 und 50 Cents. Kaufbeträge werden meist um einige Cents auf- oder abgerundet.

➡ Im Vergleich zu westlichen Währungen ist der Rand eher schwach. Das macht Reisen in Südafrika preiswerter als in Europa und Nordamerika.

➡ Wer Bargeld mitbringt, wählt am besten US-Dollar, Euro oder britische Pfund, aber nützlicher ist eine Debit- oder Kreditkarte, da die meisten Geschäfte nur Rand akzeptieren.

➡ Die Banken und Wechselstuben in den Städten tauschen Bargeld um.

➡ Umtauschbelege (zumindest einige) am besten aufbewahren, da sie bei der Abreise benötigt werden, um übrig gebliebene Rand zurückzutauschen.

➡ Geldautomaten gibt es viele, und in der Regel akzeptieren sie die meisten Karten. Man sollte die eigene Bank über die Reisepläne informieren, damit Kreditkartenzahlungen nicht abgelehnt werden.

Trinkgeld

Wegen der niedrigen Löhne wird Trinkgeld hier erwartet.

Restaurants & Cafés 10 % bis 15 % der Gesamtsumme in Restaurants; 10 % in Cafés.

Hotels Ein Trinkgeld von 10 bis 20 R ist üblich.

Autowächter Bei längerer Parkdauer empfiehlt sich ein Trinkgeld von 5 R oder mehr.

Tankstellen Mind. 5 R – mehr, wenn der Tankwart die Windschutzscheibe putzt und den Reifendruck prüft.

Taxis Trinkgeld ist kein Muss, aber den Fahrpreis aufzurunden, wird gern gesehen.

Gesundheit

Abgesehen von HIV/Aids gibt es kaum gesundheitliche Bedenken in Kapstadt. Nichtsdestotrotz sterben täglich Hunderte an HIV/Aids; man sollte sich also unbedingt schützen.

Internetzugang

WLAN ist in Hotels und Hostels sowie den meisten Cafés, einigen Restaurants und an den Touristen-Hotspots der Stadt verfügbar. In der Regel ist es kostenlos (einfach nach dem Passwort fragen), aber weder schnell noch zuverlässig. Mancherorts ist das Downloadvolumen begrenzt.

Kinder

Kapstadt und das umliegenden Westkap sind hervorragend für familienfreundliche

LEITUNGS- WASSER

Mit Ausnahme von ländlichen oder Dürregebieten ist das Leitungswasser in Südafrika sauber und kann bedenkenlos getrunken werden.

PREISKATEGORIEN ÜBERNACHTUNG

Die Preise gelten für die Hauptsaison (November bis März) mit eigenem Bad. Ausnahmen sind bei den jeweiligen Adressen aufgeführt.

€ unter 700 R

€€ 700–1400 R

€€€ über 1400 R

In Kapstadt und den Winelands sind die Preise höher:

€ unter 1000 R

€€ 1000–4000 R

€€€ über 4000 R

Ferien geeignet. Einige Orte an der Garden Route wie Mossel Bay und Nature's Valley sind besonders gut auf Familien ausgerichtet. Hier gibt es Strände und jede Menge Aktivitäten.

Lesben, Schwule, Bisexuelle und Transsexuelle

Die Verfassung von Südafrika ist weltweit eine der wenigen, die Diskriminierung aufgrund sexueller Orientierung ausdrücklich verbietet. Homosexuelle Beziehungen sind legal, und gleichgeschlechtliche Ehen werden anerkannt. Es gibt aktive Schwulen- und Lesbengemeinden und -szenen in Kapstadt und Johannesburg und etwas weniger ausgeprägt auch in Pretoria und Durban. Kapstadt ist das Zentrum und die für Homosexuelle offenste Stadt Afrikas.

Doch trotz der liberalen neuen Verfassung wird es eine Weile dauern, bis die Akzeptanz ihren Weg auch in die konservativeren Gesellschaftsschichten findet. Vor allem in schwarzen Gemeinden ist Homosexualität nach wie vor verpönt, wenn nicht sogar tabu – in diesen Townships gibt es viele Angriffe auf Homosexuelle. Außerhalb größerer Stadtzentren sollte man sich daher lieber diskret verhalten.

Öffnungszeiten

Allgemein gelten folgende Öffnungszeiten. Spezifischere Angaben sind bei den jeweiligen Adressen aufgeführt.

Banken Mo–Fr 9–15.30, Sa 9–11 Uhr

Postämter Mo–Fr 8.30–16.30, Sa 8–12 Uhr

Läden Mo–Fr 8.30–17, Sa 8.30–13 Uhr. Große Einkaufszentren sind täglich von 9 bis 21 Uhr geöffnet.

Cafés Mo–Sa 7.30–17 Uhr. Die Cafés in der City Bowl sind samstags von 8 bis 15 Uhr geöffnet und haben sonntags geschlossen.

Restaurants Mo–Sa 12–15 & 18–22 Uhr

Post

➜ Nationale und internationale Zustellungen sind in der Regel zuverlässig, aber langsam.

➜ Gelegentliche Poststreiks verzögern das Ganze zusätzlich.

➜ Abgehende Zustellungen, die das Land verlassen, sind deutlich schneller als solche, die nach Südafrika hineinkommen.

➜ Für wertvolle oder wichtige Sendungen empfiehlt sich ein privater Zustelldienst wie **PostNet** (www.postnet.co.za).

➜ **Postamt** (www.postoffice.co.za) Es gibt zahlreiche Filialen.

➜ Am besten keinerlei Wertsachen aus Übersee schicken lassen, da Pakete oft vom Zoll beschlagnahmt werden.

Sicherheit

Übertriebene Paranoia ist nicht nötig, trotzdem besitzt Südafrika eine hohe Kriminalitätsrate und es ist deutlich mehr Vorsicht angeraten als in den meisten westlichen Ländern.

➜ Achtung auch vor Abzocke an Geldautomaten und mit Kreditkarten.

➜ In öffentlichen Verkehrsmitteln sowie außerhalb von Touristengegenden ist man besser mit einem Freund oder in einer Gruppe unterwegs.

➜ Gewalt gegen Frauen ist ein weit verbreitetes Problem in Südafrika. Beim Umgang mit Männern sollte man deshalb immer vorsichtig sein.

➜ Die Einheimischen können Tipps geben, welche Gegenden besser gemieden werden sollten. Nach Einbruch der Dunkelheit sollte man generell nicht mehr herumlaufen, um nicht ausgeraubt zu werden.

Steuern & Erstattungen

Die Mehrwertsteuer (VAT) beträgt 14 %, doch ausländische Besucher können das meiste davon bei Waren, die sie bei der Abreise ausführen, zurückfordern. Dazu müssen die Waren bei einem mehrwertsteuerpflichtigen Verkäufer gekauft worden sein, der Gesamtwarenwert muss mehr als 250 R betragen und es muss ein Steuerbeleg für jeden Artikel vorliegen. Detailliertere Informationen unter www.taxrefunds.co.za.

Steuererstattungen beantragen

➤ Der Kassenzettel reicht meistens als Steuerbeleg, er muss allerdings Folgendes enthalten: den Begriff „VAT invoice"; den Namen des Geschäfts mit Adresse und zehnstelliger Mehrwertsteuernummer (die mit 4 anfängt); die genaue Bezeichnung der Ware; den Warenpreis in Rand; den Mehrwertsteuerbetrag; den Vermerk, dass die MwSt im Gesamtpreis enthalten ist; eine Rechnungsnummer; das Kaufdatum; die Menge oder das Volumen der Waren; und bei Käufen über 3000 R Namen und Wohnanschrift des Käufers.

➤ Alle Rechnungen müssen als Original vorliegen – keine Kopien.

➤ Es fällt eine Gebühr von 1,3 % der Rückerstattungssumme an (mindestens 10 R, höchstens 250 R).

➤ Bei der Abreise müssen entsprechende Formulare ausgefüllt und die Waren einem Zollbeamten gezeigt werden.

➤ Bei Waren, die zu groß für das Handgepäck sind, sollte das unbedingt vor der Gepäckaufgabe am Flughafen erledigt werden.

➤ Nach der Passkontrolle wird die Erstattung beantragt. Man erhält sie normalerweise als MasterCard oder Visa-Karte, die mit der Heimatwährung (oder einer anderen ausländischen Währung) aufgeladen wird und innerhalb von drei Tagen für Käufe oder zur Geldabhebung benutzt werden kann.

➤ Beträgt die Erstattung mehr als 3000 R, erhält man den Betrag nicht sofort, sondern er wird auf die Karte geladen, die man bis zu drei Monate später erhält.

➤ Der Erstattungsantrag ist auch an den internationalen Flughäfen in Johannesburg und Durban sowie an den kleineren Flughäfen in Lanseria (Johannesburg), Bloemfontein, Polokwane (Pietersburg), Nelspruit, Pilansberg, Port Elizabeth und Upington möglich.

➤ Außerdem an größeren Häfen und einigen Bahnhöfen.

➤ Per Post kann man die Erstattung innerhalb von drei Monaten nach der Ausreise beantragen, aber vor Ort ist es wesentlich einfacher.

Strom

Stromausfälle sind nicht selten, wenngleich sich die Situation in Kapstadt verbessert hat.

**Typ M
230 V/50 Hz**

Telefon

Die Landesvorwahl Südafrikas von Europa aus ist 27. Kapstadts Ortsvorwahl ist 021 und gilt auch für Stellenbosch, Paarl und Franschhoek. Sie muss auch bei Ortsgesprächen gewählt werden. Kostenlose Telefonnummern beginnen mit 0800. Kosten für Telefonate mit Nummern, die mit 0860 beginnen, werden je zur Hälfte zwischen Anrufer und Angerufenem geteilt. Telefonate zwischen 19 und 7 Uhr sind billiger.

Öffentliche Münz- und Kartentelefone funktionieren nur selten – wenn überhaupt welche zu finden sind.

Handys

Die Hauptanbieter sind:

Cell C (www.cellc.co.za)

MTN (https://brightside.mtn.co.za)

Virgin Mobile (www.virgin mobile.co.za)

Vodacom (www.vodacom.co.za) Vodacom und MTN haben Schalter am Cape Town International Airport, wo es Prepaid-SIM-Karten fürs Handy zum Telefonieren in Südafrika gibt. Ansonsten gibt es in der ganzen Stadt Filialen aller Anbieter und auch viele Läden, die Guthabenkarten verkaufen. Gespräche kosten im Schnitt 2,50 R pro Minute.

Toiletten

➤ In Kapstadt eine saubere Sitztoilette zu finden, ist in der Regel kein Problem.

➤ Es gibt wenige öffentliche Toiletten, aber genug in den Einkaufszentren.

➤ Auch in Restaurants, Cafés und Bars kann man normalerweise problemlos die Toilette benutzen.

Touristeninformation

Touristeninformationen gibt es fast in jeder Stadt. Oft sind sie in privater Hand, empfehlen nur angeschlossene Veranstalter und berechnen bei einer Buchung Provision. Vorbeizuschauen lohnt sich, aber man sollte beharrlich darauf bestehen, sämtliche Optionen genannt zu bekommen.

In staatlich betriebenen Touristeninformationen sind die Mitarbeiter oft träge und

PRAKTISCH & KONKRET

Zeitungen & Zeitschriften

Cape Times (www.iol.co.za/capetimes) Morgendliche Lokalzeitung, montags bis freitags

Cape Argus (www.iol.co.za/capeargus) Nachmittägliche Lokalzeitung, montags bis samstags

Mail & Guardian (https://mg.co.za) Überregionales Wochenblatt, erscheint freitags und enthält exzellente Investigativ- und Kommentarteile sowie eine Kulturbeilage

Cape Etc (www.capetownetc.com) 3-mal jährlich erscheinendes Veranstaltungsmagazin

Big Issue (www.bigissue.org.za) Monatliche Obdachlosenzeitschrift; wird an vielen der belebtesten Verkehrskreuzungen in Kapstadt verkauft

TV & Radio

South African Broadcasting Corporation (SABC; www.sabc.co.za) Staatliche Radio- & TV-Sender

Cape Talk (www.capetalk.co.za) 567 MW; Talkradio

Fine Music Radio (www.fmr.co.za) 101,3 FM; Jazz und Klassik

KFM (www.kfm.co.za) 94,5 FM; Pop

Good Hope FM (www.goodhopefm.co.za) Zwischen 94 und 97 FM; Pop

Heart (www.1049.fm) 104,9 FM; Pop, Soul, R&B

---

schlecht informiert. In der eigenen Unterkunft bekommt man meist brauchbarere Auskünfte.

South African Tourism (www.southafrica.net) hat eine hilfreiche Website mit praktischen Informationen und interessanten Artikeln.

Unterkunft

Oft reicht es, wenige Tage im Voraus oder auch gar nicht zu buchen, aber zu Weihnachten oder Ostern sollte man besser mehrere Monate im Voraus planen.

In den Nationalparks ist eine frühzeitige Buchung unbedingt nötig.

Ferienhäuser Gibt es von „megaluxuriös" bis „ziemlich rustikal", aber dafür an einigen der schönsten Ziele.

Pensionen Oft vom Eigentümer betrieben mit komfortablen Zimmern, herzhaftem Frühstück und unschätzbaren Informationen aus erster Hand.

Ferienhäuser mit Selbstverpflegung Meist geräumig und mit tollem Preis-Leistungs-Verhältnis.

Backpackerpensionen Oft mit Bar, Swimmingpool und Campingplatz, ideal für Budget- oder Alleinreisende.

Hotels Von stilvollen Boutiquehotels bis hin zu Luxushotelketten ist alles vertreten.

Buchungsdienste

SA-Venues.com (www.sa-venues.com) Unterkunftsverzeichnis von Kapstadt und dem Westkap

Cape Town Tourism (www.capetown.travel) Bucht Unterkünfte in angeschlossenen Hotels

Portfolio Collection (www.portfoliocollection.com)

Betreutes Verzeichnis mit Spitzenhotels, Pensionen und Boutique-Unterkünften

Lonely Planet (www.lonely planet.com/south-africa/cape-town/hotels) Hotel- und Hostelbuchungen

---

Versicherung

➜ Sehr empfehlenswert ist eine Reiseversicherung, die sowohl Diebstähle als auch den Verlust von Gepäck und die medizinische Versorgung abdeckt.

➜ Vor einem Abschluss lohnt sich ein Vergleich. Pauschalkurzreisepolicen für Europäer decken unter Umständen nicht das südafrikanische Veld ab.

➜ Immer das Kleingedruckte lesen – manche Policen schließen „gefährliche Aktivitäten" ausdrücklich aus, wozu Tauchen, Motorradfahren, Bungeejumping etc. zählen können.

➜ Andere verlangen, dass man (per R-Gespräch) eine Zentrale im Heimatland anruft, wo eine sofortige Einschätzung des Problems vorgenommen wird.

➜ Eine weltweite Reiseversicherung ist bei www.lonely planet.com/travel-insurance erhältlich. Man kann sie jederzeit kaufen, verlängern oder einen Versicherungsfall melden, auch während der Reise.

Visa

Besucher aus den meisten westeuropäischen Ländern, darunter Deutschland, Österreich und Schweiz, brauchen kein Visum. Sie erhalten stattdessen bei der Ankunft eine Einreiseerlaubnis, die bis zu 90 Tage gültig ist. Liegt der Rückflug früher, trägt der Einreisebeamte diesen Termin als Ablaufdatum ein, wenn nicht anders verlangt.

Kinder unter 18 Jahren müssen eine ungekürzte Geburtsurkunde – in einigen

Fällen noch mehr Papiere – vorzeigen. Sind nur die Daten eines Elternteils auf dem UBC oder einem vergleichbaren Dokument aufgeführt, ist keine eidesstattliche Zustimmung des anderen Elternteils erforderlich, wenn der auf dem Dokument erwähnte Elternteil mit dem Kind reist. Weitere Informationen und Aktuelles zum Thema finden sich auf www.brandsouthafrica.com, www.home-affairs.gov.za, beim Auswärtigen Amt oder bei der Fluggesellschaft.

Wer keine Einreiseerlaubnis hat, benötigt vor der Ankunft ein Visum (ebenfalls kostenlos). Visa werden nicht an den Grenzen ausgestellt, sondern müssen bei der südafrikanischen Botschaft bzw. dem südafrikanischen Konsulat im eigenen Land beantragt werden. Die Bearbeitung dauert mehrere Wochen.

Für die Einreise – ob mit oder ohne Visum – müssen im Reisepass mindestens zwei Seiten noch völlig frei sein, nicht jedoch die beiden letzten.

Visaverlängerungen oder Wiedereinreisevisa stellt in Kapstadt das **Department of Home Affairs** aus (Karte p84; ☎021-468 4500; www.home-affairs.gov.za; 56 Barrack St., City Bowl; ⊗Mo–Fr 7.30–16.30, Sa 8.30–12.30 Uhr; 🚇Lower Buitenkant).

Zeit

Die South African Standard Time ist der mitteleuropäischen Zeit (MEZ) eine Stunde voraus. Es gibt in Südafrika keine Umstellung auf Sommerzeit.

Zoll

➡ Bei der Einreise nach Südafrika dürfen zollfrei eingeführt werden: 2 l Wein, 1 l Spirituosen und andere alkoholische Getränke, 200 Zigaretten und sonstige Waren im Wert von bis zu 5000 R.

➡ Produkte, die von geschützten Tieren stammen, wie etwa Elfenbein, müssen beim Import und Export deklariert werden.

➡ Weitere Informationen im Zollratgeber unter www.brandsouthafrica.com.

ALLGEMEINE INFORMATIONEN ZEIT

Verkehrsmittel & -wege

AN- & WEITERREISE

Einreise

Die Einreise nach Südafrika ist ziemlich unkompliziert und problemlos, allerdings überprüfen Zollbeamte gern Taschen und Koffer nach teuren Geschenken oder Produkten aus Übersee.

Einwanderungsbeamte fragen zwar selten danach, doch Reisende sollten ein Anschlussticket vorweisen können – idealerweise ein Flugticket, wobei Tickets für Überlandreisen auch akzeptiert werden. Ebenso sollte man belegen können, dass man genug Geld für den Aufenthalt hat. Ein ordentliches, gepflegtes und höfliches Auftreten zahlt sich aus.

➡ Die Einreisebestimmungen hinsichtlich Reisen mit Kindern haben sich geändert, und es sind jetzt unter anderem ungekürzte Geburtsurkunden (UBC, unabridged birth certificate) erforderlich. Am besten vor der Abreise nochmals die aktuellen Bestimmungen prüfen. Sind nur die Daten eines Elternteils auf dem UBC oder einem vergleichbaren Dokument aufgeführt, ist keine eidesstattliche Zustimmung des anderen Elternteils erforderlich, wenn der auf dem Dokument erwähnte Elternteil mit dem Kind reist.

➡ Wer ein Gelbfiebergebiet bereist hat oder auch nur einen Zwischenstopp von mehr als zwölf Stunden in einem solchen Gebiet hatte, muss einen Impfnachweis vorzeigen, um nach Südafrika einzureisen.

➡ Weitere Informationen unter www.brandsouthafrica.com.

Flugzeug

South African Airways (SAA; ☏086 160 6606; www.flysaa.com) ist die nationale Fluggesellschaft von Südafrika mit hervorragendem Streckennetz und Sicherheitsprotokoll. Neben Fernstrecken bietet sie auch Inlandsflüge in Zusammenarbeit mit ihren Partnern **Airlink** (☏086 160 6606; www.flyairlink.com) und **SA Express** (☏086 172 9227; www.flyexpress.aero).

Der **Cape Town International Airport** (CPT; Karte S. 50; ☏021-937 1200; www.airports.co.za) ist der wichtigste Flughafen der Region.

Auf dem Landweg

Fernverkehrszüge halten am Hauptbahnhof von Kapstadt, der **Cape Town Railway Station**. Hier befinden sich außerdem der

---

KLIMAWANDEL & REISEN

Jede Form des Reisens, die auf Brennstoff auf Kohlenstoffbasis beruht, erzeugt CO_2, die Hauptursache des von Menschen verursachten Klimawandels. Modernes Reisen ist von Flugzeugen abhängig, die zwar pro Kilometer und Person weniger Kraftstoff als die meisten Autos verbrauchen, aber sehr viel weitere Strecken zurücklegen. Auch die hohen Luftschichten, in die Flugzeuge Treibhausgase (auch CO_2) und Schadstoffe ausstoßen, verstärken ihren Einfluss auf den Klimawandel. Viele Websites, wie www.atmosfair.de, bieten „Emissionsrechner", mit denen Reisende die CO_2-Emissionen ihrer Reise ausrechnen und – wenn sie möchten – die Auswirkungen dieser Treibhausgase mit einem Beitrag für klimafreundliche Projekte in der ganzen Welt ausgleichen können. Lonely Planet gleicht die CO_2-Bilanz aller Reisen seiner Mitarbeiter und Autoren aus.

Busbahnhof sowie Fahrkartenschalter für die wichtigsten landesübergreifenden Busunternehmen.

Die drei wichtigsten Hauptverkehrsstraßen nach Kapstadt sind:

N1 von Johannesburg durch die Karoo und Cape Winelands

N2 von der Garden Route und Overberg aus über Somerset West und den Internationalen Flughafen von Kapstadt

N7 von West Coast und Namibia aus

Übers Meer

Viele Kreuzfahrtschiffe machen halt in Kapstadt. Nützliche Adressen:

Cruise Compete (www.cruise compete.com) Website mit aktueller Liste aller Kreuzfahrten, die Kapstadt anfahren.

MSC Starlight Cruises (☎087 075 0850; www.msccruises.co.za) Anbieter mit Sitz in Südafrika.

UNTERWEGS VOR ORT

Auto & Motorrad

Führerschein

➡ Der Führerschein aus dem Heimatland wird anerkannt, sofern er auf Englisch ist (oder man eine beglaubigte Übersetzung vorlegen kann).

➡ In Südafrika muss der Führerschein mit einem Passbild versehen sein. Ansonsten benötigt man einen internationalen Führerschein.

➡ Bei ausländischen Fahrern will die Polizei in der Regel auch den Pass sehen, also sollten Reisende unbedingt eine Kopie im Auto mitführen.

➡ Wer keinen Führerschein, Pass oder sonstigen Ausweis vorzeigen kann, muss mit einer Geldstrafe rechnen.

Sprit & Ersatzteile

➡ Der Liter bleifreies Benzin kostet etwa 12 R.

➡ Ein Tankwart betankt den Wagen und putzt die Fenster, und man sollte 2 bis 5 R Trinkgeld geben. Prüft er auch Öl, Wasser oder Reifendruck, gibt man 5 bis 10 R.

➡ Entlang der Hauptstraßen gibt es jede Menge Tankstellen. Viele haben rund um die Uhr geöffnet.

➡ Die meisten kleineren Städte in Südafrika verfügen ebenfalls über Tankstellen.

➡ In ländlichen Gegenden tankt man am besten immer voll, sobald man eine Tankstelle findet.

Campingbusse, Allradwagen & Motorräder

➡ Leih-Campingbusse/Wohnmobile sind oft mit Campingausrüstung ausgestattet.

➡ Ein Einwegverleih ist nicht immer möglich.

➡ Da sind „Bakkie"-Campingbusse günstiger: Pick-ups mit überdachter Ladefläche, auf der zwei Personen schlafen können.

➡ Mopeds und Motorroller gibt es in Kapstadt und anderen touristischen Gegenden zu mieten.

➡ Neben den üblichen Leihwagenfirmen bietet **Britz** (☎011-230 5200; www.britz.co.za) Allradwagen an; **Drive South Africa** (www.drivesouthafrica.co.za) verleiht Allradwagen und Campingbusse, und bei **Maui** (www.maui.co.za) gibt's Wohnmobile.

Versicherung

Eine Versicherung inklusive einer Haftpflicht und Schutz gegen den Verlust des eigenen Fahrzeugs wird dringend empfohlen, auch wenn sie für private Fahrzeugbesitzer nicht

gesetzlich vorgeschrieben ist. Eine solche Versicherung ist in der Regel nur auf Jahresbasis erhältlich.

Bei einem Mietwagen sollte man eine Versicherung mit Selbstbeteiligung abschließen. Für einen Aufpreis gibt es auch Versicherungen ohne oder mit reduzierter Selbstbeteiligung.

Es gilt hier unbedingt darauf zu achten, dass die Mietwagenversicherung oder der Mietvertrag Hagelschäden abdeckt. Sonst kann es im Sommer in den Regionen von Highveld und Lowveld schnell teuer werden.

Hier einige Versicherer vor Ort:

Automobile Association of South Africa (AASA; ☎011-799 1000, 086 100 0234; www.aa.co.za)

Old Mutual iWyze (www.oldmutual.co.za)

Outsurance (www.outsurance.co.za)

Sansure (www.sansure.co.za)

Straßenzustand

➡ Ein gutes Netz aus Hauptverbindungsstraßen zieht sich durch das ganze Land.

➡ Die größeren Straßen sind weitgehend in gutem Zustand.

➡ Außerhalb von Städten und Großstädten gibt es nicht asphaltierte (Schotter-)Straßen, die jedoch meistens planiert und relativ glatt sind.

➡ Neben- und Schotterstraßen können bei Regen in sehr schlechtem Zustand sein, darum am besten immer direkt vor Ort erkundigen, wie die Straßenverhältnisse sind.

➡ In ländlichen Gegenden muss man mit gefährlichen Schlaglöchern, unterspülten Straßen und nicht beschilderten Haarnadelkurven rechnen. Auch tummeln sich gern Kinder, Hunde oder Nutztiere auf der Straße.

Gefahren im Straßenverkehr

➡ Die Straßen Südafrikas können tückisch sein, und die erschreckend hohe Unfallquote liegt bei über 10 000 Toten pro Jahr.

➡ Die größte Gefahr sind andere Fahrer. Autofahrer aller Gesellschaftsschichten fahren schlampig und oftmals aggressiv. Besondere Vorsicht gilt bei Sammeltaxifahrern. Sie stehen unter enormem Zeitdruck, bekommen nicht viel Schlaf und fahren oft beinahe schrottreife Wagen.

➡ Blinde Überholmanöver ohne ausreichend Abstand sind an der Tagesordnung.

➡ Auf Hauptstraßen wird gern aggressiv gefahren und mit Lichthupe gedrängelt, damit man auf den Seitenstreifen ausweicht, um den Drängler vorbeizulassen – selbst vor Kurven und ungeachtet dessen, was auf dem Seitenstreifen los ist. Oft kleben die Fahrer hartnäckig so lange hinter einem, bis man nachgibt und ausweicht.

➡ Auf wenig benutzten Landstraßen rasen die meisten Fahrer, als wären sie allein auf der Straße.

➡ Vorsicht in unübersichtlichen Kurven auf Nebenstraßen vor entgegenkommenden Fahrzeugen.

➡ Trotz Straßensperren und Alkoholkontrollen in Südafrika, vor allem in städtischen Gebieten, sind betrunkene Fahrer keine Seltenheit.

➡ Reisende sollten sich nicht von der lockeren Einstellung der Einheimischen zum Fahren unter Alkoholeinfluss verführen lassen.

Man kann schnell in einer Zelle landen, also lieber jemanden zum Fahren bestimmen, der nüchtern bleibt.

➡ Oft treiben sich Farmtiere, Wildtiere (vor allem Paviane) und Fußgänger auf der Straße herum, besonders in ländlichen Gegenden. Bei einem Unfall mit einem Tier in einem Gebiet, in dem man sich nicht sicher fühlt, sollte man zur nächsten Polizeistation weiterfahren und den Unfall dort melden.

➡ Auf den Straßen zwischen den Townships (wie auf der N2 vom internationalen Flughafen Kapstadt zur Stadt) werden häufiger Objekte auf die Straßen gelegt und die Autofahrer ausgeraubt, wenn sie anhalten, weil sie drübergefahren sind. Wem so etwas passiert, sollte nicht anhalten, sondern zu einer Werkstatt fahren, um das Auto inspizieren zu lassen, und den Vorfall auf einer Polizeiwache melden.

Verkehrsregeln

➡ Man fährt auf der linken Seite der Straße.

➡ Es gilt Gurtpflicht für den Fahrer sowie alle Insassen.

➡ Die größte Besonderheit sind Kreuzungen mit vier Stoppschildern, die es sogar auf den größeren Straßen gibt. Hier müssen alle Fahrzeuge anhalten, und wer zuerst kam, fährt auch zuerst weiter (selbst wenn er aus einer kleinen Seitenstraße kommt).

Tempolimits

Am besten immer schön an die Tempolimits halten, denn Südafrika setzt immer mehr Radarfallen ein (Kameras und Radarpistolen), obwohl die meisten Einheimischen die Geschwindigkeitsbegrenzungen nach wie vor missachten.

➡ 120 km/h auf den großen Schnellstraßen

➡ 100 km/h außerhalb von Ortschaften

➡ 60 km/h innerhalb von Ortschaften

➡ 40 km/h in den meisten Wildtierparks und -reservaten

Parken & Autowächter

In ganz Südafrika es leicht, einen Parkplatz an Sehenswürdigkeiten, Lokalen und Unterkünften zu finden.

Wer in Südafrika an einer Straße oder in den größeren Städten auf einem Parkplatz parkt, wird häufig von „Autowächtern" angesprochen. Für ein Trinkgeld passen sie auf das Auto auf: 2 R bei Kurzparkern, 5 bis 10 R, wenn es länger dauert. Für weitere 20 R waschen sie das Auto oft sogar. Achtung: nicht bezahlen, bevor man wieder fährt oder wenn man bei der Ankunft gar nicht von ihnen angesprochen wurde. Und unbedingt darauf achten, die richtige Person zu bezahlen. In Kapstadt tragen zugelassene Autowächter zum Beispiel oft Warnwesten.

Bus

Klassen Buslinien sind nicht nach Klassen unterteilt, doch die großen Unternehmen bieten in der Regel „Luxus"-Busse mit Klimaanlage, Toilette und Filmen an.

Ermäßigungen Bei den großen Busunternehmen gibt es Ermäßigungen für Schüler/Studenten, Vielreisende und Senioren – nähere Infos dazu finden sich auf den jeweiligen Websites.

Fahrpreise Werden grob nach Distanz berechnet, Kurzstrecken sind jedoch verhältnismäßig teuer. Der Fahrpreis kann auch anhand der Gesamtstrecke des Busses berechnet werden. Während der Schulferien steigen die Preise.

Sicherheit Buslinien sind in der Regel sicher. Allerdings ist zu bedenken, dass viele Fernstreckenbusse über Nacht fahren. Auf Nachtfahrten sollten Reisende gut auf ihre Wertsachen achten, und Frauen fühlen sich meist weiter vorn im Bus wohler.

Fahrkartenkauf Tickets für die Hauptstrecken am besten spätestens 24 Stunden im Voraus kaufen und für Fahrten während der Spitzenzeiten am besten so früh wie möglich. Tickets sind an Busfahrkartenschaltern erhältlich, bei **Computicket Travel** (✆0861 915 4000; www. computickettravel.com) sowie in Supermärkten der Ketten Shoprite/Checkers.

Busunternehmen

City to City (✆0861 589 282; www.citytocity.co.za) Schlichter Busservice in Zusammenarbeit mit Translux, billiger als andere Buslinien und fährt viele Ziele abseits der ausgetretenen Pfade an.

Greyhound (✆Rund-um-die-Uhr-Kundenbetreuung 011-611 8000, Reservierungen 087 352 0352; www.greyhound.co.za) Großflächiges, landesweites Streckennetz mit komfortablen Bussen. Betreibt auch andere Buslinien wie die billigeren Citiliner-Busse.

Intercape (✆021-380 4400; www.intercape.co.za) Großflächiges Streckennetz von Kapstadt bis Limpopo und darüber hinaus.

Translux (✆086 158 9282; www.translux.co.za) Der größte Fernstreckenanbieter mit Zielen wie Kapstadt und der Garden Route.

Baz Bus (✆021-422 5202, SMS-Buchungen 076 427 3003; www.bazbus. com) Ist beinahe ausschließlich auf Backpacker und Reisende ausgerichtet. Bietet Tarife für beliebiges Ein- und Aussteigen sowie einen Haus-zu-Haus-Dienst zwischen Kapstadt und Johannesburg über die Garden Route und andere beliebte Ziele in Südafrika.

Mzansi Experience (✆021-001 0651; www.mzansi.travel) Ähnliches Angebot wie Baz Bus, nur billiger.

Fahrrad

Öffentliche Verkehrsmittel
Züge können Fahrräder befördern (in den Vorstadtzügen von Kapstadt sind Fahrräder allerdings verboten), die meisten Buslinien wollen jedoch keine Fahrräder in ihrem Gepäckräumen, und Sammeltaxis befördern kein Gepäck auf dem Dach.

Kaufen Kapstadt hat ein gutes Angebot an Mountainbikes und Tourenrädern. Wer sein Fahrrad am Ende der Reise wieder verkaufen möchte, kann es über das Schwarze Brett in Hostels, über Fahrradläden und Clubs oder über www.gumtree.co.za versuchen.

Mieten Einige Hostels verleihen Mountainbikes für Tagesausflüge. Manche Fahrradgeschäfte in den Städten verleihen auch Fahrräder. Hier muss in der Regel allerdings eine Kaution per Kreditkarte hinterlegt werden.

Sicherheit Viele Straßen haben keinen befestigten Seitenstreifen. Wenn doch, nutzen ihn die Autofahrer oft als inoffizielle Kriechspur. Auf Autobahnen ist das Radfahren verboten, und Straßen in Stadtnähe sind oft stark befahren und gefährlich. Vor einer Radtour empfiehlt es sich, sich über Fahrradclubs oder -shops vor Ort mit anderen Radfahrern kurzzuschließen, um aktuelle Informationen über die geplante Route einzuholen. Ein gutes Schloss gegen die allgegenwärtigen Fahrraddiebe ist sinnvoll. Am besten das Rad mit in die Unterkunft nehmen (noch besser mit ins Zimmer) und es an etwas Festem anketten.

Ersatzteile Mountainbikes und Ersatzteile sind überall in den Städten erhältlich. Spezialteile für Tourenbikes sind oft schwer zu finden, vor allem außerhalb von Kapstadt. Es lohnt sich, sich mit einem zuverlässigen Fahrradshop in einer Stadt gut zu stellen, bevor man ins Veld aufbricht, für den Fall, dass man sich etwas schicken lassen muss.

Wetter Reisende sollten immer auf Regen und manchmal heftige Gewitter vorbereitet sein.

Wenn es nicht regnet, kann es im Sommer unangenehm heiß werden.

Flugzeug

Entferntere Flugziele werden von Billigfliegern bedient, die alle größeren Städte in Südafrika anfliegen, und South African Airways (SAA) ist hier nur sehr selten günstiger.

Noch billiger ist es, Flüge mehrere Monate im Voraus online zu buchen, entweder direkt oder über Anbieter wie **Computicket Travel** (✆0861 915 4000; www. computickettravel.com) oder **Travelstart** (www.travelstart. co.za).

Nahverkehr

Bus

➡ Städtische Gebiete wie Kapstadt verfügen über Stadtbusnetze.

➡ Busfahren ist billig.

➡ Es gibt zahlreiche Ziele, und die Busse sind oft entsprechend gekennzeichnet.

➡ Busse fahren meist nur bis zum frühen Abend und am Wochenende nur vereinzelt.

➡ Was Sicherheit und Komfort angeht, sind die MyCiTi-Busse in Kapstadt die besten.

Sammeltaxi

Minibus-Sammeltaxis fahren fast überall hin – durch die Städte, in die Vororte, zu den Townships und zu angrenzenden Kleinstädten. Bei einer Fahrt mit einem Sammeltaxi bekommt man viel Lokalkolorit zu sehen, doch die Sicherheit ist ein Thema.

➡ Sie fahren ab, sobald sie voll sind – wobei „voll" in Südafrika nicht ganz so voll bedeutet wie in vielen anderen afrikanischen Ländern.

➡ In die meisten passen 14 bis 16 Fahrgäste. Die etwas

größeren „Sprinter" können ungefähr 20 Personen mitnehmen.

→ Abseits der Zug- und Busstrecken sind Sammeltaxis oft das einzige öffentliche Verkehrsmittel.

→ An Wochenenden fahren sie in der Regel seltener oder gar nicht.

→ **TaxiMap** (http://taximap. co.za) hält eine nützliche Datenbank mit Strecken, Fahrpreisen und sonstigen Informationen zu Minibus-Taxis bereit.

Auch Autotaxis bieten manchmal Sammeldienste an.

→ In einigen kleineren Städten und bei einigen längeren Strecken ist ein Sammel-Autotaxi oft die einzige Option.

→ Sammel-Autotaxis sind teurer als Minibus-Taxis und vergleichbar, was die Sicherheit angeht.

VERHALTENSREGELN IN SAMMELTAXIS

→ Fahrgäste mit Gepäck sollten sich in die erste Reihe hinter dem Fahrer setzen.

→ Immer bis zum Fenster durchrutschen, um anderen Platz zu machen.

→ Das Geld für die Fahrt (das eigene sowie das der Fahrgäste um einen herum) wird nach vorn zum Assistenten des Fahrers durchgereicht.

→ Wer auf dem Klappsitz neben der Schiebetür sitzt, muss die Tür öffnen und schließen, wenn jemand aussteigen möchte, und dazu jedes Mal selbst mit aussteigen.

→ In manchen Sammeltaxis, zum Beispiel in Kapstadt, gibt es einen Schaffner, der den Fahrgästen Bescheid gibt und ihnen auch die Tür öffnet.

→ Lieber: „Danke, Fahrer!" sagen, wenn man aussteigen möchte, statt einfach nur: „Stopp!"

Privattaxi

→ In Kapstadt gibt es private Taxidienste, und die dazugehörigen Taxistände sind in gut besuchten Gebieten zu finden.

→ Oft ist es sicherer, telefonisch ein Taxi zu bestellen. Dann muss man zwar warten, aber das Taxi ist in der Regel qualitativ besser als die an den Ständen.

→ Die Fahrpreise schwanken je nach Stadt. In Kapstadt kostet der Kilometer durchschnittlich 10 R, und oft gibt es eine Mindestgebühr von 30 R oder mehr.

→ In größeren Städten und auch in Kapstadt sind Uber-Taxis verbreitet und sehr beliebt.

Trampen

Vom Trampen und der Mitnahme von Trampern ist abzuraten.

Wer knapp bei Kasse ist, kann sich Mitfahrgelegenheiten suchen. Am Schwarzen Brett in Hostels werden oft kostenlose oder preiswerte Mitfahrgelegenheiten angeboten. Bei **FindALift** (https://findalift.co.za) und **Jumpin Rides** (www.jumpin rides.co.za) wird man auch oft fündig.

Zug

Züge der **Cape Metro Rail** (☎0800-656 463; http://capetowntrains.freeblog. site) fahren nach Strand auf der Ostseite der False Bay sowie in die Winelands nach Stellenbosch und Paarl. Sie sind das günstigste und einfachste Transportmittel zu diesen Gegenden. Alle Strecken sind während der Stoßzeiten am sichersten, wenn die Wagen voll besetzt sind – was allerdings manchmal gefährlich überfüllt bedeutet.

Sprache

Südafrika hat elf Amtssprachen: Englisch, Afrikaans, Ndebele, North Sotho, South Sotho, Swati, Tsonga, Tswana, Venda, Xhosa und Zulu. In Kapstadt und Umgebung werden überwiegend drei davon gesprochen: Afrikaans, Englisch und Xhosa.

AFRIKAANS

Afrikaans entwickelte sich aus dem Niederländischen – der Sprache, welche die holländischen Siedler mitbrachten, die sich im 17. Jh. in Südafrika niedergelassen hatten. Bis Ende des 19. Jhs. galt diese Sprache als ein niederländischer Dialekt („Kapholländisch"), doch 1925 wurde sie als eine der offiziellen Landessprachen Südafrikas anerkannt. Heute ist Afrikaans die Muttersprache von ungefähr 6 Mio. Menschen. Die meisten Afrikaanssprachigen können auch Englisch. Dies gilt jedoch nicht immer in Kleinstädten und für ältere Menschen.

Der folgende Leitfaden zur Aussprache ist nicht erschöpfend, veranschaulicht aber die wichtigsten Regeln des Afrikaans. Die betonten Silben sind kursiv gesetzt.

a	kurzes „a" wie in „Fass"
e	fällt die Wortbetonung auf das „e", dann wie „e" in „Fett"; unbetont wie „e" in „Pappe"
i	fällt die Wortbetonung auf das „i", dann kurz wie in „Mitte"; unbetont wie „e" in „Pappe"
o	kurzes „o" wie in „offen"
u	wie „ö" in „können"
g	„ch" wie in „hoch"
r	gerolltes Zungenspitzen-r
aai	wie „ei" in „Brei"
ae	langes „a" wie in „Fahrt"
ee	langes „i" wie in „viel"
ei	wie „ay" in engl. „Okay"
oe	„u" wie in „Schutt"
oë	wie „ue" in „tue"
ooi/oei	wie „ui" in „pfui"
tj	wie „tsch" in „Tschechien"

NOCH MEHR AFRIKAANS UND XHOSA?

Zusätzliche Informationen zu den Sprachen und nützliche Wendungen für diejenigen, die fit in Englisch sind, gibt es im *Africa Phrasebook*. Es kann online auf **shop. lonelyplanet.com** oder als Lonely Planet iPhone Phrasebook im Apple App Store erworben werden.

Grundlagen

Hallo.	Hallo.	ha-*loh*
Auf Wiedersehen.	Totsiens.	tot-*siens*
Ja./Nein.	Ja./Nee.	ja/ney
Bitte.	Asseblief.	a-se-*blief*
Danke.	Dankie.	*dang*-kie
Entschuldigung.	Jammer.	*jam*-mer

Wie geht es Ihnen?
Hoe gaan dit? — hu chaan dit

Gut, und Ihnen?
Goed dankie, en jy? — chut *dang*-kie, en jey

Wie heißen Sie?
Wat's jou naam? — wats jau naam

Ich heiße ...
My naam is ... — mey naam is ...

Sprechen Sie Englisch/Deutsch?
Praat jy Engels/Duits? — praat jey *eng*-els/dautz

Ich verstehe nicht.
Ek verstaan nie. — eck ver-*staan* nie

Essen & Trinken

Können Sie mir ... empfehlen?	*Kan jy 'n ... aanbeveel?*	kan jey mey en ... *aan*-be-veil
eine Bar	*kroeg*	kruch
ein Gericht	*gereg*	che-*rech*

Zahlen – Afrikaans		
1	een	ein
2	twee	twey
3	drie	drie
4	vier	vier
5	vyf	vayf
6	ses	ses
7	sewe	*see*·we
8	agt	acht
9	nege	*ney*·che
10	tien	tien

ein Esslokal	*eetplek*	*et*·pleck
Ich möchte ..., bitte.	*Ek wil asseblief ... hê.*	eck wil a·se·*blief* ... he
einen Tisch für zwei	*'n tafel vir twee*	en ta·fel vier twei
dieses Gericht	*daardie gereg*	*daar*·die che·*rech*
die Rechnung	*die rekening*	die re·ke·ning
die Speisekarte	*die spyskaart*	die *speys*·kaart

Notfälle

Hilfe!	*Help!*	help
Rufen Sie einen Arzt!	*Kry 'n dokter!*	krey en *dok*·ter
Rufen Sie die Polizei!	*Kry die polisie!*	krey die pu·*lie*·sie

Ich habe mich verlaufen.
Ek is verdwaal. — eck is ver·*dwaal*
Wo sind die Toiletten?
Waar is die toilette? — waar is die toy·*le*·tte
Ich brauche einen Arzt.
Ek het 'n dokter nodig. — eck het en *dok*·ter *no*·dich

Shoppen & Dienstleistungen

Ich suche ...
Ek soek na ... — ek suk na ...
Wie viel kostet das?
Hoeveel kos dit? — hu·viel kos dit
Was ist Ihr niedrigster Preis?
Wat is jou laagste prys? — wat is jau *laach*·ste preis
Ich möchte eine Telefonkarte kaufen.
Ek wil asseblief 'n foonkaart koop. — eck wil a·se·*blief* en *foon*·kaart koop
Ich möchte Geld wechseln.
Ek wil asseblief geld ruil. — eck wil a·se·*blief* chelt rayl
Ich möchte das Internet benutzen.
Ek wil asseblief die Internet gebruik. — eck wil a·se·*blief* die *in*·ter·net che·*brauk*

Unterkunft

Wo gibt es ein/e/en ...?
Waar's 'n ...? — waars en ...

Campingplatz	*kampeerplek*	kam·*pier*·pleck
Pension	*gastehuis*	*chas*·te·haus
Hotel	*hotel*	ho·*tel*

Haben Sie ein Einzelzimmer/Doppelzimmer?
Het jy 'n enkel/ dubbel kamer? — het jey en *eng*·kel/ dü·bel·*ka*·mer
Wie viel kostet es pro Nacht/Person?
Hoeveel kos dit per nag/persoon? — hu·viel kos dit per nach/per·*soon*

Verkehrsmittel & -wege

Ein ... Ticket, bitte.	*Een ... kaartjie, asseblief.*	en ... *kaar*·tje a·se·*blief*
Einfach	*eenrigting*	*ein*·rich·ting
Rückfahrt	*retoer*	re·*tur*

Wie viel kostet es bis nach ...?
Hoeveel kos dit na ...? — hu·viel kos dit na ...
Bringen Sie mich bitte zu (dieser Adresse).
Neem my asseblief na (hierdie adres). — neim mey a·se·*blief* na (*hier*·die a·*dres*)
Wo ist der/die/das (nächste) ...?
Waar's die (naaste) ...? — waars die (*naas*·te) ...
Können Sie es mir zeigen (auf der Karte)?
Kan jy my (op die kaart) wys? — kan jey mey (op die kaart) weys
Wie lautet die Adresse?
Wat is die adres? — wat is die a·*dres*

XHOSA

Xhosa gehört zusammen mit Zulu, Swati und Ndebele zu den sogenannten Bantu-sprachen. Sie ist die am weitesten verbreitete indigene Sprache Südafrikas und wird auch in Kapstadt und Umgebung gesprochen. Rund 6,5 Mio. Menschen sprechen Xhosa.

Die in unserem Aussprache-Leitfaden mit Apostroph geschriebenen Endungen tsch', k', p', t' und ts' werden „ausgespuckt". Im Gegensatz dazu wird bei b' die Luft eingesogen.

Übrigens: Die Kombination hl wird wie „schl" im deutschen Wort *schlimm* ausgesprochen, ebenso dl, allerdings mit vibrierenden Stimmbändern.

Das Xhosa kennt auch eine Reihe von Klicklauten, auf die wir hier aber nicht näher eingehen.

Grundlagen

Hallo.	Molo.	moh·loh
Auf Wiedersehen.	Usale ngoxolo.	u·saa·li ngoh·koh·loh
Ja./Nein.	Ewe./Hayi.	i·wie/ haa·jie
Bitte.	Cela.	ke·laa
Danke.	Enkosi.	e·nk'oh·sie
Entschuldigung.	Uxolo.	u·aw·law

Wie geht es Ihnen?
Kunjani? — k'u·njaa·nie
Gut, und Ihnen?
Ndiyaphila, unjani wena? — ndie·yaa·pie·laa u·njaa·nie wi·naa
Wie heißen Sie?
Ngubani igama lakho? — ngu·b'aa·nie ie·gaa·maa laa·koh
Ich heiße ...
Igama lam ngu ... — ie·gaa·maa laam ngu
Sprechen Sie Englisch?
Uyasithetha isingesi? — u·yaa·sie·te·taa ie·sie·nge·sie
Ich verstehe nicht.
Andiqondi. — aa·ndie·koh·ndie

Essen & Trinken

Können Sie mir ein/e ... empfehlen?
Ugakwazi ukukhuthaza ...? — u·ngaa·k'waa·sie u·k'u·ku·taa·saa ...

eine Bar	ibhari	ie·baa·rie
ein Gericht	isitya	ie·sie·ty'aa
ein Esslokal	indawo yokutya	ie·ndaa·woh yoh·k'u·ty'aa

Ich möchte bitte ...
Ndiyafuna ... — ndie·yaa·fu·naa

einen Tisch für zwei.	itafile yababini	ie·t'aa·fie·le yaa·b'aa·b'ie·nie
dieses Gericht.	esasitya	e·saa·sie·ty'aa
die Rechnung.	inkcukacha ngama-xabiso	ie·nku·k'aa·haa ngaa·maa·kaa·b'ie·soh
die Speisekarte.	isazisi	i·saa·sie·sie

Notfälle

| Hilfe! | Uncedo! | u·ne·doh |

Ich habe mich verlaufen.
Ndilahlekile. — ndie·laa·schle·k'ie·le
Rufen Sie einen Arzt!
Biza ugqirha! — b'ie·saa u·quie·khaa
Rufen Sie die Polizei!
Biza amapolisa! — b'ie·saa aa·maa·poh·lie·saa
Wo sind die Toiletten?
Ziphi itoylethi? — sie·pie ie·toh·yie·le·tie
Ich brauche einen Arzt.
Ndifuna ugqirha. — ndie·fu·naa u·quie·khaa

Shoppen & Dienstleistungen

Ich suche ...
Ndifuna ... — ndie·fu·naa ...
Wie viel kostet das?
Yimalini? — yie·maa·li·nie
Was ist Ihr niedrigster Preis?
Lithini ixabiso elingezantsi? — lie·tie·nie ie·kaa·b'ie·soh e·lie·nge·saa·nts'ie
Ich möchte eine Telefonkarte kaufen.
Ndifuna uku thenga ikhadi lokufowuna. — ndie·fu·naa u·k'u te·ngaa ie·kaa·die loh·k'u·foh·wu·naa
Ich möchte Geld wechseln.
Ndingathanda tshintsha imali. — ndie·ngaa·taa·ndaa tsch'ie·ntsch'aa ie·maa·lie
Ich möchte das Internet benutzen.
Ndifuna uku sebenzisa i intanethi. — ndie·fu·naa u·k'u se·b'e·nsie·saa ie ie·nt'aa·ne·tie

Unterkunft

Wo gibt es ein/e/en ...? Iphi i ...? — ie·pie ie ...

Campingplatz	ibala loku-khempisha	ie·b'aa·laa loh·k'u·ke·mp'ie·shaa
Pension	indlu yama-ndwendwe	ie·ndlu jaa·maa·ndwe·ndwe
Hotel	ihotele	ie·hoh·t'e·le

Haben Sie ein Einzelzimmer/Doppelzimmer?
Unalo igumbi kanye/kabini? — u·naa·loh ie·gu·mb'ie k'aa·nye/k'aa·b'ie·nie
Wie viel kostet es pro Nacht/Person?
Yimalini ubusuku/umntu? — yie·maa·lie·nie u·b'u·su·k'u/um·nt'u

Verkehrsmittel & -wege

Eine ... Fahr-karte, bitte. Linye ... itikiti nceda. — lie·nye ... ie·t'ie·k'ie·t'ie ne·daa

Zahlen – Xhosa
Es werden arabische Ziffern benutzt.

1	wani	waa·nie
2	thu	tu
3	thri	trie
4	fo	foh
5	fayifu	faa·jie·fu
6	siksi	siek'·sie
7	seveni	se·ve·nie
8	eyithi	e·jie·tie
9	nayini	naa·jie·nie
10	teni	t'e·nie

Einfach	ndlelanye	*ndle·laa·nye*
Rückfahrt	*buyela*	*b'u·ye·laa*

Wie viel kostet es bis nach ...?
Kuxabisa njani u ...? ku·*ka*·b'ie·saa *njaa*·nie u ...
Bringen Sie mich bitte zu (dieser Adresse).
Ndicela undise ndie·*ke*·laa u·*ndie*·se
(kule dilesi). (k'u·*le die*·le·sie)
Wo ist der/die/das (nächste) ...?
Iphi e(kufutshane) ...? ie·*pie* e·(k'u·*fu*·tsch'aa·ne)
Können Sie es mir zeigen (auf der Karte)?
Ungandibonisa u·ngaa·ndie·*b'oh*·nie·saa
(kwimaphu)? (k'wie·*maa*·pu)
Wie lautet die Adresse?
Ithini idilesi? ie·*tie*·nie ie·*die*·le·sie

ENGLISCH

Briten, Amerikaner und Neuseeländer, deutsche Geschäftsleute und norwegische Wissenschaftler, der indische Verwaltungsbeamte und die Hausfrau in Kapstadt – fast jeder scheint Englisch zu sprechen. Und wirklich: Englisch ist die am weitesten verbreitete Sprache der Welt (wenn's auch nur den zweiten Platz für die am meisten gesprochene Muttersprache gibt – Chinesisch ist die Nr. 1).

Und selbst die, die nie Englisch gelernt haben, kennen durch englische Musik oder Anglizismen in Technik und Werbung immer ein paar Wörter. Ein paar Brocken mehr zu lernen, um beim Small Talk zu glänzen, ist nicht schwer. Hier sind die wichtigsten Wörter und Wendungen für die fast perfekte Konversation in fast allen Lebenslagen aufgelistet:

Konversation & Nützliches

Wer einen Fremden nach etwas fragt, sollte die Frage oder Bitte mit einer höflichen Entschuldigung einleiten („Excuse me, ...").

Hallo.	Hello.
Guten ...	Good ...
Tag	day
Tag (nachmittags)	afternoon
Morgen	morning
Abend	evening
Auf Wiedersehen.	Goodbye.
Bis später.	See you later.
Tschüss.	Bye.
Wie geht es Ihnen/dir?	How are you?
Danke, gut.	Fine. And you?
Und Ihnen/dir?	... and you?
Wie ist Ihr Name?/ Wie heißt du?	What's your name?
Mein Name ist ...	My name is ...
Wo kommen Sie her?/ Wo kommst du her?	Where do you come from?

Ich komme aus ...	I'm from ...
Wie lange bleiben Sie/ bleibst du hier?	How long do you stay here?
Ja.	Yes.
Nein.	No.
Bitte.	Please.
Danke/Vielen Dank.	Thank you (very much).
Bitte (sehr).	You're welcome.
Entschuldigen Sie, ...	Excuse me, ...
Entschuldigung.	Sorry.
Es tut mir leid.	I'm sorry.
Verstehen Sie (mich)?	Do you understand (me)?
Ich verstehe (nicht).	I (don't) understand.
Könnten Sie ...?	Could you please ...?
bitte langsamer sprechen	speak more slowly
das bitte wiederholen	repeat that
das bitte aufschreiben	write it down

Fragewörter

Wer?	Who?
Was?	What?
Wo?	Where?
Wann?	When?
Wie?	How?
Warum?	Why?
Welcher?	Which?
Wie viel/viele?	How much/many?

Gesundheit

Wo ist der/die/das nächste ...?
Where's the nearest ...?

Apotheke	chemist
Arzt	doctor
Krankenhaus	hospital
Zahnarzt	dentist

Ich brauche einen Arzt.
I need a doctor.

Gibt es in der Nähe eine (Nacht-)Apotheke?
Is there a (night) chemist nearby?

Ich bin krank.	I'm sick.
Es tut hier weh.	It hurts here.
Ich habe mich übergeben.	I've been vomiting.
Ich habe ...	I have ...

Durchfall	*diarrhoea*
Fieber	*fever*
Kopfschmerzen	*headache*
(Ich glaube,) ich bin schwanger.	*(I think) I'm pregnant.*
Ich bin allergisch gegen …	*I'm allergic to …*
Antibiotika	*antibiotics*
Aspirin	*aspirin*
Penizillin	*penicillin*

Mit Kindern reisen

Ich brauche …	*I need a/an …*
Gibt es …?	*Is there a/an …?*
einen Babysitter	*babysitter*
eine Kinderkarte	*children's menu*
einen Kindersitz	*booster seat*
einen Kinderstuhl	*highchair*
einen Kinderwagen	*stroller*
einen Wickelraum	*baby change room*
ein Töpfchen	*potty*
(Einweg-)Windeln	*(disposable) nappies*

Stört es Sie, wenn ich mein Baby hier stille?
Do you mind if I breastfeed here?
Sind Kinder zugelassen?
Are children allowed?

Notfall

Hilfe!	*Help!*
Es ist ein Notfall!	*It's an emergency!*
Rufen Sie die Polizei!	*Call the police!*
Rufen Sie einen Arzt!	*Call a doctor!*
Rufen Sie einen Krankenwagen!	*Call an ambulance!*
Lassen Sie mich in Ruhe!	*Leave me alone!*
Gehen Sie weg!	*Go away!*

Papierkram

Name	*name*
Staatsangehörigkeit	*nationality*
Geburtsdatum	*date of birth*
Geburtsort	*place of birth*
Geschlecht	*sex/gender*
(Reise-)Pass	*passport*
Visum	*visa*

Schilder

Danger	*Gefahr*
No Entry	*Einfahrt verboten*
One-way	*Einbahnstraße*
Entrance	*Einfahrt*
Exit	*Ausfahrt*
Keep Clear	*Ausfahrt freihalten*
No Parking	*Parkverbot*
No Stopping	*Halteverbot*
Toll	*Mautstelle*
Cycle Path	*Radweg*
Detour	*Umleitung*
No Overtaking	*Überholverbot*
Police	*Polizei*
Entrance	*Eingang*
Exit	*Ausgang*
Open	*Offen*
Closed	*Geschlossen*
No Entry	*Kein Zutritt*
No Smoking	*Rauchen verboten*
Prohibited	*Verboten*
Toilets	*Toiletten*
Men	*Herren*
Women	*Damen*

Shoppen & Service

Ich suche …
I'm looking for …
Wo ist der/die/das (nächste) …?
Where's the (nearest) …?
Wo kann ich … kaufen?
Where can I buy …?
Ich möchte … kaufen.
I'd like to buy …
Wie viel (kostet das)?
How much (is this)?
Das ist zu viel/zu teuer.
That's too much/too expensive.
Können Sie mit dem Preis heruntergehen?
Can you lower the price?
Ich schaue mich nur um.
I'm just looking.
Können Sie ihn/sie/es mir zeigen?
Can I look at it?

mehr	*more*
weniger	*less*
kleiner	*smaller*
größer	*bigger*

Nehmen Sie ...?	*Do you accept ...?*
Kreditkarten	*credit cards*
Reiseschecks	*traveller's cheques*
Ich möchte ...	*I'd like to ...*
Geld umtauschen	*change money*
einen Scheck einlösen	*cash a cheque*
Reiseschecks einlösen	*change traveller's cheques*
Ich suche ...	*I'm looking for ...*
einen Arzt	*a doctor*
eine Bank	*a bank*
die ... Botschaft	*the ... embassy*
einen Geldautomaten	*an ATM*
das Krankenhaus	*the hospital*
den Markt	*the market*
ein öffentliches Telefon	*a public phone*
eine öffentliche Toilette	*a public toilet*
die Polizei	*the police*
das Postamt	*the post office*
die Touristen-information	*the tourist information*
eine Wechsel-stube	*an exchange office*

Wann macht er/sie/es auf/zu?
What time does it open/close?

Ich möchte eine Telefonkarte kaufen.
I want to buy a phone card.

Wo ist hier ein Internetcafé?
Where's the local Internet cafe?

Ich möchte ...	*I'd like to ...*
ins Internet	*get Internet access*
meine E-Mails checken	*check my email*

Uhrzeit & Datum

Wie spät ist es?	*What time is it?*
Es ist (ein) Uhr.	*It's (one) o'clock.*
Zwanzig nach eins	*Twenty past one*
Halb zwei	*Half past one*
Viertel vor eins	*Quarter to one*
morgens/vormittags	*am*
nachmittags/abends	*pm*

jetzt	*now*
heute	*today*
heute Abend	*tonight*
morgen	*tomorrow*
gestern	*yesterday*
Morgen	*morning*
Nachmittag	*afternoon*
Abend	*evening*
Montag	*Monday*
Dienstag	*Tuesday*
Mittwoch	*Wednesday*
Donnerstag	*Thursday*
Freitag	*Friday*
Samstag	*Saturday*
Sonntag	*Sunday*
Januar	*January*
Februar	*February*
März	*March*
April	*April*
Mai	*May*
Juni	*June*
Juli	*July*
August	*August*
September	*September*
Oktober	*October*
November	*November*
Dezember	*December*

Unterkunft

Wo ist ...?	*Where's a ...?*
eine Pension	*bed and breakfast guesthouse*
ein Campingplatz	*camping ground*
ein Hotel/Gasthof	*hotel*
ein Privatzimmer	*room in a private home*
eine Jugendherberge	*youth hostel*

Wie ist die Adresse?
What's the address?

Ich möchte bitte ein Zimmer reservieren.
I'd like to book a room, please.

Für (drei) Nächte/Wochen.
For (three) nights/weeks.

Haben Sie ein ...?	*Do you have a ... room?*
Einzelzimmer	*single*
Doppelzimmer	*double*
Zweibettzimmer	*twin*

Wie viel kostet es pro Nacht/Person?
How much is it per night/person?

Kann ich es sehen?
May I see it?

Kann ich ein anderes Zimmer bekommen?
Can I get another room?

Es ist gut, ich nehme es.
It's fine. I'll take it.

Ich reise jetzt ab.
I'm leaving now.

Verkehrsmittel & -wege

Wann fährt ... ab?
What time does the ... leave?

das Boot/Schiff	*boat/ship*
die Fähre	*ferry*
der Bus	*bus*
der Zug	*train*

Wann fährt der ... Bus?
What time's the ... bus?

erste	*first*
letzte	*last*
nächste	*next*

Wo ist der nächste U-Bahnhof?
Where's the nearest metro station?

Welcher Bus fährt nach ...?
Which bus goes to ...?

Straßenbahn	*tram*
Straßenbahnhaltestelle	*tram stop*
S-Bahn	*suburban (train) line*
U-Bahn	*metro*
(U-)Bahnhof	*(metro) station*

Eine ... nach (Kapstadt).
A ... to (Kapstadt).

einfache Fahrkarte	*one-way ticket*
Rückfahrkarte	*return ticket*
Fahrkarte 1. Klasse	*1st-class ticket*
Fahrkarte 2. Klasse	*2nd-class ticket*

Der Zug wurde gestrichen.
The train is cancelled.

Der Zug hat Verspätung.
The train is delayed.

Ist dieser Platz frei?
Is this seat free?

Muss ich umsteigen?
Do I need to change trains?

Sind Sie frei?
Are you free?

Was kostet es bis ...?
How much is it to ...?

Bitte bringen Sie mich zu (dieser Adresse).
Please take me to (this address).

Wo kann ich ein ... mieten?
Where can I hire a/an ...?

Ich möchte ein ... mieten.
I'd like to hire a/an ...

Auto	*car*
Fahrrad	*bicycle*
Fahrzeug mit Automatik	*automatic*
Fahrzeug mit Schaltung	*manual*
Geländewagen	*4WD*
Motorrad	*motorbike*

Wie viel kostet es pro Tag/Woche?
How much is it per day/week?

Wo ist eine Tankstelle?
Where's a petrol station?

Benzin	*petrol*
Diesel	*diesel*
Bleifreies Benzin	*unleaded*

Führt diese Straße nach ...?
Does this road go to ...?

Wo muss ich bezahlen?
Where do I pay?

Ich brauche einen Mechaniker.
I need a mechanic.

Das Auto hat eine Panne.
The car has broken down.

Ich habe einen Platten.
I have a flat tyre.

Das Auto/Motorrad springt nicht an.
The car/motorbike won't start.

Ich habe kein Benzin mehr.
I've run out of petrol.

Wegbeschreibung

Können Sie mir bitte helfen?
Could you help me, please?

Ich habe mich verirrt.
I'm lost.

Wo ist (eine Bank)?
Where's (a bank)?

In welcher Richtung ist (eine öffentliche Toilette)?
Which way's (a public toilet)?

Wie kann ich da hinkommen?
How can I get there?

Wie weit ist es?
How far is it?

Können Sie es mir (auf der Karte) zeigen?
Can you show me (on the map)?

links	*left*	6	*six*
rechts	*right*	7	*seven*
nahe	*near*	8	*eight*
weit weg	*far away*	9	*nine*
hier	*here*	10	*ten*
dort	*there*	11	*eleven*
an der Ecke	*on the corner*	12	*twelve*
geradeaus	*straight ahead*	13	*thirteen*
gegenüber ...	*opposite ...*	14	*fourteen*
neben ...	*next to ...*	15	*fifteen*
hinter ...	*behind ...*	16	*sixteen*
vor ...	*in front of ...*	17	*seventeen*
		18	*eighteen*
Norden	*north*	19	*nineteen*
Süden	*south*	20	*twenty*
Osten	*east*	21	*twentyone*
Westen	*west*	22	*twentytwo*
		23	*twentythree*
Biegen Sie ... ab.	*Turn ...*	24	*twentyfour*
links/rechts	*left/right*	25	*twentyfive*
an der nächsten Ecke	*at the next corner*	30	*thirty*
bei der Ampel	*at the traffic lights*	40	*fourty*
		50	*fifty*
		60	*sixty*

Zahlen

0	*zero*	70	*seventy*
1	*one*	80	*eigthy*
2	*two*	90	*ninety*
3	*three*	100	*hundred*
4	*four*	1000	*thousand*
5	*five*	2000	*two thousand*
		100 000	*hundred thousand*

GLOSSAR

AANC – African National Congress (Afrikanischer Nationalkongress)

apartheid – wörtlich „Zustand der Trennung"; das ehemalige südafrikanische Regime der Rassentrennung

bobotie – traditionelles kapmalaiisches Gericht, ein Hackfleischauflauf mit Curry und würziger Knusperkruste aus verquirltem Ei, das Ganze auf Kurkumareis

braai – Grillen mit jeder Menge Fleisch und Bier; eine südafrikanische Institution, vor allem in ärmeren Gegenden, da ein Gemeinschafts-*braai* billiger ist, als Strom fürs Kochen zu verbrauchen

bredie – traditioneller kapmalaiischer Eintopf mit Gemüse und Fleisch oder Fisch

cafe – in manchen Fällen ein schönes Plätzchen für eine gemütliche Tasse Kaffee, in anderen Fällen ein Tante-Emma-Laden, der zusätzlich unappetitliche frittierte Speisen verkauft; auch als *kaffie* bezeichnet

coloureds – Farbige; Südafrikaner gemischter Abstammung

DA – Democratic Alliance (Demokratische Allianz)

farm stall – Bauernstand; kleiner Stand oder Laden am Straßenrand, der Produkte vom Bauernhof verkauft

fynbos – wörtlich „feiner Busch"; die Vegetation der Region um Kapstadt, bestehend aus Protea, Heidekraut und Schilf

karamat – Grab eines muslimischen Heiligen

kloof – Schlucht, Klamm

line fish – Tagesfang

mealie – Maiskolben; siehe auch mealie meal und mealie pap

mealie meal – Maismehl

mealie pap – Maisbrei, Grundnahrungsmittel der ländlichen schwarzen Bevölkerung, oft mit Eintopf serviert

Mother City – Mutterstadt; andere Bezeichnung für Kapstadt; vermutlich so genannt, weil hier die erste Kolonie Südafrikas entstand

NP – ehemalige National Party (Nationale Partei) zur Zeit des Apartheidregimes

PAC – Pan-African Congress (Pan-Afrikanischer Kongress)

Pagad – People against Gangsterism and Drugs

rondavel – Rundhütte mit kegelförmigem Dach, stehen oft in Ferienhotelanlagen

SABC – South African Broadcasting Corporation, öffentlich-rechtliche Fernseh- und Rundfunkanstalt Südafrikas

sangoma – traditioneller afrikanischer Medizinmann

shared taxi – Sammeltaxi, preisgünstiges Verkehrsmittel, meist als Minibus; auch bekannt als *black taxi, minibus taxi* oder *long-distance taxi*

shebeen – Trinkhalle in einer Township; früher illegal, heute lediglich ohne Schanklizenz

strand – Strand

township – schwarzes Wohnviertel, meist am Rande eines Mittelklasse- (oder überwiegend weißen) Vororts

venison – Wenn das auf der Speisekarte steht, handelt es sich um Antilopenfleisch, zumeist Springbock.

VOC – Vereenigde Oost-Indische Compagnie (Niederländische Ostindien-Kompanie)

Voortrekkers – So werden die ersten burischen Siedler von Oranjefreistaat und Transvaal genannt, die 1830 die Kapkolonie verließen.

Hinter den Kulissen

WIR FREUEN UNS ÜBER IHR FEEDBACK

Post von Travellern zu bekommen, ist für uns ungemein hilfreich – Kritik und Anregungen halten uns auf dem Laufenden und helfen, unsere Bücher zu verbessern. Unser reiseerfahrenes Team liest alle Zuschriften genau durch, um zu erfahren, was an einem bestimmten Reiseführer gut und was schlecht ist. Wir können solche Post zwar nicht individuell beantworten, aber jedes Feedback wird garantiert schnurstracks an die jeweiligen Autoren weitergeleitet, rechtzeitig vor der nächsten Nachauflage. Jeder, der uns Informationen sendet, wird in der folgenden Auflage im Dank erwähnt – und die hilfreichsten Einsendungen werden mit einer Auswahl an digitalen PDF-Kapiteln honoriert.

Wer Ideen, Erfahrungen und Korrekturhinweise zum Reiseführer mitteilen möchte, hat die Möglichkeit dazu auf **www.lonelyplanet.com/contact/guidebook_feedback/new**. Anmerkungen speziell zur deutschen Ausgabe erreichen uns über **www.lonelyplanet.de/kontakt**.

Hinweis: Da wir Beiträge möglicherweise in Lonely Planet Produkten (Reiseführer, Websites, digitale Medien) veröffentlichen, ggf. auch in gekürzter Form, bitten wir um Mitteilung, falls ein Kommentar nicht veröffentlicht oder ein Name nicht genannt werden soll. Wer Näheres über unsere Datenschutzpolitik wissen will, erfährt das unter lonelyplanet. com/privacy.

DANK AN UNSERE LESER

Wir bedanken uns bei folgenden Travellern, die unsere letzte Ausgabe benutzt und uns hilfreiche Hinweise und nützliche Ratschläge gegeben und interessante Anekdoten geschickt haben: Caren Bender, Dominique Barnett, Elizabeth Heddes, Emily Apple, Jonathan Jones, Lauren Smith, Matt Roughley, Mike Saunders, Samantha Carter, Tessa Söbbeke.

DANK DER AUTOREN

Simon Richmond

Vielen Dank an die folgenden Leute für ihre Hilfe, Freundschaft und gute Ratschläge: meine Mitautoren James und Lucy, Heather Mason, Bheki Dube, Gerald Garner, Mike Luptak, Sheryl Ozinsky, Nicole Biondi, Iain Harris, Lee Harris, Brent Meersman und Amber April.

James Bainbridge

Ein Dankeschön in elf Sprachen an meine Mitautoren Simon, Lucy, Shawn and Ashley, die während dieser Überarbeitung in den südlichen Vorstädten für Bier und gute Stimmung gesorgt haben; an den Rest des Autorenteams für ihre Beiträge; an alle, die mir drau-ßen in Mpumalanga und Kapstadt geholfen haben; und an Leigh-Robin, Oliver und Thomas, die meine vielen Stunden beim Tippen im Gartenhaus klaglos hingenommen haben.

Jean-Bernard Carillet

Ein Riesendankeschön an alle, die mir aus der Klemme geholfen und meinen Trip erst erfolgreich gemacht haben, vor allem Doné, Renée, Esti, Leigh und all die anderen, die ich unterwegs getroffen habe. Bei Lonely Planet danke ich Matt für sein Vertrauen und den hart arbeitenden Reakteuren. Zu Hause geht ein *gros bisou* an Eva und jede Menge Liebe an Morgane, deren Unterstützung unerlässlich war.

Lucy Corne

Ein Dankeschön an das Team in Kimberley – Dianna, Romano, Kim, Joy und Tebogo – und an Fayroush, Christa, Brian und Nadia von SAN Parks. *Baie dankie* an Ailsa Tudhope, dank derer ich mich total in Prince Albert verliebt habe, und an Johan, Debbie, Martiens und Cathy, weil sie mir das Leben ungemein erleichtert haben. Alle meine Liebe für Shawn, der so mit seinem eigenen Kapitel beschäftigt war, dass er mir nicht helfen konnte; ein klatschendes High-Five an Kai, der ein toller Mitreisender war und mir geholfen hat, die Welt durch die Augen eines Vierjährigen zu sehen.

ÜBER DIESES BUCH

Dies ist die 4. deutsche Auflage von Lonely Planet *Kapstadt & Garden Route*, basierend auf der mittlerweile 9. englischen Ausgabe. Sie wurde betreut von Simon Richmond und recherchiert und geschrieben von Simon Richmond, James Bainbridge, Jean-Bernard Carillet und Lucy Corne. Simon Richmond und Lucy Corne haben auch die letzten beiden Ausgabe geschrieben. Dieser Reiseführer wurde von folgenden Personen verwirklicht:

Landesredaktion Matt Phillips

Leitung Produktredaktion Elizabeth Jones

Produktredaktion Jessica Ryan, Kate Mathews

Leitende Kartografin Diana Von Holdt

Buchgestaltung Lauren Egan

Redaktionsassistenz Michelle Bennett, Jacqueline Danam, Samantha Forge, Jennifer Hattam, Alexander Knights, Anne Mulvaney, Gabrielle Stefanos

Kartografie James Leversha

Umschlaggestaltung Naomi Parker

Dank an Heather Champion, Gwen Cotter, Corey Hutchison, Sandie Kestell, Chris Lee Ack, Angela Tinson, Sam Wheeler

QUELLENNACHWEIS

Die Daten der Klimakarte wurden entnommen aus Peel MC, Finlayson BL & McMahon TA (2007) „Updated World Map of the Köppen-Geiger Climate Classification", Hydrology and Earth System Sciences, 11, 163344.

Titelfoto: Doppelband-Nektarvogel auf einem Nadelkissen (Proteaceae) im Kirstenbosch National Botanical Garden, Danita Delimont Stock, AWL ©

Register

F

Fahren, *siehe* Autoreisen
Fahrradfahren, *siehe* Radfahren
Farmen
  Babylonstoren 226
  Cape Point Ostrich Farm 115
  Imhoff Farm 113
  Klein River Cheese Farm 240–241
  Marbin Olives 230
  Oakhurst Olives 228
  Oranjezicht City Farm 83
Fauna 306
Feiertage 308
Felsklettern 44, 119, 205, **44**
Festivals & Events 22–24, 129–131
  Adderley St. Christmas Lights 24, 131
  Cape Town Carnival 22, 130
  Cape Town Cycle Tour 22, 130
  Cape Town Festival of Beer 24, 131
  Cape Town Fringe 23, 130
  Cape Town International Jazz Festival 22, 130
  Cape Town International Kite Festival 24, 131
  Cape Town Minstrel Carnival 22, 129, 291–292, 301
  Cape Town Nu World Festival 23, 130
  Cape Town Pride 22
  Design Indaba 22, 129
  First Thursdays 184
  Franschhoek Literary Festival 23
  Freedom Swim 23
  Galileo Outdoor Cinema 24
  Good Food & Wine Show 23, 130
  Hands on Harvest 231
  Hermanus Whale Festival 233
  Infecting the City 23, 130
  Kirstenbosch Summer Sunset Concerts 24
  Mama City Improv Festival 24, 130
  MCQP 24
  Mercedes-Benz Fashion Week 23, 130
  Miss Gay Western Cape 24, 131
  Old Mutual Two Oceans Marathon 23, 130
  Open Book Festival 23, 130
  OUTsurance Kfm 94.5 Gun Run 24, 130
  Oyster Festival 264
  Pink Loerie Festival 23, 264
  Season of Sauvignon 24, 130–131
  Stellenbosch Wine Festival 214
  Streetopia 24, 131
  Sun Met 22, 129
  Wacky Wine Weekend 231
  Wavescape Surf & Ocean Festival 24, 131
  Wine on the River Festival 231
Filme 276, 295, 303
Flora 305–306
Flugreisen 31, 314, 317
Foreshore, *siehe* City Bowl, Foreshore, Bo-Kaap & De Waterkant
Fossilien 243
Fotografie 308–309
Franschhoek 12, 217–223, **218, 12**
  Aktivitäten 220
  Ausgehen & Nachtleben 222
  Essen 221–222
  Sehenswertes 217–220
  Shoppen 222
  Touren 220
  Unterkunft 220–221
  Weingüter 217–218
Frauen unterwegs 309
Freiwilligenarbeit 309
Fußball 181, 289, 290
  Weltmeisterschaft 2010 289, 290
Fynbos 61, 305

G

Galerien, *siehe* Museen & Galerien
Gansbaai 239–240
Garden Route 46, 247–273, **248–249, 13**
  Essen 247
  Highlights 13, 248–249
  Klima 247
  Reiserouten 25, 28–29, **25, 28–29**
  Reisezeit 247
  Surfen 13, 250–251
  Unterkunft 247
Garden Route National Park 257, 271
Gardens & Umgebung **84**
  Ausgehen & Nacht-leben 173
  Essen 152
  Sehenswertes 78
  Shoppen 191
  Unterhaltung 182
  Unterkunft 135
Gärten, *siehe* Parks & Gärten
Geisteranbetung 294
Geld 16, 17, 309
Geografie 305
Geologie 305
George 255–257
Geschichte 20, 279–290
  Apartheid 282–283
  Briten 281
  Bücher 285, 288
  Burenkrieg 281–282
  Demokratie 286
  Europäer 279–280
  Homelands 283–285
  Mandela, Nelson 64, 284, 285
  Niederländer 280
  Pagad 287–288
  Südafrikanische Union 282
  Wahrheits- und Versöhnungskommission 286–287
  Websites 285
  Weingüter 38, 40
Gesundheit 309
Getränke, *siehe einzelne Orte*, Weingüter
  Kurse 35
Golf
  King David Mowbray Golf Club 127
  Links at Fancourt 256
  Metropolitan Golf Club 122
  Milnerton Golf Club 127
  Oubaai 250
Green Point & Waterfront 51, **86**
  Ausgehen & Nachtleben 174–175
  Essen 155–157
  Sehenswertes 66–67, 83–90
  Shoppen 192–193
  Unterhaltung 182–183
  Unterkunft 138–139
Green Point Lighthouse 90
Groote Schuur 100
Gugulethu 117–118

H

Haikäfigtauchen 240
Handys 16, 311
Helderberg 209
Hermanus 15, 233–239, **236–237, 2–3, 15**
Herolds Bay 250, **250**
Higgovale **88–89**
Höhlen
  Cango Caves 207
  Elephant's Eye 104
  Klipgat Caves 239
  Pinnacle Point Caves 253
Homelands 283–285
Houses of Parliament 69
Hout Bay Harbour 91
Hout Bay, *siehe* Sea Point bis Hout Bay
Huisrivier Pass 206
Hütten 295

I

Infos im Internet 42
Initiationsriten 292
Inlineskaten 125
Intaka Island 117
Internetzugang 131, 309
Islam 293–294

J

Judentum 294–295

K

Kabarett 183, 242
Kajak- & Kanufahren 42
  Anchor Bay 119, 121
  Hermanus 235
  Knysna 261
  Nature's Valley 272
  Simon's Town 125
  Westküste 245
  Wilderness 258
Kalk Bay 12, 107–110, **106–107, 12**
Kalk Bay Harbour 109
Kap der Guten Hoffnung 11, 110–111, **11**
Kapstadt 45, 49–200, **28–29, 50, 52–53**
  Aktivitäten 118–127
  An- und Weiterreise 198
  Ausgehen & Nachtleben 166–179
  Essen 49, 145–166
  Festivals & Events 129–131
  Highlights 52–53
  Homosexuelle Reisende 167

Karten **000**
Fotos **000**

Kartenlegende

Sehenswertes

- Buddhistisch
- Burg/Schloss
- Christlich
- Denkmal
- Hinduistisch
- Islamisch
- Jainistisch
- Jüdisch
- Konfuzianisch
- Museum/Galerie/ Historisches Gebäude
- Ruine
- Schintoistisch
- Sikhistisch
- Strand
- Taoistisch
- Vogelschutzgebiet
- Weingut/Weinberg
- Zoo/Wildschutzgebiet
- Noch mehr Sehenswertes

Essen

- Restaurant

Ausgehen & Nachtleben

- Bar/Kneipe/Club
- Café

Unterhaltung

- Theater/Kino/Oper

Shoppen

- Geschäft/Einkaufszentrum

Aktivitäten, Kurse & Touren

- Bodysurfing
- Kanu-/Kajakfahren
- Kurs/Tour
- Japanisches Badehaus/Onsen
- Schnorcheln
- Schwimmen
- Skifahren
- Surfen
- Tauchen
- Wandern
- Windsurfen
- Andere Aktivitäten

Schlafen

- Hotel/Pension
- Campingplatz
- Hütte

Praktisches

- Bank
- Botschaft/Konsulat
- Krankenhaus/Arzt
- Internet
- Polizei
- Post
- Telefon
- Toilette
- Touristeninformation
- Noch mehr Praktisches

Transport

- Bus
- Eisenbahn eingleisig
- Fähre
- Fahrrad
- Flughafen
- Grenzübergang
- Metro/MTR-/MRT-Station
- Parkplatz
- Subway
- Seilbahn/Standseilbahn
- Straßenbahn
- Tankstelle
- Taxi
- U-Bahn-Station
- Zug/Eisenbahn
- Andere Verkehrsmittel

Landschaft

- Aussichtspunkt
- Berg/Vulkan
- Hütte/Unterstand
- Leuchtturm
- Oase
- Park
- Pass
- Raststelle
- Strand
- Tor
- Wasserfall

Städte

- Hauptstadt
- Landeshauptstadt
- Stadt
- Ort/Dorf

Achtung: Nicht alle hier aufgeführten Symbole sind auf den Karten in diesem Buch zu finden.

Verkehrswege

- Autobahn
- Fußgängerbrücke
- Hauptstraße
- Im Bau befindliche Straße
- Landstraße
- Mautstraße
- Pfad/Wanderweg
- Platz/Fußgängerzone
- Sonstige Straße
- Stufen
- Tunnel
- Unbefestigte Straße
- Verbindungsstraße
- Wanderung
- Wanderung mit Abstecher

Grenzen

- Internationale Grenze
- Provinzgrenze
- Umstrittene Grenze
- Regionale Grenze
- Meerespark
- Klippen
- Mauer

Gewässer

- Fluss/Bach
- Periodischer Fluss
- Kanal
- Wasser
- Trocken-/Salz-/ Periodischer See
- Riff

Gebietsformen

- Flughafen
- Strand/Wüste
- Christlicher Friedhof
- Weiterer Friedhof
- Gletscher
- Watt
- Park/Wald
- Sehenswertes Gebäude
- Sportanlage
- Sumpf

UNSERE AUTOREN

Simon Richmond

Kapstadt (City Bowl, Foreshore, Bo-Kaap & De Waterkant; East City, District Six, Woodstock & Observatory; Gardens & Umgebung; Green Point & Waterfront)
Simon, Journalist und Fotograf, arbeitet seit den frühen 1990er-Jahren als Reiseschriftsteller; für Lonely Planet arbeitete er 1999 am Band *Central Asia* mit. Er hat längst aufgegeben, die Reiseführer für Lonely Planet zu zählen, für die er recherchiert und geschrieben hat, unter anderem Australien, China, Indien, Iran, Japan, Korea, Malaysia, Mongolei, Myanmar (Burma), Russland, Singapur, Südafrika und die Türkei. Für Lonely Planets Website hat er Beiträge verfasst, die von den besten Schwimmbecken der Welt bis zur Bewegung der Urban Sketchers reichen. Von Simon stammen auch die Kapitel Reiseplanung, Kapstadt verstehen und Praktische Informationen.

James Bainbridge

Kapstadt (Cape Flats & Nördliche Vororte, Sea Point bis Hout Bay, Simon's Town & Southern Peninsula, Southern Suburbs) James ist ein britischer Reiseschriftsteller und Journalist. Er lebt in Kapstadt, reist aber in der Welt umher und schreibt für die unterschiedlichsten Medien weltweit. Für Lonely Planet arbeitet er seit mehr als zehn Jahren, hat Dutzende von Reiseführern auf den neuesten Stand gebracht und berichtet im Fernsehen vom afrikanischen Busch bis zu den Großen Seen in Nordamerika. Er ist koordinierender Autor für mehrere Auflagen von Lonely Planets *Südafrika, Lesotho & Swasiland* sowie *Türkei* und *Marokko*. Er verfasste Artikel über Reisen, Kultur und Investitionen für *BBC Travel, Guardian* und *Independent (GB)*, *Condé Nast Traveller* und *Lonely Planet Traveller*.

Jean-Bernard Carillet

Garden Route (Nature's Valley) Jean-Bernard ist ein freiberuflicher Autor und Fotograf, der sich auf Afrika, Frankreich, die Türkei, den Indischen Ozean, Karibik und den Pazifik spezialisiert hat. Er liebt Abenteuer, abgelegene Orte, Inseln, Outdoor, archäologische Stätten und gutes Essen. Seine unstillbare Wanderlust hat ihn schon in 114 Länder auf sechs Kontinenten geführt – und er macht weiter. Er hat zahlreiche Artikel und Fotos für Reisemagazine beigesteuert und an rund 70 Lonely Planet Reiseführern mitgearbeitet – in Englisch und Französisch.

Lucy Corne

Rund um Kapstadt, Garden Route. Lucy hat die Universität mit einem Abschluss in Journalismus und einer unstillbaren Reiselust beendet. Acht Jahre lang unterrichtete sie Englisch als Fremdsprache in Spanien, Südkorea, Kanada, China und Indien, schrieb aber freiberuflich bereits Artikel für verschiedene Magazine, Zeitungen und Websites. Seit 2008 ist sie im Team von Lonely Planet und hat seither an den Reiseführern *Africa, Kanarische Inseln, Südafrika, Lesotho & Swasiland* sowie mehreren kulinarischen Führern mitgearbeitet. Lucy lebt mit ihrem Mann und einem kleinen Sohn in Kapstadt und schreibt über Reisen, Essen und Bier. In ihrem beliebten Blog, www.brewmistress.co.za, berichtet sie über die südafrikanische Bierszene.

DIE LONELY PLANET STORY

Ein uraltes Auto, ein paar Dollar in den Hosentaschen und Abenteuerlust, mehr brauchten Tony und Maureen Wheeler nicht, als sie 1972 zu der Reise ihres Lebens aufbrachen. Diese führte sie quer durch Europa und Asien bis nach Australien. Nach mehreren Monaten kehrten sie zurück – pleite, aber glücklich –, setzten sich an ihren Küchentisch und verfassten ihren ersten Reiseführer *Across Asia on the Cheap*. Binnen einer Woche verkauften sie 1500 Bücher und Lonely Planet war geboren. Heute unterhält der Verlag Büros in Franklin, London, Melbourne, Oakland, Beijing und Delhi mit über 600 Mitarbeitern und Autoren. Sie alle teilen Tonys Überzeugung, dass ein guter Reiseführer drei Dinge tun sollte: informieren, bilden und unterhalten.

Lonely Planet Global Limited
Digital Depot
The Digital Hub
Dublin D08 TCV4
Ireland

Verlag der deutschen Ausgabe:
MAIRDUMONT, Marco-Polo-Straße 1, 73760 Ostfildern,
www.lonelyplanet.de, www.mairdumont.com, lonelyplanet-online@mairdumont.com
Chefredakteurin deutsche Ausgabe: Birgit Borowski

Redaktion: SAW Communications, Redaktionsbüro Dr. Sabine A. Werner, Mainz – Gisela Faller, Julia Gilcher, Dieter Schmidt, Dr. Sabine A. Werner
Übersetzung: Dr. Wolfgang Hensel, Melanie Koster, Sonja Häußler, Karin Weidlich
An früheren Auflagen haben mitgewirkt: Olaf Bentkämper, Birgit Bruder, Andreas Beune, Katharina Grimm

Kapstadt & Garden Route
4. Auflage Januar 2019, übersetzt von *Cape Town & the Garden Route 9th edition*,
Oktober 2018 Lonely Planet Global Limited
Deutsche Ausgabe © Lonely Planet Global Limited, Januar 2019
Fotos © wie angegeben 2018

Printed in Poland

MIX
Papier aus verantwortungsvollen Quellen
FSC® C018236
FSC
www.fsc.org